国家“985”创新基地项目 “社会转型与中国大众传媒改革”研究成果

中国媒体发展研究报告

2013年·广告卷

本集刊为CSSCI收录刊源

武汉大学媒体发展研究中心
武汉大学新闻与传播学院 主办
武汉大学“社会转型与中国大众传媒改革”创新基地

WUHAN UNIVERSITY PRESS
武汉大学出版社

目　录

广告理论与广告产业发展

广告创意与广告文化

广告媒体

广告与品牌营销

广告教育

Contents

Advertising Theory and The Development of Advertising Industry

Advertising Originality and Advertising Culture

Advertising Media

Advertising and Brand Marketing

Advertising Education

广告理论与广告产业发展

中国当代广告研究的整体回顾与反思
——基于新闻传播学核心期刊论文的分析

张金海　　陈　玥

中国当代广告研究，是伴随着1979年中国广告市场重开与1983年中国广告教育起步而逐渐展开的。中国广告，从理论到实务都是经美国整体导入的。中国广告研究在较长一段时间，可以说是对美国20世纪广告研究的效仿与复制。20世纪80年代中期，传播学导入中国，欧洲的广告研究，也逐渐开始受到中国学者的关注。

本文旨在基于新闻传播学核心期刊《新闻与传播研究》、《现代传播》、《国际新闻界》、《新闻大学》、《当代传播》、《中国媒体发展研究报告》、《新闻与传播评论》论文的实证分析，对我国20世纪80年代以来的广告研究作整体回顾与反思。

一、中国当代广告研究基本状况检视

1. 据中国知网广告研究论文的数据分析

为了解我国广告研究的总体状况，笔者以中国知网数据库CNKI为主要资料来源，选取1983—2011年广告学相关论文进行统计分析①，发现：

这29年间，在新闻与传播学科中，共产生以“广告”为主题词的学术论文16 825篇。广告学学术论文的发文量从20世纪80年代中期到90年代中期，总体上呈现出增长的趋势。

90年代中期，我国广告教育进入了发展的第一个高峰。从1993年起，广告学相关论文的数量有了成倍的增长。从20世纪90年代末到21世纪初，中国广告研究无论是从论文数量、科研机构数量上都有了飞速发展。

20世纪90年代末期至21世纪初期，中国广告学发展迎来了又一高峰。这样一个数量的激增，既来自于我国加入WTO后商业更开放、经济更发达这一大背景，也来自于我国广告学研究机构和学者的增加。截至2007年，全国共有广告学专业本科教学点322个②，以每教学点平均8名师资计算，此期中国广告教育与研究队伍已有2 500人左右。

2. 据核心期刊广告学术研究论文的数据分析

通过对上文数据分析可发现，在其论文主要来源中，排名前五位的均为广告行业杂志，它们发表的论文多为行业指导类论文，在整个论文数量中，学术期刊论文占比很小。

因此为了解广告学在新闻传播学领域的学科地位，笔者同样以中国知网CNKI数据库为主要资料来源，通过检索1983—2011年7本新闻传播学核心期刊中以“广告”为主题的论

① 本文以中国知网数据库CNKI为主要资料来源，以1983—2011年新闻与传播学科类别中“广告”为主题词的学术论文为数据样本。

② 黄合水，杨道俊，等．中国广告教育状况研究报告［J］．广告大观（理论版），2008（5）．

文后得到图 1 中的数据①。

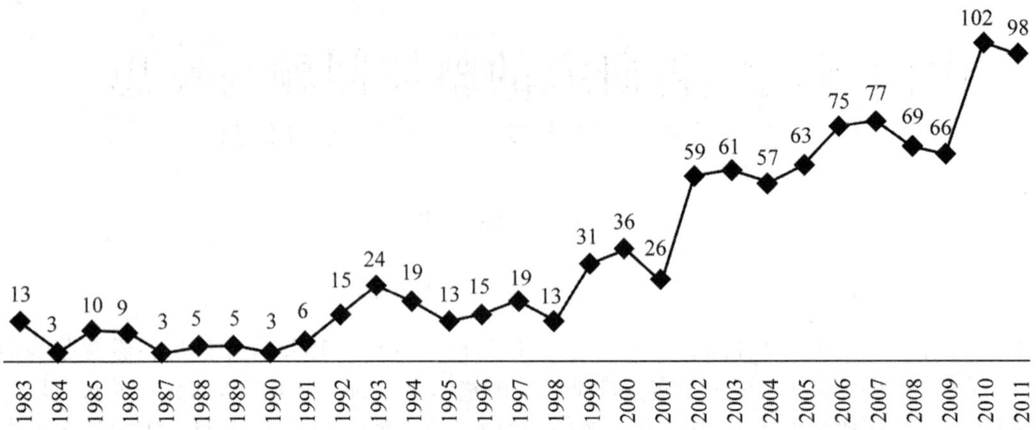

图 1　1983—2011 年新闻传播类核心期刊广告学相关学术论文发文数量图

从图 1 可见，1983 年至 2011 年间，以“广告”为主题的学术论文共有 995 篇。而这 7 本核心期刊共发文 17 235 篇，因此广告学相关学术论文只占其论文总数的 5. 77%，可见广告学在新闻传播学领域仍属于小学科。

但广告学相关学术论文的发文量从 20 世纪 90 年代末期开始有了显著提升，特别是在近两年，广告学在这几本重点期刊中的研究论文发文量已接近百篇，所占比重也上升到 6. 72%。这一数量上的变化表明随着广告研究机构和研究学者数量的增多，广告学在新闻传播学科中的地位也在逐渐上升。

3. 研究内容分析：基于关键词展开的分析

广告研究的研究内容，可从以下四个方面进行分类：广告基础理论研究，即广告的内涵、性质、要素、历史，及广告学的研究对象与范畴、理论体系与学科体系等问题；以广告策划、创意为核心的广告自系统研究；广告营销与传播系统研究；广告社会化系统研究，涉及广告在整个社会大系统中，与社会经济、社会文化的相关性。

笔者分别对 1983—2000 年、2001—2005 年、2006—2011 年出版的 7 本期刊中的以“广告”为主题共 995 篇论文进行关键词分析后得到图 2。

从图 2 的关键词分布中可发现，广告基础理论研究是广告研究中最为薄弱的一部分。1983 年至 2000 年间，这部分研究的关键词百分比仅为 1. 39%，不过随着我国广告研究的不断发展与成熟，学者对于广告基础理论研究也在逐步加强，在 2001 年至 2005 年间，这一比例上升到 10. 64%，在 2006 年至 2011 年间达到 11. 01%，这说明对广告基础理论研究是对广告基础理论体系建构，也是对广告学学科建构的重视程度在不断加深。

对于以广告策划、创意为核心的广告自系统研究在 1983 年至 2000 年间是广告研究的核心内容，从关键词分布可看出，与此部分相关的关键词占关键词总数的 43%，而随着广告研究的发展，研究主题和研究内容的不断丰富，广告自系统研究所占比例一直处于下降趋势，比例由 43. 00% 降到 20. 27%。由此可见学者对于广告自系统研究的关注已经降低。

广告营销与传播系统研究与其他三类研究相比，这些年来的比重变动较小。在我国广告

① 这 7 本期刊为：《新闻与传播研究》、《现代传播》、《国际新闻界》、《新闻大学》、《当代传播》、《中国媒体发展研究报告》、《新闻与传播评论》。

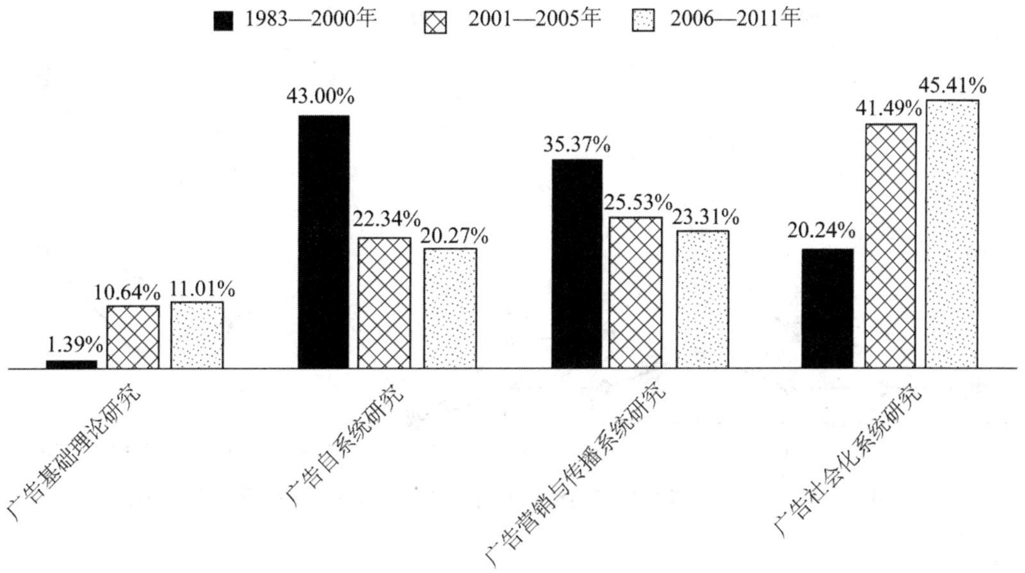

图 2　1983—2011 年新闻传播类核心期刊广告学相关学术论文关键词分布图

研究初期，广告营销与传播系统研究在广告研究中占有很重要的地位，在 1983 年至 2000 年间，这一部分数值为 35. 37%，仅次于广告自系统理论。2001—2005 年这一阶段，关于广告营销与传播系统研究相关关键词比重降为 25. 53%，“网络广告”、“网络传播”、“整合营销”等词出现在文章关键词中。2006 年至 2011 年，此部分研究相关关键词比值与上阶段相比略有下降，达到了 22. 58%。

广告社会化系统研究的研究内容十分丰富。这一部分的研究在我国广告研究各个阶段都得到了学者的重视。但随着我国广告业不断发展，其对社会经济、文化的影响面与影响力也在持续加强，因此关于广告社会化系统研究的关注也在提升。由图 2 可看出，这部分研究的相关关键词占比从 1983 年至 2000 年的 20. 24%一直上升到了 2006 年至 2011 年的 45. 41%，上升趋势十分明显。

4. 研究方法分析

中国当代广告研究的研究方法是对欧美广告学研究方法的借鉴与模仿。从对 2001—2011 年 7 本新闻传播类核心期刊中以“广告”为主题的学术论文进行分析后发现①，在发表的 995 篇学术论文中，实证研究论文仅有 21 篇，如图 3 所示。

通过图 3 可发现，我国广告学学术论文的实证研究开始于 21 世纪初期，且论文数量十分有限。近年来实证研究论文数量虽然有些许增加，但增长趋势并不明显。

实证研究论文在广告学学术论文中占比很小。虽然在数量上没有很大突破，但我国广告学者在研究方法上与过去相比有所创新。如强月新教授等人通过在产业（即种群）层次考察传媒对广告资源的利用情形，透视我国报纸、电视、广播、杂志和网络五大传媒产业的竞

① 因在 7 本新闻传播类核心期刊中，第一篇实证研究论文为 2001 年何辉所著的《“镜像”与现实——广告与中国社会消费文化的变迁以及有关现象与问题》，所有本次样本选择时间跨度是 2001—2011 年。数据来源：中国知网 http：//www. cnki. net ［EB/OL］.

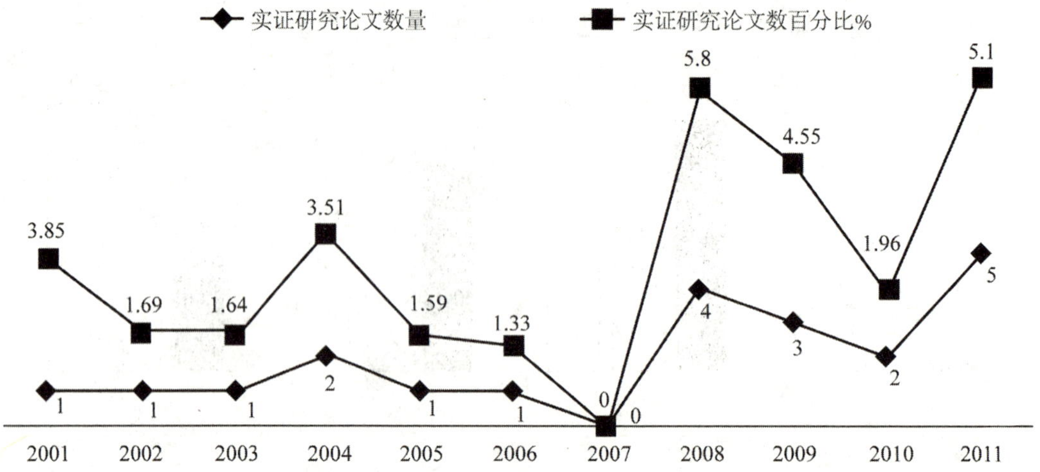

图 3　2001—2011 年新闻传播类核心期刊广告学学术论文实证研究论文数量

争态势及其变迁轨迹①；再如学者王菲、倪宁等在“广告接触行为与社会文化的关系”的实证研究的基础上，探讨了广告与文化之间的作用机理，并提出了作用模型②；还有学者借助计量经济学的模型来测试我国广告与 GDP 的关系③。这些研究方式的开拓和创新，对今后我国广告研究，特别是实证研究有很好的指导与促进作用。

5. 基本结论

通过上文对我国当代广告研究从论文数量、研究内容、研究方法三个方面的回顾可得出：中国当代广告研究的论文数量在这段时期有了很大的增加，其在新闻传播学领域的学科地位也得到了相应提高；广告研究的内容在广告基础理论研究、广告自系统研究、广告营销与传播系统研究以及广告社会化系统研究四个方面的占比在这 29 年中有了明显变化，研究内容更加丰富。学界虽然导入了美国广告研究的理论和方法，却远不及美国广告研究的实证化与精细化。虽受到了欧洲广告研究的影响，但中国广告学者在思想的深度和理论思辨上与欧洲学者存在着很大的差距，中国广告文化研究却远未达到欧洲广告研究的成就和水平。

广告研究存在着研究实证化、精细化的缺失，广告文化研究空洞、缺乏范式等问题，其研究并未实现对欧美广告研究的超越。

二、21 世纪以来中国广告研究的创获

21 世纪以来，中国广告研究虽然延续了上文中所展现的广告学发展趋势和研究特点，但与前期研究相比，有了创新。这些创获对世界广告研究都产生了重要影响。中国广告研究发生了以下值得关注的几种现象：

---

① 强月新，张明新．中国传媒产业间的广告资源竞争：基于生态位理论的实证分析［J］．新闻与传播研究，2009（10）．

② 王菲，倪宁，唐彦也．广告与文化之间的作用模型——一个基于实证研究的视角［J］．国际新闻界，2008（4）．

③ 郑燕宁．广告与 GDP 关系：中国实证研究［J］．现代传播，2011（3）．

1. 关于广告产业的研究

把“广告本体”研究推进到“广告产业”的研究，并在全球视域下，在国家经济发展战略框架下，着重中国广告产业的发展模式与发展路径研究，是中国广告学者对世界广告研究作出的一大贡献。中国广告产业研究起步于2004年，通过对广告产业相关论文整理，得到图4①：

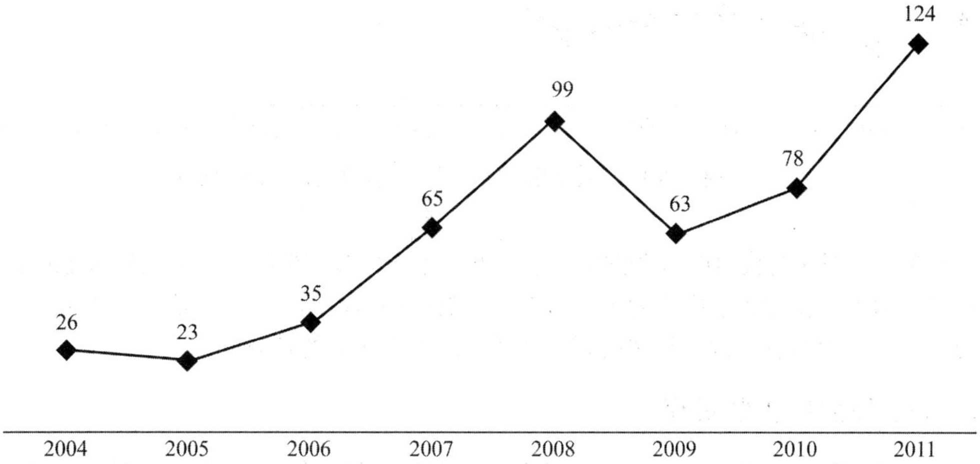

图4 2004—2011年中国广告产业相关学术论文数量

我国广告产业研究自2004年起，学术论文数量整体呈现上升趋势，到2011年底，广告学者们就此问题在广告学、传播学的重要期刊上发表论文近百篇，形成了武汉大学、北京大学、上海大学、西北大学、中国传媒大学等几个研究中心②。学者的关注视角主要集中在广告产业发展升级、产业结构、产业制度、产业竞争力以及广告市场研究这几方面③。广告产业的研究既回应着中国经济社会发展的现实需求，也极大地拓展了世界广告研究的范畴，丰富了世界广告研究的内容。

2. 关于数字化传播背景下广告的发展变迁研究

数字传播是世界广告发展所面临的一个共同背景与挑战。美国学者在此领域的研究，仍以实证化、精细化见长，其核心研究对象还是广告效果，只是考虑到了在数字化传播背景下变量因素的转变。在数字化传播背景下，我国学者对数字传播与广告发展领域不仅关注有加，并且具有了不同于美国式研究的特色与成果。通过检索得到④，如图5所示。

我国关于数字化传播背景下广告的发展变迁研究起始于1999年，从2006年起，关于这一领域的相关论文数量有了显著增加。在以武汉大学、山东大学、中国传媒大学、电子科技

---

① 以中国知网数据库CNKI为主要资料来源，以1983—2011年“广告产业”为主题词的学术论文为数据样本，发现中国广告产业研究正式起步于2004年。

② 通过对数据分析后发现，以“广告产业”为主题的论文中，以武汉大学为作者单位发表论文42篇、北京大学17篇、上海大学16篇、西北大学15篇、中国传媒大学14篇，排在作者单位前五名。

③ 通过对513篇数据样本进行关键词分析后得出此内容。

④ 以中国知网数据库CNKI为主要资料来源，以1983—2011年与数字传播相关的学术论文为数据样本进行分析，发现我国对数字传播背景下广告的发展变迁研究起步于1999年。

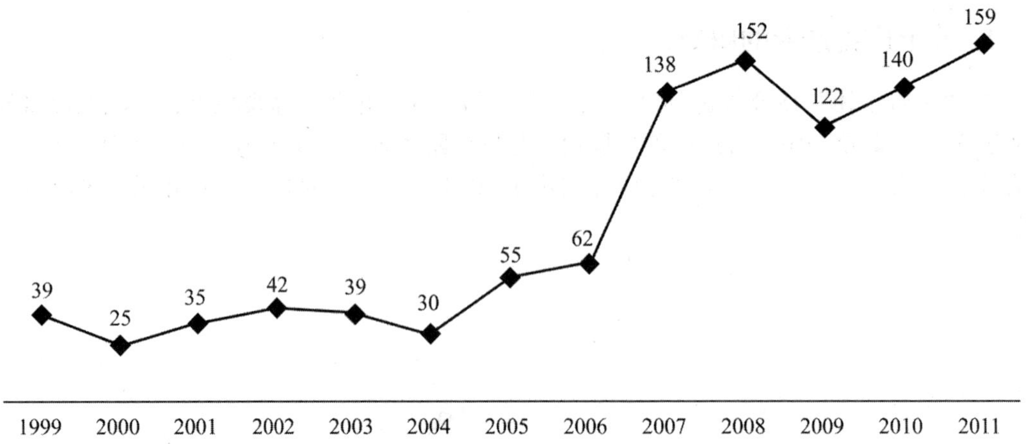

图5　1999—2011年数字化传播背景下广告研究相关论文数量

大学以及复旦大学①为代表的学者群关注下，近几年产生数字传播与广告发展领域的研究论文千余篇，对数字化背景下广告的生存形态、传播形态与运作形态②，给予了更多、更广泛的研究投入。中国学者在这一领域的研究是对美国学者研究的补充。

3. 关于发展广告学研究

发展广告学这一问题，是在发展经济学与发展传播学背景下提出的，其研究的核心内容理应是世界广告发展不平衡的问题。2011年这一问题才得以正式提出，但在此之前已有许多学者进行中国广告国家案例研究和美国、日本、欧洲等国的广告国家案例研究③。关于国家案例的研究应被纳入发展广告学的范畴，这些典型国家或地区的案例应作为发展广告学研究的基础支持。到目前为止，发展广告学仍处在研究分析框架的建构之中，对于这一问题有所关注和研究的学者数量也比较少，所产出的研究论文数量也有限，但其对于广告学发展的意义无疑十分重大。

4. 关于广告学基础理论与广告学学科体系研究

可以说在相当长的一段时间内，世界各地的广告研究大多只是对欧美广告研究的追随。由于欧美学者广告教育体系和研究取向上的偏好，使得既往的广告研究存在着广告学基础理论和广告学学科体系的建构相当薄弱与不足的问题。而我国学者从21世纪初开始，对于广告基础理论的研究以及广告学学科体系的构建这一领域开始给予适当的关注。从2005年起，关于广告理论与广告学科的论文数量共有331篇④，虽然在广告学相关论文中所占比例较小，并尚缺乏值得称道的系统成果，但有了重视，就会有相应的努力，相应的成果也是可以期待的。

中国广告研究在研究范式、研究方法上的局限是显见的，但上述四个层面的研究，却可以视为中国广告研究的世界性贡献，因而也应成为当下中国广告研究重要的创新点与突破点。

---

① 通过对数据分析后发现，与数字传播相关的论文中，以武汉大学为作者单位发表论文20篇，山东大学14篇，中国传媒大学、电子科技大学各12篇、复旦大学11篇，排在作者单位前五名。

② 通过对2006年起的838篇数据样本进行关键词分析后得出此内容。

③ 如：刘娟．美国广告现状［J］．国际新闻界，2003（10）；周建明．日本的广告自律与他律[J]．国际新闻界，2005（8）；黄升民，刘珊．大国化与数字化：双重作用力下的中国传媒与广告［J］．广告大观（理论版），2011（10）．

④ 数据来源：中国知网 http：//www. cnki. net［EB/OL］．

三、广告研究发展应把握的三大趋向

通过对世界广告研究情况的总体把握，中国学者在进行广告研究时应注重以下三大趋势：

1. 中国问题研究与跨国比较研究

作为中国广告学者，对于本国问题的研究是必不可少的。以往的广告研究，多注重本国本地区的经验与案例，欧美的广告研究也不例外。近期欧美学者，特别是欧洲学者在对于欧洲问题、欧洲经验以及欧洲案例的研究保持其研究的自主性与独创性的同时，展开了关于欧美广告比较研究、跨文化广告中差异问题研究等研究内容。就当代的欧美广告研究来看，虽仍然注重本国的经验与案例，但有了更为广阔的国际视野，更多了解他国的经验与案例研究，多国多地区经验与案例的比较研究。中国问题研究以及跨国比较研究同样也在发展广告学研究框架中，这正是跨文化广告传播与发展广告学研究之所必需的视野与方法。

2. 商业研究与批判研究的互补

欧、美两大世界广告研究传统中心，由于各自研究机制、机构不同，其广告研究取向也大相径庭。美国广告研究取向主要还是以商业研究为主，研究的重心是以广告效果为核心；欧洲广告学的研究取向则是延续了传播学批判学派的精神，研究重心是围绕着广告的“话语霸权”以及其建构的以消费主义文化为核心的文化批判研究。无论是商业研究还是批判研究都存在着弊端，使欧美广告研究在某些方面存在缺陷。但进入 21 世纪以来，通过对欧美广告研究的回顾可发现：欧洲广告研究在这段时间，从主导面来看，仍沿袭其文化批判研究的传统，关于消费主义、广告业道德等研究主题的出现表明欧洲广告研究仍是广告批判为主。但受美国广告研究的影响痕迹明显，增加了部分广告商业化研究内容；而美国广告研究在其商业化研究中，也有批判研究的声音出现。商业研究与批判研究的互补已成为广告研究一大趋势。

3. 理论与实证的对话

由于美国广告研究商业化取向，以及其研究为科层制目的而服务的传统，因此它主要研究范式是以广告效果为主要内容的实证研究范式；欧洲批判研究则更加注重理论上的论述。近期欧美广告研究中出现了实证研究范式与批判研究范式结合的趋向。美国广告研究虽仍沿袭其实证研究传统，但更多导入理论层面的观照，欧洲广告研究虽仍以文化批判研究为主导，但更多开始寻求实证研究的支持。实证与理论的对话，是社会科学领域新的研究趋向，当代欧美的广告研究也正逐步朝这一趋向发展。

面对广告研究发展的三大趋向，中国广告学者应在今后研究中给予关注和吸纳，特别是结合上述我国广告研究的四大创新点，为中国广告研究的发展，为世界广告研究作出更大的贡献。

【作者简介】

张金海，武汉大学媒体发展中心、武汉大学新闻与传播学院教授、博士生导师。

陈玥，武汉大学新闻与传播学院 2011 级博士研究生。

论古代广告的形态演进

黎 明

正如恩格斯对阿利盖利·但丁的评价："中世纪的最后一位诗人，同时也是新时代的最初一位诗人"。印刷品广告是最后一种古代广告形态，也是第一种大众传播广告形态。它既有着大众印刷媒介广告的某些关键特征，又未能完全摆脱古代广告形态的局限。而一旦印刷媒介广告将其传播范围和目标指向扩展到真正的大众，就进入近现代的大众媒介广告阶段。因此，古代广告的时间段自广告起源始，而止于印刷品广告。

从起源到印刷品广告，古代广告形态林林总总，族繁不及备载。本研究无意于如广告史般对这些古代广告形态按其出现的时间先后进行"历史的"罗列，而是将广告形态作为由信息形式和传播形态两方面价值属性构成的综合体，从"逻辑的"层面来梳理其演进路径。

整体而言，古代广告形态的演进有两种类型：其一是在广告的基本框架和形态大体不变的前提下，对于某些细节和技术的局部改良，这种形态演进主要体现为广告信息形式的变迁，属于特定广告形态内部量变的范畴；其二是广告基本框架与形态的彻底转换，这种形态演进主要体现为广告传播形态的变化，属于特定广告形态向另一广告形态的质的变化。

一、基于广告信息形式的形态演进

具体来看，广告信息形式的变迁所导致的广告形态演进有三条基本路径：①作为信息形式主体的表意符号的发展引起的广告形态演进；②由其表意符号所确定的特定广告形态在其信息形式主体不改变的前提下，对广告信息内容和形式的某种改良；③作为广告媒介的发展所导致的广告形态演进。

1. 表意符号的发展

实际上，作为信息形式主体的表意符号的发展引起的广告形态演进在广告起源期就已经完成。一方面，符号的进化过程在商品交换前后就达到其终点——口语和文字，使得与这些符号对应的广告形态都可以归于起源期；另一方面，按符号本身出现的历时态，这些作为信息形式主体的表意符号变迁，呈现出从天然呈现到直观再现再到抽象的符号系统不断抽象和系统的逻辑。因而，表意符号的发展引起的广告形态演进，从声响广告、实物广告、图画标识广告到口头叫卖广告、文字广告，不断扬弃商品信息传达的形式冗余。图画、声响、实物等自然符号和直观符号为信息形式的广告形态，或形式太过冗余，或只能传递简单的意义，甚至两者兼有，只有以语言（口语和文字）为信息形式的广告，因其抽象和系统，才能用更简明的符号，来传达更丰富和更精确的商品信息。

以起源期这些广告形态为基础，广告继续向前发展，后两个层面的形态演进发生了。在演进过程中，新广告形态不断突破旧广告形态既有价值属性的局限，主要体现为信息形式的发展、改良和类型增加。无论是对广告信息内容和形式本身的改良，还是作为广告信息一部分的广告媒介发展所导致信息形式美化和类型增加，都无关传播形态，只是在各自传播范围和信息留存大体不变的前提下，通过信息形式的美化，在给定的时空范围内，使广告更具吸引力、更富有成效，从而不断满足广告主在社会发展、竞争趋向激烈、广告越来越被普遍运用的历史背景下以一定代价有效促进销售的需要。

2. 广告信息形式的局部发展和细节改良

以口语为表意符号的口头叫卖广告，在保持原始形态的基础框架——口语为主体信息形式——不变的前提下，获得了继续发展，主要表现为对广告信息内容和形式的修饰美化。

其一是改良口语外在的音调和旋律，使口语与声乐融合，形成歌谣、快板等表现形式的唱卖广告，这种美化使得广告较之单调叫卖更加悦耳动听、富有吸引力。早在起源期，古迦太基人就把叫卖的内容编成歌曲、小调，并配以能发出声响的工具，尽量使声音显得动人，惹人注目。我国两宋时期，形形色色的唱卖广告已经十分普遍。《梦粱录》卷二十《妓乐》记载："今街市与宅院，往往效京师叫声，以市井诸色故叫卖物之声，采合宫商成其词也。"宋孟元老在《东京梦华录》中也有"是月季春，万花烂漫，牡丹芍药，棣棠木香，种种上市，卖花者以马竹篮铺排，歌叫之声，清奇可听"的记载。不仅如此，这种声乐唱卖广告，在实际使用中，逐渐形成与进化后的声响广告（器乐发声）的协同和整合。

其二，修饰口语内容本身的文学形式，口头叫卖的语言组织从一般性的陈述逐渐演变为诗歌、押韵语等形式。早在公元前8—6世纪，雅典城的商贩就尝试着用诗歌形式沿街叫卖。① 我国明代冯梦龙在《警世通言》里记录了这样一条口头叫卖广告词："本京瓜子，一分一桶，高邮鸭蛋，半分一个"②。这种修饰使得口头叫卖更为言简意赅，表达准确，朗朗上口，易于传播。

以声响为表意符号广告的声响广告，在保持原始形态的基础框架——以发声工具发出的声音为主体信息形式——不变的前提下，获得了继续发展，主要表现为以下方面：

其一，从便利性的运用交易情境中现成的工具发声到运用专门的工具（如箫等乐器）来发声。在此基础上，进而从发出一般声响发展到带有旋律的器乐，并逐渐与唱卖广告相配合。比如元曲《货郎旦》就非常生动地描述了货郎利用蛇皮鼓伴奏，以叫卖或吟唱来宣传货物的情景。③

其二，从仅仅为引起注意到通过借代卖者行业的专门发声工具来引起注意并传递关于商品或服务的关键信息。声响广告在不断的发展中，其发声器具类型不断增加，并逐步将不同的器具所发出的不同声响与不同行业、商品或服务对应起来，衍化出各类具有专业特色的声响广告，形成约定俗成的固化听觉识别，在某种意义上，这可以看做诉诸听觉的标识广告。《祥符县志》记载明代开封小商贩用响器做广告的情况：有"摇小鼓"卖胭脂、胡粉的，有"打铁叶"表示磨镜剪刀的，有"拍小铜钹"卖豆浆的，有"摇郎当"卖彩线绣金的，有"击小钲"卖饧的等。④

诉诸听觉的广告，在电子媒介出现之前，无所谓媒介载体。在起源期，到口语和文字的出现，人类可用于广告传播的表意符号类型在整个古代的媒介环境下就基本发展完成。无论是口头叫卖广告还是声响广告的演进，既没有表现为媒介的发展，也不可能发明除口语和声响之外的新的表意符号类型，因此，它们的演进无关广告的传播形态，信息形式主体（声响、口语）也未改变，并未从根本上跳出口头叫卖广告和声响广告作为广告类型的范畴之外。换言之，这一层面的演进，可视为口头叫卖广告和声响广告自身的演进——在保持其为

---

① 陈培爱．中外广告史——站在当代视角的全面回顾（第2版）［M］．北京：中国物价出版社，2002：226.

② 警世通言·玉堂春落难寻夫［M］.

③ 参见郭天昊，杨海军．论中国古代广告发展及表现［J］．史学月刊，1997（6）.

④ 刘家林．新编中外广告通史［M］．厦门：暨南大学出版社，2004：93.

自身之质的前提下，广告信息形式的局部发展和细节改良。

3. 广告媒介的发展

在起源期诉诸视觉的广告出现时采用的原始媒介——实物广告、图画标识广告和文字广告运用的实物、岩石等天然媒介以及墙体、产品本身等不定型非专门媒介的基础上，随着历史的进一步发展，古代广告又出现了幌子、灯笼、招牌、海报等专门广告媒介。学界惯例上，与此相应的广告形态也是从媒介角度进行界定，比如灯笼广告等。

（1）旗帜广告。旗帜广告以旗帜或曰悬帜为载体。早在我国春秋时期，旗帜广告就见于文字记载。《韩非子·外储说右上》说："宋人有酤酒者，升概既平，遇客甚谨，为酒甚美，悬帜甚高。"① 到唐代，这种形态发展到高峰，并主要用于酒店。唐诗中有很多描写酒旗的诗句。如张籍《江南曲》："长干午日沽春酒，高高酒旗悬江口"；刘禹锡《杨柳枝词九首》："城外春风吹酒旗，行人挥袂日西时"；《堤上行三首》："酒旗相望大堤头，堤下连樯堤上楼"；杜牧名诗《江南春绝句》："千里莺啼绿映红，水村山郭酒旗风"等。其中，皮日休就以《酒旗》为题的五律描写得最为详细："青帜阔数尺，悬于往来道。多为风所扬，时见酒名号。拂拂野桥幽，翻翻江市好。双眸复何事，终竟望君老。"此后，旗帜以酒旗为多，亦称酒帘、酒旆、青帜、青帘。由最初的青白二色布发展到五彩酒旗绣上图案或店名，并发展出多种大小形状、不同悬挂位置的酒旗。②

必须指出，从这一点来看，随着旗帜广告在演进过程中逐渐专用于酒店，旗帜本身成为行业标识符号，不仅作为承载店名等广告信息的载体，自身也变成广告信息的一部分。在这一点上，包括下述几种在内的古代专门广告媒介大多是如此。

（2）幌子广告。幌子以布幔或布帘为主，亦有绸、缎、棉、铜、铁等其他材质或多种材料复合制成。从外形上看，幌子有圆形、方形、三角形、菱形及不规则形，最长者可达数丈，迎风飘拂。幌子是"中国古代广告媒介中最成熟的媒介形态之一"。③明代仇英的《南都繁会图卷》描绘了南京商业经济繁荣的景况。其中，各种招幌争奇斗艳，如"天之美禄"、"兑换金珠"、"京式靴鞋店"、"川广杂货"、"东西两洋货物俱全"等，据统计，画面上的招幌有109个之多。如旗帜一样，幌子既是信息载体，同时也通过自身特定的形象来表现店家经营的商品类别或服务项目，作为象征物或特定标识而成为广告信息的一部分。

（3）招牌广告。从悬挂的位置看，作为广告媒介的招牌大致包括横放在门面上方或店堂正上方的牌匾、立在柜台上的竖招牌、悬挂店内外的挂板，以及耸立在店铺外的冲天招牌等。招牌广告的信息形式，既有文字，也有图画标识，或者两者兼有。其中，图画多为指代行业之标识，如药店画药葫芦、酒店画李太白像等。文字信息的内容主要有三种类别：①店铺的名号、字号，如《梦粱录》卷十三"铺席"中记载陈家彩帛铺、舒家纸札铺、孔家头巾铺、李官人双行解毒丸。②经营思想，如"公平交易"、"童叟无欺"等。③经营行业，酒店多用"太白遗风"、"飞觞醉月"等，药店往往用"杏林春色"、"天地同春"等，茶叶店是"卢陆停车"，绸缎店是"世掌丝纶"，板鸭店是"家凫精品"，钱店、米铺则是"钱谷流通"，这些招牌也被称为"青龙牌"。④ 对招牌广告而言，招牌的质地、工艺、造型、漆色等与其作为载体所承载的广告信息浑然一体不可分，因而招牌本身也可视为广告信息的延伸部分。

---

① 杨海军．论中国古代的幌子广告［J］．史学月刊（社会史研究），2002（9）．

② 参见黄勇．中外广告简史［M］．成都：四川大学出版社，2003：66-67.

③ 杨海军．论中国古代的广告传播媒介［J］．史学月刊，2006（12）．

④ 张金海，程明．新编广告学概论［M］．武汉：武汉大学出版社，2009：11.

（4）灯笼广告。灯笼广告始于唐代。① 以本来用于装点夜市的灯笼为载体进行广告传播，是唐代以后广告的新发展之一。灯笼广告一般是夜间悬挂于显著位置，灯笼上用“酒楼”、“茶馆”或“客栈”等文字显示商号的行业性质，在黑暗中点烛放亮十分醒目。此后，灯笼广告风行不衰，逐渐从酒店一隅扩展到各行各业。并在其普遍使用中，发展出与不同行业对应的不同造型。比如，酒楼之灯笼形如酒瓮，或为椭圆、宫灯之型，药铺之灯笼状似葫芦。而其颜色和数量亦有所指：数目则代表酒店级别，颜色则代表经营的菜系。毋庸赘述，灯笼亦有载体和标识符号的双重属性。

严格地说，印刷品广告之前的这些广告媒介的发展并未真正改变广告的传播形态，只是信息承载介质自身在外在形式上的不同，又由于这些媒介除作为信息载体外，本身也是某些广告信息的标识符号，在这里，媒介与信息事实上的混一和不可分离，信息承载介质外在形式的发展变化，实质上是对信息形式改良和美化，无关传播形态。

二、基于传播形态的广告形态演进

相比信息形式的发展、改良和类型增加，广告的时空属性、传播模式等传播形态方面的改变对于广告形态演进更具根本性。前者更多的是在细节和局部的缝缝补补，只是在特定阶段内部量变意义的增值，而后者则是不断寻求新的广告媒介以突破既有传播形态的时空限制，在这种基于传播形态跃迁的形态演进中，新广告形态较之旧广告形态的价值增值具有质变意义。这也是整个古代广告形态演进的最强旋律。

在整个古代广告的发展过程中，传播形态跃迁式的广告形态演进发生过两次，清晰地标示着古代广告演进的三个不同阶段。

1. 从诉诸听觉的广告的无媒介状态到诉诸视觉的广告的有媒介状态

诉诸听觉广告，因其无媒介，由于无法通过媒介进行时间上固化或空间上的传递，故转瞬即逝，信息留存极其短暂，同时传播范围受限于空间距离。不难想象，在熙熙攘攘的集市上，叫卖的人即使喊破喉咙也难传到二十米远的地方。声响广告，虽然较之口头叫卖省却口舌之累，仍然传不远。诉诸视觉的广告，信息承载于物质载体之上，信息能长时间的留存，从而在时间属性上获得重大突破。

从诉诸听觉的广告的无媒介状态到诉诸视觉的广告的有媒介状态，广告摆脱了时间属性上信息留存转瞬即逝的限制。诉诸听觉的广告受空间和时间双重束缚，要求买卖双方“同时”和“在场”。诉诸视觉的广告承载于物质载体之上，信息可长时间的留存，消费者对广告信息的接受可以是异步的，并不需要与广告发布“同时”。

但是由于信息生产技术仍然是以手工为主，未实现机械复制，将广告信息置于传单等轻便载体之上并大规模分发，需要巨大的成本——试想，1 000份传单广告，每份都用手抄，想着都有点不寒而栗。因此，从实物、岩石直到后来的幌子、招牌等媒介，主流的广告媒介都倾向于固定在某处（主要是售点周围），其传播范围亦受制于物理距离，因而并未将诉诸视觉的广告在时间属性上的优势转化为传播范围上的空间属性优势。这一任务便留给印刷技术和基于印刷技术的印刷媒介来完成。

2. 从基于手工信息生产的广告形态到基于信息复制技术的印刷广告

基于信息复制技术的印刷广告则改变了幌子、招牌等固定媒介在传播范围上人类感官物

---

① 这里取多数广告史的说法。可参见姚曦，蒋亦冰．简明世界广告史［M］．北京：高等教育出版社，2006：67. 另有一说认为始于五代。

理距离的限制，由于信息规模复制和生产，每一广告单体成本极低，大量制作后可实现主动地大范围传递和分发，而不像之前的广告一样固定于某一处，只能被动地等待“在场”消费者来接触。

印刷媒介的技术基础是造纸术和印刷术。公元105年前后，中国东汉的蔡伦在总结前人经验的基础上发明了造纸术，并由阿拉伯人逐渐传播至欧洲。造纸术的发明为信息的长时间保存和远距离交流提供了既轻便又低廉的载体。公元11世纪中国宋代毕昇在唐代雕版印刷术的基础上发明胶泥活字印刷，传入西方之后，在公元15世纪德国工匠约翰内斯·古登堡进一步改进印刷技术，发明了铸字盒、金属活字、冲压字模和转轴印刷法，不仅提高了印版承受印刷时压力的耐受力和印刷的速度，更重要的是提供了从铸字到印刷的一整套流程。

随着印刷术的发明应用和印刷品的出现，很自然的，以印刷品为载体的广告开始发端。由于信息可机械复制，印刷品广告较之古代广告，实现了低成本的大量生产和大量分发，从而真正实现了一对多的球形传播，并大大扩张了传播范围，突破了之前固定媒介的空间限制。只是较之报纸广告和杂志广告，印刷品广告还没有达到真正“大众”的程度。

就历时态而言，作为古代广告和大众传播广告的过渡形态，印刷品广告自身的形态也经历一个从偏向古代广告形态到偏向大众传播广告形态的演进。最早的印刷品广告是宋朝庆历年间中国济南刘家针铺的广告铜版，现在保存于中国历史博物馆，铜版约4×4寸，整个版面图文并茂，既有店铺标志，又有宣传产品和售卖方法的文字，比西方印刷品广告要早三四百年。1472年，英国出版商威廉·凯克斯顿（William Caxton）为推销宗教书籍而发布了第一份机器印刷广告。广告为长方形（长17.5厘米，宽12.5厘米）的传单，在伦敦教会门前张贴，上面写着书籍内容、价格、售点等关键信息。① 一般认为这标志着西方印刷品广告的开端。

综上所述，印刷品广告刚出现时只是在招贴广告等古代广告形态大体框架不变的前提下，针对广告信息制作这一环的细节改良，由于其革命性价值属性并未得到有效发挥，此一时期的印刷品广告并未成为广告主要的生存形态。直至在古登堡铅合金活字印刷术基础上作为报纸和杂志前身的各类印刷品就开始大量应用于人类社会各个领域，印刷品广告在其形态上才逐步接近大众印刷媒介广告，并成为广告的主流形态。

【参考文献】

[1] 张金海，程明．新编广告学概论［M］．武汉：武汉大学出版社，2009.
[2] 姚曦，蒋亦冰．简明世界广告史［M］．北京：高等教育出版社，2006.
[3] 陈培爱．中外广告史——站在当代视角的全面回顾（第2版）［M］．北京：中国物价出版社，2002.
[4] 刘家林．新编中外广告通史［M］．厦门：暨南大学出版社，2004.
[5] 黄勇．中外广告简史［M］．成都：四川大学出版社，2003.
[6] 杨海军．论中国古代的广告传播媒介［J］．史学月刊，2006（12）.
[7] 郭天昊，杨海军．论中国古代广告发展及表现［J］．史学月刊，1997（6）.

【作者简介】

黎明，博士，湖北大学文学院讲师。

① 陈高唐．广告原理与事务［M］．台北徐氏基金会，1981：11-12.

广告第三人效果研究
——间接广告效果模式

曾秀芹　张婷婷

一、引言

广告作为短期内提高知名度、促进销售，长期内提升美誉度、积累品牌资产的重要手段得到各个市场主体的极大重视，并被广泛运用于市场实践。但是正如美国著名商人约翰·华纳梅克在100多年前说的那样："我知道我的广告费有一半是浪费了，可问题是我不知道哪一半被浪费了?"事实上，广告的作用机制和广告效果一直是研究的重点和难点，正是这个原因也使得广告备受诟病。广告效果和作用机制的研究由来已久，但是以往有关广告作用机制和效果的研究都是从消费者自身的角度出发研究广告对消费者的直接作用，而忽视了广告经过他人而对消费者产生的间接影响作用，广告间接效果路线的研究在这个广告泛滥并且广告效果备受质疑的年代将成为广告效果研究的一个新视角。本文将结合广告经典效果模型——双中介模型和传播学第三人效果理论提出直接和间接效果路线并存的新广告效果模型，并运用第三人效果理论、理性行为理论、广告心理效果模型对该模型进行理论验证，使其更具有普遍的说服意义。

二、广告说服模型简介

从20世纪初开始，研究者就开始对广告之于受众的影响作用机制做了广泛而深入的研究，形成了许多的广告心理效应模式，并且各有侧重点。从20世纪60年代开始，广告说服模型在心理效果模式中占据了统治地位。这类模型的假设是：如果广告要促进销售，它必须通过一定的途径（认知—情感—行为意愿）来说服受众。MacKenZie，Lutz和Beleh（1986）比较了四种可能的广告说服模型，其目的是在于研究广告态度（Aad）是如何影响品牌态度（Ab）和购买意向（PI）的①。这四种模型（如图1所示）分别是情感转移模型（Affect Transfer Hypothesis）、独立影响模型（Independent Influence Hypothesis）、双中介影响模型（Dual Mediation Hypothesis）、交互影响模型（Reciprocal Mediation Hypothesis），比较发现四种模型中都存在3条相同的作用路径，即Cad→Aad、Cb→Ab、Ab→PI。在双中介模型中，他们创造性地发现除了广告态度（Aad）直接影响品牌态度（Ab）的直接路径外，还有广告态度（Aad）经由品牌认知（Cb）影响品牌态度（Ab）的间接作用路径。这一创造性的发现具有重要意义，首先，这意味着广告态度（Aad）是品牌态度（Ab）形成的重要影响

① Mackenzie S. B.，Lutz R. J.，Belch G. E. The Role of Attitude towards the Ad as a Mediator of Advertising Effectiveness：A Test of Competing Explanations［J］. *Journal of Marketing Research*，1986（19）：130-143.

因素①，也意味着广告态度对品牌态度的影响过程这条边缘作用路线与中心路线同时起作用②。随后研究者们提出并且验证了双中介的影响模型③④，实践证明双中介模型是最适合被不熟悉甚至虚拟的品牌做事前评测的广告效果作用模型。本模型提出之后的二十几年间，许多研究对该模型进行拓展与完善，并且应用到包括网络新媒体在内的不同情境中，证明了该模型的多情境适用性和不可挑战性⑤⑥

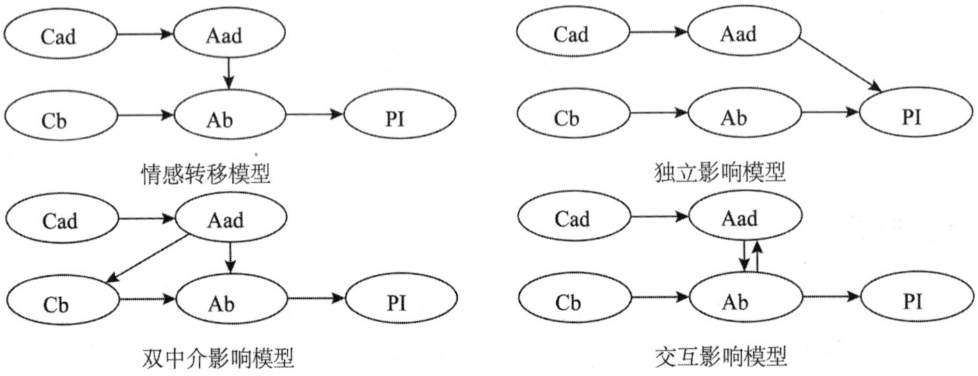

图 1　事前评测条件下的四种假设模型

注：Cad—广告认知，Aad—广告态度，Cb—品牌认识，Ab—品牌态度，PI—购买意向

以往包括双中介影响模型在内的广告心理效果模型一直都从消费者本人的广告态度、品牌态度和购买意向等指标入手，而忽略了消费者如何预期广告对其他人，尤其是重要他人（如礼品的受礼者）的传播效果，和这种预期对消费者本人购买意向的影响作用——广告“间接”作用效果。然而传播学第三人效果理论研究表明：媒介信息作用于受众的途径不仅通过直接作用路线，而且通过间接作用路径，即经过对重要他人的态度或行为的预期而对受众产生的间接作用。

三、第三人效果理论及相关研究的介绍

第三人效果（Third-Person Effect，TPE）概念由社会学家 Davison（1983）提出的，该理论认为媒介信息（尤其是负面信息）对他人产生的影响将大于对自己的影响⑦。第三人

① Park C. W.，Young S. M. The Effects of Involvement and Executional Factors of a Television Commercial on Brand Attidude Formation［R］. Marketing Science Institute，Cambridge，MA，1984，No 84-100.

② Petty R. E.，Cacioppo J. T. Attitudes and Persuasion：Classic and Contemporary Approaches［R］. W. C. Brown. Dubuque，IA，1981.

③ Mackenzie S. B.，Lutz R. J.，Belch G. E. The Role of Attitude towards the Ad as a Mediator of Advertising Effectiveness：A Test of Competing Explanations［J］. *Journal of Marketing Research*，1986（19）：130-143.

④ Coulter K. S.，Punj G. N. Influence of Viewing Context on the Determinants of Attitude toward the Ad and the Brand［J］. *Journal of Business Research*，1999（45）：47-58.

⑤ Coulter K. S. An Examination of Qualitative vs. Quantitative Elaboration Likelihood Effects［J］. *Psychology & Marketing*，2005，22（1）：31-49.

⑥ Karson E. J.，Fisher R. J. Predicting Intentions to Return to the Web Site：Extending the Dual Mediation Hypothesis［J］. *Journal of Interactive Marketing*，2005，9（3）：2-14.

⑦ Davison W. P. The Third-Person Effect in Communication［J］. *Public Opinion Quarterly*，1983，47（1）：1-15.

效果是一种预期，即某一信息不是对“我”（语法中的第一人称）或“你”（第二人称），而是对“他们”（第三人称）产生最大的影响。个人往往高估大众媒介对他人的影响（尤其是消极的影响），而低估其对自己的影响，或者两种估测同时存在。Gunther（2003）还提出了“间接影响模型”，人们首先判断他人是否受到媒介信息的影响，然后根据自己的判断做出相应的反应①。该理论突破了只从受众本人角度来研究媒介信息传播效果的局限，开始重视受众对其他人媒介传播效果的预期和这种预期所产生的影响，研究媒体信息的“间接”传播效果，所以得到研究者的极大关注。该学说成为新世纪最受欢迎的传播效果理论之一，已被国外学者广泛应用于广告、公关、网络营销和新媒体研究，并被证实会对消费者购买意向、口碑传播等行为产生影响。第三人效果理论的提出对媒体信息的传播具有重要的理论和实践意义，从宏观层面来看，可以对众多舆论现象、群体行为进行解释、预测；从微观层面而言，不仅有助于媒介信息的传播者对受众的认知、行为模式进行理解、预测，也有助于传播者制定有效传播策略，改进传播效果，指导传播实践，例如，禹卫华（2008）认为传媒在进行舆论引导的过程中，单一的正面宣传可能并不会带来预期的效果，而适当的间接引导却收效甚大②。

商业广告也是大众传播信息的一种，具有极强的说服性，运用第三人效果理论对商业广告的作用机制进行理论解释是有理论渊源的。首先，大量的第三人效果研究证实了包括政治广告、赌博广告、否认大屠杀的广告、有争议的产品广告、公益广告以及一般商品广告都普遍存在第三人效果认知——人们通常认为自己受这些广告信息的影响小，而别人受的影响大③④⑤⑥⑦。其次，商业广告具有强说服性特点，人们对广告总体态度较多地持负面态度。Calfee 在研究了 60 年的有关广告态度的数据后得出结论，无论广告内容如何变幻，人们对于限制广告一直持赞同态度。70% 的人认为广告总是说服人们买一些自己不需要的东西，它的内容是极其不可信⑧。因而广告被多数人视为负面信息，具有强说服性，不为社会所期许。基于以往解释第三人效果的理论如归因理论框架和乐观性偏见理论，人们因为自私自利的偏差而产生基本的归因错误，如许多人会认为自己比别人高人一等或是比别人更能避开各种负面事件带来的伤害，以维持自尊⑨⑩。人们自信地认为：我可比别人聪明，商业广告可

① Gunther A. C.，Storey J. P. The Influence of Presumed Influence［J］. *Journal of Communication*，2003（53）：199-215.

② 禹卫华，张国良．“第三人效果”研究的新动向——“间接影响模式”的提出及其应用［J］．新闻记者，2008（4）：66-68.

③ Cohen J.，Davis R. G. Third-Person Effects and the Differential Impact in Negative Political Advertising［J］. *Journalism Quarterly*，1991（68）：680-688.

④ Youn S.，Faber R. J.，Shah D. V. Restricting Gambling Advertising and the Third-Person Effect［J］. *Psychology and Marketing*，2000，17（7）：633-649.

⑤ Price V.，Tewksbury D.，Huang L. Third-Person Effects on Publication of a Holocaust-Denial Advertisement［J］. *Journal of Communication*，1998，48（2）：3-26.

⑥ Shah D. V.，Faber R. J.，Youn S. Susceptibility and Severity：Perceptual Dimensions Underlying the Third-Person Effect［J］. *Communication Research*，1999，26（2）：240-267.

⑦ Gunther A. C.，Thorson E. Perceived Persuasive Effects of Commercial and Public Service Announcements：The Third-Person Effect in New Domains［J］. *Communication Research*，1992（19）：574-596.

⑧ Calfee J. E.，Ringold D. J. The 70% Majority：Enduring Consumer Beliefs about Advertising［J］. *Journal of Public Policy & Marketing*，1994，13（2）：228-239.

⑨ Gunther A. What We Think Others Think：Cause and Consequence in the TPE［J］. *Communication Research*，1991（18）：355-372.

⑩ Duck J. M.，Mullin B. The Perceived Impact of Mass Media：Reconsidering the Third-Person Effect［J］. *European Journal of Social Psychological*，1995（25）：77-93.

能会说服其他人，但却说服不了我，从而产生了商业广告对他人产生影响大于自身的看法，即第三人效果认知。Huh 早在 2004 年就提出第三人效果的研究应该涉及大众商品广告，不同的消费群体对不同的产品广告会产生不同的第三人效果感知，而这种感知与由广告导致的消费行为密切相关①。

四、间接广告效果模型的提出

第三人效果理论中受众高估媒体信息对他人的影响，具体是指高估媒介信息对他人在态度及行为两个层面上的影响，即第三人效果认知和后续行为②。第三人效果理论和实证研究表明一般商业广告中普遍存在第三人效果认知，说明第三人的态度及意向与消费者本人的态度及意向之间存在差异，并非是相同概念或变量。然而，双中介影响模型中包含广告态度与品牌态度两个态度变量和购买意向一个行为倾向变量。为了将第三人效果理论与双中介模型结合进行研究，我们将消费者看完商品广告这种强说服性信息后产生的第三人效果认知细分为对他人（尤其是重要他人）广告态度的预期，即第三人广告态度；对他人品牌态度的预期，即第三人品牌态度；对他人购买意向的预期，即第三人购买意向，并将这三者统称为“广告第三人效果认知”。第三人广告态度、第三人品牌态度和第三人购买意向等广告第三人效果认知真实存在，将这些新变量纳入广告说服模型中，对研究广告间接效果传播路线富有意义。

基于以上理论阐述，本研究将第三人广告态度、第三人品牌态度和第三人购买意向三个变量加入双中介影响模型中，在原有广告效果直接传递路线：广告态度→品牌态度→购买意向的基础上，添加一条广告第三人效果的间接传播路线：第三人广告态度→第三人品牌态度→第三人购买意向，形成了一个包括直接和间接广告效果传播路线在内的全模型，变量之间关系如图 2 所示。

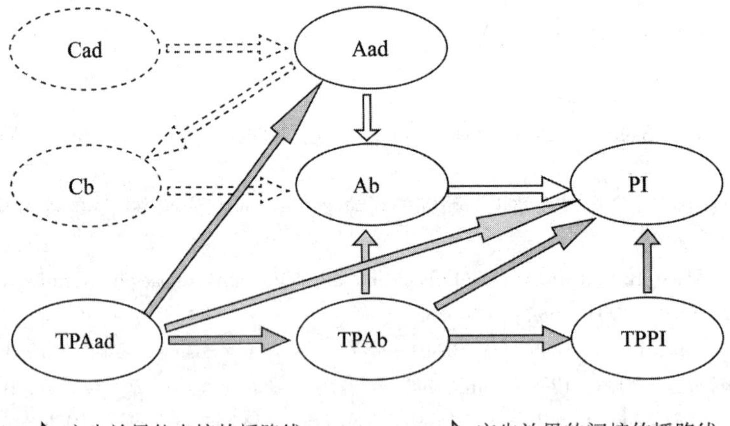

图 2　新模型的示意图

注：Cad—广告认知，Aad—广告态度，Cb—品牌认知，Ab—品牌态度，PI—购买意向，TPAad—第三人广告态度，TPAb—第三人品牌态度，TPPI—第三人购买意向

---

① Huh J.，Delorme D.，Reid L. N. The Third-Person Effect and its Influence on Behavioral Outcomes in a Product Advertising Context：The Case of DTC Prescription Drug Advertising［J］. *Communication Research*，2004，31（5）：568-599.

② Duck J. M.，Mullin B. The Perceived Impact of Mass Media：Reconsidering the Third-Person Effect［J］. *European Journal of Social Psychological*，1995（25）：77-93.

1. 第三人广告态度（品牌态度）与本人广告态度（品牌态度）间关系

第三人效果理论的核心假说是人们倾向于高估大众传播信息（尤其是负面信息）对他人的影响，而低估对自身的影响。那么，受众对自己和他人的传播效果为何会产生这样的认知差异？第三人广告态度（品牌态度）与本人广告态度（品牌态度）之间有何联系？Park 和 Salon（2005）应用社会比较理论来解释第三人效果的发生过程：人们首先试图通过客观的方法来评价他们的意见与观点。如果这些方法无效，他们就通过与别人的比较来判断自己的观点与能力①。而大多数的比较是没有任何现实上的信息依据，人们仅会想象其他人的思想或者行为，而不是实际对比具体的事实与数据。当我们要消费者评估其广告态度（品牌态度）时，由于大多数情况下他们没有客观方法或事实依据来评估他们自己的态度，所以他们首先预计他人的广告态度（品牌态度）大小，然后再确定自身态度的大小。可见，第三人广告态度（品牌态度）将影响消费者本人的广告态度（品牌态度），作用方向如图 2 所示。

但是第三人广告态度（品牌态度）和本人的广告态度（品牌态度）间的影响是如何发生作用的呢？二者之间的影响关系在方向和大小上一成不变的吗？是不是如传统第三人效果理论所说，媒介信息对他人的影响大，即第三人广告态度（品牌态度）大，对自己影响小，即本人广告态度（品牌态度）小？其实不然，近来学者们注意到第三人效果认知与信息性质（广告信息的社会称许性、广告能否激起受众的正面情感）和消费者的预存知识有着密切的关联。Golan 和 Day（2008）研究表明当人们接触违背社会期望的、负面的信息时，产生正常的第三人效果认知；而当人们接触符合社会期待、能够引起正面感情的媒介信息时，则产生反第三人效果认知：倾向于预期这类信息对“自己”的影响大于对“其他人”的影响②。Gunther 和 Thorson（1992）的实证研究也表明：人们觉得那些带有积极感情色彩的广告对自己的影响大于他人，而那些中性的广告却并非如此；White（1997）研究表明那些有着强有力的（而非苍白乏力的）论据支持的说服性信息对自己产生了较大的影响③；Banning（2001）研究表明将广告看做中性信息的受众产生第三人效果认知的概率比较小，而将广告看做负面信息的受众产生第三人效果认知的概率比较大④。Henriksen 和 Flora（1999）对中小学生们研究表明：对于香烟广告，孩子们觉得对他人的影响要比对自己的影响大得多，但是对于主张反对吸烟的广告，孩子们认为反吸烟广告对自己的影响大于对其他人的影响⑤。Salwen（1999）研究认为预存知识是第三人效果的调节变量，并与第三人效果呈正相关，即有关某个议题的知识越多，认为自己所受的影响越小；有关某个议题的知识越少，认为自己所受媒体的影响越大⑥。所以二者之间具体影响关系受到多种因素的调节，并非一成不变的。

① Park H. S. , Salmon C. T. A Test of the Third-Person Effect in Public Relations：Application of Social Comparison Theory ［J］. *Mass Communication and Society*, 2005 (82)：25-43.

② Golan G. J. , Day A. G. The First-Person Effect and its Behavioral Consequences：A New Trend in the Twenty-five Years History of Third-Person Effect Research ［J］. *Mass Communication and Society*, 2008, 11 (4)：539-556.

③ White H. A. Considering Interacting Factors in the Third-Person Effect：Arguement Strength and Social Distance ［J］. *Journalism & Mass Communication Quarterly*, 1997, 74 (3)：557-564.

④ Banning S. Do You See What I See? Third-Person Effects on Public Communication through Self-Esteem, Social-Stigma, and Product Use ［J］. *Mass Communication and Society*, 2001, 4 (2)：127-147.

⑤ Henriksen L. , Flora J. A. Third-Person Perception and Children ：Perceived Impact of Pro and Anti-Smoking Ads ［J］. *Communication Research*, 1999, 26 (6)：643-665.

⑥ Salwen M. B. , Dupagne M. The Third-Person Effect ：Perception of the Media' s Influence and Immoral Consequences ［J］. *Communication Research*, 1999, 26 (5)：523-550.

2. 广告第三人效果认知与购买意向之间关系

广告第三人效果认知对本人购买意向之间的影响作用的理论依据可源于两个理论及其研究。首先第三人效果理论认为：人们首先判断他人是否受到媒介信息的影响，然后根据自己的判断做出相应的反应，实证研究也表明受众的第三人效果认知会引发受众支持限制广告信息或支持进行广告审查等，如支持限制有争议的产品广告①。近年来，研究者们开始重点研究第三人效果认知与实际行为而非行为意向之间的关系。DeLorme 和 Huh（2006）研究发现老年人对 DTC 药品广告不仅产生第三人效果，并且第三人效果成为后续药品购买行为最为显著的预测变量②；Golan 和 Banning（2008）发现品牌广告和公益广告都产生了第三人效果认知，随着第三人效果认知的增强，消费者本人更有可能加入社会期许的行动中去③。Day（2008）研究发现公司商业广告、品牌意识广告和公共事件广告都存在反第三人效果认知，并证明反第三人效果认知与后续行为（乐意做社会所期望的事）之间具有显著的相关④。王丽丽和吕巍（2010）研究也证明第三人效果认知对名人广告受众的态度和行为有较为明显的影响⑤。以上研究表明，广告第三人效果认知与包括限制广告内容、公益行动和购买意向在内的多种行为意向及行为存在关联，在上文的理论建构中广告第三人效果认知包括第三人广告态度、第三人品牌态度和第三人购买意向三个组成部分，所以，以上三个部分都会直接对广告后的消费者购买意向产生影响。

第二个理论依据是合理行为理论，人类行为的研究者 Fishbein 和 Ajzen（1975）提出了理性行为理论，该理论认为个体的行为在某种程度上可以由行为意向合理推断所得，而个体的行为意向（Behavior Intention，个人想要采取某一特定行为的行为倾向）又是由自己对行为的态度（Attitude towards the Behavior，个人对特定行为对象所反映出来的一种持续的喜欢或者不喜欢的立场）和主观规范（Subjective Norm，对其有重要影响的他人希望自己采取或不采取该行动的压力和与他人意见保持一致的动机水平）所共同决定的⑥。理性行为理论是诞生于美国的行为预测理论，尽管对美国的样本行为有很好的预测力，但是有些学者认为此模型存在着中西偏见。这种偏见主要来自于“主观规范”部分，Chan 和 Lau（2001）认为中国是一个集体主义的国家，这种文化背景下中国人态度对行为意向的预测力要小于主观规范对行为意向的预测力⑦。李东进等（2009）根据中国文化特点对合理行为模型进行了修正，用面子意识和群体一致意识两个变量替换了主观规范这个变量，提出了更为适合中国消费者购买意向的模型⑧。本研究中的“广告第三人效果”（消费者对重要他人的广告态度、品牌态度和购买意向的预期）类似于面子和群体一致性，与理性行为理论中的“主观规范”

---

① Shah D. V., Faber R. J., Youn S. Susceptibility and Severity: Perceptual Dimensions Underlying the Third-Person Effect [J]. *Communication Research*, 1999, 26 (2): 240-267.

② Delorme D. E., Huh J., Reid N. L. Perceived Effects of DTC Prescription Drug Advertising on Self and Others: A Third-Person Effect Study on Self and Others [J]. *Journal of Advertising*, 2006 (35): 47-65.

③ Golan G. J., Banning S. Exporing the Link between the Third-Person Effect and the Theory of Reasoned Action: Benificial Ads and Social Expectations [J]. *American Behavioral Scientist*, 2008, 52 (2): 208-224.

④ Day A. Outing of the Living Room and into the Voting Booth: An Analysis of Corporate Public Affair Advertising under the Third-Person Effect [J]. *American Behavioral Scientist*, 2008, 52 (2): 243-260.

⑤ 王丽丽，吕巍．消费者第三人效果感知对名人广告效果影响研究［J］．软科学，2010，24（6）：128-132.

⑥ Fishbein M., Ajzen I. Belief, Attitude, Intention and Behavior: An Introduction to Theory and Research [J]. *Mass: Addison-Wesley*, 1975 (5).

⑦ Chan R., Lau L. Explaining Green Purchasing Behavior: A Cross-Cultural Study on American and Chinese Consumers [J]. *Journal of Consumer Marketing*, 2001, 14 (3): 9-40.

⑧ 李东进，吴波，武瑞娟．中国消费者购买意向模型［J］．管理世界，2009（1）：121-129.

存在同质性；而消费者本人的品牌态度与理性行为理论中的“自己对行为的态度”具有同质性，因而正如理性行为理论中，行为意向由“自己对行为的态度”和“主观规范”共同决定一样，在广告说服模型中，购买意向由消费者本人的品牌态度和广告第三人效果共同决定。其中“态度”影响“行为意向”的路线相当于传统广告直接效果影响路线，而“主观规范”对“行为意向”的影响路线则类似于广告第三人效果作用于购买意向的间接影响路线。理性行为理论证实了影响人类行为倾向的因素不仅包括自身的行为态度，还有对他人意见压力的感知两个部分。也就是说，影响消费者观看广告后的购买倾向的因素不仅包括消费者自身的态度——由广告所产生的广告态度和品牌态度，还包括广告第三人效果认知——如上文所说的第三人广告态度、第三人品牌态度和第三人购买意向。其中有关主观规范部分的论述支持了以第三人效果为基础的广告间接效果路线存在的合理性。

五、间接广告效果模型的意义与不足

本研究的理论意义主要在于突破了传统的广告直接效果思路，首先将广告的直接效果模型，即双中介广告效果模型与第三人效果理论结合，提出广告间接效果路线和模型，接着又运用各种理论与研究对该模型进行解释和验证，形成了包括直接和间接效果路线在内的广告说服模型，拓展了广告效果研究的新路径，开拓了广告效果研究的新视野。

该模型也有较大的实践意义，首先该模型对于指导广告形式从硬广告、“推式广告”到“拉式广告”、第三人效果广告形式的转变有重要意义。根据第三人效果理论，从宣传者或其他劝服传播者来看，第三人（尤其是重要他人）才是那些传播信息的“真正受众”。在广告劝服传播中，直接针对目标对象进行劝服，受众可能产生逆反心理、防御心理，很难突破受众心防，实现传播效果；而以第三人效果为基础的间接影响策略，则改为表面上针对目标对象具有重要意义的“第三人”，给目标受众造成对其有重要意义的“第三人”已经被说服的知觉，继而达到说服目标受众的目的。这种间接迂回策略的优点是减少正面说服的直白性，降低受众防御心理，采用更隐蔽、友好的方式实现传播说服意图。传统的硬广告、“推式广告”追求直接影响、经济实效，在广告创意策略上重在介绍产品的优点、利益，媒体策略上则重在精准，瞄准目标对象，饱经广告轰炸的消费者们可能对此无动于衷；而口碑营销广告、饥饿营销广告、话题营销广告、制造流行趋势广告等却巧妙地应用了广告第三人效果的间接传播方法，不是直接说服目标受众，而是转向说服对目标受众有重要意义的“第三人”，通过让人们感觉到身边人和其他人都在谈论它、追逐它，造成“第三人”已经被说服的知觉，让目标受众对“第三人”的态度和行为产生预期，从而达到让目标受众受到驱动，加入购买该产品的大潮中的目的。

此外，该模型对一些特殊情境下的广告投放媒体策略和广告创意策略的具体操作也有重要的指导意义。在购买者和使用者相互分离的情境下，产品广告的目标受众不仅要包括礼品的购买者，还应该包括实际使用者，让购买者感受产品知名度高，连使用者都知道该产品很有名。广告创意策略上则不单直接说服购买者，更重要的是让购买者感受到该广告能够说服使用者，从而放心购买该产品。例如在为长辈购买礼品时，购买者往往买知名度高、认为能够说服老年人的产品，这可能是脑白金等广告虽然创意性不高，但其实际广告效果却很好的原因之一。脑白金的广告策略让购买者形成预期：“脑白金广告打动不了我，但它在这么高知名度的情况会打动老年人。”所以在选购送给老年人的礼品时仍会选择脑白金。另一种情境是声望型产品做广告时，消费者非常看重参考群体（重要他人）的意见和看法，因此，参照群体应该成为声望型产品的重要广告创意点。最典型的例子为奢侈品广告，吴波(2010)认为奢侈品广告不仅要通过各种宣传方式和广告诉求点强化消费者对其质量方面的认识，满足其享乐的需求，更重要的是应该树立品牌的鲜明个性凸显象征意义，并在定价方面考虑消费者的炫耀心理，严格选择分销渠道尽量控制分销渠道的数量，适当推出限量版的产品①；在代言人的选择方面，选择消费者向往的参照群体作为产品的形象代言人，给消费者造成其所向往的参照群体的成员已经被说服并且都在使用该产品并对该产品持正面态度的知觉，消费者出于炫耀、从众和领先等动机，为了能够成为该群体的成员，仍会选择购买该产品。

当然本研究也有许多的不足之处，首先，理性行为理论是有关行为预测的理论，主要研究态度如何有意识地影响个体的行为，但是由于实际行为的测量和行为意向的测量之间的时间间隔在广告效果研究领域还不是很确定，同时因为广告效果的研究采用实验研究的方法对虚拟或者消费者不熟悉的品牌做事前检验，实际行为不一定发生而且测量难度较大，所以就将实际行为部分隐去，但是有关广告实际效果即消费者的实际购买行为的研究将是以后研究的重点。其次，传播学领域研究表明第三人效果认知与后续行为之间的关系错综复杂，受到其他多种因素或变量的调节，如购买目的（为自己购买或是为他人购买）、品牌概念类型（声望型品牌或实用型品牌）等。由于考虑到本模型已经较复杂，所以没有将这些调节因素纳入模型中，这将影响该模型的完整性。

【作者简介】

曾秀芹，厦门大学新闻传播学院副教授，心理学博士。

张婷婷，厦门大学新闻传播学院广告学硕士研究生。

① 吴波．基于合理行为理论的奢侈品购买动机研究［J］．安徽工业大学学报（社会科学版），2010，27（4）：18-20.

广告传播信用模式建构
——基于经济学视角

徐莉莉

广告是企业通过宣传产品或服务的特征、共享产品或服务信息承诺，而与公众建立信用关系的一种传播手段，以期达成企业与消费者之间实现“销—购”的合作状态。也就是说，广告是为解决营销中的信息不对称而派生出来的信息传播服务；但广告这种信息传播服务一经产生，本身又成为一种需要建立信任的服务产品，自身又不可避免地派生出信息不对称。

一、广告传播中信息的非对称性

信息不对称理论研究始于美国20世纪80年代，其基本观点为：当一个市场缺乏足够的信息或者信息质量有问题，就不可能带来有效的市场行为，就必定产生道德风险——卖方能向买方推销低质量商品。因此掌握信息量较少的购买方或消费者就将进行行为调整，对掌握信息量更多的销售方就应该进行信息甄别，从而降低风险。也就是说在市场交易中，买卖双方对商品信息的知晓程度是严重不对称的。卖方为了获取高利润，总是千方百计地掩藏真实的成本信息，而对商品的质量性能之高、其价位之低，总存在一种夸大溢美的心理趋向。买方则总是试图将出价逼近最低，而尽可能地获得更多的商品信息，但真实的商品信息的获得却是需要成本的；如此，便产生为降低购价却又需支出获取信息成本的矛盾，这就使得买方只能在信息不完备的状况下进行购买。在这种情况下，生产者即卖方为了改变因为信息不对称引起的不利局面，就会向消费者传达产品和服务质量的信息，决定从事一定的市场信号传递，而广告就是信号传递的最优方式。可以说，广告正是信息不对称状态下的产物，是不对称信息下确保市场有效运转的一种必不可少的信号传递手段。而且在商品越来越丰富多样的今天，广告是消费者强有力的信息源，这也是广告最大的存在理由。

然而当我们面对铺天盖地、被包装得面目全非的广告，我们能够感知、获取的信息却越来越少。广告曾经作为消解信息不对称最常见的武器却显得那么软弱无力。我们知道，广告传播一定意义上正是为买方的信息获得提供了方便，并为买卖双方的信息不对称进行一些弥补，而事实上也确实提供了商品选择的信息。但是，由于广告本身就是广告主授权广告公司、媒体发布的，而且广告传播本身对商品信息一方面具有高选择性，另一方面则又具有对更多的商品信息高掩盖性，这就形成了更大程度上广告传者与受者之间信息的不对称。即：广告传播向受众告知的只是极为有限的信息，而仅获得这样有限信息的受众则不可能对广告产生绝对的信赖。如此，则由于广告的介入，买卖双方的信息不对称并未消解，相反却呈现得更为复杂。

而从广告信息传播的流程上看，其信息经过广告主、广告公司、广告媒体等多个环节的流转，加之不同主体的职业道德、广告的创意手段、制作过程、媒体发布、审美倾向等因素的介入，广告信息对于商品真实的反映必然呈现一种逐步衰减的趋势；到消费者通过广告信息接触，其中接受到最能反映商品真实状况的、有价值信息已是微乎其微。用舒尔兹的话来说，这就是导致了消费者“浅尝信息式购买决策”的时代到来。

在现代信息社会，随着媒体的细分及碎片化，媒体环境中广告数量成千上万，而且广告信息与信息之间存在着干扰性，而接受能力有限的消费者面对泛滥的广告信息方反而愈发“看不见”：既不能得到正确的信息，又难以归纳和总结出对自己有用的信息，使得他们无所适从，变成了广告信息的傀儡。如果消费者想获得真实详细的信息，需要付出注意力成本，如，需要购买杂志报纸、观看电视、主动搜集广告传单，到销售地点亲自查看，询问等，这些广告信息搜索无疑需要支出大量的时间和金钱成本。一般来说，搜寻成本与信息是成正比的，即信息越充分，搜寻成本越高。因此由于现代商品信息越来越复杂，致使信息搜寻成本居高不下，这就使得散布的、以个体行为为主的消费者想获得充分信息变得不可能，追求信息的完全对称则更为不可能。

《新约·马太福音》曾演绎了“马太效应”现象，即：凡是少的，就连它所有的，也要夺过来；凡是多的，还要给它，叫它多多益善。它反映了当今社会中存在的一个普遍现象，即“赢家通吃”。而在广告传播中，广告信息虽然是作为一种克服信息不对称的“信号”而出现的，但由于如上我们分析所指出的广告传播中本身又产生新的不对称性，这就进一步加剧了信息不对称状态：一方面消费者首先就在产品交易的信息不对称中处于下风、又因为广告加入对于广告本身产生新的信息不对称，使得消费者往往产生盲从性的依赖；另一方面，广告主则可利用产品加广告本身所形成的信息不对称，而无顾忌地进行广告传播，更推高了其主观性的扩大信息不对称几率，以致形成广告传播信息不对称的马太效应。如“三鹿奶粉”事件中，当其产品所具有的三聚氰胺已经致使数千上万的幼童患上肾结石，其广告依然在全国各大媒体得以刊播，并继续在诱导着消费者的盲目消费。显然，这种广告传播信息不对称的“马太效应”后果令人担忧，亟待正视。

二、广告传播中信息不对称“破冰”的战略契机

广告传播信息不对称的“马太效应”后果固然可怕，但随着社会发展，广告传播的环境相对于纯大众传播时代已经发生极大变化，在一定意义上可以说，恰是解决广告传播中信息不对称问题的“破冰”战略机遇来临了。其主要体现为如下三点：

1. 新媒体为低成本信息供给与获得奠定基础

美国《广告时代》的副总裁 Joc Cappo 曾经在一篇题为《广告公司：不变则亡》（*Agencies：Change or Die*）的文章中写道：“现在广告业发生了一场规模巨大的革命，这场革命发生在美国，但影响了许多其他广告和媒体较发达的国家。”美国传播学家沃纳·赛佛林等人甚至认为：“目前，广告业正处于一个变化阶段，其主要原因是媒介环境发生了巨大变化。传统上针对广大不知姓名观众的大众媒介广告是一种行将消亡的传播形式。”虽然对“大众媒介广告行将消亡”的预言过于绝对，但数字化新媒体的强势崛起，并全方面影响着广告传播，为低成本的充足信息供给奠定基础，却是不争的事实。

目前，新媒体发展主要体现如下：其一，传统的纸质媒体与新媒体融合，变身为新的媒体形式，如报纸网络版、手机报、电子杂志等已全面进入受众的日常生活。其二，传统以广告支持的电视媒体正在演变为收费支持的数字电视，如此则使得传统的电视广告失去存在前提，而取代以传统广告传播商品信息的则是商品信息更为丰富的电视购物频道。其三，最初发布式的网络广告自身也蜕变为品牌信息、产品展示体验、电子商务一体化的商业信息服务。其四，商品信息与其他社会信息一样，在3G手机界面上得到全面聚合，催生出受者个性化的信息定制与智能选择，即3G手机界面同样不会强制性地、不期而遇地出现传统的广告，而是满足不同个体需要的个性定制的新闻包、视频包、商品信息包。

我们知道，基于新媒体的信息传播，具有信息海量、符号多样、双向互动、即时便捷等

特点。如此，就必然使得包含广告在内的信息供给与获得，不仅更加丰富多样，而且成本更为低廉。如对销售方即广告主来说，其在新媒体上所提供的商品信息，则全然挣脱了路牌与报纸的有限广告空间、电视广播的5~15秒的常规广告发布时段限制，不仅更为丰富多样、真实充分，而且通过自己可以掌控品牌网站，展示商品、介绍企业，使得传播成本极为低廉。而对于消费者来说，则可通过新媒体上的自由链接，更方便、更快捷、更充分地搜索获取商品信息，其支出的财务、时间、注意力成本也更低。这显然就为打破广告传播信息不对称奠定了全新的媒体基础。

2. 消费者自主进行广告信息搜寻

从某种意义上讲，数字传播技术意味着“受者中心”时代的真正来临。黄升民教授对于新媒体环境下的广告传播曾经说道：“广告从简单的传播工具，向集多种交流渠道和多类交流方式于一体的沟通平台演化，实质是广告媒体化的一种功能推演。平台的搭建对于捕捉分散与聚合的需求和市场而言意义非凡，‘多媒体’与‘泛媒体’潮流为广告传播的平台化提供了必要的条件，我们可以凭借其定向、精准、互动等特征，向消费者和企业充分传递各自所需的有效信息，从而填平企业与消费者的信息鸿沟，消除二者之间的信息不对称。”这里，他明确指出了基于新媒体的广告传播，有助于消费者的信息获得，并消除其中的信息不对称。在此背景下，一直在传统广告接受中处于被动地位的消费者获得意识觉醒与行为自觉，其为了自身的消费利益自主进行信息搜寻就成为消费的必然功课。诚如台湾学者黄振家所指出：消费者拒绝传统广告，却可以在新媒体环境中选择想观看的广告类型、品牌信息。这也正是丁俊杰所指出的“消费者不再相信单一的信息来源，他们需要不断地‘搜索’、‘分享’和‘比较’，从而获取自己更需要和更满意的信息。这就又提出一个命题：在信息泛滥的今天，怎样才能吸引消费者主动出击去搜索并分享广告信息？我们的回答是‘广告传播平台化’，以网络技术和数据库技术为内核，将原来对于消费者的‘轰炸式’的传播方法演化为‘尊重本体需求下的吸引’模式。”也就是说，消费者为了突破商品及广告传播信息不对称的藩篱，将在新媒体平台上更为自觉地进行商品信息暨广告信息的搜寻，以在信息相对对称或满足的前提下进行消费。

我们知道，新媒体环境下消费者面对的是一个广义的广告信息数据库平台，其包括品牌网站及虚拟商店、行业网站、专业商场网站、网上消费者社区、数字电视广告频道等。媒体经济学家布鲁斯·欧文曾说道：“我对自己提出的最重要的问题是：怎样使广告成为人们不仅愿意容忍而且乐于获得的东西？”当广告信息的数据库足够庞大，且分类清晰、实时更新、链接快捷，消费者所需要的广告信息应有尽有，等待消费者点击、遥控、浏览的“广告”显然成为他们“不仅愿意容忍而且乐于获得的东西”了。广告信息的搜寻获得对于消费者来说，不仅必要，而且很容易地乐于获得；再加上其消费利益最大化的动机必然驱动着他们自觉、自主地进行信息搜寻。如此，则在他们自主、自觉、乐意的广告信息搜寻中一点点地消解着广告信息的不对称。

3. 关系营销理念引导广告主信息透明化

任何的交易所处的市场均是信息不对称的市场，因此市场营销的实质就在于降低信息不对称程度，作为营销延伸的广告传播目的同样也在于此。而在新媒体环境下，随着消费者对于信息的搜寻需要，对自己的产品充满自信的广告主为了达成营销目的，其自然愿意透明地提供商品及广告信息，并与消费者建立一种良好的互动关系，以在关系基础上形成营销，这就是关系营销。正如美国营销学者邓·皮泊斯等人所说：“对于树立客户战略的企业来说，同单个客户进行的互动，就变成了一种对双方都有利的经历。……现在的互动就是企业同客户共同合作、协同努力，共同促进这笔交易。而每一次的成功交易，都对参与的双方更加有益，双方的获利也就更大。现在企业关注的重点从过去那种单项的信息传递，或者是销售的继续、重复的过程，即简单的重复，已经转变到客户和企业双方都能感觉到的，是从达成一种交易进化到建立一种关系。这个过程的目标是，在企业同其客户建立起相互依存型关系，在不断改进的过程中让客户的满足感越来越强烈。如果这个过程进行得很成功的话，那么，这种合作的结果就是使客户和企业都能获得利益，并且都希望能够继续合作下去。"显然，这里的"互动"，让客户具有信息的满足感——亦为信息传播获得了相对的对称，并在营销合作中彼此获利并期待建立持续的合作关系。这就是关系管理理论所描述的："成功的关系是双向导入的——参与的双方都是赢家。如果某种状态下的关系，其基本的情况是参与方中只有某一方能够得到利益，那么，它就会招致毁灭性的失败。因为这种关系的参与方是不会去维持这种关系的，除非双方都能够看到和感觉到有明确和显著的利益存在。"因此，"真正的客户关系，远远不止只有功能性的关系，它在很大程度上是一种主观上的感知。这是由信任、依赖性、共享的历史与价值，相互尊重、关心、分享对方的成功、热情、社会支持和有效的双向交流等因素所形成的结果。当上述这些特征出现时，就可以说，已经开始形成和接近达到一种真正的客户关系的境界。"

而要建立理想的客户关系，我国旅美学者居延安在他的著作《关系管理》中强调 6 个 C：Common Interest（共同利益和兴趣）、Communication（交流、沟通）、Credibility（信誉、可信）、Commitment（承诺、执著）、Collaboration（合作、协作）、Compromise（妥协、让步）。如此，我们可以很分明地看到，正是通过信息互动，从而建立以顾客利益为核心的关系管理，实现关系营销。反过来，广告主在关系营销的理念引导下，充分、透明地进行广告信息传播，则为打破信息不对称提供了传者主体的战略因素。

三、公众监督主导的广告传播信用模式

信息低成本供给的新媒体崛起、消费者信息意识觉醒与行动，以及广告主的信息告知自觉等三大趋势，确实为广告传播信息不对称进行"破冰"提供了战略契机；但是，打破传播信息不对称并非广告传播的根本目的，而是为广告传播信用建立提供前提。即，广告传播归根结底是为取得消费者及其公众的广告信任所服务的。为此，就有必要从信息不对称"破冰"入手，进入到信息相对对称、以致广告传播信用的全面建立。这就需要进行广告传播信用模式的建构。

进行该模式的建构，有两点需特别予以说明与强调，即：

其一，"广告"概念的全新认识。当我们论及广告信息不对称的时候，我们思维针对的是传统意义的狭义广告，即付费的、可识别的、在大众媒体上发布的商业信息。但在新媒体环境下，我们对于广告的广义认识，则是包含自主的、不可识别的、在数字媒体上以多种形式出现的品牌传播，如搜索引擎、企业网站、网上商店、自由论坛、个人博客等。

其二，"消费者"与"公众"的一体化。虽然广告主出于产品营销的目的以及广告需锁定目标消费者的考虑，其广告传播总是期待针对精准的目标消费者；但事实上，任何目标消费者群体总是隐身于广大的公众中，且因为二者之间具有随时转化、利益与共的特点，实际上已经实现一体化。也就是说，本文所建构模式中的"公众"是包含消费者，且以消费者为核心的。而且以"公众"包含"消费者"的另一层含义，则在于人们认识到消费者，尤其是目标消费者，尚是分众的、小众的，其能量是有限的；而"公众"则是大众的、公共的、无所不在的，其能量无可限量。

在如上两点界定的基础上，我们所建构的乃为"公众监督主导的广告传播信用模式"，如图 1 所示。

在图 1 中，我们可以很分明地看到，广告主的产品、营销沟通、广告信息一切均是为了

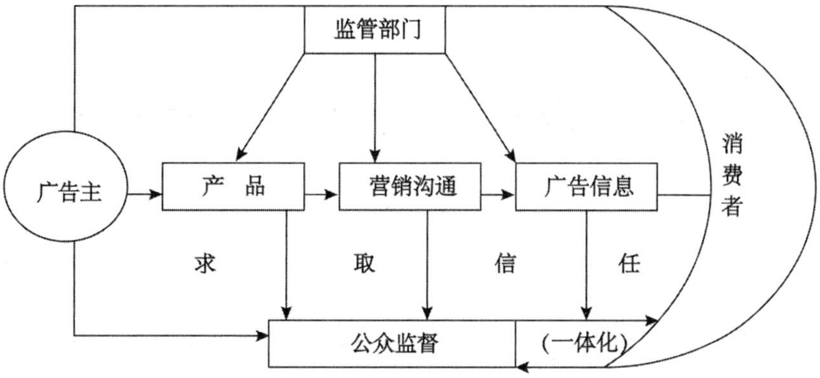

图1　公众监督主导的广告传播信用模式

求取信任于消费者，又因为消费者与公众事实上的一体化，于是广告主包括广告信息传播在内的一切行为均箭头指向了一体化的“公众·消费者”，并因此呈现出“公众监督主导”的总体态势。

在该模式中，由于新媒体可以使广告主低成本供给信息，而散布在市场、社会各地，甚至“潜伏”于广告主身边的公众，则会通过各种互动的新媒体质询广告主、分享广告信息，这就使得广告主的全部行为链均需向公众披露信息，接受具有信息搜寻需求及信息辨析力的公众监督，求取“公众·消费者”信任。从而使得广告主所提供、发布的广义广告信息更为充分，且相互印证，从而提高其广告传播的信用。

在如上的模式图中，我们可以看到，代表民众与社会公共利益的政府监管部门，则需以“公众·消费者”利益为准绳，对于广告主包括广告传播的全部行为进行全程监督，依法进行查处，并公示结果，从而形成广告传播信用建立的权威震慑力与制衡力。

在监管部门参与、权威见证的基础上，再加上无所不在的“公众·消费者”最为权威的舆论，集体行为性的监督、制衡，使得广告主的广告传播只有华山一条路可走，这就是：必须使广告传播越来越接近信息对称、使广告信用度越来越高，从而进入一种广告传播信用建立的良性循环。

可以说，“公众监督主导的广告传播信用模式”乃是一个整合各方需求、兼及各方利益，以平台公共化、信息透明化、使用互动化、行为制约化的一种理想性的广告传播模式。在该模式中，公众可以自由搜寻广告信息、与广告主沟通互动、可以随时转换成为事实消费者、可以方便地向政府监督部门投诉、可以彼此呼吁获得舆论的支持，并由此而具有主动性。广告主以及代理广告公司则须根据公众暨消费者的如上主导，进行产品及广告信息的全面披露与告知。政府的监管部门则可在与公众保持密切沟通中，面对充足的广告主及广告信息，有效地实行广告传播的监管职能。而媒体则真正回归于让各主体既自由便捷使用，又守法取信的“媒体”角色。

但我们需正视的是，这一各方利好的“公众监督主导的广告传播信用模式”还仅仅呈现雏形，其根本的原因依然须回到本文所指出的“三大契机”上来审视，即：信息低成本供给的新媒体与传统的大众媒体相比其比重还甚低，消费者暨公众信息搜寻的自觉性与时间成本尚不够理想，而广告主为了自身利益的最大化，在产品与广告信息透明度与即时性上也还在彼此观望、小步推进。但可以肯定的是，这一广告传播的信用模式正在得到建构，有望在各方主体的自觉推进中持续优化，从而逐步形成信息对称、信用提升的可喜局面。

【作者简介】

徐莉莉，武汉大学新闻与传播学院博士生，中国计量学院副教授，广告学系系主任。

中国平面广告设计研究评述（1980—2011）

王 锐

自从中国1978年改革开放、1979年开放广告市场以来，广告作为一种商品交换和信息传递的工具越来越受到人们的关注。广告设计作为广告作品生产的核心环节，也越来越受到业界和学者的探讨。基于学界对广告设计发展分期尚不明朗并存在异议，本次研究将一个世纪以连续的10年为阶段进行划分的方法，选取了20世纪80年代（1980—1989）、20世纪90年代（1989—1999）、21世纪初（2000—2011）三个时间段对广告设计的发展和变迁做出理论上的梳理。

本次研究选取了1980—2011年四大类有代表性的期刊作为研究对象，分别是艺术类期刊、新闻传播类期刊、学报类期刊以及其他类期刊。其中，艺术类期刊包括《大众文艺》、《艺术与设计》、《美术大观》等在艺术领域享有盛名的期刊。新闻传播类期刊包括两部分，一部分是《新闻与传播研究》、《国际新闻界》、《现代传播》、《新闻大学》等新闻传播类核心期刊，另一部分是《中国广告》、《广告大观》、《现代广告》等广告类专业期刊。学报类期刊包括如《装饰》、《美苑》等艺术类院校的学报，还包括其他综合性大学的学报。其他类期刊包括《包装工程》、《商业研究》、《心理学报》等各个学术领域中对广告设计研究的期刊。因此，本研究主要以中国期刊全文数据库（CNKI）和重庆维普中文科技期刊全文数据库（VIP）为入口，以“来源”和“题名”为搜索项查取1980—2011年所有的文章目录，将三十多年期刊中发表的所有论文进行分析，选择其中以平面广告设计为研究主题的学术论文共220篇。本文试图在对这三十多年来中国广告设计研究进行全景扫描的基础上，对学科研究的创获、缺失及新发展新趋向进行评析。

一、广告设计研究的总体状况

通过统计，我们将三十多年来这四大类期刊中有关广告设计研究的学术论文数量和比例列入表1：

表1 **1980—2011年广告设计研究期刊论文数量统计表**

期刊类别和数量 / 年度	艺术类期刊	新闻传播类期刊	学报类期刊	其他类期刊	小计
1980—1989	2	2	7	2	13
1990—1999	4	8	10	4	26
2000—2011	78	18	50	35	181
总计	84	28	67	41	220
比例	38%	13%	30%	19%	100%

从广告设计研究论文的数量上来看，三个时代的广告设计研究呈增长的发展态势，尤其是新世纪即2000年以后，论文的数量呈现“井喷”的状况。广告设计研究涉及的领域主要为艺术场、技术场和科学场，所以就发表的期刊来看，四大类学术期刊都占有一定的比重。其中，艺术类期刊的论文数量最多，可见对于广告设计的研究，更多是从广告的艺术场上展开探讨。在新闻传播类期刊上发表的论文数量所占比重最小，并不是学者们不重视广告研究的技术场和科学场，而是广告类专业期刊未能进入“核心期刊”系列，并且由于学术论文的作者大多是高校的学者，所以主要以“核心期刊”为考核标准的多数学界同仁让目光纷纷投入广告专业期刊以外的其他刊物。另外，还有部分学者是从心理学、美学、哲学等不同的理论视角来研究广告设计，这些有关的研究论文自然就刊登在其他类各个不同学科的刊物上了。

二、广告设计研究的内容和创获

梳理1980—2011年中国广告设计的研究成果，其中广告设计元素、理论研究视角、广告设计理念、广告设计主题这四个大的内容创获最多（参见表2），值得关注。

表2 **1980—2011年广告设计研究内容统计表**

年度＼研究内容	广告设计元素	理论研究视角	广告设计理念	广告设计主题	小计
1980—1989	1	5	7	0	13
1990—1999	8	8	10	0	26
2000—2011	65	27	55	34	181
总计	74	40	72	34	220
比例	34%	18%	33%	15%	100%

1. 广告设计元素

一张平面广告，是由字体、色彩、空间版式、图形和图像、画面表现等元素构成。由于做广告设计研究大部分是有艺术、设计背景的学者，所以在这一内容上的学术成果颇丰。

（1）字体。文字是平面广告作品构成中的主要元素之一，特别是用在表现各种广告宣传上的广告用语与文字说明及其企业名称、产品名称等，优美的文字造型以其独特的装饰效果起到很好的视觉传达效果，并直接影响到广告作品的整体效果。因此，文字编排在广告中起到重要的作用①。异化的汉字是一种特殊的图形语言，它以极强的艺术表现力、视觉感染力和独特的文化意蕴被应用于现代平面广告设计领域，其别具匠心的造型结构和图像化、符号化特征，使它的文化内涵在现代标志设计和招贴设计中得到艺术的展现②。

① 刘子萍．简论平面广告设计中文字的编排方式［J］．大众文艺，2010（24）：80.

② 张娴．汉字的异化与现代平面广告设计［J］．装饰，2008（4）：74.

（2）色彩。对于广告设计中色彩的研究，主要是体现在两个方面，分别是色彩在广告设计中的应用研究和色彩对于广告设计的作用研究。

色彩是平面广告设计不可缺少的重要因素。色彩本身所特有的强大的表现力和感染力，使其在现代广告设计中有着极其重要的地位。据研究，人们对色彩的注意力占人的视觉的80%，而对形的注意力仅有20%。人们在商店和广告面前大多对色彩会产生难以忘怀的印象。广告设计尤其是商品广告，强调的是视觉的冲击力、形象的爆发力、色彩的耀眼光芒，力求引起读者从视觉到心理的积极反映。色彩具有影响人们心理、唤起人们感情的作用。在经济活动中，如何发掘广告色彩的表现力，创造出视觉效果强烈、具有新意、引人入胜的广告，这是搞好平面广告设计的重要课题①。

马华在1982年就指出，广告要想瞬间给人留下深刻印象就必须运用色彩上的强烈对比，鲜明的色块，造型上力求新颖、别致、独出心裁，具有运动感和粗线条等刺激视觉的表现手法。② 新世纪以来，学者对于广告设计中色彩的研究，更多是从心理学、视知觉的理性层面去探析。有学者指出对于广告设计中的色彩来说，始终要以人为本的设计。在色彩设计中，不仅要考虑公共的审美，还要与时代相结合，体现出新的时代精神和时代特点③。

（3）空间。"空白"是一门艺术，普遍存在于各种艺术形态之中。空白所形成的虚余地，能给人们提供许多想象的空间，获得视觉上的轻松，从而体现设计"以少胜多"的价值性。在平面广告设计中，空白与文字、图形的编排从某种程度上来说直接影响着版面设计的成功与否，而这三方面对于版面的把握又主要取决于空白的面积、位置、形状等。因此空白艺术在平面广告设计中十分重要，在版面设计中绝对不能忽视空白的作用④。

（4）图形和图像。自从20世纪90年代末林家阳从德国包豪斯学院引入图形创意，中国平面广告设计界旋即涌现一阵图形创意的热潮。在平面广告设计的众多设计元素中，图形符号对于信息的传播起着至关重要的作用，图形符号比其他设计元素更直观更易于被受众认同。对于图形语言在广告设计中运用的文章集中出现在新世纪初期。有学者指出，优秀的平面广告设计都以自己独特的图形语言，准确而清晰地传达设计主题。图形能引起人们的注意，并激发阅读兴趣，能够下意识地左右广告的传播效果。图形是用艺术的形式将广告主题

---

① 肖智．广告设计中的色彩运用［J］．艺海，2011（2）：73；周汝豪，李玲．浅析现代主义广告设计的色彩应用［J］．大众文艺，2011（2）：59；降波．试论色彩在平面广告设计中的运用［J］．大众文艺，2011（8）：69；葛东民．广告设计中的色彩应用［J］．包装世界，2007（6）：86；孙永．广告设计中色彩的应用［J］．现代装饰（理论），2011（8）：83；殷俊．论广告设计色彩应用心理［J］．合肥工业大学学报（社会科学版），2009（3）：173；张敏．论广告设计中的色彩应用与艺术传达［J］．艺术教育，2006（11）：119；池晗．论广告设计中的色彩运用［J］．东南传播，2008（3）：88；王肖生．平面广告设计中色彩的运用及经济效能［J］．同济大学学报（社会科学版），2000（1）：62；周莹莺．浅谈广告设计中色彩的应用与其特性［J］．商业文化（学术版），2008（12）：176；郭奕．浅谈色彩在广告设计中的运用［J］．美术大观，2009（5）：212；张超，朱晓君．色彩对比与调和在广告设计中的应用［J］．西北师大学报（社会科学版），2011（5）：129；孙作范．谈平面广告设计中的色彩运用［J］．大众文艺，2011（15）：85.

② 马华．试探瞬间艺术——广告招贴［J］．西安美院学报，1982（2）：35.

③ 柳林，李娜．商品广告设计中的色彩视觉效果研究［J］．商业研究，2006（18）：208；魏涛．试论色彩与平面广告设计［J］．大众文艺，2011（13）：80；张瑞．现代广告设计中的独特色彩表现［J］．新闻爱好者，2009（12）：73；孙钰汶．现代广告设计中的色彩观［J］．武汉科技学院学报，2006（7）：20；付一峰．色彩在广告设计中的作用［J］．大众文艺，2011（2）：66；潘云华．广告设计的色彩表现策略［J］．艺术界，2005（3）．

④ 李文华．"于无声处听惊雷"——浅谈"空白"与报纸广告设计［J］．广告大观（综合版），1999（12）：33；祝莹，张宝，许凯明．平面广告设计中的空白艺术［J］．合肥工业大学学报（社会科学版），2007（4）：181.

予以视觉形象化，是可视的、感性的画面，有较强的视觉传播效果①。

(5) 画面表现。在平面广告设计中，画面表现是重要的环节之一。相同的广告创意，因为画面表现不同而呈现出不同的视觉效果。从这31年的广告设计研究中发现，画面表现的论文研究集中体现在摄影、表现技法、语言修辞和技术手段几个方面。

摄影作为一门纪实性艺术，它具有直观、形象、真实、可信等特性。在广告设计中，摄影占了一个非常重要的地位，有力地推动了广告的发展。广告摄影以其直观性、时效性、经济性等优势，广泛应用于商业领域，尤其是数码技术的出现，为广告设计提供了良好的素材，使广告信息的传播突破了传统地域及文化的阻隔，信息传达的范围和速度都产生了质的飞跃，同时高水平的广告也促进了摄影技术的发展。随着人们的生活方式和观念的不断发展，广告摄影的后现代特征越来越引起人们的注意，同时大大影响了广告摄影的创作与审美，对广告的传播也做出了新的贡献②。

在表现技法的研究中，有学者从探寻蒙太奇原理对广告设计有借鉴意义的思维方式入手，总结出蒙太奇运用到广告设计中的特征体系，并指出经过用蒙太奇的方法剪辑、组合的广告艺术，更具有概括易懂的特色，强调了围绕诉求关系拟定的主题，突出了创意美，增强了广告艺术的功效③。有学者认为独具匠心的整体设计，图文并茂的构图形式，深刻的立意，点、线、面的巧妙配合，才是现代人阅读审美的心理期待。有学者认为对比是整合统一的对比，在合中求变。对比表现为不同视觉语言的差异性、矛盾性和冲突性。在变中求合，可以是画面中的视觉要素强化主要结构、形态的特征，弱化次要、辅助性的元素或从属于主要元素，使画面主次分明形成一个统一的整体。有学者认为广告创意的艺术通感表现可以从广告创意素材、广告创意思维、广告创意方法和广告创意效果四个方面来分析讨论。广告创意素材也就是广告创意的原材料，可以借鉴符号学的理论来分析；广告创意思维，也是一种创造性思维，可以通过表象和意象两方面探讨；广告创意方法，是一个符号编码的过程；广

① 高瑜．平面广告设计中图形的魅力［J］．大众文艺，2011（7）：62；康兵．成功的平面广告设计与图形创意［J］．南京艺术学院学报（美术与设计版），2005（1）：126；秦春晓，冯易．广告设计中的图形语言［J］．包装工程，2005（1）：176；杨会娟．广告设计中的文字信息与图形联想［J］．艺海，2011（6）：91；孙霞．广告为何更精彩——谈图形在广告设计中的应用［J］．山东文学，2009（1）：94；王志成．论平面广告设计中的联想图形［J］．艺术与设计（理论），2010（5）：92；李道亮．论手势图形语言在广告设计中的运用［J］．装饰，2006（7）：100；周宏．论图形符号的象征性及在广告设计中的应用［J］．东华大学学报（社会科学版），2004（3）：44；何卫东．图形创意组合在广告设计中的视觉魅力［J］．包装工程，2007（5）：156；庞国斌，李薇．图形符号在当代平面广告设计中的运用研究［J］．大众文艺，2011（15）：83；冯素娟．图形同构在平面广告创意中的运用［J］．艺术与设计（理论），2009（3）：87；曹君．文字与图形在平面广告设计中的特征及作用［J］．大众文艺，2011（11）：58；李芃．现代包装与广告设计中图形的趣味性［J］．包装工程，2007（5）：156；葛饶民．招贴广告设计的图形语言［J］．包装工程，2004（5）：102.

② 曾湘平．广告设计中的摄影创意手法探析［J］．当代教育理论与实践，2011（3）：137；洪铭．浅析广告摄影的商业性、艺术性及价值［J］．艺术与设计（理论），2011（4）：80；刘琼．谈广告摄影在平面设计中的运用［J］．现代商业，2010（8）：270；王莉．当代广告摄影的后现代特征初探［J］．艺术与设计（理论），2010（1）：71；王青嵩．论摄影在广告设计中的作用［J］．大众文艺，2010（1）：132；朱晓菲．真实的幻象——摄影与平面广告设计［J］．艺术与设计（理论），2011（11）：56.

③ 张可隽．广告设计艺术探索三题［J］．美术大观，1995（3）：22；宋冬慧．蒙太奇手法与现代广告设计［J］．包装工程，2009（11）：204.

告创意效果，是受众提取信息解码的过程①。

语言是广告设计中一个重要的元素，它与广告创意一样，都是广告的灵魂。成功的广告作品，离不开精美的语言文字，离不开独具匠心的语言表现技巧，在广告中巧妙、灵活地运用比喻、拟人、双关、夸张等语言表现技巧，可以为广告作品增添独特的艺术魅力。有学者认为把联觉现象的特性应用到广告活动中，对广告设计具有很大的帮助，特别是由显性感觉而生发出来的隐形感觉具有一种含蓄的内在美感，使广告信息得到更有效的、最大限度的传播。有学者指出将幽默手法巧妙地运用在广告创意中会起到意想不到的效果。它不仅能加强广告的可看性，而且会使广告的诉求重点更加明确②。

技术场显然是促进广告设计发展的主要动力。学者们对于广告设计中技术发展和动因的研究集中体现在对新媒体和数字化的探讨上。有学者指出“立体化”广告使平面广告从二维跨越到三维甚至四维空间，调动受众全身的视、触、听、嗅、味等感知器官，引起受众思想感情的共鸣，也促使视错觉传达形式、多媒体技术在平面广告设计中的应用。有学者在探讨了广告设计风格含义的基础上，阐述了数字化网络时代的特征及其广告设计艺术风格特征，旨在为现代广告设计理论与实践提供一些理论思考③。

2. 理论研究视角

广告学是个交叉学科，为了学科的发展和建设，学者们从其他各学科中汲取了大量的理论和研究方法。自从 1900 年，哈洛·盖尔在多年调查研究和总结他人经验的基础上，写出了《广告心理学》一书以来，心理学、美学、营销学、传播学等学科依次进入了广告学研究的领域。梳理 1980—2011 年广告设计研究的期刊论文，从理论研究的视角来看，主要体现在如表 3 所示的几个学科。

表 3　**1980—2011 年广告设计理论研究视角统计表**

学科理论 / 年度	心理学	美学	营销学	传播学	社会学	哲学	符号学	小计
1980—1989	3	2	0	0	0	0	0	5
1990—1999	3	1	2	2	0	0	0	8
2000—2011	5	7	0	2	1	1	11	27
总计	11	10	2	4	1	1	11	40
比例	27.5%	25%	5%	10%	2.5%	2.5%	27.5%	100%

① 王晓青．点、线、面在广告设计中的运用［J］．科技与出版，2002（6）：56；霍楷．广告设计视觉语言的对比与整合研究［J］．美苑，2010（5）：89；谢燕淞．诉之以简 动之以情——谈招贴广告设计的简约性和情感化［J］．艺术百家，1998（3）：114；彭娟．广告设计中的图文整合研究［J］．艺术与设计（理论），2009（5）：67；王岩．异化经典形象广告设计与设计美特征［J］．苏州大学学报（工科版），2009（10）：81；陈小南．招贴广告设计中的思维与表现［J］．装饰，2003（6）：65；王友江．平面设计与绘画艺术分明而不分界［J］．装饰，2006（9）：62.

② 张志杰．广告设计中语言表现技巧的运用［J］．商业研究，2006（19）：192；王暄．艺术通感在平面广告设计创意中的表现［J］．装饰，2010（8）：128；苏予．广告设计中的联觉特性［J］．商业文化，1998（5）：61；胡依娜．广告设计中幽默手法运用的必要性研究［J］．大众文艺，2011（8）：78.

③ 贺平．“立体化”广告对平面广告设计的影响探析［J］．大众文艺，2011（1）：76；张潇．超平面的平面广告设计［J］．艺术与设计（理论），2010（8）：97；陈祁岩，陈汗青．数字化、网络时代的广告设计艺术风格［J］．武汉理工大学学报，2001（1）：69.

从统计表数据可看出，广告设计的理论研究呈逐年增长的态势。其中，心理学、美学等传统学科的研究仍然占据理论研究视角的大多数。值得一提的是，新世纪以来，各学科对广告设计的研究都有涉猎，尤其是符号学研究呈后来居上的态势，占据理论研究的1/4以上，这说明学者对于广告的工具性和社会性实现认识理性的回归，从批判的角度对广告设计进行研究。下面，就各主要学科理论视角的研究做出评述。

（1）心理学。20世纪80年代，有学者研究了从广告心理活动过程中感知、注意、记忆（联想）这一认识活动过程的原理在广告设计中的体现，并进一步谈到运用心理学原理提高广告效果的基本方法——注意原理、联想原理、记忆原理在广告诉求中的运用。通过论述指出广告对消费者心理活动的诱导性是十分明显的①。

20世纪90年代，有学者为了给广告设计的学者系统的提供有关策略方面的心理学依据，就认知策略在广告设计中的应用这一问题进行了初步的探索。从现有的这两个研究结果中可以看出，认知策略（包括视觉策略和组织策略）在现代广告设计中确有应用，是提高广告效果的一个重要手段；而且不同的策略在广告设计中应用的阶段也有不同，组织策略应用在创意阶段，视觉策略应用在具体制作阶段②。还有学者从认知心理的角度展开研究，认为感官系统只检测能引起新的警觉的刺激分布变化，广告艺术反平衡的形式结构正好适应了人们这种心理特点③。

新世纪以来，在广告设计中，不论在理论还是在实践方面，许多心理学理论以及其研究成果都得到了运用。这些理论告诉我们：人们的审美观对整体与和谐具有一种基本的要求。产品形象首先是作为统一的整体被认知的，而后才以部分的形式被认知。这就要求在广告设计中运用心理学原理，让设计更容易被消费者所接受。还有学者指出，准确的设计定位要求设计者必须贴近消费者的生活，深入研究消费者的行为和潜在的心理需求，分析消费者可能需要什么，并根据目标消费者的行为和潜在的心理需求、审美感受、文化品位以及产品本身的属性特征等综合因素，设计出具有独特风格，同时又让目标消费者在心理上产生共鸣的品牌形象④。

（2）美学。从美学的角度探讨广告的艺术性是这31年广告设计研究的主要内容。广告的本性决定了它需要艺术；广告艺术是满足人们审美地把握现实需要的反映。广告艺术作为表现商品特色的手段始终要从属于并服务于广告宣传商品信息、推销商品这一基本功能⑤。广告设计美学的审美尺度是主客双方构筑关于美的界定的统一体，然而，它在衡量过程中又相对区分为两方面，即自然性尺度和社会性尺度。现代社会要求广告设计美学是科学的、辨证的、合乎逻辑的心物合一⑥。中国传统美学中的审美理念潜移默化地影响着现代广告设计

---

① 杜本然．心理学原理在商业广告设计中的运用［J］．商讯商业经济文荟，1987（2）：59；唐戍鸣．我的广告设计点滴［J］．南京艺术学院学报（美术与设计版）［J］．1986（4）：64；郭楠．异质性心理原理及其在广告设计中的运用［J］．装饰，1987（2）：35.

② 王辉，张侃．认知策略在广告设计中的应用［J］．心理学动态，1995（4）：31.

③ 杨建勋．广告艺术和视觉心理［J］．装饰，1995（6）：17.

④ 王万兴．报纸广告的设计要素和方法［J］．艺术与设计（理论），2008（12）：71；吴刚，李艳．报纸广告设计常用表现手法浅谈［J］．新闻传播，2005（5）：45；翁东翰．广告设计中的设计心理学［J］．东南传播，2008（2）：65；吴佳．广告设计中的视觉诱惑［J］．艺术与设计（理论），2011（10）：68；张昭阳．平面广告设计的心理定位［J］．美术大观，2007（10）：150.

⑤ 王炯．广告艺术三题［J］．文艺研究，1988（5）：87；汝羊．广告艺术特性辨析［J］．暨南学报（哲学社会科学），1986（3）：110.

⑥ 汤晓山．现代广告设计美学初探［J］．艺术探索，1998（2）：95.

思想，而广告设计思想反过来又影响着传统民族审美理念①。

(3) 符号学。符号学作为一门综合性科学，其广博艰深、层次多样的原理与方法论，广泛应用于平面商业广告设计领域中②。广告设计作为视觉空间设计中的一种符号现象，起着沟通人们与文化、信息的作用。为了将符号学当做一种方法去认识，以裨益于广告的创意表现，以了解广告符号的相关基本性质，广告形象符号到广告意向符号呈现出多层次、多角度复杂的结构，有学者重点探讨了广告符号的任意性、系统性、差异性、差别的同一性和共时性，并提出在传播环境中，关于符号传播研究和时间的迫切性。符号化消费是一种社会经济现象，也是当代营销学领域的前沿研究内容。研究符号化消费能够深入发现消费心理需求的规律，从中找出其差异性与潜藏性，制定相应的营销计划和产品开发计划。而作为营销计划中的产品信息传播的广告，必须结合符号化消费研究的结果，利用本身所必备的重要告知功能——直白性和隐喻性的视觉化语言将产品中的显性和隐性价值表现出来让受众接受和说服受众。随着社会不断的发展、全球化不断的推进，现代平面商业广告设计中出现了大量形象符号化的现象。从符号学的角度出发，通过对这一现象的分析，探求平面广告设计中视觉语言发展趋势的思考。还有学者根据符号学家罗兰·巴特理论，主要通过研究和分析符号学理论在广告设计中的应用和表现为目的而展开进一步研究。研究指出，明示意是指一个事物表面上所包含的形象或意义，隐含意则是在第一层的意义上额外的添加了第二层符旨。实际上广告的目的也就是要通过隐含意来传递它的符旨，透过广告符号的隐含意义，来传递该广告的信息③。

(4) 其他学科。除了心理学、美学、符号学的研究比较集中以外，还有几个学科的理论也进入了广告设计研究的视野。

从市场营销学的理论视角，有学者提出广告文案是广告设计的指导思想。广告文案的水平高低是广告设计成功与否的关键。文案是在认清自己的优劣和目标受众的基础上，经过充分研究包括媒体选择、广告定位、目标市场、流行趋势、行业情况，以及经济实力等因素后制定出的一整套切实可行的战术和策略。还有学者提出在CIS（企业形象识别系统）的理论背景下，报刊广告如何做广告设计④。

从传播学的理论视角，几个学者都是从ACSE模式展开的探讨，有的做出理论分析，有

---

① 唐朝晖．近现代中国广告设计审美价值探议［J］．艺术与设计（理论），2008（6）：78；李伟．近现代中国广告设计审美取向探议［J］．艺术与设计（理论），2007（8）：69；吴珊．论广告插画的功能及美学价值［J］．新闻大学，2000（1）：97；夏远升，谭利．论广告设计的“四美”［J］．新闻爱好者，2010（2）：66；夏高彦．论现代广告设计的审美［J］．成都大学学报（社科版），2006（4）：74；张亚冬．浅谈传统美学对现代招贴广告设计的应用［J］．山东青年政治学院学报，2011（2）：157；付中承．现代广告设计中的传统美学理念［J］．河南师范大学学报（哲学社会科学版），2006（5）：153.

② 邹克瑾．浅谈“符号学”方法论在平面商业广告设计中的运用［J］．吉林工程技术师范学院学报，2011（1）：52.

③ 张锦．从设计文化符码解读广告设计［J］．开封大学学报，2007（2）：90；谭姣姣，戚晓昱．符号学理论在广告设计中的应用研究——以罗兰·巴特（Roland Barthes）的符号学理论为中心［J］．科技信息，2011（23）：564；陈武．符号学在平面广告设计中的运用［J］．装饰，2006（4）：110；熊伟．广告符号的基本性质与品牌［J］．包装工程，2006（6）：246；杨燕群．广告设计——意象符号系统的表现［J］．设计艺术，2002（4）：73；孙利平．广告设计的符号化表达［J］．装饰，2007（6）：106；周宏．论符号化消费与广告设计［J］．艺术与设计（理论），2007（11）：63；吴国荣，戴珊珊．论广告设计的符号特性［J］．包装工程，2005（4）：157；黄志华，陈茹，王新征．论平面商业广告设计中形象符号化的运用［J］．包装工程，2007（6）：141；冯易．浅议文化符码在广告设计中的应用［J］．武汉科技学院学报．2005（6）：26.

④ 张伟．广告文案与广告设计［J］．装饰，1998（2）：47；陶济．CIS的报刊广告设计［J］．包装世界，1997（6）：32.

的做了个案研究。平面广告设计 ACSE 模式是针对平面广告媒体的信息传播特点，以阿恩海姆视知觉形式动力理论为基础而提出的。该设计模式主张围绕视觉形式动力对图形、文字、色彩、空间等视觉元素及其组合进行设计，强调吸引受众注意（Attention），并引向广告内容（Content），集中表现广告主题（Subject），充分发挥元素效益（Efficiency）①。

从哲学的理论视角，有学者从现代广为接受的广告设计的文化内涵进行分析儒家思想在其中的表现与运用。儒家思想作为中国哲学思想的基础之一，也是对华夏民族的性格、气质产生最大影响的哲学思想之一，在中华文明发展史上发挥了重要的作用，特别是对天道、人道和天人关系的探索，广泛影响了传统文化的各个领域与各个层面②。

从社会学的理论视角，有学者对社会学方法论在我国艺术设计批评中的应用进行探讨，指出社会学方法论评判艺术设计的价值取向，分析了社会学方法论在艺术设计批评中的主要应用方式，以期为我国艺术设计批评的规范化和促进艺术设计的社会性功能的有效发挥做出努力③。

3. 广告设计理念

综观 1980—2011 年广告设计研究的期刊论文内容不难发现，对广告设计理念的探讨具有明显的时代特征。20 世纪 80 年代，是国内学者对广告设计研究的探索期，研究的内容集中体现在“广告究竟是科学还是艺术”这个经典的命题上，这个时期相关的研究论文有 5 篇。1986 年 10 月，在成都召开的中国广告联合总公司成员公司经理会议和中国广告协会广告公司委员会年会上，通过分析研究我国广告公司面临的形势及广告业的发展历程，提出了“以策划为主导、创意为中心，为客户提供全面优质服务”的口号。自此，对广告创意研究的论文相继出现，占了广告设计理念研究的半数以上。广告设计从表现手法上来看，隶属艺术的研究领域，所以新世纪以来，有大量的论文集中讨论艺术流派对广告的影响。从表 4 中可以清晰地看到这些结论。

表 4　**1980—2011 年广告设计理念研究统计表**

广告设计理念 / 年度	科学与艺术之争	广告创意研究	艺术流派的影响	小计
1980—1989	5	1	1	7
1990—1999	0	10	0	10
2000—2011	0	31	24	55
总计	5	42	25	72
比例	7%	58%	35%	100%

（1）科学和艺术之争。20 世纪 80 年代，科学派的研究学者认为，现代广告的发展已经从以往的广告机构简单地为广告客户进行商品信息向外表达的劳务转变成为广告客户进行广告规划、市场调查、创意创作，综合确定选择购买广告传播媒体，检测广告发布后的效果等一整套的以广告企业市场营销目的为导向从而进行广告运动的全民系统的科学工作。广告专

① 宁海林．平面广告设计 ACSE 模式［J］．新闻爱好者，2009（10）：36；宁海林，吴国华．视觉表征 ACTE 模式视域中的《国家形象宣传片——人物篇》［J］．新闻与传播研究，2011（4）：20.

② 汤进峰．广告设计中儒家文化元素内涵分析［J］．大众文艺，2010（2）：51.

③ 杜军虎．社会学方法论在我国艺术设计批评中的应用［J］．安徽师范大学学报（人文社会科学版），2010（1）：121.

业公司的一系列因素为适应这一变化也都趋于科学化，包括内部管理机制人才要求、场地设备等，都必须互相配合。也就是说，广告专业公司内部的每个环节都应当有一个标准性的要求，都应当有其他环节不可取代的职能，而每一个环节所发挥出的能力有效组合成一个科学性十分明显的广告专业公司总体①。还有学者认为视觉流程就是人的视觉在接受外界视觉信息时的流动程序，分总体感知、局部感知两个程序，应该分析、探讨人在视觉感受方面的一些原理、规律，以及它们在广告设计中的应用，并提出广告设计中要遵循视觉流程的逻辑性和节奏性的原则②。

艺术派的研究学者认为，进入20世纪80年代，广告设计已名副其实地成为视觉传达技术的一部分、一个与早期“实用美术”概念大相径庭的、将视觉语言体系运用于广泛的商品情报的，发展了视觉传达设计新领域。提高广告的艺术性和设计水平是当下迫切的任务。广告区别于其他的艺术表现形式主要有几个方面的问题：宣传贴切、真实可信，构思独特、别出心裁，形象鲜明、语言简洁，色彩绚丽、生动感人。有学者指出，今天的现实对广告创作与设计人员提出了挑战，那就是传达不再是单向式，它将成为对话。需要我们提供能对信息受众有高度影响力和受众能接受的新的创作途径与表现技术。广告设计作品如不能体现人文性与社会性，就看不出企业的理念与姿态，设计人员的天才、灵感、风格等的价值，也就随着广告目标对象的消失而化为乌有了③。

（2）广告创意研究。早在1980年，受益就在《装饰》上发表了一篇短文。文中讨论了为了更好地吸引观众，作为视觉艺术的广告画，在艺术构思和艺术处理时，不一定取“叫卖式”。在艺术上，我们历来主张宜“藏”不宜“露”。这是我国的优秀传统，值得深思，理应继承和发扬。含蓄的、寓意的、引人联想的广告画面可能会产生“绕梁三日”的艺术效果，从而加深人们对商品的印象④。这篇文章堪为国内对广告设计创意研究的先驱，开启了国内广告创意研究的先河。

20世纪90年代，对于广告创意的研究，国内学者大致都认为广告设计中创意的“意”是指设计思想即为了说服目标消费者，推销商品和服务，寻找一种说服消费者的好办法、好点子，甚至让消费者建立一种新的消费观念。设计活动的最终目的总是为了达到功能上的要求⑤。广告设计人员要做的是通过构思，将广告信息的主题和内容传达给最合适的人，最后达到销售的目的。所以，广告设计人员除围绕产品、消费者的研究外，还应对构思进行研究。要获得好的作品，广告设计构思在设计创新中占有突出的地位⑥。

进入新世纪，对广告设计创意的研究突出在人性化、数字化和互动性三个方面。人性化研究上，有学者指出在竞争日益激烈、广告铺天盖地的当今社会里，感性诉求广告已经成为取悦消费者的一把利剑，因而在感性诉求广告中尽量减少点商业味，把丝丝情感融入无情商业之中，才更能被消费者所接受。情感表达经常用说故事的方式来表达信息与人的关系，以卓越的创意、动人的形象、诱人的情趣、变换多样的艺术处理手法表达广告内容，从而使消

---

① 陈力．对提高广告设计科学性的一点浅见［J］．中国广告，1989（3）：42；周绍淼．广告设计的当务之急［J］．美苑，1985（3）：19.

② 满柏．视觉流程与广告设计［J］．美苑，1986（6）：43.

③ 陈伟．广告设计略谈［J］．商业研究，1985（7）：42；董立津．广告创作设计的性质与任务［J］．中国广告，1989（2）：13.

④ 受益．广告画小议［J］．装饰，1980（1）：7.

⑤ 刘心慧．广告设计中的创意初探［J］．装饰，1996（2）：55.

⑥ 罗建和．构思与创新——谈广告设计中的创意［J］．嘉应大学学报（哲学社会科学），1998（2）：95；李亦菲，朱新明，张侃．广告设计的思维过程及其影响因素［J］．心理学报，1996（2）：22；任晓诗．平面广告设计的创意［J］．美苑．1994（1）：127；袁达珍．中国广告设计何时步出尴尬境地［J］．广告大观，1997（12）：21.

费者产生身临其境并与之心灵对话的境界，进而唤起消费者潜意识的欲求。情感广告作为一种广告类别，在重视人类需求的现在，已被广告界越来越多的应用①。

数字化和互动性研究上，有学者试图从互动角度来探讨广告设计创意，目的有两个：第一个目的是拓宽广告设计理论的研究空间，预测互动创意作为一种广告设计创新途径的未来发展和可能；第二个目的是为广告设计实践总结和归纳新的思考和创作方法，以拓宽设计实践者的创意思维空间，丰富表现语言。还有学者指出，随着市场学、传媒学等广告相关学科的发展，传统的平面广告设计已经很难满足新时代对于广告功能的需求。但新媒体的发展所诞生的众多新型广告，却有着传统平面媒体广告无法比拟的优越性。面对新的市场条件，设计师应将全新的设计思维应用于平面媒体广告的创作中，使其突破自身的局限性以满足新的市场需要。而情景互动式广告创意在平面广告设计中的应用，就可以很好的突破平面媒体自身的短板，充分满足现代广告功能的需求②。

（3）艺术流派的影响。广告设计作为艺术，属于实用艺术范畴，它的艺术质和美存在于实用性之中，具有实用与审美统一的美学个性。符号化、图式化，简洁、明快、易记忆的传达性质决定了广告是最具独特性的视觉艺术形态广告与现代艺术流派的关系，从超现实主义、后现代主义、波普艺术，无一不对广告设计产生影响③。

超现实主义是一种以表达人的潜意识为主的艺术流派，对广告设计等领域产生过重要影响。广告中超现实主手法的运用，对广告创意的发展意义非凡。超现实主义艺术倡导以精神领域的革命，抨击庸俗陈旧的社会文化恶习，运用独树一帜的表现语言，创造性展示出明晰可见的心灵世界，进步的艺术思想和不落窠臼的语言形式对现代艺术和现代设计的发展起到了积极的作用④。

随着我国改革开放的深入发展，人们思想意识的进一步解放，后现代主义广告异军突起，以其另类、戏谑、调侃、夸张、荒诞、非理性等表现方式把人们从传统广告的藩篱中解放出来，丰富着我们的精神情感和生活趣味，给我们带来了一个全新的蓬勃朝气而又充满创造力的广告时代。同品位高雅，情调严肃、刻板的现代主义广告设计相比，后现代广告设计像解脱了缰绳的野马一样从此天高地广。后现代广告设计大多强调了广告设计的意识形态作用，善于把商品、特质精神、文化观念等加以解构，改变了现代广告设计的风格，往往以晦涩的表达、冷傲的形象、模糊的意旨，荒诞、戏谑、嘲讽、自虐的形式表现；以漂亮的面目呈现，手法怪异、内容模糊、主题反叛；它有着强烈的否定与破坏色彩，重视解构而轻视建构。在人类生活越来越体现个性化的时代，后现代主义扩宽了设计师的视野，丰富了设计的多样性，中国当代平面设计的作品中处处流露出后现代主义潜移默化的影响。后现代主义思潮的引入，对国内广告设计业产生一系列的影响与冲击。其中，对广告设计的意识形态影响表现在个性化设计增强历史文蕴的增多；在表现手法上则有版面构成与字体设计尤为明显；在广告产业经济上表现在区域性的扩展与“另类”显著。它引领时尚，刺激消费，塑造品

① 秦岁明，丁媛媛．广告视觉传达发展趋势探究［J］．包装工程，2006（1）：233；叶青．情感诉求和消费心理———情感广告设计谈［J］．安徽农业大学（社会科学版），2003（2）：93；李刚，王鹤．谈广告设计中的情感表达［J］．美术大观，2005（12）：33；张莉莉．感性消费时代的广告设计策略［J］．中国广告，2006（3）：59.

② 谭旭红．广告设计之互动创意［J］．艺术与设计（理论），2007（2）：56；丁月婵．论情景互动式创意在平面广告设计中的应用［J］．艺术与设计（理论），2009（3）：90.

③ 李砚祖．广告文化与广告艺术［J］．文艺研究，1988（5）：64.

④ 钟静．超现实主义元素在广告创意中的应用——解析超现实主义广告［J］．湖南科技学院学报，2009（9）：240；胡大虎．超越现实与梦幻——论超现实主义艺术与广告设计［J］．美术大观，2006（3）：78.

牌，创造经济价值，但它仍处在探索和创新阶段，其形式和表现上仍有不尽如人意的地方①。

波普艺术是20世纪60年代西方社会工业发展和大众娱乐文化的产物，促进了商业社会的发展，给现代设计带来深远的影响。如今，我国的大众传媒和娱乐文化处处表现出了鲜明的时代特征和强烈的波普气息。波普艺术是消费文化的艺术，大众传媒和蓬勃发展的商业社会是波普艺术至今仍蓬勃发展的必备因素。波普将通俗文化及普通生活中的物件推向了至高无上的艺术殿堂，扩大了艺术本身的空间，也增添了更多艺术创造的可能性。波普艺术开创了艺术与生活的对话，它突破了“为艺术而艺术”观念的艺术形式，在生活方式、表现内容、流行文化、消费文化和形式美感等方面均与现代商业插画艺术相契合。现代商业插画艺术产生于波普艺术的基础之上，它是视觉信息传播的一种特殊的表现形式，是现代插画艺术和商业活动的重要组成部分。波普艺术的诞生与发展，给现代商业插画艺术注入了新的血液。波普艺术对平面广告设计最大的影响在于改变了平面广告的表现手法，革新了平面广告图案的传统装饰元素，以及平面广告总体感觉的自由化、年轻化②。

4. 广告设计主题

（1）中国元素。2004年，在广告人高峻提出“中国元素”这一概念以后，“中国风”和“民族风”就开始在学界和业界蔓延。以中国元素为研究对象的广告设计研究论文，都是从2005年以后开始的，共有32篇，占了论文总数量的15%，可见这一主题在目前学界关注度颇高。有关中国元素的广告设计论文，研究的侧重点主要有两个，即有中国特色的物质符号在广告设计里的运用和作为非物质的中国传统文化如何借用广告的传播发扬光大。

中华民族的水墨、汉字、书法艺术、传统色彩、吉祥图形等符号是最具代表性的中国元素，就这些符号在广告设计里的运用的研究最多。有学者从水墨元素在广告设计中应用做研究，指出中国水墨艺术是一种蕴含独特民族审美情趣和韵味的艺术表现形式，是民族文化的重要组成部分，具有持久的生命力。水墨元素在我国传统艺术作品中所表现出来的价值是不可估量的。随着传统水墨文化与当代广告设计的融合，水墨艺术表现形式及手法，更多的释放它在载体、表现材料、表现空间等方面的优越性和创新性，使得现代广告发展更加本土化、多元化和东方化。将传统水墨元素合理运用于现代广告的创意设计及品牌传播的过程中，可以弘扬中华民族深厚的文化精髓和推进中国广告设计的发展③。有学者从书法在广告

---

① 王云菲，崔生国．后现代主义对中国广告设计业的影响［J］．艺术与设计（理论），2011（5）：88；连青．“解脱”——后现代广告的设计本质［J］．美术大观，2009（7）：106；裴临风．刍议后现代主义思潮与后现代招贴设计［J］．贵州大学学报（艺术版），2003（2）：97；张立颖．广告设计中的后现代主义［J］．当代艺术，2007（4）：155；张品良．后现代广告艺术风格的特征［J］．美与时代，2005（1）：36；桑春花，陈新华．后现代主义思潮对中国当代平面设计发展的影响［J］．艺术与设计（理论），2010（3）：15；薛震东，杨志．现代与后现代主义设计造型元素与表现方法研究［J］．装饰，2007（4）：59.

② 岳婧雅．波普艺术与现代商业插画艺术关系研究［J］．艺术与设计（理论），2011（5）：263；尹小龙．从波普艺术看美术与设计的互融［J］．装饰，2003（1）：26；张立，冯越峰．谈波普艺术对现代设计的影响［J］．天津美术学院学报，2005（2）：36；周心懿．沃霍尔式波普艺术对商业设计的影响［J］．安徽建筑工业学院（自然科学版），2009（3）：46；戴欢，顾惠忠．寓反叛于流行——论波普艺术对现代平面广告设计的影响［J］．艺术与设计（理论），2007（5）：68.

③ 何萍．广告设计水墨表现风格的问题及对策［J］．新闻爱好者，2011（11）：58；刘升，朱仲泉．探索水墨元素在国内广告设计中的应用［J］．包装世界，2011（1）：67；陈慧，过宏雷．传统水墨元素在现代广告设计中的应用［J］．包装工程，2010（14）：84；何萍．论现代广告设计中水墨元素的特性［J］．美术大观，2010（5）：122；王东，杨柳．水墨元素在广告设计中的应用［J］．美术大观，2010（3）：102.

设计中的运用做研究，提出了书法艺术是广告图形的设计元素，书法艺术可成为广告编排的形式美感，并对现代广告设计创意产生深刻的影响，即它强大的生命力催生出广告设计艺术风格，促进形式美感与广告文化的自然融合，使现代广告文化得到升华与发展，诠释了书法艺术在现代广告文化设计中的文化底蕴，使平面广告具备更多的文化内涵和社会价值，促进中国书法艺术的继承与平面广告设计的科学发展①。有学者从传统色彩在广告设计中的运用做研究，指出中国的民族色彩作为一种历史文化形式，理所当然地被应用到了现代平面设计思维中，并成为现代设计创新的一种无形的动力和源泉。中国传统色彩具有深厚的人文背景，具备了完整的色彩架构和系统的色彩命名，产生了成熟的色彩技法。把民族色彩运用到现代设计中，让传统文化得以继承，在充分理解传统文化的基础上，根据现代人的审美情趣和色彩观，按照色彩搭配的规律与原则准确将民族的东西融入平面设计中，真正做到民族与现代的结合②。有学者从吉祥图形在广告设计中的运用做研究，提出中国传统符号具有历史悠久、民族特色鲜明、内涵博大精深的特点。民俗艺术图形符号是人类通过视觉形象传达民俗文化的一种符号形式，是劳动者集体民俗观念和审美意识的产物。现代广告设计中的民俗图形符号大多来自民俗活动，在一定程度上保留传统本土民俗艺术的特点，同时也融入了现代经济文化的元素。对民俗艺术图形符号的运用不仅丰富了现代广告设计作品的内涵，而且有效地提高广告设计的审美内涵和文化意蕴，并充分展现我国悠久的传统精神和鲜明的民族特性③。

广告创意的沟通，根本上是一种文化沟通。中国传统文化的巨大魅力与它无所不在的广博性，影响着我们现代生活的各个方面，对现代广告设计也产生了巨大的影响。在广告创意中，我们经常会提及“广告设计的本土化”以及“立足中华，面向世界”等这样的设计观点，从中我们不难知道，现代广告设计不仅要立于传统文化之中，还要将传统文化融合到广告设计作品中去，这样才能发挥其巨大的商业冲击力。不同的民族有着不同的文化，任何一个国家的广告设计艺术中都打上了深深的民族烙印。中国传统文化因素作为设计的内在表现形式，有效引导现代广告传递视觉信息为其基本功能。恰当地运用传统因素，能够引导观众的视线按照设计师的意图，以快捷的途径，有效的感知方式，去获取最佳的视觉效果。在广告设计艺术中过分强调民族文化的作用是不可取的。但是简单否定民族文化对广告效果的影响也是设计的误区。在创意走向自觉的时代，中国广告创作或中国广告理论有必要回归本土，重视接通三个重要的智慧资源：即中国的象征资源、神话资源和器物文明资源，进而提升和打造中国广告的创意高度和创意深度。如果广告策划人善于将传统文化符号与现代广告设计相结合，对广告传达的形式和内容方面大胆展现民族的、传统的各种象征与神话表述，那么能使设计获得强大的精神支撑和设计源泉。从而，对于中国广告设计走向世界，得到世

---

① 杨春晓．中国书法元素在现代平面广告设计中的应用与发展［J］．今日科苑，2011（6）：172；梁朝昆．书法艺术对现代广告设计文化底蕴的诠释［J］．包装工程，2008（12）：186.

② 苗蕾．谈我国民族色彩在现代平面广告设计中的应用［J］．大众文艺，2010（13）：156；黄小力．中国传统色彩观在广告设计中的使用［J］．新闻爱好者，2009（15）：42.

③ 欧阳超英，喻晓岚．吉祥符号在现代广告设计中的应用［J］．艺术与设计（理论），2011（3）：89；陈绘．论民俗艺术图形符号在现代广告设计中的应用［J］．南京艺术学院学报（美术与设计版），2007（3）：160；刘飞，祝传鹏．中国传统符号在现代广告设计中的应用［J］．大众文艺，2010（19）：84.

界文化认可具有重要意义①。

（2）其他主题。除中国元素，还有学者围绕着在中国举办的大型活动或社会热点问题展开讨论。如有学者采用个案分析，对房地产业的广告设计展开研究。买房置业是每个消费者要深思熟虑的大事，因而广告要从设计、形象、文案等各方面吸引他们的注意力，促进房产销售，使房产商和消费者达到“共赢”②。还有学者在2008年北京奥运会的背景下，指出从某种意义上来说，奥运广告的魅力与其说来自千载难逢的奥运契机，不如说是出自策划人匠心独具的设计③。

三、广告设计研究的缺失和趋势

1. 广告设计艺术场的研究过多

从广告设计研究的统计结果可以看出，对于广告设计元素的研究占了总研究的1/3。广告设计从学科领域来看，隶属于艺术设计的范畴，对于设计元素的探讨是无可厚非，毕竟字体、色彩、版式、图形和图像、画面表现等元素之间的优良搭配和互补可以营造出意蕴深长并有强烈视觉冲击力的画面。广告作品是大多数受众了解产品（服务）诉求信息的主要途径，这就要求广告设计画面必须能在第一时间抓住受众的眼球并引导他们继续了解广告的信息。但广告从本质上来说是商品经济的产物，是商品生产和交换的沟通工具。广告只不过是商品营销众多环节中的一环，广告设计应该遵循商品营销的规律和要求，在营销的指导下完善广告设计。由于广告设计艺术场的主观性导致广告设计传达上具有大量的随意性，所以广告设计应该受商业场影响，在发挥更大广告作品艺术性的同时，牢牢坚守广告内容的商业理性。

2. 广告设计技术场的讨论欠缺

每一次技术的更新都会导致整个社会各方面的变革。综观这31年广告设计研究的期刊论文，对广告设计技术场的研究明显欠缺，只有不到5篇。广告设计历经了从20世纪80年代的手绘、到90年代辅助工具的借用、再到新世纪初以计算机为代表的新媒体的使用。这些技术的运用影响了每一个阶段广告设计的表现。从手绘到机制，广告设计越来越精细、生动和丰富多彩。随着新技术、新设备、新材料、新软件的出现和利用，广告设计技术场的研究价值将愈加凸显。

（1）引入其他学科理论研究视角。从理论研究视角的统计来看，1980—2011年心理学、美学这两个传统学科对广告设计研究的论文较多，占了论文总数的过半。广告设计需要继续从心理学、美学上研究广告设计的深层规律和发展动因。新世纪以来，出现了大量符号学研究的论文。符号学对于阐释广告设计中的消费符号以及编码与解码的过程，起到了不可或缺的重要作用。广告作为一个交叉学科，应该从更多学科里借鉴理论和范式来对广告设计的各

---

① 金定海．没有深度，创意无法理论——创意与中国要素关系之探源［J］．中国广告，2008（3）：50；唐昌乔．广告设计的民族化与潮流［J］．贵州大学学报（艺术版），2001（3）；许明星，文苑仲．论中国传统文化与现代广告设计的融合［J］．艺术百家，2008（1）：101；刘婷．论中国传统文化与现代广告设计的融合作用［J］．艺海，2008（6）：103；张娴．意象说之“赋比兴”与平面广告设计［J］．新闻爱好者，2009（5）：26；杨宇萍，杨明俊．在传统文化中探寻艺术设计之路［J］．北京印刷学院学报，2008（5）：73；蔡玉硕．正确理解广告设计艺术中的民族化问题［J］．河南大学学报（社会科学版），2010（2）：81；李文亮．中国传统文化因素对现代广告设计策划的影响［J］．艺术与设计（理论），2009（7）：74.

② 宋梅梅．论房地产报纸广告的设计策划［J］．艺术与设计（理论），2011（2）：96.

③ 蔡骐，欧阳菁视觉文化视域中的奥运平面广告设计［J］．传媒观察，2008（1）：22.

个方面做出阐释。比如营销学和传播学作为广告学研究的两大理论基石，现有的研究成果较少，只占了论文总量的15%，这说明以后的研究中，应该加大对营销学和传播学的研究力度。同时，也不能忽视其他学科，尽管已有的研究已经出现哲学、社会学的理论视角，但尚存不足，还需在以后的研究中借鉴更多更合适的理论。

（2）强化中国元素文化层面讨论。在艺术设计领域中，设计作品里运用中国古代传统文化元素的设计不少，但从文化内涵来看，现状并不尽如人意。很多所谓的对传统的运用常常只是对传统图案简单的修饰加工和复制拼凑，传统在这些作品中只是“美丽的外衣”。中国的设计文化要树立自身的特色，设计必须融入传统的文化特色，艺术才能持续发展。在探索中国平面设计民族化的进程中，不仅仅是挖掘传统的美学形式、经典元素，而是要理解中国的传统文化精神，将这种精神贯穿于我们的作品中。要从传统文化与平面设计这样大的跨度中寻找启示，就需要找到一些桥梁，将分散在其他门类中的民族精神和可供借鉴的内容有效地转换成平面设计的方法。我们要用一种结构性的眼光去把握设计艺术中的中国传统文化符号，这样有利于了解设计实践中运用中国传统文化符号的设计思维的本质，并且有助于设计实践中运用中国传统文化符号的理性想象力的展开。

四、本研究的不足之处

由于目前还没有出现对改革开放以后中国广告设计流变的研究，故本次研究有较高的理论和实践意义。但所有的研究都处于探索阶段，尚未有可借鉴的成果。国内对于广告设计的学理研究，大部分发表在期刊上。广告设计的书籍大多是讲解广告设计的实务操作，对理论的涉猎甚少，所以本次研究在资料获取的方面有一些困难。再者，本次研究的历史分期，尚不成熟，需要在后续的研究中慎重探讨，继续完善。

【参考文献】

[1] 受益．广告画小议［J］．装饰，1980（1）：7.
[2] 马华．试探瞬间艺术——广告招贴［J］．西安美院学报，1982（2）：35.
[3] 满柏．视觉流程与广告设计［J］．美苑，1986（6）：43.
[4] 汝羊．广告艺术特性辨析［J］．暨南学报（哲学社会科学），1986（3）：110.
[5] 李砚祖．广告文化与广告艺术［J］．文艺研究，1988（5）：64 .
[6] 王辉，张侃．认知策略在广告设计中的应用［J］．心理学动态，1995（4）：31.
[7] 刘心慧．广告设计中的创意初探［J］．装饰，1996（2）：55.
[8] 袁达珍．中国广告设计何时步出尴尬境地［J］．广告大观，1997（12）：21.
[9] 陈祁岩，陈汗青．数字化、网络时代的广告设计艺术风格［J］．武汉理工大学学报，2001（1）：69.
[10] 裴临风．刍议后现代主义思潮与后现代招贴设计［J］．贵州大学学报（艺术版），2003（2）：97.
[11] 吴国荣，戴珊珊．论广告设计的符号特性［J］．包装工程，2005（4）：157.
[12] 金定海．没有深度，创意无法理论——创意与中国要素关系之探源［J］．中国广告，2008（3）：50.
[13] 杜军虎．社会学方法论在我国艺术设计批评中的应用［J］．安徽师范大学学报（人文社会科学版），2010（1）：121.
[14] 宁海林，吴国华．视觉表征ACTE模式视域中的《国家形象宣传片——人物篇》［J］．新闻与传播研究，2011（4）：20.

【作者简介】

王锐，武汉大学新闻与传播学院 2010 级广告学专业博士生，安徽大学新闻传播学院讲师。

20 世纪 80 年代之后的美国广告定性研究

余晓莉

自沃尔特·D. 斯科特和 H. 盖尔这两位心理学家介入到美国广告研究开始，似乎就预示着美国广告学研究在方法层面的路径选择将极大地偏向心理学—科学取向（the psycho-scientific orientation）①，而定量研究方法将成为广告学的主流研究方法。其后发生的一切也证明了这一点，1917 年，盖斯勒就采用典型的定量研究方法——调查法来测试人们在购买某一品牌时是如何受到广告影响的。② 在此后几乎整个 20 世纪的美国广告研究中，以实验方法（experimental）和调查法（survey）为代表的研究方法得到大量应用。在对数据的分析方面则采用了数学、统计学计量方法。这些广告学研究的方法不仅是美国广告研究的主流，同时也在很大程度上影响着世界广告研究方法论的发展。定量研究方法在美国广告研究之后的一个多世纪之中，始终居于主流，这一点在文献数量上鲜明地呈现出来。以美国的《广告研究杂志》（*Journal of Advertising Research*）为例，1961—2010 年的 50 年中，该杂志共发表论文2 023篇，其中以定性研究为主要研究方法的论文数量为 40 篇，仅占《广告研究杂志》创刊50 年来发表论文总数的 2%。③ 而且在这 40 篇论文中，发表于 1990 年之前的仅有 7 篇。广告研究者们也承认："我们（的研究）提供知识，但是我们对知识的定义是非常狭隘的，仅指量化的，来自于谨慎的采样或在实验中获取的数据。"④因此，我们可以说，定性研究始终处于定量研究的阴影之下。

一、定性研究为何长期处于定量研究的阴影之下

之所以定性研究在美国广告研究中所受到重视程度显著低于定量研究，其原因可能来自于以下几个方面：

第一，与定量研究相比，定性研究显得不够"专业"和"规范"。相形之下，定量研究无论是在方法的掌握还是对结论的解读等方面，都需要更多的训练。因此，定量研究显得更为"专业"，因而也更具说服力。

第二，与定量研究相比，定性研究并不具备非常鲜明的实践指导意义。定性研究多着眼于中观和宏观，而对于广告实践而言，更多地着眼于微观层面的定量研究能够为广告创意和策略提供更多的细节。

---

① Linda M. Scott. Qualitative Research in Advertising: Twenty Years in Revolution [M] //Russell W. Belk. *Handbook of Qualitative Research Methods in Marketing*, Edward Elgar Publishing Limited, 2006: 62.

② Geissler L. R. Association-reactions Applied to Ideas of Commercial Brands of Familiar Articles [J]. *Journal of Applied Psychology*, 1917, 1 (3): 275-290.

③ Peter Nuttall, Avi Shankar, Michael B. Beverland, Cheryl Stallworth Hooper. Mapping the Unarticulated Potential of Qualitative Research-Stepping out from the Shadow of Quantitative Studies [J]. *Journal of Advertising Research*, 2011 (March): 153-166.

④ Arthur J. Kover. Point of View: The Legitimacy of Qualitative Research [J]. *Journal of Advertising Research*, 2011 (April): 49.

同时，站在自然科学研究方法的视角上，定性研究被认为研究方法不够“科学”，其信度、效度都受到质疑，这种质疑的声音至今也仍然存在。因而，在相当长的时间内，定性研究并未在美国广告研究中得到足够重视，但是，在广告研究领域中，对定量方法和定性研究方法的争论却一直存在。

而自 20 世纪 80 年代中后期开始，尽管在成果数量上仍然处于明显的劣势，但是在美国广告研究中，定性研究成果显著增多，定性研究方法也逐渐受到了更多的重视。Linda M. Scott 总结了包括《广告研究杂志》（*Journal of Advertising Research*）、《广告杂志》（*Journal of Advertising*）、《消费者研究杂志》（*Journal of Consumer Research*）等在内的 10 余本期刊中定性研究的论文，指出 20 世纪 80 年代到 21 世纪初的这 20 年对于广告定性研究而言是革命的 20 年，以广告为主题的定性研究在这 20 年中取得了令人印象深刻的成果。①

区别于定量研究中的以实验、市场调查为典型方式的研究路径，定性研究方法在广告研究中延续着人类经验中的故事叙述传统，挖掘复杂而多面的人性。而在技术层面上，从焦点小组到一对一访谈，从相片拼贴到消费者数码日记，定性研究也得到了不断的更新与发展。除了新方法的探索之外，20 世纪 80 年代以来，美国广告的定性研究主要沿着两条主要线路进行。

二、20 世纪 80 年代之后美国广告定性研究的两条线路

Linda M. Scott 将美国 20 世纪 80 年代之后广告定性研究分为 4 个领域：读者对广告的反应；广告创意实践研究；将广告视为一种艺术形式并对之进行评估；将广告视为重要的社会影响因素的理论建构以及批判②。事实上，梳理这 4 个领域美国广告定性研究的文献，就其研究目标和取向而言，大致可分为两条线路。

一方面，广告的定性研究是为了能够使广告在市场营销中更好地发挥作用。“市场营销研究的目的很简单。就是要将消费者的经验放置于显微镜下，并思考‘到底是什么情况？’而这一问题的答案将给广告创意、产品设计，以及市场策略带来灵感。”③ 广告研究是构成市场营销研究的一块重要拼图，虽然在这个领域中，研究者的旨趣、目的和研究取向并不完全相同，但是，如何更好地实现广告作为市场营销工具的价值，始终都是广告研究的重要主题。为了达成这一目标，定性研究随着市场和消费者的变迁逐渐受到了更多的重视。这是因为随着市场经济的发展，产品的极大丰富、产品的同质性以及消费者主权意识的崛起都给市场营销带来极大压力，并促使市场营销以及广告研究更多地关注营销过程中人——即消费者的因素，这也反映在广告研究更多地开始关注特定语境下消费者的行为、消费者心理，这些研究都是为了给广告的战略、策略提供更多的数据。而在这样的取向之下，焦点小组、深度访谈等典型方法大量被使用。学界也致力于探寻更多的研究工具和手段，来丰富广告定性研究的方法，以提升对消费者的洞察。或者说，究其根本，“广告作为一种功利性色彩相当浓厚的应用性传播活动，人们对它的实践关注和理论阐发首先考虑的是通过广告要达到什么目标以及如何实现目标。”④ 定性研究方法在广告中的应用也是在这样的基调之下，从 20 世纪 80 年代之后，更多地成为研究者获得消费者洞察以及实现广告传播工具价值的手段。

---

① Linda M. Scott. Qualitative Research in Advertising: Twenty Years in Revolution ［M］//Russell W. Belk. *Handbood of Qualitative Research Methods in Marketing*, Edward Elgar Publishing Limited, 2006: 59-69.

② Linda M. Scott. Qualitative Research in Advertising: Twenty Years in Revolution ［M］//Russell W. Belk. *Handbood of Qualitative Research Methods in Marketing*, Edward Elgar Publishing Limited, 2006: 59-69.

③ Jeffrey F. Durgee. Richer Findings from Qualitative Research ［J］. *Journal of Advertising Research*, AUG/SEP, 1986: 36-44.

④ 张金海. 20 世纪广告传播理论［M］. 武汉：武汉大学出版社，2002：88.

另一方面，广告定性研究的另一条线路则在更为宏阔的社会背景下展开。广告作为一种社会存在，其影响绝不仅仅局限在市场营销的视域中，尤其是在后工业社会的语境下。首先，广告受众的身份不仅仅是消费者，同时也是读者，阅读并诠释广告的文本，并在对广告文本的大量阅读中被潜移默化。同时，广告也不仅仅是引导受众接触商品的路径，而成为一种意义传递的渠道，通过这一渠道，意义不仅被引导向商品，同时也传达给受众。在广告的助力之下，商品世界的文化结构被搭建起来，而由广告传递的包含于商品中的以及附加于商品外的文化意义构成了消费的文化语境。正是在这样的语境中，研究者越来越多地注意到，广告的影响力绝不仅仅局限于作为市场营销工具的存在，尽管与广告原初被预设的意义大相径庭，但广告确实也毫无疑问地构成了消费社会中的社会问题。广告成为消费者体认社会，构建自我价值的重要中介。在消费文化的语境下，广告和消费商品一起，成为建构我们生活的意义来源，也是重要的工具，帮助消费者去获取、实践，并组织种种意义来建构他们的生活。① 以一种更为世俗的态度来看，广告像是一种我们保持关注新的消费信号和意义的字典。我们离开了这种工具就无法完全读懂文化环境。基于这样的视角，批判的、文化研究的视角成为美国20世纪80年代之后广告定性研究所聚焦的另一条线路。其研究的旨趣、目标与自拉扎斯菲尔德以降的行政研究大相径庭。

三、美国广告定性研究在20世纪80年代之后受到更多重视的原因

美国广告定性研究在20世纪80年代之后受到更多的重视，其原因也是多方面的。

第一，研究者对消费者特点以及广告本质的认识发生变化，这种变化带来了对广告研究方法论的重新思考。在相当长的时间里，消费者研究最为流行的范式是将消费者视为以信息为中心（information-centered）的个体，消费者寻求和处理信息是为了在产品和服务中做出更优的选择。而广告对消费者而言，其意义在于提供信息以帮助他们选择。对于广告本质的体认从某种意义上决定了工具性的研究取向。基于此，以信息为基础的广告研究模式（information-based model）得以建构，而实验、市场调查为代表的定量研究方法也成为广告研究主流方法。广告学定量研究的基本假设是将作为研究对象的人视为对外界刺激的反应体（responder），而信息、激励都成为广告研究的突破口。以信息为中心的广告学研究框架在阐释广告受众与消费者行为时认为：消费者/广告受众的基本目的是为了在对的商品和服务中做出选择的，广告则为消费者提供了信息，帮助消费者做出选择。然而，随着广告研究的深入，以信息为中心的广告研究框架，以及以实验、市场调查为典型方式的社会科学研究客观主义路径一方面显现出其在理论建构和实践层面的巨大效用，另一方面也显示出其解释力的不足。而受到诟病最多的，就是以信息为基础的研究模式以及定量方法对消费的文化语境（cultural context）以及消费中的文化构建（cultural project）的忽略。事实上，对于消费的文化语境和文化构建问题而言，定量方法是力有不逮的。正如David Sills（美国社会科学研究委员会负责人）所说的那样："有些问题就是无法轻易地用量化的方法来解决。"②

研究者注意到，消费者对于广告的关注不能完全用"搜寻信息—处理信息—做出关于商品和服务的最优选择"这一公式来说明，他们对广告的关注不仅仅是基于购买决策过程中对信息的需要，也是一种文化实践和对意义的追寻。消费者将广告作为文本来阅读，并在

---

① Grant McCracken. Advertising: Meaning or Information［J］. *Advances of Consumer Research*, Volume 14, 1987: 121-124.

② Rena Bartos. Qualitative Research: What it is and Where it Came from［J］. Advertising Research Foundation 50th Year, 1988.

阅读和诠释的过程中获取意义，建构意义。在以信息为基础的模式之下，我们无法理解面对广告，处理信息的个体是如何进行一系列正式的或非正式的个体意义以及社会意义的建构。换言之，仅仅认为广告是科学，以激励、信息为关注点来研究是不足够的。基于这样的现实，研究者构建了以意义为基础的（meaning based model）广告研究框架。① 与信息为中心的研究框架相比，两者有着不同的假设、结论以及数据类型。在以意义为基础的广告研究框架中，广告被视为一种压铸机械，通过广告，意义从文化世界中被转移至消费产品中，再传递给消费者。在这样的研究框架中，广告中一些难以用量化方法进行分析的内容被纳入到研究者考量的对象中去。在这样的研究框架中，无论是在数据获取的过程中，还是在对数据进行诠释的过程中，焦点小组、一对一访谈、内容分析等定性研究的方法得到了更多的关注和应用。

第二，20 世纪末定性研究逐渐得到更多重视的原因还在于市场营销研究的范式发生改变，对于“人”的重新关注使定性研究找到了新的基点。或者说，当研究者尝试去理解在市场营销语境下驱动人们欲望的复杂情感层次时，他们发现定性研究是不可缺少的研究方法。

从某种意义上来说，正是因为对研究对象本质的进一步认识促进了研究方法的发展，而在市场营销研究中，本质即是经营者和消费者的思想和行为。② 随着 20 世纪 60 年代，密歇根大学教授杰罗姆·麦卡锡（Jerome Mccarthy E.）将营销的复杂过程简化，提出了市场营销的四要素，即产品（product）、价格（price）、促销（promotion）、渠道（place）。这种简化使得市场营销的知识变得更为易于记忆和传播。然而，其中很具有时代特征的特点是“人”的缺席。对于社会科学研究者而言，现实世界充满了难以解读的复杂对象与行为。在研究的过程中对复杂而包罗万象的现实世界进行简化和抽象则是符合科学哲学观点的方法。但是，过分的简化以及对“人”的忽略也会使我们在解读这个世界时出现失真的问题。

研究者们用科学的概念对现实世界进行简化和抽象使得“人”这一复杂多变的因素在一定程度上被忽略了。而对于市场营销和广告研究而言，“人”的因素又是必不可少的。在广告传播和市场营销的过程中，消费者的反应和他们对信息的解读虽然极为复杂，但也是最需要把握的部分。也正是因为这个原因，20 世纪 70 年代有学者提出在 4P 中还应加入第五个 P，即“人”（People），然而这并不足够。随着市场营销学的发展，研究者越来越感觉到，“人”的因素在营销过程中的关键地位。20 世纪 90 年代以来，美国学者劳特朋（Robert Lauternborn）提出了市场营销的“4C”理论，即顾客（Customer）、成本（Cost）、便利（Convenience）、沟通（Communication）。③ 4C 的基本原则是以顾客即“人”为中心进行企业营销活动规划设计。营销组合从 4P 到 4C 的转向一方面标志着研究者所站立场从销售者到顾客的倾斜，另一方面也标志着营销研究范式的变迁。

从学科的渊源来看，市场营销学是广告学汲取理论和研究范式的母体之一。市场营销学理论范式的转变极大地影响了广告学的研究，将“人”重新置于广告研究视野中成为 20 世纪 90 年代之后的重要转变。而从方法论的层面上，定性研究因其能够帮助研究者获得对消费者的洞察，把握消费者行为背后更深层次的原因而得到更为广泛的应用。

第三，在美国广告研究的传统中，工具性的研究居于主流地位，但在后工业社会中，广

---

① Grant McCracken. Advertising：Meaning or Information [J]. *Advances of Consumer Research*, Volume 14, 1987：121-124.

② Gerald Zaltman. Rethinking Market Research：Putting People Back In [J]. *Journal of Marketing Research*, 1997, 34 (4)：424.

③ Robert Lauternborn. New Marketing Litany：Four P' s Passe；C-Words Take Over [J]. *Advertising Age*, 1999, October 1：26.

告有目的地激励消费则成为更为宏大的社会问题，另外，消费者对于广告的关注不仅仅是基于进行购买决策过程中对信息的需要，也是一种文化实践（cultural practice）。在这样的背景下，20 世纪 80 年代之后，站在批判的立场上，包括传播学、文学、哲学、历史学、社会学、人类学乃至女性研究对广告的关注，也促使了更多的定性研究方法被应用。实证主义、后实证主义、构成主义（constructivism）、女性主义、伦理学以及马克思主义的范式和理论资源都成为广告研究的重要学术支撑。在 1985 年左右，文化研究和批判学派已经在美国大学的传播学院以及其他研究机构中发展得相当成熟①，这些来自大学传播院系的研究者构成了此类研究中的主要力量。与仍然着眼于广告工具性的定性研究相比，研究者们的目标和旨趣都发生了鲜明的转向。在对广告的不断反思中，研究者们终于认识到广告不仅仅是心理学和科学取向的，同时也是文化和艺术取向的；广告不仅仅是信息，同样也是文本；而广告的受众也不仅仅是消费者，同样也是读者。在更为宏阔的社会背景之中，在对以定量研究为主流研究方法的美国广告研究而言，形成了另一种声音。

时至今日，在广告学研究中，定性研究方法和定量研究方法的争论仍然在继续。定性研究方法与定量研究方法挖掘着人与广告互动过程中的不同层面，定性研究方法和定量研究方法立足于广告作为一种社会存在的丰富意义。从表面上看，这种争论是一个研究方法的问题。然而，研究方法的背后隐含的问题是对广告本质认识，甚至是对人性基本假设的不同。在美国广告研究中，定性研究仍然不断被诟病，例如其研究难以被重复验证，较小的样本规模和采样方法，定性研究不够科学……不过，我们仍然必须认识到，对于广告而言，并不能把所有的研究都用量化的方法和数字的形式来处理。对于研究方法进行反思的意义当然不仅仅止于对新技术、新方法的把握，而更重要的是，我们应当如何更好地认识广告本身，以及广告与社会的互动。从这个角度出发，对美国广告定性研究传统的梳理也许能帮助我们在广告研究的道路上，更接近于本质和真相。

参考文献

[1] 张金海 . 20 世纪广告传播理论 [M] . 武汉：武汉大学出版社，2002.

[2] Arthur J. Kover. Point of View: The Legitimacy of Qualitative Research [J] . *Journal of Advertising Research*, 2011 (April) .

[3] Geissler L. R. Association-reactions Applied to Ideas of Commercial Brands of Familiar Articles [J] . *Journal of Applied Psychology*, 1917, 1 (3) .

[4] Gerald Zaltman. Rethinking Market Research: Putting People Back In [J] . *Journal of Marketing Research*, 1997, 34 (4) .

[5] Grant McCracken. Advertising: Meaning or Information [J] . *Advances of Consumer Research*, Volume 14, 1987 .

[6] Jeffrey F. Durgee. Richer Findings From Qualitative Research [J] . *Journal of Advertising Research*, 1986, AUG/SEP.

[7] Peter Nuttall, Avi Shankar, Michael B. Beverland, Cheryl Stallworth Hooper. Mapping the Unarticulated Potential of Qualitative Research-Stepping out from the Shadow of Quantitative Studies [J] . *Journal of Advertising Research*, 2011March.

[8] Rena Bartos. Qualitative Research: What it is and Where it Came from [C] . Advertising Research Foundation 50th Year.

[9] Robert Lauternborn. New Marketing Litany: Four P' s Passe; C-Words Take Over [J] .

---

① Linda M. Scott. Qualitative Research in Advertising: Twenty Years in Revolution [M] //Russell W. Belk. *Handbood of Qualitative Research Methods in Marketing*, Edward Elgar Publishing Limited, 2006: 59-69.

Advertising Age, 1990, October 1.

[10] Russell W. Belk. *Handbood of Qualitative Research Methods in Marketing* [M]. Edward Elgar Publishing Limited, 2006.

【作者介绍】

余晓莉，博士，武汉大学新闻与传播学院广告系讲师。

数字传播背景下广告的发展变迁研究述评

张金海　谭辉煌

每一次传播技术的诞生和发展，都会带来新的媒介形态，与之相应的则是广告形态的发展变迁，回顾媒介发展史上的五次传播革命，就可以得到印证：首先是语言传播，此背景下广告是口头的传播形态，随后的文字传播，带来广告文字形态的革命，印刷技术催生了以报纸和杂志为代表的文本形态的媒介，与之伴随的广告也以具体的文本形态传播，电子技术带来的是以广播和电视为代表的声像形态的媒介，可听可视，生动逼真，广告因此在某种程度上具有了对之前的媒介优点进行聚合的优势，其形态也逐渐走向多元化。第五次传播革命——数字传播技术，以其海量存储和传输、交互性传播和多媒体融合等特点，不断引发传播的概念、形态、方式、效果等各个方面的巨变，由此带来媒介形态的发展变迁，在此背景下，广告将发生什么变化呢？对此，我们认为，在数字传播背景下广告的生存与发展是广告学研究最前沿的话题。“在新的营销传播环境下，广告要谋求更好的生存与发展，必须做出生存形态、传播形态乃至观念形态的重大调适与改变。”① 目前，数字传播背景下广告的发展变迁这一主题的研究，可以总结为以下几个方面。

一、数字传播背景下广告的观念形态与生存形态

数字传播革命，首先带来的无疑是对于许多传播概念的重新思考和审视，对于广告而言，就是重新厘定其含义，树立和重构新的广告观念。对此，许多学者纷纷做了探讨。舒咏平教授在《新媒体与广告互动传播》一书中，从广告互动传播的概念出发，把广告定义为“是由特定的组织和个人通过付费方式获得各种媒体载具上的时间与空间，旨在引导受众的情感态度与相应互动的、有关商品和观点的信息传播。”② 同时，他认为广告观念应发生广告媒体由分立到融合，广告对象由大众到小众，广告形式（时空）由明确到消融，广告效果由单向到互动，广告核心由创意到策划的变革。陈刚首次用“后广告”③ 的概念对未来广告做出界定：一方面未来广告是传统广告的延续，另一方面也是适应未来社会和媒体变化的更具互动性的广告形式。张金海教授则紧紧抓住数字传播技术的双向互动、海量存储和传输的突出优势，指出只要广告主不故意隐瞒商品信息，网络广告就可以消解信息不对称，就能达成商品完全信息的传播，实现广告告知功能的高级回归④。

关于广告的生存形态，也是学者非常关注的话题。卢安宁在其博士论文《数字时代的广告生存形态研究》中提出数字时代广告的生存形态是：精准化传播、个人化生存、公关化生存、口碑化传播、娱乐化生存⑤。这是较早的研究，但其划分却没有一个统一的标准和

---

① 张金海．广告的现实生存与未来发展［J］．武汉大学学报（人文科学版），2009（4）．

② 舒咏平．新媒体与广告互动传播［M］．武汉：华中科技大学出版社，2006.

③ 陈刚．后广告时代——网络时代的广告空间［J］．现代广告，2001（7）．

④ 张金海．网络与数字传播时代广告告知功能的回归［J］．广告大观（综合版），2006（7）．

⑤ 卢安宁．数字时代的广告生存形态研究［D］．武汉大学新闻与传播学院博士论文，2007.

依据，显得凌乱。舒咏平教授认为，在数字传播环境下，广告形式将由明确变为消融。“在这种广告形式趋于消融中，广告信息则从两个方面进行变形：一方面，数字传播的广告形式变形为信息专栏，其简洁、个性化标题背后，链接的是一个个虚拟商品展厅，及电子商务全套事项。另一方面，则是硬性的或显性的广告变身为软性广告、隐性广告，或曰置入广告。”① 张金海教授认为，广告是一个动态的发展过程，从原始广告到古代广告一直发展到现代广告，广告的概念与形态也在动态的发生变化。在此基础上，他进一步提出广告的“泛形态化”这一全新概念，认为凡在网上发布的有关生产与消费、供应与需求的所有商务信息都是广告②。这一定义紧紧抓住广告信息传播和服务的本质，不在具体表现形式上纠结，扩大和延伸了广告的视野，对广告研究也有开拓性的意义。与此相近，黄升民教授提出广告“资讯化”的特征，他认为，“广告已经资讯化，信息传播者和接受者的界限日益模糊，企业发布着资讯并收集着消费者的反馈信息，消费者搜索着需要的资讯并愿意向企业提出建议和意见。”③ 泛形态化和资讯化的提出，是对广告在新媒体环境下生存状态的高度概括，而更具前瞻性的把握则是张金海教授指出的“专业数据库将成为数字技术与网络传播背景下未来广告生存的终极形态”④，即专业数据库生存将是广告的终极生存形态，其理由有三：第一，数据库充分张大了数字技术的特征。第二，高度专业和丰富的广告信息数据库本身就是有价值、可以产生利润的。第三，专业数据库将在最大限度上消解广告传播中的信息不对称现象。

二、数字传播背景下广告的传播形态

数字传播首先带来的就是媒介传播形态的变化，具体地说就是传播的数字化，相应地，广告的传播形态也应走向数字化或者说适应数字化传播进行传播形态的调适。许多学者就是沿着这样的思路来思考和探讨广告传播形态的变迁。因此，回答数字传播区别于传统传播的本质特征在哪里，就构成了探寻数字与网络背景下广告传播形态的首要问题。

对于这个问题，学者们的观点是多样的，有的认为数字传播最大的特点是双向传播，有的认为是精准传播，还有的认为是分众传播。虽然研究的重心各有偏颇，但总不会忽视交互式传播这一根本特征。交互是 Web2.0 的灵魂。网络作为广告传播的媒介与传统媒体的本质区别在于由单向传播转为双向传播，即是一种非强制化的交互性的传播模式⑤。甚至在 3G 时代，这种传播进一步向“即时深度交互性传播”⑥ 演进。

什么是交互性传播？交互性传播具有两面性：一面是网络信息发送方，另一面是信息接受方。发送与接收同步或非同步交流，构成了交互的可能，这种交互功能又主要体现在信息反馈方面。反馈是平等的、互动的，反馈又是即时的，并直接影响传播的过程和内容，因而传播过程是由双方互动来控制的。“网络的这种互动性，是广告业发展史上带有根本性的变革，也是与传统广告最大的不同之所在。”⑦ 网络广告的交互反馈系统拉近了生产者与消费者的距离，消解了彼此间的隔阂，形成了网络广告所特有的“需求——网络信息（网络广

---

① 舒咏平．数字传播背景下广告观念的变革［J］．新闻大学，2007（1）．

② 张金海．20 世纪广告传播理论研究［M］．武汉：武汉大学出版社，2002.

③ 黄升民．分与聚：一个潮流五大关键［J］．广告大观（综合版），2007（6）．

④ 张金海、王润珏．数字技术与网络传播背景下广告的生存形态［J］．武汉大学学报（人文科学版），2009（4）．

⑤ 柴华方．网络广告传播的交互性研究［J］．新闻爱好者，2010（9）．

⑥ 刘丹凌．3G：第三媒介时代？［J］．现代传播，2010（3）．

⑦ 胡修瑞．试论网络广告的传播优势［J］．学术交流，2002（3）．

告）——生产——交互（反馈）”① 的开放模式。网络广告这种独特性，完全否定并抛弃了传统广告的强制性灌输。从这个意义上讲，网络广告的交互反馈性是对传统广告的超越，带有革命性意义，是广告发展的创新和广告信息交流的高级形态。

广告的交互式传播形态，必然带来广告传播模式的改变，对此，舒咏平教授从数字传播带来的受众接收方式发生变化的角度出发，认为新媒介演进引发了广告传播模式由“信息邂逅”到“搜索满足”的嬗变。“信息邂逅”，即广告信息对于毫无准备的消费者是不期而遇的；而新广告模式的核心则为“搜索满足”，即消费者为了消费需求主动进行广告信息搜索并获得满足。在“搜索满足”模式下，“消费者受众出于消费信息的需要，不再只是被动的，且主要依凭无意识接收来获得广告信息，而是主动进行搜索，且在搜索中不断比较、求证广告信息，以满足消费决策最基本信息的需求。”②

广告的交互式传播，是对数字与网络传播技术优势的充分张大，总的来说，这种传播具有如下优点：第一，是能达到与潜在消费者的信息交流与沟通，不仅可以发送，更可以及时得到反馈，从而可以就发现的问题进行及时的调整和优化，以便于进一步的营销传播活动的开展、商品的销售甚至品牌的建立与维护。第二，具有相近特点的用户能够聚合形成虚拟社区，用户之间得以进行交流、分享。这个层面的交互带来的是互联网环境下的口碑传播效应。第三，交互过程可以体现出意见领袖的引领作用③。

三、数字传播背景下广告的运作形态

如果说生存形态偏重于静态、单一和相对持久的呈现，传播形态重在动态、多元和易变的描述，那么运作形态则是一个更具功能性和操作性的概念。

黄升民认为，平台是一个来自计算机操作系统的术语。操作系统就是一种典型的平台，用户通过操作系统来驱动各种硬件设备，实现人和硬件之间的对话，使应用软件完成各种既定的任务。“平台”最核心的功能是实现双边（或多边）主体之间的互融互通④。

对于传媒和信息产业来说，平台化有三个基本内涵：第一，“通用介质”包括数字技术、互联的网络和通用的传输协议。数字技术的发展使得文字、声音、图像等信息形态可以转化成“01”编码，网络和通信技术的发展又使得这种以“01”通用编码的信息能够实现无障碍传播和交互。第二，“接入与互融互通”，用户可以通过任何一种多媒体终端（例如手机、个人电脑、有线数字电视等）作为平台的接入口，获取来自报纸、电视等的信息，甚至实现相互的交互通信；而报纸、电视等传统的媒体源也可以通过数字网络向用户提供多媒体形态的信息服务。第三，内容产品、信息应用服务以及用户之间存在双边（或多边）的相互依存的关系，是典型的交叉网络外部性⑤。

早在2007年黄升民教授就预料广告平台化发展的趋势，他指出“广告开始从简单的传播工具向集多种交流渠道和多类交流方式于一体的沟通平台演化”⑥。至于广告的平台化运作具体会以什么样的形式进行，目前的研究各有偏重。舒咏平教授认为，为了实现消费者的

---

① 胡修瑞．试论网络广告的传播优势［J］．学术交流，2002（3）．

② 舒咏平．“信息邂逅”与“搜索满足”——广告传播模式的嬗变与实践自觉［J］．新闻大学，2011（2）．

③ 寇紫遐，张金海．互联网交互式信息平台营销传播探析［J］．新闻界，2010（6）．

④ 黄升民，谷虹．数字媒体时代的平台建构与竞争［J］．现代传播，2009（5）．

⑤ 黄升民，谷虹．数字媒体时代的平台建构与竞争［J］．现代传播，2009（5）．

⑥ 黄升民．分与聚：一个潮流五大关键［J］．广告大观（综合版），2007（6）．

信息“搜索满足”，要建立全面、客观、互联的数据库平台和即时、具体、人性化的互动平台①。前者是指一个由行业数据、品牌数据、产品数据、消费数据等构成的庞大社会化数据库平台；其直面消费者的终端体现形式为：电脑终端、家庭数字电视、3G 手机。而其背后则是一个庞大的商业内容行业：包括品牌网站及虚拟商店、行业网站、专业商场网站、网上消费者社区、数字电视广告频道等。后者是由品牌网站或虚拟商店的咨询员、行业网站值班专家、商场网上导购员、网络社区专业领袖、有消费经验的热心人、数字电视广告频道主持人等操作，能即时、有针对性回答消费者的具体咨询，且程序互动、充满人性化的服务平台。两个平台的搭建可以达到消费者对广告信息的量和质的双重满足。邵华冬和杜国清总结了中国数字媒体广告传播平台运作的形式和现状，认为有四种②：一是利用综合门户网站进行广告传播平台化运作。企业利用综合门户网站下不同类型和功能的推广工具，通过有效的排期和组合，为目标消费者搭建一个在网络平台上浏览的路径。利用首页发布传统广告保持曝光率，利用专业频道锁定细分客户，再辅以博客、社区等渠道增加用户黏性，以博客、微博等平民化传播平台提示购买信息，输入法、游戏、P2P 等方式捕捉偶得用户。其二是利用搜索引擎作为网络营销的桥梁与平台。有两种途径：一种是将搜索引擎作为企业总体营销传播活动的入口与桥梁，盘活整个营销生态系统（同传统媒体、企业销售网站建立关联）。另一种是将搜索工具变为广告传播平台。以百度为例，企业可以通过利用贴吧、百科、知道等丰富的衍生产品使得搜索工具本身成为一个兼具发布信息和体验互动的广告平台，从而给品牌传播带来价值。其三利用社交网站进行口碑传播。虚拟世界的巨大商机促使企业在传统口碑传播基础上开发多种衍生广告产品的使用，开展基于社交网站的广告传播平台化运作。如建立企业公共主页、消费者讨论组、在插件游戏中进行产品植入、号召消费者在好友之间进行推荐和分享，树立意见领袖，引导口碑传播，并进而直接引发销售行为的达成。其四是利用企业官网搭建广告传播媒体群。一个完整的企业官网系统实际上是一个包括企业网站、产品网站、活动网站、企业社区媒体和网络销售网站等的企业官网广告传播媒体群。消费者可以通过企业官网完成信息搜集——互动参与活动——实现在线购买——发表评论信息反馈的一系列活动。这一系列的活动都搭建在企业自有媒体平台上，可以为企业维护大批用户，避免了客户流失。总的来说，虽然目前不同通路的企业数字新媒体广告传播平台形成了各具特色的运作模式，但都表现以下 4 个共同特征：（1）两个平台的融合性：媒体信息传播平台与销售平台的有效勾连甚至融合。（2）内容建构的开发性：重视消费者对传播内容的贡献及参与。（3）渠道选择的精准性：对接消费者媒体接触习惯，捕捉更有效接触点。（4）传播的可优化性：打通前后台数据库，有效促进传播与销售勾连及效果优化。

四、数字传播背景下广告的产业形态

探讨这一主题，首先要对广告产业的概念有明晰的把握。刘传红从产业经济学的角度把广告产业界定为从事广告产品生产或提供广告服务的企业集合。具体而言，就是从事调研、策划、创意、制作、媒体购买、发布等广告活动的企业的集合。同时，他强调由于产业的融合，上述产业的边界日益模糊，而且那些以前不属于广告产业的公关业、直销业等也融合进了广告产业，使得广告产业链的长度和宽度都有所延伸③。

广告产业的形成与发展经历了漫长的过程。17 世纪至 18 世纪，近代报纸广告的出现是

① 舒咏平．“信息邂逅”与“搜索满足”——广告传播模式的嬗变与实践自觉［J］．新闻大学，2011（2）．

② 邵华冬，杜国清．中国企业数字新媒体广告传播平台研究［J］．国际新闻界，2011（11）．

③ 刘传红．广告产业的内涵及研究意义［J］．商业研究，2008（4）．

广告由单一的广告活动向现代广告产业的演进的第一步。19 世纪，世界经济的中心开始由英国向美国转移，世界广告的中心也随之发生相应的转移，美国广告业出现空前繁荣，从而催生了真正意义上的现代广告代理业。专业广告公司的出现是广告经营向独立的广告产业迈出的重要而又关键的一步。广告业逐步走上了规范化的代理服务，其服务功能由早期的单纯媒介代理逐步拓展为以营销为目的，包括市场调查、策划、创意、制作、广告的媒介发布与效果监测等一系列活动在内的全面代理，从根本上提升了广告业的专业代理水平。这一时期的广告产业形态我们不妨称为代理形态。然而，20 世纪七八十年代以来，在市场环境、传播环境发生了深刻变化的背景下，任何单一的营销传播方式都不足以成功地执行营销，使得企业产生了对包括广告、促销、公关等在内的整合营销传播代理的需求。这是广告产业的整合形态。

研究广告产业的发展有许多视角，在这一话题下我们无疑是要从媒介发展演进的角度来探讨广告产业形态的发展变迁。较早从这个方面进行研究的是上海大学刘静的硕士毕业论文《中国广告业的数字化进程——媒介发展对广告业的影响解析》。该文从媒介演进的角度回顾了世界广告业的发展历程，认为报纸媒介的产生与发展促成了广告业的诞生，媒介的大众化和多元化推动了世界广告业的现代化，电波媒介和信息技术将世界广告业带入成熟期，媒介集团化和数字化为世界广告业的发展提供了新的契机，在此基础上，她进一步论述了数字化和广告业之间的关系，最后提出操作数字化，代理单向化，管理立体化，经营全球化将是中国广告业数字化的演进之路①。

程明教授对数字技术背景下整合营销传播兴起的营销环境中广告的产业形态进行考察，其观点表明：在整合营销传播的全球背景下，广告的未来发展趋势将是以广告为工具整合其他营销传播手段，由此带来广告产业形态的重大改变，即由提供单一广告代理服务的广告产业走向提供广告、公关、促销、营销咨询等多元化服务的“大广告产业”，为此，需要从广告业高度专业化、广告产业链、广告公司组织结构三方面进行广告产业形态的重构②。

寇紫遐针对当下中国广告产业面临的整合营销传播和数字传播的新环境，着重从广告传播形态角度，提出形成以产业融合为手段、以隐性的娱乐化传播作为主导传播形态，以传统广告传播形态作为有效补充的多层级、生态型的广告产业传播形态③。

姜帆探讨了数字传播技术对广告产业形态的影响，认为广告公司业务形态由单一走向多元，广告产业链的原有格局被改变，广告产业业态边界模糊化④。

总的来说，与从产业经济学的视角来考察广告产业相比，数字传播背景下广告产业形态的研究是相对薄弱的。从现有的研究来看，要么研究的比较全面但前瞻性不够，要么很有新意但视角单一，如何结合数字传播的特点来全面深刻地探寻广告产业形态的发展走向，是一个很值得深入研究的内容。

五、小结

总结这一话题的研究，可以发现有如下几个特点：

第一是前瞻性与创新性共存。学者们都比较敏锐地关注到在数字与网络传播背景下广告

---

① 刘静．中国广告业的数字化进程——媒介发展对广告业的影响解析［D］．上海师范大学硕士论文，2005.

② 程明、姜帆．整合营销传播背景下广告产业形态的重构［J］．武汉大学学报（人文科学版），2009（4）．

③ 寇紫遐．新环境下我国广告产业传播形态探析［J］．新闻界，2009（1）．

④ 姜帆．数字传播技术与传统广告产业形态［J］．新闻爱好者，2011（12）．

的变迁，对于广告的概念做了富于启发性的重新界定和思考，比如“泛形态化”和“资讯化”的提出，既很新颖也很深刻，尤其是对广告的形态变化，以张金海教授为代表的相关学者给予了充分的关注和研究，到目前为止，已经对广告的生存形态、传播形态、运作形态以及产业形态等都做了全面的探讨，并提出了许多富有创见性的命题，如“专业数据库生存是广告的终极生存形态”、“广告传播平台化”等。在此基础上，学者们还对未来广告的发展趋势做了积极的展望，这些研究能够帮助我们清晰地诊断广告的生存现状，把握其未来发展方向，对于当代广告传播的运作与管理也具有重大的现实意义与价值。

第二，对于数字传播背景下广告形态的变迁问题，关注的研究者越来越多，成果也不少，但对于广告形态、广告的生存形态、广告的传播形态的理解却显得散漫而不规范，有的把三者之间的概念混淆了，有的文章虽然冠以“广告形态”，但探讨的却是其他的主题。同时，研究的重心也有所偏颇，生存形态、传播形态是研究的焦点，运作形态是研究的热点，而产业形态在某种程度上却是研究的弱点。以上问题提示我们在这一主题下，研究问题首先要注意概念的准确性，同时还要全面用力，不要厚此薄彼。

第三是很多研究流于描述层面，新意有余而理论深度不够。例如，对于网络广告、手机广告和数字电视广告等新媒介广告形态的研究众多。此类研究在紧跟时代潮流的同时也因对问题本质思考的缺乏而显得价值不大。出现上述情况有两个方面的原因，一方面是由于数字传播与广告发展这一课题本身就是新环境下的新问题，理论的创新在一般情况下都会相对滞后；另一方面，学者们从其他学科资源中去挖掘适切性的理论作为研究的理论支撑的意识和能力还有待提高。

【作者简介】

张金海，武汉大学媒体发展研究中心主任、新闻与传播学院教授，博士生导师，主要从事广告传播与媒介经营管理研究。

谭辉煌，武汉大学新闻与传播学院2011级广告学博士研究生。

新媒介环境下广告产业链的变革及中国广告产业的发展取向

杨　魁　林媛熹

一、新媒介的发展与广告创意产业时代的到来

进入21世纪以来，在新媒介发展，知识经济、消费主义盛行的背景下，创意经济迅速兴起。创意产业在短短的12年时间里，经历了从概念到实践，并迅速从发达国家扩展到发展中国家的过程，发达国家经验表明创意产业成为经济快速发展的重要增长点。自20世纪90年代以来，全球创意产业已经由产业萌芽期走向产业发展期。创意产业门类多，规模大，增长速度远远大于全球GDP增速。全球创意产业目前占全球GDP的7%，每天创造220亿美元的价值，并以5%的速度递增①。科特勒在其《营销革命3.0》中论述道："我们正在进入创造型社会，按照丹尼尔·平克（Daniel Pink）在《全新思维》中的说法，这种社会是人类文明史上发展水平最高的社会。"② 而全球发展的如火如荼的创意产业无疑是创造型社会以及新经济时代最生动的体现。可见在当今世界，创意产业已不再仅仅是一个理念，而是有着巨大经济效益的直接现实。以创新、创意为核心的创意产业的发展规模和水平，正成为衡量一个国家和地区综合竞争力的重要标志之一，也意味着创意经济时代的步伐越走越近了。

创意经济推崇创新和个人创造力，强调文化艺术对经济的支持与推动，它是"源于个人创造力、技能和才华的活动，并通过知识产权的生成和利用使这些活动发挥创造经济效益和就业的成就。"③ 显然广告具有创意产业的基本属性：以创意为核心与灵魂，以人们的精神文化娱乐需求为基础，以高科技技术手段为支撑，以网络等新传播方式为主导，以文化艺术与经济的全面结合为自身特征。因此，创意产业诞生之初，广告业就被认为是创意产业的重要一部分。英国的"创意产业之父"——约翰·霍金斯就曾重点指出广告产业属于创意产业的范畴④。早在20世纪末，创意产业的先行国——英国在对于13个创意产业门类的界定中，广告产业就是重要的一项⑤。2006年中国创意产业大会也将广告业作为一个大的行业类别纳入创意产业范畴之中。"中国广告业将会向创意产业全面升级"，这是2006年9月3日在首都经济贸易大学举行的"2006中国（国际）创意讲坛"上，4A公司和本土广告公

① 张舵，孙晓胜．把创意变成产业［N］．中国财经报，2006-02-09.

② 菲利普·科特勒著．营销革命3.0［M］．毕崇毅，译．北京：机械工业出版社，2011.

③ Howkins J. *Creative Economy*: *How People Make Money from Idears*［M］. London: Penguin Books, 2001.

④［英］约翰·霍金斯著．创意经济——如何点石成金［M］．上海：上海三联书店，2006：96-128.

⑤ 参见石杰，司志浩编著．文化创意产业概论［M］．北京：海洋出版社，2008.

司创意总监们达成的共识①。2008 年，国家工商总局出台《关于促进广告业发展的指导意见》也明确指出知识密集、技术密集、人才密集的广告业是现代中国服务业的重要组成部分，是创意经济中的重要产业。

另一方面，创意经济时代消费者的消费模式也发生了极大转变。消费者的受教育程度不断提高，文化综合素质和审美品位也将随之普遍提高，对文化精神领域产品的需求会逐步增加。从消费结构来看，情感消费的比例在不断提高；从消费内容来看，趋向个性化、差异化、多样化需求；从消费诉求来看，更加注重通过消费获得感性享受和愉悦体验。对广告要求而言，消费者将不喜欢产品口号式、叫卖式的老套广告，而更加希望广告通过情感的“编织”（创意），使受众在接受商品信息的同时，产生拥有商品后的想象性满足的快感及美的联想，精神和心理的双重愉悦。这将势必推动广告创意的发展，对广告人的创意能力和创意水平提出了更高的要求，既是挑战，也是根本的推动力。与此同时，企业面临着市场过度竞争，商品、服务同质化日趋严重的市场环境，传统的营销方式越来越不能奏效，对于广告创意也更加的渴求。此外，新媒介的发展使得比传统模拟电视更加清晰、更加具有交互性的数字电视正走进千家万户，频道也越来越向细分化发展；另一方面，网络多媒体已经逐渐融合了电视、报纸、杂志、广播这些传统的媒介，使得这些媒介在网络上有了自己的“数据家园”；而 3G 手机的日益普及更是大大方便了网络浏览。另外，生活当中无处不在的新媒介，公交车上的移动电视，大型广场上的 LED 频，电梯里面的 LCD 频……无不显示着这是一个新媒介带来的传播渠道爆炸式增长的年代。

无论是广告作为创意产业的重要部分愈加得到政府的重视，还是在创意产业背景下消费者的消费模式发生了转变，抑或是企业在市场过度竞争环境下对于广告创意的渴求，又或者是新媒介的发展带来的传播渠道爆炸式的增长，都说明以往单纯的广告设计、广告文案写作、广告媒体、广告策划等技术性的角度看待广告已经远远的落后，广告正向着创意产业的方向发展，广告创意产业时代已然来临。

二、新媒介环境下广告产业链的变革

在广告创意产业时代，“围绕广告活动展开的广告生产、广告制作、广告的消费以及其他经济活动所构成的市场，即广告市场由广告主、广告公司、广告媒介和广告受众四部分所组成”② 的广告产业链各个部分在新媒介的冲击下发生了巨大的变革。

1. 广告主的结构出现变革

随着互联网络在线广告的低成本、目标受众的精确性、广告的可预测性等优势被传统广告主所认识以及金融危机之后企业对于广告成本的看重，再加上多年的互联网络发展大浪淘沙般淘汰了众多竞争力弱小的网站，形成了一大批实力强劲的网站。一些门户网站（网易、新浪、腾讯、搜狐），网络搜索引擎（百度、Google），社交网站（人人网），视频网站（优酷网、土豆网），网络电子商务网站（淘宝网、当当网、拉手网、京东网上商城）以及一些市场细分网站如专门服务旅游者的春秋旅行网，专门提供恋爱交友平台的珍爱网、百合网等在激烈的网络市场竞争当中胜出，培养出了大批忠诚的受众。这就使得网络成为一些新品牌试水新产品，老品牌塑造自身形象，进一步拓展在这些受众群体当中影响力的最佳场所。另

① 杨天波，全权．外资进驻威胁，产业面临升级，中国广告业将进入十年震荡期［J］．中国经济周刊，2006（35）：44.

② 卢山冰．中国广告产业发展研究——一个关于广告业的经济分析框架［M］．西安：陕西人民出版社，2005：17.

外，数字化媒体对传统广告主的另一大吸引力就是一切媒体投放效果都可以被实时监测。从投放本身而言，这意味着精准、及时和有效，因而网络广告的投放越来越受到大批传统的广告主的重视。2010 年是中国网络广告市场让人刮目相看的一年。在这一年里，世博、世界杯、亚运会等大事件集中，在基于互联网平台的大事件营销中，企业的触网实践迈出了更大的一步。越来越多的传统广告主认识到网络的强大与可怕，开始重视视频、搜索、微博、社区网站广告的投放。根据《2011 中国新媒体品牌报告》① 的数据显示：2010 年 1—11 月，中国网络品牌广告投放预估费用总计达 124.5 亿元，投放达 620.7 万天次，广告主总计 17 716 个，广告投放量较 2009 年有了大幅度的提高。由此可见当前传统广告主显然已经认识到网络广告的巨大潜力，不断加大对网络广告的投放。

互联网站自身实力的不断增强以及传统广告主对于网络广告投放力度的不断加大使得新型的互联网行业广告主开始崛起。一些电子商务网站、社交网站、服务型网站、门户网站公司在自身发展不断壮大的情况下，开始成为新型的广告主，不仅在互联网上开展广告营销传播活动，宣传自身的品牌，更开始整合线下营销，利用传统的电视、报纸、杂志、户外广告来进一步提升品牌认知和品牌价值，继而又反向推动网络广告的传播效果，最终实现投资回报率的最大化。2011 年，淘宝官方表示，将会投入 2 亿元广告预算用于四季度淘宝商城的营销，由此我们看到淘宝商城的广告大肆出没在电视、户外、互联网等各类媒体上。2011 年 4 月 7 日，新浪微博启用 weibo.com 独立域名，当天，新浪微博的大幅平面广告在《广州日报》等数十家主流都市日报上同步出现。无独有偶，腾讯微博依然矢志不渝地斥巨资投放电视广告，腾讯公司签约明星刘翔、梅西与莫文蔚每天在央视以及部分省级上星卫视和观众见面，三次响亮的“上腾讯微博”之声。面对传统的广告主在广告投放上的新媒体转向以及新型的、发展如日中天的互联网络广告主群体的崛起，广告公司如何转变自身，推出创新的营销传播服务，满足这两大广告主的品牌传播需求，这将会是未来广告公司持续生存发展的重要砝码。

2. 广告传播媒介的形态发生新的变革

新媒介的不断发展使得广告传播的媒介形态发生了巨大的变革，对于广告行业的媒介策划与购买提出了严峻的挑战。以前在传统媒介环境下，我们选择三五种广告媒介，进行版面、时段的组合搭配后，对受众进行“套餐式”传播就会有不错的效果，但在新媒介时代已行不通。媒介的选择菜单不断拓宽与交叉，数字电视、报纸、网络、IPTV、移动电视、3G 手机的受众呈现日益细分又不断交融的状态。网络融合的本身使得广告投放人员需要动用越来越多的媒介种类并要把这些媒介整合好。媒介组合包括传统媒介之间的组合、传统媒介和新兴媒介的组合以及新兴媒介内部的组合三种。如何实现媒介的联动与互补，同时避开不必要的资源重复与浪费等，这些都需要进行严谨的科学调查和详细的数学分析，只有借助高级计算机软件程序才能完成这项工作。广告传播媒介的增多以及媒介选择时操作过程的复杂化恰恰对传统的广告公司提出了挑战。

另外，在网络广告迅猛发展的情况下，一些新媒体（如 Google、百度类的搜索引擎，Facebook 类的社交网站等）已经不满足于做单纯的广告传播渠道，开始跳过传统的广告公司，直接为一些大的品牌提供线上广告服务，从而对传统广告公司的发展构成了严重的威胁。在这种格局下，广告公司如何转变自身，在新媒介环境下推出创新的营销传播服务，以满足新媒介环境下广告商的口味，将会是未来广告公司持续生存发展的重要砝码。

《第一财经周刊》在《互联网公司正在瓦解传统广告业》这篇文章中提道：“那篇叫做

① 2011 中国新媒体品牌报告 [R/OL]. http://brand.cnad.com/html/Article/2011/0425/20110425112729321.shtml.

《未来广告》的报道在麦迪逊大街投下了一颗重磅炸弹：在层出不穷的新媒体浪潮下，20世纪80年代华尔街一手凑齐的四大广告集团WPP、宏盟（Omnicom）、IPG（Interpublic Group）和阳狮即将分崩离析，科技变革在过去两年内已经让美国广告业16万人无所事事，曾经代表创意本身的广告公司们现在不得不接受二选一的局面——成为技术恐龙，或者改变自己的DNA。广告公司谋杀者，这是*Fast Company*对Facebook的新称呼"①。尽管这段话在中国现今的广告公司看来可能有些危言耸听，但是我们不得不承认的是，无论是Google、百度之类的搜索引擎网站，抑或是Facebook、人人网之类的社交网站，正慢慢地成为各大品牌的广告传播载体，并直接同广告公司竞争大品牌客户。面对昔日的合作伙伴变成了强大的客户竞争对手，未来我们广告公司的蜕变之路任重而道远。

3. 广告受众的地位与作用发生深刻的变革

无论是广告受众是碎片化、小众化，抑或在消费价值观、消费行为上的变革，还是表达性社会媒体和合作性社会媒体带来的受众对于广告营销活动积极主动的参与，都推动着广告营销方式的全新变革，以适应时代的发展。

随着广告传播媒介、渠道的日益增加，广告传播的受众几乎都是被淹没在信息的海洋中，时时刻刻受到信息的包围，呈现出从大众化→分众化→小众化→碎片化的发展态势，并且每个消费者对于信息的感知、记忆也变得越来越弱。同时，网络技术的不断完善以及对于消费受众的培养，人们的消费行为、消费观念日益发生了巨大的变化，网络购物以其无可比拟的便捷、安全、实惠以及商品信息透明化等优势成为今后消费的主流市场。根据有关统计显示，2010年中国全年的网上支付规模有望达到10104亿元，较2009年增长100.1%，实现全年翻番②，由此可见在当前消费社会中网络购物增长的迅猛态势。一边是受众的碎片化以及消费行为的巨大变革，另一边"同质化"带来的诸多困惑，这都对广告营销提出了重大的挑战。

与此同时，新媒介的互动特质、信息传播的便捷性使得受众在信息传播上由被动的信息接收者成为主动的信息搜集者以及传播者。普拉·哈拉德（Prahalad）和拉马斯瓦米（Ramaswamy）指出，消费者的传统角色正在发生转变——他们不再是一个个孤立的个体，而是开始汇聚成一股股不可忽视的力量；在做出购买决策时，他们不再盲目地被商家引导，而是主动积极地搜集各种有关信息；他们不再被动地接受广告，而是主动向企业提出实用的反馈③。丁俊杰在《观察与思考：中国广告观——中国广告产业定位与发展趋势之探讨》④一文中就认为：消费者"碎片化"和媒介"数字化"使得受众信息行为和媒体商业模式发生改变。一方面，融合后的媒介形态改变了受众的信息接受模式。另一方面，数字化与媒介融合带来媒介市场的无限的生产、无限的传输和无限的需求，最终使得媒介的竞争愈演愈烈。

4. 广告公司的创作模式和运营模式发生重大变革

科特勒指出："数字科技大幅度改变了资讯和力量的失衡状态，广告行业如果试图在数

① 互联网公司正在瓦解传统广告业［EB/OL］. http：//brand. cnad. com/html/Article/2011/0311/20110311120158248. shtml.

② 资料来源：2011中国新媒体品牌报告［R/OL］. http：//brand. cnad. com/html/Article/2011/0425/20110425112729321. shtml.

③ 转引自菲利普·科特勒. 营销革命3.0［M］. 毕崇毅，译. 北京：机械工业出版社，2011：11.

④ 丁俊杰，黄河. 观察与思考：中国广告观——中国广告产业定位与发展趋势之探讨［J］. 现代传播（双月刊），2007（4）.

字经济中成功地运营和发展，就必须在业务和营销思维上做出更重要的改变①。”新媒体的高速发展，使得传播的门槛降低，传播主体无限地增多，传播的内容海量化，受众的注意力高度分散。企业在信息方面高度透明化，更多地裸露于受众和消费者面前；传播的效果很难像以前那样易于把控；同时由于多元化的传播，企业也极其容易受到舆论攻击。这些都导致以往以传统大众媒体为核心的传统的广告服务模式已经不能满足企业的需求。从而迫使广告公司开始研究新的媒介环境，放弃传统的广告服务模式，探索适应新的传播环境的新的广告服务模式，并重新明确自身在新媒体环境下营销传播的任务，重新强化和提升自己的价值。

近年来，越来越多的广告公司在利用网络开展品牌营销活动，从而使得新型网络广告营销方式不断增加。根据《2011中国新媒体品牌报告》显示，随着“广告主体的意识转换，市场规模大幅度增长，中国的广告市场酝酿新变，热点营销方式的创新、营销手段的多元、垂直媒体的成长、广告网络的崛起和移动广告平台的搭建，新的元素不断在网络广告市场展现”。

另外，为了适应新环境带来的挑战，中国的广告公司开始逐步地变革自身的发展模式。众多实力比较弱小的广告公司以及同广告相关联的机构开始向着集群化的方向发展。通过建立产业集群，实现集群内部各个广告要素的联合合作、明确分工，使广告公司及其他机构能够充分发挥各自资源、人才、技术、市场的优势，各司其职，在不同领域形成具备核心竞争优势的广告文化产品，以满足广告主多方面的专业化服务需要，形成集合竞争优势。

总之，媒介环境的快速变迁和广告产业环境发生的深刻变化，已经引起广告产业链发生史无前例的大变革，无论是产业链上游广告主的变革，新媒介自身整合线上、线下营销进行品牌塑造，抑或广告公司在广告营销方式以及自身发展模式上的创新，更或是广告受众向着新型消费者的转变，无不是广告产业链各个主体创新发展的结果。广告产业要更好地发展，则必须大力推动广告创意产业的发展，通过创意形成产业的核心竞争力，用创意提升各个产业主体，从而实现整个产业的升级换代。而这势必会在未来引发一场更为深刻的广告产业革命，从而使广告创意产业的时代必将到来。基于此，本文作者认为，只有顺应这一当代广告产业发展的基本趋势，全面实现中国广告产业的转型升级和变革，才是中国广告产业未来发展基本取向和必由之路。

三、中国广告产业的未来发展取向

媒介环境的快速变迁和广告产业环境发生的深刻变化，已经引起广告产业链发生史无前例的大变革，这势必引发一场深刻的广告产业革命，从而使广告创意产业的时代必将到来。因此，只有顺应这一当代广告产业发展的基本趋势，全面实现中国广告产业的转型升级和变革，才是中国广告产业未来发展基本取向和必由之路。

1. 实现从创意革命到广告创意产业时代的历史性跨越

自20世纪末由英国引发的创意革命开始，创意产业的发展已经经历10多个年头，并通过其创造的巨大经济效益以及现代新型服务业的发展使整个产业结构的升级换代产生的巨大影响力风靡全球。科特勒在其《市场营销3.0》当中曾指出人类文明正在进入第四次经济浪潮，而这将是一个以创造力、文化、传统继承和环境为主题的新经济时代②。而随着新媒体发展，以及广告产业链条当中各个主体发生的巨大变革，更加凸显出了“创意”的重要意

① 菲利普·科特勒，迪派克·詹恩，苏维·卖森西著．科特勒营销新论［M］．高登第，译．北京：中信出版社，2002：9.

② 菲利普·科特勒著．营销革命3.0［M］．毕崇毅，译．北京：机械工业出版社，2011.

义和地位。如同陈刚看到的那样："要想在这样纷繁的信息中吸引住消费者的眼球，产生传播的效果，就必须依靠创意。如果没有创意，企业的信息就会消融在大量内容的海洋中。好的创意，形成话题，产生多个层面的广泛传播，才能够使得企业实现营销的目的。……创意真正成为中国广告的核心价值。创意的时代已经到来。……主宰未来广告业的也将除了创意还是创意!"①

在这样的时代环境之下，抓住创意产业发展的有利时机，推动广告创意产业发展，真正促使人们重视和接纳"创意"的意义与专业价值，进而实现"广告产业"的成功升级，具有重要的历史意义和社会意义。

2. 走广告产业集群化发展之路

长期以来，地理学家和社会学家致力于地理接近性和集聚对创新与经济增长影响的研究。在关于创意产业集聚的研究中，凯夫斯（Caves，2002）为生产无形资产的行业容易形成空间的集聚提供了分析框架②，而创意产业作为"生产无形资产"的行业，显然不仅仅是个人和单个企业的行为，更需要整个行业的地理聚集和整个产业链的完整打造，这样才能形成创意产业的"微笑曲线"。与此同时，创意产业只有集聚，才能够更加有利于一个区域的结构升级。由此可见，广告创意产业要发展，集群化是其发展的必由之路。广告创意产业一旦形成集群就能产生"聚变效应"，其价值是分散的广告公司难以比拟的③。

由于我们本土的广告企业普遍存在服务单一、实力弱小、创意人才严重短缺的问题，一个专业公司的力量只是个体的力量，单一小规模的本土广告公司难以应对，再加上当前新媒体环境使得广告服务越来越复杂了，创意、策略、营销、公关、互动、品牌、管理各个方面都进行着全面的接触，更需要实力强大的广告产业集群来开展整体化运作。另外，当前我国广告公司同质化现象尤为突出，无论是大型还是中小型广告公司，在服务内容、服务方式和服务水准上，走向趋同。由于服务趋同，找不到核心专长，广告公司之间往往相互压价抢单，陷入激烈价格竞争，造成广告公司营业额和利润率下降，无力投入公司升级运作，无法集聚更多资源使得广告公司核心竞争力锻造更为艰难。经营趋同，缺乏核心竞争力，已经成为当前限制我国广告公司发展的重大瓶颈④。如此一来，就更需要广告向着集群化、产业化的方向发展，在各自的产业集群内形成分工明确、相互配合的产业体系，形成完整的产业链条，从而能够为企业提供更加全方位的服务。

而发展产业园区是推动广告创意产业集群化发展的措施之一，产业园区是一种介于政府、市场与企业之间的新型社会经济组织和企业发展平台，它通过提供一系列新创企业发展所需的管理支持和资源网络，帮助初创阶段或相对弱小的新创企业，使其能够独立运作并健康成长。因而，发展文化创意产业园区对于处于初级阶段的我国文化创意产业而言意义重大。

发达国家的广告产业也是通过建立产业集群得以突飞猛进的发展，著名的"麦迪逊大道"，位于美国纽约，被看做美国广告业的象征，它是著名的奥美、智威汤逊、李奥贝纳、扬·罗必凯、DDB、达彼思等著名广告公司以及一大批同广告相关的企业的聚集地。在位于世界创意之都伦敦东区的霍克斯顿聚集了500多家创意企业，其中包括著名的WPP和BBDO等广告公司以及大批创意企业。近年来国家对于文化创意产业给予众多的政策支持，鼓励各地仿效国外广告的发展模式，努力实现广告产业的集群化发展，大力推进广告创意产

---

① 陈刚．创意时代的到来［J］．成功营销，2008（2）．

② 理查德．E. 凯夫斯著．创意产业经济学［M］．北京：新华出版社，2004：6-20.

③ 丁建辉．区域集群：创意产业时代广告业的升级之道［J］．中国集体经济，2007（9）．

④ 廖秉宜．中国本土广告公司经营的问题与对策［J］．中国广告，2005（7）：57.

业园区的建设。在这样的大形势下，我国在北京、上海、南京、杭州等经济相对发达的城市纷纷建立了众多创意产业园区，从而为广告创意产业的发展提供支持。尽管当前，我国的广告创意产业园区诞生的时间尚短，但是，随着我国经济的进一步发展以及创意产业园区品牌的打造，影响力的不断增强，相信最终会增强中国广告创意产业的整体竞争力。

3. 构建理性、健康和可持续的大众消费文化

当前，以往单纯的品牌促销、广告设计、广告策划、广告促销这些技术性的手段已经远远不能满足当前市场的需求。广告必须发挥其另一个重要的功能，就是建构大众消费文化。对于广告对于现代消费文化的影响，社会学家鲍德里亚是这样论述的："当代大众文化（时尚、音乐、电视、录像、喝酒、跳舞、参加俱乐部）被仿佛是……的广告世界所统辖。服装、身体、面孔都来自于他人，来自于对生活的想象：即出自于时尚，电视、广告及无数城市偶像的暗示"①。这句话深刻揭示出广告对于当代大众文化的统辖地位。广告学者丁俊杰在广告与消费文化的关系论述上曾指出："广告助推消费、激活市场——形成了消费文化。"另外，一些学者也认为由于消费者对广告产品的消费具有"二元性"，使得广告能够在推动产品销售的同时也传播了文化。

如此一来，我们可以认定，广告对于大众消费文化的形成具有重要作用，是现代消费文化的构建者。而当前，广告的负面影响仍然是一个令人担心的社会问题。由于传播上的操纵和控制，长期的广告传播有效地清除了消费市场上对广告信息的否定因素和对抗力量，最终造成了"单向度"的人和社会。并且，广告在深层文化心理上对女性传统社会角色的普遍认同和片面渲染，产生了不可低估的价值导向作用和社会负面影响②。哈贝马斯·J.（Habermas J.，1971）认为，现代大众传播媒介及其广告作为意识形态，不是处于中立性，而是与权力和支配地位息息相关。广告作为一种"霸权"是"制造出来的赞同"③。同时，广告不断地向社会公众传递这样的信息——将物质财富的拥有与否和拥有多少作为衡量个人成就与价值的象征。

当前，伴随着全球化进程的加快以及第三产业的迅速发展，各国居民生活水平大幅度提高，精神文化需求的快速增长使人们的消费结构发生了前所未有的变化。以我国为例，随着我国经济的进一步发展，城乡居民用于娱乐、休闲等方面的文化消费越来越大。据国家统计局的资料显示，我国的文化消费量存在上千亿元的结构性缺口，而且缺口呈逐年加大的趋势④。这对我国的广告创意产业来讲，既是机遇，同时又是挑战。这是因为文化消费的发展为我们提供了改变广告在社会人们心目当中形象的良好契机，广告通过引导文化消费，推动人们的消费需求从物质消费向精神消费的转变，从而塑造健康的大众消费文化，以此来减少广告的社会造成的负面影响，充分发挥广告在塑造社会消费文化方面的正面功能和意义。如此一来，相信在未来会有越来越多的人支持广告，喜爱广告。而那时，不管是在面临如何的挑战，相信中国的广告产业也能够从容应对，并对整个社会文化产生巨大的价值和意义。

四、结语

在新媒介发展以及广告创意时代到来的大形势下，中国广告产业链主体正发生着巨大的

① ［英］迈克·费瑟斯通著．消费文化与后现代主义［M］．刘精明，译．南京：译林出版社，2000：146.

② Mumby D. K.，PutnamL. L. The Politics of Emotion：A Feminist Reading of Bounded Rationality［J］. *Academy of Management Review*，2001（17）：466.

③ Habermas J. *Knowledge and Human Interests*［M］. Boston：Beacon Press，1971.

④ 石杰，司志浩编著．文化创意产业概论［M］．北京：海洋出版社，2008：227.

变革，我们的传统广告主在当前越来越重视线上广告的投放，大批新型的互联网络广告主正在利用线下广告彰显着自身的品牌实力。同时，新媒介随着自身实力的不断增强已经开始逐步具备独立运作广告的能力。原先的广告受众在新媒介发展和媒介融合的形势下不仅呈现出碎片化的态势，更改变了过去的消费价值观、消费习惯，并且在无形之中竟然也可以成为广告传播媒介。而面对这一系列的冲击，我们的广告公司无法坐以待毙，开始尝试着变革，转变原有的营销方式，整合传统的营销和网络营销以适应技术变革的发展要求。广告产业链条上的变革显然是适应新媒介大环境的结果。但在未来的变革方向上，我们的广告产业依然任重而道远，必须要向广告创意产业这个大方向发展，同时要根据中国本土广告产业整体偏弱小的实际情况，走集群化的创意产业发展之路。最后，在观念上，中国的广告产业必须充分发挥自身建构消费文化的功能，建构和谐、健康的消费文化。如此内外兼修，方能够建立一个成熟的广告产业体系，以应对时代的挑战。

【参考文献】

[1] 张舵，孙晓胜．把创意变成产业［N］．中国财经报，2006-2-9.

[2] 菲利普·科特勒著．营销革命 3.0［M］．毕崇毅，译．北京：机械工业出版社，2011.

[3] Howkins J. *Creative Economy*：*How People Make Money from Idears*［M］．London：Penguin Books，2001.

[4] ［英］约翰·霍金斯著．创意经济——如何点石成金［M］．上海：上海三联书店，2006：96-128.

[5] 石杰，司志浩编著．文化创意产业概论［M］．北京：海洋出版社，2008.

[6] 杨天波，全权．外资进驻威胁，产业面临升级，中国广告业将进入十年震荡期［J］．中国经济周刊，2006（35）：44.

[7] 卢山冰．中国广告产业发展研究——一个关于广告业的经济分析框架［M］．西安：陕西人民出版社，2005：17.

[8] 2011 中国新媒体品牌报告［R/OL］．http：//brand. cnad. com/html/Article/2011/0425/20110425112729321. shtml.

[9] 互联网公司正在瓦解传统广告业［EB/OL］．http：//brand. cnad. com/html/Article/2011/0311/20110311120158248. shtml.

[10] 2011 中国新媒体品牌报告［R/OL］．http：//brand. cnad. com/html/Article/2011/0425/20110425112729321. shtml.

[11] 菲利普·科特勒著．营销革命 3.0［M］．毕崇毅，译．北京：机械工业出版社，2011.

[12] 丁俊杰，黄河．观察与思考：中国广告观——中国广告产业定位与发展趋势之探讨［J］．现代传播（双月刊），2007（4）．

[13] 菲利普·科特勒，迪派克·詹恩，苏维·卖森西著．科特勒营销新论［M］．高登第，译．北京：中信出版社，2002.

[14] 菲利普·科特勒著．营销革命 3.0［M］．毕崇毅，译．北京：机械工业出版社 2011.

[15] 陈刚．创意时代的到来［J］．成功营销，2008（2）．

[16] 理查德·E. 凯夫斯．创意产业经济学［M］．北京：新华出版社，2004.

[17] 丁建辉．区域集群：创意产业时代广告业的升级之道［J］．中国集体经济，2007（9）．

[18] 廖秉宜．中国本土广告公司经营的问题与对策［J］．中国广告，2005（7）：57.

[19] ［英］迈克·费瑟斯通著．消费文化与后现代主义［M］．刘精明，译．南京：译林出版社，2000（5）．

[20] Mumby D. K. , Putnam L. L. The Politics of Emotion: A Feminist Reading of Bounded Rationality [J]. *Academy of Management Review*, 2001 (17).
[21] Habermas J. *Knowledge and Human Interests* [M]. Boston: Beacon Press, 1971.
[22] 石杰，司志浩编著. 文化创意产业概论 [M]. 北京：海洋出版社，2008.

【作者简介】

杨魁，兰州大学新闻与传播学院教授。
林媛熹，兰州大学新闻与传播学院研究生。

中国广告产业发展路径转型：从“以创意为核心”到“以资本运营为核心”①

钱广贵

一、中国广告产业的基本概况与根本危机

讨论中国广告产业的发展路径转型问题，我们必须先对中国广告产业发展的基本现状有一个清晰的了解和认识。对现状的解读，从总体产业规模和发展速度、发展阶段和未来展望、主要发展危机三个方面进行展开。

1. 总体产业规模和发展速度

综合 CTR 央视索福瑞、Nielsen 尼尔森、CODC 中天盈信、iResearch 艾瑞咨询，2010 年中国广告投放总额（不包括户外投放）超过 7 100 亿元，与 2009 年相比，达到了 10.8% 的增幅，基本与本年度 GDP 增幅水平保持一致。② 进行历史回望我们可以发现，中国的广告产业自改革开放以来经历了一个迅猛的发展阶段。1981 年经济恢复发展初期中国的广告经营额仅为 1 亿元人民币，没有参与世界排名；到 2005 年，已经上升到1 416.35亿元，增长了1 400多倍，排名世界第五位。总营业额年增长率平均在 30% 以上。③ 无论是从总体产业规模还是从产业发展速度来看，中国的广告产业在过去二十多年里的发展都是举世罕见的。

2. 发展阶段和未来展望

中国的广告产业处于一个什么样的发展阶段？我们可以从两个方面来进行分析。一个是从营业额年度增长率变化来看，中国的广告经营总额到 1998 年降到了历史最低点——20% 以下（见图 1 所示的 Q 点）。中国广告市场的“拐点”大致在 1998 年出现，进入拐点期后的中国广告市场的发展速度，仍然是一种高速增长，只是从超高速增长转变到平稳增长。④ 这一变化实际上表明了我国广告产业的发展在经过近二十年的“补偿式”的爆发增长后进入到了理性发展期。第二个方面可以从与国民经济的比较来看中国广告产业的发展阶段。根据发展国家的经验，我们可以依据中国广告经营额占 GDP 的比重大小来判断广告产业的发展程度。广告市场的发达程度大致可以分为四个阶段：广告经营额占 GDP 比重在 0.5% 以下

---

① 本研究是“中央高校基本科研业务费专项资金资助”（项目批准号 2009RW016）系列研究成果之一。

② 数据来源于综合网络相关新闻报道，其中一网址为 http：//www. zhongsou. net/% E5% B9% BF% E5%91%8A% E4% BC% A0% E5% AA%92% E8% A1%8C% E4% B8%9A/detail/article/10245710.

③［美］菲利普·科特勒等著．营销管理［M］．梅清豪，译．北京：中国人民大学出版社，2005：15.

④ 张金海，廖秉宜．中国专业广告公司的生存现状与模式创新［J］．中国广告，2006（7）．

为起步期；广告经营额占 GDP 的比重在 0.5% ~1% 为起飞期；广告经营额占 GDP 比重在 1% ~2% 为成长期；广告经营额占 GDP 的比重在 2% 以上为成熟期。2003 年，中国广告经营额占 GDP 的比重为 0.92%，2004 年为 0.93%。可见，中国广告产业仍处于在起飞期。总体而言，中国广告产业整体进入了理性发展期，但就产业发展阶段而言还处于起飞期。

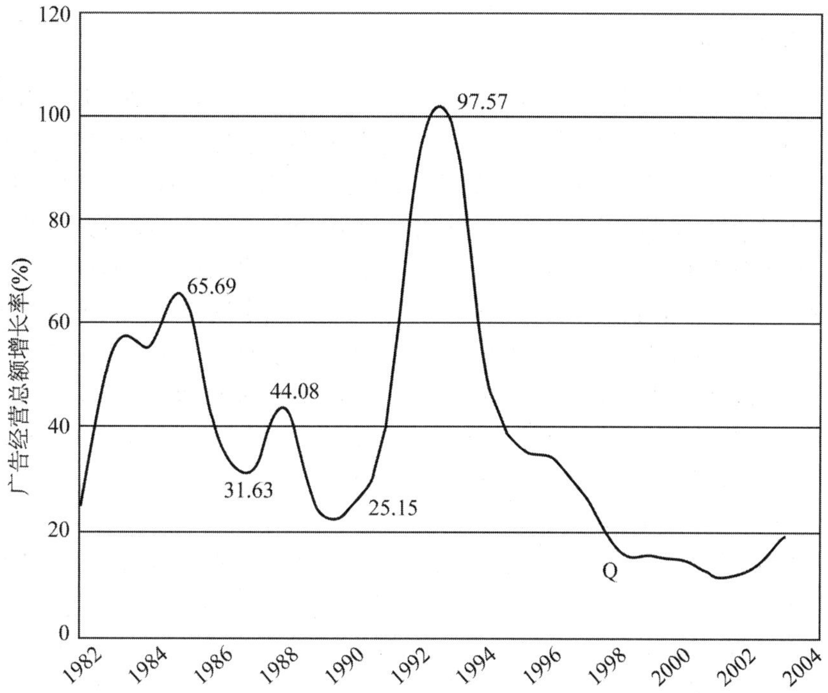

图 1　广告经营总额增长的突然转缓与“拐点”Q 的显现

但中国广告产业的未来发展是值得期待的。如果按照广告经营额与 GDP 同比增长计算，即每年 7% ~8% 的增长率，10 年后，中国广告经营额将达到 2 700 亿元左右。如果按广告经营额近几年 15% 左右的平均增长速度计算，10 年后中国经营额将达到 6 078 亿元。无疑，中国的广告产业是有着巨大的发展空间的。

3. 中国广告产业根本危机：“拉美化”危机

中国的广告产业是随着中国的改革开放和中国经济的发展而发展的。但与其他产业不同的是，中国的当代广告产业是在一个经济全球化的背景下开始发展的，几乎是从一诞生起就面临着发达国家和国际资本的国际广告公司的激烈竞争，并且国家几乎没有给予任何的产业保护或者支持政策。特别是 20 世纪 90 年代以来，跨国广告公司随着其服务主体跨国公司进入中国市场和对中国广告市场巨大发展前景的预期，纷纷以各种形式（合资、合作等形式）进入中国市场并迅速取得了在中国广告产业的主导话语权。

以广告产业的主要发展主体专业广告公司而言，一方面是自中国广告产业恢复之初就存在的专业广告公司高度分散和高度弱小的状况并没有得到根本的改变，并且随着竞争压力的加大还有继续扩大的趋势，另一方面是中国政府在加入 WTO 时针对广告产业的政策承诺，在 2005 年 12 月 10 日后，外资可以在中国设立独资广告公司，本土广告公司面临的竞争压力和生存状况进一步恶化。在强大的跨国广告集团和广告公司的激烈竞争下，中国的本土广告公司和产业很可能陷入困境，沦为跨国广告集团和广告公司的下游服务商或者配套服务商，丧失对中国广告产业发展的基本话语权和影响力。这种广告产业的“拉美化”趋势与可能理应引起我们高度的重视和严肃的对待，其严重后果和对民族经济与品牌的影响也必须引起我们深刻的反思。此篇论文就是在这样一个背景下来进行中国广告产业发展路径转型的思考和分析的。

二、中国广告产业发展的基本战略认定：赶超型

1. 基本战略认定

作为后发展和发展中国家，无论是宏观的经济发展还是中观的产业发展，我国在很长时间内实施的发展战略和类型上都属于“赶超”战略或者赶超型。赶超战略或者赶超型是描述一个国家经济发展战略的术语和一个类型，与比较优势战略、知识产权创新战略相对应，它建立在后发优势理论基础之上，其实质是指落后国家通过不平衡的跨越式发展，实现经济超常规增长。① 具体包括经济增长速度的加快、产业结构向更高层次的转换和劳动生产率的提高。20 世纪 50 年代，包括新中国在内的大多数发展中国家选择了以优先发展重工业为特征的“赶超”战略。就中观的产业发展而言，“二战”后，日本与新兴工业化国家和地区都担负着经济发展和赶超工业化先行国家的重任，我们根据工业化和产业之间的联系，把这些国家和地区的产业发展道路归为赶超型产业发展模式。这种赶超型产业发展模式主要有这些特点②：① 产业发展过程中强调政府作用；② 产业升级具有非线性、跨越式特征；③ 一般采取出口导向战略；④ 产业结构升级依赖国际产业转移。

我们这里所谓的中国广告产业发展的赶超型战略，除了遵循一般的经济学上的产业赶超型的定义和特点外，还具有基于创意产业属性和具体产业发展的不同的时代背景、资源、环境而具备的不同的特点，需要强调的是：第一，承认中国广告产业对比发达国家广告产业和竞争对手（即跨国广告公司和广告集团）的落后现状，但更重视广告产业在国民经济发展、民族品牌打造、民族文化传承和传媒发展中的战略地位，中国广告产业必须发展、壮大，成为可以与国际竞争对手相抗衡和竞争的产业，而不是成为国际资本的依附性产业。第二，赶超型战略需要国家和政府在产业发展中发挥重要的价值，进行产业发展的明晰的、彰显自身优势的政策和策略。以韩国为例，作为新兴工业化国家，韩国政府在 1981 年成立的韩国放送广告公社并在韩国广告产业发展过程中发挥过重大作用。韩国放送广告公社隶属于韩国政府文化观光部，它的主要业务包括代理销售韩国所有地面广播电视台广告，开展振兴发展韩国广告产业的事业，无论是广告主直接购买还是通过广告公司代理购买，韩国所有的地面广播电视台的广告都必须通过放送广告公社来代理销售，这事实上垄断了广告媒体的代理业务。一方面可以保证广告媒体集中精力制造节目，提高节目竞争力；另一方面在事实上保护了本土的广告代理公司和广告产业，不管是来自外资还是来自广告主的压力。第三，赶超的目标和战略要求中国广告产业在一种实力高度不对称的现实语境下必须实现产业发展路径的创新。在一个竞争全球化、资本全球化的时代，中国的广告产业已经不可能按照西方发达国家的广告产业和公司已经走过的发展路径来进行自我成长和壮大，强大的竞争对手也不允许。第四，中国广告产业的发展和升级不可能渐进式升级，即产业升级按照产业演化规律的内在要求而循序推进；而必须实现跨越式升级，即产业发展和升级打破产业演化规律而压缩推进的模式，属于产业演化的特殊性。后进国家发挥其独有的后发优势，是有可能实现这一形式。

赶超型战略一方面承认本土产业与竞争对手相比具有事实上的各方面的劣势，比如在专

---

① 李天华，李良明．对“赶超战略”的再认识——“以建设创新型国家”为背景［J］．湖南科技大学学报（社会科学版），2006（9）．

② 苏志炯．赶超型产业发展模式借鉴与我国产业创新选择［J］．商场现代化，2007（6）．

业技能、人力资本、管理水平、国际网络、资本实力差距等，另一方面可以充分发挥和利用自身属于赶超型的后发优势①，能够充分借鉴国外发达国家和地区的已有的产业发展的经验与教训，在现有的资源和环境许可的前提下进行产业发展路径的创新，从而达到产业跨越式的发展。

2. 战略认定下的发展路径的创新

中国广告产业需要实现跨越式的产业发展和升级，必须实现产业发展路径的创新。我们来看西方发达国家已经国际化和具有强大竞争力的广告公司的一般发展路径：一个具有创意和管理天赋的广告人（比如奥美广告公司的大卫·奥格威）创立属于自己的广告公司，通过服务客户逐步建立专业领域的声誉和影响，同时获取一定的资本积累；随着服务客户的跨国化和全球化，公司建立了全国乃至全世界的公司分支结构和网络；随着公司规模的扩大和资本的积累，出于资本本性扩张的欲望和需要越来越强烈，于是对公司进行股份制改造，上市发行股票成为公共公司，公司的产权结构、治理结构、管理框架和业务流程进一步规范化、制度化和现代化；随着全球经济一体化、广告客户（即公司与企业）跨国化和全球化、传媒巨型化和国际广告业的激烈竞争，公司为了应对竞争和股民对于业绩的要求，公司开展广泛的资本运作，进行产业间的收购、兼并、重组，形成巨型的、跨国的、以资本为纽带、涵盖各种类型的大众传播组织类型和业务的广告集团，进一步扩大经营规模和资产规模，提升自己的竞争实力和服务水平，最终提高公司的经营效率和盈利水平，当今世界的五大广告集团就是在这一阶段形成和发展的。这种发展路径总体上而言是一种自我积累式的、渐进的产业发展路径，可以说是传统的很多国际4A公司比如奥美之类的普遍发展模式。虽然在后期已经是资本主导时代而不是创意主导时代。

如果中国的广告产业和专业广告公司在一种封闭的环境下，随着中国市场化的建立和广告企业之间的自由竞争，实现优胜劣汰，逐步提高产业集中度，从而壮大本土广告产业和广告公司。但现实的情况是，中国的广告产业在非常弱小的时候已经处于一种全球化的竞争态势中，强大的竞争对手和恶劣的竞争环境已经不可能容许本土广告产业和广告公司通过自我积累和发展来逐步壮大和发展。新的时代环境和竞争态势要求新的广告产业发展路径和发展范式。这实际上是充分利用和发挥后发优势中的后发制度优势、后发产业结构优势和后发意识优势。既然广告产业已经成为中国国民经济、创意产业和文化传媒产业的一个重要组成部分，要求实现赶超型战略和跨越式发展，必须实现发展路径的创新，那就是在自我积累与外延式扩张发展并重的同时，针对当前的主要产业危机在战略上实施外延式扩张、以资本运营为核心和基础的跨越式的发展路径的创新和转型。

三、中国产业发展路径转型的具体背景

1. 国际广告产业的巨型化转型与中国市场进入

在大卫·奥格威的晚年的时候，这位广告英雄不得不为业内翻天覆地的变化所震撼，不

① 美国经济史学家格申克龙在总结德国、意大利等国经济追赶成功经验的基础上创立了“后发优势论”。他认为，工业化的前提条件的差异将影响发展的进程，相对落后程度越高，其后的增长速度越快。之所以如此，是因为这些国家具有一种得益于落后的“后发优势”，后发优势是后发国地位所致的特殊利益，这一利益是先发国家所没有，而后发国家也不能通过自身的努力创造出来，完全是与其经济实力的相对落后性共生的、来自落后本身的都有优势。后发优势一个综合的、广义的概念，至少包括人力后发优势、资本后发优势、技术后发优势、制度后发优势、结构后发优势和意识后发优势。后发优势具有成本低、风险小的特点，但它是潜在的，并且与后发劣势在一定的条件下转换。

得不惊叹世道之变化："咳，现在的广告老大，连正经的广告词还没有写过呢！"奥格威作为创意型出身、创造过无数为业界所称赞和奉为经典的广告作品和运动、世界一流广告公司奥美广告的创始人，这个感叹可谓意味深长。一方面体现了奥格威作为广告创意天才，对于广告应以"创意为核心"而不是以经济利益为核心的观念的崇高坚持，这与他在晚年一再宣称他的早期观点"我们的目的是销售，否则就不做广告"的精神实质一脉相承；另一方面则是世界范围内的广告产业的风云变幻，连奥美广告也被并入国际广告集团，其实质所体现的资本话语和力量的主导让奥格威对于广告产业是否还坚持其服务思想、公司理念产生深深的忧虑。黄升民教授亦云："在资本力量的推导下，广告业这十多年的震荡重组令人眼花缭乱。大卫创立的奥美团队也在资本之手的拨弄之下，嵌入全球性战略的链条之中，随着规模的扩大，越来越失去原来的本色。"① 事实上是，从 20 世纪 80 年代开始，国际广告产业的发展的基本推动力量或者发展路径已经转型。

广告代理公司的大规模的兼并，发生在 1986 年，这标志着世界广告业进入资本运营的主导时代。这一年的 4 月 27 日，由 BBDO、DDB、Needham harper 三家广告代理公司联手组建了奥姆尼康集团，随后国际广告业的兼并重组层出不穷，这是有着深刻的人为和时代经济原因的。

随着世界巨头广告公司的创始人的退休和离开，新一代的广告公司都进入到了由商学院毕业的毕业生掌控的时代；同时，随着经济全球化、竞争全球化特别是广告公司的股份化上市，为了保证应对激烈的广告产业的全球范围的竞争、保障和满足股东的利益诉求，在世界范围内的广告公司的兼并重组风起云涌，成就了现在世界上的五大广告集团；并且我们可以预测，随着经济形势的变化，这种兼并重组是没有尽头的。

英国萨奇广告公司是这一轮广告产业发展转型中的大赢家。从 1970 年萨奇兄弟以 6 万美金成立萨奇广告公司，到 1979 年成立不满十年的萨奇兄弟公司的营业额就已超过老牌的 JWT 公司的英国分公司，成为英国最大的广告集团。这一飞速的扩张进程，令许多广告业的行家瞠目结舌，因为在他们的记忆中，从来没有任何企业有着如此不凡的业绩。到 1986 年，萨奇兄弟以 6.4 亿美元将美国的达彼思广告公司并入旗下，从而实现了建立世界最大的广告公司的誓言。其实萨奇广告公司的发展历程不仅是一部不断创造杰出广告创意并赢得世界范围内的声誉的历史，更是一部不断进行资本运作与整合、不断开展产业收购、兼并、重组的惊险故事。萨奇兄弟不但是天才的广告创意人和管理者，更是天才的资本运营家、产业整合者和行业洗牌者。萨奇兄弟不断的兼并重组不但改变了英国广告业的世界地位，而且从整体上改变了世界广告产业的版图。虽然后来的世界广告业的兼并重组造就了实力更强大的广告集团，但萨奇兄弟集团仍保持世界第三大广告集团的名次，其业务范围遍及全球各个角落。仅是美国电视广播广告播放时间中，萨奇兄弟集团所占比例就高达 20%。

萨奇兄弟集团的发展历程不仅昭示着新的广告产业游戏规则和发展路径的产生，而且也给后进的（当时英国的广告产业对比美国而言也算后进）国家和地区的广告产业的发展提供了信心和战略示范意义。

中国自从新时期广告市场重开，大量的西方发达国家关于广告产业与运作的信息与知识不断引进，但很长时间内中国本土的广告公司学习陷入了一种误区：那就是仅仅侧重于广告运作、策划和创意层面的学习，对于发达国家广告同行提出的理论、流程和方法耳熟能详，但对于基于公司和产业层面的经营与管理、组织结构与发展战略、资本运营与产业扩张等内容则完全忽略；中国的广告教育同样如此，这对提供进行宏观的广告产业兼并、重组和资本运作的人才是不利的。

---

① 黄升民译．英雄死了，英雄万岁［M］//大卫·奥格威著．一个广告人的自白，北京：中国物价出版社，2003：2.

国际广告产业发展路径的转型给我们以巨大的启示，同时也会带来巨大的威胁；资本从来是逐利的，开放的中国广告市场和蓬勃发展的中国经济使中国广告市场成了跨国广告集团的追逐热点，它们广泛地开展兼并、重组，中国本土的广告产业的自我积累式的发展的时机已经丧失，要么被外资兼并，要么进行产业内部的自我兼并和重组，这是摆在中国本土广告经营组织面前的一个严肃的问题。

2. 中国经济、企业的规模化发展和转型

中国经济经过改革开放以来二十多年的发展，已经成为全球第四大经济主体。作为经济主体的企业的发展更是迅猛。无论是国有企业、还是民营企业，都出现了一批具有世界竞争力的杰出代表。仅以美国《财富》杂志每年评选的世界五百强名单来看，中国的企业规模和竞争力不断得到提升：2004 年，中国 15 家企业入榜（包括中国香港、台湾地区，下同）；2005 年，18 家；2006 年，23 家；2007 年，30 家。到 2010 年，已经有中国石化、国家电网和中国石油等 54 家中国企业进入世界 500 强。① 中国企业的规模化、巨型化、国际化是参与世界范围内的经济和产业竞争的不可避免的趋势，不管是国有企业还是民营企业。规模化、巨型化、国际化的企业集团的广告代理、品牌打造和广告传播等服务需要等量级的广告智业机构，中国的本土广告公司特别是专业广告公司必须迅猛做大做强，才可能承接中国民族企业国际化和规模化的趋势下的营销传播服务。

另一方面，中国正面临着深刻的经济发展战略的转型。中国改革开放以来依赖的劳动密集型产业发展战略已经遭受到资源紧缺、环境污染和人力成本上升以及层出不穷的国际贸易摩擦的倒逼，必须实现经济增长方式的转型（从粗放型向节约型转变）、产业发展的升级（从劳动密集、低附加值向资本密集、高附加值转变）、从制造中心到创造与技术创新中心转变（打造具有自身的核心竞争力和知识产业）。实现这些转型，从经济发展的主体企业来看，就是打造具有市场竞争力的强势的企业品牌和产品品牌。自然，品牌的塑造、维护和传播是一个复杂的、整合的体系工程，但毋庸讳言，以广告为核心的大众传播创意产业是塑造和传播品牌的最强有力的竞争利器之一。这给本土广告服务机构的壮大提供了巨大的机遇和可能。当然，跨国广告公司和集团有着同等甚至更大的机遇。

但无论是从经济安全还是从对于本土民族文化的理解和把握上来看，本土民族广告产业都有着不可替代的优势。一方面，很难相信关系到国家经济命脉和安全的民族企业的品牌与传播全部由外资广告集团来把握和服务，从基本的信息保密的角度来看这也是不可能的；另一方面，任何品牌的背后是文化，而文化是具有深刻的民族性的。可口可乐的青春、欢乐、激情、个性是与美国的个人主义、崇尚享乐、相信年轻的民族个性一脉相承的。一个民族的品牌，从本质上说是与一个民族的文化、传统和历史有着最为深刻的联系的。国际广告公司和集团进行本民族品牌的打造，从文化层面上看总是隔靴搔痒的。只有深谙本土文化、通晓本土智慧的本土广告公司才可能进行成功的塑造和传播具有本土民族气派与风格的品牌形象和品牌个性，这并不是一种广告民族主义者的观点，而是为世界广告业长达百年的发展历程所证实了的一个基本观点。

3. 传媒发展的集团化

传媒本身是广告产业的一个极其重要的组成部分。中国广告市场的重开和广告产业的发展一方面自然是宏观的经济战略从计划经济向市场经济转轨的结果，另一方面自改革开放以来的中国传媒的市场化趋势和运作不仅提供了广告产业发展的基本的媒体条件，同时也不断

---

① 中国新闻网．54 家中国企业进入 2010 年财富 500 强［EB/OL］．见新浪网，http：//finance. sina. com. cn/roll/20100708/22008260490. shtml.

地给予广告产业以巨大的推动和刺激力量。

在中国特殊的传媒体制和背景下，传媒与广告的关系可谓错综复杂。两者之间既有相互依赖也有相互竞争的关系。任何广告的发布都离不开传媒，同时传媒的发展离不开广告提供的资源补偿。但事实上的行政垄断的中国传媒市场对比自由竞争的专业广告公司而言一直居于某种主导地位。学界 20 世纪 90 年代所谓的“强媒体，弱广告”在很大程度上限制了中国本土广告产业机构和组织的发展。1992 年，专业广告公司营业额占全国广告营业额的 27.47%，四大传媒广告综合占 59.6%。虽然随着传媒竞争的激烈化和广告公司的日益壮大，这种格局有所改变，但即使是在 2005 年，广告公司营业额占总额的 43.45%，四大媒体的广告经营额占 47.66%。本土专业广告与传媒的竞争关系在很大程度上超过了合作关系。

传媒的发展在中国不仅仅是经济层面的战略，更是文化和意识形态的战略。1996 年 1 月，经中共中央宣传部同意，国家新闻出版总署批准广州日报报业集团正式进行报业集团的试点；广州日报报业集团于 5 月 29 日正式挂牌运行，广告日报报业集团的成立揭开了中国传媒集团化的大幕，轰轰烈烈的传媒集团化在中国突飞猛进。国家行政力量的推动和传媒谋求进一步发展的野心促进了传媒集团化。据《中国新闻出版报》2003 年 5 月公布的最新数据，截止到 2003 年初，中国已经批准成立 69 个传媒集团。据新闻出版总署估计，未来 3 到 5 年内，中国传媒集团将超过 100 家。传媒集团化发展改变了中国传媒市场的整体结构，壮大了中国传媒的规模，提高了中国传媒的整体竞争实力，但也在很大程度上改变了传媒与专业广告公司的实力对比，事实上对专业广告公司的发展造成了“挤兑”效应。传媒的集团化发展要求中国本土的广告公司实力和规模迅速增强；而也只有专业广告公司的规模的增强才可能提高自身在与传媒进行利益博弈中的话语权。传媒的集团化转型发展要求专业广告公司的资本化运作与生存。

4. 本土广告产业自身的困境

中国广告产业的困境是多种因素造成的。前面已经简单论述中国广告产业所面临的危机。中国广告产业的危机不仅有外资的原因，如国际广告产业的发展的转型与扩张、传媒与企业的双重强势、中国广告市场的竞争的无序和完全开放、广告产业发展的国家的放任自流等；也有内在的原因，如产业发展之初的低门槛造成一直困扰至今的广告公司的小、散、滥，无法形成规模经济等。随着中国加入 WTO 条款的实施，中国广告产业全面应对国际广告集团和公司的竞争，这很可能造成中国广告产业的“拉美化”后果。

1992 年邓小平视察南方谈话发表后，我国调整了对广告业实施总量控制的举措，允许外资广告进入中国广告市场。到 1998 年全球前十大广告公司全部进入中国市场在中国设立了合资公司；并且在中国内地前 50 家广告公司中，外资公司占到 22 家。自 20 世纪 90 年代后期，跨国广告公司除服务于跨国企业客户外，纷纷争夺本土企业大品牌客户，开发国内市场，给本土广告公司带来巨大冲击。2003 年在中国内地的外资广告公司平均经营额为4 000 万元，而本土广告公司经营额平均只有 67 万元，相差近 60 倍。在 2003 年广告经营额排名前十位的广告公司中，本土广告公司仅占两席，其营业额均不到排名第一的外资广告公司的一半；2005 年中国广告经营额排名前十位中本土广告公司只占两家，而且排名靠后，外资广告公司的经营总额占到全国广告经营总额的 56%。本土与外资的差距可见一斑，而且具体到广告公司类型，专业广告公司即策划创意型广告公司与外资广告公司的差距越来越大。

而且，进入中国市场的国际广告公司，为了赢得本地智慧、融入本土文化、争夺本土客户，虽然它们具有雄厚的资本、一流的人才和先进的理念以及全球化的网络，但它们依旧开展大规模的合资、兼并和收购。2002 年，奥美收购上海广告公司，2003 年，跨国广告公司已经逐渐不满足只据守在京、沪、穗三地，而是积极地向二线城市扩张，继奥美在福建与当地最大的奥华广告成立合资公司后，智威汤逊广告（JWT）在广州洽购本土精英，精信广告（Grey）也迅速出击，分别与南京卓越广告和浙江奇正结成战略联盟关系；随着2005年12月允许外资广告在华设立独资广告公司，跨国公司的收购与兼并将进一步升级，留给本土广告公司发展壮大的机会已经不多。在外资大规模收购兼并的同时，潜在的对本土广告公司的精英人才和高端人才的“虹吸”效应与流失造成的严重后果可能更为危险。在中国广告市场开展的国际化的竞争，需要中国广告产业的发展路径进行迅速的转型，否则，中国本土广告产业的“拉美化”趋势将不可避免。

四、中国广告产业路径转型：从“以创意表现为核心”到“以资本运营为核心”

1. 观点的解读

这个观点的提出，主要是针对中国广告产业和广告公司发展的现状和危机而提出的，并不是否定广告创意产业“以创意为核心”的最根本的特征。广告产业“以创意中心”是其生存和发展的根本主题，是广告公司发展和壮大的永恒的竞争利器。但一方面我们必须注意到，现在世界范围内的叱咤风云的国际广告集团，它们的发展从来就不是单纯依靠创意和策划来形成今天的规模和影响力的；另一方面，国际广告集团的资本运作和产业重组并没有影响到它们的创意品质和服务水平。还是以萨奇兄弟集团为例，在进行大规模的、频繁的产业兼并、重组的同时，萨奇兄弟集团一直保持着广告创意的高质量，受到了客户的广泛欢迎和信任。在全世界最有影响的500家大企业中，有将近一半的企业与萨奇兄弟集团有着广告业务联系，其中包括日本的丰田公司、德国的奔驰公司、瑞士的雀巢公司、英国航空公司这些在本行业中数一数二的巨头。在英国，由于萨奇兄弟集团的广告质量非常高，人们甚至将“萨奇”这个专有名词转为动词使用。它的含义是：做买卖要做得活，要做得有特色。萨奇兄弟的兼并重组事实上为创造高水平的广告提供了基础：高品质的世界影响力的客户、一流的人才和设备、全球的网络、雄厚的资本等。

本文前面已经论述，中国广告产业发展的路径转型，是由一种自我积累式、以创意为中心的延续式的发展向外延式扩张、以资本运营为核心和基础的跨越式的发展路径的转型，这种转型主要包括下面几个方面：

（1）不是基于自我积累式发展而是外延式扩张；

（2）以资本运营为核心而不是以创意表现为核心；

（3）实现跨越式发展而不是渐进式发展。

无论在广告产业的任何发展阶段，创意始终是广告公司竞争和发展的最根本的利器，但中国本土广告产业和广告公司的现状，特别是基于一种赶超型发展的类型，我们必须强调“以资本运营为核心”，迅猛促进中国广告产业的升级和发展。在现阶段强调以资本运营为核心，可以说是中国广告产业作为创意产业发展的最根本的“大创意”。

中国本土广告公司具有一定的资本运营经验和案例。如2002年末至2003年初的短短一个月内，TOM、白马和媒体百乐在香港创业板相继上市；2003年11月，南京大贺户外传媒股份有限公司在香港上市；2005年，分众传媒正式在纳斯达克挂牌交易。但这些公司基本都属于资源型广告公司，其上市的规模和影响力都非常有限，对本土广告公司特别是综合性专业代理公司的影响甚小。

2. 广告产业发展路径转型的政府作为

中国本土的广告产业，实际上是在一种相对自发的状况中发展和成长起来的。政府主管机构和部门在相当长的时间内偏重了对于广告的微观活动的规制和管理，而忽略了广告产业整体的、宏观的发展战略的指导和制定。中国广告产业发展路径的转型，政府的作为不可忽视。

虽然，依据新古典经济学的观点，自由竞争是促进产业发展的最好的方式，任何的政府行政干预都可能导致市场效率的低下和资源配置的扭曲。但完全的自由竞争从来就是不存在的，形形色色的产业保护和产业扶持在世界任何一个国家都是常态，这是一个国家的产业发展战略所决定的。并且，作为一种赶超型的产业类型，政府更应该在其中扮演重要角色。

作为市场经济转型期和后进中国，中国政府的经济发展的基本角色依然是强势政府，政府掌控着影响经济和产业发展的足够的资源和能力，这是中国经济发展的基本阶段和中国的国情决定的。

相关学者的研究促进中国广告产业希望政府有所作为：提高准入门槛、强化广告监管、进行新的制度创新和制度安排。这些固然不错，但提高准入门槛，但事实上是不可能的。因为现有的产业状况和格局是具有深刻的历史和经济原因的，到 2005 年，我国广告公司数量达到 8.4 万家，从业人员近百万，这些已有的公司不可能通过提高准入门槛淘汰，所以这只能是一种理想化的假设。

根据管制经济学的观点和理论，政府对经济和产业进行管制，主要有两种手段，一种是行政手段，政府直接进行干预，发出命令和控制性指令，通过这样的管制，政府命令人们从事或放弃某些经济活动。这与努力建立成熟的市场经济制度的中国的基本取向是相违背的，从经济效益的角度的考虑也是适得其反，比如当今在中国很多城市对房地产市场和价格进行的管制；另一种是经济手段和金融手段，进行制度安排和政策规定，这是一种能够既达到产业扶持同时又最小的扭曲市场资源配置和经济效益损失的手段。

根据中国广告产业发展的特点和我国的具体国情，政府的应该作为：“抓大放小”。所谓“抓大放小”是 20 世纪 90 年代为了调整国有经济布局提高国有企业的规模和竞争力而提出的一种产业战略，是中央总结我国国有企业 20 年来改革和发展的实践而提出的一条重要的、有针对性的、可行性的方针。所谓“大”，是指企业规模大、实力强，具有优势的产业和产品。中央提出的“抓大”，是从整体搞活搞好国民经济和国有经济这一全局出发，国家集中力量抓好一批关系国计民生的重要行业和关键领域中的大企业、大集团，通过扶植大企业、大集团，把一大批中小企业吸引到自己的周围，形成紧密联系，协调配合，有影响力的产业群体。所谓“放小”，就是放开搞活中小企业，按照市场经济的规律，让它们在市场竞争中优胜劣汰，国家不再进行干预和承担无限责任。自然，广告产业具有与国有企业完全不同的产业属性和特点，但政府的“抓大放小”方针应该是可行的。为了整体提高中国本土广告产业的集中度、企业规模和竞争实力，通过一定政策规定发展壮大一批具有资本实力、综合服务业务能力、一流人才和先进制度的本土广告公司，是避免本土广告产业“拉美化”的根本举措。

所谓在广告产业中的“抓大放小”，并且通过市场手段而不是行政手段，既然中国广告产业的发展转型必须要“以创意为中心”向“以资本运营为中心”转型，那么国家和政府相关职能部门就应该为本土广告产业开展大规模的兼并、重组和收购提供和创造条件。一方面，政府通过制定一定的公司规模标准和规则，对达到一定经营规模和年度经营额的本土广告公司提供在融资、投资、税收、上市等方面本土广告产业特别是专业广告公司的优惠政策，提供资本运作所需的资本和经济刺激，促进广告公司的强强联合、兼并重组，同时强化广告产业的规制管理，打击和减少不利于产业发展的种种混乱行为，营造广告产业发展的良性市场环境；另一方面，本土广告公司应积极与银行、金融机构、基金甚至风险投资合作，赢得金融机构的资本支持，但这本身需要本土广告公司特别是专业广告公司的企业制度的现代化、管理现代化，或者说专业广告公司的转型，下面具体分析。

3. 专业广告公司发展转型

张金海教授通过梳理世界范围内具有代表性区域的广告产业发展历程，提出了广告公司发展大体上有三种模式：欧美模式、日韩模式和港台模式。不同的国情和时代背景决定了中国本土广告公司不可能照搬照抄已有的发展模式，而必须根据具体的产业生态和时代可能性创新自身的发展模式。产业的组成单位和核心是其中的广告，所谓产业发展的转型最终是体现在公司发展的转型上面。中国本土广告公司应该采取何种发展模式可以见仁见智，意见纷纭。但我们可以肯定的是，随着中国广告产业发展路径的转型，作为产业最核心力量的本土专业广告公司必须进行转型，一方面是为向“以资本运营为核心”创造条件；另一方面也是整体产业发展路径转型在微观公司主体上的具体要求。

中国的本土专业广告公司的属性和类型是多元的。到1999年底，国有占25.56%、私营占21.28%，基本占据广告产业的半壁江山；2002年底，国有占19.83%、集体占8.71%，而私营企业上升到42.83%。特别值得关注的是，私营企业经过10年的发展成功成为本土广告公司的主力军。专业广告公司的转型，包括国有、集体和私营企业的转型，特别是私营企业的转型。主要包括下面几个方面：

（1）经营理念转型。思路决定出路，理念决定行为，视野决定高度。从“以创意为核心”到“以资本运作为核心”，要求广告公司的经营理念发生根本转型：从公司经营到经营公司；从产品经营到产品经营与资本运营并重。

第一个转型是从公司经营到经营公司。其实，公司的经营无非分为两个层面：一个是产品层面的经营；另一个是公司层面的经营，即是经营公司。经营公司，就是把公司整体作为一种产品进行经营，这是一种更高层面的经营。广告公司的产品层面的经营具有其作为创意产业的独特性，那就是策划、创意、代理等服务各方面的经营。广告公司一般所熟悉的广告运作流程的各个环节比如市场调查、策略制定、策划、创意、媒体购买、促销整合、效果评估和调查都是基于产品层面的经营，当然也包括财务管理、人力资源管理、后勤管理等。经营公司要求公司所有者和管理者将公司作为一个整体进行运营。

第二个转型是从产品经营到产品经营与资本运营并重。所谓资本运营，简而言之，就是公司的买和卖。随着本土广告公司的成熟和人才的涌入，本土广告公司无论是创意表现还是综合策划代理都已经取得骄人的成绩，具有与国际广告公司相抗衡的创作实力和代理服务实力。但单纯依靠产品经营无法抵御外资广告的雄厚的资本和实力的压力，为了迅速做大做强本土广告产业，要求本土广告公司在产品经营的同时积极开展资本运营，一如萨奇兄弟所为。

（2）资本运营的前提和基础：产权清晰和多元。20世纪90年代进行国企改革的时候，中国政府提出了在国有企业建立现代企业制度的四个基本内容：产权清晰、权责明确、政企分开、管理科学。当然，即使是国有性质的广告公司，政企分开这一块的要求也是基本实现了的。但产权清晰、权责明确、管理科学，即使在很多中国赫赫有名的4A公司，其状况也是令人极为担忧的，特别是产权清晰和多元。这在以创意和策划为核心的综合代理公司中间最为严重。

自然，从世界范围来看，广告公司的发展趋势有两个方面：其一是巨型化发展，实现集团化运作，全球化扩张；另一种是专业化发展，只侧重于传播的某一类型，或者广告运作的某一环节。但无论是哪种类型，产权、权责和管理都是制约广告公司发展的内在的根本。我们学习很多国际的广告公司和集团，在很多时候只看到国际广告公司的全球化的网络、一流的人才、丰富的理论储备和雄厚的资本，但忽视了对于一个企业发展更为重要的制度和管理层面的内容。开展资本运营的前提条件或者说开展广告产业的兼并、重组和收购以及上市的前提条件是公司产权的清晰和多元。

根据相关调查数据，到2005年底，在中国注册成立的广告公司中广告股份有限公司类型1 793家占2. 13%，有限责任公司82 479家占97. 87%，本土广告公司基本属于有限责任公司，这实际上是不利于广告公司的壮大和融资投资的，也不利于广告公司留住人才。

能够有效促进企业发展的现代企业制度一般是股份制。股份制在明晰产权的同时对于完善公司的治理结构、管理制度、发展战略和资本扩张都有着巨大价值。其实国际广告公司和广告集团都已经实现股份制，但反观国内的广告公司，私人所有的有限责任公司广告公司比比皆是。其中这种产权结构本质上是不利于广告公司的发展壮大和广告产业的整合与重组，这种公司属性不利于公司资本的扩大和运营。产权的多元化对于公司的治理和发展，对于留住核心人才意义重大。

无论是一个国家，是一个民族，还是一个产业，除了天赋的资源禀赋和已有的制度安排的制约外，取得发展的最根本的条件是人才，特别是符合本国家、本民族和本产业的知识能力要求和素养结构的人才。国际广告公司和集团对于顶尖人才，一般是采取股权（或者期权）加工资福利的薪酬结构，这在增进人才的归属感的同时也激发了人才的最大的创造力和奉献精神，因为这时候的人才不是打工仔而是公司的所有者。反观本土广告公司，人才流失比比皆是，不能不说是与公司的根本产权结构相关的。

（3）资本运营的关键："企业家"精神与相关人才储备。资本运营的主体是广告公司，特别是本土专业广告公司。进行产业兼并重组和资本运作，一方面依赖广告公司的企业家具备熊彼特所谓的"企业家精神"；另一方面需要广告公司进行大量的具有经济学、企业管理知识和能力的人才的招聘和储备——如20世纪80年代的国际广告公司所为，完善和丰富中国广告产业的内部的知识领域和人才类型。这是实现中国广告产业从"以创意为核心"向"以资本运作为核心"的关键所在。

公司是公司所有者和管理者的人格化，中国本土广告公司的所有者和管理者是融为一体的，特别是已经占据中国本土广告产业半壁江山的私营公司。自从1992年中国允许私人广告公司的成立，私营广告公司作为一支生力军蓬勃发展起来。中国许多本土专业广告公司包括很多赫赫有名的4A广告公司，都是那一时间段成立的，并且在公司发展、创意策划水平和服务客户上取得了巨大的成绩，在今天的中国本土广告产业依然有着巨大的影响力和号召力。很多私营广告公司的成立和壮大的历程，可谓是"企业家精神"（Entrepreneurship）的爆发和指引的结果。"企业家精神"，根据这个理论的提出者伟大的奥地利经济学家约瑟夫·熊彼特的定义，是指"一种创造性的破坏"的能力和勇气。一般而言，企业家精神是指人们竞相成为企业家的一种行动精神，就是着手工作，寻求机会，通过创新和开办企业实现个人目标并满足社会需求，能评估及接受开创新事业风险的精神。米勒（1983）把企业家精神定义为冒险、预见性和剧烈的产品创新活动，这些活动有助于推动组织成长和利润率的增长。在一个以工商经济为主题的社会里，企业是当之无愧的社会主体，企业家精神正是启动企业这台机器的引擎。在一个知识经济时代企业家精神理应得到更大的张扬和重视。

很多本土的私营广告公司的创立本身可以说是"企业家精神"激发的结果，但在新的产业竞争背景和态势下，很多公司的所有者的创新精神有消减的趋势。一方面是随着创始人的功成名就，不管是公司还是本人凭借已有的声誉和影响力，基本的生存和发展已经不成问题，其危机意识和创新意识泯灭，追求跨越式发展的雄心趋于平和，可谓小富即安；另一方面，长期的浸润于广告代理服务的具体的运作层面和创意层面，使其对似乎唯利是图的资本运作有一种天然排斥的心理，同时广告、艺术或者其他学科领域的出身也限制了其视野的扩展和知识的素养，这极大地限制了本土广告企业家进行资本运作的热情和可能。重新培养和唤起私营广告公司所有者的"企业家"精神是实现广告产业和广告公司的资本运作的关键。

所有的经济活动和资本运营的主体是人，是具有相关专业知识和素质的高级人才。本土广告公司开展资本运作，除了国家提供的有利的产业政策和金融扶持外，广告公司关于收购、兼并、谈判、议价、评估等知识领域的扩展和资本运营人才的储备是内在条件。萨奇兄弟能够展开一起接一起的连绵不绝并且绝少失败的收购，与作为公司董事长的弟弟莫里斯伦敦经济学院的高材生的出身有巨大的关联；而成立于1986年现在已经排名世界第一的WPP集团的创始人马丁·索里尔，其本人不仅早年曾分别就读于英国的剑桥大学和美国的哈佛大学，而且曾在萨奇兄弟集团任财务总监达10年之久，这样的知识素养和职业经历为其后来掌控的WPP集团在世界广告业里的纵横捭阖提供了坚实的基础。本土广告公司开展资本运营，相关人才的进入、储备和培养是关键一环。

公司所有者和领导者"企业家精神"的激发、相关人才的储备和进入，而且，国家从产业政策上进行相关优惠政策的提供，比如低息贷款、免税减税、产业特许，中国广告产业的升级和发展路径转型才会成为可能，中国内地广告产业的"拉美化"才可能避免。但这无疑是一个艰辛的、漫长的和复杂的过程，但时不我待。

作为一个已经跃升为世界第四大经济体的强国，如果中国的广告产业完全"国际资本化"（实际上是本土广告公司的逐渐消亡和沦陷），如果不迅速地实现"以创意为核心"到"以资本运作为核心"的发展路径的转型，如果不能在短时期内迅速壮大本土广告产业的规模、实力和综合竞争力，那么本土广告产业的发展和明天将是岌岌可危的，这不管是对于中国的经济发展、创意产业还是文化产业，都将产生巨大的、不可承受的危害性的后果。

【参考文献】

[1] [美] 斯蒂格利茨著．经济学（第2版）上册 [M]．梁小民，黄险峰，译．北京：中国人民大学出版社，2000.

[2] 张金海．中国广告产业现状与发展模式研究 [M]．中国媒体发展研究报告（2005年卷），武汉：武汉大学出版社，2006.

[3] 黄升民著．广告观 [M]．北京：中国三线出版社，1996.

[4] 魏杰．企业战略选择 [M]．北京：中国发展出版社，2002.

[5] 魏杰．企业前沿问题 [M]．北京：中国发展出版社，2002.

[6] 胡汉昌，郭熙保．后发优势战略与比较优势战略 [J]．江汉论坛，2002（9）.

[7] 王瑛．后发优势与我国产业升级的战略选择 [J]．改革与争鸣，2007（5）.

[8] 范鲁彬．以"十五"为背景的2005年中国广告业数据分析 [J]．中国广告，2006（7）.

[9] 许正林．国际化背景下的中国广告业发展对策分析 [J]．中国广告，2006（2）.

【作者简介】

钱广贵，博士，华中农业大学文法学院广告与传播学系副主任，主要从事广告传播、传媒经济研究。

创意经济背景下的广告产业与文化产业发展研究
——以电视剧《丑女无敌》植入广告为例

徐 俊

一、引言

随着全球化日益蔓延，大量的新商品涌向发展中国家，市场经济进入激烈的竞争阶段。为了刺激商品销售，让大众更多地了解商品，现代商业广告成为商品速销的重要手段。好莱坞的全球化策略，促使大片进入中国市场的同时，一种近年在美国等西方国家日益火爆的广告营销方式也悄然进入大众的视野：植入式广告。作为当下最为热门的营销话题之一，中国香港和台湾地区的电视媒体制造商们选择了电视剧中的品牌植入，而在中国内地（大陆），湖南卫视的制作团队一贯创新的作风驱动它成为做第一个吃螃蟹的媒体，立志将植入式广告在中国做一次轰轰烈烈的全方位实践。

植入式广告营销模式是始于20世纪40年代末的营销手段，但最早的植入式广告出现在1929年卡通片《大力水手》中，大力水手波比为菠菜做广告。20世纪80年代，美国经济突飞猛进，社会空前呈现出空前繁荣的景象，很多大型公司开始意识到企业的品牌形象。斯皮尔伯格是美国植入式广告发展推波助澜的人物，1982年在斯皮尔伯格的《E.T. 外星人》中，有艾里奥特用里斯（Reese's Pieces）糖果吸引外星人进屋子的情节，随着电影热播，一时里斯（Reese's Pieces）糖果成为孩子们的梦之糖果，销量猛增65%。进入21世纪，随着媒体技术、广告制作技术的高速发展和互联网的迅速普及，广告的发展变幻莫测。我们正从一个营销沟通的打扰时代（age of interruption）进入到一个植入时代（age of engagement）。

二、《丑女无敌》，湖南制造的转折点

1. 历史与现状

现代广告的发展，从其发展过程表现出来的特征来看，实际上是每个历史阶段政治、经济、文化的产物，反过来又对三者产生巨大的影响。商业广告从一开始展示了独特的魅力，19世纪后半叶，随着城市化的发展，西方国家商业逐渐繁荣起来。由于竞争激烈，商店必须直接面临对消费者的争夺，广告开始被这些大众零售商重视。①20世纪初期以来，广告业的操作慢慢规范化。大多数商家依靠商业广告的形式，通过传统媒体（电视、广播、报纸、杂志）创造了财富的神话。

21世纪，视听媒体呈爆炸趋势发展，传统的电视广告形式已经渐渐丧失昔日的威风，

---

① 王战主编．现代广告设计理念与方法［M］．长沙：湖南师范大学出版社，2000.

不再具有不可替代性。信息环境日益膨胀，手机、互联网、数字电视等媒体的大量涌现使传播渠道变得多而繁杂。如今，不能否认传统媒体广告在社会造成极具深远的影响，它依然具有独特的魅力，所以要去发掘新的新式、更加适合发展电视特性的广告形式。现今，传统媒体广告的前景并不被看好。而在这个时候广告与电影、电视节目的结合却被广告人看到一丝的希望。根据央视-索福瑞媒介研究公司的报告，在2005年，中国的综艺娱乐节目中植入式广告产值已近10亿元，电视节目植入式广告的整合营销正在影响着电视节目的新发展。①

2. 植入式广告定义

国外业界已经对植入式营销有一个精辟的定义：when is an ad not an ad ? When it's a product placement，意思是说：什么时候广告不再是广告了呢？那它就是植入式广告。国内学者对植入式广告有以下定义："所谓隐性广告，是指广告传播一改往日单纯依靠说教和推销的营销策略，而是将产品或品牌及其代表性的视觉性符号甚至服务性内容策略性地融入电影、电视剧或其他电视节目及其他传播内容中（隐藏于载体并与载体融为一体）使观众在接受传播内容的同时，不自觉地接受到商品或品牌信息，继而达到广告主所期望的传播目的。"② 植入式广告（Product Placement）又称植入式营销（Product Placement Marketing），是指将产品或品牌及其代表性的视觉符号甚至服务内容策略性融入电影、电视剧或电视节目内容中，通过场景的再现，让观众留下对产品及品牌印象，继而达到营销的目的。③ 植入式广告的特点，首先是具有诉求隐蔽性、结合紧密性、强制接受性。

3. 打造节目品牌为营销而设：多角度经营

《丑女无敌》的火爆引起了广泛关注。这部由响巢国际传媒与湖南卫视共同打造的中国版《丑女贝蒂》自2008年9月28日播出后，收视率在全国同时段排名第二。"雷人的造型，简单的剧情，烦人的广告，惊人的收视"——有人用这四个短语来形容湖南卫视与响巢国际联手打造的职场励志喜剧《丑女无敌》第一季（以下简称《丑》剧），该剧情节简单，讲述了一个名叫"林无敌"，相貌丑陋的女孩在职场一步步打拼最终获得成功的故事。不少观众用"雷"这个网络流行语来评价剧中演员夸张到近似闹剧的表演方式，意指看后被击倒了。但《丑女无敌》剧中植入式广告那种"随风潜入夜，润物细无声"的风格，影响了受众的思维，给受众对电视中的产品以深刻的印象。

三、《丑女无敌》植入式广告模式片断浅议

1. 场景植入

场景植入，主要是指品牌视觉符号或商品本身作为媒体内容中故事发生的场景或场景组成的一部分出现。例如《丑》剧目前已拍摄的四季，出现的剧情场景大多在"概念广告公司"内部，广告商和制作方充分利用了公司内部的环境。出现在该电视剧中的场景植入广告主要有联合利华旗下的清扬、立顿、多芬三大品牌。它们的品牌标志在电视剧中的各个场景出现，包括公司大门、前台以及走廊和房间内的墙壁上。随着镜头的反复扫过，这些品牌的LOGO必然为观众注意。

---

① 李亚馨．植入式颠覆广告去年"收割"超10亿［N］．第一财经日报，2006-11-08.

② 张莉．隐性广告的传播学审视［J］．今传媒，2006（11）．

③ 任拯廷．浅议植入式广告［J］．今传媒，2006（4）．

2. 对白植入

对白植入，主要指在剧情发展中通过人物的对话，巧妙地将产品品牌植入其中。《丑》剧从拍摄创意就考虑到了植入广告的需求，编剧将故事的发生发展设置在一家广告公司，而不是其他类型的公司。在剧情发展的过程中，身为广告公司的“概念”，就必然“因业务需要”而进行广告制作活动。此时，植入广告趁机进入，既合情合理，又容易被观众接受。在《丑》剧中，对白植入因此也变得随处可见，多芬、清扬、立顿等该剧主要赞助商的品牌名称经常能从主人公口中说出。这种将广告植入台词的形式，最简单明了地潜移默化地影响着观众。

3. 情节植入

情节植入，指将某一品牌或者其商品和服务融入情节，使之成为推动整个故事情节向前发展的一个有机组成部分。《丑》剧的植入式广告最大的特点是深度的情节植入。在以往的影视剧中，提到地名、某企业名称时通常会对其进行处理，但是在《丑》剧中，丝毫没有对企业名称进行处理，联合利华的多芬洗护用品被设计成为剧中概念广告公司的客户，与“概念公司”进行广告合作，多芬的品牌光明正大地出现在电视剧中（如：多芬产品广告发布会，该发布会是剧中一个重要的情节，很多戏剧冲突发生于此），成为剧情发展不可或缺的一部分。多芬可谓是全程参与了“概念公司”的发展。另外，清扬、博士伦、立顿等其他品牌也被设计成为“概念广告公司”的合作伙伴，虽然“戏份”不及多芬，但也狠狠地露了回脸。这种深度植入故事情节甚至到有些“嚣张”的广告植入方式，从目前看来，是对植入式广告的新发展，也是成功的新探索。完美季中植入“世界之窗”游乐场的剧情，本剧第一季第四集中，“雷囧”为买回父亲破产时卖出的游乐场，和游乐场老板几次谈判，本已将价钱压下许多，但突然杀出竞争对手。为防止父亲留下的产业被外人买走，“雷囧”倾尽所有，果断买下游乐场。这就为后面剧情展开了铺垫，让整个剧集围绕游乐场；同样第一季最后一集中，费德南为了概念去求“雷囧”，“雷囧”不愿见他，他便在游乐场跟工人一起施工。为了无敌，“雷囧”把“世界之窗”游乐场便宜转让了。游乐场作为一条线索，贯穿整部剧中，导演可以根据客户的要求，将故事情节安排在游乐场。

4. 形象植入

形象植入，剧中人物每次喝饮料必是立顿红茶或奶茶，带有立顿品牌 LOGO 的水杯、包装盒频繁出现，并且每次出现镜头均会停留 2 秒左右，就是要让观众充分看清楚品牌；卫生间所有卫生用品均是多芬系列。清扬洗发水的 LOGO 和代言人小 S 的形象处处可见，剧中凡是电脑，均是宏基品牌，包括主人公的笔记本电脑和所有的办公台式机；主人公频繁需要的博士伦滴眼液等，凡是主人公或者剧中人物平时经常需要用到什么，那么广告就会出现在什么上，或者物品本身就是该广告宣传的产品。完美季第一集中，林无敌的父亲在家里等她回来吃饭，焦虑的林父一次又一次看着墙上的时钟，镜头不时的扫过墙上的时钟，而时钟里面植入了现为世界第二大烘焙食品生产企业宾堡集团的 LOGO；完美季中最后一集也出现宾堡的 LOGO，在影片 18 分 25 秒女主角林无敌为帮公司脱离困境，自己亲自去跟追债人（民工）谈判，希望他们可以给概念公司宽限几天，追债人与无敌达成协议，无敌每搬一百个箱子，工程款就可以宽限一天。而箱子上正是宾堡的 LOGO，镜头不时的扫过。除此之外，还出动了直升机，飞机上打着远大 BROAD 的 LOGO。

四、植入式广告在《丑女无敌》电视剧中的发展

植入式广告与电视剧两者之间的合作是一种双赢的关系，这种关系体现在以下四个

方面：

1. 提升自身品牌的有效宣传

电视剧在国内已经产业化生产，那么如何提升电视剧的竞争力呢。作为电视湘军的领头羊，湖南卫视如何制作出具备高质量的电视剧，如何提升自己的品牌建设。建议首先的任务是先把自身的品质提高起来，哪方不足就提高哪一方面，产品质量不行，就提高管理模式、工艺流程；销售模式不行，就提高经营理念。必须始终相信，没有最好，只有更好，品质源于对细节的不断追求。现在湖南卫视作为国内电视节目中的佼佼者，其受众层次广，覆盖领域大，为很多顶级广告商提供了优质的投放平台。湖南卫视对《丑女无敌》这样的重点项目的360°全方位传播，乃至于湖南卫视在各种传播渠道和传播资源的整合上都是一个卓有成效者。剧集的强大品牌效应加上湖南卫视这一优质平台，强强联合，已经具备成为媒介话题的基本要素。

2. 好的广告为电视剧起到画龙点睛的作用

好的广告可以提升企业的形象，给观众好的印象。广告植入要有创意，好的创意给观众耳目一新。广告植入要兼顾品位，就是既要考虑情节需要，更要考虑广告植入的恰到好处。广告植入不是真正的广告，而是借助他力把企业和品牌形象巧妙地展示给观众，传递给消费者，达到宣传的目的，要与植入体相得益彰。

3. 广告可以更好的服务电视剧的制作

广告收入可以提升电视剧的制作水平，比如在服装、道具以及后期制作上的花费。湖南卫视选择联合利华作为顶级赞助商，首先在植入形式的选择上，联合利华及旗下多芬这种植入形式使得品牌或商品成为故事主人公个性和内涵的外在表现形式，同时通过故事情节或生活细节，不断演绎品牌原有的意义，丰富品牌内涵，增强品牌的个性，进一步提升品牌形象。

五、植入式广告在电视剧中的对策

植入式广告与电视剧两者的合作必须有一个“度”。过犹不及，过多的会使电视剧显得粗制滥造，商业气息过重从而掩盖电视剧所要表达的人文情怀。

1. 情景合一

适当的广告在适当的时候出现，讲究一种潜移默化的作用，切忌生硬、唐突等。《丑女无敌》的广告植入理念采用以下几种植入方式，故事植入：综合结合程度、曝光频次而定。明星植入：以演员级别（主、次、配）而定。道具植入：根据曝光长度、频次而定。互动植入：具体讨论，个案细化。《丑》剧有个重要前提：电视剧栏目化——边拍边播、边播边拍，这给企业的公关活动留下灵活的操作空间。“互动植入”这里是指随着企业在拍摄、推广过程中的动态，可以即时地将传播需求植入剧本或公关活动之中。

2. 植入广告的“边际效应”

边际效应，也称为边际贡献，是指消费者在逐次增加1个单位消费品的时候，虽然带来的总效用仍然是增加的，但带来的单位效用是逐渐递减的。《丑》剧中，联合利华旗下品牌的广告过于集中“轰炸”，受众的视觉容易产生疲劳，进而对其产品广告产生抵触心理。但是，实际上，边际效用替减规律只不过表明，在一个较短的时间内，消费是有限度的而已。

3. 对植入性广告政府采取有力的监管力度

打击虚假广告，对广告实行抽样检查，其广告中如果存在对产品作用夸张，弄虚作假的情况下，应该对该公司予以严厉惩罚。加强宣传，正面引导，督促媒体单位把握发布广告导向，依法发布广告，切实提升新闻媒体的公信力、影响力。严格监管植入式广告，整治以影视剧、文艺作品名义变相发布的广告；在制度建设上，建立和落实媒体广告监管责任制度，完善违法广告公告制度，探索广告植入式影视剧市场信用监管制度，建立健全广告监测制度。《丑女无敌》中广告招商定位为：汽车、手机、电脑、服装、奢侈品、日化用品（约6个行业）。其他：用于道具的家具、办公用品等。这类产业安全系数高，品质过硬。

4. 注重广告背后的人文底蕴

在经济飞速发展的今天，广告可谓是无处不在，无时不有，广告已经与我们的生活紧密相连，并正“润物细无声”地影响着我们的生活。以促销和盈利为目的的广告，除了要向消费者传递商业信息外，还应当承担一定的社会责任，努力使广告对消费者产生积极的影响，同时使消费者对广告产生相应的亲切感。人文底蕴是和谐社会的基石，同时也是广告的基础。现代商业广告以敏锐的眼光捕捉到了这一点，它在介绍产品、服务等信息的同时，以平和、理性、简洁的语言为我们在人与物的关系上做出哲学提示。如农业银行“大行德广，伴你成长”，招商银行“因你而变”，安踏“永不止步”等，不仅成为特定品牌的宣传语，更成为社会的流行语。这些简洁流畅的话语充满了对人的价值的认可和尊重。然而大多数广告从业人员在尊重与情感方面大多非常重视广告主的地位和利益，而忽略了消费者的主体地位，直接导致恶俗与虚假广告的泛滥。因此，注重广告的人文底蕴，不仅是商业广告未来的发展方向，也是商业广告持续发展的不竭动力。

综上所述，植入广告，植是最重要的，就像是种树，土地要选好，坑要挖好，树苗栽下去，还要培土浇水，过段时间还要去看看树苗有没有被风吹倒，这才是真正的植树人。用这个道理套在影视剧作品上，植入式广告就要多角度考虑，看植入的实际和情节是否到位，植入的容量是否适中，最好还要起到推动剧情发展的作用，这才是一个优秀的植入式广告，这才能赢取“市场取向”和“社会取向”的双丰收！

六、结语

目前，在国内电视剧植入式广告的运用只是属于探索阶段，很多企业依靠一些好的节目就获得了巨大的利益，随着经济的发展，中国广告市场逐渐成熟之后，这些神话就不复存在了，只有那些摸着石头过河的人才能得到实际的利益。中国的广告市场巨大，还有很大的发展上升空间，植入式广告在将来的应用一定能够更广泛，而且也一定能在参考国外的成功经验基础上，发展出本土特色的成功公式。而“植入式广告生产”作为电视剧的一个主要因素，其在电视剧中的表现和运用是极其重要的。观察近几年的国产电视剧片，大部分只是一种符号形式，没有很好地体现本民族传统文化内蕴，在古装戏等方面的应用上非常局限，没有很好体现时代性与现代性。通过对于电视剧中植入式广告生产方向的探讨，可以为电视剧发展提供一些有利的参考。同时也希望中国的电影逐渐走向自我创新的道路。

【参考文献】

[1] 沃纳·赛佛林，小詹姆斯·坦卡德著．传播理论——起源、方法与应用［M］．郭镇之，等译．北京：华夏出版社，2000.

[2] PQ 媒体研究公司．Global Product Placement Forecast 2006［R］．2005：22.

[3] 张莉．隐性广告的传播学审视［J］．今传媒，2006（11）．
[4] 任拯廷．浅议植入式广告［J］．今传媒，2006（4）．
[5] 王战主编．现代广告设计理念与方法［M］．长沙：湖南师范大学出版社，2000.

【作者简介】

徐俊，武汉大学新闻与传播学院博士研究生。

伦理视域下的中国广告业生态环境建构与思考①

张　龙

生态环境是指由“生态关系组成的环境”，良好的生态关系影响一个区域的生态平衡，并最终决定社会和经济的可持续发展。广告行业生态环境的建构主要由广告主、专业广告公司和媒介组成，这三方在广告市场中的运作状况将最终影响我国广告生态环境，而良好的广告生态环境对保障广告主体的市场运作、促进广告业的健康发展具有十分重要的意义。

在我国影响广告业生态环境的因素是多方面的，既有宏观的政治、经济性因素，也有中观的政府管理、行业自律等因素，还有微观的广告主体的自我约束及管理因素。本文拟以微观的视野从广告伦理建设的角度出发，探讨广告伦理建设对广告行业生态环境保护的重要意义。

一、中国广告业生态环境面临的问题

改革开放之后，1979 年作为中国广告元年，中国广告业自此开始复苏、成长，逐步进入高速发展时期，在中国广告业发展的三十多年中，对促进国民经济建设起到了重要作用。但对广告行业的关注更多地体现在其经济建设的服务功能上，而忽视了广告行业自身的生态环境建设，这在一定程度上导致广告业生态环境恶化，最终影响了中国广告业的健康发展。从中观及微观层面分析，广告业生态环境既受其自身生态体系建构的影响，同时外部的政策、制度、法律规章等强制性力量也在一定程度上规范着广告业生态环境。因此中国广告业生态环境面临的双重问题，一个是外部管理对广告业生态环境的调适，另一个是广告行业自身生态体系的建设。

1. 广告行政管理对广告生态环境的调适

改革开放之后，中国广告管理最显著变化是改变了过去在地方政府主导下的，广告管理机构分散、各自为政的管理格局，通过广告管理法律法规确立和强化了工商行政管理机关在广告管理工作中的领导地位，形成了以政府行政管理为核心，以行业自律和社会舆论监督作为补充的比较健全的广告管理运作模式。政府行政管理逐步确立了广告代理制、广告审查制、广告收费制、广告合同制等基本的广告运作机制。这些广告运作机制是保障中国广告业发展的重要管理制度，对于构建和谐广告生态环境，促进广告业健康发展起到了重要作用，因此这种政府主导的管理模式能够在短时间内拨乱反正并形成有效广告监管体系。但是随着中国广告业发展逐步进入快速成长的通道，中国广告行政管理的节奏却很难跟上急剧发展的中国广告业的速度，目前在广告业发展过程中出现的广告管理问题比如新媒体广告管理问题、名人广告管理问题等，在现行广告管理法律法规框架范围内很难实施有效管理，政府的广告管理工作进入了瓶颈期。因此要构建和谐广告生态环境，中国的广告行政管理必须进行

①　本文是 2010 年陕西省哲学社会科学规划课题项目“广告生态环境视域下的广告伦理规范与构建和谐陕西研究”（项目编号：10L016）阶段性成果之一。

重新定位及调适，以适应广告行业发展的要求。

2. 广告行业生态体系对广告生态环境的影响

广告生态环境的建构离不开整个广告行业生态体系的健康发展，广告行业生态体系包括广告主生态体系、广告公司生态体系和媒介生态体系，每个生态体系既相互独立在广告运作中又存在着密切联系，因此每个生态体系自身的健康发展对整个行业生态体系乃至整个广告生态环境都会产生影响。广告行业运作有严格的制度性要求，广告代理制要求广告主、广告公司和媒介在广告运作中应明确职能、合理分工，确立专业广告公司的核心地位和领导作用，通过制度确定广告行业生态的平衡并促进广告生态环境的和谐发展，广告代理制的实施理顺了广告运作主体之间的关系，使广告运作有章可循、有法可依。但这个在西方广告运作实践中被认为是最科学合理的广告运作机制，在中国的推广中还是遇到了水土不服的问题。其一是推广之初为广告主和媒介所抵触；其二是在广告代理费的收取问题上出现了“零代理”和“负代理”现象，使专业广告公司的工作价值得不到体现，限制了专业广告公司发展，遏制了专业广告人的工作积极性。保护好广告生态环境，构建健康的广告市场有赖于整个广告行业生态体系，然而在现实的广告环境中还是存在广告主、广告公司和媒介因为利益角逐而放弃自身道德要求甚至出现违法违规的行为，使虚假广告、问题广告一度泛滥，严重降低了广告公信力，最终影响了产品的形象和品牌的声誉。因此不健康的广告行业生态体系是无法成就一个好的广告生态环境，广告生态环境的持续恶化会影响广告行业的发展，最终对国民经济建设产生负面作用。

二、广告伦理体系建设对广告生态环境作用

广告伦理是广告业在从事广告活动中所应遵循的伦理原则和规范，是经济伦理的一个分支。广告伦理调整的是广告主体（包括广告主、广告商和媒介）与广告受众之间的关系，确立的是除广告受众以外的一切与广告活动发生关系的广告参与者的行为准则和规则。广告伦理建设包括广告主伦理建设、广告公司伦理建设和媒介伦理建设，在我国“以德治国”思想的大背景之下，强调广告伦理建设具有理论和现实的双重意义，加强广告伦理建设能有效弥补政府行政管理不足，从根本上解决广告生态环境面临的问题。

1. 广告主的伦理建设

广告主是广告活动的发起者和出资人并在广告运作中充当实际决策者的角色，广告主开展广告活动是以达成商业性目标作为考量的，带有较强的功利性目的，因此广告主自身伦理建设在一定程度上规约整个广告生态体系的运作结果。企业开展商业营销活动通过广告运作实现产品推广和品牌形象的塑造，最终达成商业目的，这是现代企业市场竞争的必然选择。但在国家广告管理法律法规的前提背景下，广告主应该遵从一定的社会伦理规范，加强企业自身修养和社会责任感的培养。首先，企业应树立正确的市场竞争观念，合理、合法地开展广告运作，避免广告活动中的不正当竞争行为。企业通过广告开展市场竞争应首先保证其产品质量得到国家认可，企业有义务、有责任为广告经营单位提供真实的产品信息素材，并尽可能地为广告经营单位开展广告运作提供必要的支持。其次，企业应树立正确的“义”、“利”观，辩证地看待“义”与“利”的关系，不能因“利”废“义”，追求“义”和“利”的统一是市场经济活动中企业的终极目标，企业在追求自身经济利益增长的同时也应考虑广告可能对社会产生的负面效应，有些广告虽然内容不存在信息虚假的问题，但长期的传播也会给社会带来困扰，比如形成语言暴力，甚至有些广告对社会风气产生不良的引导，而有些广告可能潜在地对少年儿童形成伤害和误导。所以企业在追求“利”的同时，还是

应该彰显一定的社会价值规范，多做有益于推动社会文明进步的工作。一个负责任的企业一定是有社会责任感的企业，一定是在社会伦理规范上对自己有要求的企业。

2. 广告公司的伦理建设

广告公司是广告运作的核心，承担双重服务的职能，一方面广告公司为广告主提供广告设计、制作和策划等服务，另一方面广告公司为媒介提供广告信息的发布。广告公司在代理服务过程中也应该遵从一定的社会伦理规范，对自己的经营行为提出要求和准则，更好地服务于广告客户和广告媒介。首先广告公司应树立社会公德意识，坚决抵制广告运作中的不道德行为。社会公德是社会生活中最简单、最起码、最普通的行为准则，是维持社会公共生活正常、有序、健康进行的最基本条件，因此社会公德是全体公民在社会交往和公共生活中应该遵循的行为准则，也是作为公民应有的品德操守。其次广告公司应树立职业道德意识，要坚守自身的职业操守。广告业是服务性行业，广告公司也是通过客户服务或媒介服务实现自身的价值，因此广告公司最重要的职业道德就是为客户和媒介提供最优质的服务，但并不能因此而放任客户和媒介的任何要求，有些广告公司为了争取到广告业务，对广告主唯命是从，制作和传播虚假广告、问题广告以欺骗和误导消费者。广告公司在广告运作格局中相对比较弱势，这就造成了广告公司在经营活动中为了取得优势竞争地位不得已采取一些不道德行为，甚至违法违规。但从长远来看，广告公司是否为客户所信赖，主要还是取决于广告公司本身的业务运作能力，任何有违社会公德和自身职业道德的广告业务操作最终只能使广告公司自身利益受损。所以加强广告公司道德伦理建设是广告公司和广告业健康发展的必然选择。

3. 媒介的伦理建设

媒介是广告运作的最后环节，通过媒介的广告发布职能使广告信息最终到达消费者。媒介伦理涉及多方面问题，在广告运作中媒介伦理建设要求媒介首先应明确自身的职能，自觉从事与本身职能相关的广告活动。根据广告代理制要求媒介在广告运作中的基本职能是发布广告，因此媒介在广告经营中应坚决摒弃直接向广告主承揽广告业务的行为，保证广告公司的利益，更好地利用自身媒介资源为广告客户服务。其次，媒介应做好广告信息发布前“把关人”的角色，自觉抵制违法广告、虚假广告信息的发布，严格履行广告审查程序，使问题广告杜绝在广告发布之前。媒介是社会公器，代表社会的良知和社会文明的发展方向，媒介发布的广告信息出现的任何问题都会在社会中产生极大的负面影响，因此媒介工作者应该具有更强的社会道德意识和更自觉的职业道德精神，切不可在“利”的追求中迷失了媒介的精神和追求。

加强广告伦理建设是从道德层面对广告运作主体提出了更高的要求，这也符合我们国家“以德治国”的方针政策。政府行政管理对广告生态环境的影响体现在政策的制订和具体行政行为的实施，从长远看只有不断加强广告行业主体的道德意识，才能从根本上解决我国广告生态环境面临的诸多问题。西方国家广告管理经过长期的发展已逐步形成以道德管理为主，以政府行政管理为辅的广告管理模式，这是它们重视公民道德建设的必然结果。在新的时期，中国广告管理工作也应该改变传统的广告管理思维模式，转变观念、与时俱进，使广告管理工作能更高效地开展和实施。

三、对广告伦理体系建设的思考

现阶段中国广告管理确立以政府行政管理为主的模式，这是中国国情和广告业发展现状所决定的，但由于政府广告管理法律法规的相对滞后及政府行政不作为行为的客观存在，广告生态环境难以得到有效的保护和管理甚至在广告运作实践中广告伦理失范现象大量存在。因此我们强调广告伦理建设对广告生态环境保护的重要性，广告伦理体系自身建设就应该得到加强。广告伦理是广告行为主体应共同遵守的行为规范和道德规范，广告伦理建设应该在政府、行业和社会的共同努力下完成。

1. 政府引导下的广告伦理建设

政府在行政管理工作中应积极转变职能，改变过去单纯重视监督和管理的职能，更好发挥政府的协调和服务职能。政府管理部门应意识到自身在广告监督管理方面存在的局限性，积极推进广告伦理建设，把广告伦理建设作为政府广告管理工作的一项重要内容来抓。通过政府引导，逐步确立完善的广告伦理建设体系，这样政府外部强制性的法规管理和广告行业内部的自我道德约束与管理双管齐下，使广告生态环境能在最大程度上得到改善。广告行业内部自我管理机制的成熟，使道德管理会逐步成为中国广告管理的主要方式，政府广告管理职能才能真正发生改变，政府广告管理的服务职能才能最终得到落实，因此政府必须加强行业广告伦理建设的引导。

2. 行业协会主导的广告伦理建设

我国实行行政管理为主、行业自律为辅的广告管理模式，也就是说行政管理和道德管理是我国广告管理的主要方式。广告伦理属于广告道德管理的范畴，中国各级广告协会承担着重要的广告道德管理工作，所以中国各级广告协会应积极主导广告伦理建设工作。首先应完善中国广告协会体系，建立健全起广告主协会、广告公司协会和媒介广告协会，通过制定行业行为守则与规则对行业成员的行为进行道德层面的约束和管理。其次行业协会应加强与行业会员的沟通与交流，对行业会员进行必要的教育与培训使之了解广告伦理建设的重要性和意义。同时应呼吁整个广告行业在广告业务操作过程中自觉坚守职业操守，遵从一定的职业道德，保证广告业的健康发展，这才是最终推动整个行业前进和发展的力量。

3. 社会舆论监督的广告伦理建设

广告伦理建设必须依赖整个社会的力量，我们每个人在社会生活中都有可能成为违法广告、虚假广告侵害的对象。因此当我们发现有违广告伦理的活动或者现象时，应积极发挥自身的能动性通过合法的渠道对此类现象进行积极的投诉和举报。社会舆论监督是群体最为广泛的广告管理者，我们每个人应自觉行使权力，只有通过大家的共同努力，违反广告伦理的现象才能得到遏制，如果每个人都坐视不管，最终伤害的还是消费者的合法权益。所以广告伦理体系的建设不仅仅是政府的事，我们每个人都有责任促进中国广告行业伦理建设。

四、结语

广告伦理建设能有效弥补政府行政管理工作的欠缺与不足，但中国广告伦理建设必须在政府部门的引导下完成。广告伦理建设对整个广告生态环境的净化和保护能起到重要的作用，而广告生态环境的改善对于广告市场的健康发展必将起到积极的作用，这最终会对中国广告业的发展带来正面的影响。面对快速发展的中国广告业，中国广告管理工作也必然面临着调适或转型，在当下我们提出广告伦理建设的重要意义也是希望给进入瓶颈期的中国广告管理工作提供一个切实可行的解决方案。

【参考文献】

[1] 樊智勇．广告伦理问题研究［J］．商场现代化，2008（22）．

［2］陈正辉．广告伦理学［M］．上海：复旦大学出版社，2008.

【作者简介】

张龙，西北大学新闻传播学院教师，研究方向为广告运作管理。

中国文化创意产业发展的“3+4+5”发散性战略思维

王韶春 傅琳雅

西方以及日韩等国的文化创意产业已经颇具规模，并且已经形成强大的文化产业链。随着越来越多的国外文化品牌涌入我国，中国文化创意产业要想在市场上占领一席之地，增强自身的竞争力，就要在吸取国外发达经验的同时要将具有中国特色的文化发扬光大，打造具有本土特色的优势品牌。

一、国际化战略视角

1. 美国文化创意产业发展的启示

在美国，文化创意产业称为“版权产业”，分为四大类，即：核心版权产业，交叉版权产业，部分版权产业，边缘支撑产业。美国政府相当重视对版权产业的保护，政府机构中设有很多行政部门及制定一系列版权保护法规，形成了全球保护范围最广、相关规定最为详尽的法律系统。

美国重视市场对于文化创意产业的作用，严格按市场规律办事，通过产品开发、建立全球销售网络、宣传促销和捆绑销售等多种手段和方法，以实现利润最大化。如迪斯尼的五步赢利法，即票房收入，发行录像带、DVD 收入，迪斯尼主题公园的推广收入，特许经营和品牌专卖收入和电视媒体获取最后一轮收入。

在融资渠道上美国文化产业采取的是多方投资和多种经营的方式，鼓励各州、各地方、企业以及非文化部门和外来资本的投入，这凸显在美国文化产业的跨国经营形态。只有这样的投资环境才能吸引更大的投资，使流动的资本继续集中在文化产业中寻觅商机。

2. 英国文化创意产业发展的启示

英国是全球最早提出“创意产业”的国家，是仅次于美国的世界第二大创意产品生产国，文化创意产业已经成为英国增长最快的支柱产业。

英国文化创意产业发展的独特之处在于由准官方组织来经营文化机构，虽然英国政府对文化产业有资金支持，但是政府只起到引导的作用，管理的职责由准官方组织承担，而大多数文化机构，都采取自负盈亏、自主经营的方式创收。

英国创意产业商业运作也较为成熟，能够带动整个产业链流转，英国创意产业高速成长的关键在于整合了这个庞杂产业各产业链组成部分的网络关系，从而有效发挥效能。而一套行之有效的创意产业运作流程，恰恰是中国目前最缺乏的。

3. 日韩文化创意产业发展的启示

在东亚，日本文化创意产业的实力最为雄厚，这完全得益于政府的一整套规划和一系列具体有效措施的实施，使文化事业预算得到强有力的保证。日本文化厅通过制定一些政策来推进艺术创作和振兴地方文化活动。

除了政府的资金投入外，企业是文化产业发展的主体，大型文化活动要靠企业的参与和赞助，更重要的是，在演出界、电影界、出版界、广告界等拥有一支成熟的知名文化企业队伍。

日本文化产业市场化运作的另一方面是发挥文化行业中介组织的作用。日本拥有很多文化行业协会，协会被看做政府职能的延伸。日本文化产品的审查，通常不是由政府直接负责，而是由行业协会把关。

韩国十分注重文化建设以弘扬传统民族文化精神，政府在政策和财政预算上支持文化建设，文化部门获得的可支配预算通常占全部预算约5%，仅次于国防和教育的开支。大量资金的投入，保障了主要文化部门的正常运转。

韩国通过建立集约化、规模化的产业经营和专业化城市生产布局，形成全国文化产业链，强化外向型产品，积极开拓中国、日本等海外市场，大力促进产品出口，通过海外市场创造盈利。

二、中国化战略定位

1. 红色经典文化

红色文化是中国传承文明、启迪未来的精神财富。纵观中华民族五千年的文明史，红色文化源远流长。红色文化渗透到中国的各个方面，成为民族的代表。中国红色文化，以其丰富的文化内涵，盘成了一个错综复杂的中国结，高度概括这龙的传人生生不息的历史。近代以来，在中国共产党的领导下，红色文化更是成为一种先进的社会意识形态。中华民族的红色经典文化能够在弘扬革命精神、弘扬文化传统方面发挥重要的作用，同时取得良好的经济效益、社会效益和环境效益。红色力量正在悄然引领着世界文化的潮流，中国在重新崛起、屹立东方的同时，应以其特有的红色文化吸引世界，光耀全球。

2. 蓝色海洋文化

中国是个陆地大国，又是个海洋大国，中国拥有1.8万千米绵长的海岸线，居世界第四位，渤海、黄海、东海和南海环抱中国的半壁江山。北有大连、兴城、盘锦、北戴河海滨，中部有烟台、青岛、威海、连云港、舟山、温州海滨，南有厦门、汕头、珠海、三亚海滨，面对如此丰富的海洋资源必须重视发展蓝色文化。蓝色文化是立足滨海特色、传承海洋文化，面向现代化、面向世界、面向未来，与蓝色经济互为表里的文化形态。中国应充分发挥海洋教育、科技、产业、口岸发达优势，加大科技、涉海产业、港口物流与文化创意的结合，建立以创意为核心的海洋文化产业，整合文化资源，运用现代科技手段将其制作成影视、书籍、动漫等形式，以系列化、立体化、数字化方式展示蓝色文化。充分利用自然景观、人文传统突出蓝色海洋文化，拓宽中国文化创意产业空间，推动文化创意产业迅速发展。

3. 绿色生态文化

工业文明的高度发达，造成自然资源的过度开发，生态环境的日益恶化，健康成为人类共同追求的目标，绿色生态、低碳经济、文化创意等发展指标已成为当代国际竞争的焦点。中国共产党的十七大首次把“建设生态文明”的发展观理念写在中国特色社会主义伟大旗帜上，我们党最终确立了生态文明是一种独立的崭新现代文明形态，顺应了我国生态经济社会有机整体全面协调可持续发展的历史潮流，是人类文明发展史上的巨大进步，具有里程碑式的意义。中国政府应充分利用中国农业大国的资源优势和后发优势，依托绿色理念发展多种经营，以发展文化创意产业为契机，拓展生态农业出口以及生态旅游业，带动全局发展，最终形成和谐发展的生态中国品牌。

4. 白色冰雪文化

冰雪是中国北方地域风貌的一个重大特色，冰雪文化是以冰雪生态环境作为其存在条件的。人们在这样的生态环境中，创造着独特的文化情境和模式，并形成北纬40°线以北的辽阔的文化布局。从文化形式和文化形态上看，冰雪文化内容丰富，繁杂，并且跨度很大。中国作为世界为数不多的拥有冰雪文化的国家应将其文化内涵发扬光大，并将各区域冰雪资源整合，使冰雪与文化相交融，与产业相结合，渗透到建筑、器物、饮食、运动、娱乐、服饰、风俗方方面面。塑造冰雪文化品牌，打造冰雪文化产业链，培育未来发展的增长极，形成以创意创新为支撑的富有高技术含量的白色冰雪文化创意产业，吸引全世界的人来到中国，让有限的资源成为无限的共享，从而有效地提升冰雪文化的传播速度。

三、立体化战略举措

1. SWOT 分析是基础

SWOT 分析方法是一种企业内部分析方法，S 代表 Strength（优势），W 代表 Weakness（弱势），O 代表 Opportunity（机会），T 代表 Threat（威胁）。SWOT 分析法最初用于微观企业的战略分析，近年来被不少学者用于行业、部门或地区的发展分析。本文将借鉴 SWOT 分析法来探讨中国文化创意产业发展的诸多因素，力求使中国文化创意产业发展的战略制定更加全面和有据可依。

（1）Strength（优势）。中华民族上下五千年悠久的历史、五十六个民族特色的灿烂文化和丰富的自然景观资源正是中国发展文化创意产业的巨大优势。无论在科学技术领域还是文学艺术和教育领域都遥遥领先，这些丰富的文化资源优势为中国文化产业品牌打造成为世界品牌奠定了良好的基石。《国家“十一五”时期文化发展规划纲要》指出：“五千年悠久灿烂的中华文化，为人类文明进步作出了巨大贡献，是中华民族生生不息、国脉传承的精神纽带，是中华民族面临严峻挑战以及各种复杂环境屹立不倒、历经劫难而百折不挠的力量源泉。”

（2）Weakness（弱势）。虽然中国政府给予了文化创意产业发展积极的引导和部署，但在文化政策法规建设方面明显落后于西方国家，在一定程度上阻碍了我国文化创意产业品牌战略的实施。中国拥有深厚的文化底蕴，丰富的文化创作素材，但是还未能得到充分的利用。目前各区域之间仍然是各自为政，各行其道，缺少合作和整合，中国缺乏完整的产业链，从创作到生产到运营没有一整套完整的体系运作，不利于文化创意产业的发展，这就是目前中国创意产业发展最大的弱势。

（3）Opportunity（机会）。全球性的“创意浪潮”为中国发展文化创意产业提供了大环境。许多国家和地区都把发展文化创意产业作为推进经济转型的战略举措。这一态势有利于中国遵循世界经济发展的趋势，转变观念、创新模式、提高质量，大力发展文化创意产业。

中国政府对于发展文化创意产业有着相当支持，出台了很多政策来保证中国创意产业的良性发展。中国的国际地位正在上升，中国文化开始受到更多关注，吸引了世界各国人才到中国学习中国文化，并且世界范围内越来越多的人开始学习中文，全球新增100多所孔子学院，覆盖了50多个国家和地区，这对中国发展文化创意产业无疑是一个巨大的机会。

（4）Threat（威胁）。面对国内经济政策的放宽，国外资本进入中国，国外的文化创意产业也在冲击着中国文化市场。美、日、韩等发达国家有着资本、创意、技术、人才等优势，好莱坞电影、迪斯尼动漫、韩剧日剧等文化产品在国内市场颇受欢迎，在中国也占据相当大的市场份额。除了市场份额外，还要面对世界文化产业集团在人才资源和信息资源等方面的争夺，这些对于中国发展文化创意产业是一个严峻的问题。

2. 品牌建设是核心

从老鼠到“米老鼠”，从鸭子到“唐老鸭”，迪斯尼文化品牌的成功构筑创造了历史的神话，也为我们创建文化产业提供了思路。旅游我们消费迪斯尼，看电影我们消费张艺谋，看动漫我们消费宫崎骏，听音乐我们消费华纳，这些无不得益于文化创意产业品牌的强大魅力。而这一切的背后无不来自于对文化创意品牌的精心策划、塑造以及传播。

中国文化创意的发展要依托中国特色文化资源，将其更有效的整合，构建中国文化产业的 USP（即 Unique Selling Proposition，独特的销售主张），形成品牌化经营，实现资本与文化的对接。在具体策略的实施上要不断创新表现形式，打造精品力作，培育群众喜闻乐见的文化品牌，进一步发展壮大中国文化创意产业。

3. 整合营销传播（IMC）是手段

在信息高速发展，网络不断普及的新时代，仍旧抱着“酒香不怕巷子深”的观念将面临被市场所遗弃的危机。纵观国外文化创意的成功经验，如好莱坞电影业的成功营销模式，不仅仅赢在文化产品的创意上，更重要的是后期的传播推广。

中国文化创意产业的发展需要与外界进行沟通，将中国的文化品牌传播出去，让消费者认可，因此传播的手段和方法至关重要，不能单一运用一种手段、一个媒体进行传播，应利用整合营销传播（Integrated Marketing Communication，简称 IMC）的手段实现文化创意产业的品牌推广。整合营销传播就是将统一的传播资讯传达给消费者，通过广告、促销、公关、直销、CIS、包装、事件营销、关系营销等一切传播活动。

随着网络信息技术的发展，整合营销传播的传播形式逐渐深化，媒体也趋于多样化，搭建跨媒体平台尤为重要。跨媒体不仅仅是传统媒体与网络媒体统称，而是传统媒体和网络媒体的整合。中国媒体市场总体处于以电视媒体为主体，以报纸、杂志、书籍等为延伸，以广播、音像制品为补充，以互联网多媒体为方向的多元媒体相互竞争、并行发展的格局。因此，将现有的各类相互独立的媒体走向融合，形成一个全方位的、以宽带网络信息服务为核心的、整合各种传播媒介的跨媒体平台是未来的发展趋势。

4. 文化创意产业孵化园区是摇篮

作为世界上第一个创建文化创意产业园区并利用园区模式成功发展文化创意产业的国家，美国在创意产业园区的经营管理方面具有无可比拟的优势和经验。美国的文化创意产业因为首创了企业孵化器模式而雄起，经过半个多世纪的坚持和完善雄霸世界，迪斯尼王国、好莱坞影视、百老汇戏剧产业园、硅谷科技创业园等这些耀眼的名牌向我们展示着美国创意产业的丰硕成果，它们无一不是产业集群效应的产物。从世界范围的文化创意产业实践看，通过文化创意产业园来推动文化产业集聚化，符合经济全球化下的产业发展趋势，是各国政府为促进文化产业发展普遍采取的一种策略，是提升文化产业竞争优势、增强文化竞争力的一种空间组织形式。

中国建立产业园区要依托城市区域资源，统一规划，发挥辐射效应，带动一系列相关产业群的发展。运用红＼绿＼蓝＼白四种特色文化彰显中国创意产业的地域特色，形成全球化条件下中国创意产业的竞争优势。在建立产业园区时还要引入适应国际发展潮流的新理念，将生态、智能、人性化的理念融入到创意产业园区，尝试建立跨媒体实验室以及绿色创意示范区。

5. 文化创意博览是助推器

纵观国内大型的文化创意博览会无不推动了文化创意产业的巨大发展。2010年的上海世博会是我国文化创意产业迎来的一次历史性盛会。世博会展示了世界各国与地区最新的科技创新和文化创意成果，从世博会的起源、历史、内容与世博会对举办城市所带来的影响来看，每一届成功的世博会都是文化创意产业发展的重要助推器。自2006年起每年举办的中国北京国际文化创意产业博览会，见证和记录了中国文化创意产业发展的辉煌业绩，成为中外文化创意产业界交流前沿思想理念、传递最新政策信息、促进产业合作和交易的重要窗口。

中国发展文化创意产业必须汲取国内外各相关行业的先进理念和科技，积极举办各类文化创意产业博览会。文化博览会是展现文化软实力的重要平台，也是文化创意产业的助推器，中国要充分发挥特色品牌效应和项目资源，积极推动版权、影视、动漫游戏、文艺演出、文化体育休闲、广告和会展、工业设计创意等文化创意产品与服务的贸易，形成中国文化创意产品与服务交易的集散中心和文化创意产品与服务出口的重要基地。

【参考文献】

[1] 杨海霞，郑晓红．国外创意产业发展情况及其启示［J］．经济师，2006（10）．
[2] 英国文化创意产业发展概况及其启示［EB/OL］．中国文化创意产业网．
[3] 王淑芳．日韩发展创意产业的经验与辽宁文化产业振兴［J］．理论界，2008（9）．
[4] 张洁．中国文化创意产业的空间分布和地区绩效分析［J］．商业经济与管理，2011（2）．
[5] 张京成主编．中国创意产业发展报告［M］．北京：中国经济出版社，2006.
[6] 汪传雷，谭星，谢阳群．中国创意产业的问题及对策研究［J］．生产力研究，2007（6）．

【作者简介】

王韶春，沈阳工业大学文法学院新闻传播系教授、硕士生导师，文法学院院长。
傅琳雅，新闻学硕士，沈阳工业大学文法学院讲师。

中国本土广告公司的战略管理研究
——以互通国际传播集团为例

邓超明

一、中国广告产业发展机遇

根据国家工商行政管理总局统计中心公布的数据，2011 年中国广告经营额达3 125. 5529 亿元，比 2010 年的2 340. 5076亿增长 33. 54%，创下自 1997 年以来，15 年间全国广告经营额的最高增长率。中国广告业经营额的增速远高于国内生产总值（GDP）9. 2% 的增速。①

党的十七届六中全会提出要“推动文化产业成为国民经济支柱性产业，发展壮大广告等传统文化产业”，这意味着推动文化产业发展，壮大广告业已上升到国家战略的高度。

2009 年 7 月 22 日，我国推出了第一部文化产业专项规划——《文化振兴规划》，标志着文化产业已经上升为国家的战略性产业，国家将重点推进包括广告产业在内的 10 余个文化产业。2011 年，国家发改委发布的《产业结构调整目录》第一次把广告创意、广告策划、广告设计、广告制作列为鼓励类，这是广告业第一次享受国家鼓励类政策，为广告业的蓬勃发展提供了强有力的政策支持。②

然而，中国本土广告公司由于起步晚，管理基础薄弱，运营不规范，人员水平混杂，竞争能力不足。如何使本土广告公司加强战略管理，尽快提升发展水平，成为现在面临的重要问题。

二、中国本土广告公司现状

1. “小、散、弱”

2011 年，中国广告经营单位数量比 2010 年增长 21. 80%，达到296 507户。总营业额为 31 255 529万元，比 2010 年增长 33. 54%。但同时广告公司平均营业额增长却不甚理想，仅为 105 万元，相比 2010 年的 96 万元仅增长了 9. 38%。③ 综合来看，本土广告公司规模普遍偏小，实力薄弱，缺乏领军型的企业。

2. 管理能力不强，经营理念不完善

本土广告公司经营者通常都不是管理人员出身，大部分是创意、策划、媒介人员出身，过于重视“片面的专业”，忽视了对公司管理能力的提高，特别是战略管理理念不够完善。

---

① 宋阳. 2011 年中国广告业统计数据报告 广告业创近 15 年最大增幅［J］. 现代广告，2012（5）.

② 中华人民共和国国家发展改革委员会. 产业结构调整指导目录［Z］. 2011-03-27.

③ 数据来源：腾讯科技. 2011 年中国广告经营单位排序公布［EB/OL］. http：//tech. qq. com/a/20120821/000168. htm，2012-08-17.

本土广告公司基本是手工作坊式的公司，停留在日常工作管理的水平，没有先进的企业管理体系和理念，也没有相应的人员来统筹规划整个公司的发展方向，再加上与跨国广告公司相比待遇及人员培训体制的不完善，使员工流动性增大，人员纷纷跳向拥有知名度的大型跨国广告公司。

三、本土广告公司的战略管理研究情况

本土广告公司在发展中面临的最大的难题之一是缺乏科学合理的战略管理。在良好的发展机遇下，树立正确的公司发展愿景，制定企业发展的总体策略成为本土广告公司亟待解决的问题。

根据斯坦纳著作《企业政策与战略》中的定义：战略管理，指确定企业使命，根据企业外部环境和内部经营要素确定企业目标，保证目标的正确落实并使企业使命最终得以实现的一个动态过程。

企业的战略管理致力于树立企业长远的发展目标，制定企业发展的总体策略，决定企业的经营模式、经营方向。此外，战略管理还应解决企业的发展战略，面对竞争者，建立什么样的核心竞争力，采取什么竞争手段；面对市场，是专业化经营还是多元化经营等。

中国广告行业将迎来大的发展机遇，这也对中国本土广告公司的战略管理水平和能力带来了挑战，但是我国广告业的管理，特别是战略管理方面，还处于较低的发展水平，相关的理论和实践的文章也很少。

通过中国知网（CNKI）的跨库检索，搜索关键词为“广告公司管理”，搜索项为“题名”，显示相关文章30篇；搜索关键词为“广告公司战略管理”，搜索项为“题名”，显示文章0篇；搜索关键词为“中国本土广告公司战略管理”，搜索项为“题名”，搜索到文章0篇。

本文通过对互通国际传播集团的战略管理进行研究，期望能够为中国本土广告公司的战略管理提供一些借鉴和帮助。

四、国内外优秀广告公司的战略管理

互通国际传播集团非常重视战略管理，对国内外优秀广告公司，包括广东省广告股份有限公司、广东平成广告有限公司、上海广告有限公司、阳狮集团、电通集团等公司的战略管理做了认真的调查研究，发现他们在战略管理方面有以下特点：

1. 战略发展模式转型

传统的广告公司产业链主要集中在广告策划、创意设计等专业代理业务领域，很少涉及促销、公关、网络行销等其他方面的营销传播。随着营销传播环境的日益复杂，任何单一的营销传播方式都已不可能成功执行营销，广告主需要整合营销传播代理。

国内外优秀广告公司都越来越重视整合营销传播，拓展网络营销、公关等业务，比如，广东省广告股份有限公司的组织结构中设了一个“网络互动局”；广东平成广告有限公司提出“快营销、i品牌”的营销理念，根据数字技术的“即时”、“互动”、“体验”特点，为品牌提供一种具有个性化体验的沟通模式。世界五大广告集团在并购时，数字化营销公司和公关服务公司所占的比例也越来越大。

2. 产业运作模式升级

在对世界五大广告公司的数据分析中，我们可以发现产业运作模式升级有两种有效的途

径，即通过上市融资和并购来实现规模提升：

其一，就企业组织内部而言，世界五大广告公司成功经验表明，广告公司通过“产业创意”进行上市融资，或吸引国内外风险投资公司投资，迅速实现规模扩张和实力提升。

其二，就企业外部市场环境来说，广告公司之间的并购是当前广告公司实现规模提升的重要途径。世界五大广告集团2006—2011年间在全球范围内的并购扩张上一直从未间断过。中国的上海广告有限公司在战略管理上最大的特色，也是积极与业内其他优秀广告公司形成战略伙伴关系，以求在各自领域发挥优势，打造规模化、集团化运作，形成多赢局面。

综上所述，中国本土广告公司要想实现超常规发展，必须要有科学合理的战略管理做指导，可以借鉴国内外优秀广告公司的经验，将广告业务沿着产业链上下游延伸和拓展，整合企业营销传播服务的相关领域；提高规模和市场的集中度，以资本运作以及并购来尽快实现规模化经营。

五、互通国际传播集团的战略管理

互通国际传播集团，成立于1999年，为中国4A广告首批会员及理事单位，是一家致力于品牌建设与推广的顾问型综合性全案广告公司，也是中国广告行业最具影响力十大知名企业之一。经过多年的潜心发展，互通国际已经成为中国本土广告公司的领军者之一。

互通国际传播集团品牌关系利器——INT品牌赢家法则，整合品牌建设、广告传播、市场行销、产品推广、终端优化、媒介策略、顾客关系、企业公关等各种优势资源，以精准的策略和独到的创意，为中国人民银行、国美电器、中国银行等数百家知名客户打造了具有全面竞争优势的优质品牌。

集团愿景是致力于成为中国广告传媒第一集团军，集团使命是以精准的策略和独到的创意，帮助客户打造具有全面竞争优势的优质品牌。

1. 互通国际传播集团的基本战略认定：成长型战略

战略管理的本质就是要进行战略选择，企业之所以要把战略放在如此重要的地位，是因为每个企业在资源和能力等方面都是有自身特点的，不能生搬硬套别人的东西，更不能毫无方向的发展。企业必须根据外部环境和内部资源做出符合企业自身特质的战略选择。

经过10多年的发展，互通国际传播集团已经积累自身的内部资源：INT品牌赢家法则得到客户的高度认可、稳定长期服务的优质客户、多元化发展趋势以及10多年对“成人达己、互通互利”理念的实践经验。互通国际希望通过符合自身实际的战略选择，对这些资源进行整合优化，实现效率最大化。

互通国际传播集团的SWOT分析，如表1所示。

表1　**互通国际传播集团的SWOT分析**

Strengths	Weaknesses
1. 了解消费者习俗，更好洞察消费者需求 2. 本土客户资源丰富 3. 国际化的人才和国内优秀从业人员的最佳集合体 4. 对中国市场和文化有着深刻认识和独特见解 5. 具有独到的行业研究、分析、洞察的经验 6. 优秀的策略规划能力 7. 深厚优质的媒介和政府公关资源 8. 投入的学习型组织	1. 整合营销传播能力有待提升。数字互动传媒业务、会展活动业务有待提升，影视业务也未大规模的拓展 2. 在集团化发展方面还有待提升

续表

Opportunities	Threats
1. 政策支持 2. 经济发展 3. 媒介平台丰富 4. 人才储备相对充足	1. 跨国广告公司的威胁 2. 本土其他广告公司的竞争

通过SWOT分析，互通国际传播集团需要抢抓支持广告业大发展的政策机遇，发挥自己客户资源丰富、独到的行业研究分析能力、优质的媒介和政府公关资源等核心优势。同时，在目前受众接触媒介碎片化、广告主越来越注重媒介投放性价比的情况下，互通国际应当加强完善全案型服务，加强整合营销传播水平，更好满足客户需求；加大集团化、规模化力度，在与跨国和本土广告公司的竞争中出位。

综上，互通国际传播集团在战略发展中应当选择成长型战略，进行内扩张和外扩张，将公司核心能力最大化，走多元化道路，扩大公司业务范畴，购并相关行业的成熟公司，走集团化道路。

2. 互通国际传播集团的成长型战略的发展路径

（1）多元化道路。多元化分为三个类型：一是同心多元化。企业增加新的，但与原有业务相关的产品或服务。二是横向多元化。企业向现有顾客提供新的，与原有业务不相关的产品或服务。三是混合多元化，企业增加新的，与原有业务不相关的产品或服务。

互通国际传播集团下一步准备拓展数字互动传媒业务、会展业务，投资影视业，以加强整合营销传播的力度，更好地为广告主服务。

数字互动传媒业务和会展业务隶属同心多元化战略，是企业新的业务方向，但同时与原有广告策划、公关活动业务又是一脉相承的关系，是建设和完善全案型广告公司的重要部分。投资影视业，属于横向多元化战略，是依托现有企业内外部资源，为互通国际传播集团开拓的新的经营领域。

第一，积极拓展数字传媒业务。

有数据显示，尽管2009年世界广告业营业收入呈下滑趋势，但在非传统广告业务中，新媒体的增长率和利润率依旧呈现出强劲的上升势头，加强核心业务和数字营销的相关性成为世界广告业的发展方向，新媒体广告具有强劲优势。

针对这一发展趋势，互通国际传播集团加强数字营销业务：

首先成立数字营销部门。组建一支高素质数字营销团队，为客户提供数字媒体策划、创意、营销和咨询服务，帮助客户理解和适应新的媒介环境，充分发挥数字营销的优势，进行媒体创意、制造事件传播等，达到事半功倍的广告效果。

其次开辟新媒体资源。从门户网站到SNS网站，从楼宇液晶到户外大型LED，从手机媒体到智能电视，都是互通国际需要重视的新媒体资源，一方面配合传统媒体，实现更广范围的覆盖率，另一方面也逐步形成自身新媒介代理业务。

最后加强与专业数字营销机构的合作。将自身的优质客户资源同对方的丰富的运作经验和平台结合，实现传播效益和经济效益的最大化。

第二，大力拓展会展活动业务。

近年来，中国的会展经济迅速发展，几乎各行各业都会有举行会展的需求。它作为衡量行业繁荣程度的重要指标，推动行业内部和行业之间的交流，促进就业，提高城市知名度。

互通国际作为一个全案型的广告公司，在活动策划、公关、媒体发布等方面都有丰富的经验和资源，这都为大力拓展会展业务奠定了基础，具体措施如下：

首先，依托品牌优势。广告公司在介入会展业务的同时，要依托原品牌优势，即互通国际已有的美度、知名度和实力，培育出新的会展业务品牌。

其次，寻找突破口。不能什么行业的会展都乱抓一气，要从一个或几个相对熟悉的行业为突破口，这样才能稳扎稳打、迅速做专，进而做强做大。

再次，与政府相关部门和行业协会建立良好的关系。现阶段，会展业务资源的开放程度并不高，政府在其中的牵头作用很明显的。行业协会作为行业活动的组织者和协调者，在经济活动中发挥着重要作用。因此，只有与政府相关部门以及行业协会建立起良好的关系，才能借其力发展互通国际的会展业务。

最后，与场馆建立良好的合作关系。会展举办场所是一个会展活动最重要的载体，是所有前期准备的落实点，场地设施是否完善、便捷，服务水准如何，对于展会品牌形象的树立至关重要，与场馆的良好关系对于会展业务的长期发展都是必不可少的。

第三，投资影视业。

从 2003 年开始，中国电影开始推进产业化进程，电影产量逐年增加，从 2002 年的不足 100 部上升到 2011 年的 558 部；制片单位不断增多，形成了踊跃投资的良好局面，从 2002 年的几十家发展到 2011 年的近 400 家；电影市场从低迷走向活跃，年票房从 2002 年的不足 10 亿元增加到 2011 年的 131. 15 亿元。①

广告和影视的联姻早已不是新鲜事，广告公司都在积极寻求其他的业务发展渠道，借助影视业这个广告公司较为亲近的平台，拓展自身业务不失为互通国际一个好的选择。

首先，成立影视公司。广纳影视业人才，也是互通国际在规模化和集团化道路上里程碑的一步。

其次，寻求与专业电影公司的合作。通过资金运作，参与到高水平电影的制作中，走国际化高水准道路。

再次，拓展广告平台。结合自身广告业务，拓展植入式广告、贴片广告等广告平台，在发展集团影视业务同时，惠及集团广告业务的发展。

最后，投入到较低成本的影视作品的制作。如和视频网站合作，开发网络电视剧，微电影。这些影视作品形式具有较强便利性，准入门槛低，受众到点击率高，互动性强，对于电视影视节目具有一定的填补作用，并且也能为广告客户寻求一条新的品牌传播路径，通过一定的投资和运作，能够实现广告效益和经济效益的双赢。

（2）集团化道路。“由分散走向集中，由单一走向联合，由个体走向集团，是产业发展的一般规律，广告业的发展也必然遵循这一客观规律。广告公司集团化发展有其深刻的动因。”② 广告行业激烈竞争。在面对优胜劣汰的残酷局面下，互通国际只有走战略联盟的道路，充分利用和集结其他人的力量，才能在激烈的竞争中生存下来。

第一步，企业并购。

企业之间的兼并与收购行为，是企业法人在平等自愿基础上，以一定的经济方式取得其他法人产权的行为，是企业进行资本运作和经营的一种主要形式。企业并购主要包括公司合并、资产收购、股权收购三种形式。③

在发展数字营销业上，互通国际传播集团想要建立一个硬件软件设施齐全完备的数字营

① 苗春. 电影产量增长迅速 国产电影迎来又一春 [EB/OL]. http://media.people.com.cn/GB/40606/8691344.html，2011.

② 刘传红. 本土广告公司集团化发展研究 [D]. 武汉：华中科技大学，2006.

③ 叶敏霞. 不同经济性质企业收购中的财务问题及对策 [J]. 中国集体经济，2010 (7).

销部，需要大量的资金投入，即使资金充足，又会面临团队磨合、经验不足等方面的问题。因此，通过并购一个运作成熟的数字营销广告公司来实现业务的迅速拓展，不失为一个好方法。

第二步，上市准备。

上市可以说是互通国际传播集团在集团化道路中一个非常重要的努力方向。上市有为企业取得固定的融资渠道，获得更多的融资机会，获得创意资本或持续发展资本，募集资金以解决发展资金短缺，增加知名度和品牌形象等诸多好处。

但是在上市之前互通国际本身要仔细严谨的评估，分析出上市的利弊，自查家底，明晰产权，合理股权结构，整理清除企业在财务、税收、公司治理等方面的遗留问题，整个过程需要包括财务部、行政部、法律咨询部以及各业务部门的全体合作，才能做好上市准备，从而为互通国际做大做强的企业愿景的实现奠定基础。

综上，本文通过对互通国际传播集团的战略管理研究，期望能够为中国本土广告公司的战略管理提供一些借鉴和帮助。

总之，面对机遇和挑战，中国本土广告公司应当了解战略管理、运用战略管理，这样才能为我们国家的产业结构转型助力，从“中国制造”转变为“中国创造”，使民族品牌屹立于世界品牌之林。

【参考文献】

[1] 廖建文．企业持续成长的战略思考［J］．资源再生，2010（10）．

[2] 张金海，廖秉宜．中国广告产业集群化发展的战略选择与制度审视［J］．广告大观（理论版），2009（1）．

[3] 林升梁．整合品牌传播学［M］．厦门：厦门大学出版社，2008.

[4]［美］斯蒂芬·P. 罗宾斯，蒂莫西·A. 贾奇．组织行为学［M］．李原，孙健敏，译．北京：中国人民大学出版社，2008.

[5]［美］迈克尔·A. 希特，R. 杜安·爱尔兰，罗伯特·E. 霍斯基森．战略管理——竞争与全球化（概念）［M］．吕巍，等译．北京：机械工业出版社，2011.

[6] 陈刚．对中国本土广告公司发展的思考［J］．广告大观，2005（11）．

[7] 郑英美，岳丽鑫．从并购角度分析企业战略管理与实践的新趋势——结合中粮集团案例［J］．商场现代化，2011（2）．

【作者简介】

邓超明，博士，硕士生导师，互通国际传播集团董事长，国际广告协会中国分会副会长，主要从事广告传播、企业战略管理研究。

修辞学向社会学的转向
——国际广告业发展经历的四个时期

邱文中

英美文化有经验主义的传统，美国是诸多经验主义色彩的现代科学的发源地，广告从早期的人类交流直觉到现代的科学实证操作经历了漫长的历史，可以说这一历史中最辉煌的是美国现代广告诞生与发展的历史，其间伴随着世界各国被美式广告的启发渲染，本文所谓的国际广告的格局形成了。本文着重以欧美广告公司的发展及其思想观念为线索，将国际广告的发展前后分为四个时期。

一、早期广告实践

较为清晰的界定早期广告实践活动是件困难的事情，我们仅以现代社会中仍然保留的传统意识来贸然推论早期广告实践活动中的特点。但是，我们仍可以这样界定“早期广告实践”这一提法，文化史中有前现代、现代、后现代等的观念，“早期广告实践”应当与前现代社会特征基本吻合，在广告现象层面，这一时期还不存在或至少没有大量存在专门的广告人及专业的广告代理机构，此时的广告是人类交流过程中天然存在的，以交易为目的的活动。这一时期直至欧美产生真正意义上的现代广告公司为结束。

早期广告实践阶段没有太多的科学原理，人们执迷于一些社会生活中产生的习俗和典故。如世界各国都有“狼来了”的故事，用于广告实践中就能成为基本的真实传播的观念；与此相对应，我们还有“三人成虎”的典故，那也就支持了一部分虚假传播的观念。这一时期广告活动的形式特征是“展示”，卖方将商品以实物或实物象征物的形式展示出来，供买方交易选择，如果是以物易物就需要双方的展示行为，这一时期有行商与坐商的区分，但无一例外以展示商品实物为特征，因为不存在大众传媒，人们的认识活动还停留在眼见为实的阶段。这一时期，广告活动围绕着真实与虚假的核心命题展开，人们强调的是货真价实，广告传播的基本法则都来源于生活直观，不用考虑太多的原理性问题，虽然流于浅表，但也可以在简单的社会关系中得到印证与发扬。

这一时期人们做广告停留在军事政治传播之外的走街叫卖、店头展示阶段，没有专职广告人，由交易人身兼广告人或由那些识文断字的人捉刀写广告。值得一提的是早期广告实践中，识别观念已经产生，这是早期的品牌意识萌发时期，私有制催生的商业信誉使得识别成为交易中的重要传播要素，中国古代的旗帜、日本的家纹、欧洲各国的纹章，以及原始社会遗留的图腾和象形文字都成为识别的基础，行业识别、家族产业识别直至各种老字号的识别都积淀出一类积极的广告文化，为现代意义上的品牌文化发展奠定了基础。

二、现代广告发展

现代广告发端的界定有许多不同提法，可以从广告科学方法诞生时算起，也可以从广告代理制度的建立算起，本文以国际广告公司现象为资料参照，就从现代意义上的专业广告公司诞生时算起。历史上可考的世界上第一家广告公司是1786年成立的William Taylor①，此类公司当时经营媒体代理业务，正是所谓的媒体掮客，本文不将此算作现代广告的发端，现代较为专业的广告公司，即从事业务代理的公司要等到1860年以后出现。这就是后来产生于美国的，在现代广告史中举足轻重的三家最早的现代意义的广告公司：智威汤逊公司（1864年成立）、艾尔父子公司（1869年成立）、博达大桥公司（1873年成立），这些公司开始仍旧以媒体代理为主要营生，后来重金召集专门广告人才，开始了专业广告代理，值得一提的是在这些公司开创之时，专门的广告创作人就已经出现，不过他们都是在企业做专职的美术设计或文案撰写工作，如第一代广告大师霍普金斯在1909年加入拉斯克尔的Lord & Thomas公司（博达大桥的前身）之前就在企业负责文案工作了。②

现代广告的诞生及发展有诸多特点，首先是科学及人文意识的觉醒。无论各国，早期广告都或多或少经历了一段浮夸时期，所谓的江湖郎中卖狗皮膏药，巫术横行，迷信泛滥。文艺复兴欧美人文思想的崛起及启蒙运动科学理性意识的萌发，使得神话观念渐渐退出主流文化，时代进入近现代社会，广告文化也变得适应时代特征，有了现代性面孔。美国的现代广告人着重回到广告推销观念，有了强烈的广告诉求及广告创意意识，以此与早期广告的浮躁夸大划清界限，法国广告之父布兰切特也在国内推动现代广告观念，将现代广告正名为Publicis，开创有公信力的商业传播，法国学者则将之前的广告称为旧广告③。20世纪以后，美国广告人首先倡导了科学的广告观念，虽然此时伯恩巴克等广告大师坚定不移地反对科学广告观念，高举艺术广告大旗，但这都是对早期广告的超越，或科学理性或人文艺术的超越。进一步，传统广告的展示观念也发生了重要的位移，形成了诠释观念，真实与虚假传播之争变成了传播观念的诉求之争，广告诉求更加注重事实还是感觉，这就是现代广告史所谓的硬推销还是软推销，原因追究法派还是情感氛围派的冲突④，或连带着理性诉求与感性诉求，核心诉求与外围诉求，产品情报或生活情报，功能广告或形象广告，科学的广告或艺术的广告等的问题争论及观念推演。这一时期诞生了广告诠释时代重大的理论，突破了早期广告实践中的直觉性——罗瑟·里夫斯的USP理论、大卫·奥格威的品牌形象理论，前者注重功能诉求层面，后者注重形象诉求层面，两者交织并行，互相取长补短，就如物质与精神之辩的哲思一样，将广告理论推向前进，于是我们发现如今的许多广告学理论都是在注解或拓宽现代广告时期的经典广告理论。

这一时期，职业广告人诞生，广告公司诞生，广告大师星光闪耀。众多现代广告公司经历了媒体代理到业务代理的转变，由媒体导向发展为客户导向直至所谓的消费者导向。自从有了现代意义上的广告公司，世界各国的广告发展就有了自己的阵地，广告大师没有诞生于学院象牙塔中，早期创意革命的三大旗手：大卫·奥格威是奥美公司的创始人，李奥·贝纳是李奥贝纳公司的创始人，威廉·伯恩巴克是恒美公司的创始人，而奥格威及奥美公司一直秉承品牌形象理论影响着现代广告公司的实践发展，广告大师广告理论是根植于广告实践之中的，而广告实践的重镇只能落到广告公司之中，现代广告公司的诞生是现代广告诞生的重要标志。

三、国际广告发展

现代广告发展的同时，广告公司逐渐成为营销传播领域的核心力量，在广告客户、广告

① 维基百科“advertising agency”词条［EB/OL］. http：//www. wikipedia. org，2011-07.

② 维基百科“Claude C. Hopkins”词条［EB/OL］. http：//www. wikipedia. org，2011-07.

③ 热拉尔·拉尼奥著. 广告社会学［M］. 北京：商务印书馆，1998：11. 文中将旧广告的特性概括为“惊喜”和“重复”。

④ 张金海著. 20世纪广告传播理论研究［M］. 武汉：武汉大学出版社，2002：13.

公司、广告媒体这三者的关系中，广告公司作为专业机构，为广告客户提供较为客观的第三方建议。欧美在“二战”以后，社会逐渐形成了尊重知识与创新的氛围，社会专业分工持续加强，管理咨询机构、营销传播及相关执行机构形成了体系完备的产业链。广告客户对广告公司的依赖性加强，特别是涉及新市场拓展的问题，广告客户往往需要听取广告公司的观点，希望通过广告公司协助完成信息搜集、市场决策及传播执行的相关任务。广告受到现代社会文化观念的影响，同时也反映现代经济与政治生活的需要。“二战”后全球经济与政治的融合更加紧密，欧美企业开始了一轮全球化及集团化的历程，这时的广告公司作为企业的协作者，也参与到这一进程中。

美国是现代广告的发源地，还是领导国际广告发展的重镇，其纽约市中心的麦迪逊大道在现代广告时期就成为美国广告业的中心，在国际广告发展时期它就成为国际广告的重要象征。我们可以从全球第一家集团化的广告公司——美国麦肯①看到广告国际化的历程。麦肯广告是随着美国标准石油的发展及拆分而诞生与扩张的，美国标准石油拆分前后的业务遍布各国，20世纪三四十年代，麦肯广告为了追随这些业务也将办公室开到了不同国家的标准石油派系，这就是广告公司全球化的初始，就如20世纪60年代英国灵狮（Lintas）② 追随英国联合利华在全球20多个国家建立分支机构，形成了初步的全球化布局。同一时期的麦迪逊大道的大型广告公司都相继对外扩张，完成了全球化历程。20世纪60年代麦肯首先提出平行代理结构，创立了全球第一个广告集团埃培智，业务拓展到如今的全传播局面，广告公司由公司（Company）变成全传播机构（Worldwide），进而组成集团（Group），这是国际广告阶段广告公司发展的具体写照。如今全球的国际化广告公司几乎都可以叫做4A公司③，这是现代广告美国化的明证，国际广告集团的“四大”（Big 4）④ 的办公室基本上覆盖了全球所有的具有良好发展势头的国家及地区，可以说如今任何一个非欧美的地区企业要走向全球市场，不借助欧美大型广告集团的力量几乎不可能成功，即使是日韩现代企业的全球化发展也得益于本土公司与欧美力量的协作，前者依靠后者的网络与专业化操作优势不断延伸全球服务范围。

国际广告发展阶段不仅是指以欧美广告公司为代表的大型广告集团的对外地理扩张，同时也是它们服务范围扩张的历史阶段。这一时期，广告公司的原有观念逐步被更为宏伟的观念重装，广告与营销，营销与传播，传播与多元文化的概念都相互衔接起来，国际广告发展由一个地理性质的概念变成了传播理念的新思潮——整合营销传播观念（IMC）。如电通广告集团的“全方位信息沟通服务”，奥美集团的“360°品牌管家”，早期葛瑞广告的“全蛋经营”，这些都是全球化时代的广告文化反映。这些观念是对现代广告时期广告传播诠释观念的深化，由诉求与创意走向了营销与传播，从此大型广告公司被称为营销机构

---

① The Interpublic Group of Companies, Inc. 词条［EB/OL］. http://www.fundinguniverse.com，2011-07.

② Lintas: Worldwide 词条［EB/OL］. http://www.fundinguniverse.com，2011-07. 如今 Lintas 在全球厂牌更改为 LOWE，在国内与 Lintas/LOWE 一度合资过的中方公司现在独立使用 Lintas 灵狮厂牌，外资公司 LOWE 现在称为睿狮。

③ 广告界的4A公司是指美国广告协会（American Association of Advertising Agencies）的会员公司，其涵盖了美国大多数知名广告公司，这些公司同时展开全球投资与合作，与其关联的公司都间接获得了4A“资质”。

④ 四大一般指代金融界的最大的四家会计师事务所，如今广告产业的集中，造就了广告公司的四大集团：WPP、宏盟、阳狮及埃培智，每个集团旗下均拥有数十家厂牌和成百上千的办公室。

(Marketing Organization)，负责线上、线下①，广告、公关、促销、直销、活动等的全方位营销传播工作。这一时期有了线上与线下谁轻谁重的争论，广告的衰落与公关的崛起的观念。这一时期面临的重大挑战是管理咨询公司对营销传播业上游资源的掠夺，广告公司不断被质疑广告投放的精准性，广告集团的并购战略成为广告发展的巨大动力，被誉为伟大的广告公司“采购员”的WPP广告集团总裁马丁·索瑞尔所说的两句话在此非常能够说明问题：“我们（广告集团）的首要战略是以并购为支撑的有机发展”，以及“我们生活在一个人人质疑广告花费的时代”②。国际广告阶段由经济、政治及文化的全球化开启。企业全球化活动将商品广告带到了全球各个角落，“Enjoy Coca-cola”，“ Haier and Higher”的广告牌树立到了全球各地，甚至“Made With China”的中国国家形象广告也借助CNN的影响传遍世界。广告活动的全球化也会借助全球化的其他载体进行，富士、三星通过奥运会走向欧美，柯达、阿迪达斯借助奥运会走向全球。国际广告发展时期是经济与文化全球化的碰撞交汇，我们有了经济与广告中倡导的“全球视野，本土执行”（Global Vision, Local Action）观念，全球消费文化也为我们带来了环保主义、可持续发展的观念。

四、新世纪广告勃兴

新世纪广告这一提法有很多危险，它离本文所谓的国际广告时期太过接近，又距离当下不过十余年，考证这一时期的广告公司及其现象会显局促和浅表。但这一时期与传统广告学观念有着较大的观念出入，近些年的诸多广告现象用传统广告学原理解释起来困难重重，这一时期的媒体环境、受众关系、企业面貌都发生了重大变化，因此有必要作一个总结与预测，哪怕这种总结与预测存在偏颇。

新世纪广告是在世纪之交新媒体的冲击下，诸多社会现实发生变迁而逐步形成的。可以将以互联网为代表的新媒体看做一块石头，将社会文化看做一片湖面，石头投进湖面后会让湖面发生变化，破坏其原有秩序，形成新的平衡状态。无疑，近十余年的社会环境受到新媒体巨石的极大震动。我们看到的现实是，最初，众多硅谷企业嗅到了新经济的气息，那是由IT经济的先知连线杂志（Wired）唤醒，IT经济的旗手微软、苹果公司推动，互联网先驱亚马逊、易贝、雅虎、谷歌角逐而生成的互联网经济的气息，随后的Blog、Youtube、Facebook、Twitter前赴后继，开创了如今的新媒体生态环境及其影响下的营销传播现实。其间，庞大的广告集团和传统广告公司仍然沉迷于既有体系的建构，时至今日，一些大型集团开始转身，营建新媒体部门，迎接新世纪广告的挑战。互联网媒体早期做两件事情——内容与渠道，前者以门户网站为代表，后者以搜索引擎为代表，如今这两类网站占据了互联网广告投放的大半，未来的广告投放趋势则是互联网社交媒体，它们试图建立与现实世界至少平行的信息分享环境。与传统广告迥异的是，互联网广告的效益表达发生了巨大变化，它们更加直效，更具观测性和可控性，互联网广告公司在此需要解决两个重大问题：一是集合资源，互联网网站众多，受众有分散化的趋势，集合资源联合投放是必然的结果；二是搅动环境，互联网的影响力不是靠单一的互联网静态及动态广告就能完成，搅动环境包含搜索引擎技术及互联网公关技术。新世纪广告带来了一个重大的传播观念——社会学意义的卷入观念（En-

① 线上（above the line）与线下（below the line）指的是以大众传媒为分野的两类营销行为，大众传媒是线上，终端及网络是线下；而非专业人士经常将以线上与线下指称网络的网上（on line）与网下（off line），实际上网上（on line）恰恰是线下（below the line）。由于上述词汇表达的混乱，本文主张将所有营销传播行为定义为三个部分：传统的大众传播、终端传播和当今有重大影响的网络传播，这样表达会更有区分性和建设性。

② Martin Sorrell 词条［EB/OL］. http：//www. thinkexist. com，2011-07.

gagement）。卷入是程度更深的传播，它已经不再是形式上的寒暄问候，而是话题与兴趣的沉浸，是深层互动与影响。这一时期的营销传播观念受到网络信息领域的重大冲击——网众整合的 Web 2.0 观念、内容创生的 UGC 观念（User Generating Content）、技术集成的平台战略（Platform Strategy），网络经济的长尾观念（Longtail），由此跟进了互联网传播方法的病毒营销或病毒传播观念（Viral Marketing/ Viral Communication）。

新世纪广告令众多的广告集团和广告公司陷入尴尬，以致 2009 年弗里曼（Cliff Freeman）广告陷入关门境地——这家传统优秀的电视广告创意型公司（其创始人兼总裁名列广告时代 20 世纪 100 位广告人之中，其早期的创意活动“牛肉在哪儿?”也名列广告时代 20 世纪 100 个广告运动之中）在互联网时代的破产令人深思，著名广告刊物《广告周刊》（*Ad-week*）发表文章，标题为“弗里曼关门标志着 30 秒建立品牌时代的结束”①。这里需要认清一个问题，传统广告与互联网广告在如今营销传播中的关系。广告公司体制原有的线上线下传播模式，将线上置于神圣不可动摇的位置，动则替客户考虑品牌传播，首当其冲选择电视媒体。而随着新媒体环境的变化，网络传播、大众传播及终端传播成为营销传播的三驾马车，而三驾马车的主导在很多情况下已经不再是以电视为代表的大众传播，时常发生迁移到网络传播或终端传播，无论谁为主导，三者的互动将是营销传播成败的关键。新世纪广告着实让传统广告公司产生重新洗牌的景象，似乎回到了现代广告初期。新媒体代理公司出现，随之变得专业化，之后却面临被大型广告公司/集团兼并或被大型互联网媒体兼并的命运，而前者兼并之后的发展又经受传统广告观念的压抑，难以根本改变新世纪广告操作观念。但我们也看到了新世纪广告的希望，大量潮流企业不愿意也不可能放弃继续领导潮流的姿态，它们选择互联网作为平台延展实力，大量互联网广告公司首当其冲，以实践为主导新生大量新的操作角色和操作模式。创意热店的突飞猛进，与互联网代理公司形成互动创意热店影响了广告发展的方向。广告理论在这一时期明显滞后于广告实践，我们看到病毒营销盛行、公关与互联网传播并举、娱乐借助网络营销大行其道，而后奥美公关推出病毒传播的“蝴蝶效应”观念，若干互动创意热店也逐渐在操作中形成了自己独特的营销传播世界观。值得一提的是在所有大型广告网络（Networks）中，奥美集团的新世纪广告转型最为成功，它的前任总裁夏兰泽女士作为 2007 年“财富杂志最有影响力的 50 位商界女性”排名第 34 位，当年“（奥美）公司 20 亿美元的营收中仅有 44% 来自传统广告领域——这些数据证明了夏兰泽将奥美集团带入新媒体领域的能力”②，而奥美旗下的奥美互动（Ogilvy Interactive）公司，从组建起就是全球领先的互联网广告公司。

我们如何从时间上界定这四个分期？本文以广告公司及其业务特点来界定广告分期，以广告公司发展中的具体现象作为界定依据，表明每一个后续阶段都是将前一个阶段的特征包容在内，即如今的广告传播包含了早期广告的展示观念、现代广告的诠释观念、国际广告的整合诠释观念以及最新的新世纪广告的卷入观念。这就如一个社会的思想行为一样，许多人的思维仍然保留过多的前现代特征，这与他个人性格塑造的教育与成长的环境有关，像在中国的三、四线城市，虽然也有大众传媒及全球市场的冲击，但是当地经济条件及社会状况使得人们更倚重传统思维进行务实的广告及商业传播活动。

可以说上述四个分期是广告不断由修辞学向社会学的演进。在现代广告阶段，“伯恩巴克坚持把独创性和新奇性作为广告业生存发展的首要条件，他认为只有这样，广告才有力量

---

① Noreen O'Leary：Cliff Freeman to Shutter Shop? ［J/OL］．广告周刊，http：//www. adweek. com，2009（10）．

② 50 Most Powerful Women in Business［J/OL］．财富杂志，http：//money. cnn. com/magazines/fortune/，2009（10）．

来与世界上一切惊天动地的新闻事件以及一切暴乱相竞争”①。广告的新奇与独创乃至伯恩巴克系统提出的相关性、原创性、冲击性的创意 ROI 原则是修辞观念的本质表达，麦肯公司也将这种观念概括为 Truth Well Told（善诠真义，巧传真实），这些观念的共同特征就是通过修辞学手段提升广告创意的操作水准，通过修辞“唤起情感，指导行动”②，其后的品牌形象理论更是通过外围形象诉求更为高明的对商品进行修辞学包装。而如今广告本身需要借助更多的社会话题或其本身就可能构成新闻事件，麒灵公司的“The Best Job”（为澳大利亚昆士兰旅游局做的推广活动“世界上最好的工作”）至少是震惊网络世界及有很大现实感染力的社会事件，它代表着新世纪广告的社会学视角与价值观——搅动文化环境，介入社会生活，广告伴生娱乐，广告成为事件，广告与社会生活密不可分，这恐怕也是法国学者热拉尔·拉尼奥称之为的“和谐性交流广告”之意吧③。

详细的划分可参见表 1 所示。

表 1 **国际广告发展经历的 4 个阶段**

阶　段	起始时期	广告公司现象	广告观念
早期广告	—	企业自主宣传	展示观念/真实与虚假
现代广告	19 世纪 60 年代起	专业代理盛行	诠释观念/事实与感觉
国际广告	20 世纪 60 年代起	跨国集团勃兴	整合诠释/事实与感觉
新世纪广告	2000 年起	数字传播兴起	卷入观念/话题与事件

【作者简介】

邱文中，湖南理工学院新闻传播学院教师。

① 林升梁著．美国伟大广告人［M］．北京：中国经济出版社，2008：10.

② 卡西尔著．人论［M］．北京：燕山出版社，2009：75.

③ 热拉尔·拉尼奥著．广告社会学［M］．北京：商务印书馆，1998：110. 文中将和谐性交流广告加入了社会文化内容的界定。

跨国广告公司在中国广告市场经营策略研究

杨同庆　赵肖然

所谓跨国公司，是指在一个国家设立本部，其他国家设立分支系统和生产经营网点，从事生产、销售和其他经营活动的国际性大型企业，又被称为国际公司或多国公司。近年来，跨国公司凭借雄厚的资本以及先进的技术，以“全球化”作为战略，在世界范围内从事国际生产、销售或其他经营活动，获取并垄断了高额利润。随着跨国公司的业务向全球延伸，服务于这些国际公司的广告公司也开始在海外建立分支机构或子公司，以求能为广告客户提供更优质的服务。这一过程促进了跨国广告公司的形成。

就目前国内对于跨国广告公司的研究来看，大多数文献主要集中在外资广告公司在中国的发展历史；国家在对外资广告公司放开国内市场后，国内广告公司与外资广告公司的实力对比以及国内广告公司的发展前景问题等方面。

对于中国广告产业广告市场的研究，张继康在其所编的《广告经济学实用教程》中（上海远东出版社1998年版），以产业市场的研究为核心，对广告的全部经济决策过程、参考变量、市场作用对象，以及诸市场变量与广告竞争变量的相互作用关系，进行了全面系统的论证和分析。丁汉青的《广告经济学》（经济管理出版社2009年版），从经济学视角审视广告活动，以对广告活动主要参与者——广告主、广告代理机构、广告传媒和广告受众的洞察为主体，兼而分析广告的经济作用、广告产业和虚假广告。

北京大学陈刚教授认为，目前广告业在文化产业中的位置尚不明晰，整个发展脉络仍有些混乱。广告业应当成为文化产业的支柱，成为文化产业的发动机。广告产业的发展从来都是一个变化的过程，广告产业的更新和结构的调整都是特定历史时期和社会背景下自然的选择。只有变，才是整个行业生存和发展的唯一选择；不变，就是在旧观念旧模式中画地为牢。中国广告产业的重新定位，就是要适应变化而变化，推陈出新，开拓产业模式的创新之路。陈刚教授在《中国发展的五个问题》中提出“未来中国广告业的竞争，将会以拥有雄厚资本的大型广告集团的竞争成为广告公司收费的主流。依托专业化的服务，根据广告效果，收取客户的服务费”。

武汉大学张金海教授运用产业组织理论的SCP范式与创新理论的研究范式，重点考察“中国广告产业发展面临的两大核心问题，即低集中度与泛专业化问题，提出创新广告产业的三点对策，即创新广告产业发展模式和运作模式、坚守高度专业化作为广告公司的核心竞争力与广告产业集群的构想、以创意寻求新的业务增长点与广告企业组织重构”。广告产业可界定为从事广告产品生产和提供广告研究、广告服务的厂商集合，是从事广告调研、策划、创意、设计、制作、媒介购买、发布、效果研究等广告活动及广告产业研究的企事业单位的集合。广告产业是一个内容十分丰富的庞大的体系，随着“大广告”概念的兴起，广告产业主体日益多元化，公关公司、媒介公司、市场调研公司、咨询公司都融入广告产业中，新的媒体如播客，凡是可发布广告的各类新媒体都纳入了广告产业范畴，拓展了广告产业链。

对于外资广告公司在中国市场的占有率，杨育谋（2009）认为：“中国广告业的真正挑战在于国际广告集团的大规模进入。与国外广告公司差距巨大，我国所有本土广告公司的年度总营业额尚不及日本博报堂株式会社一家的年营业额。占全国广告公司数量不足1%的合资公司，其广告营业额却已经达到30%以上，国际广告传媒集团已经在中国占据绝对的优势。”具体的优势，杨育谋分析称“外资广告公司不但具有了与我国本土广告公司平等竞争的地位，而且有人才优势、庞大的运作资本、先进的经营管理体制、丰富的操作经验。”相对于外资广告公司，本土广告公司自身存在的问题，王兴华（2003）认为，“中国大陆广告业存在结构性问题，用通俗的说法是‘小作坊、土法、群众运动’。即经营单位多、规模小、效益差、专业水平低。目前，中国大陆广告业的无序竞争几乎成为各广告公司的首要选择，已经使得广告市场偏离正常轨道。”虽然外资广告公司有资金、规模的优势，但也有人认为本土广告公司也有自己的优势，并且借此优势应对挑战。谢春林（2006）认为本土广告公司熟悉国情，在为企业提供贴身服务时，比较占优势。宋号盛（2006）则分析称，中国市场的复杂性是本土广告公司，尤其是中小广告公司的肥沃土壤。外资广告企业由于自己严格的管理制度和透明的方针，往往只关注于一些大型企业，对于广大的中小企业往往是不屑一顾或者是无所适从，这给本土广告公司提供了一个很好的市场空缺。

大多数研究都表明，目前广告公司相对媒体处于一个弱势的地位，但北京大学广告系刘国基教授则提供了这样一个事实，某些跨国媒介购买集团对于某些省级和地市一级电视台广告的购买量已经超过该台总营业额的1/3，它们就凭借这个进行“以量制价”，要求给予特别折扣，否则进行停单制裁。除了CCTV以外所有省、地、市、县级电视台全部笼罩在所谓跨国媒介购买集团的垄断式不公平竞争压力之下。

本文在已有研究成果基础上展开跨国广告公司在中国市场经营策略的研究与思考。

一、跨国广告公司的经营现状

加入WTO以来，跨国广告公司的发展及其对中国广告业的影响一直是备受关注的话题。之所以备受关注，一是，在全球化的环境中，跨国广告公司的扩张显然对中国本土广告公司的生存状态造成了不容忽视的冲击，尽管从广告市场竞争的角度而言，跨国广告公司和中国本土广告公司之间的优胜劣汰本是在情理之中的，但从中国广告公司、中国广告产业以及中国本土品牌的发展而言，这种冲击却也实实在在牵动着与此相关的每一根神经；二是，由于跨国广告公司与中国的各类媒介之间，除了相关的广告业务往来之外，通过代理广告涉入媒介运营，对媒介的内容生产产生的干预甚至控制，也引起了各方关注，甚至对其保持了相当的警惕。

20世纪90年代后期开始，中外合资企业的发展势头开始逐步减缓，原有的中外合资企业出现被外资控股，甚至独资的趋势。跨国广告公司作为合资企业，自然也不例外，其独资趋势愈发明显。纵观2010年中国广告公司营业额排名，前20位的广告公司中，15家广告公司为跨国广告公司。由此可以直观反映出跨国广告公司在我国广告市场中所占分量之重（见表1）。

表1 **2010年中国广告公司营业额排名**

排名	广告公司名称	排名	广告公司名称
1	盛世长城广告公司	11	北京未来广告公司
2	奥美广告公司	12	灵智精实
3	广东省广告公司	13	麦肯·光明广告
4	智威汤逊广告公司	14	博达大桥广告公司

续表

排名	广告公司名称	排名	广告公司名称
5	天联广告公司	15	精信广告公司
6	中视金桥广告公司	16	广而告之有限公司
7	梅高广告公司	17	恒美广告公司
8	电通广告公司	18	腾迈广告公司
9	李奥贝纳广告公司	19	凯络媒体
10	阳狮广告公司	20	互通国际广告公司

衡量一个广告公司的发展水平，不仅要看它的经营额情况，更要关注它在整个广告市场营业额中的贡献率。从表1中能清晰看出，我国本土广告公司和跨国广告公司之间的整体差距可见一斑。

当前跨国广告公司发展主要存在三个方面特点：

（1）跨领域收购，企业进行专业化整合，注重媒介发展的革新。

（2）开辟本国市场，进一步实现本土化。

（3）吸纳本土客户，向二三线城市辐射。

二、跨国广告公司在中国广告市场的市场战略

针对中国市场的特殊情况，为了减少政策以及宏观市场环境带来的阻碍，在华跨国广告公司形成了一系列进入市场、拓展市场、领导市场的战略思路。

1. 全面推进本土化战略

（1）本土化战略背景。当今中国广告业界盛行一种“全球标准化”的观点。即采用统一和基本相同的广告主题或者大量使用在海外已经获得成功的广告对商品进行跨国诉求，将产品理念全球统一化。然而，事实上各国实际文化状况和消费需求无法做到一刀切的整齐统一，要制定一个放之四海而皆准的“全球标准化”广告，难度可想而知。如果在不同国家的广告市场上，不切合实际、强行使用推广一种“全球标准化”的广告传播决策，将会造成本土客户理解产生偏差，更会使顾客认为公司对于他们的多样化需求视而不见，从而无法获得最大的广告信息覆盖面和高效益的经济回报。由于“全球标准化”传播中产生了诸多困难与矛盾，使得一些跨国广告公司对“全球标准化”的广告策略产生了质疑，它们开始寻求更加行之有效的广告传播方法，并最终定位在一个“本土化”的广告传播模式。目前，这种模式已被众多跨国企业和跨国广告公司推广采用。

（2）本土化目的。第一是服务国际客户。为了顺应客户的需求，为客户提供优质服务，任何广告公司都必须成为跨足海外的国际性广告公司。正如北京电通广告有限公司总经理姜弘所说，“不仅是电通，所有真正的国际性广告公司在中国建立合资广告公司的最重要目的，就是为它们已打入中国市场的国际客户服务。电通的一些客户，如松下等已在中国陆续建立起合资、独资企业。因此，电通的服务也必须跟进来，直接为它在中国的客户服务。”

第二是二次进军海外。由于当今社会的高速运转以及经济全球化的趋势，跨国广告公司也随之逐年扩张，这是国际广告代理商向海外进军的好机会。20世纪70年代初，Saatchi兄弟在伦敦创办的盛世广告公司伴随着全球客户宝洁的发展，通过海外进军建立起世界网络，在91个国家创办了161家公司，员工数量7 000名，营业额达到70亿美元。盛世广告公司充分利用本地资源，辅以世界性认知开拓，经过几年的不懈努力，终成为中国最大的广告

公司。

第三是获得客户信任。任何企业发展的目的归根结底都是盈利。跨国广告公司本土化发展的根本原因也始终着眼于盈利，这里所指的盈利不只是看得见的经济利润，还包括看不见的商誉、信誉、广告专业优秀人才培养等无法用金钱衡量的无形资源。正如上海奥美广告有限公司北京分公司总经理陈碧富认为，“奥美来中国，首先因为客户要来，虽然我们在中国为这些客户服务赚不到什么钱，但至少会赚到客户对我们的信任。”

总而言之，跨国广告公司向中国扩展的动机的本质是为了生存及利益。在全球经济活跃、科技进步、政治民主化的历史背景条件下，技术较为进步的国际广告代理商很自然地会为了生存及谋取更大的利益，向国际化迈进。它们将技术引进至中国，通过服务本土客户获得各种利益、赢得客户信任，并争取向海外二次进军的机会，从而在中国广告市场占领优势地位。

(3) 本土化手段。对于进入中国广告市场的跨国广告公司而言，为了使广告传播达到最佳效果，存在着如何将自身发展全面本土化的问题。跨国广告公司的本土化手段，可以总结为以下几个方面：

占领本土市场——跨国广告公司本土化的基础。认清自己所面对的目标市场及其在消费上的特点，是广告成功的必要条件。所谓本土市场，是指广告公司及其所服务的企业或产品的目标市场，在这里即指中国本土客户和消费者。对于跨国广告公司而言，无论服务的客户是外国企业还是中国企业，它们的最终目的还是要向中国的消费者推销产品及服务。

下面以三个广告公司的观点为例。

麦肯广告认为，本土化首先应当深刻了解当地的消费者，而非套用国际理论方法的固有思维。比如麦肯针对中国国情，把北京、上海、广州的消费群体分为四类：①建立形象族，这类人多为年轻人，正在寻求自我识别；②建立事业族，指的是以事业为重的上班族；③建立家庭族，指的是重视家庭高于事业的主妇或主夫；④人生第二春一族，是对市场、文化和生活态度有了第二次新的理解的一类老年人。

盛世长城国际广告认为：要在中国大陆获得成功，光靠知识是不行的，而是要对这些知识有内在的理解。现在国际广告公司和广告主必须投入更多的时间去了解中国。第一步便是走出办公室，穿上跑鞋，拿上背包，亲身经历一番。调研的目的不仅要收集信息，更要尝试理解中国的国情文化，对中国市场产生切身的体会。

北京奥美在1993年时，业务量非常有限，只是依靠一两个固定的国际客户。即便偶尔有国内客户的业务，客户也是规模比较小的企业，而且服务对象频繁地变更。1999年后，北京奥美把开发国内客户作为重要的市场发展策略。为此，奥美创设了一套独特的开发客户的体系。一是叫做“Hunting”，表意是狩猎，引申意思是开发新客户。二是“Farming”，表意是耕耘，像农民种田一样，引申为从已有的客户里发展更多商业机会。因为开发新客户成本总比维护老客户高，所以维护老客户，从老客户中二次寻找资源显得尤为重要。三是“Artist”，强调艺术性，要求创意的质量和水准必须能吸引客户。四是“Scholar”，在前进的道路上不断学习补充，在知识的积累和分享上要做得比同行更好。奥美先后集中力量开发了很多具有发展前景的企业，更为难得的是，无论这些企业的大小，它们在品牌传播方面都与奥美有着一致共识，例如伊利、联通、新浪、联想等企业。

吸纳本土人员——跨国广告公司本土化的核心。在员工组成方面，进入中国的跨国广告公司从发展实际情况和经营成本等方面考虑，完全没有必要全部雇用自己总部所在国的人才。对于这些跨国广告公司而言，最主要的任务是利用自己自身积累的先进的广告经营管理思想、广告运作方式及设备来培训中方的员工，通过传授国外广告发展的经验，使之成为符合公司要求的优秀广告从业者。至于具体的广告操作，如市场调研、广告策划和制作等，则可以交由中国本土的人员来完成。

在北京奥美，采用培养本土人员的方法被称为AGK。A：Attract——吸引人才，每年公司HR部门会主动来到知名高校举办招聘会，吸引应届大学生来奥美工作；G：Grow——使人才成长，奥美定期举办详细的“平行培训”、“新兵培养计划”等培训课程，在世界、国内、地区三个范围之间针对高、中、低层人员进行相应水平提升的培训；K：Keep——留住人才，除了法定节假日，在职5年的奥美员工可以多享受几天的带薪假期，10年以上有特殊贡献的员工有其他的奖励计划；公司举办的福利活动会全面照顾到每一位奥美的员工，即便是新来奥美的同事。充满激励与人文关怀的机制，使得本土人员在北京奥美永远是公司的中坚力量。

电通广告认为，相比于市场的本土化，实现本土化的基础是人才的本土化。由于中国的广告市场存在着理论武装不够、人才不足等问题，因此在北京电通的人员安排方面，创意设计技能占优势的外籍人士、港台人士在创意部依旧处于指导地位；而在营销部，本土员工所具备的得天独厚的沟通与理解力使他们在这方面的业务拔得头筹，甚至有一些外籍人士在本地员工的指导下工作；另外，中国的媒介市场有着特殊的运作规律，熟悉中国媒体环境的本地员工自然在电通充当起媒介部的主角，从总监到一般员工，全部由本地员工构成。要想实现人才本土化的目标，离不开本土人员的系统培训。在国际合作的背景下，不仅要物尽其用、人尽其才，还要使中国本土员工尽快掌握电通百年先进的管理经验与先进的服务技术手段，这样才能达到北京电通由本地员工担负起骨干，主体的本土化设想。

创作本土广告——跨国广告公司本土化的形式。本土化给客户的直观表现，需要在广告的微观领域，即广告本身的创意表现及制作方面以本土化的方式来操作。如前文所述，只有以中国本土文化为背景的广告，才能使得中国消费者更好地了解和认同所要阐述的广告内容，获得传播效果的最大化。目前，这种本土表现已在许多跨国广告公司的广告创作中得到很好的体现。

麦肯·光明广告公司为中国平安保险公司做的广告，带有浓浓的传统中国文化味道。“中国平安，平安中国”，只有八个字的文案，却结合了品牌名称的优势以及服务提供的理念；让中国平安保险真正平安中国这片土地上老百姓的每一天。广告中，通过中国大地遍布的平安地名，表达出“平安”二字在中国传统文化中所寄予的历史、人文、社会的深厚寓意。借助这次广告表现，平安保险业绩大幅攀升，北京、上海、广州、深圳、大连等全国九大城市保险新单排名均获第一，平安品牌形象自此遍洒中国大地。

麦肯·光明广告公司曾在2000年为可口可乐制作了一则“泥娃娃阿福贺新年”的动画广告。在“泥娃娃阿福”新年特供大瓶包装上市后不久，可口可乐公司又推出了一款十二生肖的可乐新包装。这是可口可乐公司首次在全球运用中国文化设计的纪念性包装。这一系列的广告将可口可乐的品牌形象真正中国本土化，甚至在中国农村都深入人心，可谓是本土化广告表现的经典之作。

2. 消除“媒介主导”的阻碍

中国媒介的性质和功能组合在今日世界上是独一无二的。撇开政治和意识形态不谈，媒介的专营，在市场经济格局中实际上形成了相对垄断的利益，体现在广告产业发展中，就形成了独有的“强媒体”、“弱广告”的格局。

当前，我国本土广告公司主要以媒介型广告公司为主导，在媒介资源型广告公司中，本土广告公司占尽优势；而在策划创意型专业广告公司中，跨国广告公司与本土广告公司的差距在进一步拉大。尽管跨国广告公司在创意设计方面已占据不小的优势，但它们并不满足；在媒介方面跨国广告公司依旧下足工夫革新，力争超越本土公司。媒介购买公司的出现，即是这一战略思路的具体体现，媒介购买公司利用媒介产业化和媒介的行业竞争打破媒介垄断的局面，运用市场调节原则，以量压价的策略，突破权力对媒介资源的控制。这一做法，在台湾等地区也是如此。最近两年，台湾媒介全面开放，媒介购买进一步发展为整合营销传播的媒介策划。

为了适应经济全球化以及迎接本土广告公司的竞争挑战，目前各大跨国广告公司纷纷试图通过并购组合，建立规模庞大的“广告传播帝国”。依靠“广告公司（主要从事创意、客服）——媒介代理公司”模式起家的广告集团们，开始兼并规模较小的集团，并吸纳实力雄厚的单体公司，导致出现了广告公司、媒介代理公司、公关公司“三位一体”的巨无霸集团。典型代表有：WPP 集团、奥姆尼康集团、阳狮集团等。

以目前中国内地市场最有影响力的 WPP 集团举例，详见表 2。

表 2 **WPP 集团的并购过程**

WPP 集团	核心城市日渐饱和的广告市场已不能满足其需求，逐渐渗入二三线城市；通过并购建立更加全面网络服务体系；应对全球金融危机，扩大业务范围
2007 年 1 月	WPP 集团收入黑弧在成都、杭州、重庆、长沙等二三级城市已经建立起来的资源和渠道获取更多的房地产广告业务。同年 2 月，旗下达彼思与阿佩克思合并，先后在成都、西安成立公司，进军中国西南、西北市场
2007 年 6 月	旗下精信整合传播集团收编星际回声集团，强化营销服务能力并获得星际回声集团遍布全国上千个城市的物流执行系统，以及达生的 4 个办公室、33 个办事处和覆盖全国超过 500 个城市的营销执行网络
2007 年 10 月	收购广州达生整合营销传播机构。同年，旗下智威汤逊收购本土最大的促销网络上海奥维思
2008 年 3 月	辽宁加信奥美广告有限公司正式成立，标志着奥美进军东北市场
2008 年 6 月	通过旗下达彼思 141 与英扬传奇签署了一份双方合资的首轮备忘录
2008 年 10 月	公布成功收购 TNS，并将其与本集团的市场调研部门 Kantar 合并。WPP 想凭借这一行为，促使其收入流多样化，从而更好地在全球经济疲软的状况下站稳脚跟

WPP 集团拥有世界级广告公司：奥美广告、智威汤逊、杨罗比凯、精信；区域性广告公司：达彼思亚洲新加坡百帝广告；媒介代理巨头：传立媒体；公关公司：奥美公关、博雅公关；直效营销部门：伟门。对于整个 WPP 集团而言，下属公司其实就是一个个独立的部门。由于这些部门的前身都是具备极高专业素质和行业声誉的品牌公司，它们之间的紧密合作实现了优势资源整合，从而将集团的国际竞争力大大提升。整个广告业因为类似的大宗并购而发生了革命性变化。

当前同一集团下属各大广告公司的媒介部都合并到同一媒介代理公司，例如：实力媒体即是原盛世长城和达彼思媒介部合并而成，传立媒体是由原奥美和智威汤逊的媒介部合并而成。同时随着集团化的深入，媒介代理公司全权承担了媒介购买与策划的任务，将媒介工作精细化、专业化。同时媒介代理公司需要与公关、品牌顾问、营销顾问、客户服务等团队合作，不仅需要取得媒介代理价格的优势，更需要在品牌建设方面为客户出谋划策。所以媒介代理公司在集团化广告传播企业的运作模式下，已成为广告市场举足轻重的中坚力量。

跨国广告公司的媒介策略变革从未停歇，伴随着整个行业日新月异的变化而不断前行。面对全新的挑战，跨国广告公司的积极实践孕育出了丰富的媒介策略经验，从提高传统广告的媒介效果、适应新型互动媒体、整合传统与新型媒体这三大方面着手，对媒介策略做出调整。

面对激烈的市场竞争以及媒介费用的上扬、利润的下降，媒介策划与购买“各自为政”

的状况已经不能适应发展的要求。跨国广告公司整合媒介策划和购买的措施，提高了“协同作战”的能力，以便更出色地发挥媒介优势。在选择媒介、谈判价格方面，双方的合作能大大提高效率、节省开支；同时二者的整合对处理客户突发的媒介危机也有着极其重要的意义，可节省过去冗长的协调时间。跨国广告公司所做出的改革尝试虽然仍处于探索与试验阶段，但从中我们已能看到互动媒介策略的端倪。在制定媒介策略的时候，跨国广告公司更加注重考虑传播的双向性、加强对信息交换的及时控制、突出传播的个体差异性。

如今处于市场领先地位的跨国广告公司都已经开始全面实行整合传播工作，有些企业甚至出现了新型的整合传播部门，如WPP集团的奥美广告公司。另一些公司虽然没有设立命名为“整合传播”的部门，但也将传统部门的职能向整合传播方向积极靠拢。媒介策略的制定更加注重新型媒介领域，加强与市场营销行动的配合，这个层面的变革可谓意义深远。它为传统广告的传播方式注入新的活力，更好地发挥了媒介的效能。

3. 吸纳本土客户，向全国辐射

由于地理和政策优势，北京、上海和广州三个地区的广告营业额总是遥遥领先于我国其他地区。跨国广告公司进入中国市场后，普遍都是先以北京、上海、广州为据点，再向全国市场展开攻势，“北上广集中分布，其余地区逐步开拓”的这种配置，使得初期进入中国市场的跨国广告公司可以为国际以及本土客户提供较好的服务。

从地域上看，京、沪、粤三地的跨国广告公司，其客户分配结构各有不同。由于国际客户总部大多位于北京、上海，更尤以上海为重。所以，地处上海的国际企业成为跨国广告公司的重点客户。而在广州，国际客户数量相对较少，本土客户却比其他地方的市场成熟度高，服务需求的层次也高。因此，广州电扬近两年的国内客户比例增大，这是跨国广告公司为适应广东市场需求所做出的选择。

除了广州以外，中国本土广告客户大多处于重点区域的二三线城市，广告主的销售网络和媒体投放一般也会强调在这些重点区域的覆盖面。自2003年起，为了更贴近服务本土客户，跨国广告公司已不满足只据守在北、上、广三地，而是积极向二线城市扩张。继奥美在福建与当地最大的奥华广告成立合资广告公司后，智威汤逊广告公司也在广州洽购本土精英，同时精信广告公司也迅速出击，分别与南京卓越广告、浙江奇正和云南风弛合资结成战略联盟关系，跨国广告公司出现了明显的区域扩张态势。

这种合作形式与早先进入中国市场多选择与业外企业成立合资公司不同的是，它们选择了与有前途的本土广告公司进行区域结盟或直接并购，从而以较低的成本打进京、沪、粤之外的二三线城市市场。之所以在这时进军二三线城市，是因为现在的一些区域市场已经开始成熟起来。像福建、浙江、江苏、山东等区域市场按照如今的发展势头观望，未来经济规模都不会小于台湾地区和香港地区。因此，这么大的市场无论是企业还是广告公司都是不能忽视的。另外，近几年国内客户逐渐改变了以往粗放式投入市场的方法，在媒介投放方面，除了选择中央级媒体，更需要根据销售网络的覆盖而有针对性地在区域媒体上投放广告，在区域市场开展一系列的地面推广活动。如果跨国广告公司不在这些二三线城市设立自己的办事机构，那么将很难深入和高效地服务广告客户。

再者，跨国广告公司在区域市场无论是结盟、并购还是合资，其真正目的是希望尽早完成在国内市场的“圈地运动”——形成覆盖广泛区域的服务网络，从而达到圈占客户资源、人才资源的目标。选择合作、合资，关键要看双方的业务是否具有互补性。虽然本土广告公司在区域整合方面晚于跨国广告公司一步，但本土广告公司在当地的媒介关系、政府关系、客户资源和实践经验方面都占据一定的优势，这些优势对跨国广告公司具有很大的吸引力。而二三线市场绝大多数广告公司所欠缺的专业性服务以及科学化操作流程，正是跨国广告公司的优势所在。所以双方通过培训合作等方式可以轻松实现双赢。如精信与浙江奇正的合作就是如此：精信看中奇正拥有本地经验及更接近浙江市场和客户的地缘优势，而精信所拥有的国际网络、先进的品牌管理工具可以将双方的业务自然衔接，达到完美的结合。不过这个合作目前没任何资本纽带联结，这与早期跨国公司进入中国市场找一个合作伙伴从无到有建立公司的方式有很大的区别。

经过多年在中国广告市场上的发展，虽然跨国广告公司存在着环节多、反应慢、不够熟悉中国国情的弱点，但它们无论是在公司规模、专业水平，还是在运作经验上，与本土的国有和民营广告公司相比，都有明显的优势。首先，跨国广告公司运作资本相对庞大，能做到本土广告公司所不能的国际化资源共享。其次，它们的广告运作较为科学理性，广告策划、媒介策划能力较强；具备国际先进理念以及经营管理体制、成熟的广告经营模式、丰富的广告运作经验和广告评估体系等；客户资源丰富，媒体购买过程中广告投放量比较大、总体报价和佣金上都非常透明；具备优秀广告人才的优势，这使得我国很多优秀的广告专业人才纷纷受到跨国广告公司高薪金、高待遇和发展提升的诱惑，而被吸纳至它们的旗下。

正是在具备了上述条件的前提下，跨国广告公司在和我国本土广告公司的竞争中占尽优势。它们以夺取中国广告市场主导权为战略方向，收购和兼并本土中小广告企业。依靠强大的资本、先进的企业管理制度和成熟完备的文化理念，挤压我国相对弱小的本土广告公司，抢占了我国广告市场的主导权，将特定地区的劣势转化为优势，尽占天时、地利、人和之便利。而一些本土中小广告公司为了自身的利益，也会欣然接受跨国广告公司的购并。中国本土广告公司的生存面临更加严峻的挑战。

【作者简介】

杨同庆，武汉大学传播学博士研究生，教授、硕士生导师，首都经济贸易大学广告研究所所长、文化与传播学院广告系主任、传媒实验教学中心主任。

赵肖然，首都经济贸易大学文化与传播学院广告专业2009级本科生。

广告创意与广告文化

缘起“协同”

——论“协同创意”的理论渊源

沈　虹

有史以来，人类与周围世界的一切的关系都是某种机缘所在。人与人之间、人与自然之间、人与社会组织之间皆如此。微观如品牌建构，亦为品牌与目标消费者的一种关系。笔者讨论的协同创意，无论从理论缘起还是研究者的个人机缘，都是一种关系的契合。而其中促成这种关系成立的，是冥冥中的人与人的缘分和人的精神碰撞之后的思想结晶。

“协同”这个词在营销传播领域的应用，是一个偶然的机缘关系的产物。“协同”带着某种偶然和机缘，戏剧性地在营销传播研究领域被使用，源自一个偶然的相遇。那就是2010年笔者在美国西北大学访学时与整合营销传播创始人唐·E. 舒尔茨教授的对话，笔者将“协同”（Negotiation）在数字传播时代的重要表现与传统的“传播”（Communication）加以区别，获得了舒尔茨教授和西北大学整合营销传播研究团队的认可。因此“协同创意”提出之初，便带着全球化和东西方文化交互的色彩，笔者则怀揣这个有点感性的词，开始寻找“协同”与数字传播环境下品牌建构的互动关系。这一学术思考的产生，恰与笔者当时参与的创意传播管理的研究课题以及基于协同思想而展开的理论溯源有关。笔者不断试图找寻它与其他相关理论的渊源和关系。在已经过去的两三年中，这种探究几乎已经成为笔者的一种研究习惯。到目前为止，从理论上看，至少有四种理论与营销传播的“协同创意”有着深厚的理论渊源或紧密的理论姻亲。

一、协同论（Synergetik）的理论支持

协同论由20世纪70年代初德国斯图加特大学教授、理论物理学家赫尔曼·哈肯（Hermann Haken）创立，1971年他提出协同的概念，1976年系统地论述了协同理论，发表了《协同学导论》，还著有《高等协同学》等。协同论也称协同学，哈肯认为，一方面是由于我们所研究的对象是许多子系统的联合作用，以产生宏观尺度上的结构和功能；另一方面，它又是由许多不同的学科进行合作，来发现自组织系统的一般原理。系统论、控制论和信息论是20世纪40年代先后创立并获得迅猛发展的三门系统理论的分支学科，被称为“老三论”。协同学是系统科学新的重要分支，与结构论、突变论一同被称为系统科学的“新三论”。

协同学一词Synergetics来源于希腊文，意为共同工作，词源来自生物学，是指人的生理内部的协调能力。协同学应用到社会科学以后，侧重指客观世界存在着各种各样的系统，社会的或者自然界的，有生命或者无生命的，宏观的或者微观的。协同学揭示的是一种物态变化的普遍程式。不稳定的旧结构，与决定性的力量相互作用转变为新结构，把系统从它们的旧状态驱动到新的组态，并且确定协调、磨合成为再次相对稳定的组态。协同学把理论扩展到许多不同的学科，在不同的学科之间作用，使它们相互了解，相互促进。协同学是研究协同系统从无序到有序的演化规律的新兴综合性学科。协同系统是指由许多子系统组成的、能

以自组织方式形成宏观的空间、时间或功能有序结构的开放系统①。

协同论在品牌建构和营销传播方面给我们带来了无限启迪。第一，品牌给不同消费者的感受，恰如一个个看似毫不相干的微观系统，千差万别、各自不同，但在整个品牌传播体系中，各个消费者由于不同的品牌体验所形成的不同的品牌微观系统间又存在着相互影响而又相互合作的关系，营销传播人员需要将其中的各种关系理顺，让不同的个体微观系统间具有相互之间的共识、配合与协作，形成品牌关系的基本认同和协调，并在调整个体微观差异的过程中，使品牌与消费者之间形成良性的循环博弈，形成相互影响的作用，形成品牌建构整体系统中的各种因素的相互联合和制约。

第二，协同论的启示还在于，目标消费者的大量的微观品牌认知系统组成的品牌整体系统，在新的数字传播时代自主开放的传播平台的条件和环境下，由于微观系统相互作用和协作，各微观系统会主动研究品牌的传播内容，研究从品牌形象到品牌和相关产品的各种相关传播形态，自动形成讨论圈群，分享产品使用体验或品牌传播得失，甚至有能力将其转化为品牌价值等品牌战略和理念。营销传播人如何有效利用消费者参与生产的这些品牌微观信息，必将成为数字传播时代最前沿的研究课题。

第三，协同论所描述的事物相变的支配原则和序参量（也称“序参数”）概念，认为事物的演化受序参量控制，这对品牌建构也很有启发。序参量是物理学针对平衡相变的概念，是系统相变后和相变前相比出现的宏观上的物理性能或结构而言的，是描述系统有序程度的物理参量。赫尔曼·哈肯将序参量称为“使一切事物有条不紊地组织起来的无形之手”，“由单个部分的协作而产生，反过来，序参数又支配各个部分的行为”②。从品牌建构和消费者关系角度理解，品牌的消费者认知到忠诚，也存在类似相变前后两种状态的变化，起支配和决定作用的是品牌与消费者相互的关系作用而长期积累的序参数，是品牌忠诚度的最基本的条件。消费者对一个品牌从认知到忠诚经历的相变过程是一个长期的互动历程，品牌与消费者的关系直接影响品牌资产的增减，占主导地位的品牌与消费者个人意见互为条件并且相互稳定。因此，如何把握品牌建构过程中的个体消费者以及其间的各层面关系，是增进消费者了解品牌、与品牌相互协同促进的关键。

试想，营销传播人如果能够有意识地将协同论方法应用到营销传播和品牌建构实践中去，建立关系型数据库，不仅可以积极地调动消费者共同参与品牌传播，把已经取得的品牌传播效果N倍扩大，为今后更加有效的品牌传播策略的制定提供前提，还可以用于找出影响品牌建构和传播的控制因素，进而发挥品牌整体系统内微观系统间的协同作用。

二、整合营销传播（IMC）与 CN^2

整合营销传播理论之于协同创意，有着偶然与必然的理论机缘，甚至可以说，IMC成就了协同创意理论的诞生，协同的思想强化了新时期IMC的时代感和创新价值。

IMC是自20世纪90代初期由美国西北大学舒尔茨教授首先提出的营销传播理论体系，之后逐渐成为在世界范围内最有影响力的市场营销传播理论，并且在实践中被广泛应用甚至过度发挥。IMC理论最主要的核心价值在于强调以消费者为中心。IMC曾颠覆了传统的以产品为导向的4P营销经典理论，将品牌建构完全指向消费者主导。IMC为近二十年的营销传播实践提供了近乎完美的理论支持。在IMC理论诞生的年代，美国乃至世界的广告营销传

① 协同学［EB/OL］. 百度百科，http：//baike. baidu. com/view/25414. htm；协同论［EB/OL］. 百度百科，http：//baike. baidu. com/view/290928. htm.

② ［德］赫尔曼·哈肯（Hermann Haken）著. 协同学——自然构成的奥秘［M］. 凌复华，译. 上海：上海译文出版社，2001：7-8.

播环境处于大众传播的鼎盛时期的躁动之中，随着产品同质化带来的市场和销售的矛盾加剧，品牌营销传播面临新的挑战，急切需要理论支持和重新定义。在有些广告营销传播人热衷于创造品牌的“Big Idea”，有些则忙于如何从市场调研中获得消费者洞察的科学发现之时，舒尔茨和他的同事们也在寻找营销传播问题的答案。他们用一种分分合合的范畴归类法，把那些纷乱的营销传播元素整合起来，第一本《整合营销传播》的副标题是“Putting it Together and Making it Work”（把它们放到一起，并且让它们起作用）。IMC 理论诞生在大众传播最鼎盛的时期，它们强调的以消费者为主体是在以企业作为主导的营销传播者这样的机制下进行的，品牌主动给消费者推送信息的循环体系，由此诞生了它们所拥趸的客户关系管理体系（CRM）。主要的核心观点是，如何在品牌建构过程中，抓住消费者心理和需求，然后与消费者建立起沟通机制，消费者可以在客户的管理机制之中，通过不同的渠道反馈信息。这个系统的主控者依然是营销传播者。

互联网传播平台的急剧发展，大众传播的传播神话被彻底打破，在互联网上人人都可以是传播的主体，网络使用者既是信息接受者，又是信息传播者。这意味着大众传播时代广告受众的角色已经消失，“以消费者为中心”的 IMC 的重要概念“消费者”已经彻底改变。舒尔茨教授与他的 IMC 研究团队已经深深地意识到，以传播为中心 IMC 必须重新直面全新的营销传播环境。他们对客户关系管理体系进行了理性的重新再思考。笔者 2010 年春在美国西北大学访学期间，恰逢他们执著地对 IMC 重新审视的激烈研讨。

舒尔茨教授在给陈刚教授与笔者等合著的《创意传播管理》一书的序中写道：“沈虹博士在 2010 年春季学期到美国西北大学的整合营销传播中心访学。在她访美期间我很荣幸地成为她的指导教师。作为她研究的一部分，沈虹在美国对许多执行整合营销传播的客户企业和提供整合营销传播服务的机构进行了访谈，并与美国西北大学整合营销传播专业的学生小组、访问学者积极互动。她将自己完全沉浸在西北大学 Medill 学院的整合营销传播研究、教学与推广中去。同时，应该强调的是，近期我们在营销传播研究中的一些成果，当然也离不开沈虹博士的积极参与”①。

本书开篇所描述的故事就是其中的一次参与。笔者加入了 IMC 研究团队关于 CRM 在互联网传播环境下面临挑战且升级更新的理论体系的多次探讨。舒尔茨教授提及的 IMC 近期的“研究成果”正是后来他们基于 CRM 客户关系管理体系在数字传播时代的互动关系基础上发展起来的全新的整合营销传播的升级理念，即 CN^2 传播模型。此模型阐释的问题是，新的传播环境下，互联网等新兴媒体加入整个的营销传播之后，消费者在整个系统中参与状况的彻底改变。

此后，舒尔茨教授带领的 IMC 研究团队的完成一篇题为《CM 到 CRM 再到 CN^2》的论文，作为阶段性成果。当他闻悉笔者正在写作此书时，他毫不吝啬地将论文全文发给了笔者，他所指的笔者的贡献就是 CN^2 中的一个 N，即 Negotiated（协同）。舒尔茨教授于 2012 年 11 月初北京之行的几次演讲中，都有提及。感怀之余，笔者惊叹学术缘分也如人与人之间的缘分一样，千古难寻，源远流长。

CN^2 模式保留了从消费者出发、以客户为中心的 IMC 基本原则，C 即指消费者，而其中的 N^2 则代表两个 N，第一个是（网络），另一个就是 Negotiated（协同）。Networked（网络）所表示的意义在于营销传播系统已不再是线性和直接，而是网络状的。关于品牌，也不再仅仅是品牌自己的声音，消费者的声音也通过众多的传播渠道变得越来越大，各种传播通道之间是相互联系和相互关联。这种网络模型从根本上改变了传统的以行为心理学为基础的营销传播系统，传统的以“刺激—反应”作为基本传播模式的历史一去不复返了。Negotiated

① 陈刚，沈虹，等著．创意传播管理——数字时代的营销革命［M］．北京：机械工业出版社，2012：序（舒尔茨教授推荐）．

(协同) 指的是当消费者在各种传播渠道获得品牌的相关信息后，他们可以通过互动传播机制与品牌进一步沟通，原来传统的营销控制活动中相关的市场范围和产品层面所涉及的任何问题都能通过协调、商定实现协同，甚至包括通路、价格、条款、奖励等。营销传播的过程就是解决问题的动态协同过程。

有趣的是，舒尔茨教授及其 IMC 研究团队认为西方的范畴化思维的传统逻辑指向是传播而不是协同，协同这个词对他们而言，有些异国情调，是东方关系思维下的产物。他们认同新的营销传播环境下，数字网络平台是 Negotiated Platform（协同的平台）。因此，IMC 的客户关系管理体系从原来的 CRM 变成了 CN^2，而数字网络平台就变成 Negotiated Communication Platform（协同传播平台）。当 IMC 里有了新 CN^2之后，东方的关系思维下的协同思想给整合营销传播体系带来了新的意义。而笔者从协同创意出发，研究数字时代的创意传播的想法，同样始于美国西北大学访学期间与舒尔茨教授及其 IMC 研究团队的碰撞。“我与沈虹博士曾就当下日益重要的在互动市场环境中的‘消费者—营销者’间的协同问题，进行过多次讨论。其中所关注的发生在所有互动市场之中买家与卖家间的协同，是任何希望继续有效的营销传播形式所需要面对的主要转变。沈虹将她在这里的学习所得带回了中国，并把我们之间的讨论与陈刚教授分享，而其中的一些观点就体现在这本著作当中。所以，尽管我未能给本书的章节贡献一字一句，但是我为书中很多智慧的思想实际上得益于我与沈虹之间的诸多讨论交流而感到自豪”①。

三、创意传播管理（Creative Communication Management，简称 CCM）

CCM 诞生在 2008 年初互联网等新媒体传播平台发展急剧加速的中国，以陈刚教授发表的重要论文《创意传播管理》为标志，互联网的发展导致了消费形态和传统广告营销传播模式的彻底改变，广告传播行业从运营方式到策略模式和创意执行形式都产生了巨大的改变。新媒体时代的营销传播，是以人的智慧与数字技术相结合为基础的创意传播管理（Creative Communication Management，简称 CCM②）。CCM 新营销传播理论，将传播管理和创意传播作为新媒体环境下品牌传播资产积累的关键要素。陈刚认为互联网为代表的新媒体营销传播正越来越成为品牌广告传播的重要阵地，之前的 2007 年是近年来中国互联网用户增长速度最快的一年，高达 53.3%，2009 年中国互联网使用者已近 4 亿。这个庞大的传播平台越来越成为营销传播不容忽视的决定因素，同时为整体的品牌建构提供重要洞察。

CCM 是用来描述和诠释以互联网为主的新媒体环境下的营销传播模式，其基本立足点在于反对唯媒体论，认为互联网不是媒体，而是一种复合型、全员型、固时型、无边界的传播，是一种新型的“数字生活空间”。“以互联网为基础的新的传播形态，是依托数字技术，对人类日常生活中的各种信息传播和交流活动进行的虚拟的还原和放大，这种传播形态创造了一种新型的数字生活空间”③。企业和品牌本质上是为生活者在数字生活空间提供更有效的服务者，即“生活服务者”④。因此全新的传播环境将品牌的营销传播置身于复杂分散的多元化、海量的甚至透明化的信息传播背景，企业和品牌由此面临新的传播问题，诸如传播

① 陈刚，沈虹，等著．创意传播管理——数字时代的营销革命［M］．北京：机械工业出版社，2012：序（舒尔茨教授推荐）．

② 陈刚．创意传播管理［J］．广告大观（综合版），2008（5）．

③ 陈刚，沈虹，等著．创意传播管理——数字时代的营销革命［M］．北京：机械工业出版社，2012：9．

④ 陈刚，沈虹，等著．创意传播管理——数字时代的营销革命［M］．北京：机械工业出版社，2012：51．

信息难以把控、过量信息难有实质影响以及目标消费者接触等主要挑战。品牌要在营销传播上具有导向性作用，必须进行创意传播管理。CCM是数字环境下企业利用互联网等互动传播平台对品牌进行随时随地的营销传播监测和管理的营销传播管理系统。它分为传播管理和创意传播两个部分，或者说两个步骤。传播管理是创意传播管理的第一步骤，也是首要的基础。它指企业利用先进的信息搜集理念和技术，对与企业有关的传播信息进行收集、整理、分析，以为制定出符合企业目前舆论环境的传播策略提供支持。在传播管理的定义中提到的传播策略就是创意传播中所要完成的内容，同时创意传播还肩负着将策略执行出来的任务。传播管理和创意传播之间可以用一个循环模型来表示（见图1）—— 创意传播管理就是在这种不断循环往复中，找到品牌传播问题、制定传播策略、执行创意传播、评估传播结果，再找到新的品牌传播问题，再解决问题，最终实现品牌传播资产的不断增值。

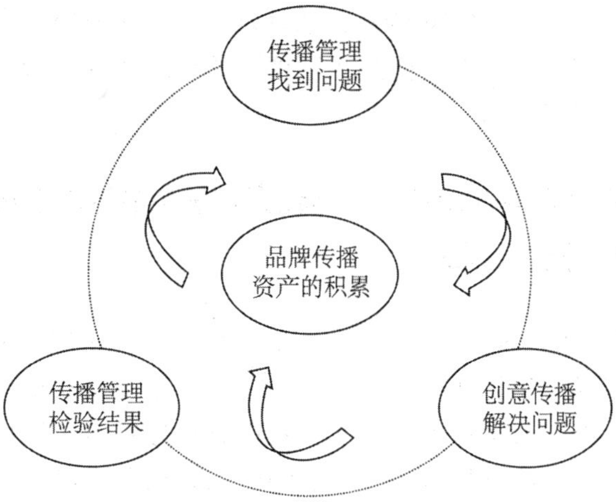

图1　CCM创意传播管理循环模式

协同的概念在《创意传播管理》一书中的最初提出与CCM的创意传播环节的“沟通元”关系紧密。“创意传播是根据生活服务者的策略，依托进行创意构思，并将沟通元的各种表现形式利用相关传播资源展现，激活生活者，在分享、互动和协同创意中创造交流、创造话题、创造内容，进而创造传播效果的营销传播模式。其中‘沟通元’是创意传播的核心要素，是实现复制、延伸和不断传播的创意‘元点’”①。

沟通元是创意传播的关键，是品牌进行创意传播的一个重要概念和执行要素。沟通元（Meme）借用了牛津大学生物学家理查德·道金斯（Richard Dawkins）对复制基因的命名meme，在中国也有直接以其译音将它称为“米姆”的。沟通元是一种文化传播单位或模仿单位的概念。

沟通元主要是指基于传播内容的文化单元，凝聚了消费者最感兴趣的内容和最容易引起讨论和关注的话题，一旦投入互联网平台，就会迅速引起大规模的关注，激发起网络使用者中的目标消费者热烈的讨论和参与。因此，品牌的沟通元是由传播者和目标消费者通过一次次累计的积极互动共同塑造的。沟通元具有极强的参与性和附加的延展空间，能够被延展为各种形式的信息与内容，同时具有强大的可复制性，一旦推出，就能够进行飞快的复制，从而在消费者人群中形成自发性的连绵不断的传播浪潮。沟通元在传播中总是在被消费者不断深化。在一次次的再次塑造中，沟通元中消费者最感兴趣的内容被放大，同时围绕着一个中

① 陈刚，沈虹，等著. 创意传播管理——数字时代的营销革命［M］. 北京：机械工业出版社，2012：120.

心，更多消费者关心的内容被新添加了进来。

因此，沟通元不是企业或者广告公司创造的，而是企业品牌与消费者共同创造出的，是品牌与消费者的“协同”产物。品牌建构是在企业与消费者通过沟通元不断协商，在彼此平等的条件下的商议、沟通和磨合中而最终达到统一形象的反反复复过程中成就的，这其中或许存在消费者个体认同的差异，承认差异，面对消费者理解上的差异也是创意传播的挑战，在相对的个体差异寻求品牌核心价值的统一。我们把这种异同的创造过程称为品牌“协同”，这也是数字网络平台的创意传播不同于大众传播时代广告创意的魅力所在。“沟通元”作为品牌传播的核心传播点，与创意紧密相连；“协同创意”是以充分调动消费者参与品牌传播为基础，尽可能地实现更大范围的传播，“协同创意”通向传播。

在笔者之后的品牌建构的相关研究中，CCM 创意传播管理成为协同创意的理论根基。协同创意的观点，也从原来的创意传播执行层面，深化为立足于数字营销传播环境下品牌建构与客户关系的描述。笔者作为 CCM 创意传播管理的主要研究成员之一，继《创意传播管理》一书的出版，仍在继续参与创意传播管理理论的最新研究，希望在不断的研究中，让 CCM 对营销传播实践更具指导意义。

四、共同创意（Co-creation）与服务主导模式（Service Dominant Logic Marketing，简称 SDL）

笔者走进共同创意（Co-creation）的研究，也是偶然中的必然。2010 年，笔者在美国西北大学访学期间，还带着一个重要任务，就是完成博士论文《互动网络营销创意传播服务模式和经营模式研究》的文献整理工作。当协同创意的思路占主导地位之时，它在创意传播中的位置逐渐明确，于是，相关理论和资料的搜集成为重点。美国学者认为“协同”（Negotiation）的思想来自东方，但笔者发现，在西方营销传播理论中，有另一个关系紧密的词“共同创意”（Co-creation）被一些学者频频提及。

早在 1999 年，阿吉 · 坎比尔（Ajit Kambil）、布鲁斯 · 福利森 · G.（Bruce Friesen G.）和阿鲁 · 辛答拉姆（Arul Sundaram）联合发表了《共同创意：一种新价值源泉》（Co-creation：A New Source of Value）的文章，首次关注到消费者与品牌共同创意的价值。“以吸引消费者直接参与生产或销售为基础的共同创意，为生产—消费关系增加了全新的动力。换句话说，消费者能够参与到生产价值链的任意环节，某种意义上，生产者把消费者变成了‘雇员’。因此生产者必须学会如何激发消费者的共同创意价值的动力，同时也要学会管理整个过程得以成功实现的技术。”① 他们从培养品牌忠诚度角度，将消费者对产品设计的共同创意提到了共创价值的高度。在互动网络时代，消费者受到了多重诱惑从而忠诚度受到全面挑战，消费者忠诚度变成一个脆弱的概念。坎比尔等能够提出的共同创意的理念，虽然仅涉及产品层面的共同设计，但这在共同创意的营销传播体系发展中具有开创性的意义。

在产品设计共同创意的基础上，品牌需要追求在更高层面上与消费者共创，以实现品牌建构最为重要的一环——品牌价值的认同。其间世界各国学者都有不同程度的研究和发挥。其中笔者认为有三篇论文极有启发意义。一是美国学者普拉哈拉德 · C. K.（Prahalad C. K.）和文卡特 · 托马斯瓦米（Venkatram Ramaswamy）2002 年发表的《共同创意的关系》（The Co-creation Connection②），从品牌价值层面对消费者参与共同创意进行了研究，将管理

---

① Ajit Kambil，Bruce Friesen G.，Arul Sundaram. Co-creation：A New Source of Value［J］Outlook，1999，2（12）：38.

② Prahalad C. K.，Venkatram Ramaswamy. The Co-creation Connection［J］. *Strategy Business Issue*，2002（27）：9.

消费者体验到共同创意作为一种品牌管理的重要因素提出。他们站在营销传播主导的角度，提出品牌建构如何与消费者共同创意的模式，直接为消费者参与品牌建构提供清晰思路。二是艾德里安·F. 派恩（Adrian F. Payne）、卡伊·史托巴卡（Kaj Stobacks）和佩妮·佛柔（Pennie Frow）2008 年发表的题为《管理共同创意的价值》（Managing the Co-creation of Value）的论文，关注品牌价值共同创意的管理研究，为品牌价值共创的管理，提供了真正实施框架，第一次从管理层面对消费者参与品牌共同创意进行了探讨。提出品牌价值共创的概念框架包括三个部分：除了消费者价值创造过程和企业自身品牌价值创造过程之外，还应该包括消费者与企业对话互动的过程，他们称为"相遇过程"（Encounter processes①）。这种过程和实践互动以及交流发生在消费者与企业之间的合作关系中，而这种关系需要管理，才能让共同创意增加更多的机会。他们把消费者—品牌价值共创的概念框架归纳为一种动态的、交互的循环系统。而其中"相遇过程"的空间和可能发生的交互关系是具有管理弹性的。最终共同创意的结果取决于企业管理者对"相遇过程"的把控，这便是管理共同创意的关键。三是美国约克大学的三位教授德勒夫·兹威克（Detlev Zwick）、塞缪尔·K. 邦苏（Samuel K. Bonsu）和阿伦·达莫迪（Aron Darmody）在 2008 年发表的《让消费者工作："共同创意"与新营销心智调控》（Putting Consumers to Work：Co-Creation' and New Marketing Govern-mentality）的论文中，将共同创意与新型的"营销传播治理"② 相提并论。本文指出如何调动消费者的积极性和参与度，是管理品牌价值共同创意的关键。他们认为开发消费者劳动的创意和价值形态是共同创意这一概念最有价值之处。而对于企业而言这完全是超越了营销传播的管理技术，与品牌管理有异曲同工之妙。

基于资源优势（Resource Advantage）理论发展而来的服务主导模式（Service Dominant Logic Marketing，SDL）的提出，更为明确地将共同创意放到品牌关系的体系之中，打破了营销传播的传统的商品主导模式，认为只有以服务主导模式才能真正地实现现代营销传播所倡导的消费者中心论。SDL 由美国得克萨斯大学营销管理学教授、美国营销协会的主席罗伯特·F. 路希（Robert F. Lusch）和马里兰大学营销管理学教授史蒂芬·L. 瓦戈（Stephen L. Vargo）于 2004 年首次提出③，SDL 服务主导模式的提出在全球范围内的营销学界引起了很大反响，相关研究不断跟进。2006 年，他们编著的《服务主导模式营销》（The Service-Dominant Logic of Marketing）④收集了 30 多篇论文，其中有数篇对共同生产、共同创意、共同协作从多层面进行了论述。服务主导模式不仅将品牌的共同创意作为营销传播的重要组成部分，并利用服务主导模式理论对传统营销传播组合进行了逐个反思。"一个服务体系代表任何价值共创结构中的人、技术、与内外部服务体系相关联的价值议题，以及信息分享（诸如语言、法律和措施）。最小的服务体系就是个人，在于人与人之间的交往；最庞大服务体系包括全球经济。城市、城市部门，企业、企业部门，国家和国家机构也是服务体系。"⑤

共同创意成为营销传播各个环节的主题词。而其中互动网络平台则成为研究共同创意的

① Adrian F. Payne, Kaj Stobacks, Pennie Frow. Managing the Co-creation of Value [J]. The Acad. Mark. Sci., 2008 (36): 83-96.

② Detlev Zwick, Samuel K. Bonsu, Aron Darmody. Putting Consumers to Work: Co-creation and New Marketing Govern-mentality [J]. *The Journal of Consumer Culture*, 2008, 8 (2): 20.

③ Stephen L. Vargo, Robert F. Lusch. Evolving to a New Dominant Logic for Marketing [J]. *The Journal of Marketing*, Vol. 68, No. 1, 2004 (Jan.): 1-17.

④ Robert F. Lusch, Stephen L. Vargo, ed. *The Service-Dominant Logic of Marketing* [M]. M. E. Sharpe, Inc. 2006.

⑤ Stephen L. Vargo, Robert F. Lusch. Service-dominant Logic: Continuing the Evolution [J]. The Acad. Mark. Sci., 2008 (36): 1-5.

技术基础，“在讨论管理共同创意价值的同时，也有利于讨论网络的创意本质价值。”①

在研究中，路希和瓦戈引用了物理学中的相变理论，把互动网络传播平台的共同创意现象最终演绎为从相变到生态系统的过程。对企业来说，原来以产品为中心的推动营销传播转变为以服务为中心拉动营销传播。② 品牌与消费者的关系，处于品牌与消费者的共生与协商关系之中。至此，SDL 的服务生态关系系统与哈肯的“协同论”原理不谋而合。

虽然路希和瓦戈教授的 SDL 理论体系在国际上获得越来越多的认同和研究，然而到目前为止，除了笔者的博士论文和已出版的《创意传播管理》书中援引了 SDL 的一些理论以外，SDL 还没有正式被介绍到中国。笔者将 SDL 作为品牌建构与消费者关系的协同创意的重要理论支持，也是一种机缘。

“协同创意”的理论溯源研究，是对品牌在数字传播环境下协同创意的理论深思，也是营销传播实战的理论指导基础，是笔者进行协同创意系统性研究的必须，也为有此共同研究兴趣的同行和学者提供参考。

【参考文献】

[1] 陈刚，沈虹，等著．创意传播管理［M］．北京：机械工业出版社，2012.

[2]［德］赫尔曼·哈肯（Hermann Haken）著．协同学——大自然构成的奥秘［M］．凌复华，译．上海：上海译文出版社，2001.

[3]［美］唐·E. 舒尔茨（Don E. Schultz），等著．整合行销传播［M］．吴仪国，等译．北京：中国物价出版社，2002.

[4]［美］凯文·莱恩·凯勒著．战略品牌管理［M］．卢泰宏，吴水龙，译．北京：中国人民大学出版社，2009.

[5]［美］大卫·艾克，爱里克·乔瑟米赛勒著．品牌领导［M］．曾晶，译．北京：新华出版社，2001.

[6] Anders Hansen, Simon Cottle, Ralph Negrine, Chris Newbold. *Mass Communication Research Methods* [M]. New York University Press, 1998.

[7] Andy Sernovitz. *Word of Mouth Marketing*: *How Smart Companies Get People Talking* [M]. Dearborn Trade: A Kaplan Professional Company, 2006.

[8] Earl Babbie. *The Practice of Social Research*（第 11 版）［M］．北京：清华大学出版社（影印版），Greg Jarboe. YouTube and Video Marketing: An Hour a Day. Sybex, 2009.

[9] Martin P. Block, Don E. Schultz. *Media Generations—Media Allocation in a Consumer-Controlled Marketplace* [M]. Prosper Publishing, USA, 2009.

[10] Patricia B. Seybold. *Outside Innovation*: *How Your Customers Will Co-Design Your Company's Future* [M]. Harper Business, 2006.

[11] Robert F. Lusch, Stephen L. Vargo, ed. *The Service-Dominant Logic of Marketing* [M]. M. E. Sharpe, Inc, 2006.

[12] Robert S. Weiss. *Learning From Strangers*: *The Art and Method of Qualitative Interview Studies* [M]. The Free Press, 1994.

[13] Susan Sweeney, Andy MacLellan, Dorey, ed. 3G *Marketing on the Internet*: *Third Generation Internet Marketing Strategies for Online Success* [M]. Maximum Press, 2007.

---

① Stephen L. Vargo, Robert F. Lusch. Service-dominant Logic: Continuing the Evolution [J]. The Acad. Mark. Sci., 2008 (36): 1-3.

② Robert F. Lusch, Stephen L. Vargo. The Service Ecosystem [C]. 19th Annual Frontiers in Service Conference, Karlstad, Sweden, 2010 June, 11-13.

［14］ Adrian F. Payne, Kaj Stobacks, Pennie Frow. *Managing the Co-creation of Value* ［J］ . The Acad. Mark. Sci, 2008 (36): 83-96.

［15］ Ajit Kambil, G. Bruce Friesen, Arul Sundaram. Co-creation: A New Source of Value ［J］ . *Outlook*, 1999 (2) .

［16］ Detlev Zwick, Samuel K. Bonsu, Aron Darmody. Putting Consumers to Work: Co-Creation and New Marketing Govern-mentality ［J］ . *The Journal of Consumer Culture*, 2008, 8 (2) .

［17］ Robert F. Lusch, Stephen L. Vargo. What S-D Logic Might Be ［C］ . Presentation for the Otago Forum on Service-Dominant Logic, 2005, 23 (10) .

［18］ Robert F. Lusch, Stephen L. Vargo. The Service Ecosystem ［C］ . 19th Annual Frontiers in Service Conference, Karlstad, Sweden, 2010 (June): 11-13.

【作者简介】

沈虹，中央民族大学文学与新闻传播学院教师。

广告创作价值研究综述[①]

柳庆勇

广告以及广告学科的健康发展，不仅需要应用研究，而且需要基础理论研究。[②] 广告创作作为一种精神生产，是广告实践活动的核心，因此，历来是广告研究的重地。不过，目前广告创作研究几乎一边倒地集中于广告创作的工具性修辞研究与符号研究。然而，广告创作的基础理论研究却少得可怜，真可谓“有术无学”。更有甚者，在国内外广告研究文献里，专题性、系统性广告创作价值研究，近乎为零。

但是，价值是实践的目的，是人类存在与发展之根本。人们对广告创作的价值分析，也自发地普遍存在，因此，在相关广告研究文献中，分散地存在一些有关广告创作价值分析的基本观念。

价值是一种主体—客体关系存在。广告传播是一种结构为“广告主—广告—消费者”的系统，因此，广告创作价值分析首先会思考广告目的——“为谁服务”的问题，即广告的价值取向。广告作品是广告创作实践的结果，也是实现广告目的的手段，目的与手段是统一的，因此，广告创作价值分析还会关注手段——“如何服务”的问题，即广告创作观。

一、广告的价值取向

广告的价值取向，是一个最基本、也是最有争议的问题。在广告发展史上，广告的价值取向之争，一直持续不断。

广告发端于经济领域，首先作为一种经济活动存在。史学研究考证，早在原始社会末期，随着商品生产与交换的出现，便伴随有最早广告发生。这样，一直到近代报纸广告出现之前，广告是由生产者与商人在商品生产与销售过程中传播的。近代报纸广告出现后，广告则主要由生产者与商人付费通过大众媒介传播。因此，早在1894年美国现代广告之父 Albert Lasher 便提出“广告是印刷形态的推销术”，这实质形成了最早的广告商业价值取向。

1904年约翰·肯尼迪亦明确主张“广告是印在纸上的推销术”。他没有给世人留下有关广告的著作，其有关广告的观念与主张，多散见于现代广告奠基人克劳德·霍普金斯的《我的广告生涯·科学的广告》与拉斯克尔的《拉斯克尔的广告历程》中。克劳德·霍普金斯（1925）亦反复重申“广告只是推销术”。[③] 20世纪20年代，无论是广告的“硬推销派”，还是“软推销派”，其商业价值取向均十分明显。[④] 20世纪初，日本资本主义经济快速发展，其广告业亦发展迅猛。1924年日本学者中山静也表达了其广告商业价值取向的主

---

① 本文是三峡大学科学基金项目“广告创作价值论”（项目编号：KJ2011B055）最终成果的一部分。

② 林之达．重视传播学的基础理论研究［J］．新闻大学，1994（3）：13.

③ 转引自张金海．20世纪广告传播理论研究［M］．武汉：武汉大学出版社，2002：26-27.

④ ［美］朱丽安·西沃卡著．肥皂、性和香烟——美国广告200年经典范例［M］．周向民，田力男，译．北京：光明日报出版社，1999：150-160.

张，“广告是通过宣传商标达到销售目的的。”①

20 世纪 40—50 年代，由于营销环境与传播环境的变化，为了促进产品销售，罗瑟 · 瑞夫斯在达彼思主持广告创作期间，提出著名的 USP（独特销售主张）。这也是更为明确的广告商业价值取向的主张。② 1948 年美国营销协会提出了一个有较大影响的定义：“广告是由可确认的广告主，对其观念、商品或服务所作之任何方式付款的非人员式的陈述与推广。”

20 世纪 60 年代，广告大师奥格威表达了广告商业价值取向的主张：“我们的目的是销售，否则便不是做广告。”“广告是推销技术，不是抚慰，不是纯粹美术，不是文学，不要自我陶醉，不要热衷于欣赏，推销是真枪实弹的工作。”③ 更有宝洁公司广告部副总裁罗斯 · 乐夫说，奥格威的观点“一语见地，是广告人应奉为圭臬的口号”。灵狮广告新任董事长罗宾斯说，“销售训练是我们行事的根本。广告公司不愿认为自己在做销售的工作，但那正是我们在做的事情。”④

阿伦斯在经典畅销著作《当代广告学》中表达了其商业价值取向：“广告是由已确定的出资人通过各种媒介进行的有关产品（商品、服务和观点）的，通常是有偿的、有组织的、综合的、劝服性的非人员的信息传播活动。”⑤

国内广告研究中也普遍存在着商业价值取向。倪宁教授（2001）认为：“广告是广告主为了推销其商品、劳务或观念，在付费的基础上，通过传播媒介向特定的对象进行的信息传播活动。”⑥ 广告学者何修猛（2002）认为：“广告是广告主通过有偿取得的、可以控制的宣传媒介和形式，对产品、服务和观念进行社会化、群体化的传播，从而有效影响公众、促成整体营销计划的活动。”⑦ 丁俊杰教授（2003）认为：“广告是一种有偿的、经由大众媒介传播的、目的在于劝服的商业传播活动。”⑧

可以说，占广告研究绝对主体的经验学派，基本坚持了广告的商业价值取向。

在社会的形成与发展中，逐步形成了一套基本价值观。基本价值观以社会整体利益为根本出发点，是维系一个社会存在的精神纽带、推动一个社会发展的精神动力，它不是单一的，而是广泛涉及对社会整体政治、经济、文化等问题的综合的基本观念：民主、自由、平等、富强、效率、公平、正义，等等。因此，广告的基本价值取向指广告不仅要为广告主服务，实现其经济价值，而且要兼顾其他社会主体的价值，或者说必须考虑社会整体利益。

随着广告的过分夸张与虚假现象不断出现，损害了消费者利益，于是，在广告批评中逐步形成了广告的基本价值取向。20 世纪初英国经济学剑桥学派的创始人马歇尔便批评了“竞争性的”广告，即认为广告虽然为广告主实现了经济价值，却因为推动市场竞争，而导致更多社会经济价值、财富的整体浪费。1926 年我国著名报学史专家戈公振先生提出了对于广告的看法：“广告为商业发展之史乘，亦即文化进步之记录。人类生活，因科学之发明日趋繁密美满，而广告即有促进人生与指导人生之功能。故广告不仅为工商界推销商品之一手段，实负有宣传文化与教育群众之使命也。”这是广告基本价值取向的早期主张。⑨ 1941

---

① ［日］柏木重秋．新版广告概论［M］．北京：中国经济出版社，1988：44.

② ［美］罗瑟 · 瑞夫斯著．实效的广告［M］．张冰梅，译．呼和浩特：内蒙古人民出版社，1999：80，81，93-98，115.

③ 宋秩铭，等著．奥美的观点［M］．北京：企业管理出版社，2000：17.

④ 百度文库［EB/OL］．http：//wenku. baidu. com/view/66ca230fba1aa8114431d927. html，2011-08-20.

⑤ ［美］威廉 · 阿伦斯著．当代广告学［M］．丁俊杰，等译．北京：人民邮电出版社，2005：7.

⑥ 倪宁著．广告学教程［M］．北京：中国人民大学出版社，2001：4.

⑦ 何修猛著．现代广告学［M］．上海：复旦大学出版社，2002：5.

⑧ 丁俊杰著．广告学导论［M］．长沙：中南大学出版社，2003：6.

⑨ 戈公振著．中国报学史［M］．上海：生活 · 读书 · 新知三联书店，1955：220.

年拉尼奥出版《广告社会学》，批评了被界定为“冲突性”的商业广告。① 法兰克福学派霍克海默和阿多诺1947年出版《启蒙的辩证法》，便开始了对广告的文化批评，“广告都用了文化工业特用的语言和风格”，“广告宣传是一种消极的原则”，广告的“消费控制”造就了“单向度的人”。20世纪中叶，著名英国历史学家汤比曾危言耸听，“我们西方文明的命运将取决于我们同麦迪逊大道所代表的一切作斗争的结果。”② 广告的文化批评促使人们逐步形成更为明确的广告基本价值取向。1962年奥格威说“广告不应予以废止，但它必须经过改造。”③ 但是，奥格威一直没找到如何改造广告的有效途径。

迈进21世纪，宋玉书教授（2000）认为：“在广告活动中不能重利轻义，而要兼顾经济与社会两方面的效益。”④ 张金海教授（2002）认为：“脱离了营销，广告也许就不再存在”，“市场经济体系中的双方利益原则与社会成本原则是应该遵循的”⑤。这充分体现了广告的基本价值取向。

可以说，广告研究的批判学派基本都坚持了广告的基本价值取向。

广告本身是一种经济活动，因此，广告必须实现经济价值，即坚持广告的商业价值取向本是无可厚非的。但是，广告具有社会性，具有多元价值主体，若偏执于广告创作的商业价值取向，必然导致广告多元主体之间产生价值失衡，甚至价值冲突。⑥ 基本价值，不排斥经济价值，只是超越并包含经济价值，因此，广告的商业价值取向应该走向基本价值取向。⑦

二、广告创作观

作为“手段”的广告创作观，是受到作为“目的”的价值取向影响的，这充分体现在，随着营销与传播环境的变化，广告创作观不断嬗变。

从广告起源一直到20世纪初，营销与传播环境相对单纯，是典型的卖方市场。广告主的经营重点是产品生产，并形成了早期的市场营销的生产观念（或产品观念），认为“我能生产什么，就卖什么”，“制造商生产什么，销售商卖什么；销售商卖什么，消费者就买什么。”同时，广告主认为，消费者之所以没有购买产品，是因为他们不知道产品的相关信息。于是，在1890年前便形成了公认的广告观念“广告是有关商品或服务的新闻”，这实质是自发形成的一种朴素的广告创作观，强调广告内容是真实的产品信息。

20世纪20年代营销与传播环境开始复杂化，卖方市场开始转型，产品销售变得困难。克劳德·霍普金斯在《我的广告生涯——科学的广告》一书中强调广告应该提供为什么值得花钱购买产品，即购买原因，或销售理由。这实质是商业价值取向的张大而形成的一种广告创作观：强调一种理性的广告内容——“销售理由和购买原因”，“唯一的推销方式是通过某种途径让别人看到你在提供超值服务。”⑧ 他认为，广告应像推销员一样，向消费者讲清为什么值得花钱购买产品，广告形式并不一定非要华丽、漂亮、悦目。20世纪40年代瑞

① ［法］热拉尔·拉尼奥著．广告社会学［M］．北京：商务印书馆，1998：5.

② 转引自陈月明著．文化广告学［M］．北京：国际文化出版社公司，2002：4.

③ ［美］大卫·奥格威著．一个广告人的自白［M］．北京：中国友谊出版公司，1993：148-149.

④ 宋玉书著．商业广告的文化功能与文化责任［J］．新闻与传播研究，2000（4）：83.

⑤ 张金海著．20世纪广告传播理论研究［M］．武汉：武汉大学出版社，2002：158-160.

⑥ 张金海，廖秉宜著．网络与数字传播时代广告告知功能的回归［J］．广告大观（综合版），2006（7）：49.

⑦ 柳庆勇．从商业价值取向到社会价值取向：广告与社会关系的调整［J］．新闻与传播评论，2011（1）：143.

⑧ ［美］克劳德·霍普金斯著．我的广告生涯——科学的广告［M］．北京：中国人民大学出版社，2008：88.

夫斯提出USP“独特的销售主张”，也强调广告内容：其一，一则广告必须向消费者明确陈述一个消费主张；其二，这一消费主张必须是独特的，或是其他同类产品广告宣传不曾提出或表现过的；其三，这一消费主张必须对消费者具有强大吸引力和打动力。① 这样，广告在传播中，继续张大商业价值取向，以理性的内容去影响消费者对商品的评判，增加广告功能，劝服消费者，促进消费者购买。

20世纪50年代后营销与传播环境更为复杂，买方市场形成，产品销售更为困难。

在广告张大商业价值取向时，另有一派广告创作观，强调感性的广告创意表现。这最早可追溯到20年代的“情感氛围派”：广告内容强调“销售理由和购买原因”有不足，因为这样的话，广告只描述了产品本身，而忽略了去赞美它将给消费者带来的喜悦，广告应该围绕暗示和联想展开，这种暗示和联想都在传递产品质量和声誉的完美印象，赞美它将提供给消费者的是拥有的喜悦。“用暗示销售广告同时运用华美的艺术和布局，辅以引起广泛注意的广告词来传递一种优雅的感觉。”② 这一广告创作观，成熟于20世纪60年代，并形成了重要的广告创意表现理论：“怎么说”比“说什么”重要。甚至伯恩巴克主张，广告是艺术，关键在于“怎么说”、“怎么表现”，并提出了ROI理论，即相关性（Relevance）、原创力（Originality）、冲击力（Impact）。相关性指广告创意必须与商品和消费者相关；原创力指广告创意要突破常规、与众不同；冲击力指广告的渗透力，广告必须进入消费者心里，对消费者心理产生影响和作用。广告应该用这些表现要素去影响、感染消费者。③ 李奥·贝纳强调商品“与生俱来的戏剧性”，与伯恩巴克观点具有相似的哲学思维，只是强调“内在的”、“与生俱来的”。④ 奥格威的品牌理论，不仅强调用一些文化价值观念去包装品牌，而且强调用感性的视觉符号对品牌进行包装、修饰。⑤ 广告要表现“一种感觉、一种气质、一种性格、一种观念”、“人文诱惑”。这实质是广告进一步张大商业价值取向而形成的一种新的广告创作观，其目的是进一步增强广告功能，诱导消费者对品牌、商品的选择，以更大程度地促进销售。

早在19世纪下半叶至20世纪初，广告便因为过分夸张与虚假信息，而引起社会的不满、批评、指责。由此，美国广告联合会的前身——美国联合广告俱乐部，领导了一场为广告真实性和道德性而斗争的运动，并于1911年提出“广告就是事实”的口号。⑥ 美国政府在1914年成立了联邦贸易委员会，监督全国广告，要求广告客户证明其广告的真实性。⑦ 这实质是彰显基本价值取向，并形成的广告创作观，即强调广告内容的真实性，这亦贯穿20世纪的广告发展史。

进而，在20与21世纪之交，随着大量“问题广告”泛滥，广告公信力不断下降，消费者越来越反感，甚至抵制广告，广告的价值正渐沦丧。2002年盖洛普公司调查了32项美国主要职业的公信力，广告和广告人的公信力为10%，排在倒数第二位⑧；2004年国内一

---

① ［美］罗瑟·瑞夫斯著．实效的广告［M］．张冰梅，译．呼和浩特：内蒙古人民出版社，1999：80-115.

② ［美］罗瑟·瑞夫斯著．实效的广告［M］．张冰梅，译．呼和浩特：内蒙古人民出版社，1999：80-115.

③ 转引自［美］丹·海金司著．广告写作艺术［M］．刘毅志，译．北京：中国友谊出版公司，1991：2.

④ 转引自［美］汤狄龙著．怎样创作广告［M］．刘毅志，译．北京：中国友谊出版公司，1991：80.

⑤ ［美］大卫·奥格威著．一个广告人的自白［M］．北京：中国友谊出版公司，1993：89-92.

⑥ 陈培爱著．中外广告史［M］．北京：中国物价出版社，1997：252.

⑦ 陈培爱著．中外广告史［M］．北京：中国物价出版社，1997：263.

⑧ 转引自舒咏平．广告传播公信力的缺失与导入［J］．新闻大学，2004（秋）：26.

项调查显示：不相信广告者约占56%。① 这引起了学者的深思与忧虑，张金海教授（2002）主张，广告将走向产品信息告知功能的回归。② 价值理性的广告创作观是“作为广告内容的产品信息，必须具有艺术审美的表现形式，广告作品是真与美的完美统一”。由此可见，广告创作观经历了这样一个演进过程。19世纪末20世纪初，自发形成了一种朴素的强调内容真实性的广告创作观。但是，在步入20年代，由于营销与媒介环境不断复杂化，为了促进产品营销，逐步形成了新的广告创作观，并且经历了一个由强调理性的广告内容走向强调感性的广告创意表现的变化过程，其实质是商业价值取向不断强化的结果。物极必反，20世纪50年代以来，商业价值取向导致广告自身发展陷入危机③，因此，在21世纪，更高自觉性的基本价值取向下广告创作观的形成，乃历史必然。④

三、结语

价值是一种主体—客体关系存在。由于价值的普遍性，人们对广告创作的价值分析也普遍存在，并且基本涉及了价值分析的核心内容。但是，由于缺乏价值哲学方法论的科学指导，现有广告创作价值研究，尚有以下不足：（1）缺乏系统全面性研究，其探讨范围过于狭小，主要限于广告创作的价值取向与广告创作观，并且其观念分散存在；（2）缺乏学理性沉潜，其观念不够明确，大多感性存在、浅尝辄止，缺乏深入学理性论述，需要分析、提炼、概括才能形成明确观念。简言之，目前尚未建构起系统的广告创作价值分析框架。

因此，以价值论为研究理论范式，对广告创作进行价值分析，建构起系统全面的广告创作价值论，任重而道远，尚需理论研究人员大胆尝试、不懈努力。

【作者简介】

柳庆勇，博士，三峡大学文学与传媒学院副教授，研究方向为广告传播。

---

① 转引自梅琼林，刘艳蓉．广告公信力基本问题探讨［J］．当代传播，2008（6）：80.

② 张金海，廖秉宜．网络与数字传播时代广告告知功能的回归［J］．广告大观（综合版），2006（7）：49

③ 张金海，廖秉宜．网络与数字传播时代广告告知功能的回归［J］．广告大观（综合版），2006（7）：48.

④ 任平．走向交往实践的唯物主义［J］．中国社会科学，1999（1）：53.

“艺术至上”：19世纪末20世纪初广告设计的观念与形态

刘艺琴

19世纪末20世纪初，西方各国进入工业社会以后，生产力都得到了突飞猛进的发展，在达到高度工业化的过程中，人们的物质生活得到极大满足，随着商业经济的发展，广告业也呈现出空前的繁荣。这个时期，平面广告迎来了其历史上的第一个发展高潮。

一、19世纪末20世纪初：现代广告设计发展史上的第一个高潮

伴随着资本主义贸易经济的发展和印刷技术水平的提高，19世纪末20世纪初欧美各国的广告设计得到迅猛发展。

由于技术的改进，从新艺术运动时期开始，单纯以文字式为主导的广告逐渐减少，图画在广告中的比重开始增多，使得画家的绘画技巧和艺术表现能够充分体现，所以广告设计吸引了许多画家的参与。欧洲大批富有才华的著名画家和设计家投身于广告设计行列，如法国招贴设计家朱尔斯·谢瑞特，法国印象画派代表人物图鲁兹·劳特累克，法国插图画家西奥菲尔·亚历山大·斯坦林，捷克插图画家阿尔丰斯·穆卡等。兴起于欧洲的新艺术运动在19世纪末20世纪初传到美国，对美国广告业产生了巨大的影响，美国广告界出现了广告艺术化的高潮，广告的艺术性受到了人们的空前重视。美国著名插图画家诺曼·洛克威尔、约瑟夫·莱昂代克、N. C. 韦斯等就经常为企业主创作广告。

由于许多著名画家参与到广告设计行业中，广告设计作品的质量得到明显提高，许多作品不仅是优秀的广告作品，甚至还是优秀的艺术品。如史论家丁·巴尼克特在他的《招贴简史》一书中指出：朱尔斯·谢瑞特之所以成为世界招贴历史上第一位大师的原因，并不是因为他创作了数以千计的招贴设计作品，而是因为这些作品都是一些伟大的艺术品。① 在美国，许多广告代理公司都纷纷聘用艺术家创作出令人难忘的广告插图，“20世纪20年代的广告主利用了当时最好的画家和美工的服务。这些绘画非常精美，以致其中许多的广告如今都成了精美的艺术品”②。美国著名的杂志《星期六晚邮刊》的1/4都是刊登广告，著名画家诺曼·洛克威尔为该杂志画了许多经典的广告画，从海因兹的烤青豆到葡萄坚果，商品内容包罗万象。1903年，该刊物居美国杂志之首，发行量达100万份。美国著名的广告人厄内斯特·艾尔默·考尔金斯非常强调广告的艺术表现形式，认为广告的外观意味着“产出全部广告效应的广告正文与设计的混合体”③，也就是说广告设计的形式必须是广告文案与图案设计的完美结合，优秀的广告设计应该具有使读者放下手中报纸、杂志的艺术魅力。

---

① 转引自朱国勤著．现代招贴艺术史［M］．上海：上海书店出版社，2000：9.

② ［美］托马斯·C. 奥吉恩，等著．广告学［M］．程坪，张树庭，译．北京：机械工业出版社，2002：75.

③ ［美］朱利安·西沃卡著．肥皂剧、性和香烟——美国广告200年终典范例［M］．周乡民，田力男译．广州：光明日报出版社，1999：142.

考尔金斯非常注重广告的艺术表现，偏向于使用简洁、明快的设计风格创作广告，他聘请著名画家莱昂代克为“箭牌”衬衫设计平面广告，聘请画家为莱克瓦那铁路公司绘制广告中的人物形象，都体现出他对于艺术形式在广告中作用的重视（见图 1，图 2）。

图 1　约瑟夫·莱昂代克《箭牌衬衫广告》（1913）

图 2　《小麦奶油食品广告》N. C. 韦斯（1913）

由于欧美许多杰出的画家在技巧上大胆地进行各种新方法的尝试，使得广告设计水准大幅提高，而画家也似乎成为广告设计的主体。但艺术家从事广告，更多关注的是美的外在形式，“艺术家受魅惑的想象就生活在他的媒介的能力里。他用媒介来思索，来感受。媒介是他审美想象的特殊身体，而他的审美想象则是媒介的唯一灵魂。”① 这就使得这个时期的广告不是纯粹意义上的广告，而更像是带有商业倾向的绘画艺术。

19 世纪末 20 世纪初的广告作品质量高、数量广、题材广泛，这些既是广告又是美术作品的广告作品极具艺术性和影响力。艺术大师们的创作活动，掀起了现代平面广告设计发展史中的第一个设计高潮。

二、19 世纪末 20 世纪初广告设计的观念与形态

1. “艺术至上”观念成为广告设计主导

在 19 世纪末 20 世纪初，人们认为广告就是画广告画，这种绘画性广告“艺术至上”的观念成为广告设计的主导观念。

首先，早期的设计者严格地说应该是职业画家们，他们在创作广告时明显地带有理想主义色彩，他们容易把广告理解为“美术创作”，认为广告是审美的、是形式层面的，所以他们在创作广告时大多从艺术表现入手，侧重于作品形式审美因素的表达，直接把绘画技巧应用于平面广告，造型写实、画面优美、情趣盎然等艺术形式观念成为广告创作的主导。“19 世纪的广告构思基本上是绘画型的，看上去就像一幅美术作品，不过是画中人物手上捧着某种商品而已……独特的广告设计语言并未形成。”② 这种状况一直延续到 20 世纪初期，这个时期画家们将画广告画视为自身的艺术创作，作品带有极强的个人色彩，带有艺术家实现自身艺术理想的意味。

其次，在当时的社会背景、技术等条件下，广告画成为企业宣传商品的唯一手段。美国

---

① 鲍桑葵著．美学三讲［M］．上海：上海译文出版社，1983：68.

② 泛克，捷人译编．平面广告 150 年［M］．长沙：湖南美术出版社，1999：52.

学者莱斯特谈道“事实上，当时的人们把艺术当做一种唯一的广告宣传工具吸引潜在的顾客。艺术灵感只是被当做商业兴趣。……因此，商业艺术风格使得商业本身和它们的广告设计第一次变得生动完美”。① 而且，只要有了唯美的广告画，商品的推销似乎就不是什么困难的事情，那些“制作精良的图片及其内在的情感吸引力，再加上恰到好处的文字语言，可以使受众心理朝着广告制作者的预期方向改变。”

对此，我们就不难理解，为什么20世纪初期的平面广告设计带有明显的绘画痕迹；为什么“艺术至上”成为当时广告设计的主导观念。

2. 形式美成为评判广告设计的标准

19世纪末20世纪初期视觉形式美感之所以成为评判广告设计的标准，这不得不涉及西方国家一直以来对绘画形式的追求、对艺术美学上的探讨，以及其理念对广告设计的影响。

19世纪末英国美学理论家奥斯卡·王尔德带动了唯美思潮的产生。“这种艺术思潮对美的形式研究具有一定的作用，其核心内容就是‘为艺术而艺术’，认为审美不应涉及功利、道德，艺术只为本身之美而存在。这股源于文学领域的思潮迅速波及艺术设计领域，主张设计应关注形式风格美，而忽视了环境的作用和对功能的要求。”② 在唯美思潮的带动下，形式主义美学理念也得到很大的发展。最典型的是近代德国著名的哲学家约翰·弗里德里希·赫尔巴特主张的“美在形式”的观点，这种形式主义美学理念强调形式的独立审美价值，这种美学观念对画家也就是广告设计者们的影响是巨大的。

设计家们认识到在广告中，图画、色彩等形式因素会给人带来精神上的享受和愉悦，比起文字广告来，更有助于吸引人们的注意力。因此，他们尝试利用绘画的艺术手法来进行广告的表现，逐渐总结出符合人们审美需求与目的相一致的广告评判标准，这就是要符合视觉上的形式美感。在这种认识下，设计者们孜孜以求地探讨着广告画面中的形式，他们关注对象首先是外在的形式美感以及带给他人的愉悦。因此，是否具有形式上的美感成为当时评判广告作品优劣的标准。

3. 艺术思维的延续

艺术是人类美的创造的集中体现，平面广告设计是创造美的活动之一，不可避免地受到艺术思维的影响。

人类的艺术思维活动本身并没有一个固定的模式，它一定会随着时代的发展、科技的进步、经济的发展而不断发生变化，与此同时，艺术的风格、形式也发生相应的变化。在绘画艺术作品中，艺术思维就是审美思维，是对视觉形式和内容两方面进行双重加工，“视觉的一个很大的优点，不仅在于它是一种高度清晰的媒介，而且还在于这一媒介会提供出关于外部世界中的各种物体和时间的无穷无尽的丰富信息。由此看来，视觉乃是思维的一种最基本的工具（或媒介）”。③ 西方古典绘画就是基于画家的艺术思维，画家始终站在画外观察对象，以镜子般的映照方式展现自然的客观和真实。西方艺术设计史上在17、18世纪分别产生的巴洛克和洛可可艺术设计风格，18世纪末至19世纪初的新古典主义、19世纪的浪漫主义等艺术思潮对以后的平面广告设计产生了深远影响，在客观上对广告设计起到了丰富审美趣味的作用，以及崇尚贵族风尚的时代特征。

可以说，19世纪末20世纪初期的广告就是艺术思维的延续。

---

① ［美］保罗·M. 莱斯特著．视觉传播形象载动信息［M］．霍文利，等译．北京：中国传媒大学出版社，2003：183.

② 转引自唐济川，等著．现代艺术设计思潮［M］．北京：中国轻工业出版社，2007：22.

③ ［美］鲁道夫·阿恩海姆著．视觉思维［M］．滕守尧，译．成都：四川人民出版社，1998：24.

这种艺术思维被画家们直接体现于当时的广告设计中，设计师按照传统艺术思维即审美思维的规律和方法进行创作表现，塑造出较为直观、感性的艺术形象，通过这个形象表达自己的内心情感和审美趣味。

我们将早期的可口可乐广告与巴洛克风格、洛可可风格的油画作品相比较，可以感受到可口可乐广告就是一个时代的缩影，广告沿用的是17、18世纪的艺术创作思维以及审美风格，画面柔美、细腻、真实、立体，充满了装饰情趣，我们甚至可以认为它们就是极具欣赏价值的绘画作品，只不过画中的人物都无一例外地拿着一杯可口可乐而已（见图3，图4，图5，图6）。

图3 《小蓬巴杜夫人》（油画） 洛可可风格

图4 20世纪初期可口可乐广告

图5 鲁本斯《苏姗娜·芙尔曼肖像》（油画）巴洛克风格

图6 20世纪初期可口可乐广告

4. 图画再现手法的模仿

在19世纪末20世纪初，平面广告沿袭了绘画的表现手法，基本上就是对客观对象的再现和模仿，客观、真实、自然这种绘画再现也成为画家创作广告的手段。

从绘画美学观来说，绘画的再现指绘画所具有的摹写和反应客观现实的审美方式和功能。它源于“绘画艺术是自然的直接复制或对自然的模仿”这一古典美学的一贯命题。古典绘画强调秩序感、和谐感和平衡感，画家通过对自然的模仿就能认识与把握这种绝对的美及美的规律，从而进行对于世界本质的探求。从文艺复兴到巴洛克直至洛可可时期，这些时期的绘画所具有的鲜明特征都是利用透视所制造的空间感，力图还原事物的客观真实性，画家在进行艺术创造时，通过想象、摹写创作出具体的可感、可视的形式。毋庸置疑的是，在漫长的西方绘画史上，直到19世纪初，绘画艺术是自然的直接复制或对自然的模仿这一命题一直是画家追随的目标，也是西方画家自文艺复兴以来追求的最高艺术境界。

我们可以看到，此期的广告图画，无论是广告中人物还是景物都追求写实、具象，就是对客观对象的一种近乎真实的再现，广告画面中对最新的科学技术产品、服装款式、家具款式以及社会职业类型都有清晰的描绘，人们可以通过广告对当时的生活或者说是流行时尚一览无余，如图7，图8所示的可口可乐广告、HORNIMAN牌茶叶广告。也就是说，对于这一时期的画家来说，广告作品加工的重点首先表现在感性的视觉形式上，遵循的是创作者个人的情感思维，而非商品或消费者。而画家特有的艺术思维，使得广告作品的形式与内容更趋向于再现性艺术绘画，真实、立体、具有美感。

图7　可口可乐广告

图8　HORNIMAN牌茶叶广告

三、"艺术至上"广告设计观念形成的动因

1. 经济繁荣促使商业与艺术联姻

欧美各国在19世纪70年代出现了第二次工业革命，这次工业浪潮推动了资本主义国家的经济结构转型，完成了从农业到轻工业再到重工业的重大转变。在工业革命时期，欧洲及世界各地都在不同程度地进入到经济大发展时代。

在19世纪末20世纪初，也是自由资本主义在欧洲、美国向垄断资本主义过渡的时期，西方各国生产力都得到了突飞猛进的发展，许多对人类文明进程有重要影响的新技术新成就如电、内燃机等在这个阶段被发明并应用到工业生产中。受此影响，各种现代交通业如航海、航空、长途客运等也得到大力发展，横贯北美大陆的铁路也于此时建成。这些促进了经济的迅速发展，新产品大量涌现。市场经济因而转入激烈的竞争阶段，商品数量的激增迫使企业主需要通过某些渠道使消费者了解产品，以便促进销售，于是广告成为一种商品促销的重要手段。随着经济的发展，服务型行业、旅游行业、娱乐事业等也开始兴旺起来，这些产业的竞争加强了对广告的需求。生产者们迅速改进其经营策略和手段来迎合市场的旺盛需求。广告成为最直接的促销手段，以平面广告的新颖来吸引消费者眼球成为必需。

经济的繁荣促使广告业的繁荣。这个时期的广告形式以报刊广告、招贴广告和路牌广告为主。但是这个时期几乎没有专业的广告师，广告的需求促使画家承担起了广告设计的任务，法国工商界也争相委托精于绘画的画家来设计海报。① 这个时期的广告追求视觉上的新

① 樊志育著. 世界广告史［M］. 北京：中国友谊出版公司，1997：296.

奇与美妙，力图给普通大众制造出一个美好“幻梦”前景，旨在满足许多普通消费者的向往心理进而达到促进销售的目的。但与纯艺术绘画有所不同的是，广告画面包含了对商品信息的传达，带有明显的商业促销目的，这是在经济发展之下商业与艺术的第一次结合。

2. 技术进步的推动

首先，印刷技术的发展极大地促进了平面广告的发展，使得艺术与商业有了第一次完美的结合，也使得“艺术至上”观念在广告设计中占据主导地位。

在从设计发展史上看，从15世纪到19世纪末，人们就一直致力于探索印刷技术上的发展，只有当印刷技术成熟才可能去实现更多的观念、形式上的探讨。可以说，平面广告的诞生与印刷技术的完善有着直接的关系。随着工业革命的到来，欧洲印刷业开始了一场革命，蒸汽动力印刷机发明及改进，大大降低了印刷成本，使印刷品真正能服务社会、大众。而彩色石版印刷技术的发明及推广，无论从质量还是从生产的效率来说，都超过了旧式的活字排版印刷。彩色石版印刷使色彩变得更加真实可信，这对于产品形象的再现与宣传至关重要，这是印刷革命促进平面广告设计业大发展的一次洗礼。“在19世纪60年代以后，彩色石版印刷迅速成为主导的印刷方式，取得令人信服的真实形象感，这种印刷方法能印制出引人注目的图案、亮丽鲜艳的色彩和令人耳目一新的结构形式。”① 而这种印刷方法特别适于平面招贴的表现，使原来色彩单一、缺少层次变化的印刷复制技术，提高到能够丰富多彩、非常逼真地再现各种绘画水平。有的画家甚至直接在石版上进行具有各种色调变化的广告创作。

伴随着彩色图画式的印刷广告逐渐成为主流，“艺术至上”广告设计观念也逐步成为主导的设计观念。

另外，摄影技术的出现丰富了平面广告设计的创作手法，从而也更注重形式的作用。在19世纪20年代，法国人采用化学感光的方法记录到真实图像，从此摄影技术便产生了。经过不断地探索和研究，到19世纪末，摄影技术取得了巨大的成果。由于摄影的价格比手工木刻低廉而且速度快，因而越来越多的制作人员都开始采用摄影技术来制作插图版面，如瑞士招贴广告设计师赫伯特·玛特就是较早将摄影技术运用在广告创作中的设计家，他采用摄影、版面编排、字体混合形成了拼贴设计风格，其作品主题突出，形式新颖，具有很强的感染力。

摄影作为一种新媒介的确立，为20世纪平面广告开辟了崭新的创作天地，它扩大和深化了广告设计的视觉表现并促进了现代平面广告设计的发展，为平面广告设计的表现形式创造了新的语汇，同时，使得艺术至上设计观念得到进一步强化。

3. 报纸、杂志媒介的普及

19世纪末20世纪初期，由于电子媒体尚未问世，此期成为平面媒体最辉煌的时期。伴随着报纸、杂志的普及，报纸、杂志广告也成为最主要的广告媒介。

美国著名报人本杰明·戴在19世纪末创办了《太阳报》，由于该报售价低廉致使其发行量扩大，发行量的扩大又吸引了众多零散的小广告主，大量的供需广告又有助于报纸吸引新的读者，由此进入良性循环，结果《太阳报》大获成功。《太阳报》的广告经营活动为后来的报纸广告的发展开辟了全新的空间。当报纸在美国城市盛行的同时，杂志也在同一时期迅猛地发展。杂志在当时被称为是美国唯一的全国性媒体，订户依靠杂志获取新闻、文化和娱乐。许多新杂志开始面向更广泛的普通大众，这使得杂志成了一种切实可行的大众广告媒介。全国性杂志使全国性广告成为可能，而全国性广告又为产品的全国性推广做了铺垫。

由于报纸杂志的普及，到了20世纪20年代前后，广告在美国已经成为一个重要的产

---

① ［美］朱利安·西沃卡著．肥皂剧、性和香烟——美国广告200年经典范例［M］．广州：光明日报出版社，1999：49.

业，报纸杂志广告的风格也逐渐发生了变化。美国的报纸广告由原来的密密麻麻塞满了文案的形式逐渐转向以绘画图片为主的广告形式。

导致报纸杂志广告由文字形式转向图画形式其实是必然的，因为图画本身带有强烈的形式与色彩，更容易让人产生记忆，也更能刺激读者对报纸杂志广告的关注。当报纸杂志广告成为出版人的重要利润来源、成为企业主的重要宣传手段；当广告能够在同质商品中制造出巨大的差异；当内容、形式相似的广告越来越多，而读者不再对那些千篇一律的文字广告感兴趣；当优美的画面带给读者更直观的视觉感受时，广告的图画表现即“艺术至上”也就成为主要表现形式。

4. 艺术对广告设计的影响

设计是一种特殊的艺术，设计的创造过程是遵循实用、求美法则的艺术创造过程，这种实用化是以专用的设计语言进行创造的。设计对美的不断追求决定了艺术对设计的影响。

每一种艺术的形成与风格特征都是特定民族、环境和时代精神的反映，而不同时代的艺术风格及其形式也渗透在广告设计之中。很多广告设计作品的形式，表现出与艺术的密切联系，许多艺术领域中成绩斐然的大师带着崭新的思想投身设计，直接推动了设计的发展。因此，设计史中许多作品诞生的背后，往往都有艺术的无形之手推波助澜。当艺术绘画风格倾向于奢华繁缛时，广告设计无论是在造型上还是色彩上也倾向于繁琐，当艺术绘画风格倾向于抽象时，广告设计也逐渐朝着简约的风格在不断改进。

19 世纪末 20 世纪初，由于印刷技术的改进，使得画家的绘画技巧和艺术表现能够充分体现，所以广告设计吸引了许多画家的参与，使得广告作品带有浓郁的艺术色彩。如谢瑞特在设计上受到传统绘画风格的影响，他的广告作品与古典主义绘画风格特征非常相似；印象派画家劳特累克创作的广告作品在题材、风格上和他的绘画作品很接近，只是在视觉表现形式上更为单纯强烈；阿尔丰斯·穆卡的广告设计作品注重形式美感，注重视觉效果。

与此同时，也正是现代艺术各种流派如野兽派、立体主义、未来主义、达达主义等蓬勃兴起时期，这些现代艺术的发展体现出创作主体对自我感觉的认识，是对艺术家的个人表现和心理感情的真实写照，同时，现代艺术也力图在形式上、观念上寻找能代表新时代的表现方式。野兽主义和立体主义的形式、未来主义的思想观念、达达主义的随意性的组合等都对现代平面广告设计的创作观念和风格形成产生着深刻的影响。如这则为波林手套做的广告，就体现出马蒂斯的野兽派风格，表现形式简化，线条夸张。伴随着现代艺术的勃兴，20 世纪以后广告设计也逐渐朝着简约的风格发展（见图 9，图 10）。

图 9　《红色的和谐》马蒂斯（油画）1908 年

图 10　波林手套广告（美）20 世纪 20 年代

四、结语

19世纪末20世纪初，是现代广告设计史上的重要转折时期，也是广告设计的“艺术至上”时期。

在创作风格上，广告画面由19世纪末期的写实逐步过渡到20世纪初期注重画面的装饰性，逐步摆脱了纯绘画的手法，更加注重线条和色彩的运用。总体来说，虽然此时期大多数的广告都是唯美的艺术表现，缺乏广告战术与广告战略，没有充分体现产品的优势与特点等，但是，正是因为广告“艺术至上”时期，使广告由文字向图形开始转变，使广告的传播路径更加便捷、视觉识别能力更强；也正是“艺术至上”时期，广告开始注重图形形象的作用，力图通过形象来达到引人注目和宣传产品的目的。这些都为现代广告的发展奠定了重要的基础。

【作者简介】

刘艺琴，武汉大学新闻与传播学院广告系教师。

中国传统文化元素在房地产广告中的应用研究
——一项以《中国广告作品年鉴》(2003—2011)中房地产平面广告为样本的内容分析

阳 翼 朱筠丽

一、研究背景

1998年，中国结束了实物分房制度，居民住房开始实行商品化。从那以后，房地产市场蓬勃发展，如今住房已经成为普通老百姓生活中最重要的大宗商品。在这种背景下，房地产广告受到越来越多的关注，甚至成为中国房地产业发展的晴雨表。

与此同时，随着中国经济的快速发展，中国传统文化成为国际时尚领域的潮流风尚，在广告创意中也得到了越来越广泛的应用。从2006年开始的“中国元素国际创意大赛”，带动广告界刮起了“中国元素”风，中国传统文化元素在广告中应用也越来越多，以2005—2007年的《中国广告作品年鉴》为例，在全部1 577件广告作品中，共有420件运用了中国传统文化元素，所占比例为26.6%，约为1/4①。

本文选取中国广告界权威的《中国广告作品年鉴》为广告样本来源，对中国传统文化元素在房地产广告中的应用进行内容分析，探讨如何在房地产广告中提升中国传统文化元素的应用水平，丰富广告设计的表现形式。

二、文献综述

传统文化对我国房地产广告的创作有着深远的影响。刘艳秋（2007）② 分析指出，中国房地产行业受中国传统文化、地理环境、地域经济等因素的影响，呈现出与其他行业不同的文化定位。文化定位转变了房地产广告的创作方式，使房地产广告更加贴近消费者心理。宋芙晖（2007）③ 也认可这种影响，认为天人合一、以人为本、刚健有为、贵和尚中等传统文化思想与房地产广告定位高度契合，中国传统文化对房地产广告的主题思想定位、艺术表达载体和文学创作方式都具有重要启迪意义。但沈琼波和余泽浩（2010）④ 有着不同的观点，他们认为，房地产广告没有将我国传统文化的真正内涵展现出来，反而误导了人们的思想，造成了对我国传统文化的威胁，是一种被粗暴的符号化消费。一些学者进一步指出了

---

① 李隽芝．广告作品中“中国元素”的表达分析——以《IAI中国广告作品年鉴》(2005—2007）为分析对象［D］．上海：华东师范大学，2008.

② 刘艳秋．文化定位在房地产广告创作中的现实意义［J］．新闻界，2007（3）：105-106.

③ 宋芙晖．人，诗意地居住——谈传统文化对房地产广告创作的影响［J］．新闻爱好者，2007（3）：31-32.

④ 沈琼波，余泽浩．试析房地产广告中被符号化消费的传统文化［J］．福建论坛（社科教育版），2010（4）：27-28.

中国传统文化在广告中应用的禁忌。例如，唐文伟（2001）① 认为，中国传统文化中的封建等级权贵、男尊女卑等糟粕文化在广告中随意拼接、简单复制会影响广告的诉求效果并导致文化异化。

总的看来，中国传统文化内涵的积极因素与消极因素决定了它既可以促进现代广告的发展，同时也可以对现代广告的发展起阻碍作用②。因此，现代广告应当兼顾传统文化的伦理规范。正如曾舒予（2006）③ 所说，中国广告要实现与受众的快速有效的沟通，就必须顾及它们既有的价值取向和社会心理基础。

综合前人的研究我们发现，对于中国传统文化与房地产广告之间的互动性，学界已达成共识，但是将中国传统文化和房地产广告结合起来开展的学术研究相对较少，且少量的研究仅用定性的方法进行分析，尚未有系统全面的定量研究。本研究将采用内容分析法全面梳理近十年来中国传统文化元素在房地产广告中的应用现状，进一步以案例分析法进行深入探讨，并在此基础上，对中国传统文化元素在房地产广告中的应用提出改进的建议。

三、研究设计

1. 研究方法

本文主要采用了以下三种研究方法：（1）文献研究法：在对前人的相关研究做全面回顾的基础上，提炼出中国传统文化元素的维度与内涵；（2）内容分析法：以 2003—2011 年共 9 年间《中国广告作品年鉴》收录的 180 则房地产平面广告为样本进行编码和分析；（3）案例分析法：从《中国广告作品年鉴》中选取典型的房地产平面广告做案例研究，作为内容分析的补充。

2. 概念界定

顾名思义，中国传统文化元素就是能够表现中国传统文化的载体，是中国传统文化的象征符号，是“在一定文化背景中被人们赋予特殊意义并广泛认可的标志物”④。本文在文献回顾的基础上，将中国传统文化元素分为物质元素和精神元素两大类。

（1）中国传统文化的物质元素。学术界对中国传统文化的物质元素大致有以下三种不同的分类方法：其一，易思羽在其编著的《中国符号》一书中，将中国文化元素分为神话传说、民间人物、身体部位、动物、植物、艺术、建筑、色彩和数字等九类；其二，李建中在《中国文化概论》一书中，将中国文化元素分为哲学文化、政治文化、学术文化、审美文化、民俗文化、科技文化和器物文化等七类；其三，程庸和若隐在专著《中国元素》中，将中国传统文化元素分为民俗风物、祥瑞吉物、传统文化、人物荟萃、艺术瑰宝、人文精华和地理坐标等七类。综合以上三种分类方法，我们编制了如下中国传统文化物质元素的分类表（见表 1）。

---

① 唐文伟．传统文化与广告创意［J］．黄冈师范学院学报，2001（2）：61-63.

② 陈培爱．中华传统文化与广告伦理探析［J］．山西大学学报（哲学社会科学版），2007（3）：125-131.

③ 曾舒予．传统文化——广告与受众的契合机缘［J］．东南传播，2006（9）：35-36.

④ 李岩著．媒介批评［M］．杭州：浙江大学出版社，2005：17

表 1　**中国传统文化物质元素分类表**

文化领域	文化形式	具体元素（不完全列举）
审美文化	琴棋书画	汉字、书法、笔墨纸砚、印章、竹简、国画、水墨画、琵琶、古筝、二胡、笛子、编钟、围棋、象棋
	文章诗赋	离骚、唐诗、宋词、元曲
	戏曲小说	京剧、脸谱、杂技、相声、四大名著
	音乐舞蹈	水袖、霓裳羽衣、敦煌壁画、梁祝
民俗文化	传统节庆	春节、元宵、清明、端午、中秋、节气
	礼仪风俗	生肖、对联、门神、舞狮、中国结、剪纸、风筝、皮影、红灯笼、元宝、鞭炮、龙凤、红盖头、麻将
科技文化	天文历法	日晷、老黄历
	传统医学	中医图谱、中药材、中药柜、中医
	发明创造	四大发明
	农林数理	桑蚕农耕、耕犁、算盘
器物文化	衣冠服饰	旗袍、唐装、丝绸、刺绣、少数民族服饰、绣花鞋、虎头鞋
	饮食烹饪	饺子、月饼、粽子、冰糖葫芦、各地小吃
	宫室园林	天安门、故宫、颐和园、圆明园、长城、屋檐、石狮
	舟车什物	渔船、龙舟、乌篷船、古代战车、斗笠、蓑衣
	文化考古	瓷器、玉器、漆器、彩陶、青铜器、明清家具、景泰蓝
其他	动植物	凤凰、龙、熊猫、喜鹊、鲤鱼、鹤、梅兰竹菊

（2）中国传统文化的精神元素。学术界对中国传统文化的精神内涵也有多种不同的分类方法。曹晓宏主编的《中国传统文化指要》一书中，将其归结为天人合一、刚健有为、贵和尚中和求实务实；浙江大学张琦则认为，中国传统文化的精神元素主要表现为：和合、天人合一、忠孝廉洁、天伦、勤劳、节约、无为不争、礼文化等。而本文采用张岂之在《中华人文精神》① 一书中的观点，将中国传统文化的精神元素归结为：人文化成、刚柔相济、天人合一、厚德载物、和而不同和经世致用等六个方面（见表 2）。

表 2　**中国传统文化精神元素的分类**

中国传统文化精神元素	具体内涵
人文化成	自强不息、拼搏开创
刚柔相济	张弛有道、中庸无争
天人合一	天人合一、回归自然
厚德载物	忠孝仁义、廉洁恭俭
和而不同	贵和尚中、博大包容
经世致用	刚健有为、知行合一

① 张岂之著．中华人文精神［M］．西安：西北大学出版社，1997：132.

3. 编码方法

本研究内容分析的编码如表 3 所示：

表 3 内容分析编码表

量表概念	变量	取值范围	取值对应含义
入选《年鉴》年份	F1	1 ~ 9	1 = 20032 = 2004　3 = 2005　4 = 2006 5 = 2007　6 = 2008　7 = 2009　8 = 2010 9 = 2011
广告公司	F2	1 ~ 4	1 = 本土广告公司　2 = 跨国 4A 3 = 港澳台本土广告公司　4 = 港澳台国际 4A
楼盘类型	F3	1 ~ 7	1 = 普通民居（包括小高层、公寓、复式等） 2 = 别墅 3 = 商务写字楼 4 = 店面商铺 5 = SOHO 居家办公一体 6 = 品牌形象传播 7 = Golf 球场、酒店等
楼盘所在地	F4	1 ~ 4	1 = 中心城市（北上广深） 2 = 一线城市（其他省会城市） 3 = 其他城市 4 = 港澳台
中国传统文化物质元素	F5	0 ~ 16	0 = 无 1 ~ 16 详见第二章（表 2-3）
中国传统文化精神元素	F6	0 ~ 6	0 = 无 1 = 人文化成 2 = 刚柔相济 3 = 天人合一 4 = 厚德载物 5 = 和而不同 6 = 经世致用

四、数据分析

1. 信度检验

本研究采用科恩（Cohen's Kappa）指数法来检验信度。在整个研究过程中，笔者作为主要编码员，对所有的 180 个广告样本进行编码；另外，又邀请了一位不明研究目的的研究生作为第二编码员，对她进行简单的培训之后，她随机抽取了 1/3 的广告样本（即 60 个）进行编码。经测算，“中国传统文化物质元素”的编码信度（Cohen's Kappa）为 0. 91，“中国传统文化精神元素”的编码信度（Cohen's Kappa）为0.87，均达到可接受的水平，证明编码者之间的一致性很好，具有较高的信度。

2. 样本分布

本研究选取2003—2011年《中国广告作品年鉴》中的房地产平面广告为样本，同一则广告的系列作品视为一个样本，共获得样本180个。在本研究中，中国传统文化元素包括物质元素和精神元素，因此对于同一则广告，既使用了物质元素又使用了精神元素的，计为两次使用。但在同一则广告中使用了多个物质元素或精神元素的，只计最主要的一种。

经统计，在180个广告样本中，应用了中国传统文化元素的广告数为74个，占样本总数的41.1%。其中，应用了中国传统文化物质元素的广告数为65个，占样本总数的36.1%；应用了中国传统文化精神元素的广告数为41个，占样本总数的22.8%（样本分布见表4）。

表4 样本分布一览表

项目		2003	2004	2005	2006	2007	2008	2009	2010	2011	总计
该年度房地产广告	数量	19	16	17	17	22	15	16	23	35	180
	百分比	10.6%	8.9%	9.4%	9.4%	12.2%	8.3%	8.9%	12.8%	19.4%	100%
应用传统文化元素	数量	10	7	7	4	10	5	5	12	14	74
	百分比	52.6%	43.8%	41.2%	22.2%	45.5%	33.3%	31.3%	52.2%	40.0%	41.1%
应用物质元素	数量	7	6	7	4	8	5	5	12	11	65
	百分比	36.8%	37.5%	41.2%	23.5%	36.4%	33.3%	31.3%	52.2%	31.4%	36.1%
应用精神元素	数量	7	5	2	2	9	3	1	4	8	41
	百分比	36.8%	31.3%	11.7%	11.7%	40.9%	20%	6.3%	17.4%	22.9%	22.8%

3. 中国传统文化元素的应用情况

房地产广告对中国传统文化物质元素和精神元素的应用情况统计如下：

（1）中国传统文化的物质元素。房地产广告中应用最多的中国传统文化物质元素是琴棋书画、礼仪风俗和宫室园林等，这些元素在广告中主要表现为汉字、书法、国画、水墨画、门神、舞狮、中国结、琉璃瓦屋、古代屋檐、石狮等；应用较少的是天文历法、传统医学等（见表5）。

表5 中国传统文化物质元素的应用情况

中国传统文化物质元素	使用次数	占样本总量百分比
无	115	63.9 %
琴棋书画	22	12.2 %
文章诗赋	4	2.2 %
戏曲小说	5	2.8 %
礼仪风俗	12	6.7 %
天文历法	1	0.6 %
传统医学	1	0.6 %

续表

中国传统文化物质元素	使用次数	占样本总量百分比
宫室园林	11	6.1 %
舟车什物	3	1.7 %
文化考古	4	2.2 %
特定动植物	2	1.1 %
合计	180	100.0 %

（2）中国传统文化的精神元素。房地产广告中应用最多的中国文化精神元素是“天人合一、回归自然的生活理想”，其次是“和而不同、贵和尚中的博大胸怀”；对于“刚柔相济的中庸精神”、“厚德载物的道德情操”等元素则应用较少（见表6）。

表6 **中国传统文化精神元素的应用情况**

中国传统文化精神元素	使用次数	占样本总量百分比
无	139	77.2%
人文化成	5	2.8%
刚柔相济	2	1.1%
天人合一	21	11.7%
厚德载物	1	0.6%
和而不同	7	3.9%
经世致用	5	2.8%
合计	180	100.0%

五、问题与对策

根据以上内容分析结果，结合广告案例，我们总结出中国传统文化元素在房地产广告中的应用的两个基本问题，并提出了改进的对策。

1. 问题

（1）对中国传统文化关注视野较窄。数据分析结果表明，在2003—2011年这9年间，房地产平面广告主要应用的中国传统文化元素有：琴棋书画、礼仪风俗、宫室园林等物质符号和天人合一、回归自然等精神理想。也就是说，有利于展现视觉符号的生活经验调动得到普遍青睐，但需要深入构思的历史文化认知及价值观念诉求则相对薄弱。中国传统文化博大精深，有着极其丰富而深刻的内涵，值得深入挖掘和传播。但房地产广告普遍关注身份、地位、居住环境、生活品质等最为功利化、最浅显的层面，忽略了更为广阔、更值得唤醒的中国传统文化内涵。

（2）将中国传统文化元素生搬硬套。由数据分析可知，中国传统文化元素在房地产平面广告中的使用率达到41.1%，是一种较受欢迎的创意元素，但是，一些广告虽然试图借助中国传统文化元素拉近与消费者的心理距离，但使用方式却不尽恰当，使得中国传统文化元素符号运用落入表象化，缺乏深层次创意，有生搬硬套之嫌。例如，富豪山庄“风林绿洲”篇以三幅中国水墨画笔法为创意元素，构成了一定的视觉冲击力，但这一中国传统文化元素与广告创意丝毫未能产生互动与呼应。整个广告的创意主题全部是通过文案展示出来的，三则文案分别强调了楼盘完善的配套设施、美丽的山水风光和建筑设计的精湛，但这些与水墨画之间的联系显得极为牵强（见图1）。

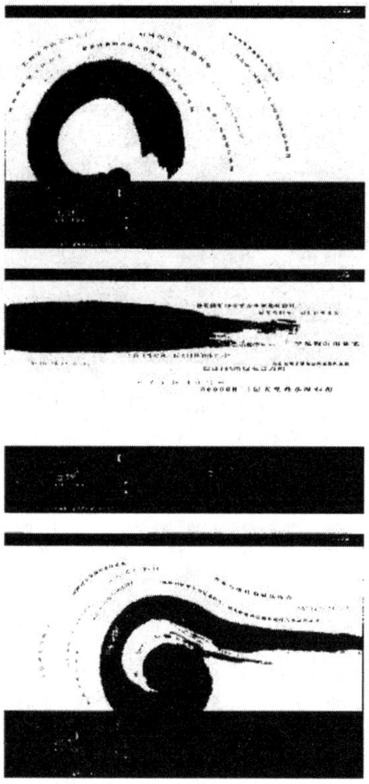

图1　富豪山庄“风林绿洲”篇（图片来源：2008年《中国广告作品年鉴》）

2. 对策

针对以上问题，我们提出两点中国传统文化元素在房地产广告中应用的改进对策：

（1）深入发掘消费者喜爱的中国传统文化元素。中国有着丰富多彩的传统文化，为广告创作提供了取之不尽、用之不竭的素材。但目前的房地产广告千篇一律，简单地以笔墨纸砚象征文化品位，以城墙宅院象征富贵奢华，以有山有水象征天人合一，这样的生搬硬套只会使品牌丧失独特的个性，流于平淡庸俗。

社会的发展必然衍生出众多的时代产品，因此房地产广告不仅要注重对传统的、可视的中国文化元素的传播，同时更要挖掘现代的中国文化元素，将传统文化以现代化的表现手法进行呈现，为文化带来新的活力。

例如，2006年《中国广告作品年鉴》中某楼盘广告就分别以中国传统文化中的神话故事“梁祝”以及著名诗人“白居易”为创作素材，巧妙地将二者谐音为“良住”和“百居易”，从而产生新的意义，令人恍然大悟、会心一笑（见图2）。这种对中国传统文化元素的新加工、新创作在视觉上令人耳目一新，往往能产生事半功倍的传播效果。

（2）深刻领会中国传统文化的精髓，激发消费者共鸣。任何一种文化都有其自身孕育的土壤和环境，只有对它的形成与发展有着最透彻的理解，才能创作出打动消费者的好广告。房地产广告创意如果能从商品世界深入到传统文化深厚的土壤中，深刻领会中国传统文化的精髓，为广告注入积极的文化内涵，构建新的价值取向，定能获得消费者的文化共鸣，

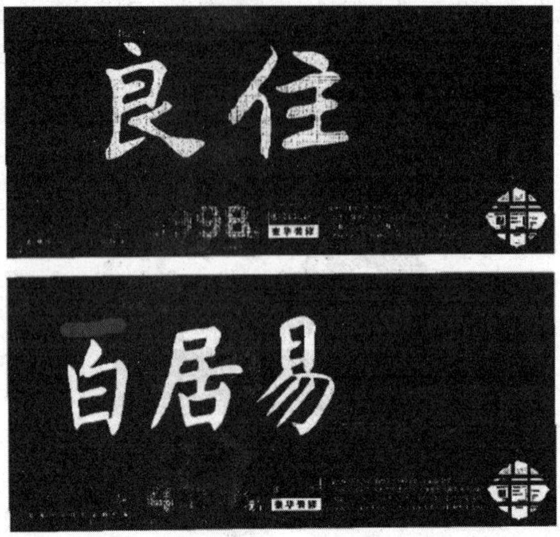

图 2　百居易平面广告（图片来源：2006 年《中国广告作品年鉴》）

取得良好的传播效果。

例如，杭州“亲亲家园”楼盘项目以“亲善美，永相随”为主题，利用中国传统汉字为创意元素，分别将“认识——聊天——微笑——问候”这种熟悉而又陌生的生活场景与小孩子天真无邪的纯真情谊联系在一起，勾勒出一种至真至诚、至善至美的和谐社区景象（见图 3）。广告中丝毫没有描述楼盘的设施及周边环境，而是回归到中国人最本真、最淳朴的“远亲不如近邻”的人际交往理念上，既弘扬了传统文化精神，又能为品牌树立亲切温馨的形象，唤起了人们久违的邻里之情和对真善美的追寻。

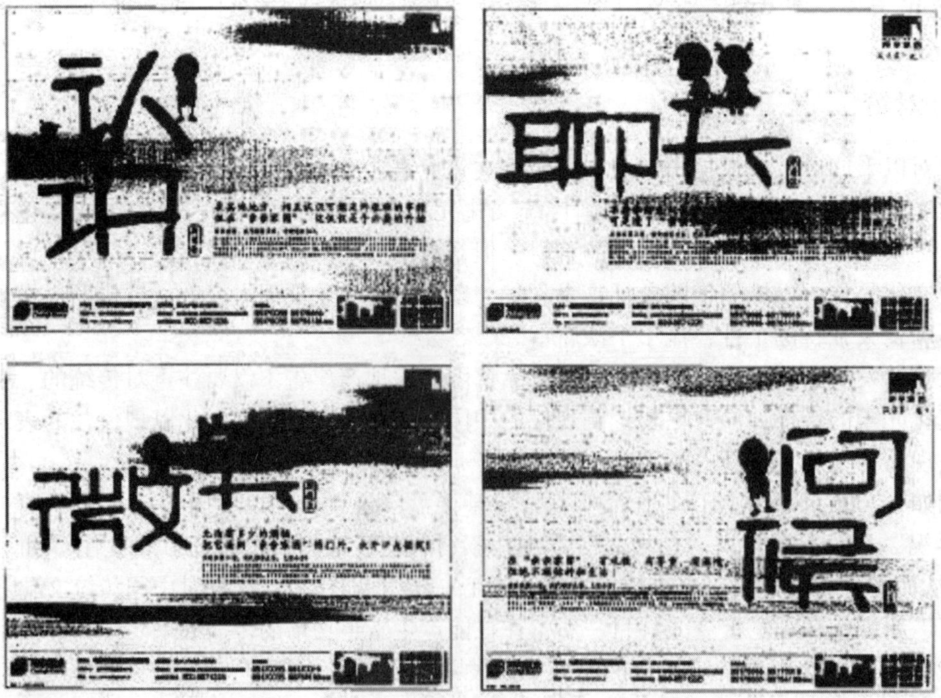

图 3　“亲亲家园”平面广告（图片来源：2009 年《中国广告作品年鉴》）

六、结语

本文通过文献研究、内容分析和案例讨论，描绘了中国传统文化元素在房地产广告中的应用现状，并提出了对问题的解决对策，对房地产广告创作具有一定的参考和借鉴价值。未来的研究还可以从以下几方面作进一步的探索：第一，对运用了中国传统文化元素的房地产广告进行传播效果研究，分析消费者对中国传统文化元素的接受方式和文化认同感；第二，对中国传统文化元素与西方文化元素在广告中的应用进行对比，分析两者之间传播效果的异同；第三，将中国传统文化元素的应用从房地产平面广告扩展到其他类型的广告（如：影视广告），进行进一步的实证分析，以提高研究成果的普适性。

【作者简介】

阳翼，管理学（市场营销）博士，暨南大学新闻与传播学院广告学系副教授、硕士生导师，中山大学中国营销研究中心（CMC）研究员，美国密歇根大学商学院访问学者。主要研究方向为消费者行为与营销传播。

朱筠丽，暨南大学新闻与传播学院硕士研究生。

皮亚杰儿童认知发展理论视域下的儿童产品广告创意

戴海波

儿童作为消费者的市场往往由三个部分构成：作为直接消费者的直接市场、作为影响者的影响者市场和作为未来消费者的未来市场。① 现代社会，儿童已经形成一个很大的消费群，儿童产品所拥有的市场潜力不可小视。同时，儿童作为社会群体的一个特殊组成部分，因其年龄局限的认知能力和知识层次的限定，其消费行为呈现出多样化的状态。因此，在把握儿童消费行为特征的基础上，如何做出符合儿童认知心理的创意广告，这对儿童产品的宣传和推销至关重要。

一、皮亚杰儿童认知发展理论的内涵

皮亚杰是著名的发展心理学家，发生认识论的创立者。他从认识的发生和发展的角度对儿童心理学进行系统和深入的研究，提出了系统的儿童认知发展理论。

皮亚杰在谈到儿童心理时说："和生理的成长一样，心理的发展，实质上就是趋向平衡的活动。"② 他认为，儿童的认识系统是极其活跃的，该认识系统在构建知识时，不是被动地对呈现于感官的各种信息进行简单的接收，而是以"自我中心"为思维载体积极选择和解释环境信息。"自我中心"是指儿童不能区别自己的观点和别人的观点，不能区别自己的活动和对象的变化，把周围一切都看做与他自己有关、是他的一部分。③ 儿童的自我中心性是皮亚杰的一个重大发现，它指出儿童心理与成人心理的不同之处。由于儿童不能协调自己与客体的关系，加上缺乏经验和知识，在思维时总是把注意力集中在自己的愿望、需要、动作上，形成了特有的儿童思维的自我中心性。其表现主要有：一是儿童以为世界是为我而存在，一切都围绕着自我运转。例如，儿童认为自己走路月亮就跟着自己走。二是儿童不能从他人的角度思考问题。例如，皮亚杰问某一男孩："你有兄弟吗?"男孩回答："有。"皮亚杰又问："你兄弟有兄弟吗?"男孩说："没有!"三是儿童具有泛灵论倾向。通常儿童认为一切事物都有生命和情感，也有人性。例如儿童认为踩在小草身上，小草会因为疼痛而哭泣。④ 儿童思维的自我中心性是儿童的一种普遍心理特点。单纯的知识传授也不能消除自我中心。只有在活动中儿童不断地协调自己与外界的关系，才能逐步解除自我中心。

皮亚杰的儿童认知发展理论强调儿童的"自我中心"性，并要求在遵从儿童"自我中心"性的基础上，通过"外部环境同化于认知结构"与"认知结构顺化于外部环境"这两

---

① ［美］詹姆斯·U麦克尼尔著．儿童市场营销［M］．张红霞，译．北京：华夏出版社，2003：27.

② ［瑞士］皮亚杰著．儿童的心理发展［M］．济南：山东教育出版社，1982：20.

③ 林菁．皮亚杰的儿童"自我中心"理论述评［J］．学前教育研究，2001（1）．

④ 杨慧慧．皮亚杰儿童认识发展理论述评前言［J］．2006（7）：56.

种建构方法影响儿童的心理和智力，从而实现认知系统的平衡。广告创意作为广告表现的载体，它要求根据受众的认知特点，以独特新颖的形式把广告主题转换成受众认同的意念或形象。因此，广告创意的生命力来自受众的认同。同样，儿童产品广告的核心受众群是儿童，创意者要考虑到儿童的“自我中心”性以及儿童在心理、生理发育水平，审美认知，人生视野等方面的特点。站在儿童的立场上，用儿童的观点去透视广告，用童心去填充广告，以儿童的情趣去体味广告，选用儿童易于接受的视角去构建儿童产品广告的传播情境。① 只有这样，才能创造出新颖独特的形式和内容去吸引儿童受众的目光。

二、创意表现主体的认知差异性

不同年龄段的儿童对广告的审美认知、态度、情感、行为趋向性都是有差异的。皮亚杰把儿童认知心理划分为四个阶段：感知运动阶段、前运算阶段、具体运算阶段和形式运算阶段。这四个阶段的发展是一个连续的建构过程，每一阶段都是前面阶段的发展，又为下一阶段发展打下基础。发展阶段不是截然划分式的，而是具有一定程度的交叉重叠，每个阶段都有一个准备期与完成期。

1. 感知运动阶段（0～2岁）

相当于婴儿期。这一阶段的儿童主要是靠感觉和运动来认识周围世界，在这一阶段中，儿童获得了客体恒存性的图式，即儿童看不到、听不到某个物体时，他仍然要去寻找它。客体恒存性的图式对儿童进一步掌握空间、时间、因果关系图式至关重要。② 因此，广告创意时要注意利用客体恒存性的特征，通过运动知觉去刺激婴儿的感官，从而引起他们的注意力。比如麦当劳的一则广告：一个小宝宝坐在秋千上，当秋千荡到最高处的时候，宝宝就会笑，当秋千往下落，低于窗台的时候，宝宝就哭，反复的一哭一笑让人对窗外的“景色”很感兴趣，后来放出来，外面是麦当劳的标志。整个广告唯一的客体就是麦当劳的标志，通过标志的忽隐忽现和宝宝一哭一笑表情的运动对比，刺激受众感官的同时，使标志与乐趣联系了起来。同时，处于这一时期的儿童是没有消费能力的，他们的消费权几乎完全取决于父母。广告创意时要注意抓住妈妈对孩子无比关爱和美好期望的心理状态，与之进行有效的沟通。

2. 前运算阶段（2～7岁）

这一阶段的儿童已经具备心理表征和使用语言的能力，可以通过感觉运动来掌握语言、图像、手势、声音、数字等多种符号的意义。但是这一阶段儿童的思维却表现出两个特点。一是自我中心性，即只能从自己方面观察、描述一个物体。另一个特点是知觉集中倾向，即儿童只能注意到情境的一个方面，不能认识事物的可逆性。依据这两个特点，广告创意要遵循简明性原则，注重叙事角度的单一性和表现过程的直接性。比如小霸王学习机的“你拍一，我拍一，小霸王出了学习机……”的儿歌篇、宝宝金水的“洗呀洗呀洗澡澡，宝宝金水少不了，滴一滴呀泡一泡，没有蚊子没虫咬”的童谣篇、酷儿饮料的“健康歌”篇等，都是利用儿童非常熟悉并喜欢的歌谣简洁直观地传达出产品特点，有利于儿童对产品符合意义的理解。

---

① 杨靖．接受美学视域下的儿童电视广告创意［J］．新闻爱好者，2010（5）：78.

② 尹忠泽．论皮亚杰儿童认知发展理论中的辩证法思想［J］．山西师范大学学报（社会科学版），2006（5）：137.

3. 具体运算阶段（7～12 岁）

相当于小学阶段。这一阶段的儿童已经具备基本的逻辑思考能力，但一般还离不开具体事物的支持。而且儿童的自我中心减弱，开始理解他人的观点，并提高了交往能力。广告创意时要充分考虑到这个时期儿童的认知特点，通过有趣的故事、游戏的场面、流行的歌曲等营造出简明的广告传播情境。比如，宝宝金水的“找朋友篇”在采用原来婴儿版的说唱形式和旋律的基础上，继续保持活泼、可爱的特性，并充分迎合 7～12 岁小朋友的行为心理特征，考虑到小朋友们喜欢一起游戏、一起玩的特点，在广告中加强了营造儿童之间分享、嬉戏和模仿的情景，使整篇广告更具活力。

4. 形式运算阶段（12～15 岁）

相当于初中阶段。所谓形式运算，就是可以在头脑中将形式和内容分开，可以离开具体事物，根据假设来进行的逻辑推演的思维。这个时期儿童的行为能力、个体意识、思考方式均有所变化，逐渐具有小大人的特性。宝宝金水“街舞篇”的广告创意充分抓住了此阶段的儿童心理特征，找到了他们当中流行的“酷”文化，选取“酷”的代表——说唱和街舞来进行新的创意表现。同时还充分考虑到此阶段儿童的模仿心理特征，寻找一群比目标受众人群稍大的青少年来进行演绎，以期待目标人群的深度认同、模仿和传唱。

处于以上四个不同认知阶段的儿童在对广告解读的过程中，依据认知的差异发现世界，并逐步理解广告的诉求主题。儿童产品广告创意人员应在认真市场调研的基础上，确立产品的核心消费群体是属于上述四个阶段中的哪一个，或是产品并没有明显的适用阶段，是儿童均可使用的产品。明确了创意表现主体的年龄区间，在遵循年龄区间认知差异性的基础上，进行初步创意架构。

三、利用图式建构传播情境

对于广告来说，广告主与消费者之间的买卖关系是广告建构的第一层次情境即现实世界，而除此之外，还必须通过建构某种传播情境实现两者之间更好的沟通与交流。① 如何建构传播情境，皮亚杰的“图式”观点可以为此提供一个切入点。

皮亚杰认为：“图式是指动作的结构或组织，这些动作在相同或类似的环境中由于不断重复而得到迁移或概括。”② 儿童之所以能对刺激做出这样或那样的反应，是由于个体具有同化这种刺激的图式，因此，皮亚杰的图式概念实际是指个体内在的知识结构。儿童对客观世界的解释总是根据他们已经知道的关于世界的知识。在皮亚杰看来，不存在纯粹的客观现实，现实是主体依据已有的认知图式对环境信息进行的建构。他指出，儿童对自己的观念是想象而不是发现，也就是说，观念不是预存于内部而逐渐显现的，也不是预存于外界等待儿童去发现，儿童必须自己去想象它。他们以现有的心理结构来挑选和理解经历，他们也调整这些结构来认识现实世界更细微的事实。③ 对于儿童产品广告创意来说，广告创意人员在尊重儿童知识结构的基础上，利用图式建构某种传播情境，刺激儿童受众发挥想象力，在与广告文本互动的过程中认知自己的观念进而理解世界。

---

① 戴海波．论感性诉求在构建广告情境中的运用［J］．淮阴师范学院学报（社会科学版），2009（11）：836.

② ［瑞士］J. 皮亚杰 B. 英海尔德．儿童心理学［M］．吴福元，译．北京：商务印书馆，1980：5.

③ 尹忠泽．论皮亚杰儿童认知发展理论中的辩证法思想［J］．山西师范大学学报（社会科学版），2006（5）：138.

优秀的儿童产品广告文本应该是一个布满了未定点和空白的图式化纲要结构，需要儿童在收看中完成对未定点的确定和对空白的填充，从而在与广告文本互动的过程中，把握产品的诉求主题。在现实生活中，儿童的能力是很有限的，但是他们却可以通过想象弥补能力的缺失，在进行儿童产品的广告创意时，应该充分地挖掘儿童的想象力，尽力尊重和满足他们的梦想，为广告插上梦想的翅膀。当那些充满激情和幻想的广告出现在儿童面前时总能激发他们的兴趣，调动他们关注的欲望，也就容易获得成功。高乐高“维灵娜篇”中正在做功课的小女孩伸了伸懒腰，准备喝高乐高补充一下能量。神奇的事情就在这个时候发生了：维灵娜——高乐高中维生素的代表，从罐中一闪而出。她是高乐高乐颠一族中的百科全书，睿智且富有知识，她告诉了小女孩“更聪明更健康”的秘密所在。然后小女孩和维灵娜便一起梦幻般地飘起，共同分享高乐高所带来的美妙一刻。① 在这则广告中，儿童的现实能力与梦想的实现形成一种戏剧化的矛盾冲突，构成了一个不完整的图示化纲要结构，蕴含了许多空白和未定点。儿童借助乐颠一族所带来的奇特力量完成了梦想，实现了对图式的填补和充实。广告也通过一问一答的互动交流方式，简单明了地传达出了产品本身的特质，以及高乐高健康积极向上的品牌精神。

四、建构同伴关系进行叙事

皮亚杰一贯坚持主客体相互作用的思想，他认为主体是个体性和社会性的统一，是在自然环境和社会环境中培养出来的种种关系的统一。② 随着儿童不断长大，他们形成了越来越多样的社会关系，在这些关系中，和伙伴建立的关系在儿童的生活中有特别重要的作用。

同伴关系主要是指同龄人之间或心理发展水平相当的个体在交往过程中建立和发展起来的一种人际关系。正是产生于同伴关系中的合作与感情共鸣使得儿童获得了关于社会的更广阔的认知视野，在儿童与同伴交往中表现出的冲突将导致社会观点、采择能力的发展并促进社会交流所需技能的获得。广告创意要求在广告叙事过程中把抽象的广告主题转换成受众能感受到的具象的实物或观念，尤其是对于认知结构不完善的儿童受众来说，建构同伴关系将更加有利于具象实物的表现或者观念的传达。在广告文本中，为了更好地进行叙事，同伴的表现形式是非常广泛的，不仅仅包括现实生活中真实的人物，ketty 猫、喜羊羊、泰迪熊、白云、喇叭花，甚至是自己的小脚丫、小肚脐都会成为伙伴，这种广义伙伴将作为广告创意表现的载体使儿童在收看广告的过程中，通过游戏、玩乐、体验等方式与其互动，给儿童带来安全感、愉悦感、满足感的同时，进而解读和理解作品，促其认知结构的进一步发展。

美国老牌儿童服装“Healthtex”的广告展示一个小男孩正低着头专心致志地玩弄自己的肚脐。旁白为：“肚脐圆圆的、软软的，你一动它，还觉得有点发痒。你在商店里到处把它展示炫耀，小朋友见了会尖声大笑。妈妈们的脸却红得像甜菜根。还真是没有谁的肚脐和你的一模一样。老天，难道你总也忘不了掀开衣服露出你的小肚脐？现在我们有了一个好办法，它就是‘Healthtex’牌贴身套衫。”广告结尾旁白：“为什么家里放着价值 768 美元的玩具，而宝宝们仍喜欢玩他们的小肚脐？”③ 这则广告在叙事的过程中，通过建构“肚脐—小玩伴，玩伴—小肚脐”的同伴关系，充分调动了儿童先在的人生体验和审美经验，把儿

---

① 周雅琼．儿童产品广告的心理分析及创意表现研究［D］．合肥：合肥工业大学，2007：37.

② 尹忠泽．论皮亚杰儿童认知发展理论中的辩证法思想［J］．山西师范大学学报（社会科学版），2006（5）：137-138.

③ 何佳讯．营造孩子的真实感觉——儿童产品广告如何创意［J］．中国广告，1998（5）．

童单纯可爱的天性真实地展现在受众面前。

【作者简介】

戴海波，传播学硕士，江苏省淮阴师范学院传媒学院讲师，主要从事广告理论与实务、传播理论研究。

湖湘文化特质与中国广告理论创新

周自祥　李正良

近些年许多人都曾疑惑不解地追问这样一个问题：新中国建立伊始的很长一段时间内是由一大批湖南人主宰国家政治舞台；接下来的20世纪80年代又有一大批湘籍文学人士在中国文坛上活跃了好一阵子；而20世纪90年代中后期至今，在这块经济并不发达的土地上突然雄起以电视湘军为代表的文化产业，许多湖南电视节目和栏目猛然火遍全中国，影响全世界，并被誉为“湖南电视现象”。对于其中原因，有研究者分析认为湖南人能在政治、文化等上层建设领域里常领风骚，这不是偶然现象，而是一种文化的延伸，这就是近些年来学术界提出的所谓的“湖湘文化”的延伸，由于有着深厚古老而且不断丰富新内涵的文化底蕴，于是湖南这块并不富裕的土地，亦能滋生孕育出参天文化大树。

广告与文化息息相关，“湖南文化”同样能够延伸到中国广告理论研究领域。湖湘文化特质能为当下的中国本土广告理论建构提供横向整合所亟须的宽广视野和丰富而圆熟的理念与操作技巧的支持，而将广告手段与广告思维自觉导入到湖湘文化之中又能更好地彰显与实现湖湘文化的当代价值，丰富湖湘文化的内涵，进而推动我国文化产业与软实力的发展。

一、中国广告理论研究现状与问题

理论由概念与解释两大要素构成，一切理论都是抽象概念与建构，任何理论都具有不完备性，每个理论都只能集中关注局部或某些方面，只能部分反映真理。理论具有组织与总结知识、聚焦变量与关系、辅助观察与阐明观察对象、预测未来、启发思考、提供研究框架、生成演绎、引起变革等功能，在评价理论时，追问以下问题有助于深化思考的方向与深度：理论告诉了我们多少东西，它们在逻辑上是否一致？是否具有开展进一步研究的思想？是否具有简约性，是否简明而优雅？它具有怎样的开放性？① 以此视角来透视当代中国广告理论研究，虽然我们的有关广告的理论研究成果已很丰富，甚至不乏真知灼见，但我们还拿不出像USP理论、品牌形象理论、定位理论等学界业界通用的相对独立完整的原创性的标志性的理论成果，因而我们自己的广告理论之路依然要上下求索或者说还有很大的发展空间。

或许我们提中国广告理论创新还为时尚早，而是要提中国广告理论的创建。但我国的西方广告话语已在“他乡”成“故乡”，离开这些话语学界与业界都已无法沟通，从这一角度看，“创新”的提法似乎更符合实际。一些学者已经指出中国广告理论研究的在“创新”方面的不足。张金海、周丽玲在《中国广告》2004年第9期撰文指出，今天我国的广告学研究虽然也有了一定的研究成果积淀，但在理论研究上却鲜有突破性的进展与创获。有“术”无“学”仍是人们对广告的一种整体评判。当今广告理论的学理阐释与基础理论建构还相当薄弱，甚至在一些广告的基本理论问题上，我们大多还停留在经验与感觉层面，缺少深入的、辩证的、逻辑的学理思考。② 夏文蓉在《新闻大学》2008年第2期撰文指出，广告学

① ［美］斯蒂文·小约翰著．传播理论［M］．北京：中国社会科学出版社，1999：37-50.

② 张金海，周丽玲．我国广告理论研究现状［J］．中国广告，2004（9）．

理论的本土化构建成为亟待研究的课题之一。在广告教育领域，近年我国广告教育发展迅猛，全国数百所高等院校开设了广告学专业，但与之相伴随的是广告学的专业性、学术性研究缺乏，广告理论研究的滞后已不能适应广告教育的人才培养目标。再加上本土广告理论的缺乏使得西方广告学理论乘虚而入，成为本土广告界的唯一理论参照，这显然是不够的甚至是危险的。① 胡晓云在《现代广告学刊》2005 年总第 110 期撰文指出，中国广告学理论研究已步入新境界，中国国内环境的发展新貌成为中国广告研究的必然立足点。现代中国的广告理论研究始终处于引进——对接——冲突——融合——超越的过程中，而寻找最终的融合与超越，是中国广告理论研究者的使命。②

总体来看，值得我们反思的两个问题是：我们被飞速发展的广告业与广告教育的现实逼得太紧了，不急不行，疲于奔命，而结果是欲速则不达；我们“鞠躬”太久了，跟现实贴得太近了，习惯了使用放大镜、显微镜，而放弃使用“望远镜”，结果是不知道站得高才能望得远，捡了芝麻丢了西瓜。

二、湖湘文化特质与广告的深度契合

岳麓书院大堂门柱上刻有著名对联：“吾道南来，原是濂溪一脉；大江东去，无非湘水余波。”千古长流之湘江，涛尖浪尾皆诗皆典皆学问。此诗此典此学问，正如同湘江水般宽容博大、气象万千，而且依循历史的轨迹延传至今千余年，历久弥新，生生不息，唱响湖湘、声震华夏，成为“蓝墨水”河流的重要源头。

湖湘文化是湖湘大地上历朝历代的有识之士精神建构与传承的结晶，其间纵然历经起起落落，然而在经受了千年的时间洗礼后，现已趋于一个相对稳定的结构。关于湖湘文化的典籍早已汗牛充栋，关于其特质的总结著述也相当庞杂，因湖湘文化内涵的丰富性，加之视角的不同，具体观点的差异分歧也较多，但若将其展开深入分析，可以发现它的内部包含有相对稳定的基本要素与整体功能等方面的特质，这些特质承载着湖湘文化的灵魂，是“牵一发而动全身”的总枢纽。为表述方便，本文在吸纳有关研究成果基础上，将湖湘文化特质提炼总结成四个层面，并在此基础上探讨与广告理论可能的深度关联。

1. 经世致用，实事求是

文化产业是推动我国经济转型的重要力量，而广告业作为文化产业的重要支撑，自然担当起更大责任，有更高的视野和更高远的信念，以实事求是的精神经世致用，贡献国家与社会专业力量。从广告的科学性来说，实事求是就是广告的核心理念，与理性广告主张高度一致；从广告目标与效果来说，它所追求的就是要经世致用。

经世致用正是“湖湘文化”的精髓，即重视实践的务实精神，高度凝聚着实践理性和“天下兴亡，匹夫有责”的公众参与意识。实事求是是岳麓书院最为尊崇的理念之一，很早就被制作成牌匾在书院高悬，毛泽东后将此重新阐释，现成为毛泽东思想的精髓与邓小平建设有中国特色社会主义理论的哲学基础。湖湘文化是蕴含伟力的文化。从两宋到元明，直到清末道咸时期，历史的机遇让湖湘文化的伟力，如火山喷焰般突然爆发出来。这一次大爆发彻底改变了湖南的形象，它不仅让湘人的生存硬件大为改善，更将一种自信心扎根于湘人的信念中，将一种精神贯注于湘人的灵府深处。这种自信心和精神远远强过那些硬件，它顽固地代代相传，成为湘人立身处世奋发有为的不竭的力量源泉。③

---

① 夏文蓉. 论中国广告传播理论的建构［J］. 新闻大学，2008（2）.

② 胡晓云. 现代中国广告学理论研究历程及现状［J］. 现代广告学刊，2005（3）：110.

③ 唐浩鸣. 湖湘文化及其当代价值［J］. 求索，2004（12）.

2. 浪漫灵泛，适性自然

如果说作为湖湘文化精髓的“经世致用，实事求是”理性主义偏向的话，“浪漫灵泛，适性自然”则是湖湘文化的浓郁的非理性偏向。湖湘文化注重从个体生命活动出发进行“诗性追问”，从而将人类根本性的生命活动视作审美活动。湖湘文化具有其鲜明的地方特色。这种特色植根于湖湘大地独特的地理环境：“水”。水是生命之源。水，不仅繁衍了生命，而且创造了文明，发展了文化。水，最为灵动，最富变化。湖湘文化是植根于水的灵性、水的变化的文化，也可以说是一种“水文化”，还有一个名词是享誉世界的“江南文化”。而且湖湘大地不仅有水，而且有山。如洞庭盆地周围，东有幕阜，西有武陵，南倚雪峰、（西）北望壶瓶……子曰：“知（智）者乐水，仁者乐山。知者动，仁者静。知者乐，仁者寿。”（《论语·雍也》湘人生活在这山水之间，既是“智者”，也是“仁者”，故能“动”、“静”结合，“乐”、“寿”兼得。这是“湖湘人”性格特征的基本点，也是湖湘文化特色的深厚土壤。① 在这种环境中成长的以我国第一位诗人屈原为代表的群体创作了诗歌样式——“楚辞”，因其想象丰富，长于抒情，开创了我国诗歌史上浪漫主义的传统。所谓的“不到潇湘岂有诗”。又如，作为湖湘文化“霸蛮”、“火辣”特征的互补结构，灵泛、灵动与灵性的文化基因，在湖湘学派代表人物王船山思想里有深刻而丰富的表现。前人论船山有“字字楚骚心”（朱孝臧）、“于庄骚尤流连往复”（潘宗洛）等语。正是在悠长的湘楚文化源流中，孕育了富于诗性浪漫审美特征的湖湘文化特色，大气磅礴又灵泛洒脱。② 而今这种特质已具有巨大的人文价值。这一特质，当代广告人亟须加以内化成职业修养，并将其演变成进行创意策划时所需的“看家本领”，这不仅能激发我们的广告创意思维，亦能与西方情感派广告主张对话与对接。

3. 开放包容，兼收并蓄

广告研究需要开放包容，兼收并蓄。广告学作为一门交叉学科，其理论研究尤需开阔的视野，博采众家之长，努力寻找不同的视角，形成错落有致的理论关照。并且在广告创意思维方法上，开放包容，兼收并蓄的理念可直接导入到应用层面，与现有的头脑风暴法、“二旧化一新”等观念对接。

开放包容，兼收并蓄是湖湘文化的又一特质。湖湘文化是博采众长、各种不同文化相互交融的结果。从湖湘文化演变的过程看，它历经了历史上的三次大融合：南宋时期、理学思潮兴盛、湖湘学派崛起形成了古代湖湘文化；近代时期，历经西学东渐与经世之学的链接，古代湖湘文化转变成近代湖湘文化；新文化运动时期，马克思主义在中国传播，中国共产党的成立，湖湘文化的巨大社会效能得以充分发挥。从这三次文化大融合足以发现湖湘文化的开放包容，兼收并蓄特质。③ 湖湘文化的兼容性熔铸着湘人的博大胸怀、开拓着他们的广阔视野，使他们兼收并蓄，具有了治国平天下的卓绝才干。湖湘学派的创始人张栻，他主张“盖君子于天下之事，无所不当究者”。④ 曾国藩在他老师欧阳厚均所提出的“有体有用”的基础上提出义理为体，经济为用，“精研百氏，体用赅备”⑤，凭借广博的学识成就了他的事业。毛泽东不仅精通历史、地理、诗词、书法、军事，而且主张读社会这本“无字天

---

① 施金琰，施瀚文．论洞庭——湖湘文化［J］．湖南师范大学社会科学学报，2003（4）．

② 许定国．灵泛洒脱美：船山美学湖湘文化基因互补现象解读［J］．船山学刊，2009（4）．

③ 柯闻秀．湖湘文化的三次大融合及其包容性特征的形成［J］株洲师范高等专科学校学报，2006（1）．

④ 孙子．南轩文集·跋［M］．

⑤ 黎昌庶．拙尊园从稿第3卷［M］．光绪十六年：1.

书”。可以说是马克思主义的真理和广博的学识使他成了伟大的无产阶级政治家、军事家、诗人、政论家和书法家，成为深受中国人民爱戴和尊敬的伟人。①

4. 独特的忧乐求索观

湖湘文化又被视做一种忧乐文化、求索文化。宋代政治家与文学家范仲淹《岳阳楼记》中有名句“先天下之忧而忧，后天下之乐而乐”，屈原代表作《离骚》中有名句“路漫漫其修远兮，吾将上下而求索”，这二者可成为湖湘文化独特的忧乐求索观的有力注脚。这也是中国知识分子追求的最高境界，是中国知识分子富于社会责任感的最佳写照。这种价值观后又演化成：“心忧天下，敢为人先”。年轻的左宗棠曾写对联：“身无半亩，心忧天下；读破万卷，神交古人。”青年毛泽东见此联后推崇备至，并将其改为“身无一文，心忧天下”，这八字现已成湖湘文化的永远的主题内涵，也鲜明地诠释着火辣辣的革命精神。有意思的是，今天实践湖湘文化理念的代表、湖南文化产业的代表湖南卫视主打的却是“快乐中国”牌，做的是“先天下之乐而乐”的事。但其领军人却认定他们所表现的“先天下之乐而乐”，与“先天下之忧而忧”并不矛盾，两者在精神上仍然相通。② 从广告的视角来看，“心忧天下，敢为人先”应是广告人的职业操守与职业技能的真实而生动的写照。广告人的职业身份注定了他们从来都是要替天底下不同的广告主、替不同品牌与产品而殚精竭虑，还时时要敢为人先地拿出新创意，甚至可以说湖湘文化的这种特质正是广告界所追求的理念与操作技巧合一的理想境界。

三、广告理论研究的未来展望

1. 导入湖湘文化核心理念

中国广告理论若要在未来寻求大的发展，首先要在顶层设计上有新思路与大思路，要深入认识中国自己的广告理论的深刻意义与巨大价值。一个容易操作的方案就是导入湖湘文化核心理念，将本土广告理论的建构做为“大事业”来构筑，要以宽广而长远的视野，但这里不是说一提到宽广视野就是以国外发达国家的现实为目标参照，而是要有战略眼光，形成我们在学界与业界都能公认的具有较强生长性、较强启发性与解释力的理论话语体系。

其次，要大力引导与培养广告理论研究的生力军，要建立让社会上最优秀的人才愿意进入广告理论研究领域的机制。各级各类课题甚至专业学术杂志应有意识加大对本土广告理论研究的支持力度，充分调动研究人员的积极性。再次，要创新具体的研究方式。关键是要动手去扎扎实实地做，而不能只是在理论的外围老打转。如我们可以将品牌运作的方式导入到理论研究中来，从某种程度上看，湖湘文化之所以有生命力、精彩纷呈，与其对个人主张的品牌化包装不无关系。即将某些有较强生命力生长性或较大阐释力的核心概念与观点放大，自成一派，再传承发扬。要充分发挥广告批评对理论评价与理论完善的促进作用，在理论得以被高效率传播的同时集聚高水平的反馈意见来不断提升与完善，从而形成核心概念接力、观点接力、理论接力，进行给力整个广告业。

2. 从湖湘文化中寻找广告理论研究的更多动力

湖湘文化是一个多层次、多侧面、矛盾复杂、优劣共生的复合整体，简单地、片面地强调其中的某一层面、某一侧面、某一内涵，不能真正认识湖湘文化进而深入其内核。只有将

---

① 陈甲标．湖湘文化兼容性特征的形成与影响［J］．湖南社会科学，2000（6）．

② 魏文彬．湖湘文化与电视湘军［J］．中国广播电视学刊，2007（7）．

其置于宽广的社会历史与文化视野之中进行全面、综合、细致、深入的研究和分析，才能真正对其加以解构和诠释，抽象出积极进取的精神，抛弃保守落后的东西，才能找到湖湘文化与现代广告的契合点以促进当代广告理论研究的深化，并且争取超越时代与时空的限制从而具有永恒性。湖湘文化中这些涵盖着庙堂与江湖、精英与草根等各个层面、各个领域的文化精神和乡土记忆，无疑都是创新湖湘文化的宝贵精神内核。① 这也可成为广告理论研究吸取发展动力的不竭源泉。

当然，由于湖湘文化内容的庞杂性与内涵的丰富性，还有更多的视角与素材值得大力去整理与挖掘，如有专家指出，被世人誉为"潇湘洙泗"、"荆蛮邹鲁"的湖湘大地已产生诸多"致广大而尽精微"的哲学思想体系，湖湘哲学所建构起来的精神气象，是一种宏大而超迈的、既圣贤又豪杰的气象：学做圣贤，气吞豪杰，是故"立德与立功"并重，内圣与外王合一，"忧国忧民不忧私"。"湖湘哲学关注的问题涉及政治、道德和人生终极关怀等各个方面，可谓穷天人之际，极古今之变。""湖湘精神者，简而言之，有独立自由之思想，坚强不磨之气节，笃行践履之志向的根性，充满原始野性生命张力的血性魂魄。""其激昂的爱国主义精神，忧国忧民的情怀；深厚的民本主义思想和朴素的人文主义关怀，以天下为己任的宏伟抱负和怀才不遇但壮心不已的进取心与责任感，其苍劲、雄浑和悲壮的基调，构成了湖湘文化的基本底色"……越来越多的精辟的阐释，让湖湘哲学的精髓光彩夺目。② 在某种程度上说，这种提升到哲学层面的思考也正是广告哲学所苦苦寻觅的理想境界。

【作者简介】

周自祥，湖南大学新闻传播与影视艺术学院讲师，湖南省广告教育研究会秘书长。

李正良，湖南大学新闻传播与影视艺术学院教授，湖南省广告教育研究会会长。

① 万里．湖南形象塑造与湖湘文化创新［J］．企业家天地，2009（8）．

② 参见湘江：一条流趟哲学的河流［N］．湖南日报，2011-05-14：理论版．

我国公益广告在突发公共事件中的价值分析①

邬盛根　胡晓雪

当前我国正处于经济和社会转型期，面临着错综复杂的各种矛盾，再加上自然灾害、事故灾难、公共卫生和社会安全事件等因素，随时随地都有可能爆发各种突发公共事件。从2003年爆发“非典”危机以后，突发公共事件就在我国频繁发生，特别是2008年以来的各种自然灾害、多起工厂生产事故、高速交通事故、群体暴力冲突等一系列突发公共事件，都说明现阶段我国正处于突发公共事件的多发期，每年的突发公共事件都给我国造成了惊人的损失。根据媒体报道资料显示，2003年各种自然灾害等公共事件给我国造成的损失共达6 500亿元人民币，相当于我国GDP的6%；2008年全国发生的各类自然灾害给我国造成直接经济损失达11 752亿元，与上年相比增加4倍，其中“5·12”汶川大地震造成的直接经济损失8 451亿元，全国因地震和生产安全事故造成的死亡人数约16万人。另一方面突发公共事件同样给人们造成了不容忽视的间接损失，比如给公众生活秩序、公众心理等都会造成巨大冲击和不可抚平的创伤等。

一、突发公共事件过程中公益广告运行问题

自1986年我国第一则真正现代意义上的公益广告诞生以来，公益广告事业在我国已经走过20多年的发展历程。近年来，除了作为引导舆论、促进社会问题解决的一种有效沟通方式，公益广告在应对我国突发公共事件的过程中更是发挥了不容忽视的作用，成为推动我国社会和谐进步的特殊力量，但是公益广告还存在着很多急需解决的问题，特别是结合突发公共事件由于其不期而遇的突发性，严重的危害性、广泛的关注性和危机扩散性等特征分析，突发公共事件过程中公益广告及运行问题主要表现在以下方面：

1. 同质化的公益广告诉求且创意贫乏

突发公共事件中的公益广告很多都是临时创作制作出来的，从主题到创意仓促成篇，根本无法顾及传播受众以及公共事件中受灾人群的情绪和心理状态，用过于渲染悲惨或是简单粗陋的画面或者语言文字来呈现公益诉求，主题单一、内容直白、表现雷同。大多数公益广告作品都停留在口号宣传和简单说教层面上，必然是空洞无物，枯燥乏味，根本无法触及人心。设计者不用心，受众更没感觉，达不到宣传目的，又浪费媒体资源。

2. 企业参与的公益广告商业化倾向明显

近年来我国企业的社会责任感不断提升，传达出企业对突发公共事件关注、勇于承担社

① 本文为国家社科基金项目“中日公益广告运行机制比较研究”（项目编号09BXW024）阶段性成果之一。

会责任的优秀公益广告作品越来越多，但仍然可以看到以追求企业商业利益为目的的公益广告宣传。企业参与运作的公益广告、公益活动带有过分的商业色彩，严重损害了公益广告的纯粹性，降低了其公信力。

3. 井喷式的公益广告传播缺乏统一运作

针对突发的公共事件，政府、媒体、社会团体以及企业等都踊跃地参与进来。由于公益广告等相关机构缺位，同一事件的公益广告主题盲目、没有计划，内容上各不相同的，有些内容是发动社会各界支援灾区的、有些是偏向于及时引导公众舆论的、有些又是给公众灌输避险自救常识的，没有按照突发公共事件发生发展的阶段性要求有序地展开，客观上一方面在突发公共事件发生后没能很好地发挥公益广告的舆论宣传引导作用，而另一方面又强化了我国公益广告一直以来所呈现出的“平日的寂寥与突发的繁荣”不良现象。

二、我国突发公共事件中公益广告行为主体分析

目前我国由于公益广告运行机制缺失和公益广告传播主体空洞化①，这就造成了突发性公共事件中公益广告的多层多元发力而又没有核心机制的状况，当然在我国推动突发公共事件中公益广告发展的主要力量无疑是政府和媒体，公益广告运行主体呈现出多元化的局面。

1. 突发公共事件中起主导作用的政府

作为我国社会管理的主体，突发公共事件一旦爆发，政府就要立即组织相关人员对事件进行详细的调查和处理工作。如何高效而及时地应对突然爆发的社会危机，是政府应急管理的重要内容。当前我国正处于社会转型期，政府如何及时、有效地处理突发性公共事件，是全社会共同关注的焦点，也是考验党和政府执政能力的有效手段。随着我国应急管理工作的不断进步以及政府对自身形象建设重要性的认识不断加深，在应对突发公共事件时政府的反应越来越迅速及时。以“5·12”汶川大地震为例，在地震发生后的第一时间内我国政府就紧急行动起来，国家领导人高度关注灾区情，中央政府密切配合四川地方政府，积极展开救援工作并出台相关的政策，这一切内容都通过公益广告的形式在主流媒体上及时发布，反映了我国政府应急管理水平和能力。美国《纽约时报》这样评论我国政府的此次行动：“关键时刻中国政府反应迅速。温总理对灾区群众关切的形象和他亲临第一线的鲜明姿态一次次出现在电视屏幕上，与其他一些国家发生灾害后政府的迟缓表现形成了鲜明对比。中国领导人的努力证明了在关键时刻中国政府能够做到反应迅速。”国外其他媒体舆论也都对我国政府给予了极高的评价和赞赏。

2. 负责刊播公益广告的主流媒体

由于突发公共事件的发生往往涉及很多社会公众的切身利益，所以也就成了媒介高度关注的对象。在南方特大冰雪灾害、玉树地震、舟曲泥石流等一系列的重大突发公共事件中，作为社会公共信息的主要传播者，媒体都积极主动地参与报道了突发事件，有效满足了社会公众的知情权。同时，媒体还发挥了其舆论引导的功能，为凝聚民族精神、激发公众爱国热情等起到了关键的作用。在突发事件发生后，与媒体的灾情报道同时进行的，还有媒体刊播的大量公益广告。我国的公益广告在此时展现出其鲜明的时效性和快捷性，呼吁社会公众及时关注灾情，对受灾地区和群众伸出援助之手，号召大家齐心协力，共同应对灾害，积极地

---

① 陈刚．目前公益广告运行机制的两大弊端［EB/OL］．http：//blog. sina. com. cn/s/blog_49836a36010009bj. html.

配合新闻等其他宣传工作。根据中国最大的媒介及市场研究公司CTR市场研究对汶川地震前后全国电视媒体的广告全天候监测对比显示，震后电视媒体商业广告总花费减少37%，减少近99亿元人民币，而公益广告投放费用大幅增长92%，增长了6.7亿元人民币；即整体广告总投放减少33%，共计减少92.2亿元人民币；其中省级卫视缩减了47%的广告播出，而公益广告增幅却高达182%。① 电视媒体为改善赈灾节目播出环境及受众的情感需求快速地调整了广告经营策略，为当时的抗震救灾工作作出了巨大的贡献。

除了电视媒体以外，报纸、广播、杂志、户外、网络等各类媒体在突发公共事件发生以后也都做出了迅速反应。在汶川大地震爆发后，《人民日报》以整版刊登了抗震救灾的公益广告，与此同时，很多地方的报纸媒体也都刊登了各自精心制作的公益广告。在此次抗震救灾活动中，广播电台以其独特的传播方式连续播放抗震救灾的公益广告，广告中动情的音乐、温柔的话语，极大地慰藉了受灾群众的心灵。

3. 敢于公益担当、具有社会责任感的企业

随着社会经济的发展，中国企业的品牌理念逐步过渡到可持续发展阶段——以企业承担社会责任为品牌理念的核心。今天的企业在注重企业盈利效益的同时，更加注重企业的可持续、健康发展，会更多的考虑到企业的社会美誉度和承担一定的社会责任。从整体上说，社会责任是企业发展到一定阶段后才会认真关注的问题，而社会责任的承担与企业品牌文化是相辅相成的关系。品牌文化厚重则更注重社会责任的宣传与承担，注重社会责任的承担有助于品牌文化的进一步积淀。所以，当突发公共事件爆发时，很多企业都争先恐后地为受灾地区捐钱捐物，甚至有一些企业及时地派人派车赶赴灾区，使当地受灾群众尽早地感受到他们的支持和援助之手。

4. 社会各界公益团体以及个人自发的公益行动

重大突发事件一旦爆发，无论是在电视或报纸的视觉感观，还是在灾区一线的亲眼目睹，我们随处可见一些非官方色彩的公益团体的身影，并能深切地感受到其强大的感召力。众多的中国公益团体和个人自发的公益行为，在此时所爆发出的前所未见的力量，将国人的文明与大爱精神提高到历史新的顶峰。由于社会公益团体和个人都是不以盈利为目的，与媒体及企业相比，他们既不具备大量的媒体资源，也没有特别雄厚的资金力量，所以他们大多选择在网络媒体及户外媒体中进行宣传他们的公益理念。很多公益团体还可以通过与广告主合作来进行公益广告的制作与发布，广告主出资，公益团体出力，二者共同完成此项公益活动。一般来说，与其他主体相比，由公益团体所组织的广告活动具有更强的持续性，在突发事件过后其他广告主体渐渐转移视线的时候，社会公益团体会依然坚持自己的公益理念，继续组织有效的公益广告活动。

三、突发公共事件的社会影响与公益广告价值分析

突发公共事件爆发就会对社会产生深远的影响，第一影响到的是公众的生命和财产安全以及他们正常的社会公共生活秩序。第二会涉及政府应急管理以及政府在公众心中的形象。突发事件一旦爆发，社会基本上要进入一个紧张状态，特别是事件比较重大、后果比较严重的事件发生时，政府的每一个举措都备受媒体和公众的关注。如果政府在此时的管理不到位或者在对外信息发布不够及时准确，往往会造成公众对政府的信任危机。第三必须考虑到对突发安全事件地区与人员的身心健康和思维方式也会产生深远的影响，因为在突发公共事件

---

① 数据来源于CTR市场研究，媒介智讯。

中，公众作为直接的受害者，非常容易产生悲观、怀疑和指责的负面心理，需要及时对事件相关当事人进行心理辅导和疏导、公开信息、获得社会公众支持和提升信心。

面对近年来突如其来的公共事件，公益广告快速有效的参与其中，其影响社会公众对于公共事件价值理念形成、突发事件事前事中事后态度、事件本身正面宣传、公众舆论引导、信息交流渠道补充等方面积极作用得到了充分发挥，公益广告在突发公共事件中的全面价值越来越受到重视，结合公益广告发达国家的经验和我国公益实践，具体分析在以下几个方面：

1. 建立和宣导社会公众所需要的公共观念和行为体系

在我国突发公共事件的高发时期，但是公众主动的突发事件的认知态度和个人管理意识还比较薄弱，对公众进行突发事件管理知识的普及教育工作势在必行，帮助公众规范自身的社会行为成了当今我国社会发展的迫切要求，这也为公益广告的发展提供了广阔的空间。在国外公益广告发达国家，公益广告已经成为国家对公众传播信息、增加公众了解社会问题从而改变他们对问题的看法和态度的有效方式，同时也有利于促进了公共事件可能触发的一系列社会问题的缓解和解决。日本正好位于亚欧板块与太平洋板块交界处，是经常发生火山爆发和地震的国家，可以说该国在自然灾害方面是重灾大国。据资料统计，全世界每年所发生的里氏6级以上地震，有20%发生在日本。频发的自然灾害使日本政府意识到对公众进行普及防灾抗灾知识的重要性，推进公共安全教育进课堂，所以连日本的小学生都知道基本的防震避震常识，这也是日本面临“3·11”强震灾难中日本最大程度降低灾害影响、社会秩序仍然井然有序的主要原因之一。

2. 注重公益广告针对性和时效性，助力媒体正面宣传

媒体新闻报道较为重要的一个要素就是新闻的时效性，对于公益广告的宣传来说，时效性同样非常重要。在突发事件发生后，媒体及时地通过公益广告把事件的现状和情形反馈给公众，不仅能缓解公众的紧张情绪，使他们尽早地获得事件的知情权，并且能帮助他们采取有效的方式来应对突发事件。例如在5·12汶川地震中，中央电视台做出了较为迅速的反应，新闻频道从5月12日15：00起一直推出《关注汶川地震》与《抗震救灾，众志成城》的直播报道和特别节目，并且在5月13日晚间迅速推出抗震救灾的公益广告。中央电视台的此次行动不仅在较短时间内满足了公众的知情权，更是在抗震救灾的关键时刻起到正面宣传的积极作用，对公众舆论起到有效引导的作用，同时也充分发挥公益广告的社会宣传功能。

3. 广泛激发社会公众爱心和公益力量，增强社会公众信心

突发公共事件发生后，公益广告通过各种媒体把事发的真实场面以及事件背后的感人故事等内容，以其独特的传播和情感沟通方式纷纷呈现在公众面前，深深地感染了所有社会公众的爱心，激发了同心协力、共同抵御灾难的信心。针对突发事件制做出来的公益广告很多都是纪实叙事风格的，它们通过借助新闻报道的手法，对突发事件中出现的比较有代表性的人和事作详细的典型报道。这种主题的公益广告，再现客观事实，很容易引起人们的共鸣，因而在应对突发事件的关键时刻，给社会公众带来了一股强大的力量，有效调集了社会各界的力量快速投入到公益行动中去。

4. 关注相关群体利益，利于事件有序推进和合理解决

公益广告以短小轻便、喜闻乐见的形式针对突发公共事件进行引导，影响相关利益群体以及社会公众舆论，维护社会正常秩序，促进突发公共事件的应急工作有序运转直至合理解

决。突发事件一旦发生，给受害人的身体和心理都会造成巨大的伤害和打击，也会给整个社会相关利益群体带来正面或者负面影响，对于受灾群众来说，最需要的就是人们的爱心和关怀，针对突发事件而专门制作的各类公益广告，通过紧扣主题、感人的画面等传达着公众抗击灾难的决心和勇气、消除受灾群众的心里障碍，此时的公益广告所发挥出的文化功能具有不可替代的抚慰人心的作用。对与整个社会来讲，调节社会恐慌情绪、培养积极的社会心态，引导理性的公众行为起到了极大的作用。① 因此公益广告与社会和谐发展是完全一致的，它不仅能够有利于应对社会突发性公共事件的处理，同时也是推动社会和谐健康发展的有效沟通工具，被公认为是协调社会矛盾、倡导社会高尚道德、引导社会心理、规范人们社会行为、影响社会舆论的利器。②

5. 对突发公共事件持续关注，弘扬公共理念和公益精神

公益广告关注的主要问题是长期的，是有关于人与人、人与自然、人与社会的可持续发展问题。公益广告应该以其独特的表现方式对突发公共事件进行持续关注，打破公益广告井喷式的运作和传播怪圈，促使社会公共价值观念和公益精神得到发扬光大。特别是在应对突发事件时期的公益广告主题及其相关活动，以温暖人心的内容与方式弘扬了中华民族的大爱无畏和无私奉献的公益精神将有必要一直持续下去。2009—2011 年连续三届“四川依然美丽”大型主题公益活动利用公益广告运行和宣传，向全世界人民及时传达“四川依然美丽”的信息，以此为主题的公益广告展示了中华民族强大的凝聚力、向心力，展现了四川灾后重建成果和自觉投入到建设西部经济发展建设热潮，赢得了广泛赞誉和普遍关注，也促使全社会更多人关注公益、奉献公益。

【参考文献】

[1] 陈家华，程红．中国公益广告：宣传社会价值新工具［J］．新闻与传播研究，2003（4）．
[2] 魏加宁．危机与危机管理［J］．管理世界，1994（6）．
[3] 薛澜，张强，钟开斌著．危机管理——转型期中国面临的挑战［M］．北京：清华大学出版社，2003.
[4] 数据．汶川地震后电视公益广告大幅增长 92%［J］．中国广告，2008（7）．
[5] 左明霞，周大为．公益广告在和谐社会构建中的作用——以抗震救灾公益广告为例［J］．新闻传播，2009（10）．
[6] 李经中著．政府危机管理［M］．北京：中国城市出版社，2003.
[7] 陈刚，崔彤彦，季尚尚．机制之变：中国公益广告发展的问题与对策分析［J］．广告大观（综合版），2007（5）．
[8] 邬盛根，姚曦．我国公益广告的纯粹性研究［J］．中国地质大学（哲社版），2011（6）
[9]［法］热拉尔·拉尼奥著．广告社会学［M］．林文，译．北京：商务出版社，1998.
[10] 陈刚．公共传播与公益广告［J］．广告大观，2005（4）．
[11] 邬盛根，钱敏，王丹．1971—2010 日本公益广告主题变迁及比较研究［J］．广告研究，2012（3）．

① 汤天甜．突发事件中公益广告的功能初探——以 5·12 地震中的公益广告为例［J］．现代视听，2008（8）．

② 左明霞，周大为．公益广告在和谐社会构建中的作用——以抗震救灾公益广告为例［J］．新闻传播，2009（10）．

[12] 程士安，陈文轩．对我国公益广告现状的一点思考［J］．新闻大学，1997（3）．
[13] 陈辉兴．中国公益广告研究述评：1991—2006［J］．广告大观（理论版），2007（6）．
[14]［美］阿奇·B. 卡罗尔，安·K. 巴克霍尔茨著．企业与社会［M］．北京：机械工业出版社，2004.

【作者简介】

邬盛根，武汉大学新闻与传播学院2011级博士研究生，安徽大学新闻传播学院广告系主任、副教授。

胡晓雪，安徽大学新闻传播学院2011届硕士。

中国近代广告的跨文化传播现象举隅
——洋货广告的“本土化执行”与国货广告的“全球化思考”

张　笑

关于跨文化传播，爱德华·T. 霍尔在1959年出版的《无声的语言》中说，跨文化传播指的是不同文化人们之间的交流。① Larry A. 萨姆瓦尔等所著 *Communication Between Cultures* 一书是美国使用最为普遍的教科书之一，该书说“跨文化传播是交流双方因文化感知和符号系统差异会改变交流结果的人们之间的交流”。② 纵观我国几千年的文化历史长河，“惊涛拍岸卷起千堆雪”的几乎都是跨文化传播形成的景象。这其中既有唐宋时期国力强盛，远航出访的主动交流；也有清末民国时期列强入侵，师夷长技的被动接受。既有随风潜入夜润物细无声的文化融合，也有强势文化对弱势文化的攻城掠地，其中有些弱势文化就在文化的历史长河中永远的消失了，当然也有弱势文化在外压下凝聚、反抗，产生凤凰涅槃似的更有生命力的新生文化。

当鸦片战争爆发，西方列强用坚船利炮打开这扇古老的东方大门时，他们看到的是一个千年延续下来的古老文化。为了寻求“共通的意义空间”，使洋货得到中国本土消费者的接受，西方国家采取了“本土化执行”的广告表现方式进行产品宣传。而随着文化的碰撞融合，中国的古老文明表现出极强的自我更新能力，很多西方文化元素也出现在中国本土产品的广告中，这无疑体现了国货广告“全球化思考”的表现方式。

所谓“本土化执行、全球化思考”是现代跨文化传播的广告所采取的一种广告表现策略。意思是强调广告创意一定不能强加于人，因为每一个民族的生活方式、思维方式、对事物的认知与理解方式都不尽相同，由此形成不同文化背景的各自特点。不同文化背景中的人们常常选择不同的符号或借代物来表达情感。因此，广告创意中既有文化融合“全球化”的意识，又有“入乡随俗”本土化运作的表现力。这样才能最大限度地吸引受众并与之达到良好沟通。③ 而这一切在鸦片战争之后的清朝末期到民国时期的中国近代广告中都表现得淋漓尽致，下面我们就以具体案例来解读那段中西方文化融合碰撞的历史在老广告中的表现。

一、洋货广告的“本土化执行”——东方文化元素的运用

“本土化执行”具体到广告中就是要求跨文化传播的广告作品，在创意表现上注重结合广告投放地区的风土人情，尊重当地的民俗与文化，淡化母国的文化色彩，运用本土化的视听元素传播广告形象，使品牌更具亲和力，更利于跨地域推广。

1840年中国古老的大门被打开，西方列强将大量产品推向中国市场，一时间外国产品

① Hall E. T. *The Silence Language*, *Greenwich* ［M］. CT：Fawcett，1959：10.

② Larry A. Samovar，Richard E. Porter，Lisa A. Stefani. *Communication Between Cultures* ［M］. Wadsworth Publishing Company，1998：48.

③ 张浩达. 简明广告学实用教程［M］. 北京：北京大学出版社，2007：152-153.

也就是我们俗称的“洋货”，充斥了老百姓的生活。很多洋商人看到中国4万万人口的大市场都很兴奋，认为会赚的盆满钵满。可是中国几千年的东方传统文化却成为一堵墙，阻碍着西方列强的经济侵略。有个笑话很好地反映了当时西方列强的尴尬状态：有个卖睡帽的商人看到中国这个大市场心中暗喜，每个中国人即使只买一顶睡帽他也能赚大钱。可是当他从英国运来几船的睡帽时，他却一顶也卖不出去。试想，哪个中国普通百姓会在晚上睡觉的时候头上顶一个白色帽子呀！东方文化中的白袍白帽只有在丧葬守孝的时候才会出现。所以，为了让广大百姓接受西方产品，洋货广告进行了本土化运作，增加了东方文化的元素，东西方文化首先在洋货广告中进行碰撞与融合。

1. 洋货广告中融入中国的传统民俗

信息传播双方的共通的意义空间是实现传播效果最大化的必备要素。只有理解并尊重中国人的情感、习俗、禁忌与习惯，才能保证广告起到宣传产品、塑造品牌的作用。这就要求进入中国市场的洋货广告充分考虑到不同的文化符号在东西方文化语境下不同的象征意义。如图1所示，英美烟公司的“海盗牌 ”香烟广告即历经了以欧洲为中心到以中国为中心的创意嬗变。海盗，在西方文化中并不是一个猥琐负面的形象。由于欧洲国家都有海洋文化的历史传统，所以海盗形象有时候甚至代表了开拓、冒险、勇敢、自由等文化概念。因此，英国的“海盗牌 ”香烟广告的画面上提供的是一个彪悍威猛的持刀海盗，他站在装备炮火的甲板上俨然一副掠夺者的面孔，上方是英语PIRATE——“海盗”或“强盗”。在西方文化的语境中，这个图像能提供自由、力量与智慧的寓意。而中国文化崇尚道德仁义，海盗的图像非但不能提供正面的象征意义，反倒引起了许多国人的反感。于是海盗牌香烟更名为“老刀牌”，船上的火炮改成铁箱，帽子上的海盗标记和嘴上的胡子都一一作了修饰，手中的大刀也改成古代的老刀。把一个杀气腾腾的海盗，改变成一个做生意的商人。①

此后英美烟公司尽可能修改、调整西方广告中任何因文化差异而在中国可能会被认为是冒犯的细节，增加中国本土文化、民俗文化中的元素，设计了形象生动富有创意的“老刀牌”香烟画片，增加了广告创意中常用的3B元素（Baby、Beauty、Beast）——着装和发型都极具本土特色的男孩和古代仕女以及中国传统文化中最出名的猴子孙悟空（见图2、图3）。至此“老刀牌”香烟才以东方文化的面貌变成家喻户晓的知名香烟品牌。

图1　英美烟公司的“海盗牌 ”香烟广告

① 王丽萍．中国近代广告之特色——以香烟为例［J］．时代经贸，2006，4（49）：53-54.

图 2　英美烟公司的“古代仕女”香烟广告

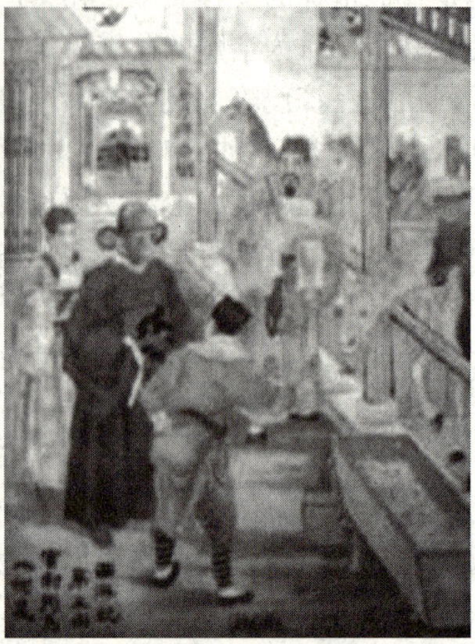
图 3　英美烟公司的“猴子孙悟空”香烟广告

2. 洋货广告中融入中国的历史文化精髓

赠品广告是现代广告常用的促销手段之一，而在中国近代广告中，这种方式也被广泛应用，那就是为促销香烟而放在烟盒内的“洋画片”广告。20 世纪早期欧美许多烟草公司将在国外印制的欧洲油画及风景画配以商品广告做为广告宣传品赠送给经销商和消费者，但中国消费者的文化审美同西方有很大差别，对西方绘画艺术更是不够了解，所以广告的促销效果甚微。后来外国烟草公司将随产品附赠的画片广告的内容修改为具有极为浓郁的东方文化特征的传统故事、古代名人将相、历代传奇女子等，内容和形式都符合中国消费者的审美文化及情感认同。经过与本土文化相结合的大力宣传，融入传统文化的“洋画片”已然成为当时最受欢迎的画种之一。

如图 4 的“老刀牌”香烟的“洋画片”广告就承载了很多具有中国文化精髓的名言警句及传统文化中最朴实的处世哲学，如：不入虎穴不得虎子、只要用心读何愁书不熟、大鱼不来小鱼来、田家自有乐、秤平斗满不唬人、牡丹虽好缘叶扶、水有源头木有根、早起三日当一工、良禽择木而栖等。这些饱含东方智慧的名言警句在宣传了中国传统文化的同时，也树立了外国香烟的品牌形象，使其更具有本土文化的亲和力。

3. 洋货广告选用中国本土形象做代言

广告语、广告代言人及商标 Logo 是广告信息的核心要素，对产品形象、品牌价值的塑造具有巨大作用。一般来说，广告核心要素已经确立基本沿用多年不做改变，如麦斯威尔咖啡的“滴滴香浓意犹未尽”、耐克的“just do it”、万宝路的牛仔形象等。但是当品牌进行跨文化传播的时候，广告就要进行“本土化执行”策略，在广告语、广告标识、广告代言人中融入具有地方特色的文化元素，从而达到品牌的全球化传播效果。如 Lux 翻译为力士、Lactogen 代乳粉翻译为勒吐精代乳粉、Coca Cola 翻译为可口可乐。

民国时期的很多洋货广告不但在广告语上贴近中国文化，而且选择中国形象作为其广告代言人，使洋品牌变得更本土化、更贴近普通百姓。例如“力士”，在中国发布的广告采用中国本土明星胡蝶做代言人，增加广告的亲和力，使“力士”这一品牌随着上海滩上家喻户晓的大明星走进千家万户（见图 5）。甚至像可口可乐这样体现美国精神的品牌，在进入中国市场的时候，都选取代表民国时期时尚流行审美特征的中国女性做代言人（见图 6）。

而日本千代洋行的广告更是选用具有中国清末民初时期的女性来做形象宣传，发髻、头帘、罗裙、夹袄坎肩，都透露着东方文化的特点，体现了外国品牌进入中国的本土化运作过程(见图7)。

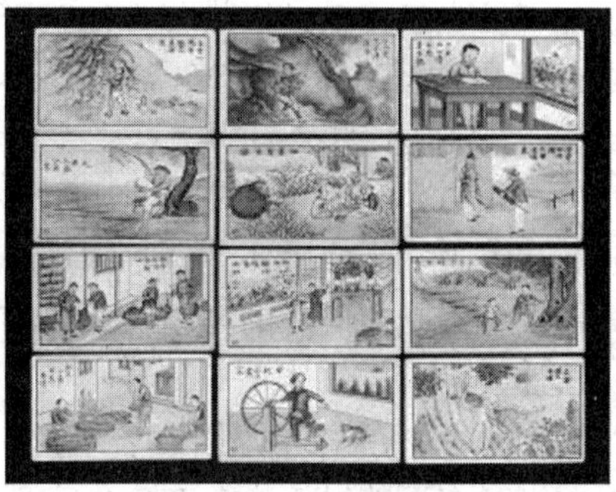

图4 烟盒内的“洋画片”广告

图5 胡蝶代言的力士香皂广告

图6 由本土代新女性形象代言的可口可乐广告

图7 千代洋行广告

二、国货广告的“全球化思考”——东西方文化的融合

几百年闭关锁国的清朝历史几乎把中国排除在经济、文化全球化发展的局面之外。难怪晚清进步名士龚自珍在得取功名之后还发出“何敢自矜医国手，药方只贩古时丹”的感慨。但是从洋务运动到“五四”时期文化观念的变革，就像一场巨大的暴风骤雨洗刷着古老的中国。被迫卷进这场欧风美雨的中国诞生了许多有识之士，他们宣传世界先进思想文化，打开了中国人的视野；他们开创民族工业，亲身践行着“实业强国”的理念。就在文化和经济都得到全球化发展的条件下，国货广告也在“全球化思考”下寻求新的发展方向。无论是创意运用的表现元素还是传播的思想内涵都与世界先进文化接轨，一时间体现东西方文化融合的佳作比比皆是。

1. 从国货广告看西方文化元素的浸出

战争虽然会带来人力、物力的耗散以及战败国人民巨大的心理痛苦，但是战争无疑也是文化融合的巨大推动器。民国时期本土工商业迎来了一个短暂而辉煌的黄金发展阶段，很多民族产业在广告宣传上都运用了西方文化元素，和西方市场直接接轨，极具跨文化广告传播特征，体现了当时社会中西方文化融合的状况。如图 8 所示，就是上海美光印染厂的广告，该厂属于公私合营性质，投产于民国 27 年（1938），是一家中小型染织厂。这则广告大胆借用美国标志性建筑“自由女神像”来进行广告宣传。从大远景的角度展示自由女神像，使得受众视角专注于女神像整体而不会被面部细节分散注意力。画面整体色调平淡正好使得自由女神身上的红袍格外抢眼，而这鲜红的颜色正好体现了美光印染厂的高超技艺。没有太多的文字说明，既避免了牵强附会，又使受众看后心领神会。广告整体布局简洁明了，诉求表现非常到位。一点不输于后世很多利用“自由女神像”这一元素进行创意表现的广告。这则广告案例是中西方文化融合的活例，很好地反映了当时本土的民族产业在广告表现上对西方文化元素的大胆运用。

图 8　上海美光印染厂广告

2. 从国货广告看西方文化对中国女性的影响

“女子无才便是德”一直是中国儒家教育女子的名言古训，所以中国女人是不用学习不必读书的。“三寸金莲”是中国封建思想对于女子身体禁锢的重要标志，“父母之命、媒妁之言”是禁锢封建社会女子的婚姻思想，从而限制女子与男子接触，也就是所谓的“男女授受不亲”。所以一谈起近代中国的女子，我们想到的就是穿着大襟旗袍、裹着小脚、不会读书写字只能做些针线活计的形象。但是随着西方文化涌入中国，尤其是“五四”运动以后的女性解放思想的盛行，20 世纪二三十年代国人的思想已经发生翻天覆地的变化，妇女解放运动轰轰烈烈，成为中西方文化融合的一个重要组成部分。而当时的老广告也针对女性解放思潮，在形式和内容上开展了自己特有的宣传方式——年画广告。某些早期的年画广告中的美女形象还保留着晚清的妆容特征，但是随着时代的变迁、文化的融合，更多的美女年画广告已经在潜移默化地向当时的消费者宣传女性解放思想：提倡放足、男女自由交往、知识女性、中西合璧的服饰等。于是，这些进步思想就伴随着烟草、药品、布匹、日化用品的广告出现在了广大中国人的日常生活中。

如图9、图10所示，分别是奉天太阳烟和元新染织厂的年画广告，广告中女性的服饰融入大量的西方文化元素，蕾丝花边、丝质手套、露臂长裙等，虽然和当时欧美上流贵妇的服饰有所区别，但已然是中西文化合璧的产物，将简约了的洛可可式裙装与中国的旗袍样式完美结合。这样的年画广告让中国消费者耳目一新，在推销产品之余也将流行风尚推广到千家万户，引得名媛淑女竞相模仿。

图9 奉天太阳烟广告

图10 元新染织厂年画广告

而图11、图12所示两幅年画广告，不但在女性服装发型上表现出中西文化融合的特征，更为我们展示了国货广告在推广新思想新观念方面的功效。图11展示的交际舞场面体现了民国新时期的女性生活中更为丰富的内容，与大门不出二门不迈、锁在深闺人不识的封建小姐形象形成极大反差，打破了“男女授受不亲”的封建礼教的约束，鼓励女性社交自由。图12中展示的母亲，旗袍烫发非常时尚，怀抱女孩手拿《家庭生活私要》。这一场景反映了当时社会鼓励女性读书识字，倡导科学生活的先进理念。这些代表着民主、自由、进步的新女性形象都成为西方先进文化与中国古老的东方文化相互融合的有力证明。

图11 宣传自由交往

图12 提倡科学生活

三、结语

在我国近代史中，中西方文化碰撞的火花照亮了中国近代的老广告，虽然短暂，但也辉煌。而这短短三四十年的老广告，也让我们看到了中西方文化碰撞中融合的历史轨迹。东西方文化不是在和谐自然的气氛下渐渐融合完善的，那段屈辱悲怆的历史向国人昭示了强势文化对弱势文化的消融异化以及弱势文化的挣扎反抗。一旦入侵的列强撕去伪善的面具，对中国进行殖民瓜分时，东方文化会发挥“维模功能”，维护古老的民族文化模式，断然拒绝即使是代表先进方向的西方文化的融入。表现在老广告中，就是爱国主义文化对西方文化的反抗。可见，文化的良性融合发展与稳定祥和的社会环境密切相关，同样是走出国门的全球化过程，晚清民国的被迫与新中国改革开放的主动绝对是两种不同的境遇与结局。鉴古明今，和谐稳定的社会环境以及开放互利的全球关系正是我们进行跨文化传播的有利条件，博采众家之长，发展弘扬中国文化正是当前每个中国人的第一要务。

【作者简介】

张笑，北京信息科技大学讲师，主要研究方向为传播学、广告学。

广告社会文化冲突与广告文化的自觉[①]

程 明 刘 箫

20世纪60年代以来，社会冲突越来越多地受到西方社会学家的关注，并成为他们分析社会变迁和社会进步的主要论据。西方社会思想中一直保存着研究冲突的理论传统，社会学家也不例外，其中德国社会学家齐美尔在20世纪初就认为冲突与对抗是正常现象，并且把冲突列为互动的基本形式之一。社会冲突理论就其理论模式而言，它是一种非均衡模式，把社会系统看做一个矛盾的、对抗的和冲突的系统，矛盾和冲突不是外在的，而是结构自身的性质，是不可避免的；冲突对社会体系并非都是破坏的，它也是增加自身的适应力、促使自身变化发展的决定因素。社会冲突理论告诉我们，各种社会冲突是结构自身的性质，正是因为是结构自身，所以只要某种结构存在，其冲突就不可避免。我们探寻广告文化与社会文化的冲突，也促要从结构本身出发，从广告出发，从广告与社会结构的关系出发。

随着现代社会的进步和广告业自身的发展，广告传播的影响已远远超出经济和商业的范畴，其触角已深深地进入大众的生活中，成为一种大众性的商业文化现象。广告的社会经济属性是直接的、显性的，广告的社会文化属性则是潜在的、深层的。广告传播无时无刻不对社会文化施加着影响。

一、广告的社会文化影响与社会文化冲突

有人认为，商业广告不过是一种纯粹的商业行为，并无其他复杂的思想意图。然而，问题并不如此简单。从广告所传播的信息内容来看，它确实不是集中、全面、系统的思想理论和意识形态，单个的广告也不可能充分体现出完整的思想。然而，广告传播作为一种社会现象，是社会整体的一部分，必然要综合地体现出一定社会的精神状态、价值观念、行为模式和生活情趣与理想等。“海尔，中国造”、“创维情，中国心”、“黑头发，中国货”、“非常可乐，中国人自己的可乐”、“四十年风雨历程，中华永远在我心中”，这些广告语无不激起人们心中豪迈的民族情感；“威力洗衣机，献给母亲的爱”、“温暖亲情，金龙鱼的大家庭”又激荡出多少人间的真情和温情。“一旦拥有，别无所求”、“贵族风范”、“高贵品质，高雅享受”，鼓吹和引发的不也是另一种生活的旨趣和理想吗？排除商业广告所传播的具体信息内容，仅看其表现形式：豪华气派的场景，眩人眼目的光色，倩男靓女们的搔首弄姿，其中依然隐含着大量潜在的文化信息，标举着一定的生活方式、生活理想和生活的情趣。

这表明，广告传播在追求商业目的的同时，本身还蕴含某种观念和文化价值。“广告传播在传递商业信息、推销商品和服务的同时，必然又包含了并体现出一定的文化信息和内涵：或倡导一种生活方式，或宣扬一种价值观念，或演绎一种思想意识，尽管体现得很间接、曲折，却仍是不难识别的。”② 广告传播巧妙地使受众一方面接受了它所推崇的商品和

① 本文为“武汉大学人文社会科学‘70后’学者学术发展计划‘发展广告学与中国案例研究’创新团队”阶段性科研成果。

② 程明，谢述群．试论广告传播的社会化功能［J］．新闻与传播研究，1999（1）：37.

服务，另一方面也使受众认同了广告传播所推崇或主张的具有确定文化意义的生活方式和生活观念。

人们常说，商业广告的最大功用在于创造消费、引导消费。在商业广告传播中大量存在如下事实：对超越现实的富裕生活方式的着力描述，对五光十色、流光溢彩的享乐世界的尽力展示，对充满诱惑力的超前消费的尽情渲染。从商业广告履行其特有的创造消费、引导消费的功能的角色来看，是无可厚非的，然而这已经超出单纯商业信息传播的范畴，而具有某种观念形态的意义。也许广告传播者只是为了盈利，或者说为盈利而投合某些消费者的欲望和癖好，然而其背后依然有其思想基础：盈利至上的利已主义和享乐至上的生活追求。看来，所谓“纯”商业广告其实并不“纯”，它在传播商业信息的同时，实际上也在传播着具有确定文化意义的生活方式和生活观念，既影响着人们的消费行为，也影响着人们的思想观念。

正是广告从内容到形式所含有的或多或少、或显或隐、或直接或间接的文化信息，使其在传播过程中，造成对人们思想行为和社会精神文化的深刻影响，从消费直至审美。不管传播者是出于自觉还是无意识，广告随着现代社会的进步和广告业自身的发展，广告传播的影响已远远超出经济和商业的范畴，其触角已深深地进入大众的生活中，成为一种大众性的商业文化现象。事物总是具有两面性的，广告也不例外，“正复为奇，善复为妖。”广告活动在人类社会生活中发挥正面作用的同时，也发挥者负面作用。波特提出了他的解释：“虽然广告拥有深远的影响力，但相对于宗教或教育，其运作并无社会目的与社会责任——除非它能自制而免于侵犯社会规范。我所争论的，是广告缺乏社会目的以平衡其社会影响力。”

“广告能帮助人们把握社会关系和认识环境状况，并把它们转化为个人的内在本质和自己的社会性质，促使人的认知观念的形成，从而调整自己的行为。因此，广告传播在人的世界观、人生观、价值观、人格、生活方式定型过程中影响极大。”

广告传播对社会的积极作用自不待言，然而，正如工业革命既造福于人类，又给人类带来了大气污染等威胁一样，任何一种历史或文化的进步都伴随着不可避免的负面影响，这正如美国学者安·E. 韦斯指出：“男士或女士，姑娘或小伙，几乎都是麦迪逊大街的学生。广告就意味着教育。……除了有关人自身及他个人的教育之外，麦迪逊大街学校还提供有关社会整体状况的教程，有些麦迪逊大街学校课程有害于身体健康。”

正面、健康的广告传播，有助于使人们的价值观念、行为规范和生活方式向有益的方向发展，对人的社会生活和社会文化产生积极作用；而负面、庸俗的广告传播则会对上述方面造成误导和伤害，对社会文化产生消极影响，从而带来负面效应。

一家以男性为定位的网站开宗明义地提出“是男人就上”；有网站呼唤“上我一次，终生难忘”；一房地产广告中的女模特，胸前的纽扣绷开，露出了性感胸部的一部分，广告语是“开了”。如此之类，这样的广告所负载的文化不可避免地具有一定的局限性和社会消极作用，也因此而使得广告的文化负面效应得以凸显，对人们的思想行为，对社会文化的建设，具有较大消极影响和潜在危害，不可避免地造成了广告文化与社会文化冲突的问题。

二、广告——难以完全避免的社会文化冲突

广告能够避免与社会文化的冲突吗？社会学中的社会冲突理论给我们提供了理论的参考和借鉴，然而，对以上问题的回答，我们需要从广告本身的特点、广告的传播规律和广告与社会的结构关系出发来予以分析。

1. 与生俱来的弱点

广告作为商品经济的产物，是以商业利润为基本原则的。商品经济的弱点，自然会反映

到广告传播中来，商品经济的消极方面，不可能不对广告传播产生影响。这突出体现在，广告传播者为了谋求利润，尽可能地实现利润的最大化，而常常忘却了作为社会的一分子所应该担负的社会文化责任。前文已有论述，广告作为一种经济活动，本身并不担负过多的社会文化责任，它不是社会意识形态和教化的工具，但广告自身作为社会的组成部分应该担负起属于自己的一定的社会责任，即至少在其传播过程中不对社会文化带来产生“伤害”。然而，在商业利润原则的指引下，容易滋生出利润至上的拜金主义，不惜牺牲社会效益而一心追求经济效益。

2. 诱导功能的张大

由于产品的高度同质化，对产品信息的传达变得不那么重要，广告更多地在传达一种感觉、一种气质、一种性格、一种观念。广告要对消费者产生有效的诱导，首先它必须是彻底主张消费者导向的；其次它不像过去那样专注于产品的物理属性与消费者之间的联系，而是利用消费者的潜意识和无意识开发产品的附加值，也就是通常所说的卖什么不吆喝什么。商业广告以人类的物欲为基本诉求，以物欲的诱惑为基本手段，经大量的不断地重复传播，极易造成整个社会的物欲横流。在现实生活中，不少人对商业广告传播中所描述的超前消费和享受的向往和追求等，正是这种“诱惑”和“诱导”所致。如 Jib Fowls 所言：“广告最直接的目的是拉住我们精神上的衬衣袖子，让我们放慢速度得到关于正在出售什么的只字片语。”①

3. 商业利益的驱使

与一般的人际传播和利用大众媒介进行的新闻传播不同，广告传播是由广告主付费的传播活动，即广告传播是有偿的。传播的目的是促进商品或服务的销售，为广告主带来更多的经济效益。因此，广告主受其利益的驱使，为使其商品早日畅销，一般只会在其广告传播中宣扬自己产品的优点和服务的方便性、利益性等，而不会宣扬自己产品或服务的缺点，否则的话，无异于“搬起石头砸自己的脚”。从这一点来看，自夸自赞自然是广告传播的一个重要特点。广告传播自夸自赞的特点，容易导致浮夸、虚夸广告的出现。

4. 社会对广告工具性的误用

广告传播作为一种说服性信息，总是希望被告知者按照广告主的愿望和广告所提出的要求，发生观念或行为的改变。然而，我们正处于“信息爆炸”时代，各种信息铺天盖地而来，人们每天都在自觉或不自觉地接触各种各样的信息。在这种情况下，如何使广告传播的信息更有效，更能引起人们的关注和接受呢？事实证明：就单项传播信息而言，信息内容越准确、简洁、单一，越容易引起公众的注意；用艺术的手法去表述和传递信息，会增强广告的可读性和观赏性，从而使广告更容易为公众所接受，增强广告传播的效果。

信息传递的选择性易造成信息传递的某种片面性，容易产生不实广告；而艺术的表现手法往往容易蒙蔽受众，从而出现虚假广告。正是广告传播自身固有的性质、特点和规律，使得社会对广告传播很容易出现工具性的误用，容易出现虚夸、不实、虚假和欺骗性的广告，甚至出现违法的广告等。

镜明先生曾经说道：“我在给广告主做广告的时候，有时我就非常担心如果这个广告主的商品是一个很劣质的产品，怎么办呢？但是最终我们还是看营销，营销的最终目的就是如何把东西卖出去，而不管发生什么事情。所以，按刚才的狭义说，如果广告是营销的一种手

---

① ［美］Biagi S. 著．媒介与冲击：大众媒介概论［M］．赵敬松，译．大连：东北财经大学出版社，2000：263.

段和工具，那么广告就是只要让这个东西销售出去，它的职责和作用就达到了。”“广告就是 marketing（市场营销）的一种工具和手段。但是我以一个广告制作人的感觉（feeling）来看，我觉得广告是一个很可怕，很恐怖的东西，我怕做错了从而导入了一种不同的导向，这样会引起一种很可怕的后果。我觉得我们应该很积极的、建设性的去使用广告，因为广告能够起到破坏性的作用。”① 镜明先生的这种担心并非多余，而是表达了一个广告传播者对广告这种工具性误用的担忧。

正是由于以上诸种原因，使得广告容易与社会文化发生冲突，难以完全避免与社会文化的冲突，从而使得广告容易出现负面效应。不可讳言，就广告传播尤其是商品广告传播的总体状况而言，其运作常处于社会效益与经济效益的激烈矛盾与冲突之中，单就其文化功能和作用而言，其社会文化的负面效应常大于正面效应，其文化的负面价值表现常常多于正面价值的表现。

三、文化的自觉与广告文化的自觉

文化自觉是费孝通先生在1997年北京大学办的第二次社会学人类学高级研讨班的学术报告中，首次提出的一个命名。他主张在健全社会大目标下，以高度的文化自觉，做历史选择。“文化自觉是指生活在一定文化中的人对其文化有‘自知之明’，明白它的来历，形成过程，所具有的特色和它发展的去向，不带任何文化回归的意思，不是要‘复归’，同时也不主张‘全盘西化’或‘全盘他化’。自知之明是为了加强对文化转型的自主能力，取得决定适应新环境、新时代文化选择的自主地位。”② 自知之明是为了加强对文化转型的自主能力，取得决定适应新环境、新时代文化的多种文化才有条件在这个正在形成中的多元化的世界里确认自己的位置，了解所接触到的多种文化才有条件在这个正在形成中的多元化的世界里确认自己的位置，经过自主的适应，和其他文化一起，取长补短，建立一个共同认可的基本秩序和一套与各种文体能和平共处，各抒所长，联手发展的共处原则。

费孝通先生所讲的文化自觉是立足于当代中国现实的政治和经济文化状况而言的文化自觉，是在全球化时代和跨文化交往中对中国文化自身建设为目标的文化上的自我解剖和定位，我们可以这样理解：文化自觉就是文化的自我意识，自我的反思和自我追问，是为了文化的自身优化而进行的自我反省，目的是认清现在文化的优劣并予以扬弃，为新文化的到来做准备。由此我们看到，文化自觉是对未来文化发展所做的文化选择的基础和前提，文化自觉的目的是为了新文化的发展，是为了对未来文化发展做出一种理性的选择。文化自觉，说到底是自觉性和觉悟在文化层面上的反映，只要唤起了这种自觉性和觉悟，并在全社会逐渐形成大气候，我们的文化建设和文化发展就有了可靠的基础与保证。

广告传播中，我们提倡文化的自觉，就是要在广告传播中要有正确、健康的文化观。广告文化自觉就是要在思想上指导广告活动主体的广告行为，促进广告文化的健康发展，构建良好的广告文化生态环境；而广告巨大的社会影响力，将有利于社会道德、文化的广泛传播和渗透，树立大众的文化自觉观，促进文化的自觉和文化的发展。

在广告传播中具有文化自觉意识，能够避免许多浮夸、虚假甚至违法广告的产生，能够避免广告传播对社会造成的种种危害。不仅如此，广告文化自觉又是树立广告传播良好的声誉和形象、追求良好的传播效果的一条“铁律”。广告传播形象好，受众信任度高，则先天地在广告传播活动中占有一种“亲和力”高的优势，受众愿意并且乐意接近它，这也是广

① 笔者2007年1月至3月在日本电通公司进行研修，期间对电通执行创意总监镜明先生做过一次专访，这是其中镜明先生所谈到的内容（根据录音整理）。

② 费孝通著．费孝通文集（第14卷）［M］．北京：群言出版社，1999：197.

告传播自身的规律和特点。与之相反，广告传播者如果没有文化自觉的自意，制作、发布了不良广告，不仅损害了消费者的利益，同时也破坏了广告传播者自身和广告传媒的诚信形象，从而影响了广告传播效益的发挥。其严重后果是不言而喻的。由此可以看出，广告文化自觉也是广告自身发展规律的要求，也是适应新环境、新时代文化选择的需要。

因此，一旦广告发挥其正面的社会文化功能，在广告中传播有益、健康、积极的文化观念，也能在润物细无声中提升广告受众的整体文化水平，全民文化素养的提升，无疑对文化的自觉产生积极的推动作用，重构广告文化生态环境，而最终有利于社会文化的进步发展。

文化自觉与广告文化之间的这种相互促进、共荣发展的关系，一方面有助于唤醒广告活动主体在广告实践活动中对文化自觉意识的重视，更好地坚持广告传播的文化原则，从而提高广告、媒体的社会公信力，创造值得信赖的沟通，为广告行业、为企业、为社会的长远发展提供源源不断的文化力量。另一方面，文化自觉意识在目前广告生态环境受到污染的情况下，给我们重构广告生态环境提供了一个强大的思想武器，对于我们致力于建构健康积极的广告文化生态环境有着巨大的启发意义和推动作用。

广告文化自觉，有利于各广告活动主体增强文化意识和文化使命感。对于广告主，将促使其注重广告的文化含量和文化导向，而非只关注经济利益；对媒介来说，有助于提高其作为把关人的社会责任意识，对恶俗、虚假、不健康的广告不予刊播；对广告创作人员来说，社会文化是创意产生的沃土，文化自觉将有助于其认清传统文化的同时吸纳各种外来文化为广告创意服务。

由此看来，广告文化自觉是企业树立声誉和形象、获得良好传播效果的“铁律”。广告形象健康、信任度高，受众就会乐意接受它。如若不然，便会影响广告效果的实现。某文化传播公司宣称“上我夜夜情，相伴到天明”、“你可以不上我，但谁也不能忽视我”，如此之类，严重污染了社会精神文明，必然遭到公众的强烈指责。

广告文化的自觉的意识和观念，对于我们思考广告文化具有积极的意义。当今时代，我们提倡和谐社会，我们同样主张广告与社会文化的和谐，广告文化自觉的意识，有利于减少广告与社会文化的冲突问题，从而更好地促进社会文化的建设。

从系统论的角度看，任何文化形态都不是孤立存在的，广告文化作为大众文化形态的一种，它是整个文化系统中的子系统，也是整个文化系统中的亚文化，并和其他的文化子系统与亚文化存在着复杂的互动关系。

丘吉尔说：“广告充实了人类的消费能力，也创造了追求较好生活水准的欲望。它为我们及我们的家人建立了一个改善衣食住行的目标，也促进了个人向上奋发的意志和更努力的生产。广告使这极丰硕的成果同时实现，没有一种活动能有这种神奇的力量。”广告的这种神奇的力量来源于生活，体现于直接参与了生活的建构，而寓于广告中的文化在现代生活的建构中发挥着不可取代的作用。广告来源于生活，又在建构我们的生活，广告文化也必须来源于社会文化，反过来又建构着我们的社会文化。

四、结语：广告文化的自觉——实现广告文化与社会文化的和谐互动

实现广告文化与社会文化的和谐互动，广告文化的自觉是一个非常重要的手段和有力的武器，让我们从文化自觉中能够透彻和深入地解剖广告文化。社会就像是人的肌体，我们每天需要摄入大量的维他命以维持其存在和生长。同时，我们也要不时地对身体进行体检，发现问题，医治疾病。广告文化的自觉就是对广告文化的揭示与反思，是对广告文化的更深层次的领悟和了解。广告文化自觉的角色就像是医院的一台透视仪器，探视广告文化——社会的机理以及各部分之间的关系网络，并且用一套理性、客观、批判性的话语给探视结果以描

述，提供反思和思考的问题。

广告文化已经成为社会文化的一个有机的组成部分，广告文化已经成为人们生活中的一部分，在现代社会，如果没有广告文化的存在，人们就会觉得社会文化中缺少什么。没有广告的现代文化，是没有灵性的文化；没有广告的现代生活，是缺少生机与活力的生活；失去广告的世界，就失去了五彩斑斓的色彩。

约翰·伯杰说："广告等于某种哲学体系。它用自己的一套说法解释一切"，在"它对大千世界作出解释"的过程中，形成了广告所特有的价值规则和行为标准。作为一种文化现象的广告对社会的影响远远超过了它作为单纯的经济活动的影响。"广告文化是商业色彩最浓，目的最明确的一种文化形态，是一种地地道道的'肯定文化'，它的存在就是要在现行体制内谋求利益的最大化。"广告文化与社会文化的冲突在某种程度上极容易发生，甚至是难以避免的。正因为如此，广告文化的自觉具有了更加重要的现实意义。

法国著名的作家雨果曾说过："有用的不过就是有用的，美的不过就是美的，有用而又美，这就是崇高的了。"我想这也可以用来形容广告文化上。好的广告文化既是有用的，有利于人们的日常生活和行为，同时在广告的内容上、形式上及所传达的价值观上，对受众的传播方式上是美的，这就需要广告文化的自觉来进行约束及提高。广告文化的自觉是文化自觉的思想武器，广告文化的自觉是解决广告社会伦理冲突的根本途径，广告文化的自觉是构建和谐社会的必经之路。

【参考文献】

[1] 费孝通著．费孝通文集（第 14 卷）[M]．北京：群言出版社，1999.

[2] [英] 约翰·伯杰著．视觉艺术鉴赏 [M]．戴行钺，译．北京：商务印书馆，1994.

【作者简介】

程明，武汉大学新闻与传播学院教授，博士，主要从事广告传播、媒介经营管理研究。

刘箫，武汉大学新闻与传播学院广告传播方向研究生。

消费社会中的广告影像暴力

汪永奇

中国社会已经进入到物质相对丰裕的时代，与此相随的则是大众对消费时尚的追求以及由此而涌现出来的诸多消费社会景观。传统社会是建立在马尔库塞称为“真实的需要”基础之上的基本生存需要，即衣食住行等方面的自然需求的满足，这也就是中国古代哲学家墨子所言的“食必常饱，然后求美；衣必常暖，然后求丽；居必常安，然后求乐”。然而现在消费主义和享乐主义普遍成为人们生活中的主流价值和规范，人们所消费的不是商品和服务的使用价值，更多是符号象征意义。大众消费中广告等促销手段成为一种与受众常态的沟通方式。而这一时期的视觉世界也进入了读图时代，以语言文字为中心的人类传播发生转向，各种影像成为视觉文化的主体。广告中为了向受众传递内容、理念，同时为了吸引更多的眼球，各种视觉“奇观”甚至“暴力影像”被诉诸画面，迎合了受众追求新、奇、特的感官需求。

一、广告影像暴力

“涵化理论”创始人格伯纳将暴力定义为“有意伤害或杀害的公然武力表现”。其实暴力就是凭借某种特殊形式对他人造成人格、思想或利益侵害的一种不公正的力量。人类的成长伴随着暴力且从未停息，暴力是社会的产物。人们通常会通过将影像暴力合理化和美学化，使得影像容易为观众接受并得到欲望的满足。导演深作欣二认为“暴力不是暴力本身，通过暴力这种简单的描写，其实质在于昭示撕开暴力血肉之后显现出来的人性社会的暴力”。① 暴力影像是对社会现实的一种镜像，也是对社会和生活的一种反思，暴力影像是要人们通过影像来认识真实的世界，认识它的多元化和多样性。

研究广告影像暴力要明确影像暴力和暴力影像，前者指向的是影像作品中的行为元素，后者是这些元素组接的影像。广告影像暴力是以现代传媒为载体，借助媒介的强权，以暴力广告影像为手段，凭借某种特殊形式给人们造成人格、思想或利益上的影响，让受众产生一种依赖的力量。它是一种象征暴力，用布尔迪厄的话讲则是“是一种通过施行者和承受者的合谋和默契而施加的一种暴力，通常双方都意识不到自己是在施行或承受”。尽管对于受众而言这些“合谋和默契”有时显得比较被动。广告影像暴力有两种外在的表现：其一是利用暴力元素有序地组成的显性的，人们能直接感受到的影像暴力；其二是通过资本运作，长时间、广范围进行的一种苍白的传播，给受众一定的精神、思想压力。广告影像就是在信源和受众之间达成某种默契之后所形成的一种“软暴力”行为。

二、广告影像暴力动因

作为现代文明的象征，广告从最初简单的商业工具演变成为复杂的社会文化现象，大众

① 转引自张炜．灵魂的冲撞——电影暴力美学的启示［J］．云南艺术学院学报，2005（1）：43-47.

不仅在物质消费中更在生活方式和价值观上越发地依赖广告，其结果是“民主和自由离我们远去，取而代之的则是霸权和专制”。① 大众传播中经常可见通过影像暴力的方式对现实生活的解构或颠覆，这样的传播往往可以比较容易达到其目的。

1. 暴力即暴利

德国哲学家哈贝马斯认为西方的资本主义组织对大众传媒系统形成了垄断，这种背景下他们对如何诱导受众消费和增加广告利润更加关心，所以传媒中充满了性、暴力、明星的生活方式等富有轰动效应的题材就不足为奇了。② 喻国明教授认为传媒经济其实就是一种影响力经济，当现代传媒成为一种产业之后，往往都在提高传媒影响力方面做足文章，因为只有大众媒介有了影响力后广告客户才会蜂拥而至。我们所见的广告影像都浸染了利益既得者的思想，由于暴力影像受众参与程度高且易上瘾，因此众多的商家、制片公司、游戏开发商等相关机构就加大了对暴力影像的产出占领市场以此获利。

2. 虚拟世界的暴力可以抑制现实生活中的暴力

亚里士多德的“宣泄理论”认为“影视中的暴力镜头可以成为宣泄人们内在暴力冲动的去毒剂，有助于大众的心理健康以及社会的安定有序”。③ 也就是日本著名的动画电影导演高田勋所说的，观众在观影时其实是与正义的主人公达到同化的过程，这期间毫不被良心苛责地释放出笼罩内心的攻击冲动和破坏冲动，或让电影完全将其吸收。最终，在兴致昂扬中获得大团圆结局和精神上的稳定。日本电影中的暴力场景非常多，人们怀疑这会不会给社会带来恶劣影响，但实际生活中日本社会的暴力事件相对比较少，而且人们在生活中更加规范，这就说明虚拟暴力会抑制现实暴力的发生。他们认为“影视的作用正是在于吸收了观众欲施之于现实中的暴力冲动”。④ 因而许多广告就利用非常暴力的影像把主题充分表现出来继而告诫社会，如法国的一则关于制止虐待儿童的广告就表现的特别突出，影像采用动画和真实影像结合的方式，广告中的被施虐者小男孩用动画的形式表现，影像中把小孩被烟头烫、水淹、毒打等都细腻地展现出来，当小孩像皮球一样被扔下楼梯之后，动画小孩变成了真实的小孩，随即广告字幕出现“real children don't bounce back”（真实的小孩是不会再弹起来的），“if you think a child is being abused do something”（如果你认为小孩被虐待应该做点什么）。该广告影像中受众在虚拟的环境中也同样感受到了让人恐惧的家庭暴力，令人警醒，也让受众感受到儿童保护的重要性。

3. 从接受心理和接受美学角度来看，暴力可以为广告影像的顺利传播创造接受条件

暴力是这个世界的基本现实，从人的内心看，暴力本身是对于人内心不稳定性的一种特殊反映，源于心理而诉诸于行动。从视觉心理角度研究，人们对于影像的注意力有一定的度，一旦超过注意力则会转移，而暴力影像有着独特的审美效果和创作理念，且不需要受众有太高的理解能力，它用影像将现实生活中的暴力予以原生态的展示，极富运动感和变化性

① 张殿元．非暴力强迫：作为运作机制的广告霸权［EB/OL］．文化研究网，http：//www.culstudies.com/plus/view.php？aid=5730.

② 杨伯溆．从国际传播到全球传播跨国公司的介入及其影响［J］．新闻与传播研究，2007（2）：29-38.

③ 李法宝．共读时代：文学与影像的互动传播［J］．文艺争鸣，2010（4）：45-49.

④ ［日］高畑勋．暴力、动画片及其渊源［J］．支菲娜，编译．北京电影学院学报，2004（3）：56-61.

的影像表现最容易吸引人的注意力。

从接受美学的角度来看，暴力镜头又确实给观众带来了感官刺激，因为一般情况下消费者面对平淡的影像时给予的关注度要比充满暴力的影像小得多。第一是人们可以在这种影像中获得前所未有的视听觉和心理的刺激，第二还可以让人们在观影的时候更多地置身于暴力之外观看第三者被虐的过程，这也就是影像中“间离效应”，受众可以在第三方的角度去观看由导演或者编剧以及开发者设定的角度观赏暴力，可以再施虐的角度，也可以在被虐的角度抑或是观影者的角度去看待这一影像。第三则是技术为暴力影像的充分表现提供了可能性，暴力影像可以细致入微地展示暴力，影像中往往应用慢镜头、特写、闪回等手法强化暴力场景，在影像中可以看到子弹穿破头颅的一瞬间，胳膊被砍掉鲜血喷溅而出的场景等，让人有身临其境的快感，当然更有置身事外的庆幸，这时候人们的暴力情节则得以投射、宣泄与补偿。同时，暴力影像中亦有外冷内暖的角色和匠心独具的温情场面，这些温情元素有助于受众发掘暴力的本质，给人以启示和警告。在一些公益广告影像暴力中经常可以发现这一技巧，如香港一则防止家庭暴力的公益广告中，利用高速摄影技巧，在男主人公拿酒瓶击向女士头部的同时弹出了安全气囊，随即出现广告语为“讲出来，就可以保护自己”。广告影像这一转折是整部广告片的亮点，也让受众在对于暴力的愤慨中接受了相关信息。

4. 广告影像暴力是一种被受传双方所默认的权力符号，广告主掌握主动

格布拉认为“电视暴力是一种社会关系，它是权利的展现。电视对于边缘群体的表现，最终的结果也有利于统治者”。① 布尔迪厄对于语言与权力的关系也进行了深入的分析，他认为“语言关系总是符号权利的关系，通过这种关系，言说者和他们分别所属的各种群体之间的力量关系转而以一种变形的形式表现出来”。② 就广告影像而言，这种语言符号掌控着受众的认知，它是符号权利的主导者，广告主付出了某些代价后，广告符号暴力可以发挥与警察暴力、政治暴力同样的作用，甚至还更加有效，这是一种软暴力。广告受众和信源都心知肚明，知道广告影像意欲何为，但是还是都默认了这种权力，这里权力分为两种，一种是信源发布信息的权力，通过金钱和媒介交换媒体刊播时间、空间，从而向受众发布信息；而受众也有自己的权力，对于不感兴趣的符号或者感觉受到强烈压制的符号暴力则是用遥控器做着顽强的对抗，但受众作为弱势群体，终究是处于被动的地位，对于受众而言这种对抗显然有失公平，这是广告影像符号权利的一种展现。

三、广告影像暴力的表现

罗兰·巴特尔把文本分为可读性文本和可写性文本，他认为可读性文本是一个以作者为中心的文本，能指和所指之间的关系一目了然。广告影像是以信源为中心而进行的一种有意识的可读性文本构建，它通过相关的影像把信源要传播的信息完整传递到受众，并形成一种默契使双方接受，广告影像暴力也是这种可读性文本的延展。广告影像暴力通过合适的表现和其存在方式潜移默化影响受众，从而使其信息顺利传播。

1. 惩恶扬善型——彰显广告影像暴力正义能量

现实生活中的暴力会受到法律以及道德等的制约，但广告影像中的暴力层出不穷，因为在媒介的庇护下它可能被最大化地而且合法地被表现出来，人们体验到破坏、压制、残杀和

① 刘海龙著．大众传播理论：范式与流派［M］．北京：中国人民大学出版社，2008：257.

② 张意著．文化与符号权力——布尔迪厄的文化社会学导论［M］．北京：中国社会科学出版社，2005：109.

死亡的快感，受众通过广告影像感受到了一种非比寻常的快感。广告影像中很多画面刻意在营造一种意境，那就是利用能够引起受众共鸣的英雄，以暴制暴打倒坏人，锄强扶弱拯救生命、生活乃至世界于危难之中，在这种影像中加入商品元素可以更好地完成信息传播。

广告影像暴力一般有以下几种具体常见的表现形式，首先是凸显暴力的伦理化，利用暴力来惩恶扬善，公开宣扬暴力可以解决一些生活或者社会难题的影像；其次是善良的人在压迫下实施还击展示暴力的道德化；再次是为了说明暴力的合法化，在广告影像中展示国家机器暴力执法或者场景；最后是让人们感受暴力的正面性，广告影像中宣扬惩恶扬善，以暴制暴影像。用很简单且颇具观赏性的镜头语言把故事梗概展示出来，有些时候为了展示影片的精彩程度则是暴力镜头快速的衔接。这种广告影像在电影的宣传中经常出现。

2. 暴力美学型——引人入胜的唯美流畅暴力视觉盛宴

“暴力美学”是在香港社会发展成熟的一种艺术趣味和形式的探索，是以美学的方式，诗意甚至虚拟的画面和镜头来表现人性暴力行为和暴力面，把暴力中的形式美感发扬到眩目的程度，影像表现中“基本不诉求任何人文主张，不考虑任何道德负载，彻底的去深度化，追求一种绝对的形式主义”。① 这是一种后现代式的无批判、无反思的表现。

贝尔认为大众传媒开阔了人们的视野，扩大了相互间的影响和联系，同时也“造成对变化和新奇的渴望，促进了对轰动的追求，导致了文化的融合”。② 由于暴力影像通常具有竞争性，技术的发展让打斗、血腥、射杀、死亡等暴力内容细腻、美学化地表现成为可能，现代传媒对于暴力的描述更加直观化，受众的观影效果更加强烈。在这种暴力影像表现中动作片中常见的高速摄影、快速剪接、特写镜头等技法经常被用来展现一些细节，以真实细腻的影像呈现在受众面前。这种类型的广告影像出现在传媒中时，往往也会起到非常好的作用。

3. 无厘头——荒诞幽默凸显广告主题

广告影像暴力中有时会表现为对主题的一种无反思、无批判，不用考虑任何道德负载，也不诉求任何人文主张，唯一的目的就是刺激、好玩。当这些成为广告创作的指导思想后，广告影像暴力表现中一种无厘头的、荒诞的甚至是恶搞的影像越来越多地进入了人们视野。这类广告经常用一种后现代的、拼贴的手法把相关或者不相关的视觉元素进行一些有序的处理，随之融入相应的主题后完成的作品，人们在观影之后也是觉得好玩、幽默，继而记住了产品。如奔驰 smart 在其一则宣传广告中的影像充满了暴力与血腥，连续有十几个快速剪接的镜头都是来自影视中出现的割喉、枪击等画面，而驾驶者受到的这种袭击来自后排座位的乘客，影片用暴力的方式告诉消费者——还是单排座的奔驰 smart 汽车好，因为你从来不知道后排会藏有或者坐上坏人。

4. 拟态环境型——欲望叙事直击人心

李普曼提出，绝大多数人只能通过大众媒体这样的间接方式去了解身外世界，“拟态环境”并不是客观环境的再现，只是一种“象征性的环境”，广告影像则是一直给受众在营造这样一种环境。而这种营造也和大众所处的时代环境有很大关系，社会转型引发了人们长久的困惑，原有的价值体系遭受到了前所未有的改变甚至颠覆，原来看似坚不可摧的道德意识和社会行为规范在现在的体系下瓦解，娱乐至死成为现代文明的最强表征，受众深感文化价

---

① 张小元．影像暴力潜入我们的生活［J］．粤海风，2005（2）：60-63.

② 吕坤良．大众传媒·大众文化·文化危机——丹尼尔·贝尔批判性传播观述评［J］．新闻与传播研究，2000（2）：18-25.

值目标的缺失，甚至是社会行为的某些价值标准。受到及时行乐价值观的影响以及对于影像奇观化的向往，受众在追求感官刺激的时候对于影像的需求提出了更高要求。他们纵情于影像带来的世界中，在技术和传播方式的有力保障中，影像世界有时甚至比真实世界还要逼真，直接的结果就是虚拟与现实生活之间界限越来越模糊，大众媒介在填补人们的心理缺憾和提供各类感官刺激的影像上占有绝对优势，成为话语霸权的重要组成部分。

采用各种手段进行影像的欲望化叙事和制造欲望文化成为大众媒介的本能和最擅长的事情。而这则是“拟态环境”的最常表现方式。在影像文化中主客关系发生反转，作为主体的人无时无刻不在受到影像客体的影响。传媒中的广告影像充满了欲望的诉求，在其表现的内容中我们看到非常具有亲和力的画面，让人忍不住想捧着某奶茶的就是自己，受到了自己偶像的悉心照顾，看过这类广告影像后会产生一种移情效应，把自己对于明星的情感转移到商品上，这也致使受众经常在虚拟和现实中徘徊。

5. 隐性霸权——潜移默化完成暴力转化

广告隐性霸权是指广告传播过程中对受众产生的文化规约力，以及作为一种特殊意识形态对受众形成的控制力，一般来讲它给受众带来的压力是无形的、内在的以及感官觉察不到的，同时这种隐性霸权还表现在对消费者意识形态的控制与广告文化的匿名权威性上。广告隐性霸权为广告影像暴力的成长提供了土壤，主要表现在广告主操控受众意识形态，个人消费的他人引导性，受众时间空间被全方位的侵占三个方面。

首先，广告影像暴力一般会采用一种比较隐秘的运作方式利用数码特技进行，同时还能够在表现中模糊广告影像暴力的合理性和合法性，广告影像在表现过程中刻意营造一种意境，让消费者处于广告软暴力的包围中，把他们引领到充满欲望与想象的虚拟情景中。所以阿尔都塞认为作为主体的人类其实并未自主地把握世界，因为他们的意识是被早已设定好的一系列思想与表征体系限定，人类对世界的把握其实只是一种想象。更为重要的是消费者由于长期沉浸在广告符号中，广告商早已提前设置与控制他们深层的意识形态，广告软暴力可见一斑。

其次，现代社会个人消费需要他人引导，广告成为引导方法之一。广告明星一般都给同龄的受众做着示范，这类广告给受众心理造成压迫，促使其行为上产生强制性，最终使他们极力和所处的群体在消费模式上保持一致。这种广告影像暴力一般都是隐蔽的，深入受众心理的，因为这些广告一般都是经过专业公司的量化研究，广告商明确知道受众想要什么，而且他们会通过幽默、夸张等让人喜闻乐见的方式演绎出来，受众也在潜移默化中接受了该商品，看似受众自己选择的商品，其实不然。所以波德里亚说“所有的社会裁判、所有的心理压制均在此一览无遗。一般来说，广告不会如此直白地承认这些。然而它时时刻刻都在开动着一台慈善式压制式控制机器”。①

再次，广告影像暴力在现实生活中则表现为对受众的全方位侵犯，因为几乎所有的传媒都不同程度地依赖于广告。传媒中广告有时甚至会享受到比正常节目还要高的礼遇，这就是马尔库塞所谓的单向度的社会对人的控制可以通过各类传播媒介而入侵人们的闲暇时光，占领人们的私人空间。② 表现在时间上，就电视广告而言，长短时间的配合从而占据了电视节目之外的所有时间，主要表现形式有电视广告片、标版广告、赞助广告、栏目冠名、专题片、贴片广告、走马字幕广告等，时间从5秒到十几分钟不一而足。尤其是一些电视购物节目一般时常5~10分钟，让人无法忍受。空间上则表现为信源控制信息的刊播时间、场合和

---

① ［法］波德里亚著．消费社会［M］．刘成富，全志钢，译．南京：南京大学出版社，2000：192.

② ［美］赫伯特·马尔库塞著．单向度的人：发达工业社会意识形态研究［M］．刘继，译．上海：上海译文出版社，1989：4.

频次。同时媒介隐性霸权还表现在它对于文化节目的分割，每当节目在播出要紧关头，就会有广告不失时机地插入，少则一两分钟，多则十数分钟，观众要换频道却害怕错过节目的精彩点，不换则只能是对着那些广告看。习惯成自然，消费者的抵抗意志也逐渐被消磨殆尽。

四、结语

广告影像在大众传媒中表现方式多样化，尤其在信息爆炸与注意力缺失的时代，由于暴力影像更易让受众注意，使得广告影像暴力层出不穷，也逐渐成为广告影像的一种重要表现类型。广告影像暴力并非洪水猛兽，它的存在有其必要性与合理性。了解引起广告影像暴力的动因和其表现可以很好地把握这种影像表现形式，去除暴力影像中的糟粕，更好地服务于大众。

【作者简介】

汪永奇，浙江农林大学人文·茶文化学院讲师、新闻传播系副主任，研究方向为广告创意、广告影像批评。

从艺术史的角度看广告摄影中的女性形象[①]

王悦彤

从艺术史的角度来看，女性形象是艺术的永恒题材，女性身体美的表现更是亘古不变的主题。在传统艺术中，女性往往被理解和处理成被欣赏、被消费的位置，而女性形象也历经了复杂的演变，实现了由原始崇拜——宗教——色情——装饰——消费的渐变性过渡。在当代广告艺术中，女性主义的发展，非主流文化反强权话语的兴起，使女性形象成为矛盾的策源地。因此，对于艺术史中女性形象的厘清，有助于我们认识以女性作为载体的许多涉及社会政治与道德问题的现代广告摄影创意，研究由此延伸出来的一系列社会文化形态和广告摄影传播现象。

广告摄影兼具艺术性和商业性，虽然商业性是其真正的价值出发点和目的归属地，但艺术性却能使广告作品具有更强的生命力和永恒的价值。而广告摄影的艺术性不可避免地决定了其对女性形象的关注与追求。所以，广告摄影作品中，女性做主角的比例占有绝对优势。化妆品、家居用品、电器甚至西服、领带、刮胡刀等绝对的男性用品，其广告似乎都无一例外地由女性来做。这种现象从某种角度上反映了现代人对女性的价值判断和审美追求，反映了女性的现实社会地位和男人对女性的角色期待与价值规范。

一、从容器、身体到女性符号

论及女性形象必然要涉及女性的身体，身体是人类文明世界的原型，它涉及性、宗教、政治以及权力话语等问题。人类身体已成为社会学科和人文学科研究的焦点，女性身体的话题尤其敏感。

长期以来，对身体的解读被僵硬地符号化，而艺术史作品中的身体形象正是对这种符号化的认同。艺术发生与人类起源同步，在所有的造型艺术中，数工艺美术的历史最为悠久，它伴随着人类的诞生而产生，伴随着劳动工具的制作而出现。从原始时代的出土文物看，母性形象以各种形式被大量制作，人们供奉着石制、泥制、陶制的女性生殖器的模拟物，或用饰纹、彩绘等方式，将女阴的图案刻在木器、陶器或石壁上。模拟的人物忽略了形体的正常比例，夸张地刻画乳房、下腹、臀部和阴部，特别强调的是这些部位的饱满。其基本特征几乎都具有一种“母性”决定因素。生育结果所产生的心理满足和心理愉悦是社会性的，可以传播的，因而对原始人而言，这些夸张生育器官的女性形象是完美的。而这种完美，就是将生存欲求的心理满足加以形式化、物态化、图腾化和理想化，体现了人类在洪荒时代要求实现自身、创造自身的主观能动性，是人类“使自己的生命活动本身变成自己意志的和自己意识的对象”② 的一种表现。

把女性身体符号化的代表有比利时广告创意摄影师克里斯托弗·吉尔伯特（Christophe

---

① 本文系2011年度文化部文化艺术科学研究项目“当代摄影艺术的数字化生存与文化传播研究”的阶段性成果。

② 马克思恩格斯选集（第1卷）[M]. 北京：人民出版社，1995：46.

Gilbert），他的广告摄影作品中的女性形象是原始的、纯粹的、图腾的、物态的甚至是兽性的。但其广告效果却是直接的、震撼的（见图1）。

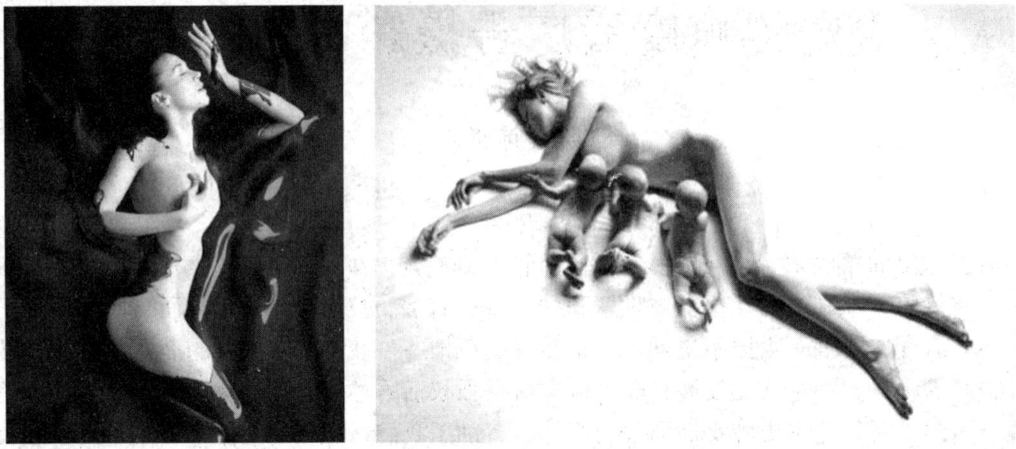

图1　克里斯托弗·吉尔伯特的广告摄影作品

二、从妖魔、激进到隐喻

随着生产力的发展，人们逐渐认识到了男性在生殖过程中的实际作用，我们可以在原始时代“双性同体”的形象创造中看到这种认识上的进步。如我国青海省乐都县柳弯三坪台原始基地出土的马厂类型裸体人像壶，人像的胸前有一对男性的乳头，在两边还有一对丰满的女性乳房。人的腹部似为男性生殖器，又似为女性生殖器，这显然是男女两性的复合体并具有生育象征的意义，其认可的正是男女两性在生命创造中的共同作用。但随着私有制的出现，社会被分化。男性与女性的不平等关系在氏族中逐渐酿成，文明伴随着男性的胜利而诞生，“最初的阶级压迫是同男性对女性的奴役同时发生的。”① 为了树立父亲的权威，首先需要子女确认父亲及父亲的地位，为此，必然要改变母性题材所象征的神祇位置。这种改变一方面是引入男性生殖崇拜，另一方面则是把母性崇拜妖魔化。到了中世纪，女性美与堕落之间有了千丝万缕的联系。

比如，印象派画中的女性形象始终处于被凝视、被控制状态，女性的裸体画成了欲望的对象。高更所描绘的塔希提岛土著女看似纯朴的原始美，但实际却是妓女。马蒂斯所描绘的那些赤裸或半赤裸的女性横卧或斜坐在沙发上，既妩媚又极具挑逗性。卢梭的《梦》中一位裸妇斜躺在一个放置在露天环境下的沙发上，在这个开放的空间中使裸妇更易于勾起人的情欲。毕加索的《亚威农少女们》是对妓女们向顾客展示自己的描绘。而蒙克更把女性看成是妖妇、吸血鬼，是唤起性欲的工具。从这一系列画家画中的女性形象可以看出，女性传达着性的渴望，越来越被当成泄欲工具，是弱者。

而19世纪后二十年，是自由资本主义在欧洲、美国向垄断资本主义发展的二十年。许多对人类文明有重要影响的新技术都是在这个阶段内发明的。现代广告也在此背景下开始发展起来。大工业的普及、发达促进了经济的迅速发展，市场经济转入激烈的竞争阶段，商业竞争成为资本主义经济的一大特点。大量商品为了促进销售需要尽快的被顾客熟悉，此时广告无疑是一种重要的促销手段。

---

① 马克思恩格斯全集（第21卷）［M］. 北京：人民出版社，1965：78.

在这一阶段，广告的形式主要是招贴画和路牌广告。广告设计还多由画家兼任，几乎没有专业的广告摄影师。英国著名插图画家奥布里·比尔兹利（Anbery Beardsley），法国著名画家亨利·图户兹—劳特里克等人都曾画过大量招贴画及海报。当时广告的构思基本上是绘画型的，看上去就像是一幅美术作品，不过画中人物手上捧着某种商品而已，显得有些生硬。广告中的女性形象作为摆设，和商品一起是“被看”的对象。就像岛子在其论著中指出的：“西方艺术史实际上是一部性别歧视的视觉表征史，父权制美学的厚黑学效应（厚而无形，黑而无色）遮蔽并扭曲了女性的创造力、才华和本真，女性被经济所剥削，只有裸体才能走进这种‘历史’及其博物馆和美术馆，女性裸体画几乎是西洋画的代称——演绎着男性的性权‘盯视’（gaze）下变形的身体政治史。”①

所以在相当长一段时期内，不仅在作为艺术品的图像中存在男性权力和物化女性的凸显问题，商业图像制造者也会利用情色的视觉冲击力和其背后的性别争议来提升人们对广告画面的注意力。广告摄影图像中最常见的内容就是女性形象，从林林总总美女的照片中，可以看到男性目光的热切注视。这些表现女性的媚态或性的广告摄影，在拍摄技术或“光影修辞”方面遵循男性观看、女性被看的视觉语法，创造出维护男性心中理想女性形象的视觉神话。然而这种情色策略并非是永远的法宝，从意大利时装品牌 SISLEY 著名的广告图像的历年演变中可见一斑。自 1999 年以来，SISLEY 品牌一直聘用擅长情色风格的时装摄影师泰诺·理查德森，拍摄以性暗示、性比喻，乃至直接的性活动为主题的品牌推广广告，尽管性别取向的花样繁多，但基本上以物化女性形象为拍摄思路的主线，以图像的侵犯性和争议性成为广告摄影创意的争议主题。长期以来，SISLEY 女装和男装品牌在消费者心中逐步形成性感出位，乃至黑暗猥琐的负面形象。终于在 2008 年春夏，SISLEY 品牌在广告中另聘了北欧女时装摄影师 Camilla Akrans，拍摄具有新古典主义审美的，强调高雅的女人味和体面的男人味的广告照片。这个案例说明性别和情色的商业图像策略同样不具有满足不断升级和贪得无厌的男性视觉消费的持续性力量。

三、从肉体、欲望到女神

而早在文艺复兴时期，女性就是美的化身，不再被只作为欲与性的象征符号以及罪恶的代称，而被视为能反映出人的善良和内心美好的可贵品质的标志。此时画家笔下的女性形象是作为完美和永恒的人出现的，灵性和肉欲、神的光辉和人的真实统一，即使是鲁本斯笔下的那丰腴的、肉感的女人体，也笼罩着一种神性的精神光辉。在 19 世纪末，广泛传播的社会变革开始改变妇女的社会地位。首先是妇女在法律上得到了更多的保护，社会和经济方面的地位不断提高。教育系统的改革，也为妇女提供了同等于男性的机会。

20 世纪初，大机器生产使产品成本迅速下降，各类产品的竞争更加激烈，商业广告成为非常重要的竞争手段。美术领域也十分活跃，立体派、野兽派、未来派、表现主义等一大批现代主义的艺术派别纷纷出现，竞相举办各种美术作品展览，广告、海报繁多，也都刺激了商业广告的发展。此时广告对商品信息传达的重视已超过以往。广告摄影中采用的女性形象则越来越注重选用身材优美、容貌俏丽的，她们漂亮得几近完美。这成为当时广告摄影的一大特色，而且持续至今。

“漂亮的脸蛋能长出大米”，这曾经是一部外国电影中的台词，如今，这句话在现代广告摄影中反复应用。越来越多的“美女广告”给社会和人们带来了巨大影响。在商品营销活动中，广告是不可或缺的手段。女性作为一种很重要的审美对象，有其特殊的魅力，美女广告的柔性诉求更是达成商业目标的一个快捷、经济的通道。女性的魅力最易觉察到的是外

① 岛子著．后现代主义艺术系谱（上）［M］．重庆：重庆出版社，2001：183.

部形体美。当人们在广告画面中看到美轮美奂的女性时都想多看几眼，这是受众对审美对象所引起的美感。女性美的形象运用于广告上，满足了人们的情感需要和审美心理，成为一种能引起注意的刺激因素，因而能有效地吸引受众的目光，激发受众对广告的兴趣进而达成购买欲望。如某高速收费站旁打出一块巨大广告牌。"再低，就不可能了。"该广告用红色低胸裙子的女人作为主角，女子坚挺胸部、撩人的裙子，加上女子白皙的肌肤让人浮想联翩，最精彩之处是，大家都想再低点时，广告商告诉大家"不能再低了"，与房价相互呼应，浑然一体。另外，我们也可清楚地看到由"美女广告"所获得的直接经济效益。当年 TCL 请韩国第一美女金喜善代言就让 TCL 赚得盆溢钵满。但即便如此，美女代言也只是增强竞争力的一个方面，如果质量，技术，售后，外观，管理，财务等一个环节出现问题，也将会出现多米诺骨牌效应。

广告摄影中女性形象被神圣化、完美化也有另外一层原因，男性话语仍在社会各领域占据绝对优势，男性作为具有主动性的主体，对女性有着欣赏的资格和评价的权利。从男性视角出发所展示的女性身体，不是在广告中被物化，被凝视，就是被超越现实的完美再现。如浪莎丝袜广告，画面开始，一位穿着超短裙的年轻女郎手拎购物袋，优雅自信地从几位男士身边走过，引起他们回头凝望。在扩大了的男士的瞳仁中反射出女郎婀娜性感的背影。整个广告由男性声音解说：时尚、高雅、动人、不只是吸引——浪莎丝袜。这则广告虽以女性为中心，但浪莎丝袜广告中瞳仁的特写镜头显示了女性的被看地位。广告意在传达这样的信息：女性的魅力，只有通过男性来赋予。男性与女性看与被看的关系中暗含着主动与被动、强势与弱势的关系。

四、从"女性主义"到"女性生产力"

普遍认为，摄影是承载人类目光的视觉媒介，从被发明以来，就自然成为社会主体表达男性话语的权力工具。但这引起女性艺术家的不满，一些女性主义者也意识到摄影并非完全是"男性视觉的附庸"，它可以被扭转为女性主义自我的注视和抗议。她们开始用自身的方式反叛那种被定义的角色。她们试图在父权模式中开辟一条道路，消解女性的传统角色，打破男性世界的女性"偶像"。于是在当今消费世界下，一股"女性复兴"之风正在蔓延开来，其影响力与日俱增。许多著名品牌都开始将注意力的重心转移到女性身上。比如说伊夫·圣洛朗早在多年前就推出了一个衣着华丽的女人将男人玩弄于股掌之间的平面广告；Skyy 沃特加多年来也一直坚持诉求女性消费者的宣传策略，广告一贯以女性为主角，在其手下，女性得以充分展示在获得全面解放与自由后的轻松感受。甚至还曾有某无绳电话的"马桶篇"广告，用"小男人"形象来反衬女性的至高地位。

所以，后女权主义的发展使西方世界对"性别歧视"的指责讳莫如深，生怕一不小心就成了损害女性权益为千夫所指的对象。广告业界也不例外，那些诸如"洗衣机广告不该只出现女人劳动的画面"、"卫生巾广告侵犯了女人的隐私权，扭曲了女性在月经期不舒服的真实感受"、"广告总是用出卖女人的色相来吸引男人"的呼声开始受到重视。在现代文化观念和商业竞争及生存发展的多重压力之下，广告界重新审视其创意策略，广告摄影师另辟蹊径，开始寻找一种受女性欢迎的摄影表现形式，以达到赢得女性消费者、获得最大利润的目的。

图 2 所示为女摄影师 Annie Leibovitz 为 LV 拍摄的，主题则是藏在了图片中的那句话：有时候，家仅仅是种感觉。一位女性坐在行李箱上，准备踏上火车，是回家，还是去远方，不清楚，但是我们从她身后那烟雾和光可以看出，女性的独立，现代女性不仅仅是整天围着家转的，而是会为自己的事业、理想打拼的，她们坚强独立，不依靠男人，但心里也是有属于自己的家的，LV 针对它的主体消费群，解读现代女性的心理，也是现代女性的呼吁，受

图2 LV箱包系列广告

到广大女性的欢迎与好评。而LV是一种高档品牌，消费群是高收入，高品味者，所以图片中的女性穿着也是十分讲究的，与LV的品质包包相呼应。其实不难看出，人物后面的烟雾、光都是用机器和电脑特效做出来的，虽不是那样自然，但主题表达很强烈。摄影师在拍摄的时候把镜头拉远，采取的角度比较普通，就是从人物的正前方拍摄，人物的脸部打了灯光，而黑色的火车就与人物形成了色彩差，从而达到视觉冲击力。

总之，从身体的观看到生产的全球化，女性主义的思潮从来都处于混杂多元，百花齐放的状态，图像和摄影媒介作为社会和人类的映射，也呈现出多样复杂的面貌。尽管大多数女性主义者和摄影家，并不认为自己的作品有意对某些女性主义思想做一体现，然而作为艺术品的图像或作为商业工具的广告摄影，仍然或多或少的显现或隐含性别的释义，成为女性主义批评家和思想家推崇或诟病的话靶。同时，与时俱进的新一轮女性主义的著作和思潮，也多少会给广告图像制造者以指引和启示。

五、结论

综上所述，从艺术史的角度可见，女性不是作为艺术的生产者，而是作为欲望对象的载体被一次次由他者界定。女性身体形象的呈现始终处于一个对象性存在的位置上，她们没有自己的思想和意识，她们是权力规范下的审美对象和消费对象。而广告摄影作为艺术，其传播既有商业性也有文化性。它强化了两性差别的既定印象，并帮助人们将此印象固化。可是，反过来想一想，如果在摄影中让女性裸露上身，用广告展示她们的深沉和刚毅，她们是否认为这样就是男女平等？这样就是女权的维护？

其实，世界是五颜六色的，艺术是多彩的，美是万千的。18世纪著名美学家贺拉斯曾指出："蛇形线是最美的线条。"而女性的形体轮廓恰恰由许多蛇形线构成。西蒙·德·波娃也承认："女性较男性可爱。""因为她们吸引人、较温柔、皮肤较好。一般说来，女人较有魅力。"男女两性间的差别是明显存在的事实。所以，女性为何不能坦然地去展现自己的个性，释放自己的女性魅力呢？就像香港琦琦担任某化妆品电视及平面广告主角时道出："优雅的体态与女性的内涵是相辅相成的……"提升自己内在气质的秘诀不是单靠外表，而是要将内在气质发挥至顶峰才能闪出晶莹剔透的光芒。因此广告摄影中的女性在展示女性美的同时也要展露出自己深刻的内涵、独立自我的个性，对社会的奉献与价值。我们可以肯定，真正的女性主义是超越性别的，更是一种强大的生产推动力。

【参考文献】

[1] [德] 埃得希·诺伊曼著. 大母神——原型分析 [M]. 李以洪, 译. 北京: 东方出版社, 1998.

[2] 张京媛著. 当代女性文学批评 [M]. 北京: 北京大学出版社, 1995.

[3] 雅克·马塞勒著. 世界艺术史图集 [M]. 上海: 上海文艺出版社, 1999.

[4] 李巍著. 设计家——女性形象广告 [M]. 杭州: 浙江人民出版社, 1997.

[5] 张国良著. 传播学原理 [M]. 上海: 复旦大学出版社, 1995.

[6] [美] 约翰·奥尼尔著. 身体形态——现代社会的五种身体 [M]. 张旭春, 译. 沈阳: 春风文艺出版社, 1999.

[7] 杨莉莉. 摄影的性别和女性主义 [J]. 美苑, 2004 (2).

[8] 范萌. 自拍、自导、自演——用女性主义批评理论分析女性主义摄影师辛迪·舍曼 [J]. 商业文化 (下半月), 2011 (10).

【作者简介】

王悦彤，河南大学新闻与传播学院广告学系讲师，武汉大学在读博士。

广告媒体

基于数字媒介的植入式广告发展趋势及其模型建构

吴 红

20世纪最后20年，媒介技术发生了历史性的变革。我们把这种建立在数字传输技术基础上，融合了网络技术与多媒体技术的新形态媒介称为数字媒介或数字互动媒介。数字媒介为我们带来的变化是全方位的，对于与之息息相关的广告形态而言尤其如此。本文从数字媒介的特征入手讨论它给植入式广告带来的变化及其发展趋势，并从品牌关系与品牌形象的角度构建数字时代的植入式广告模型，以此解释新媒介时代植入式广告的整体形态。

一、植入式广告的概念及其发展

植入式广告又称之为隐性广告或内置广告等。在有关定义中，最简洁达义的表述是，“植入式广告是一种将产品或品牌植入电影、电视、小说、广播、游戏等媒介的广告手段。”植入式广告有三个特点，第一，“植入”须以某些娱乐为“媒体”，这种媒体包括电视节目、电影、戏剧、网络游戏，小说等；第二，植入的广告信息以娱乐内容的一部分的形式出现，且以不打断和干扰用户对娱乐体验为前提；第三，植入式广告是以付费的方式实现的。这些特点将植入式广告与以资讯形式出现的产品或品牌信息区别开来。

根据加拿大学者Simon Hudson和David Hudson（2006），植入式广告最早可以追溯到19世纪末电影刚刚产生时。但是直到20世纪30年代以来，植入式广告才得以广泛兴起。例如，1929年的美国，动画片《大力水手》中的大力水手波比以“我爱吃菠菜”为菠菜罐头做广告；1951年，由凯瑟林·赫本主演的《非洲皇后号》影片中植入了戈登杜松子酒的商标；1961年，美国电影《蒂凡尼的早餐》以著名的珠宝品牌店蒂凡尼为背景。1982年，斯皮尔伯格执导的《E. T. 外星人》里，主人公艾里奥特用Reese Pieces巧克力豆把外星人吸引到屋子里来，这使Reese Pieces巧克力的销量猛增65%。但是，20世纪80年代以前的植入广告的交易方式主要是易货式的，即品牌所有者为整个影片生产过程免费提供道具，并为影片的宣传提供广告支持。20世纪80年代以后，大量专业植入式广告代理商的兴起改变了这种交易方式。如今，好莱坞已形成成熟的产业机制，以确保广告主从品牌曝光中获利而制片商能够获得财务支持和一定程度的生产保障。随着世界娱乐产业的发展，欧美各国都建立起了相当完备的植入式营销产业运行机制。

1992年，大型室内情景剧《编辑部的故事》中的道具百龙矿泉壶首开我国植入式广告先河。近十年来，冯小刚等知名导演大力推动着影视植入式广告发展。数字技术的发展又为世界各国的媒介及广告产业发展带来了平等的机会与空间。虽然，我国植入式广告出现时间较晚，但是在新媒介技术与巨大的市场需求推动下，发展势头非常迅猛，无论是数量还是运作水平都在紧跟世界步伐。随着数字媒介的发展，植入式广告已从最初的影视走入各种新媒介，不断衍生出新的技法，新的形式。

毫无疑问，数字媒介将成为未来媒介的主宰，数字时代是时代发展的方向。那么，以媒介为依托的植入式广告在数字时代又将呈现怎样的形态呢？笔者将首先探讨数字新媒介的特征，以此出发预测植入式广告发展的趋势，并建构其基本形态。

二、数字媒介的基本特征与植入式广告发展历程

毫无疑问，数字媒介将成为未来的媒介主宰，那么数字时代的植入式广告将呈现怎样的形态呢？下面我们从数字媒介的传播特征出发探讨这个问题。

1. 数字媒介的传播特征

一般而言，数字媒介是指所有以数字形式存在的信息内容和存储、传输、接收数字信息内容的媒体介质以及设备的总称，因此，数字媒体也被阐释为“TMT”，即技术（Technology）、媒体内容（Media）和通信传输（Tele-com）的结合。通过总结，笔者认为以下四个方面的特征决定了植入式广告的发展方向。

（1）渠道激增、内容稀缺与受众“碎片化”。数字媒介具有融合性与再生性功能。首先，媒体的传输通路随着新技术的加入而变得多样化；其次，介质形态的媒介的既有壁垒逐渐消失，出现了融合现象；再次，数字信息处理与传输的高度灵活性与渗透性，使信息形式的媒介不断裂变与融合，从而衍生出无数新型的内容型媒介。技术的融合性与再生性导致的重要结果是渠道数量与形式激增、内容稀缺与受众注意力的“碎片化”。

人类已从媒介稀缺的大众传播时代走入内容稀缺的数字传播时代。为了获得与渠道发展的平衡，媒介发展必然走向内容大生产。被“碎片化”的受众要建立对自我及外部世界的认知，就必须拥有某种“立体化媒介空间”。也就是说，我们需要从不同的渠道接收具有某种同一性的信息，从而获得对事物的整体认识。对于追求规模效益的媒介机构与品牌广告主来说，生产能够生存于不同媒介形态的内容是应对内容稀缺与受众碎片化的核心解决方案。很显然，内容大生产与首属媒介社区的趋势为植入式广告的发展提供了巨大的推动力与空间，使植入式广告在商业领域的价值不断提升。

（2）受众崛起与消费者生产型媒介。数字媒体对传统模式的颠覆意义就在于消费者、受众或用户本身的崛起。受众的主体地位的提升与传播控制权的获得，一方面意味着每个人在理论上都是传播者并且可能产生广泛的影响，另一方面意味着作为信息消费者的大众对任何他者的信息生产、传播与结果都有着巨大的影响力量。正是在这个意义上，数字时代的媒介又被称为草根媒介或消费者生产型媒介。

受众崛起使传统的硬性广告的生存空间受到挤压，广告必须以更多更新更贴近的方式进入受众的首属媒介空间。广告已不再局限于我们原有的认识，开始变成资讯、影视、信息、娱乐、游戏、音乐甚至是谈话。就像张金海教授早为数字时代的广告下的新定义那样，任何“付费的，公开传播的，有关生产与消费、供应与需求的所有商务信息都属于广告的范畴。”广告形式变化的客观需要是植入式广告发展的内在动力。消费者生产型媒介的另一个要求是个性化，这为植入式广告开辟了新的领地——个性化内容定制。在下文中，我们将看到个性化定制在植入式广告中的繁荣。

（3）网络社区与信息共享。受众在碎片化背景下会因为相同的生活方式而重聚，在网络媒介上即形成虚拟社区。“这使得创造复合媒介的信息储藏所更为容易，而且更容易创造具有共同兴趣的真正社区，在其中，人们可以聚集起来分享共同性与各种深刻见解，也能够进行学习和购物”。广告学者约瑟夫·塔洛（Joseph Turow）认为个人主体价值的强调，对既有体制的日渐怀疑，对于分丧权威的渴望以及在更狭小的共同体中对友谊与忠诚的寻求是分化后重聚的社会基础。

网络社区（SNS）体现的不仅仅是平台化的综合价值，还包括共享的价值。当前，国内

外各大SNS网站就像设施齐全的真实社区，包括照片、日记、书评、影评等信息分享平台，购物、理财、交友、投票等设施，论坛、社团、贴吧等互动话题组，还有各类网络互动游戏。平台化使广告得以渗透到消费者生活的每个方面，共享则要求广告深入消费者的体验与感知，因为分享是建立在体验基础之上的。因此，在数字时代，植入式广告要真正发挥效力就必须与体验相结合，这既是挑战也是机会。

（4）媒介消费的娱乐化与资讯化。2011年3月，麦肯锡最新发布的《解读中国数字消费者》报告显示，即时通信、下载音乐、下载视频、浏览社交网站以及玩网游占据了互联网应用的前五名。我们可以把这些媒介消费形态分为两大类：娱乐与资讯。据称，在人们赖以生存的媒介社区中，寻找中立性的信息已成为目标消费群体实施消费行为前的必备功课。在资讯之外，人们需要更多的娱乐内容。因此，广告必须超越传统边界，融入资讯与娱乐内容之中。

需要注意的是，在上述有关定义与特征中，笔者把以资讯形式出现的商品信息排除在本文所讨论的植入式广告范畴之外。本文的基本观点是娱乐内容的稀缺、大量存在的消费需求、日益萎缩的传统广告以及不断涌现的新形式使植入式广告的价值不断提升，迎来了巨大的发展时机。同时，基于数字传播形态，植入式广告必将走向定制化与体验化方向。下面植入式广告的发展历程可以证明其定制化与体验化的趋势。

2. 植入式广告的发展历程

在当前有关媒介或广告的讨论里，“定制化”一词早已不陌生。从上述分析中，我们看到个体主动性以及相互之间影响力的增强，对个体消费形态的追踪能力的提升，加上保障小规模生产效益的技术进步使得个性化定制不仅成为可能而且成为必然。定制化一方面解决品牌营销问题，另一方面解决内容消费的稀缺问题，因而是具有双重价值的解决方案。

在实践领域，围绕品牌进行的定制化生产早已在影视、音乐、网游等娱乐行业全面展开。植入式广告形式与概念的发展演变清晰呈现出了定制化的发展轨迹。植入式广告的英文表述有三种：branded placement、branded content 、branded entertainment。很多国内研究者认为这三种表述的含义基本相同，事实上，这三个词在英文中含义是有差别的。虽然，它们的共同之处是广告信息与娱乐内容的融合，都可以统称为植入式广告。但是，它们的实际运作与表现形式存在着巨大差异，而这种差异也直接带来品牌传播效果的不同。

branded placement 是指最早的植入式广告形式，即在影视剧广播节目等媒介内容中插入品牌或产品信息，其中作为载体的娱乐内容是独立的，不受品牌或广告主影响。我们常说的“植入式广告”就是从它直译而来，为了讨论方便，本文将之译为“品牌植入”。branded content 是指品牌定制内容，是指由广告主投资，为其品牌特点、品牌形象而量身定制的影视剧、广播电视节目、音乐等娱乐内容，包括受众参与创作的各类娱乐内容。例如，宝洁公司为飘柔洗发水定制的电视剧《丝丝心动》，联合利华为其新推出的清扬牌去屑洗发水而定制的电视剧《美女如云之无懈可击》，围绕诺基亚（NOKIA）6600品牌而创意的电影《一线声机》，以及上海通用与优酷网共同赞助，为推广雪佛兰克鲁兹品牌而发起的受众参与的定制网络视频短剧“11°青春”系列等。branded entertainment 与 branded content 的概念相似，但表示的范围要广得多，除了各类型影、视、音娱乐内容，还包括游戏与各类娱乐活动等。可以定义为企业依据自己的品牌或产品营销需要而定制的娱乐项目或活动，它通常包含诸多消费者参与的互动环节，重视对品牌的体验与整合营销。例如，英文中的“advergaming”（广告游戏）就是指产品生产者联合游戏开发商开发的有关产品的网络游戏。2009年“沃尔沃”公司随着新型FH16 700卡车的推出，曾特别设立了游戏网站，推出新产品的相关游戏。为了表述方便，笔者把它译为品牌定制娱乐。

Simon Hudson 和 David Hudson 对植入式广告的发展演变进行了梳理，并对各种不同的植入形式进行了分析。他们认为品牌定制娱乐是在新媒介契机下从早期产品植入演化而来的“一个全新术语，用以形容一个更为当代更精巧的品牌植入方式”。

从时间上来说，这三种广告形式的产生顺序依次是：product placement→branded content→branded entertainment。当然它们的产生不是替代的关系而是体系内并存共同发展的关系。因为，今天所有的植入式广告都属于品牌整合营销传播中的一部分。无论是品牌植入还是品牌定制剧，被反复观看的机会都不多，因此它的成功还有赖于其他互动营销手段的支持。

虽然植入式广告的形式与数量会随着媒介发展朝着定制化方向发展，但单纯的品牌植入仍然有其重大的生存价值与空间。依据上述定义与特征，未来所有植入式广告都可以归为这三类。接下来，笔者将从品牌整合营销的角度，以这三种形式为主体构建新媒介时代的植入式广告模型。

三、新媒体时代植入式广告的品牌整合模型

植入式广告的发展过程体现了媒介技术发展的逻辑，同时也反映了品牌对植入式广告的发展要求。尽管从对品牌形象与传播效果来看，早期那种内容不受广告主控制的植入式广告因营销意图性最弱而造成传播效果最好，但是，它对品牌契合性的要求高，对品牌内涵意义的传达不足。更重要的是这种植入类型常因优质资源的稀缺而造成本高昂与竞争激烈，因此，无法充分实现品牌营销目标。品牌定制内容因为有着完全的控制机制，因而能很好地实现品牌传达的目标。而数字媒介的互动机制使营销传播具有了全方位体验功能，将品牌传播与即时购买有机地结合起来。因此，品牌定制内容与娱乐应运而生。一般认为，隐蔽性是植入式广告的主要特点，同时也是植入式广告产生效果的原因。然而，最新研究表明，植入式广告正在受到越来越广泛的接纳与认同，这是植入式广告走向显性定制化的良好基础。

虽然上述三种类型对于品牌营销的功能与作用有诸多不同，但在国内外的相关研究中，却较少将它们加以区分讨论。正如 Simon Hudson 和 David Hudson 研究发现的那样，这是因为早期研究者忽略了植入方式的不同特征将引起不同的消费者品牌反应。然而，这方面的研究，对于想投资植入式广告的广告主而言却非常重要。

在研究游戏植入式广告时，作者 Chen 和 Ringel 提出了游戏与产品或品牌整合的层次模型（见图1）。在这个模型中，游戏植入广告的品牌层次包括联想、显示与证明。在联想层次，品牌信息作为游戏背景而被展示，并与特定的生活方式或活动相联系，例如在足球赛游戏中的布告板广告；在展示层次，产品作为游戏的一部分而存在，作为道具而存在的产品或品牌信息起着说明的作用；在演示层次，游戏玩家能够在一种模拟真实自然的情境下体验产品的各种特性。例如，在耐克网站游戏中，玩家可以为游戏人物选择鞋子，在游戏过程不断感受鞋子的不同性能。

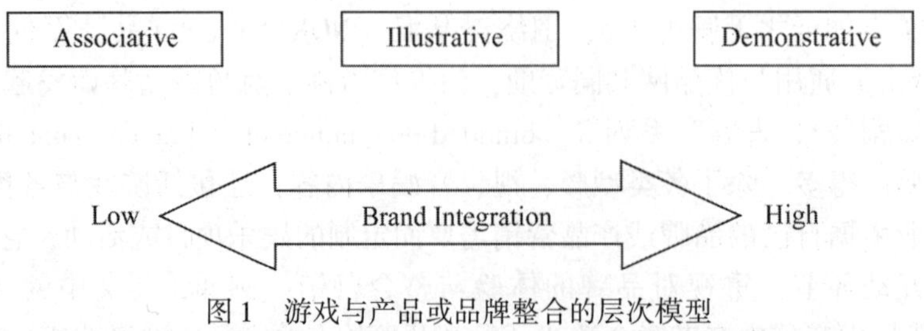

图1　游戏与产品或品牌整合的层次模型

资料来源：Chen Ringel. Different Advergaming Approaches and Their Effect on Brand Integration [EB/OL]. http://www.kpe.com/ourwork/viewpoints/viewpoints.advergaming_4.shtml, 2008-11-01.

这种分层原理也适用前述整个植入式广告的三种类型，但是它有关品牌整合的概念比较模糊，没有具体的指标。从品牌价值角度看，品牌整合的层次应该包括品牌形象认知与品牌关系两个评价维度。因此，结合上述模型与品牌整合的两个维度，笔者构建了“植入式广告的品牌整合模型”（见图2）。

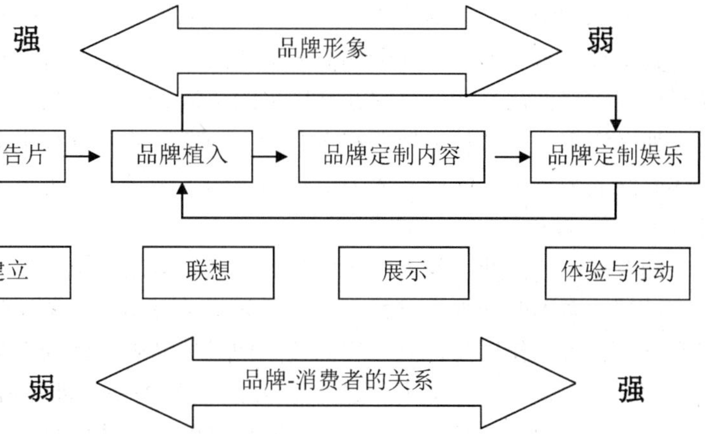

图2　植入式广告的品牌整合

如图2所示，这个模型依据品牌参与内容的程度以及所能产生的品牌效果把植入式广告分成三个层次，即上述的品牌植入、品牌定制内容与品牌定制娱乐。从品牌植入到品牌定制娱乐是一个品牌关系不断增强的过程，同是又是品牌形象功能不断弱化的过程。模型加入了商业广告片，因为纯粹的商业广告运作过程对建立完整的品牌形象而言仍然具有核心作用。在这个模型中，广告片就成了植入式广告的品牌形象的来源；品牌植入通过影视内容情景而形成联想，强化品牌形象；品牌定制内容演绎品牌内涵，充分展示品牌价值；品牌定制娱乐通过互动提供品牌体验，证实品牌价值。无论哪个层次都享有多形态终端的效果放大与延伸能力。下面从品牌形象与品牌关系的角度，对各个层次进行分析。

1. 植入的品牌联想

在品牌植入层面，品牌对内容的卷入度最低。作为载体的内容具有相对的独立性，首先不受广告主资源及品牌的限制，内容本身具有较高的文化质量，比较容易获得消费者的积极情感与态度。其次，由于内容本身要求品牌形象与内容具有较高的契合性，对操作技术的要求也较高。通过影视内容情境的巧妙联想，能达到强化品牌形象的良好效果。而且好的内容资源常常意味着高昂的信息植入费。因此，品牌植入所传达的品牌形象效果最强。此外，品牌全球化的发展也需要影视植入广告。已有众多研究指出，影视内容能克服文化障碍而实现品牌的世界推广。

2. 定制内容演绎内涵，建立品牌关系

度身定制的目标在于建立品牌关系。从20世纪90年代开始，广告业中的三个关键词是关系、区别和度身定做。正如扬·卢必凯广告公司的一个直接从业者预测，未来品牌“将像一只变色龙，不同的人看它有不同的面目，而它对不同的人采取的行动也不一样，它可以更加有力的满足、服务和塑造个人。”品牌定制优势是可以为分众及至个人进行个性化的量身定做，将品牌价值与消费者价值进行最佳的结合。因此在针对特定人群建立品牌关系上，品牌定制内容将比品牌植入更加具有优势。但是定制内容受到较多营销目标与资源的限制，文化品质缺乏且较显露的营销手段，致使消费者期望有限，因此在一般意义上，定制剧的品

牌形象功能相较品牌植入而言更弱。

3. 品牌定制娱乐的体验价值

品牌定制娱乐是数字媒体的直接产物，借助网络互动平台，品牌定制化的娱乐项目创造了体验与购买的同一性与共时性。体验具有潜在协调均衡能力，能够深化品牌关系。早在1970年，阿尔文·托夫勒就在《未来的冲击》一书中预言了体验对营销的重要意义，他认为人们的生活将越来越富裕和多变，这个趋势无情地改变了人想要占有物品的老习惯，消费者以前买物品时所用的那份认真和热情现在被用来购买体验。也就是说，现代社会的人们对于拥有什么不再那么注重，而是越来越渴望在购物、消费、使用过程中拥有某种独特难忘的感觉。因而，体验既成为消费的前提又成为消费的目的；既是品牌关系深化的过程，又是品牌关系稳固持久的条件。

综上所述，随着品牌与消费者卷入以及体验的加强，从品牌植入到品牌定制娱乐是品牌形象不断减弱、品牌关系不断加强的过程。因此，无论是对品牌形象还是品牌关系而言，这三个层次都具有不可替代的作用与价值，它们共同构成了品牌营销的完整体系。同时作为完整体系的构成要素，每个层次之间是相互影响相互增强的关系。即品牌植入的形象联想越强，将引发定制化内容与娱乐的品牌关系越强，同样品牌定制体验带来的关系越深入，品牌植入越容易引起正面形象联想。最后，在数字传播平台，每个层次的植入式广告都能获得全方位的受众接触渠道，获得立体化传播效果。

四、整合模式预示的产业形态：广告产业与内容产业的融合

从上述模型来看，广告创意产业将全面参与内容生产产业。虽然在第一个层次，品牌信息对内容的干涉有限，但是从20世纪80年代以来，植入式广告已然成为影视产业消化投资成本、保障与获取高额利润的重要产业支柱。许多广告集团已经成立专门的植入式广告部门或植入式广告公司，如WPP的Mindshare Entertainmen和Publicis集团的Zenith Optimedia，以及奥姆尼康集团的Full Circle Entertainment等。这些产业精英们的工作包括为广告主的品牌传播进行规划并找到最契合品牌形象的内容载体，或者协助广告主创作他们自己的媒介产品。同样，广告主已然开始进行娱乐内容的生产投资，例如可口可乐、宝马和福特等都已经扮演起节目制作人的角色。

品牌定制化的出现与发展使广告公司开始全面参与内容创意，例如著名的麦迪逊大道广告公司（Madison Road）联合Imagine TV和Magical Elves为NBC制作真人秀系列节目《搜宝者》（Treasure Hunters）。2005年1月，福特公司在好莱坞成立了专门的代理公司，其职责就是为品牌植入创造机会。社交网站的全营销模式是植入式广告全面参与内容生产的典型代表。2009年，国内的社交网站纷纷引入植入式广告，当前，植入式广告已经成为社交网站的主要收入来源。

新媒介内容要能够支持各种终端的业务，也能够支持多种信息发布。所以，在数字媒体的时代，植入式广告的发展趋势是传统广告业和传媒内容产业的融合。正如日本广告学会的前会长、广告学教授小林保彦所指出的，当前，广告业正从“代理公司”向“传播公司”转变。从这个意义上讲，广告代理商的核心业务不再只是相互分割的媒介策划与创意，还要参与内容产生，具有将消费者洞察、文化内容与各种媒介相融合的能力，即全面意义上的传播专家。

【参考文献】

[1] 卢长宝，王丹丹．国外植入式广告研究新进展评介［J］．外国经济与管理，2010（12）．

[2] 张洁．网络游戏中植入式广告的模式及其应用［J］．中国集体经济，2010（25）．
[3]［美］约瑟夫·塔洛．分割美国——广告主与新媒介世界［M］．洪兵，译．北京：华夏出版社，2003.
[4] 向 Facebook 学营销：渗透消费者在线时间［EB/OL］．中国广告网，http://www.cnad.com/html/Article/2011/0309/20110309174605875.shtml，2011-03-09.
[5] Simon Hudson，David Hudson. Branded Entertainment：A New Advertising Technique or Product Placement in Disguise［J］. *Journal of Marketing Management*，Volume 22 Issue 5/6，2005：489-504.
[6] Tina Winkler，Kathy Buchner. Receptiveness of Gamers to Embedded Brand Messages in Advergames：Attitudes towards Product Placement［J］. *Journal of Interactive Advertising*，Vol. 7 No. 1，2006（Fall）：25-26.
[7] 陈峰．中国网络游戏内置广告行业发展研究［D］．厦门：厦门大学硕士学位论文，2009.
[8]［美］阿尔文·托夫勒著．未来的冲击［M］．蔡伸章，译．北京：中信出版社，2006.

【作者简介】

吴红，武汉大学广告学2009级博士研究生，暨南大学人文学院讲师，主要从事广告学理论教学与研究。

农村户外广告的媒介整合与业态创新

卫　欣

中国政府大力推行的“下乡”政策，重新勾起了人们对农村市场的无限遐想，作为一个拥有8亿多人口与近万亿规模的市场，农村代表着中国经济未来的重要一极。特别是近年来农民支付能力的增强，农村市场重要性的凸显，广告业对农村市场的态度也悄然发生着变化，农民不再是传统意义上广告的接受者，而是对媒体有着多样需求的新型农村消费者。可见，发展农村广告业不但有利于农村市场的信息沟通，而且对整个新农村建设具有战略意义。

一、农村广告现状管窥

农村广告市场目前还处于初级阶段，市场预热仍需时日，但营销向下走已经是必然的趋势，众多品牌看好农村市场，并进行不同程度的品牌下沉。以直辖市、省会城市为代表的一二线城市一直是众多企业、广告公司和媒体关注的对象，但是这些市场日趋饱和，竞争日渐激烈。以地级市、县级市为代表的三四级区域已经成为众多商家开拓的新兴市场，且日趋成熟。农村市场主要指经济与消费水平不发达的县、乡以及自然村，也就是我们所说的三四级市场以外的市场。目前农村广告业还处于初级阶段，但可以预见，随着市场经济的不断深入和农村产业结构的调整，农村广告市场的活跃指日可待。

在社会主义市场经济体系中，广告业扮演着信息沟通、品牌塑造、消费意识的教育和培养等多种功能。我国农村广告市场存在以下特点：首先，大众传媒薄弱，有效到达率低。农村与城镇相比，人口居住不集中，商业网点分散。大众传媒在农村受到很多局限，农民受传统生活方式的影响，对亲戚邻里的认同度高，在传播方式上往往信赖人际传播，所以，意见领袖能使农村广告发挥更大的传播作用。对于农民而言，消费观念滞后，品牌意识缺乏，重物质、轻精神仍是当前的基本消费特征。长期的收入分配不均与物质生活匮乏，使农民对消费抱有一种很实际的态度，产品或者服务的实用性是他们首要考虑的因素。同时，受传统文化提倡“勤俭节约”、“存钱防老”、“无债一身轻”等消费观念的影响，以及文化素质偏低的现状，农民消费呈现典型的简朴性，大多具有强烈的储蓄倾向。大多农民对各种媒体的信息理解力较差，对品牌的认知都较弱。市场发育不健全，销售渠道不完善。目前，农村广告与农民的接触点较城市相比数量悬殊，形式单一。同时，基础设施薄弱，消费环境不好。交通不畅、供电困难、电视信号覆盖率低等问题一直也在客观上制约了农民的消费需求。

农村广告资源与城市广告资源的开发情况相比，仍处于分散、零散状态，很多资源仍处于空白开发状态。这些地区的广告业规模小、数量多，行业进入壁垒低，几部电话、电脑，再加上传真机和复印机就可以是一家小广告公司的全部固定资产。它们往往缺乏固定的媒体资源，独立性、所有权与经营权一体，家族式经营、人格化管理，经营者直接参与劳动过程、自主决策，经济效益差，产业集中度低，属于典型的手工作坊式企业。这种低水平重复与恶性竞争的现象，对当地广告业的整体生态产生极其消极的影响。一方面，它们的专业实力无法赢得稳定的客户资源；另一方面，从业机构的快速增长无法形成足够的利润空间。其结果必然导致：一方面，人为的造成广告需求不足，资源严重冲突，供求矛盾加剧，规模效益低下，无法抗击外来的竞争；另一方面，业内存在的不规范操作进一步恶化了竞争态势，违法违规的广告充斥其间，严重影响了当地广告业本身的形象和媒体的公信力。如何开发广告资源，调整产业业态是农村广告业发展的关键。

二、农村户外媒体分析

新农村建设的推进，使得农村广告媒体日趋活跃，形式多样，如电视广告、广播宣传、农村电影放映、网络广告、户外广告、卖点广告、演出赞助、报纸、期刊、宣传页，在电线杆、公共厕所、树木等涂写、张贴的广告等。农村广告市场虽然形式完整，但局部破碎、层次众多，而且易受当地的经济水平、文化风俗影响，具有明显的区域特征。在这样的背景下，户外广告的本体优势就很容易凸显出来，“投资少、见效快、定位准”的户外广告构成了农村媒体的重要一环。其主要类型有：房屋沿街墙体、长途公交车、商场、火车站、铁路沿线等多种形式。这些媒体能使受众长时期接触到广告信息，宣传到达率高，受众多，信息传递广。其中，墙体广告以90.4%的接触率独占鳌头，发布一次，一般能保留半年至一年的时间，能使受众长时期接触到广告信息。目前，在农村发展户外媒体，具有以下优势：

首先，农村消费者与户外广告媒体具有天然的联系。中国农村存在大量的政策性宣传广告，农民对这种形式比较熟悉。因此，农村消费者对商业广告的抵触情绪不如城市消费者，村头巷尾的户外广告有时还会成为他们热议的话题，产生口碑传播的效果。根据CRRS2009中国农村居民调查的统计，电视、户外媒体在农村具有很强的影响力，农村居民电视广告接触率为95.7%，户外广告接触率为59.7%，其次是报纸广告29.2%，杂志广告19.8%，互联网广告15.8%，手机短信广告15.5%，广播广告12%。可见户外广告形式是农村居民仅次于电视媒体的重要信息来源，比报纸、杂志、网络的接触率明显要高得多。

其次，随着新农村的建设，农村户外广告媒体资源处于快速膨胀的阶段，农村广告企业投资户外广告媒体具有广阔的空间。如利用农村交通网络“村村通工程”的建设，建立站台媒体广告；利用农村流通网络“万村千乡市场工程”的建设，建立售点媒体广告；利用农村新社区的建设，建立社区媒体广告等。通过政府工程的带动，打造农村户外广告媒体资源的新平台，为农村广告业的发展带来了千载难逢的机遇。

最后，农村户外媒体还具有灵活性强、制作方便、价格低廉等特点。农村幅员辽阔，农村户外媒体种类繁多，农村广告企业应该充分调动主观能动性，创造性的整合媒体资源；农村广告企业长期从事设计制作工作，户外广告能充分发挥它们的优势，同时在户外媒体的维护上，农村广告企业也具有一定的优势；相对电视媒体而言，农村户外媒体价格较低，而且企业可以根据自身的情况量体裁衣，科学规划，有所为有所不为的整合媒体，充分发挥企业的优势。

当然，农村户外广告媒体存在的问题也不少。这几年城市户外广告的清理，并没有触及农村，但农村户外广告的整治与规范也是十分迫切的。首先，农村户外广告脏、乱、差的局面，直接影响到新农村建设所提出的“村容整洁”的目标。其次，内容的良莠不齐，严重威胁到人民的健康与社会的安定。最后，农村户外广告处于铺天盖地、遍地开花，但经济效益很差的状态，虽然所谓零成本的“三精口服液”时代已经一去不复返，但一桶油漆，几百块钱的现象还是随处可见。

三、农村户外广告媒介整合

要发展现代广告业，创造性的构筑媒体资源是关键，虽然有观点认为目前中国的广告业对媒体依赖过度，许多广告公司以媒体代理作为生存的救命稻草。但笔者认为，媒体在中国具有特殊的地位，在现实情况下，农村广告企业构筑当地的媒体资源是符合中国国情的。从长远角度看，媒体放开后掌握上游客户资源的一线广告公司更能占领大的市场份额。因此，只有及时地提高当地广告业的准入门槛，才能有效的分化与重构当地的广告企业，适度的马太效应有利于优秀广告企业的壮大，拓展当地广告业发展的空间。现代广告业是“知识密集、技术密集、人才密集的高新技术产业”，我们必须充分利用时机，以媒体为纽带，提高服务水平，吸引人才，改善内部管理，整合外部资源，打造核心竞争力。其措施如下：首先，以道路为线索的媒体整合。建设在高速、铁路、国道、省道、乡镇公路沿线的乡村，具有良好的户外媒体资源。通过道路交通网的建设，构筑农村道路交通网的媒体联盟。其次，以农民居住地为载体的媒体整合。一些远离公路的乡镇，可以借鉴城市社区媒体的开发模式，如安康快告，将多个具有相同与相似消费群的村庄联合起来，整合发布。最后，农村化的跨媒体整合。包括农村多种户外媒体之间的整合，如墙体广告与车体、商场、站台广告等的整合。农村户外媒体与农村其他媒体的整合，如“户外+地方电台”就是不少二线品牌进军农村市场的有效手段，其他如地方报纸、广播等也是具有广告发布价值的媒体。农村户外媒体与城市涉农媒体的整合，如农业频道，共同协调媒介组合、时间选择与发布频次。

四、农村广告业业态整合

传统的以设计制作为主的农村广告公司会快速分化。一些行业的领导者会逐步转变为以农村媒体经营与涉农产品策划创意为主的现代化广告公司。农村的广告业与农村的媒体有着天然的联系，它们更加了解农村的状况，从某种角度来看，农村媒体的整合与当地广告企业的转型是同步的，一方面农村广告公司可以创造性的为农村媒体的整合提供方案；另一方面农村的广告公司也可以借助整合壮大自己的实力。通过横向的联合与兼并，增加农村广告系统内的规模效益与市场竞争力。农村广告公司在区域范围内形成一定的资源平台和客户平台，这两种平台的配合与对接，会形成了一种片区优势。这种得天独厚的片区优势，使得优秀的农村广告公司有可能成为极具影响力的区域性广告公司，甚至是一线广告公司进入该区域市场时，也得让它三分。

在城市竞争中失利的区域性广告公司，会随着媒体整合的东风，转战农村市场抢占先机和制高点。近年，在一二级市场上，随着广告公司的放开，广告业经过多轮的市场淘汰战役，不少企业败下阵来，农村市场被他们看做打翻身战的好机会。一方面，农村市场尚刚起步，品牌垄断不强。另一方面，它们在人员专业能力，服务意识上具有一定的优势。它们的加入会给农村市场带来剧烈的冲击，推动业态整合与媒体创新，加剧原有广告企业的分化与淘汰。当农村市场成为其产品周期的延长线和市场的新增长点时，全国性优秀广告公司和国际 4A 广告公司也会同步介入。虽然从整体来看，在相当长的时间内它们的战略中心仍是城市，但是它们综合实力强，市场影响度大，对整个农村广告业的业态具有话语权。随着农村市场的壮大，它们的触角也会不期而至。因此，农村广告媒体的开发整合与农村广告企业的发展壮大是刻不容缓之举，将企业的战略重心从低水平的设计与制作，转移到借助媒体的创意与策划，开发活动与专题，加强组合与互动，吸引更多的“注意力”，才能赢得更多的广告费，才能换取更多的发展机遇。

实际上，由于农村广告市场一直不被广告商看好，因此农村广告的发布与制作大部分由企业自己包办，所以农村户外广告资源长期处于原始状态。在当前农村广告业态与媒体亟待整合与重构之时，还必须解决相关的法律问题，特别是集体所有制下，户外广告媒体的所有权问题，协调各方面的关系，解决利益分配中的矛盾。加强政府对户外广告的监督力度和对违法广告的查处力度，保护消费者的利益。发挥村委会的作用，对本村墙体广告的发布位置、内容、形式进行统一规划，招标拍卖，对收益予以公开。此前不少城市经历的户外广告整治，也可以为此提供一些参考，虽然城市户外广告受城市环境建设、规划影响大，但笔者认为拆除违法、影响环境的户外广告，以及由“行政审批制”走向“特许经营制”仍是其长期健康发展的共同出路。

五、结语

随着各种消费品更多地走向农村，更多的农产品进入流通领域，城乡交流变得日益频繁，广告作为传播商业信息和拉动消费的推手，在新农村建设中变得愈加重要。而所谓新农村建设，不仅是农村经济的一枝独秀，而且是物质文明与精神文明的相统一，传统产业与文化产业的协调。农村广告业作为发展农村经济的新亮点，作为塑造农村形象的新途径，必将在社会主义新农村建设的征途中发挥更加务实的作用。

【参考文献】

[1] 方亮著．新农村文化建设与管理［M］．北京：中国社会出版社，2010.
[2] 孙福良，张迺英著．中国创意经济比较研究［M］．上海：学林出版社，2008.
[3] 韩海浪．农村文化产业的困境与出路——江苏调查［J］．商业研究，2006（23）：107-109.

【作者简介】

卫欣，南京林业大学人文学院广告学系系主任。

西方媒介责任评价机制的建构

张宏莹

媒介竞争与商业化的不断加剧成为媒介世界结构性变迁的主要表征，这也意味着媒介责任概念的时事性和紧迫性。媒介责任也称媒介的社会责任，是指大众媒介对支持和帮助加强民主进程负有基本责任之信念的术语。当媒介的社会责任被阐释为“责任”时，是指媒介对社会的责任，当被阐释为“响应”时，是指媒介对公众的倾听和关注方式。麦奎尔将媒介责任定义为媒介的社会义务与期望。全面了解和界定媒介领域的社会责任，可以更广泛地找出媒介社会责任的哪些方面应该得到切实规范，也可以更好地制定有效的媒介法规，强化媒介的社会功用。

在西方传播理论流派中，社会责任理论是对自由主义理论的修正，社会责任论者虽仍主张观念的自由市场体制，反对政府干涉，但也同时强调与自由同等的责任。正如曾虚白先生在1965年《新闻学研究》创刊时的“新闻自由与社会责任”研讨会上指出的那样，如果自由的新闻不维护公众利益，不坚持真理，不能对历史事实的发展做出公正、平衡的报道与解释负起适当的责任，就会危及自由社会的基础。在西方政治体制和媒介管理体制中，媒介责任实际上是指媒介与社会的互动关系，具体则是指“政府，媒介与公众之间的关系”。媒介问责机制也成为政府管理和媒介责任管理评价的新概念化与实践要素。

一 、西方媒介责任概念框架的演进

1. 媒介自由原则下的媒介责任

19世纪末20世纪初，传统自由主义新闻思潮所依赖的社会政治和经济环境发生了变化。在利润至上原则下，资本成为控制报刊的新内容，自由竞争为报刊垄断和集中所替代。这一时期，新闻业呈现产业化趋势，阿多诺在《文化产业再考察》中，从批判的角度分析指出，“在文化产业中，批判和敬畏都消失了，机构的鉴定取代了批判的职能”。

针对传媒自由主义理论的弊端，以芝加哥大学校长哈钦斯（Robert Hutchins）为首的“新闻自由委员会”（Commission on Freedom of the Press）——又名“哈钦斯委员会”，对美国新闻自由的现状做了一番“认真的、学术性的调查研究”，对当时的报纸、广播、电影、杂志及书籍做了系统的考察。经过细致的调查研究，1947年3月2日，委员会发表了《一个自由而负责的新闻界》（A Free and Responsible Press），及其结语《新闻自由：原则的纲要》。在结语部分，明确阐述了媒介的社会责任原则，报告将可问责的新闻界与负责任的共同体概念引入新闻自由的含义，指出新闻应发挥其必要的公共职能；并对政府、媒介和公众等方面提出了要求，建议新闻界的未来之路是某种程度的公共监督与合作，抑或可能的管制。其中，媒介责任的政府责任原则得到了充分和详尽的阐述。例如，在不干涉新闻活动自由的同时，配合改善新闻出版发行环境，以便更好地实现公共利益；通过出台法律补救和预防措施来消除思想观点自由流动的障碍；政府可以并应该进入媒介评论和新闻源领域，委员会依自身经验，认为民主政府本身也是公共讨论的重要目标之一。这也成为此后美国政府与新闻界公共关系的重要原则基础。

2. 媒介的社会责任理论

受哈钦斯委员会的启发，大约十年之后，媒介的社会责任理论由西伯特、彼得森和施拉姆在1956年正式提出。他们在理论中对媒介的公共政策提出了进一步的理论支撑，第一次清晰地将新闻自由和社会责任联系起来，将其界定为有义务提供可靠的相关新闻和信息的同时，还应作为可以提供多样声音表达机会的公共场域。他们在报告中甚至鼓励说，当新闻界不能确保新闻和信息的基本品质的时候，政府也许有必要进行干涉。他们的主要观点是强调媒介运用他们的权威地位恰当地向受众传达信息的责任，而且，如果媒介无法担负这样的责任，那么就有必要通过规制强制履行。

无论是哈钦斯委员会的报告还是西伯特等人提出的社会责任理论，都将公共利益的概念放在了社会责任定义的核心位置，尽管还有些含糊不清，但是却都重点强调了传播机构在形塑社会进程中的核心作用：公众舆论的形成和公民社会运动，社会和政治发展模式，包括一些更具体的进程，如政治选举等，都是媒介社会责任的意义之所在。

3. 媒介责任的实践机制——媒介问责

社会责任是一个适用于以推理为目的的社会学或法学的术语，如果以该术语对媒介场域进行分析则很容易冒落入规范框架内的风险，最终会因缺乏实践应用而成为架空的理论。因此，为了分析处于特定场域中的媒介之责任原则，新闻传播领域开始将媒介问责（accountability）一词引入媒介责任的讨论之中。

问责（accountability）一词，源于拉丁文 accomptare（进行计算），古代希腊、罗马、巴比伦和埃及都以此作为借款制度里的术语，是指政府指派查账人员到各统治区域以便杜绝作假的制度。问责一词在引入新闻传播领域之前，其他领域都已经赋予问责（accountability）与“责任”相关的多元的解释和定义。如生物化学家 E. Shamoo 就指出问责（accountability）一词是伦理学与政治学的核心，并且与责任、诚实、公信力等概念息息相关。在伦理上，个体为他们的行为负责，在民主社会，政治家对公民负责。他认为，这些负责的行为必须有一定的标准，并且可以重复操作。管理学领域对问责（accountability）的应用更加深入，管理学者 Koppell（2008）认为问责概念反映了组织以其透明度、义务、控制能力、责任感和响应，来寻求组织存在的合法性及证据合理性的努力。

在新闻传播学领域，问责（accountability）也被视为是与责任（responsibility）相关的概念。Hodges（1986）认为，责任应该是一种适合操作的定义，换句话说，责任（responsibility）是一个理论概念，而问责（accountability）才是与实践相关的概念。总结关于问责的定义或解释，可以看到一些核心的关键词，它们也是问责概念的基本内涵：负责任、透明度、依法、遵循标准规范、基于固定流程、回应、客观核查的数据、互动关系、主动说明、效率、伦理，也可以看出问责的执行是强调责任主体（即媒介）与利益相关者之间的互动过程。

问责（accountability）一词最早由麦奎尔提出并引入亚洲，1997年3月18日，麦奎尔应英国议会和日本 NHK 的邀请，在日本东京举办的广电伦理研讨会上发表主题演讲——“媒介对社会的问责：原理与方法”（Accountability of Media to Society: Principles and Means），日本学术界将其翻译成“说明责任”，之后逐渐为媒体与大众所采用。

麦奎尔根据媒介责任的不同来源及其特征差异，建构出一个讨论媒介自由、媒介责任与问责之间关系的概念框架，如图1所示。

麦奎尔将媒介责任区分为四种类型：任务型；契约型；自我约束型和否定型。他认为民主社会中的自由媒介，负有指定的（assigned）责任，通常是指媒介法规与政策；契约

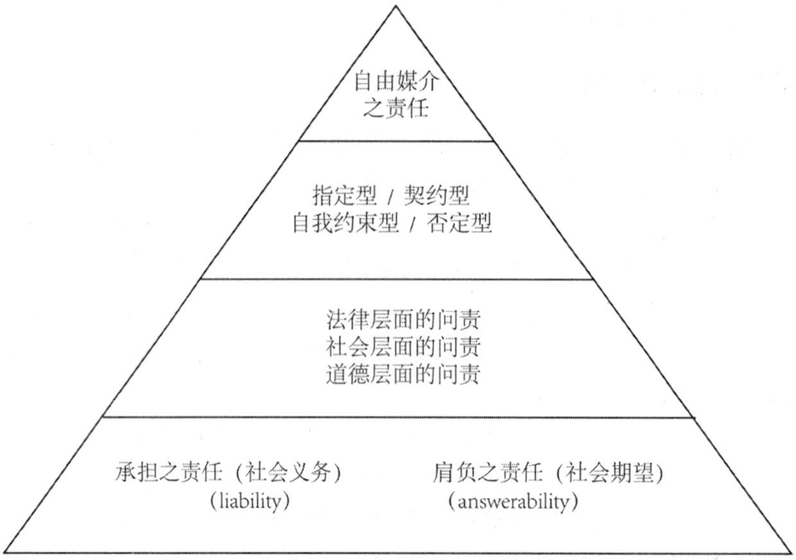

图 1　整理自 McQuail, 2003, p. 26

(contracted) 责任，是指由契约关系而产生的责任，如商业媒体因收取用户的收视费而必须维持其节目的品质)；自我约束型（self-imposed）是指媒体基于专业守则或价值规范而做出的自律行为；否定型（denied）责任是指媒体拒绝压力集团的运用和操纵等。这些责任分别从三个层面，即法律层面、社会层面和道德层面向媒体问责。而问责的形式分为强制模式和非对抗性模式。强制模式是媒体应对其造成的社会伤害强制承担责任，非对抗性模式是指媒体愿意通过互动、协商等过程改变其专业行为模式，从而符合社会期望。

二 、媒介责任的评价原则

在西方政治体制和媒介管理体制中，媒介责任实际上是指媒介与社会的互动关系，即媒介与各利益相关者之间的互动关系，具体则是指“政府，媒介与公众之间的关系”。当媒介面对各利益相关者的问责流程时，新闻自由原则仍然是首要前提和基础，而关于责任的承担或响应，则可来源于诸多问责机制的综合运用。因此，西方国家对媒介责任的评价主要遵循以下原则：

1. 言论和新闻自由原则

正如哈钦斯委员会在报告中指出的那样，言论自由和新闻自由是国家不得侵犯的精神权利。言论自由是不可或缺的社会功能，而表达自由是新闻必须要履行的社会责任，也是媒介永恒的目标。在新闻自由旗帜下实践了近一个世纪的西方媒体一直宣称以维护新闻自由为其履行社会责任的首要前提和问责的基础。而言论和新闻自由原则也成为评价媒介问责的基础原则。

2. 公共利益原则

公共领域利益主要是指为公民提供高质量的公共信息服务，构建有助于民主政治进程和开放社会的民意，这是媒介不能逃避的总体性社会责任。媒介的信息服务标准要由所有公民的需求和利益来决定，而“利益”主要产生于提供可信的、多元的相关信息，意见与讨论，包括在民意法庭里的批评与问责等正向责任，同时也伴有隐含的警示，包括反对滥用权力报道，如偏见、失实报道、宣传、刻意忽视和煽情报道等。正向的媒介自由之根本目的是公民社会的公共福祉，无论是媒介规制还是政府管理都不能与公共利益相抵触，而媒介问责正是实现该目标的途径和手段。

3. 平衡治理原则：强制规范与软性介入的平衡

在不同的西方国家、不同的历史情境下，由于媒介自由和媒介责任之间的张力，各国采取了不同形态的媒介治理方式。对于媒介承担的这种公共职能，西方学者认为用“社会问责”来进行测量和规范是适当的，因为言论自由的基本原则对媒介治理并没有足够有效和实践性。正如 Bardoel 认为的那样，如果治理是一种新的管理方式，问责则是治理的重要环节。对媒介的问责与评价则应是一种平衡的介入，通过混合问责的治理方式来确保公众的利益。

媒介问责力需要加强，这已经是一种共识。但是如何实现有效问责却一直是一个有争议的问题。政府通常被认为是良好媒介体制的最好保障，但是事实证明，政府在防止媒介工业垄断和激励媒介内容的多样性上是无效的。政府控制的媒体或公共媒体呈现效率低下、刻板、官僚化、专制、对大众文化缺乏兴趣和缺乏创新等诟病。直到 20 世纪 80 年代到 90 年代，媒介市场化似乎变成了治疗这些问题的万能药。然而到 20 世纪末，市场驱动的媒介的阴暗面开始再次受到关注：它的主流化导向，它对顾客（而不是公民）的迎合，以及广告商和投资人对它的影响等最终导致媒介的低俗化。在这期间，“媒介专业人士”开始成为媒介产品质量的卫士，然而，媒介精英出现的同时，专业记者们的公共精神和公共空间却趋于减少。媒体专业人员如果不是为人民工作，不对公众和社会的负责，他的威胁则不亚于市场或国家势力。但是，随着新技术媒体的出现，媒介之间的竞争加剧，公民自我意识的增强和受教育程度的提高，公民开始成为传播过程中的积极参与者。公民和公民社会的参与为组织媒介的社会责任提供了除政府、市场和专业之外的第四种方式。换句话说，人们越来越认识到，一个适当的媒介与传播生态不能完全依靠某一种机制，而是必须运用相互关联的多层面的媒介体制治理方式。这也反映在媒介责任评价的指导原则和方法上，即平衡治理：强制规范与软性介入的动态平衡。

4. 组织承诺原则：自律与他律相结合

虽然关于媒介表现的标准主要源自公众需要与社会期望，但是这些标准是由媒介自身来掌握的，加强媒介问责的主要动力必须来自于媒介的组织承诺。在对媒介问责进行评价时，需要对媒介的组织承诺这一广义的维度进行评价，而不仅仅限于对媒介专业人员的忠诚度评价。忠诚通常被界定为承诺这一广义关系架构中的一个维度。媒介组织成员的忠诚是指：成为组织成员的自豪感，对组织及其价值的积极态度，以及在组织中自我利益的实现。组织承诺还包括除忠诚之外的另外三个因素——对组织的信仰，对组织的责任以及愿意为组织而工作。这里澄清了忠诚架构与组织承诺架构的区别：两者之间的相似点是都可以被视为是一种对待组织的态度，都是一套行为模式，成员（或员工）可以感知对组织的忠诚或承诺，也可以变得对组织忠诚或承诺。然而两者的架构是不同的，因为忠诚的表述不必与一个强烈的信仰系统相关，也不必对忠诚的对象或个人有深层的情感依恋。而承诺的架构通常包括对组织及其价值体系有强烈的情感依恋以及留在组织中的愿望。简而言之，记者会忠诚于朋友，家庭成员或者组织却不必忠于组织的理念或价值观。因此，对媒介责任的评价不仅仅需要对媒介专业人员的忠诚度进行评价，而是要进行组织承诺评价。

实现组织承诺的路径是媒介组织要在与问责环境互动的情境中获得自我认知和社会认同。组织的问责环境主要有两个层面，一个是整套明确的问责标准基础，包括法律、政策、规定、契约义务等；另一个是隐含的标准，是为了预防和规范而制定的组织行为准则或组织责任标准，即媒介自律。而不论是公营机构还是商业媒体都必须以两种问责标准来回应问责。

三 、媒介责任评价的实践标准

近二十年来，西方传播专家对媒介责任的研究重点已经从普遍的抽象研究转向实践的具体的概念阐释。从媒介责任到媒介问责的转向，从消极的问责形式（承担之责任，liability）研究转向积极地问责方式（肩负之责任，answerability）研究。

1. 媒介与社会关系中的四种问责机制

配合麦奎尔的媒介问责概念的界定，Bardoel（2001，2003）将媒介的问责机制分为四种：政治、市场、专业和公众问责机制。这些机制被不同程度地用于组织媒介与社会的关系，而且在实现媒介的社会责任上，这几种机制也都各有利弊。这也就是为什么在大多数国家，这几种机制都是被综合运用于媒介治理制度。

基于欧洲的融合形态的媒介治理制度，Bardoel 将媒介社会责任组织工作中四种媒介问责机制的作用路径和利弊做了全面的分析，详见表 1 所示：

表 1　**媒介社会责任组织**

机制类型	原则	决策方	参与方式	工具手段	利/弊
市场	竞争，公司	供给与需求	购买力，资金	市场份额 市场调查	经济增长，弹性/偏向“主流”
政治	等级制度，官僚制度	法律和规制	权威，强制力	预算，年度审查，契约/特许证	社会正义/涉嫌强迫问题重重
专业	专业主义，职业伦理	自律	教育，同行评审	自省，守则新闻评议会	独立/缺乏典型性
公众	志愿服务协会，压力集团	讨论，对话	承诺	开放，反馈，倾听，监察员	塑造民意，累积社会资本/志愿服务的弊端

资料来源：Johannes Bardoel. European Media Governance：National and Regional Dimensions［C］. Converging Media Covernance Arrangements in Europe，2003：53.

（1）市场问责。Bardoel 认为，市场本身所具有的灵活性决定了市场问责机制的有效性。尽管市场驱动的媒介市场并不能完全保障媒介自由与责任，市场行为仍然在 20 世纪有效地组织了媒介商品与服务的自由交换。供需关系决定了市场价值，市场竞争及企业化运作会迫使媒介承担责任。但是，市场机制带来的集中和垄断的威胁在近几十年来已经显现，市场通常会根据公民的购买力将他们视为消费者，最终偏向于主流媒介内容和受众。市场问责首先是针对媒介公司的所有人和股东，也指服务受众和目标群体，为此，市场调查和营销起着重要的作用。这种市场行为会迎合不同的偏好和口味，尤其是在公共体制里被广泛忽视的大众文化。作为市场竞争的结果，市场行为要求对可用消息源的处理要更加有效率。为此，很多公共媒介组织（如 BBC），也采用了准市场机制。另外，市场问责的本质是免于管制和不受限制，它以“公司治理”为趋向，对人类社会承担除经济利益之外的企业责任，即追求社会效益。在欧洲，由于传统社会观念和非盈利媒介组织的原因，很多媒体依然承载着其公共服务的功能，但是，竞争加剧的媒介市场留给公共媒体的空间已经越来越小。

（2）专业问责。对市场模式的最重要的补充和纠正是来自于新闻专业行为。专业问责模式是指媒体倾向于用自律的方式来履行社会责任，媒介自律主要通过国际或国内的专业守则与伦理规范来加强自律，以防止政府干涉。很多国家还设有新闻评议会，为媒介操作设立标准，实行裁定而非惩罚职能。媒体教育和同行评审也是专业问责的参与方式。虽然专业问责能够增强媒体的独立性，但是在越来越浓的由市场驱动的商业化媒介世界里，这种问责模式的典型性其实非常有限。

（3）政治问责。政治干涉是较早使用的组织媒介社会责任与问责的重要工具。二战前的媒介政策是新兴的工业传播政策，这一时期，媒介主要受制于技术的、国家的战略意义；二战后，欧洲的福利国家兴起，伴随而生的是能动的，内容导向的公共服务（PBS）媒介政策，这些自由的福利国家大都拥有更为强大的法律基础，政治机构和公共广播拥有的公众信托较高，而通常来说，公众信托是媒介获得良好绩效的先决条件。通过立法与规制来进行的政治问责以一种明确的和有约束力的方式来建构公众意愿。这种问责机制其根本是一种官僚制度和等级制度，为当权者服务，为媒介机构所用，而不是媒介的使用者即公众。政治问责机制在大多数欧洲国家都是针对公共服务媒体，但是对商业媒体、报纸、新媒体的约束力较低，即使是对公共服务媒体，由于还受到新闻自由的抵制，政治问责的作用力也是仅限于结构性管理，而很难对内容进行设限。

（4）公众问责。公众问责机制是一个相对较新的现象，主要是为了更直接地强化公民和公民社会之间的关系。在公共广播媒体和报纸领域，它已经成为一种极具吸引力的政策选择。欧盟委员会（2001）在它的公民社会的定义里明确地包括了“专业协会”，记者和他的专业组织也成为这种家长式体系的一部分，分享相同的自上而下的教育方法。这种新型的公共问责机制是通过举办互动平台，公众听证会和更好的申诉程序，旨在建立与公民个人的直接对话和互动。这种积极的问责机制近些年在欧洲的某些公共广播公司，如英国广播公司实行。它也可以被看作是试图弥补公共广播的政治依赖。在新闻部门，公众问责是用来改善与读者的关系（例如：增加讨论版面，监察员，读者编辑等），实行自省的内部批评新闻制度，阻止报纸发行量的下降。此外，20 世纪 70 年代兴起的参与新闻运动，以及 20 世纪 90 年代以美国最为典型的“公民新闻”运动的再次兴起，都是为了使新闻更加以“公民为本”，更具“公共”性。当然，这些新做法的前提是要在一个有利的社会背景下，即必须存在一个有活力的公民社会，而且，无论是媒体专业人员还是公众中间都应具备公共服务的精神，而这些在商业精神盛行的国家是不可能具备的。Bardoel 还指出，因为公众问责的自愿服务性质，其影响力量是否能够持续，凝聚力是否足够强大，仍值得商榷（Bardole，2003）。

2. 英国的媒介问责实践标准

英国的媒介问责制度在很大程度上依赖于媒介的专业问责以及媒体专业人士对该文化机制的践行。当然，媒体的各种专业行为准则也只是给媒体专业人士提供了一个指导方针，让他们了解社会对他们的期望责任，而并没有明确禁止特定类型的媒介内容。同时，各监管机构设立的行为标准通常会具有一定的灵活性，会根据动态的社会环境不断随之变化。虽然缺乏清晰明确的界定，但它也反映了媒体现实的工作环境，最直接的优势则是保护媒体免受政府的直接控制。

英国的媒介问责主要围绕媒体的实务守则。私营电视和广播分别由独立电视委员会（ITC）和无线电管理局（RA）监管，此外，英国还设有广播标准委员会。平面媒体则完全是自我监管，不受任何特定法规管理，但英国报界主动成立了报刊投诉委员会。

从立法上，1990 年英国发布传播法案，1996 年进行了第二次修改，法案中规定，禁止传播：品位低俗或不雅的节目；教唆犯罪或导致社会混乱的素材；伤害公众感情的内容；不公正和不准确的新闻；不负责的宗教节目；以及任何非法的内容，如色情的或种族歧视的素材。传播法案只列出了不可接受的节目内容的基本准则，而详细的标准则由独立电视委员会（ITC）和无线电管理局（RA）来制定并监管，这些机构接受市民投诉，也有权采取制裁行动。他们可能会劝诫，警告广播公司，在极端情况下，可能会缩短，暂停或撤销广播牌照。他们也广泛承担着舆情和广播标准研究，起草媒体守则等。监管机构的执法行动只有在绝对必要的情况下才会谨慎采取，例如，1996 年，由 ITC 颁发牌照的地中海电视库尔德卫星电视台，因为其新闻中的不公正报道而受到 ITC 的正式警告，1998 年对其罚款90 000英镑。1998 年 11 月，ITC 对库尔德卫视因未能遵守牌照条款发出了最终的，将撤销其执照的通知。1999 年 3 月，ITC 因该电视台发表煽动性言论，鼓励土耳其和其他地方的暴力行为，暂停其许可证。最终于 1999 年 4 月撤销了该电视台的牌照。

英国的媒介监管机制框架如图 2 所示：

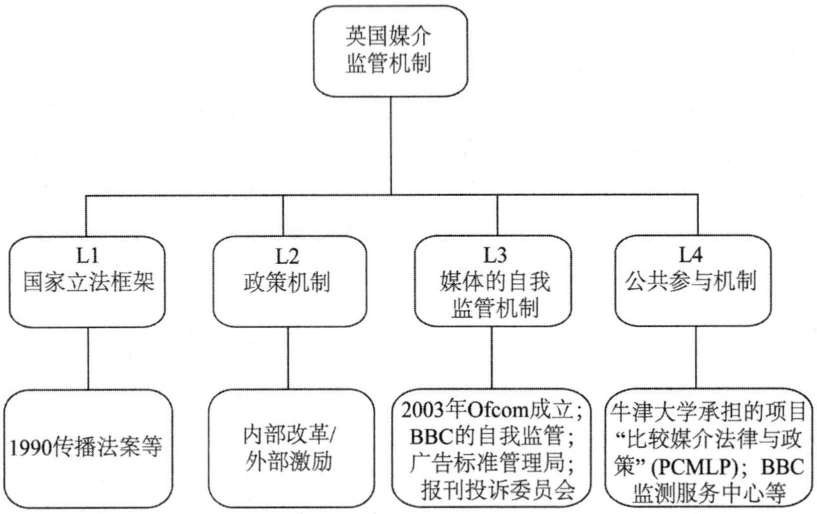

图 2　英国媒介监管机制框架

媒介问责不但要包括立法和政府政策来监督和促进媒体的社会责任文化，还要依赖媒体的自我监管，对媒体专业人员的培训是保证媒体对社会议题伦理呈现的必要措施，而媒体、媒体监管机构及公众间的互动是影响媒介政策制定和保证问责机制良好运作的关键因素。

根据媒介责任的原则与实践标准可以看出，西方国家基本上是以立法框架和政策机制作为评价媒介责任的最低外在标准，也是规范标准，而媒体的自律则是媒介责任评价的内在标准，公众参与机制是媒介责任评价的最高标准。这种等级评价标准可以清晰勾勒出各种层面媒介责任评价活动的原则，参与方式与效果，是一种可供借鉴的评价方式。

四、媒介责任的评价方法与程序——Bertrand 的媒介问责系统（M. A. S.）

法国巴黎大学新闻研究所的 Claude-Jean Bertrand 教授是从质量管理控制视角来研究媒介伦理，并设计非国家层面的媒介问责系统（M. A. S.）的第一人，Bertrand 的媒介问责系统概念是一个让媒介对公众负责的非国家手段，通常情况下，M. A. S. 不建议国家或立法机构参与，而仅在伦理压力下进行，但他们的行动也要求得到媒体管理层或既有的法定义务的协同。

1. M. A. S. 媒介问责系统框架

M. A. S. 媒介问责系统框架是以问责参与者，方法及问责载体及其系统共同构成，问责的参与者包括：媒体所有者、媒体工作者（编辑、新闻主任、记者等）和媒体使用者，这三者可以以不同方式进行问责，可单方进行，也可以一起执行。媒介问责的基本方法包括：a 培训（建议由大学做专业培训）；b 评价（建议应有信用度较高的媒体工作者参与评价，由传播学者运用科学方法来进行评价）；c 监督（由独立的学术专家进行长期观察，分析和研究）；d 反馈。M. A. S. 的问责载体是指媒体使用者可以使用文本的、广播的和在线的文件来反馈，例如：伦理守则①、内部备忘②、每日报告（报社内部的自我批评评价制度）、意见箱、读者来信、网上反馈、准确与公正调查问卷、公共演说（总统演说等）、编辑回信、说明栏、媒体网站、博客、伦理专栏、消费报告、其他媒体等。

M. A. S. 问责系统可以由个人、群体和机构来执行问责程序。其中个体问责包括：自由评论员③、伦理委员会、伦理训导员、媒体记者④、举报者、消费投诉（如 BBC 的客户服务投诉部门）、申诉专员⑤等。群体与机构包括：纪律委员会（如美国的 ASNE）、联络委员会（如美国的《新闻自由/公正审判委员会》）、读者俱乐部、地方报业评议会、国家/地区报业评议会⑥、国家申诉专员、媒体观察员、激进公民协会、媒体代理机构（如法国的 BVP 和英国的广告标准局）、与媒体相关的基金会和协会等。

2. M. A. S. 问责的互动机制

媒体、媒体监管机构（国家和国际机构）以及非政府组织间的互动机制会影响媒介政策及其结果。其中，公众及非政府组织在媒介问责系统中发挥着各种不同的作用。他们对媒体行为进行监测和报告的功能已经为大众所公认。然而，更为重要的是公众及非政府组织对于改变媒体和媒体工作所处的法律和公共环境的积极参与。这种作用是宣传，培训，鼓励正向的媒介产品，策略性诉讼，大型公共活动等一系列促进活动的结合体。

（1）教育与培训。作为独立于政府和市场之外的独立机构，大学不但为 M. A. S. 问责系统提供了专家和思想观点，定期召开的讲座与会议也已经成为了很多 M. A. S. 的基地：如芬兰的坦佩雷大学新闻学院举办的新闻批评年会，法国西南 Hourtin 的传媒大学每年 8 月底举办的新闻年会。

M. A. S. 系统要求所有新闻专业的学生修满至少一年的新闻伦理课程，课程涵盖哲学、历史、社会责任的日常实践课和自我规制，尤其是指对少数族群的关注；记者需定期接受专业技能教育等继续教育，也需要独立思考和反省教育；并要求学校里开设有民众的普及性媒介教育。

（2）公众及非营利组织调查。由大学或独立机构进行研究性调查（例如纽约的媒介研究中心），这些长期研究可以获知媒体的失误，并对媒介的社会影响作出评价。非政府组织

---

① 1994 年，俄罗斯新闻工作者联合会通过守则规定：只有签署该守则才会获得专业身份证明（由国际新闻工作者联合会主席签署），还规定了记者的各种福利待遇，如采访权及保险等。

② 例如，“华盛顿邮报”基于法国世界日报的《标准和伦理》守则，追加了尤金·迈耶（前老板）1933 年的《原则》。

③ 自 1922 年以来，日本开始拥有 shinshashitsu（评论员）：每家主要的日报和出版社和 NHK 总部以及报纸出版协会都设有《内容评价佣金》。每天，一个记者团会负责审查报纸并报告违反任何守则的内容，有时也处理“读者来信”和投诉栏。新闻部门的《质量控制》是日本的新闻产品享誉全球的重要原因（Bertrand，1997）。

④ 美国最负盛名的记者专家之一，洛杉矶时报的大卫·肖在 1991 年因其著名的媒体批评被授予第一届普利策奖。他的长篇报道（如体育新闻或新闻与警察的关系）一直是大学里的研究素材。

⑤ 1967 年，*Louisville Courier-Journal* 报任命了第一位“申诉专员。事实上，第一个新闻申诉专员可能要追溯到 1913 年，当时，约瑟夫·普利策在他的纽约世界报设置了准确与公平竞争部门来专门处理投诉。

⑥ 北欧，德国和英国等民主国家以及印度，坦桑尼亚，智利，斐济，以色列，泰国和爱沙尼亚等国都设有国家报业评议会。通常，报业评议会邀请媒体所有人的代表，记者和公众来检查对媒体的投诉，捍卫新闻自由，其唯一的武器就是公布其判决结果。

通过受众的意见调查向媒介使用者咨询，并建立数据库，以便进行数据分析和采取措施；研究与公众有关的值得深入研究的议题，如报纸与客户的关系研究；定时检查新闻媒体的道德水平，包括新闻的准确和客观公正，工作人员对其内部规则的知晓和理解程度，观众对其服务的想法，与公众接触的充分度和有效性，通过简单的检查就可以提高意识和修正行为。

（3）国际合作与奖励。提高媒介质量和媒介责任需要信息交流和相互支持，这也是欧洲独立报业评议会联盟（AIPCE）和伊比利亚—美洲申诉专员联盟存在的宗旨。设立奖项对媒介评价进行激励，如1970年代美国设立的Liebling奖，就是专门为新闻评论设立的。

3. 内部、外部和协同问责——以参与者划分的媒介问责系统（M. A. S.）

以参与者划分的媒介问责系统（M. A. S.）包括内部问责、外部问责和协作问责。内部问责是狭义的媒介自我监管和质量控制。外部问责是指在不征得媒体接受与否的情况下对媒体进行的问责制度，他们不对应申诉个人，而是为了公众的总体利益。协作问责则是指报社、记者和公众可以一起进行质量控制，详见表2所示：

表2　内部、外部和协同问责——以参与者划分的媒介问责系统（M. A. S.）

项　目	内部问责系统	外部问责系统	协作问责系统
问责方式	媒体网页、内部备忘、编辑回信、客户通信稿、伦理守则、更正栏、内部批评、每日批评报告、媒体观察、媒体记者微博、委托评价、国外资料的再生产、议题的内部研究、读者调查、伦理审计	媒体观察/评论、其他媒体、媒体批评报告、媒体相关网页、请愿施压、VIP公开声明、高等教育、伦理课程、非营利性研究、媒体意见调查、媒体扫盲运动、媒体素养网站	读者来信、在线留言、年会、媒体批评讲座、媒介批评年报、付费广告、和公众接触、媒介使用者的焦点研究、国际合作、培训NGO、记者的邮件和电话、继续教育、奖励
问责方	举报者、伦理委员会、消费者、纪律委员会、新闻委员会、记者公司、过滤机构、伦理教练	新闻/传播大学、消费者团体、激进公民协会、消费者/观众组织、媒体服务非政府组织	读者/观众俱乐部、外部的媒体专栏作家、地方新闻评议会、申诉专员、申诉局、国家新闻评议会、国家申诉专员、联络委员会、媒介相关的协会、公民委员会
适用机构	公共广播、国际广播、优质服务型媒体	独立的监管机构	

资料来源：Claude-Jean Bertrand. Media Ethics and Accountability Systems ［C］. Presses Universitaires de France，1997：49-50.

五、BBC的媒介问责模式——独立监管与公共信托①

英国广播公司（BBC）由皇家宪章许可成立，其宗旨是为公共利益服务，主要目标是

① 信托即受人之托，代人管理财物。信托概念最早源自英国，是民间为了规避不合理的税制和财产继承制度而产生的一种财产移转与管理方式。15世纪，英国法院承认了信托制度，并制定了相关规定进行管理。信托是一种特殊的财产管理制度和法律行为，同时又是一种金融制度，与银行、保险、证券一起构成了现代金融体系。信托是指委托人对受托人的信任，将其财产权委托给受托人，由受托人按照委托人的意愿以自己的名义，为受益人的利益或其它特定目的进行管理或处分的行为。

通过电视，电台和其他媒体服务的方式提供信息，教育和娱乐促进其公共目的。“宪章”承认英国广播公司的独立性。BBC 信托委员会（BBC Trust）代表牌照费纳税人的利益，负责确保 BBC 的公共目的的有效进行，受公众委托负责 BBC 的内部问责。

2006 年，通信办公室（Ofcom）和英国广播公司信托（BBC Trust）之间达成谅解备忘录，同时对监管范围作了明确划分。英国广播公司信托（BBC Trust）和 Ofcom 之间的谅解备忘录赋予了这两个机构义务和责任，要求双方以不同的方式服务公众。本谅解备忘录关注了 Ofcom 和信托两个机构之间的关系和互动领域之间的关系。备忘录中确定了 Ofcom 是法定监管机构，而 BBC Trust 是在皇家宪章规定下，英国广播公司的最高权力机构。

1. 独立监管机构 Ofcom 的外部问责

Ofcom 成立于 2003 年，负责监管英国的电视、广播部门、固定线路和移动通信，邮政服务和无线设备运营。Ofcom 是在 2003 通信法案下运作，该法案规定，Ofcom 的总体责任是应该增进公民和消费者的利益。Ofcom 对议会负责，参与宣传和设置监管技术，实施和执法。Ofcom 通过监管收费以及政府援助获得资金来源。

（1）Ofcom 依法监管的范围。Ofcom 依法监管的范围包括：英国的电子通信服务，包括宽带等高速服务；广泛的高品质的电视及电台节目，迎合受众的不同口味和兴趣；电视和广播服务需由各种不同的组织提供；负责观众和听众免受有害的或令人反感的节目的侵犯；保护人们在电视及电台节目中避免受到不公平待遇，保护隐私不受侵犯等。Ofcom 的问责范围不包括：电信供应商之间的纠纷；电视和电台广告的内容；对 BBC 节目的准确性的投诉；BBC 的电视执照费；报纸和杂志等。

（2）Ofcom 的监管原则。Ofcom 的监管原则是明确和公开审查的年度计划和明确的政策目标来进行监管；对于仅靠市场无法实现的公共政策目标，Ofcom 将行使其法定职责进行干预；Ofcom 反对干预偏见，会在有需要时迅速而有效地坚决干预；努力确保其干预将是基于证据的，无论是审议还是结果都是平衡、一致、负责任和透明的；在公正干预的基础上，要寻求侵犯性最小的监管机制来实现其政策目标；不断研究市场，力争保持对前沿技术的掌握；Ofcom 将广泛征询其所有利益相关者的建议，在对市场实施监管前对其监管行动的影响预先进行影响评估①。

（3）Ofcom 的组织架构。Ofcom 的主要决策机构是董事会，它提供了组织的战略方向。它由非执行董事长，执行董事（包括行政长官），以及非执行董事组成。执行委员会是 Ofcom 的高层管理团队，它负责设定 Ofcom 的方向，监督组织管理。政策执行（PE）：负责开发 Ofcom 的整体监管议程，同时提供可供公众讨论的论坛，它本身也有一定的决策权。频道撤销和授予计划管理委员会负责监督和核准 Ofcom 的频道撤销和授予。行动委员会是 Ofcom 的管理机构，负责支持、指导和挑战 Ofcom 的经营业绩，每个星期通过咨询、客户服务和执照团队处理数千名消费者的业务。内容委员会是董事局里的一个主要委员会，制定和执行电视和电台的质量和标准。它的成员来自英国各联邦，包括业内外具有丰富传播经验的人士。它负责了解，分析和拥护来自观众、听众和公民的声音和利益。根据通信法案的规定，Ofcom 的董事会和行政人员的工作必须接受公民委员会和咨询机构的问询。这些咨询机构包括通信消费者委员会，英格兰，北爱尔兰，苏格兰和威尔士的咨询委员会，Ofcom 的频道咨询委员会，老年人和残疾人咨询委员会。

Ofcom 的国家与地区职责规定了他们的决策要考虑到英国不同地区人们的意见和利益。他们的全国行动由格拉斯哥，加的夫，贝尔法斯特和伦敦的高级主管来领导。每个联邦国家

---

① 详见 Better Policy Making—Ofcom's approach to Impact Assessment［EB/OL］. http://www.ofcom.org.uk/about/policies-and-guidelines/better-policy-making-ofcoms-approach-to-impact-assessment/.

的咨询委员会负责对不同地区的公民和消费者所面临的特殊挑战做出详细和专业的分析并提供给 Ofcom。

2. 公共信托——BBC Trust

（1）BBC Trust 的问责范围。BBC Trust 的工作规则和监管职能由皇家宪章和协议制定。信托基金会的运作方式是通过每年 10～12 次的会议和各个委员会的具体工作。信托基金会负责制定 BBC 的战略政策、指导原则和守则，审核牌照费的支出情况，对 BBC 的所有服务，包括公共服务和商业服务的绩效进行审查。BBC Trust 每年对如何治理 BBC 公布年报及账目并通过年报向纳费人（牌照费）和英国议会负责。BBC Trust 负责处理对 BBC 的投诉，包括社论，公平交易和电视许可的投诉。BBC Trust 有权要求 BBC 的行政管理层对公众意见或投诉作出回应。如果投诉得到确认，信托基金会可以对 BBC 施加制裁。

（2）BBC Trust 组织架构。BBC Trust 由信托基金会主席领导，由 12 名具有丰富经验的受托人组成。其中有四个分别代表英格兰、苏格兰、威尔士和北爱尔兰四个联邦国家的受托人，还有一个国际受托人，专门负责 BBC 的国际公共服务，包括世界服务的具体监督。所有受托人都经过公开选拔程序，通过部长提议，由女王任命。

（3）BBC Trust 的问责方式。信托基金会是英国广播公司的最高权力机构，它独立于由执行总经理领导的执行委员会。信托部负责支持受托人，他们为受托人提供内行的独立的咨询和行政支持。信托部工作人员直接向信托基金会报告。信托基金会听取四个观众评议会的建议，这四个观众评议会代表全英国各地观众的利益。

当 BBC 的执行层要推出一项新的服务改革时，信托基金会将使用它的评估工具①以确保这项新的服务改革对广播界其他人不会不公平，并且有助于实现公共目标。

英国广播公司的问责体制，无论是 Ofcom 还是 BBC Trust，基本上都是基于政府的立法基础上的设计，将问责内涵引入通信法案或皇家宪章，明确规范监理机构的职责和问责方式。并从问责的实践延伸到治理的新内涵，而问责机构本身也要以公开透明的方式（如出版年报）接受其委托人即公民对他们的监督和问责。

【参考文献】

[1] 曾虚白．新闻自由与社会责任［J］．新闻学研究，1965（6）：18-22.

[2] 展江，王征，王涛译．新闻自由：原则概述［J］．一个自由而负责的新闻界．

[3] 王亚维．电视媒体问责起源与发展——论国内外制度理论与实践［P］．中华传播学会年会（TSSCI），2012（7）：14.

[4] Denis McQuail. Accountability of Media to Society：Principles and Means［J］. *European Journal of Communication*, Vol. 12, No. 4, 1997：511-529.

[5] Denis Mcquail. Public Service Broadcasting：Both Free and Accountable［J］. The Public, Vol. 10, 2003（3）：13-23.

[6] Georgios Terzis, ed. *European Media Governance*：*National and Regional Dimensions*［M］. Intellect Books, The Mill, UK, 2007：446-451.

[7] Georgios Terzis, ed. *European Media Governance*：*National and Regional Dimensions*［M］. Intellect Books, Bristol UK, 2008：40-53.

[8] Claude-Jean Bertrand. *Media Ethics and Accountability Systems*［M］. Presses Universitaires

① 竞争影响原则评估（确保提案对市场的负面竞争性影响降到最低）；第 25 条测试（决定该提案是否对英国公共服务构成显著的变化）；或者完全公共值测试（以公共价值而不是市场影响来衡量这种变化是否显著）。详见：http：//www.bbc.co.uk/bbctrust/governance/tools_we_use.html.

de France, 1997: 49-50.
[9] Kalina Bozeva , Mark Bossanyi, Achieving Media Responsibility in Multicultural Societies [C] . the King Baudouin Foundation and of the Inter Ethnic Initiative for Human Rights Foundation, Bulgaria, 2006: 54-56.
[10] Melisande Middleton. *Social Responsibility in the Media*, *Center for International Media Ethics* CIME [M] . Oxford University PCMLP, 2009: 3-5.
[11] BBC Trust 译自: http: //www. bbc. co. uk/bbctrust [EB/OL] .
[12] Ofcom 译自: http: //www. ofcom. org. uk [EB/OL] .

【作者简介】

张宏莹，武汉大学新闻与传播学院2011级博士研究生。

城市快速公交线网广告媒体发展策略研究
——以郑州为例

康初莹

随着城市的快速扩张和机动化步伐的不断加快，城市交通尤其是公共交通体系的建设已经成为各级政府和社会各界普遍关注的热点和难点问题。以轨道交通为骨架，常规交通为主体，出租交通、旅游巴士多种方式为补充的综合公交体系成为很多城市着力打造的公交线网系统，而快速公交（Bus Rapid Transit，简称 BRT）是各大城市铺设公交线网的重要组成部分。快速公交系统最早于30年前起源于巴西的库里提巴市，随后在全世界迅速发展，我国已有北京、杭州、郑州、大连等城市开通了快速公交线路，另外武汉、长沙、深圳、沈阳等城市也在计划和筹建中。在已建成运营的城市中，BRT 车身统一标识、统一包装、封闭式站台设计等特点使得快速公交线网成为城市公共交通系统中一道亮丽的风景线，同时也成为展示城市形象的窗口。借鉴公交广告媒体以及户外广告媒体的运作经验，大力发展快速公交广告媒体，以平衡其运行收支成为一种必然趋势；同时将此媒体的应用与城市形象有机地结合起来，对于城市品牌建设和传播具有重大意义。

一、快速公交广告媒体概况

快速公交线网是一种以大容量、快速为代表的公共交通系统，它具有专用路权、灯控路口优先、封闭式车站、大容量车辆、车外售检票、水平登降等特点，与地铁、轻轨等轨道交通相比具有建设成本低、周期短、机动灵活等优势，是目前世界上成功推广的一种新型公共交通系统。同时，快速公交线网系统也是城市公共交通的独特风景，作为城市的窗口与焦点，吸引受众眼球，其衍生出的媒体具有巨大的发展潜力和开发价值。

基于快速公交线网，将广告表现形式应用于其硬件设施如车身、车站、线网系统等来向广大消费者进行诉求，达到推销商品、劳务或引起刊登广告者所希望的其他反应的物质都可称为快速公交广告媒体。

快速公交广告媒体的产生，首先是由于快速公交线网系统的发展，其自身的特点、硬件设施、软件配套技术为其成为一种广告媒体提供了前提条件；其次，快速公交系统巨大的造价与运营成本，使如何扩大收入以平衡收支甚至盈利成为必须面对的问题，这为其成为一种广告媒体提供了推动力。

在国外，快速公交广告媒体的发展遵循公交广告媒体的模式。虽然巴西是最早开行快速公交系统的国家，但不可否认，最具代表性的还是以美国为首的发达国家和地区。在美国，由于快速公交系统投入巨大，造成了巨大的财政压力，于是，各个地区的交通管理部门将快速公交系统衍生的一些媒体的使用权以一定的金额拍卖给专业的媒介经营公司，然后媒介经营公司结合自身技术以及广告主的要求，开发出各种各样的媒体形式，主要有快速公交车身的包装、快速公交车内的移动数字视频电视、快速公交站点的灯箱等形式。

国内快速公交线网开行时间较短，其媒体的开发还不如公交广告媒体以及户外广告媒体那样成熟，各地呈现出不同的状态。北京是中国最早开行快速公交线网系统的城市，自

2005年12月30日全线通车以来，已运营了七年多。然而北京快速公交广告媒体基本处于原始状态，甚至没有基于快速公交线网系统的信息刊登载体。而在广州，快速公交系统自2010年2月10日试验线开通以来，迅速成为全国快速公交系统的又一典范。尤其在快速公交广告媒体开发方面，也走在了国内前列。其做法是将媒体的经营权出让给广告媒体公司来运营，已经开发出的快速公交广告媒体主要集中在快速公交站台灯箱上，并根据不同路段、不同大小由广告媒体公司进行经营，大大提高了快速公交广告媒体的使用率。但不得不承认，这种经营使用方式与传统公交广告媒体的方式并无差异。

二、快速公交广告媒体分析

快速公交广告媒体作为公交广告媒体的一部分，同时也是户外广告媒体的一个分支，其本身的表现形式具有一定的特殊性，而这些特殊性也赋予了快速公交广告媒体不同的表现形式和特点。

1. 快速公交广告媒体的表现形式

快速公交广告媒体首先是基于快速公交线网系统的，快速公交线网系统一般由快速公交线路、快速公交车辆、快速公交站台、快速公交网线控制系统四大部分组成，相应的，作为广告媒体，其表现形式集中在快速公交专用车辆、快速公交站台、快速公交线网控制系统三大部分。

（1）快速公交专用车辆广告媒体。快速公交专用车辆，一般由快速公交建设者，主要由政府职能部门统一定制采购，具有统一的样式、外观、技术参数。而沿快速公交线路运营的快速公交车辆，一般都是大容量、超长型的公交车辆，具有传统公交车不具备的特殊性。所以其作为一种快速公交媒体的表现形式，在这一媒体系统中处于主要地位。基于此，衍生出的车身广告、车身异型广告、车载电视广告、车窗广告、车内拉环广告等形式，与已开发的公交广告媒体的车身广告并无太大差异，所以运作简单，拥有成熟的经验。

（2）快速公交站台广告媒体。快速公交站台一般沿快速公交线路分段而设，其所在的位置一般位于市区环道，通行车辆顺畅，车流量大，同时站点设立的区域大多具有较大的人流量，方便快速乘坐。正是基于这些原因，快速公交站台的外灯箱、站台内空间展示台、车站展示牌、售票室等都可以成为快速公交站台广告媒体的表现形式。

（3）快速公交线网控制系统广告媒体。快速公交线网控制系统一般是由数字信号控制、并由数字媒体或者数字技术来实现的网络系统。该系统作为快速公交系统的中枢神经，起着车辆调度、班次安排、运营监控的作用。而对于广告媒体来讲，其数字化技术可以在广告形式上广泛利用，如车站内报站声控系统、LED屏显信息系统、站内液晶电视等，都可以将广告信息进行刊载和传播。

2. 快速公交广告媒体的特点

快速公交广告媒体虽然在表现形式上与公交广告媒体差异不大，但是也具有自身特点，体现在以下方面：

（1）快速公交广告媒体的高端性。该特点首先表现在快速公交系统自身的高端性上，作为展现城市形象的又一窗口，自然与常规公交系统区别开来，其统一的站点设计、统一的车辆配置、统一的数字技术控制系统，使得快速公交线网成为公共交通系统的“贵族”；其次表现在该媒体硬件设施的高端性上，由于该媒体所寄生的线网系统是城市的名片，所以其广告展示材料方面必然采用高清度、高精度、色彩鲜艳、户外耐性强、色彩饱和度强、视觉冲击力大的材料。

（2）快速公交广告媒体的精准性。调查数据显示，购物娱乐群体以及青年群体在快速公交系统乘坐人群中所占的比例，分别达到了93%和79%，这表明，快速公交系统乘坐群体具有广泛的影响力和传播力，接受新事物能力较强，是冲动型消费的主要群体，具有较强的广告接受力。所以该媒体的广告受众往往是广告主的重要目标受众，以此为传播载体投放广告，针对性强、精准度高，极大节约了千人成本。

（3）快速公交广告媒体的高频性。快速公交广告媒体具有高频性的特点。由于都市群体每天的上班、购物休闲等都要数次进行等车、乘车、换乘等程序，同时也就数次接触该媒体，其反复冲击频率较高，而且该媒体的周期较长，为受众提供了充足的阅读消化时间，强化了信息记忆。

（4）快速公交广告媒体的封闭性。快速公交系统号称“地上的地铁”，因其运行形式是封闭的，所以对于特定乘坐者来讲，其接触到的只有快速公交车站、快速公交专用车辆、快速公交线网控制系统。在空间的封闭状态下，作为广告媒体，也容易强迫性地进入到受众视域范围内，成为受众打发无聊时间的主导性信息载体。

3. 快速公交广告媒体的问题分析——以郑州为例

就中原城市郑州而言，于2009年5月28日正式投入运营快速公交线网系统，主线全长30公里，全程采用中央专用车道，设置中央侧式车站38对76个，采用18米铰接车65台；与快速公交主线配套，设置8条支线155台专用车辆，主线和支线在二环走廊上实现同站台同方向免费换乘。据统计，郑州快速公交线网年总运量为6911万余人次，营运里程1640万公里，日均客运量稳定在22万人次以上，日均运营里程达4.5万公里，约占郑州市日均运营里程的7.6%。由此可见，快速公交线网系统在郑州正发挥着巨大的作用，拥有庞大的受众群体，媒体发展潜力巨大。

作为政府对于公共设施建设以及治堵方案的重要建设项目，快速公交线网系统的规划、实施，乃至运行，都倾注了巨大的心血和经济投入，因而其作为广告媒体的发展，也关系到能否节约运营成本、带来丰厚收益、提升城市形象等诸多方面。通过对郑州快速公交广告媒体的调研发现，因其还处于起步和探索阶段，难免存在诸多问题，成为制约发展的瓶颈。

（1）郑州快速公交广告媒体的垄断性。郑州快速公交广告媒体是伴随着快速公交线网系统的运行开始的，其运营时间较短，经验相对匮乏。郑州快速公交广告媒体由郑州公交总公司独立运营使用，而该公司是具有社会公益性质的国有大型公交企业，其作为郑州城市公共交通的主导力量，在快速公交广告媒体的开发中，形成了资源与运营的垄断。就现状而言，郑州快速公交广告媒体并未引进民间资本或者其他广告媒体运营商，整体运作是由郑州公交总公司直接管辖，给其发展带来了一定的局限。

（2）郑州快速公交广告媒体的单一性。由于运营的垄断，郑州快速公交广告媒体的媒体形式和信息内容不可避免地具有单一性。一方面，不论是郑州快速公交1号线主线的公交站台，还是各个支线的快速公交车辆，仅仅利用了车站灯箱单一媒体形式，而在快速公交专用车辆方面，仅仅利用了车载电视这一媒体形式，而其他诸如站内空间、站内液晶电视、快速公交专用车辆外部的车身、内部的拉环广告、车座后背广告、车座后背杂志等媒体形式，均未得到开发利用；另外，在郑州快速公交广告媒体刊载的广告中，内容集中在城市宣传、慈善活动、快速公交系统简介三个方面，而车载电视广告的内容与家庭电视上播放的版本基本相同，而不是根据快速公交的乘坐受众进行有针对性的创意与表现，也未结合该媒体的特点进行专项投放。

（3）郑州快速公交广告媒体的孤立性。通过实地调研发现，郑州现有的快速公交广告媒体是分裂开来使用的，并未发挥出应有的线网优势。一方面，快速公交专用车辆内的车载电视，是由河南移动电视系统提供技术、华视传媒提供内容，并未与快速公交广告媒体的其他形式进行组合，也并未与快速公交沿线潜在的广告主进行结合，使得该媒体孤立运营，不能达到理想的传播效果；另一方面，在快速公交站台灯箱这一媒体的使用上，也并未与站台周边、站台内空间等进行整合，使得这一重要的媒体单调存在，苍白无力，缺乏冲击力。

三、城市快速公交线网广告媒体的发展策略

结合快速公交广告媒体的特点以及郑州快速公交的发展现状，针对郑州快速公交广告媒体存在的问题，提出以下发展思路以供借鉴。

1. 快速公交广告媒体的运营策略

快速公交广告媒体的运营，应当借鉴公交广告媒体的运营策略，吸引民营资本介入。这方面也有成功的先例：1994 年，来自台湾的丹尼斯商业同郑州公交合作成立丹尼斯百货商场，前者投入资本，后者以位于人民路的公交站场土地使用权入股；1996 年，广东白马广告公司进入郑州，作为市政府的引资项目，白马广告公司投入资金同郑州公交总公司合作建设公交候车亭，候车亭归公交公司所有，白马广告公司取得候车亭广告经营权若干年，而今，白马广告公司在市区已建成不锈钢豪华候车亭 613 座，标志着在郑州民营资本正式介入公交资源最优质的广告部分；1997 年，河南天明广告公司将购买的 22 辆双层大巴交给郑州公交总公司，投入运营 603 路公交线路，随后又购买了 12 辆双层大巴投入新开辟的 6O1 路运营，作为置换条件，天明广告公司取得了 34 辆双层大巴车体广告经营权若干年，郑州街头出现了当时在沿海发达城市出现不久的双层大巴，一时在内地城市成为一道独特的景观。这些都为快速公交广告媒体的运营提供了参考范例，引进民间资本，使得该媒体进入到有序的市场经济竞争中，才能将其发展纳入到多元化、产业化、精品化的市场经济链条上，才可有效地解决快速公交广告媒体的垄断性这一深层问题。

2. 快速公交广告媒体的开发策略

快速公交广告媒体的开发，需要紧紧围绕在快速公交系统的专用车辆、专用车站、线网控制三个方面，并且与该媒体经营者所掌握的技术以及资金结合起来，在已经存在的媒体基础上，开发新的媒体形式。例如，快速公交车身异型包装、站台载控电视、站内 LED 显示屏、快速公交专用车内直投杂志、快速公交专用车内拉环广告等。只有通过丰富创新媒体形式，才能够使快速公交广告媒体具有强大的生命力，得到不断的发展。而媒体开发只有与媒体运营结合起来，使广告媒体运营商根据广告主的需求，进行创意组合，来提供优质的媒体服务，实现共赢。

3. 快速公交广告媒体的衍生策略

对于快速公交广告媒体的受众而言，渴望得到更多的信息以度过无聊时间，改善乘坐体验，因此，快速公交广告媒体则可借此衍生出更多的关联媒体来辅助实现最佳的传播沟通效果。例如，利用站台内空间，设立自动售卖机，利用该机器可以完成品牌的广告宣传甚至是达成促销；还可在快速公交站台内，设立城市信息网，利用公交统一的乘坐卡来实现消费或者获得促销信息等服务。在郑州快速公交站台，已出现这种衍生媒体，即公交百通卡折扣信息机，这是以公交百通卡来获取各个餐馆或其他商店的优惠券，由此可见一斑。衍生媒体对于快速公交广告媒体而言，是一个必要的补充，使得这一媒体实现立体化、多元化和网络化。

4. 快速公交广告媒体的线网整合策略

针对快速公交广告媒体孤立性的问题，结合快速公交广告媒体特点以及沿线商业区分布

情况，将该媒体进行主题设计和媒体整合，使城市快速公交线网媒体真正实现“以点带线、以线成面”。

主题设计整合。快速公交广告媒体，具有特殊的接触人群，如何将该媒体与特定人群对接，形成一个主题式的宣传，达成传播效果，是将该媒体建设成为一种文化元素、城市元素、精神元素结合体的重要探索。具有中原文化特色的黄河、商城遗址、少林寺等都可以各种方式展现在各个站台处，它们具有很强的识别性；还可以城市形象识别元素来命名车名，例如文庙号、轩辕号等，以此发挥公交广告媒体的城市形象传播功能。在设计上要注重主题元素的整合，通过快速公交专用车辆的异形包装，甚至是将整个公交站台包装起来，使得其完整表达统一的广告内容，显得有张力、有氛围。比如“嵩山路少林寺站”，将整个站台设计成为一个少林武术的主题站点，所有的灯箱广告、自动售卖机等都围绕这一主题来设计组合，这样不仅可以达到该品牌的传播效果，更可以为城市的形象增添趣味。条件成熟的情况下亦可将此思路运用于商业品牌。

媒体整合。快速公交专用车辆媒体和站台媒体是快速公交线网媒体的主要组成部分，应将两者与沿线经济区进行有机整合，形成更强的冲击力。例如，在郑州快速公交 1 号线农业东路站，站台附近是易初莲花大型超市，在建的苏荷公寓项目将成为该地域的地标性建筑。整合这一沿线潜在广告资源，将站台灯箱媒体外侧加以利用，可使两者在该地域的联动作用得以充分展示。结合车载电视广告媒体，在快速公交专用车辆在到达这一站点的时间节点上，播放易初莲花超市卖场的促销广告、超市顶层电影院的影视信息、苏荷公寓售卖或介绍信息等，由此可通过快速公交广告媒体将该区域两大广告主整合传播，形成品牌效应，强化传播效果。

四、结语

快速公交线网系统在我国各大城市正处于起步阶段，快速公交广告媒体更是处于一个探索时期。其发展与建设要避免走公交广告媒体和户外广告媒体的弯路，在政府有效监督和指导的前提下，需有效发挥新媒体技术优势，在媒体开发和媒体投放中创新思路，将广告媒体运营与城市形象整合起来，成长为精品媒体。

【参考文献】

[1] 沈杰. 公交广告存在的问题及解决对策 [J]. 职业时空，2010 (6).

[2] 徐亮. 对城市户外广告设置的几点思考 [J]. 商业文化，2008 (4).

【作者简介】

康初莹，武汉大学新闻与传播学院在读博士生，河南工业大学新闻与传播学院讲师，广告教研室主任，主要研究方向为广告传播。

数字新媒体广告平台的媒体聚合研究

钱 正

20世纪80年代，信息高速公路的建设推动着人类社会由工业社会进入到信息社会，飞速发展的计算机、互联网、移动通信技术……交织在一起改变了人们的生活方式、思维方式乃至生存方式，“大众传播媒介进一步发达，广播电视进入数字化多频道和卫星跨国传播时代；微电脑普及到家庭，并迅速成为个人进行综合信息处理的媒介；以计算机、互联网和多媒体为代表的新传播的发展，使不同媒介的功能出现了融合的新趋势”①，我们进入了信息社会的高度信息化阶段。

一、碎片化的媒介导致广告效果的零散化

大众媒介是我们通常对报纸、广播、电视、网络等媒介的通称，这些媒介传播的对象是社会上一般的大众，即广泛的受众，它们的传播行为是“以满足社会上大多数人的信息需求为目的的……具有跨阶层、跨群体的广泛社会影响”。② 随着大众传媒竞争的激烈化，出现了既大又小的趋势。“大众传媒的覆盖面一方面变得越来越大，另一方面又变得越来越小”，一些“传播媒介拥有更广大的观众人和读者，其传播的辐射面变得更为宽广”，同时另一些媒介“迎合的是特定的较小人群的口味”。随着后信息时代的到来，“大众传播的受众往往只是单独一人……信息变得极端个人化”。③ 正如传播学者胡泳所说，“我们正在经历从‘大众媒体’（Mass Media）到‘乱众媒体’（Mess Media）的转化”④，面对着日益碎片化的媒介，受众的选择日益多样化，受众从大众发展到小众再发展到个众，作为广告发布平台的媒介效果势必会受到影响，引起广告效果的零散化和碎片化。

二、受众到用户的发展使得广告很难突破受众的信息茧房

传统媒体的单向传播特性衍生了传播学上的“受众”的概念，Web2.0时代的到来使被动的受众概念受到了冲击。受众在后信息时代掌握了信息的主动权，成了按自己的需求来选择信息的用户（user）。尼和厄布林发现，“用户能够非常简便地将互联网的呈现、结果和使用个性化，从而减少了用户对各种不同观点的关注和接触”⑤，人们待在各自的“信息茧房”（information cocoons）和“回音室”（echo chambers）中，把自己“归入舒适宜人的虚

---

① 郭庆光．传播学教程［M］．北京：中国人民大学出版社，2011：32.

② 郭庆光．传播学教程［M］．北京：中国人民大学出版社，2011：32，100.

③ 尼葛洛·庞帝．数字化生存［M］．胡泳，范海燕，译．海口：海南出版社，1997：192.

④ 胡泳．众声喧哗：网络时代的个人表达与公共讨论［M］．桂林：广西师范大学出版社，2008：121.

⑤ 詹姆斯·凯茨，等．互联网使用的社会影响［M］．郝芳，刘长江，译．北京：商务印书馆，2007：252.

拟共同体”①，只听我们选择的东西和愉悦我们的东西。广告要突破“信息茧房”接触到个性化的消费者难度越来越大，遑论最大化广告效果。

企业面临着消费者、媒介、经济环境发生的巨大变化，到了必须做出重大调整和改变的时候，建立数字新媒体广告平台，多元化、系统化地运用媒介，进行广告语境的优化，避免企业湮没于浩浩荡荡的信息洪流，这是信息时代企业面临的严峻课题。

“所谓数字新媒体广告传播平台，是指伴随数字新媒体技术的发展，数字新媒体跨越了单纯实现传播功能的单纯媒体角色，成为一个建立在强有力的数据库基础上的，各取所需，自愿参与的开放式广告传播平台。”②

三、以媒体使用方式为基础的市场细分

数字新媒体广告平台面对的仍是企业的目标消费者，即在市场细分基础上选择的一个或几个目标市场。根据 U&A（消费者使用习惯和态度研究）的方法，对消费者市场进行细分，有两种方法，即事前细分法和事后细分法。按照经典的菲利普·科特勒营销理论，消费者市场的主要细分变量为地理、人口统计、心理及行为变量，根据这些变量可对消费者进行充分的市场细分，这些都属于事前细分的方法。事后细分法是利用 U&A 调查的结果，运用多元统计分析中的因子分析和聚类分析，将总体市场划分为细分市场。以上细分方法带有明显的工业社会的印记，决定了与之相应的企业广告活动的走向。

在企业的营销活动中，广告的作用无非三点：传达、说服和培养。传达品牌的优越性，以便与同类竞争品牌区分开来，说服消费者采取相应的行动，同时在消费者的心中培养品牌，创造品牌资产。③ 要进行传达、说服和培养，传统的做法是先根据细分市场的特征，了解其接触信息的习惯，组合多个广告媒体，尽可能多次使广告接触更多的目标消费者。

例如，某品牌咖啡的目标消费者是：25～35 岁的男性，外勤工作人员，过着较有规律的生活，经常看电视，喜欢看体育节目，相应地，媒介投放应以电视广告为主，在他们经常出没的地点投放户外广告，辅以娱乐性杂志和体育报纸投放。

这种典型的媒介组合策略以唐·舒尔茨的整合营销传播理论为支撑，强调以各种传播媒介的整合运用为手段，以“一种声音”为内在支持点，不管采用什么媒体，其中的产品或服务信息必须做到清楚一致。④ 可以看出，这种广告投放策略的核心就是：在消费者的各个接触点投放信息一致的广告。但是，不同的人对同样的信息有着不同的感受和理解，即使是属于同一细分市场的消费者，他们的信息接触和感受方式也有很大的不同，媒介受众的个性化已经到达了“个众”的地步，同一细分市场的消费者的媒介接触面貌更是千姿百态。因此，需要对以往的消费者分类方法进行反思，企业的营销不能止步于消费者的细分市场研究，应同时从媒介的角度出发，对消费者的信息接收方式进行细分，预测其信息处理程序，有针对性地进行广告信息的发布和管理。

目前，关于消费者的媒体使用细分研究可以说是凤毛麟角，并没有形成规模和系统。1995 年，美国著名的调查公司阿比壮（Arbitron）公司曾进行了一次基于媒体的细分研究，通过路径分析的方法，发现了八类细分群体：快速行进者（fast laners）、多样奋斗者（diverse strivers）、智慧练达者（savvy sophisticates）、体育狂热者（sports fanatics）、家庭中心

① 凯斯·桑斯坦．信息乌托邦：众人如何生产知识［M］，毕竟悦，译．北京：法律出版社，2008：136.

② 邵华冬，杜国清．中国企业数字新媒体广告传播平台研究［J］．国际新闻界，2010（10）：7-11.

③ 仁科贞文，田中洋，等著．广告心理［M］．北京：外语教学与研究出版社，2008：31.

④ 丁俊杰，康瑾．现代广告通论（第 2 版）［M］．北京：中国传媒大学出版社，2007：25.

者（family focused）、旁观者（bystanders）、道德至上者（moral American）和安居者（settled set）。另外，美国研究公司益百利西蒙斯（Experian Simmons）公司的研究虽然没有从媒体角度对使用者细分，但是提出了手机用户的细分市场，发现五类别的手机使用者：手机控（mobirati）、社交联益者（social connectors）、手机专业者（mobile professionals）、实用采纳者（pragmatic adopters）、基本规划者（basic planners）。专门针对中国市场的，适合中国国情的消费者信息接收方式的细分研究仍处于空白状态，对此空白的填补有赖于学界、业界的共同努力。只有如此，才能应对消费者媒体使用方式的变化，使越来越难懂的消费者面目更加清晰，数字新媒体广告平台的建立才能有的放矢。

四、以不同媒介为基础的语境优化

“语境”最早是由哲学家弗雷格提出的，他认为“只有在一个句子的语境中的词才有意义”，在言说某个词语时，不是把词语当成它本身，而是把词语当成包含着它的原初背景来理解。传播学者麦克卢汉就曾提出“媒介即信息”的论断，不同的媒介塑造和控制着不同的“人的组合与行为的尺度和形态”，不同的媒介形式本身就意味着不同的意义。不同的媒介也具有不同的语境，脱离了媒体本身而存在的广告信息是没有意义的。为了达到广告效果的最大化，必须在不同的消费者媒介接触点使用不同的广告信息，进行语境优化。

目前企业考虑的消费者的媒介接触点主要包括电视、广播、杂志、报纸、手机、因特网、促销活动、户外广告等，由于媒介融合趋势的出现，各接触点之间的交会和融合使得泾渭分明分类几乎不可能，所有这些方式你中有我、我中有你。例如，由于手机上网的普及和SNS网站的大量涌现，已经很难将手机和因特网区别开来。但是，这种分类有利于企业在建立新媒体广告平台时理清思路，考虑周全。

不同的媒介形式所提供的不同的语境氛围，可以从以下六个维度来进行考查：感染力、信息容量、互动性、个性化、关注度、目录价值（能否充当消费者选择购物的目录，方便进行信息搜寻）。

值得注意的是，这些特征并非绝对，六个维度的比较由于媒介运用方式的不同，不可避免会有例外的现象出现，例如户外广告，当采用户外路牌方式的时候具备的是户外的一般特征，但当它以楼宇电视的方式出现时，就具备大部分电视的特征。广播电视当以专题节目形式出现时，它的信息容量就变大了。因此，这里的评级仅限于媒体的一般运用（见表1）。

表1 **不同媒体语境差异表**

	感染力	信息容量	互动性	个性化	关注度	目录价值
电视	强	中	弱	弱	低	无
广播	弱	中	中	中	低	无
杂志	中	中	弱	强	中	有
手机	弱	小	强	强	高	有
互联网	强	大	强	强	高	有
促销活动	中	中	强	弱	高	有
户外	中	小	弱	弱	低	无

五、以互联网为核心的超文本（hypertext）链接平台

1963 年，泰德 · 纳尔逊发明了“超文本”一词，用来指字词和图像的联想性链接，这种链接表明文本中暗含其他文本，它包含与其他数据链接的数据。消费者接触广告信息的各个接触点效果并不是独立的，而是相互影响的结合体，企业建立新媒体广告平台必然是把各种不同媒体结合起来，在各接触点之间有效配合的媒体融合平台，是以互联网为核心的超文本链接平台（见图 1）。

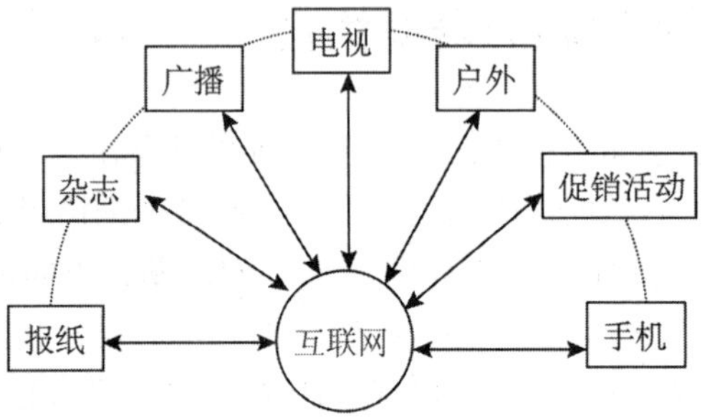

图 1　以互联网为核心的超文本多通道链接平台

从图 1 可以看出互联网可以说集各媒体之优点，有着传统媒体不可比拟的优越性，它可以容纳海量的广告信息，它不受时间空间的限制，消费者若对品牌或产品感兴趣，可以随时通过网络进行无限度的浏览，它可以说是整合其他媒介的超级媒介。

在数字新媒体广告发布平台上，所有的媒体都可成为超文本的信息入口，在各媒体之间实行跳跃，但是由于互联网本身所具有的特性，它必然成为网络化的广告发布平台的核心，所有的媒体最终会与网络产生联结，新旧媒体之间的这种有机结合会使所有媒体的优势更强，而非新媒体取代传统媒体。

例如，韩国的 Tesco 超市在首尔地铁站架设了平面的产品货架陈列图，并在每件产品上都附有二维码，忙碌的上班族在等地铁时就可以用智能手机应用程序（APP，application program）扫描二维码，通过二维码连接到超市的在线购物网站，进行快速购物。

在建立以互联网为核心的超文本链接平台的过程中，企业要根据细分市场的信息接触模式，发现有效的媒介接触点，根据不同的媒体语境设计广告内容，满足用户多样化与个别化的需求。最重要的是，企业要设计出可成为诱导目标对象媒体超文本的导线图，充分利用口碑效应，通过消费者之间的弱链接，突破“信息茧房”，使广告信息得到最大程度的散布。

以互联网为核心的超链接广告平台应该是一个分散式体系结构，它是一种绝不失误的信息传递系统，这种系统以包切换方式传输信息，每个信息包都可以经由不同的传输路径，因此，即使某些路径切断，也总有其他可用的传输路径将信息到达消费者。例如，让用户接入互联网这一目标，可以通过多种二级传递途径到达，如户外——互联网、电视——互联网……还可以通过三级、四级途径到达，如用户在车上听到相关产品的广播信息，回家看到电视广告，经过卖场再接触到促销信息，然后上网搜索。因此，企业应考虑全面，设计好多路径的新媒体广告平台，这种多通道的传输方式可以预防消费者不按预测的信息接触方式行动，以规避传播风险。

【作者简介】

钱正，武汉大学新闻与传播学院广告学博士生，武汉理工大学新闻传播系讲师。

论媒介产品的产品属性
——兼论广告的转移支付功能

吕国先

对于学者而言，关于广告的功能与作用，广告学界已有基本的共识，主要包括通过商品信息沟通来促进商品流通、刺激需求和引导消费，成为媒介经济的重要构成，作为一种文化现象渗透到社会文化之中，影响我们的价值观念等。① 然而对于消费者而言，在非理性的情绪化判断之下，广告似乎是过街老鼠，一无是处。尤其是对于电视剧和综艺节目中频繁插播的广告深恶痛绝，对于广电总局的限广令还觉得不解馋，恨不得杜绝广告才好。不过观众很少会想到，如果没有广告，他们根本就没有免费的电视剧和综艺节目可供观赏。

在我们的很多消费过程中，消费者几乎是免费或者是非常廉价地获取信息产品的。我们免费看奥运会直播，免费看中东地区新闻报道，免费浏览网站，免费使用搜索引擎，免费使用微博，免费听音乐，免费看电影，免费玩游戏，免费使用杀毒软件，而这些产品的生产和供给是要耗费巨额成本的。有时即便我们为该消费付费，所支付的费用也是与产品的成本严重不对等的。当我们走进鸟巢观看奥运会比赛时，区区门票收入显然不足以支撑如此大规模的全球赛事。

一、媒介产品是无形信息产品

上述产品要么是媒介产品，要么是与媒介有着密不可分的联系。关于媒介的产业属性和产品属性，从事媒介传播研究的学者们持有不同的看法。2004 年何镇飚先生撰文对媒介产品“公共产品论”提出质疑，他认为“公共产品市场失灵的现象并没有出现在无限广播电视媒介产业”，“只要有可排他的受益人就可以界定产品不是公共产品”，而媒介产品是有明确投资人和受益人的产品，直接投资人是媒介股东，间接投资人是广告商，媒介本身是最大的受益人，因此无线广播电视不是公共产品。②

通常对于公共产品的界定有两个可参照的特征：一为非竞争性，如果在给定的生产条件下，向一个额外消费者提供商品的边际成本为零，则该商品是非竞争性的；二为非排他性，如果人们不能被排除在消费一种商品之外，这种商品就是非排他性的，这些商品能够在不直接付钱的情况下被享用。③ 比照这两个特征，媒介产品的非竞争性是相对比较容易判断的，电视台、网站或者广播电台增加一个额外的消费者的边际成本几乎为零。但是人们在媒介产品是否具有非排他性的判定上出现了很大的分歧，认为媒介产品具有非排他性的理由是：广播电台一旦发送信号，覆盖范围内的观众都能通过收音机收听到广播节目，广播电台无法把

---

① 参见张金海，姚曦主编．广告学教程［M］．上海：上海人民出版社，2004：13-17.

② 何镇飚．媒介产品是公共产品吗？——对媒介产品“公共产品论”与“市场失灵论”的几点质疑［J］．宁波经济—三江论坛，2004（6）．

③［美］罗伯特·S. 平狄克，丹尼尔·L. 鲁宾费尔德著．微观经济学（第6版）［M］．北京：中国人民大学出版社，2006.

部分观众排除在消费广播节目之外。何镇飚先生认为："报纸、杂志、有线电视、收费卫星电视节目、电影等文化传媒全都不属于公共产品的范畴，因为想得到此类媒介产品的消费者必须为产品支付费用，是完全的谁付费谁受益，价格门槛使得以上媒介产品具有严格的排他性和部分的竞争性，更接近于私人物品而不是公共产品。"①

本文并不支持媒介产品是公共产品的界定，但是何先生的论据也值得商榷。因为首先绝大多数媒介产品并不具有绝对的排他性，比如传阅报刊是非常普遍的生活现象，我们在统计报纸杂志的影响力时就会计算其传阅率。部分媒介产品消费即便因价格门槛而具有排他性，但这些媒介产品的价格也大多不能弥补媒介产品的生产和供给成本。最重要的是媒介产品的排他性并非因为客观上"不能"排除不付费使用的人群，而是主观上"不愿"去排除。无论媒介是追求社会效益还是经济效益，媒介运营人都需要自身能够尽可能地影响到最广大的受众人群。因此我们无法按照是否"能够"阻止人们使用物品来作为判断媒介产品是否属于公共产品。

媒介产品非竞争性的特点完全符合信息经济学中无形信息产品的特征，即无形信息产品是指无固定物质载体的信息产品。这类信息产品是可以脱离物质载体而存在的，或者以人脑为储存载体，或者以声波、电磁波、数字化形式存在的一种特殊的信息产品，特点是不易积累和保存。

不仅是传统的媒介产品，前文中提到的各种网络服务、音乐、杀毒软件、游戏程序等也都属于无形信息产品。不难发现，在这些无形信息产品的"免费"消费中，广告的存在起到了不可或缺的作用。这种作用包含但超出了我们目前对广告功能与作用的描述中"成为媒介经济重要构成"的部分，广告在无形信息产品消费中的转移支付功能已经使得广告模式成了无形信息产品商业化和产业化的重要路径，是无形信息产品在商业化社会中优化生存的一种市场机制。

二、转移支付

转移支付本来是指政府或企业的一种不以购买本年的商品和劳务而作的支付，即政府或企业无偿地支付给个人或下级政府，以增加其收入和购买力的费用。它是一种收入再分配的形式。

在本文中，转移支付是指在无形信息产品的消费中，消费者与产品供应商之间并不即时完成货币与商品的等价交换过程，而是由广告主从产品销售所得中按一定比例来支付无形信息产品生产和供给成本，即消费者不直接付款给无形产品供应商，产品供应方和收款方也不像普通商品买卖一样具有同一性，而是经由广告主转移支付。

比如消费者消费媒介产品，而媒介并不直接从消费者那里收取全部费用，对于媒介而言，直接付款方是广告主，而不是广告受众。媒介内容的生产和供给成本都毫不客气地通过收取广告费的形式，转嫁到了广告主身上，然后消费者又通过购买媒介所宣传的商品间接完成了媒介消费成本的支付。

再比如音乐和影视这类无形信息产品的消费。在数码时代，网络免费获取音乐和影视产品如此之便捷，愿意购买正版光盘者越来越少，在家看电影的人数也远远超过到电影院观看的人数。那么维持演艺明星高收入的重要途径就是广告代言费。我们免费听音乐，免费看电影，但是消费者通过购买明星代言的产品，借助广告主的转移支付来补偿音乐与影视产品的制作成本。

① 何镇飚．媒介产品是公共产品吗？——对媒介产品"公共产品论"与"市场失灵论"的几点质疑．宁波经济—三江论坛，2004（6）．

三、税收的比喻

说到转移支付不得不提及税收，因为政府通过征税来获得转移支付的资金。广告费在这里扮演了一个无形信息产品运营税的角色，广告主则充当了财税部门，只是财政支付的范围和对象是特定的。广告运营是无形信息产品商业化和产业化的重要路径，是在商业化社会中优化生存的一种市场机制。

也就是说，当我们购买广告中推销的产品时，我们一并缴纳了广告税，或者说信息产品运营补偿税。税收的一个特点就是纳税人的纳税种类和数额并不和他所享有的政府所提供的公共产品一一对应。有的人纳税多，有的人纳税少，甚至不纳税，但是他们在一国之内享有的国防和环境保护的利益却是一致的。就像有的消费者看完某电视节目会连续购买其主赞助商的产品，有的消费者只会购买一次，有的消费者却一次也不会购买，但他们看到电视节目内容却是一致的。

本质上讲，国家税收有着强制性、无偿性和固定性的特征，国家强制性按法令规定的标准征收税款，收税后无需向纳税人直接支付任何报酬，另外也不再直接返还给纳税人。那么，广告主从消费付费购买其产品的收入中拨付广告费给信息产品运营商的模式同样也体现了无偿性和强制性，至于固定性则视广告主的具体情况而定。广告主的广告费成本必然分期摊入所售产品价格之中，消费者对于广告费用只能被动地接受，当然正如纳税人会从国家提供国防、道路建设、基础教育等公共产品中获益一样，消费者同样会从收取广告费的信息产品运营商所免费或廉价提供的产品中获得相应的回报。

广告在无形信息产品消费中的转移支付功能，应视为广告经济功能的一种体现，是商业生态中市场自发形成的非政府性“商业税（广告税）”，它通过转移支付的形式支持了无形信息产品的生存与发展，同时也在注意力经济时代承担了注意力的价值发现功能。

四、灯塔、媒介和广告

转移支付、税收都是公共产品的相关概念，公共产品的供给是通过转移支付来实现的。这里又得回到之前关于媒介产品的产品属性辨析上来。

在关于公共产品的讨论中，灯塔往往成为一个实例被各方举出。早期的临海人家为了满足航海者对灯塔的需要，出资建造灯塔然后向船主收费。后来灯塔主发现很多船只逃避缴纳灯塔使用费，以至于灯塔无法为继，最终废置，不得不由政府出资兴建和维护灯塔运营。灯塔作为公共产品的代名词出现在经济学中。

不过有学者发现，有些私人灯塔主改为向港口经营者而不是船主收取服务费，并据此认为港口是灯塔的可排他受益人，那么灯塔就不是公共产品，应被看作私人产品。港口经营者自己并不需要灯塔服务，他们购买灯塔服务不是为了自己使用。需求方是船主，而船主是港口的客户，港口为了能让船只进入港口才支付灯塔服务费。不过羊毛出在羊身上，港口会把灯塔服务费计入成本，转而向船主收取，因此船主才是灯塔服务的真正购买者和使用者。不能说港口支付了灯塔服务费就说港口是受益人，并且是可排他的受益人，从而因此得出灯塔不是公共产品的判断。

同理，我们也不能因为广告主购买报纸广告版面而认为广告主是可排他的受益人。如果没有消费者即广告受众的存在，广告主是没有动机去购买报纸版面的。广告主对版面或时段的购买不是因为自己需要，而是消费者的需要。广告主所花费的广告费，最终都转嫁到了商品销售成本之中，实质上完全是由消费者自己买单的，只是买单的形式是由广告主先结账，然后广告受众再 AA 制。

之前很多学者认为只要“非竞争性”和“非排他性”二者居其一就可以判断某产品是否准公共产品（混合产品）。从媒介产品的产品属性的讨论中可以看出，不能简单地将“非竞争性”作为界定公共产品和私人产品的依据。媒介产品具有明显的非竞争性，但是据此将其归为准公共产品也是不恰当的。

分类的目的是为了辨析事物的本质，发现规律，弄清不同类别的事物之间的区别和联系。例如作为研究生物的一种基本方法的生物学分类，主要是根据生物的相似程度把生物划分为种和属等不同的等级，并对每一类的形态结构等特征进行科学的描述，以弄清不同类群之间的亲缘关系和进化关系。从公共产品和私人产品的分类目的来看，我们认为产品的提供方是政府还是市场应该作为判断的必要条件。

毕竟灯塔也好，媒介也好，它们到底是属于公共产品还是私人产品都是学术问题，而由政府提供还是由市场提供则是现实的经营问题和民生问题。政府不会因为经济学家将灯塔界定为私人产品就无视航运需要而拒绝在航道建设灯塔，也不会因为媒介被界定为公共产品就不允许私人涉足媒介经营。我们倒不如依照实践指导理论的原则，不去做学术概念的无谓之争，而是将适合由政府提供的产品列为公共产品，反之则视为私人产品，这样就不会本末倒置，削足适履。

五、广告转移支付功能的实现条件

广告并非一开始就具备转移支付的功能，广告的转移支付功能实现条件包括媒介的商业化和产业化、媒介个人化以及传播网络化和数字化。

在原始广告时期，广告行为都是商家自己进行的，比如叫卖、招牌幌子、产品陈列、印制传单等广告形式。市场上没有独立运营的广告媒介和广告代理人。在这种情况下商家不存在向第三方的广告参与者支付广告费用，也就谈不上转移支付问题。

当报纸和广播这样的大众媒介开始出现，并商业化运营之后，同样具有大众传播需求的商业广告天然地与新闻媒体成为同盟，成为媒介可持续运营的必备要素，或者说媒介在商业社会的生存就是广告化生存。没有媒介的商业化运营和产业化发展，大众广告传播就失去存在的基础。只有消费者都成为媒体的受众，个人参与到媒介传播之中，消费者购买广告宣传的商品成为常态，“广告税”才有可收的来源。

传播的网络化与数字化，使得无形信息产品的分销方式时间更短，成本更低，消费形式也更加简便，对广告的利用也有了更广泛的基础。在数字化生存的社会中，信息产品是现代经济活动的一种最重要产出成果，是现代产品的一个重要组成部分。除了电视、报纸、广播和杂志这些传统媒体，各类网站的主要营收渠道也是来自于广告收入。与传统媒体不同的是，网络媒体不仅提供传统媒体的固有产品，还能够提供诸如铃声下载、社交应用程序、各类办公软件、游戏以及杀毒软件等无形信息产品。当这些产品日益成为消费者生活中必不可少的组成部分时，广告对于这些产品的供给和消费所具有的转移支付功能也就显得越发重要。

对广告转移支付功能的认识和描述有助于我们对广告在社会经济中的地位和作用有更全面、更深入的了解。广告需要被视为市场经济这部机器的润滑剂，如果没有机器，润滑剂本身并不具有使用价值，就如同广告在自给自足的自然经济之中并没有存在的必要，然而在现代经济之中，市场经济这部庞大的机器越来越需要广告这个润滑剂在其中起作用。广告在包括传统媒介产品在内的无形信息产品的供给与消费中起到了非常重要的作用，我们应该对广告的经济功能给予更高的评价。相应地，对于广告的社会影响力也应该有更积极客观的评价。

【参考文献】

[1] 何镇飚. 媒介产品是公共产品吗? ——对媒介产品“公共产品论”与“市场失灵论”的几点质疑 [J]. 宁波经济—三江论坛, 2004 (6).
[2] [美] 罗伯特·S. 平狄克, 丹尼尔·L. 鲁宾费尔德著. 微观经济学 (第6版) [M]. 北京: 中国人民大学出版社, 2006.
[3] 张伟. “影响力经济”的不同论域 [J]. 中国海洋大学学报 (社会科学版), 2012 (2).
[4] 王陶然. 试论传媒经济中的“注意力经济”和“影响力经济” [J]. 经济师, 2009 (2).
[5] 喻国明. 影响力经济——对传媒产业本质的一种诠释 [J]. 现代传播, 2003 (1).
[6] 刘诗白. 市场经济与公共产品 [J]. 经济学家, 2007 (4).

【作者简介】

吕国先, 武汉大学新闻与传播学院博士生, 天津师范大学广告系教师。

新媒体框架下的品牌风险及其管理

颜景毅

品牌是基于良好的产品质量和服务，经由媒体传播而形成的受众对于产品的认同。在品牌的建构过程中，由于复杂的市场环境和激烈的市场竞争，风险如影随形。如何预警风险的存在以及如何化解风险，是品牌管理的重要内容。而作为品牌建构和管理的最重要工具之一，媒体传播对于品牌的风险管理具有十分重要的意义。20 世纪献给 21 世纪的厚礼之一就是以互联网、手机为代表的新媒体，在数字技术的支撑之下，狂揽传统媒体的受众和市场，并由此使建立在传统媒体之上的正确认知和有效的行为模式必须重新审视。因而，当下的品牌风险管理需要放在新的媒体框架之中重新认识和思考。

一、新媒体框架下的品牌风险管理内涵分析

1. 消费者与品牌之间的信息接触点

关于品牌定义的表述有很多种，有从品牌自身来界定的，比如，“品牌是用来标志某个销售商或者销售集团的产品或者服务，并将之与竞争对手的产品或者服务区别开来的特有名称或标志（如标志语、商标或者外形设计）。”① 也有从消费者的角度来界定的，比如，“品牌是消费者对于产品属性的感知、感情的总和，包括品牌名称的内涵及与品牌相关的公司联想。”② 无论定义的角度如何，都说明了品牌具有的一个显著特征——可识别性，品牌是企业之间用来进行市场区分的一种营销工具，是消费者用来进行消费识别的一种符号性存在。

在市场经济条件下，生产能力的释放导致产品数量的相对丰富，使消费者面临着一定意义上选择的自由，这种自由也在一定程度上带来了选择的茫然。而品牌的意义就在于可以为消费者解决选择困境，降低选择风险。因此，建立与消费者的良好的关系，为消费者所识别、为消费者所认知，进而为消费者所选择与接受，就成为品牌管理的重要使命。

消费者与品牌之间的关系存在着诸多接触点。具体分析，这些接触点可以分为两大类：其一，品牌主动接触消费者。企业利用多种市场营销手段，包括促销、广告、公关、新闻等多种形式和渠道传递品牌信息，以期使消费者建立起一定的品牌认知，形成一定的品牌态度。由于信息传播者来自于品牌自身，所以，这些信息都是从正面来反映品牌。其二，品牌被动接触消费者。在品牌的建立和发展过程中，有些信息的传播并不都是由品牌自身来完成的。当品牌进入消费领域之后，会产生消费者口碑，这些口碑通过各种渠道被扩散出去；同时，由于激烈的市场竞争，也会有来自于对手的“明枪暗箭”进入信息传播渠道。这些信息成为消费者认知品牌的信息基础，进而对品牌形象的塑造形成影响。以此看来，品牌是通

---

① ［美］戴维·阿克著．管理品牌资产［M］．奚卫华，董春梅，译．北京：机械工业出版社，2006：8.

② ［美］凯文·莱恩·凯特著．战略品牌管理［M］．卢泰宏，等译．北京：中国人民大学出版社，2009：6.

过接触点的信息传播而与消费者建立关系的，这些接触点勾连起来，具有信息传播的新媒体框架特点。不同的传播主体利用多样的传播媒介传播着不同的品牌信息，使品牌信息杂芜纷乱，由此形成一定的品牌舆论，进而在一定程度上成为品牌发展的风险所在。

2. 品牌传播的新媒体框架

在数字技术和以互联网为代表的新媒体推动下，现今的传媒生态环境呈现多元媒介并存交融的态势，出现了不同于大众传播时代的新的信息传播形式及其效果，有专家称其为“在信息传播的过程中，传统的大众媒介与新媒介共同参与，信息传播的途径和效果呈现出新媒体的框架效应”。①

在新的媒体框架下，信息传播的形式和效果还是以大众传播为主流趋势，但同时也为各种非大众传播提供了充分的空间和机会，呈现出信息海量、信息共享、多角互动、拟态与现实交融、影响拓展等新的特点。品牌的风险在一定程度上基于信息传播，因此，新媒体框架变成了品牌风险形成及其管理的媒介基础。

3. 新媒体框架下的品牌风险管理

品牌是市场经济的产物。萨缪尔森认为，在经济活动中经常会出现无法用理论来把握的复杂问题。“一种困境来源于经济生活中大量的不确定性。……另外一种困境是因为经济生活中充满了讨价还价和策略选择。”② 由于经济活动所经常面临的这些困境，使得市场成为一个充满风险的场所。经济学中存在一个研究领域——不确定性经济学，其实就是风险经济学，品牌和风险如影随形。因此品牌风险是指在品牌建立和发展过程中所存在的一切危害品牌特性与形象的不确定性。

当一定的品牌信息进入到传播的新媒体框架之后，由于传播渠道的多样性，并且不同媒介信息的进入门槛不一，把关原则各异，进而对于受众所产生的传播效果也不尽相同，甚至同一个事件经由不同的渠道传播，可能会产生截然相反的效果。当信息的传播渠道和效果难以控制时，品牌风险也就由“潜在”的可能性而变为“显在”的可能性。这就使得品牌在建设和发展过程中要不断面对风险的挑战，品牌管理也就成为品牌风险管理。

具体来讲，品牌风险管理是指在品牌建设和发展过程中，对品牌资产风险进行有效的监控、预警的品牌维护和管理过程。戴维·阿克认为，“品牌资产是与品牌、品牌名称和标志相联系的，能够增加或减少企业所销售产品或提供服务的价值和（或者）顾客价值的一系列品牌资产与负债。”③ 进而阿克把品牌资产分为5类：①品牌忠诚度；②品牌知名度；③品牌认知度；④品牌联想；⑤品牌资产的其他专有权——专利权、商标、渠道关系等。品牌资产其实就是消费者所具有的品牌态度，品牌管理就是围绕这些基本的品牌资产进行有效的风险管理，其目的就是使消费者形成积极的品牌态度。

这里要区别一对概念：风险与危机。危机通常是指一定社会系统或者社会组织的核心价值观念受到严重威胁或挑战，有关信息不是很充分，事态的发展具有高度不确定性和需要迅捷决策等不利情景的汇聚。在诸多品牌管理的案例中，更多的是危害性事件发生后所采取的品牌应对策略，也就是危机管理举措。但当对这些危机事件进行分析后，往往发现正是因为存在一些品牌隐患未被发现或未被重视，进而酿成祸端。其实风险与危机存在密切的关系。

---

① 李惊雷．传媒经济的受众主体初探［J］．国外社会科学，2011（3）：113.

② ［美］保罗·萨缪尔森，威廉·诺德豪斯著．经济学［M］．萧琛，等译．北京：华夏出版社，1999：154.

③ ［美］戴维·阿克著．管理品牌资产［M］．奚卫华，董春梅，译．北京：机械工业出版社，2006：15.

危机的出现源于对风险元素的认识不足；同时，危机状态中危害性现实与不确定风险并存，如果处理不当，有可能成为下一个危机发生的根由。因此品牌风险管理具体可分为两大部分：其一是在品牌危害未产生前，识别并确认品牌发展的隐患，并进行及时的处理；其二是在品牌危机发生以后，进行有效的危机处理，减少品牌进一步发展的隐患。

品牌危机管理必不可少，但是品牌的风险管理更为重要，如果品牌风险被充分认识并且建立了相应的品牌管理预警系统，品牌危机出现的几率就会减少，而且其所造成的危害性后果也会相应降低；如若不然，则会使品牌危机不断发生，品牌发展如履薄冰。

二、新媒体框架下品牌风险的具体表现

1. 品牌传播的涟漪效应

“涟漪效应”源自美国克拉克大学决策研究所的学者们所提出的一个研究框架——“风险的社会放大”。该框架认为：“作为这个传播过程的一个关键部分，风险、风险事件以及两者的特点都通过各种各样的风险信号（形象、信号和符号）被刻画出来；这些风险信号反过来又以强化或弱化对风险及其可控性的认知方式与范围广泛的一系列心理的、社会的、制度的，或者文化的过程相互作用。”①“风险的社会放大”的一个后果便是“涟漪效应”，就像一颗石子掷入水面所激起的阵阵涟漪，“有一些事件将会制造有可能扩散到远远超出事件的最初影响、甚至可能最终影响到过去毫不相干的技术和机构的次级和再次级后果的‘涟漪’”。②

从新媒体框架的构成可以看出，现今的信息传播已突破了单一性质的媒体所具有的受众范围的局限性，使得信息能够与更多的受众接触。这一特点为品牌信息的传播提供了宽广的空间，进而形成了较为复杂的受众结构。同时品牌虽说是市场范畴中的一个概念，但是一旦与消费者接触，其所产生的作用便会远远超出市场的范畴，进入到广阔的社会领域。不同的消费者从不同的角度来消费品牌。人们对品牌的消费不仅仅只是消费具体的物质化的产品，更多的是消费行为来体现阶层区隔、标明文化态度、展示社会责任等。品牌不仅影响到人们的消费行为，并且在一定程度上影响着社会的价值观念、道德标准、文化形态等。

2008 年 8 月，对于中国奶粉行业来讲应该是难以忘却的时间点。由于三鹿奶粉所引发的三聚氰胺事件一直到现在都使得消费者对中国奶粉行业愤意难平，耿耿于怀。相关信息在新媒体框架内被充分传播，使得更多的消费者卷入了该事件中。三聚氰胺事件所引发的影响不仅仅是消费者对奶粉的消费心存恐惧，更多的是波及人们对于政府监管、行业自律、企业社会责任等方面的质疑。这些质疑使得该事件很快由一个品牌而波及整个牛奶行业，由品牌危机而演变成公共事件，由消费恐惧发展为信任危机。消费者的质疑与社会管理部门的态度通过信息传播的新媒体框架被尽可能地进行了传播，充分地体现了品牌风险的涟漪效应。

2. 品牌传播的“污名化”效应

“污名”（stigma）一词源于古希腊语，“希腊人显然擅长使用视觉教具，他们发明‘污名’（stigma）一词指代身体记号。而做这些记号是为了暴露携带人的道德地位有点不寻常

---

① ［英］尼克·皮金，［美］罗杰·E. 卡斯帕森等编著．风险的社会放大［M］．谭宏凯，译．北京：中国劳动保障出版社，2010：4.

② ［英］尼克·皮金，［美］罗杰·E. 卡斯帕森等编著．风险的社会放大［M］．谭宏凯，译．北京：中国劳动保障出版社，2010：5.

和不光彩”。① 由此可见，污名是指某人或某物表现于外的、能够通过视觉被识别出来的一些不光彩的印记。污名具有显明的符号特征，一旦具有这些外在特征，就好像被贴上了标签。这一概念沿用至今，在保留“不光彩的印记”意义的同时，又引申为“不信任或被贬低的人、地域、技术或产品的一种属性”。

而品牌的“污名化”则是指一个品牌被贴上了某种不光彩的标签。如果说“涟漪化”只是影响范围的扩大，而“污名化”则是负面效果的强力体现。无论是人或者物，一旦被“污名化”，将会带来很多的麻烦。对于品牌的发展来讲，“污名化”的后果更是严重。

在信息传播渠道多样化、信息把关多元化的传播环境中，“污名化”效应很容易产生。就网络媒介而言，近几年来社会化媒体发展迅速，网络论坛、视频网站、社交媒体、各种网络百科、博客等表达方式的出现，特别是2009年以来微博的广泛应用，使得社会个体的表达有了一定的自由空间，同时也产生了较为强大的传播效果。网络表达的成功实践在一定程度上培育了人们的表达欲望，强化了人们的表达期待，但由此“污名化”也就更容易产生了。

比如，一个消费者可以随时把其对于某品牌的消费体验通过微博传递出去，品牌的竞争对手也往往使用网络的各种形式传播负面的或者不实的信息。品牌的竞争过程往往闪烁着网络水军的身影，消费者真假莫辨。虽说微博表达的只是个人的或许是很偶然的经历，竞争对手的手段也可谓卑劣和龌龊，但信息一旦传递出去，往往成为共享的体验，并且具有很强的存在性。英国学者维克托·迈尔-舍恩伯格将这种由于互联网技术的发展而形成的“大数据时代”进一步称为“一个没有遗忘的时代”，“数字技术已经让社会丧失了遗忘的能力，取而代之的则是完善的记忆”。② 当这种体验并不是很愉快的时候，当这些信息更具有挑衅性时，品牌的“污名化”也就随之产生，并将形成长期而深刻的影响。

其实，任何品牌都有一定的标签效应，但不同的标签所引发的传播后果不同。比如盛世长城的科文·罗伯茨热衷于建立品牌的“信任标签”，也就是使品牌与消费者建立起以信任为基础的关系，为消费者提供情感归属。而“污名化”标签将会改变消费者对品牌的认知与感受，改变消费者的品牌态度，进而严重影响消费者的行为选择。同为标签，信任标签将会促进品牌的正向发展，而污名标签将会严重阻碍品牌的发展，甚至危及品牌的生存。但是，由于信息传播环境的复杂，“污名化”标签容易贴，而信任标签却相当脆弱。

3. 品牌传播的合力效应

合力本是力学中的一个概念，指力的平行四边形中交互的力相互作用之后所形成的对角线的力的方向。恩格斯曾用合力来解析社会发展前进的方向，指社会在发展的过程中，存在着多种力量，而社会发展方向却不依任何个人的意志为转移，而是由多元力量相互作用的结果。“合力”这一概念现在更多意味着多元力量的相互作用。

品牌传播的合力效应，是指消费者形成品牌态度的因素是多元的。在新媒体框架下，由于信息传播渠道的多样性，不同的渠道对于消费者而言所具有的信息传播效果具有各自的特点，进而消费者在认识品牌、分辨品牌，形成品牌认知时，一般不会受单一渠道的影响，往往是多元媒介共同作用的结果。

新媒体框架由传统媒介和新媒介构成。由于传媒体制和传播技术的影响，一般而言，传统媒介在信息传播的速度以及内容上并不具备优势，但是在信息的真实性上却具有一定的权威性。新媒介占据了信息传播速度以及个体表达的先机，但是由于信息传播门槛过低，人们

---

① ［美］欧文·戈夫曼著．污名——受损身份管理札记［M］．宋立宏，译．北京：商务印书馆，2009：1.

② ［英］维克托·迈尔-舍恩伯格著．删除：大数据取舍之道［M］．袁杰，译．杭州：浙江大学出版社，2013：9.

在接触相关信息时，并不具备完全的信任感。生活在信息传播的新媒体框架时代，人们往往穿行在各类媒介之中，一方面尽享新媒介所带来的信息传播的民主权利，另一方面又回身于传统媒介去求证信息的真假虚实。

如果说在前几年，人们对新媒体期待“信息的迅速传递和意见的充分表达”，对传统媒体是“真相求证”的话，但在今天新媒体对于社会的影响已经从对社会个体行为方式而扩展至社会管理模式。“表达与求证”相对于新旧媒体而言，已经不再是单一的期待了。较为充分的信息表达在带来海量信息的同时，也带来了鉴别和选择上的茫然与盲目：哪些信息是真实的？哪些信息是不实的？无论是新媒体还是传统媒体，都不能使消费者产生权威的信任感。这在一定程度上又产生了一个问题：信任危机。消费者往往依据以往的消费经验、自身所认同的价值观念与道德标准进行选择。

新媒体框架下消费者品牌态度的形成，便是这种合力作用的结果。由于合力作用中信任危机的存在，使得现实更难控制。品牌传播所产生的合力效应往往超出品牌的风险预测，进而使其风险性更大。

三、品牌风险的管理对策

市场充满风险，强势品牌是建立在创建、维护、加强和保护等风险管理的基础上的。在信息传播的新媒体框架下，品牌传播的涟漪化使品牌的信息具有了更广阔的传播空间，污名化则使得品牌更容易被贴上负面的标签，而合力效应则显示多样化的传播渠道、多元的传播效果让消费者陷入选择的迷雾中，进而使品牌管理更难控制。品牌传播的这些表现形式，一方面揭示了品牌风险的影响因素，另一方面也使品牌的风险管理成为必然。具体来看，品牌的风险管理要注意以下几个方面：

1. 树立品牌管理中的风险意识

品牌的概念是市场经济竞争的一个产物，市场现实复杂而多元，处处充满不确定性，品牌管理应该立足于品牌风险的基础上。比尔·盖茨有句名言：微软离破产永远只有十八个月。这不是哗众取宠或危言耸听，而是每个品牌在发展过程中随时可能遭遇危险的一种理性警示。

风险的本质属性在于一种存在于未来的不确定性。这种属性使人们以小概率的心态对待风险，总认为虽然可能会有损害性后果，但其不一定必然发生。因此，在品牌管理过程中，对“概率”的认识便演变成“侥幸心态”，在管理行为上常常表现为对一些隐患视而不见或者选择性失盲。

在品牌管理中，与风险相比，危机更容易被关注。因为危机事件是显在的，其危害性已经发生，已经演变成品牌不得不面对的事件或者状态。也正因为如此，在品牌管理的案例库中，累积的更多主题是危机管理，而不是风险管理。但当对这些案例进行进一步分析的时候，风险主题便浮现出来：有些危害性的后果本来不该发生，或者危害的程度本来可以减低。因为在事件发生之前，往往已经出现了一些端倪，只不过这些端倪却被有意或者无意忽视了。一旦条件成熟，这些原本可能只是很小的萌芽便趁势而长，进而陷入损害性的窘境。这就是风险意识缺乏的后果。

当然，品牌危机管理是“亡羊补牢”，犹未晚矣。但如果在品牌管理过程中能够时存忧患，防患于未然，则使品牌在发展过程中能够积极主动，及时发现并高度关注危险点，使品牌在市场竞争中能够占据优势良性发展。

2. 整合品牌管理中的手段和目标

整合是指将不同的部分有机地结合在一起，进而使整体具有系统的稳定性，整合的前提是这些不同的部分应该具有内在的一致性。整合的意识便是全局意识或整体意识。

在品牌发展过程中，品牌管理者往往更关注与品牌自身质量相关的风险，这种观念其实也是品牌发展的一种风险。因为虽然强势的品牌应当具有强势的质量，但是一旦品牌进入消费领域，则品牌所能引发的就不仅仅只是消费的作用，而是更广泛的社会作用，具体可以表现为品牌对消费者价值观的影响、对社会流行的影响、对社会道德观的影响等。所以，在对以往的品牌管理案例进行分析时，往往发现有一些品牌危机的根源并不在于其产品的质量，而是在品牌的传播手段上出现了问题，比如其促销手段或者广告主题触犯了社会价值、民族文化等，造成恶劣的社会影响。

因此，在进行品牌风险管理时，应当具有广阔的品牌发展视野，从社会的视角而不仅仅只是从市场的视角来看待品牌，这样在进行品牌风险管理时，只有从整体的、全面的观点出发，才能够真正发现风险，并进行有效的管理。

3. 建立系统的风险监控与预警机制

对于品牌发展而言，有些风险因素是常态的，有些风险因素会随着品牌的发展而不断变化。所以，品牌的风险管理一定要建立完善的品牌风险监控机制，随时发现问题，尽量消弭风险因素，以使品牌能够健康发展。从信息传播层面来讲，风险的监控机制可以通过品牌信息分析系统，或者是品牌舆情监测与分析系统来完成。

品牌风险来自于两个方面，一是内部风险，它是指品牌的结构风险和资产风险，主要体现为产品本身的生产和质量；二是外部风险，它是指来自于品牌生产之外的风险，包括市场环境、社会价值、政府决策、公共舆论等。在激烈的市场竞争环境中，在信息传播的新媒体框架下，品牌的这两方面风险都有可能通过传播而使品牌发展遭遇舆论的困扰。

具体来讲，在市场经济条件下，品牌形象更多的是通过消费者对品牌信息的认知而塑造起来的。在新媒体框架下，品牌可以通过各种渠道向消费者传递信息。无论消费者是通过何种渠道接触到品牌，也无论接触的渠道是一种或是多种，只要消费者接触到了品牌，就必定是存在信息的传播及其后果。所以，品牌舆论一直是品牌管理者所关注的问题。

建立品牌舆情检测与分析系统，通过各种媒介收集与品牌有关的信息并对之进行系统的分析，可以随时发现风险，准确定位风险，及时进行品牌风险预警，进而采取相应的措施有的放矢，对症下药，有效控制品牌，降低危险发生的几率。

长期以来，人们一直认为天鹅都是白色的。但在17世纪，有人在澳大利亚发现了黑天鹅。自然领域里的这种偶然发现，现今常常被用来指称一种事实，也就是世界上存在很多不确定性。这种不确定性不仅超出了人们的正常预期和规模预测，并且还给人们带来巨大的影响。市场经济条件下，一只又一只黑天鹅不断飞起。因此，品牌管理中的风险意识在逐渐加强。当然，减少品牌发展的风险，降低品牌风险带来的危害的最根本举措是加强品牌自身建设，以产品质量打造强势品牌，所谓“身正不怕影子斜”。但是，任何一个品牌的发展都是在一个激烈竞争的市场环境中、复杂多变的社会环境中进行的，各种各样的危害性因素往往不请自到，特别是在现今复杂多元的信息传播环境中。因此，建立基于新媒体框架的品牌信息监测与分析系统，确立品牌风险预警机制，用整合的思维来认识风险，发现风险点，及时应对风险，进行有效的品牌风险管理，便可使品牌健康发展，进而成为市场竞争中的强者。

【作者简介】

颜景毅，武汉大学新闻与传播学院广告学在读博士生，郑州大学新闻与传播学院广告学系主任。

论数字技术背景下电视广告生存形态的变迁

黄迎新

技术是一种自在的动力，在其推动下，媒介形态和生存环境不断发生变化，由此广告生存形态也不断发生相应变化。印刷技术带来报刊广告的繁盛，电子技术让电视广告成为主角，而数字技术让新媒体广告走到前台。本文探究数字技术对电视媒介形态产生的影响，进而讨论其对电视广告生存形态的影响。

一、数字技术作用下的电视媒介形态变迁

传播技术是凝聚在媒介中的物的手段，是实施信息传播活动的物质条件。传播技术自身有向前的动力，媒介技术主义代表保罗·利文森认为，后一种媒介技术总是在“补救”前一种媒介技术的不足，就类似“窗户”从一个大洞演变成能开合、能透光的玻璃窗户一样，后者总是在弥补前者的不足，不断完善不断进步。① 传播技术导致媒介形态的变化，例如印刷技术带来印刷媒介（书籍和报刊）的繁荣，电子技术带来电子媒介（广播和电视）进入千家万户，数字技术带来新媒体（互联网和智能手机）的兴起。从传播技术发展史角度来讲，后一种传播技术总是在弥补前一种传播技术的不足，后一种技术总是带来一个新的媒介王朝。但前一种媒介形态并没有消亡，只是从舞台主角沦为配角，新的技术引起媒介形态发生改变，也引起媒介生态发生改变。

1. 数字技术成为主导性传播技术

20 世纪中叶起数字技术开始走上历史舞台。1946 年第一台电子计算机在美国诞生，之后电子计算机不断更新换代，从电子管到晶体管，再到大规模集成电路，从巨型机到桌式机再到掌上电脑，计算机朝“轻”、“小”、“快”、“灵”的方向发展。1969 年美国军方建成阿帕网（ARPA net），20 世纪 80 年代转为民用，到 90 年代发展为 Internet（国际互联网），1998 年被联合国教科文组织确定为“第四媒体”。手机从 20 世纪 80 年代的模拟信号手机发展到 21 世纪初的 3G 手机，到 2011 年全球 3G 手机用户达到 17.25 亿人，成为“第五媒体”。除此以外，基于数字技术的新媒体工具层出不穷，如数字照相机、数字摄录机、数码录音笔、PDA、eBook、MP3、MP4、iPod、摄像头、扫描仪、DVD、光盘刻录机、PS2、XBOX 游戏机、Ipad、Iphone4、Iphone5 等。

可见，数字技术已经成为当下一种主导性传播技术，它将计算机技术、网络技术、通信技术和信息处理技术联为一体。这种技术将所有信息转化为 0 和 1 两种数值，采用二值电平逻辑对信息进行储存、运算、控制、处理和传输，使得数据、文字、声音、图形、影像等信息变得可感知、可管理和可交互。美国麻省理工学院媒体实验室的尼古拉·尼葛洛庞帝认

① ［美］保罗·利文森．软边缘：信息革命历史与未来［M］．熊澄宇，等译．北京：清华大学出版社，2002：113.

为：数字不只与计算有关，它决定我们的生存。①

2. 数字技术对电视媒介形态的改造

数字技术对电视媒介形态的改造最早是从数字技术应用层面开始的。在拍摄上采用数字摄像机、电子新闻采集系统（ENG）；在节目制作上采用虚拟演播室（VSS）、非线性编辑系统；在传输上有数字地面广播系统、数字有线电视、数字卫星电视等；在接收终端上有高清电视、等离子体电视、液晶电视、背投电视和机顶盒等数字设备。

之后，数字技术使电视频道和电视节目大大增容。由于数字压缩技术，带宽传输节目数大大增加。例如，2000 年前中央电视台只有 8 套节目，而现在“开办有 16 套开路播出的电视节目，并开通一个高清晰度电视试验播出频道。同时开办了 12 个数字电视付费频道和 28 个网络电视频道”。②

再之后，数字技术改变了电视媒介产业形态。“除了传统模拟电视外，还有数字电视、IP 电视、网络电视、手机电视、卖场电视、楼宇电视、车载移动电视、户外巨屏电视等媒介形态，广电系统、电信系统、互联网系统等打破传统界限，相互竞争，相互融合，形成百花齐放的局面”。③

数字技术对电视媒介形态的改造，遵循由易到难、由浅到深、由边缘到中心的逻辑路径。

二、数字技术作用下电视广告表现形态的变迁

电视媒介形态的变化，导致传统电视表现广告形式的日益衰落。2008 年 4 月，美国福特斯公司联合 ANA（美国广告主协会）调查了全美 78 家广告投放在 150 亿美元以上的广告主，62% 的广告主认为由于 VOD 和 DVR 的出现，电视广告的效果越来越不理想。④

1. 数字技术让电视用户能够轻易“跳过”广告

美国电视广告效果下降的主要原因来自于数字技术的冲击。众多公司发明了各种数字点播系统，电视用户借此装置能够轻易“跳过”广告。

一种数字设备是 VOD（Video On Demand，随选视讯系统）。该设备帮助电视用户将各种视讯资料储存在资料库中，电视用户可以根据自己的爱好随选随看，实现点播、快进、时移、存储等多种功能，因此可以轻松“跳过”广告。

另一种设备是 DVR（Digital Video Recorders，数字录像机）。通过该装置电视用户可以自动录取自己喜爱的电视节目并根据自己需要任意时间段播放，美国目前有 1300 万家庭安装了 DVR，包括 17% 的闭路电视用户和 19% 的卫星电视用户，据统计，60% 的 DVR 用户录下非同步电视节目，并“跳过”92% 的商业电视广告。

2012 年以来又出现了一些新的数字设备。美国卫星电视运营商 Dish Network 公司发明了一种多功能数字录像机 Hopper，可以轻松地让四大电视网络用户在黄金时段“跳过”商业广告。苹果公司发明了能在两种媒体源中自动切换的机顶盒，当用户不想看广告时，可自动

① ［美］尼葛洛庞帝．数字化生存［M］．胡冰，范海燕，译．海口：海南出版社，1997：封面语．

② 中央电视台概况［EB/OL］．http：//cctvenchiridion. cctv. com/20090617/113152. shtml，［2009-06-17］．

③ 黄迎新．数字时代的中国电视产业研究［M］．厦门：厦门大学出版社，2012：前言．

④ James L. McQuivey. Advertisers See A TV+Web Future［EB/OL］．http：//www. forrester. com/search?Nty=1&Ntx=mode+MatchAll&range=504005&Ntk=MainSearch&N=0+10001&access=0&tmtxt=+Peter+Kim#/Advertisers+See+A+TVWeb+Future/quickscan/-/E-RES45463.

“跳过”所有广告。微软公司也申请了新专利，命名为“基于操控的内容定价（Control-based Content Pricing)”系统，通过电视遥控器“跳过”广告。

2. 电视广告表现形式的创新

在数字技术冲击下，传统电视广告开始衰落，但由于消费者对营销信息需求依然旺盛，电视作为一种有效的信息传播渠道依然畅通，因此在数字时代，电视广告依然是电视网、电视台和所有视频产业的支柱。只不过电视广告表现形式发生调适性变化，呈现出以下三个特点：

（1）电视广告从“模块式”走向“碎片式”

在传统电视时代，电视广告是以“模块”形式“抱团”出现，一般是在两档节目之间有一个广告时间，连续插播若干条广告，以中央1套为例，在新闻联播之后、天气预报之前集中投放了10多个7.5秒广告；在19：55至8：05的“黄金档剧场”之前投放了10多个30秒广告。过去，当广告时间来临时，很多观众要么起身上洗手间，要么用遥控器换台。但在数字电视时代，电视用户通过数字装备能够轻松“跳过”这些广告模块，导致广告效果大减。

在数字电视时代，电视广告没有消失，但发生了表现形态的改变。“模块式”的电视广告被电视用户忽略，于是“碎片式”电视广告走到前台。“碎片”（fragmentation），本是后现代术语，后被社会学、传播学借用，指的是事物的多元分裂。电视广告的“碎片化”，是指模块式的电视广告分裂成众多短小零星的广告，分散地镶嵌在节目中。主要表现形式有：①节目预告式广告，例如“美的空调提醒您，接下来节目是……”；②冠名式广告，类似“蒙牛酸酸乳超级女声”、“加多宝中国好声音”之类；③鸣谢式广告，附着在一个节目最后，以滚动字幕形式鸣谢一系列企业或品牌；④赞助式广告，由赞助商提供资金或物品赞助一档节目，包括主持人服装、节目互动环节的奖品、参与节目嘉宾奖金等，电视节目中出现字幕或主持人口头播报。

这些广告形式不再是30秒或45秒广告，往往与节目结合在一起，电视用户在收看节目时无法“跳过”这些广告，因此受到广告主的欢迎。

（2）电视广告从“叫卖式”走向“数据式”

碎片式广告形式比较适合知名度较高的成熟品牌，但对于处于开发期和成长期的品牌来讲，这类广告形式由于没有更多的信息量，因此并不适合。传统的30秒或45秒广告，能够容纳一定信息量，因此成为广告主首选的广告形式。这些30秒或45秒广告，采用“王婆卖瓜”的“叫卖”方式将信息“推”(push)给观众。但由于数字设备将这样的广告“跳过”，需要有新的广告形式为开发期和成长期的品牌进行信息传播。

英国于2004年开通了一个专门存放广告的广告专业频道，广告按照不同主题分类存放，电视用户可以根据需要点击收看想看的广告。未来将出现更多的“电视广告频道”，或称为“全广告频道”，其实质是一个电视广告数据库，分门别类地将所有的电视广告存放在一起，例如可以按照广告主角分成明星广告、美女广告、动物广告、婴儿广告等；或者按照产品类别分成房地产广告、汽车广告、手表广告、化妆品广告等。电视用户可在数字设备上输入“关键词”，“拉”（pull）出自己想看的电视广告。例如，想了解“宝马”汽车，可以输入“宝马”二字，所有的“宝马”汽车广告就会罗列出来，继续点击就可以收看自己想看的电视广告。

数字技术让海量信息储存和海量信息传播成为可能。在海量信息面前，消费者更喜欢主动“拉”（pull）出自己想要的信息。“传统大众传播模式是‘推’模式，即发送者把信息推给接受者，而互联网模式是一种‘拉’模式，即接受者只拉出他或她所需要的信息。”① 数据式电视广告能够向消费者提供丰富的信息，帮助消费者主动搜集信息，对于处于开发期和成长期的品牌有很好的广告价值。

（3）电视广告从“单屏式”走向“多屏式”

传统模拟信号的电视时代，电视广告播放终端就是家用电视机。典型的收看方式就是一家人围坐在电视机前，一边看电视一边聊天。而在数字技术时代，这种收视方式发生改变，年轻人更多地是通过网络在电脑和手机终端上收看电视节目，而且可以对电视节目在线下载、转发、推荐、点评和改编等。

电视广告突破了家庭客厅的限制，走向更广阔的空间。除了电视机屏幕外，桌式电脑屏、手提电脑屏、掌上电脑屏（PDA）、公交移动电视屏、楼宇液晶屏、户外 LED 屏、Ipad 屏、mp4 屏、智能手机屏、导航仪屏（GPS）等可以成为电视广告的播放终端。电视广告的“多屏式”发展，为电视产业的壮大创造了条件，也为广告产业的发展提供了新的机遇。

电视广告从“单屏式”走向“多屏式”，拓展了电视广告生存空间，降低了电视广告的发布门槛，出现“一次创意，多种发布”的传播效果，大大提高了电视广告的到达率和受众人数。当然，由于不同类型的屏幕在尺寸大小、技术要求、清晰度和受众环境等方面各不相同，在创作电视广告时应该根据屏幕的不同特点有的放矢。例如，手机屏幕面积小且容量有限，因此应当制作画面清晰、短小精悍的广告。户外 LED 屏幕面积大，但一般处于嘈杂的街头，因此在创作广告时应当注意多采用简单的创意、干净的画面以及配以字幕的方式来传达信息。

三、数字技术作用下电视广告创意形态的变迁

数字技术引起电视广告媒介形态和表现形态的变化，必然要求电视广告在创意表现上发生新的变化。

1. 从“广告作品创意”到“广告-内容一体化创意”

传统电视时代的广告创意是作品创意，广告往往由广告公司创意，制作成 30 秒或 45 秒的广告作品，并在电视节目的间歇中插播。

传统电视广告创意一般是由广告创意人员在对市场、产品、消费者了解的基础上，根据广告客户的营销目标，创作出广告作品，无需考虑电视节目内容、观众对象和投放渠道的特点。而数字技术使电视广告朝“碎片化”、“数据化”和“多屏化”方向发展，导致广告创作者必须关注广告信息与节目内容的结合，形成新的创意趋势——“广告-内容一体化创意”。

（1）广告嵌入内容中

“广告-内容一体化创意”的一种常见形式是植入式广告（Product Placement），该方法是将品牌或产品嵌入到影视剧或电视节目中，近些年来该方法在国内外盛行，一般采用场景植入、道具植入、剧情植入、台词植入等手法将若干个品牌或产品嵌入到影视剧或者节目中，例如电视剧《金婚风雨情》中就用到以上手法将“金龙鱼油”反复植入，引起观众的不满。用“冠名”、“节目奖品”等方式将品牌或产品嵌入到节目内容中，也是近年来广告

---

① ［美］约瑟夫·R. 多米尼克. 大众传播动力学——数字时代的媒介（第 7 版）［M］. 蔡骐，译. 北京：中国人民大学出版社，2004：27.

主热衷的方式，例如2012年浙江电视台的选秀节目《中国好声音》，主持人用47秒钟快速念出350个字，共包含14个品牌名称，像“加多宝”、“启力”、“洁利雅”、“苏宁易购”各提及3次，“娃哈哈”提及2次，“上海新锦江”、“新浪”、“腾讯”、“百度”、“优酷”、“搜狐”、“爱奇艺”、“土豆”、“网易”各提及1次。

广告嵌入内容中，能够避免广告被“跳过”的尴尬结果，但是这类广告创意应注意两点：其一，要避免广告的生硬植入，也就是说，广告创意一定要研究内容的风格、观众对象特点，使品牌或产品自然地嵌入内容，保证电视内容的完整性和艺术性；其二，要避免广告的过度植入，在植入品牌数量、植入时间长度上要适度，不要让观众产生“在广告中插播电视剧或电视节目”的印象，否则无法达到广告效果。

(2) 广告即内容，内容即广告

传统电视时代，广告与电视内容是泾渭分明、严格分开的。但数字电视时代，二者界限越来越模糊，出现了“你中有我、我中有你”的局面。最典型的创意表现形式是定制剧和微电影。

定制剧（Custom series）是企业与影视剧制作公司合作，为企业品牌量身定制的影视剧或动画片。1996年上映的212集动画片《海尔兄弟》，可以被看作是我国最早的定制剧。该剧由北京红叶电脑动画公司和海尔集团联合投资6000余万元打造，讲述一对由智慧老人所创造的海尔兄弟，为解决人类面临的灾难，从太平洋穿越北南美、南极、澳洲、非洲、欧洲、亚洲，最后回到他们的诞生地太平洋的神奇历险故事。近几年来，越来越多的企业或机构采用定制剧来进行宣传，例如，联合利华为旗下品牌“清扬”量身打造《无懈可击》系列电视剧，宝洁为“飘柔”打造电视剧《丝丝心动》，海尔以张瑞敏为原型打造电视剧《首席执行官》，“吉利”汽车以企业奋斗历程为原型创作电视剧《岁月风云》，都是典型的定制剧。

另一种将广告与内容融合在一起的方式是微电影（Micro film）。与定制剧相比，微电影耗资少、拍摄周期短、投放渠道多，因此近年来受到广大企业的欢迎。例如，2003年宝马公司在全球请来8位著名导演，各拍摄一部网络电影短片，每片时长不超过10分钟，围绕一个完整的小故事展开，男主角驾驶宝马车成功完成任务，影片或惊险、或神奇、或幽默，但都展示了宝马车良好的性能，影片受到网民的热烈欢迎和转发，被称为“堪比好莱坞大片”。与此类似，2010年中国电影集团联手优酷网共同出品《11度青春》系列短片，围绕“我奋斗我表现”的主题，讲述了新一代年轻人奋斗与拼搏的故事。该系列短片由11位新锐导演执导，雪佛兰科鲁兹赞助，短片上线后，迅速得到网民的认可，一个月时间播放量突破3000万人次。

定制剧和微电影追求广告与艺术的有机结合，艺术性是其生命力的根本保障，但由于有企业的投资参与，商业回报也成为衡量其成功与否的标准。因此，最佳的创意是广告与内容完美结合，而要达到这种境界需要广告人与制片人的通力合作。

2. 从“精英创意”到“草根创意”

传统电视广告创意是专业创意人员根据广告客户的营销目标，通过艰苦的脑力工作创作出电视广告作品的过程，这个创意过程是少数专业人士的“专利”，属于“精英创意”。

随着数字技术的日益普及，传播技术壁垒越来越低，影视广告的拍摄、剪辑、配音、字幕、特技等技术手段，很容易为普通人掌握。而且随着发布渠道的多屏化，发布门槛越来越低。这使得电视广告的制作门槛降低，电视广告进入“大众狂欢”时期。

(1) 广泛参与的“草根创意”

据第30次CNNIC调查统计，截至2012年6月，我国网民人数达到5.38亿人，互联网普及率接近40%。其中手机网民达到3.88亿人。互联网视频用户达3.5亿人，网民视频使用率达65.1%。手机端视频用户超过1亿人，占手机网民的27.7%。① 网络和手机的普及为普通消费者主动参与内容生产提供了群众基础，近几年来，互联网领域的“UGC”（User Generated Content，用户生成内容）、“CGM”（Consumer-generated Media，消费者自建媒体）等概念的提出，以及类似YouTube、MySpace之类的社交网站、视频分享网站、播客网站的兴起，都为“草根”广泛参与电视广告创意奠定了基础。

2003年日本电通广告公司提出新媒体时代的广告模式——AISAS模式，该模式认为广告发生效果的五步骤是：Attention（注意）、Interest（兴趣）、Search（搜索）、Action（行动）、Share（分享）。该模式与传统AIDMA模式最大的不同在于增添了消费者的主动性，包括主动搜索（Search）和主动分享（Share）。该模式揭示：“草根”可以自己策划、拍摄、制作和上传广告作品，同时吸引更多的网民参与讨论、点评和转发。2011年戛纳广告节户外类型金奖授予日本影视广告“九州新干线广告”，该广告创意很简单，就是当九州新干线全线开通时，由网民用摄像机或手机将铁路沿线人们向列车欢呼、招手的镜头拍摄下来，组接在一起，向世界表露出日本大地震之后的勇气与信心。

（2）娱乐众生的“草根创意”

数字技术消弭了传受双方的绝对界限，使普通大众能够参与到广告创意中来。麦克唐纳说：“大众文化的花招很简单——就是尽一切办法让大伙高兴。”② 于是，娱乐成为新媒体的主要内容，反讽、变异、重组、夸张成为广告创意的主要方式。2005年底，胡戈将电影《无极》进行解构，重新剪辑配音成20分钟的网络短片《一个馒头引发的血案》，该片一经问世，迅速走红，不到10天时间相关搜索网页超过100万。有意思的是，胡戈在此短片中创作了两条广告：“满神”牌啫喱水、“逃命”牌运动鞋，广告虽纯属“胡搞”，也确实体现了“草根创意”的娱乐精神。近几年来，微电影受到越来越多企业的青睐，固然与该广告形式的小成本有关，也与该广告创意形式的强娱乐性有关。数字技术让大众文化的角色功能从意识形态的话语中心过渡到文化生产的多元化、主流文化的大众化和精英文化的边缘化，娱乐成为一种新的话语中心，一种新的广告创意范式。

【作者简介】

黄迎新，博士，中南民族大学文学与新闻传播学院副院长，主要研究方向为广告、媒介经营。

① 第30次中国互联网发展状况统计报告［EB/OL］. 中国互联网络信息中心，http://www.cnnic.net.cn/hlwfzyj/hlwxzbg/hlwtjbg/201207/t20120723_32497.htm.

② ［美］丹尼尔·贝尔. 资本主义文化矛盾［M］. 赵一凡，等译. 北京：三联书店，1989：91.

2006—2011年中国传媒经济研究回顾

谢伍瑛

一、近六年的研究内容

1. 传媒经济基础理论的探讨

（1）学科本身的检视。自从20世纪90年代以来，新闻传播学专业学术期刊纷纷开设了与传媒经济有关的栏目，先后有多部传媒经济学著作问世，从多层面展开对媒介经济的研究。2004年以来，学术期刊的论文就传媒经济研究的某些基本理论问题展开讨论，我国研究人员讨论重点在于传媒经济研究的学科归属问题以及研究范畴，研究进路等问题。但到了2006年以后，关于学科本身的检视文章逐步减少。

2006年对媒介经济、传媒经济等概念的辨析文章明显减少，研究者转而审视更为细致的研究主题上的中外差异。邵培仁、张洁对世界著名的《媒介经济学刊》杂志1994—2004年刊发的169篇论文进行全面分析，区分了媒介经济研究中西方经济学、政治经济学、管理学、传播学的研究进路，并对媒介经济学的未来发展作了预测①。2007年学者们开始探讨学科的分析框架和研究视角。有研究者认为除了微观经济学和产业经济学范畴，传媒行业的经济性质、政府政策、市场、政治与公共利益的关系等方面也应进入这一研究领域。陈力丹在《社会资本：理解媒介经济的新视角》一文提议从社会资本的视角来把经济学与传播学整合成媒介经济学的一个通路。2008年对传媒经济学学科自身检视主要是以反思和总结的研究视角。顾永波、殷晓蓉在《略论当前中国传媒经济研究存在的几个问题》一文中指出目前的传媒经济学研究依然存在学科归属不清、研究进路不确定、传媒经济本质存在争议等问题。2009年以后关于传媒经济学科本身的检视文章更加少。研究的重点逐渐转移到中国传媒市场发展现状，和新媒体对传统媒体的影响和冲击等。

（2）对媒介产品属性与功能的分析。传媒产品因其高智力的活动和对社会的广泛影响而具有多重属性。2006年在传媒产品是否是公共物品这一点上，有两种不同的观点。张辉锋在《传媒业的内容产品是否是公共品?》一文中提出：在公共品概念体系里，凡是传媒业销售的内容产品都是准公共品；在实践中，传媒业内容产品由于受体制的影响，会以公共品的形式被提供；传媒业内容产品的公共品或准公共品属性，会随着其所在国家与地区传媒体制以及技术的变化发生变化。肖赞军则持相反的观点，他认为广播电视业的内容产品是准公共产品，而纸质媒体的内容产品属于私人产品；技术进步可以改变传媒业内容产品的属性，但体制并不影响其属性。方林佑、李松龄从效用的角度出发，认为传媒产品的生产过程是信息资源改变效用和扩大效用的过程。

2007年对传媒产品的认识较为多元化，周笑提出了大众传媒除了生产内容产品还同时

---

① 喻国明，王斌．现实困顿之下的理性起步——2006年我国传媒经济学研究概述［J］．国际新闻界，2007（1）．

生产时间产品，而时间产品正是传媒经济最基本的价值通货。2008 年媒介产品的价值理解有了新的视角。喻国明在《产品为王：传媒业竞争的新主旋律》一文将传媒产品和内容产品区别开来，指出传媒产品远大于内容产品，极大延展了传媒产品的外延，提出传媒产品包括载体、资讯、规则三要素，该观点对新媒体冲击下的传媒产业竞争提供了全新的视角。丁汉青在《论媒介产品性质的动态变化》认为媒介产品是由媒介组织生产并提供给阅听人的内容与物质载体的统一体，其性质会随着具体条件的变化而呈现动态，技术、规制与商业模式之选择是影响媒介产品性质变化的三个关键因素。①

还有学者参照营销大师科特勒的产品层次论将报纸产品分为核心产品层、形式产品层和附加产品层三个层次，并认为形式产品层日益成为报纸产品更新的着力点和突破口。也有人将传媒产品上升到文化产品的层面探讨，提出日常性占用是传媒时代文化产品消费的基本方式。

（3）对传媒经济本质的探讨。关于传媒经济实质这一命题，1997 年高尔德哈伯提出传媒经济是“注意力经济”，2003 年喻国明提出传媒经济是“影响力经济”，2005 年吴信训提出“舆论经济”，之后有人提出“体验经济”、“平台经济”、“权力经济”、“传媒经济的实质是社会资本与经济资本之间的转化”，“感化力”等。2008 年周韵对三种热点理论——注意力经济论、影响力经济论与舆论经济论进行了梳理，认为影响力经济是注意力经济的一种延伸，媒体影响力扩大后，媒体希望能从更高层次来指导受众行为、影响社会发展因而产生了舆论经济理论，并指出三者虽都有缺陷，但三种理论可以多元共存。2010 年，谭天提出意义是传媒产品的本质和价值所在，传媒经济就是一种意义经济。传媒经济包括“意义消费、意义影响、意义服务”。意义消费与注意力经济相对应，意义影响与影响力经济相对应。

2. 传媒市场的研究

（1）关于媒体赢利模式的研究。近几年关于媒体盈利模式的研究已经逐渐成为研究的热点，也有不少成果。其中以论文居多，研究的内容主要有三种类型：一是分析数字化背景下传统媒体盈利模式的创新，二是分析某一具体的新媒体的盈利模式，研究的最多就是淘宝网的盈利模式分析。三是分析某一类型的新媒体的盈利模式，有对商业网站的盈利模式探索，视频网站的盈利模式分析，SNS 网站的盈利模式，电子商务类网站的盈利模式，户外新媒体的盈利模式进行分析。其中以电子商务类网站、视频分享网站和 SNS 网站的盈利模式分析居多。

（2）传媒资本运营的研究。2008 年度有许多研究关注传媒上市，研究主要集中在上市的利弊、整体上市和剥离上市的利弊、关联交易、传媒无形资产等议题上。喻国明通过利弊和风险分析，为传媒机构提供了一个上市选择的目标与风险的谱系，希望传媒机构在选择上市的操作上更加理性和成熟，向长富则比较了 IP 0 上市与借壳上市的利弊，建议媒介组织要见机行事，根据传媒组织自身的条件选择上市方式，用两条腿走路。有研究总结了传媒企业上市融资扩张的四种主要路径。还有研究者探讨了报业上市后舆论控制的问题，建议通过金融工具和制度安排来保证国有资产对上市报业的实际控制权，并在此基础上，允许整体上市。②

（3）传媒核心竞争力的研究。有学者根据波士顿矩阵与 SWOT 分析等理论提出了衡量

① 喻国明，王斌．现实困顿之下的理性起步——2006 年我国传媒经济学研究概述［J］．国际新闻界，2007（1）．

② 喻国明，李彪．发展之困与“突围”之道——2008 年我国传媒经济学研究概述［J］．国际新闻界，2009（1）．

媒介竞争力的基本方法。喻国明认为大媒体时代的竞争力应具化为用不同的运营模式占有不同的市场“相位”、用生产方式和资源布局的改变来赢得产品效能的差异化、在新的“语法”规则体系的激励下成功地实现内容创新、形式创新和市场创新。有学者从传媒集团的角度，提出传媒家是传媒集团核心竞争力之所系，但也指出目前中国缺乏传媒家成长所需要的环境；还有人从企业组织的角度，认为构建传媒企业核心竞争力，传媒企业制度创新是保证，“传媒职业经理人”精神塑造是关键，学习型动态网络组织的建立有利于提升核心竞争力。

（4）对媒体市场结构及其变化的分析。2006 年的研究的焦点是各种新形态媒介与传统媒体的竞争关系。手机电视和网络电视是讨论的热点。2007 年度对各类媒体竞争格局的研究主要集中在对新旧媒体之争的进一步分析以及对报网互动模式的深入讨论。在对新媒体的认识上，有人提出长尾现象、领结理论等新媒体定律昭示了互联网对媒介产业的影响，即在于其强大的信息发布和处理技术，为媒介产业进入高位运行或者说虚拟运行时代提供了技术可能。2008 年度对各类媒体竞争格局的研究更加广泛，尤其关注对媒介形态个案的研究，有相当多的研究关注各类具体媒介形态的市场结构。2009 年关于传媒市场结构的探讨，肖赞军指出电信、广播电视和出版业之间可以相互进入，未来传媒市场垄断和竞争共生，会形成一个新的市场结构——竞争性垄断市场。黄升民等学者则引入平台理论，分析在“三网融合”的过程中，广电系统和电信系统的竞争将是基于平台的竞争。2010 年关于传媒市场的研究，主要集中在报业、电视版权市场、数字出版等话题。

3. 传媒产业的研究

2006 年关于产业结构的研究重点体现在两个方面：一是对产业关联的全面展开，二是对产业布局和产业集群的初步探讨。产业关联方面，2007 年集中出现了对媒体业与宏观经济的关系探讨的文章。人大的研究团队从传媒业对国民经济的依附性、传媒与社会发展的嵌入性出发，提出了“中国传媒发展指数”并进行了初步测量。张伟提出关联度的概念，产业集群方面，王斌认为随着传播技术引发的媒介融合以及传媒组织与其他创意产业部门的渗透，传媒产业也出现了集群的空间形态，媒介组织及其伴生的创意组织在大城市及周边地区的集群现象越来越显著，媒介产业在地理上的集散运动与所在地域的发展态势密切相关，提出了嵌入性概念，认为嵌入性可以解释媒体发展与区域经济的关系——媒介作为有能动性的地理存在单元，其与物理空间及虚拟空间互动演化极大地影响着一地的创新氛围、知识流动、社会网络等方面。①

产业融合方面，彭兰认为非传媒产业从技术渗透为先导，逐渐与传媒业融合，这将是无法回避的事实。媒介融合时代，传媒业迎接的不仅是内部的重组或媒体间的整合，还有多个产业间的震荡性调整。2009 年关于媒介融合的话题聚焦在业界的“全媒体运作”。学界和业界媒介融合的两个样本——烟台传媒集团和成都传媒集团的改革理念及其全媒体流程操作关注较多。2010 年度，对媒介融合与三网融合的反思性研究提出了“平台竞争”与“媒·信产业”等新的视角和概念。

2011 年度的中国传媒经济市场结构研究得到了几个大相径庭的结论。② 经济学者应用 SCP 范式，以量化方法对我国传媒产业的市场结构指标与产业绩效进行了相关性分析。王积龙对全球报业发展变局进行数据分析后认为：新媒体拉动报业变局效果较为有限，世界报业

---

① 喻国明，李彪．发展之困与“突围”之道——2008 年我国传媒经济学研究概述［J］．国际新闻界，2009（1）．

② 喻国明，宋美杰．传媒经济研究的热点、局限与未来期待——2011 年传媒经济研究综述［J］．国际新闻界，2012（1）．

各要素并无大幅衰减，大变局尚需时日。但广电、报业等媒体的产业融合使传媒业的市场结构和策略发生了改变。媒介融合的市场环境中，即便传媒业存在政策性的进入壁垒，拥有“特权”的垄断企业也会因融合所带来的产业外（或产业内）的替代产品而更多地采取竞争行为。

4. 传媒规制的研究

2006 年对传媒规制的研究集中在以制度经济学的视角分析现有的制度及其变迁过程，较重要的文章有对中国报业的制度变迁进行的“财政成本拉动型”和“市场利益推动型”“两阶段论”基本理论框架，对传媒产业制度的路径依赖的分析，对产业规制变革的设计，以及对西方传媒规制的介绍等。① 2007 年产业政策的研究从国内现状和国际经验两方面展开。对国际经验的研究涉及媒介融合政策、内容促进政策、电信法的政策预期与实效之反差等。2008 年对产业政策及规则的思考主要从两个角度，一个是历史的梳理和现状的检视新闻改革 30 年，二是数字时代新规制的探讨。2009 年关于传媒规制的研究成果主要集中在对媒介融合规制、广播电视公商二元体制和制播分离的探讨上。朱春阳对媒介融合规制的中国面向与核心议题进行了研究与反思。有学者对英、法、美等国广播电视公商二元体制改革研究的基础上，指出当今世界各国越来越放松对公共媒体和商业媒体的结构性规制，积极调整对广播电视媒体的市场行为的规制。②

2010 年传媒规制随媒介技术、时代主题而不断变化。陈力丹在《谈谈网络管理的几个基本理念》中指出，网络时代的管理（规制）发生了系列转变：从“新闻、旧闻、不闻”的理念转变到“信息公开”的理念，从“全能政府”的理念转变到“有限政府”的理念等。喻国明认为，我国媒介规制还存在若干问题，如机构设置不合理、不透明、缺乏常规化、媒介寻租现象严重，需要对我国现行的媒介规制进行全面深刻的改革。

产业规制作为一种制度安排，其政策的设计、调整和执行过程在传媒业体制改革的大背景下会深刻影响中国传媒经济的发展路径。齐爱军系统的归纳与阐述了改革的理论支点，梳理并总结了国内外理论界新闻改革的三种动力机制的解释范式：以李良荣为代表的观念引导说；李金铨、赵月枝主导的政经博弈说；潘忠党为代表的边缘突破说。李兆丰从政策出发点及利益相关者角度重新还原和解读了 2008 年以来启动的制播分离改革。

二、研究方法

研究方法目前逐步完善，相较 2006 年以前，规范性的学术研究更多。

1. 定性研究为主，重视个案分析和调查研究

2010 年年度的传媒经济实证研究中，定性研究数量是定量研究的 2.7 倍。有学者曾通过内容分析法对比了中国与美国的新闻传播学研究方法，研究结果是“与美国相反，中国的新闻传播学研究方法中定性研究方法处于绝对主导地位（80.8%）而定量研究很少（15.6%）”。③ 在定性研究方面，传媒经济以个案研究法、文献分析法为主，在定量研究方面，传媒经济以调查法、内容分析法为主，此外也有部分研究引入了模型分析。传媒经济研

① 喻国明，王斌．现实困顿之下的理性起步——2006 年我国传媒经济学研究概述［J］．国际新闻界，2007（1）．

② 刘建新，强月新．2009 年中国内地传媒经济研究概述——基于四种新闻传播类核心期刊的分析［M］//中国媒体发展研究报告（2010 年媒体卷），武汉大学出版社，2010.

③ 喻国明．2010 年中国传媒学界关注了什么［J］．新闻与写作，2011（2）．

究注重于大量实际数据的收集，研究难度与研究投入较大，但在定量研究的数据处理方面，仍以简单的频数、描述统计为主，数据的深入挖掘和解析有待提高。

2. 产业经济学、微观经济学视角占主流，技术成为关注焦点

经济学理论是研究传媒经济问题的基础理论，较常用的研究视角包括微观经济学、宏观经济学、产业经济学、制度经济学和政治经济学。经济、技术、制度是影响传媒经济发展的重要力量，涉及宏观环境对传媒业影响的论文近几年较多。数字化、三网融合、电子书、微博等新的媒介技术和形式的爆发使技术成为对传媒经济研究涉及最多的宏观领域，整体的经济形势和政府规制也是近几年研究者在研究中涉及的重要因素，而传媒经济对社会因素关注不多。①

三、近三年的研究热点与研究趋势

2009 年中国传媒经济研究对于传媒市场发展现状的研究比例最大（66.8%），我国当前的传媒经济研究具有相当强烈的实践和应用导向；新技术对传媒业的冲击和促进成为学者关注的焦点之一（24.9%）。技术进步是传媒产业发展中最具革命性、带动性因素。技术进步与技术革命将会带动传媒产业自身规律和市场机制方面的改变，从而影响传媒体制的跟进。②

2010 年出版业、传媒产业和传媒市场成为学术界热议的话题。2010 年度传媒经济研究的媒体热点是微博客，关于媒介产业的研究热点是媒介融合，广告方面的研究热点是植入广告。另外关于媒介规制与体制、新媒体对传统媒体的冲击及传统媒体的转型研究等传统仍旧是传媒经济研究者持续关注的话题。

2011 年宏观格局和发展策略研究多于微观要素及操作研究。新媒体研究的热度居高不下，“融合”研究大大多于“竞争”性研究。在“竞争—合作”的研究中，研究重心已经向“合竞”的方向倾斜。③ 报业的研究成果远大于广播电视业的研究成果。

四、研究中存在的问题及不足之处

1. 部分结论只是有感而发，缺乏严密的推理

传媒经济研究过程中感性的内容太多，通过运用数理逻辑及经济学的理论构建传媒经济模型的成果太少，媒介经济研究的理论性不够强。很多人预言都是建立在个人的经验判断和臆测上，没有经过科学严密的逻辑推理。科学的预言是不能建立在个人威望和感性之上的，它是需要用数学逻辑推理、用事实说话的。媒介经济研究表面化，大多数媒体经济研究过多地描述某个集团的发展状况，很少将各个集团的发展进行横向与纵向比较，很少将各个媒体集团的发展同其生长的国内外社会环境比较，并上升到总结其规律的高度上加以深化。

2. 媒介经济研究大部分以描述性、阐释性研究为主，预测性成果较少

当前媒介经济的研究中反映媒介经济现象产生的原因及其不同现象之间关系的成果较

① 董天策，昌道励．中美新闻传播学研究方法比较——以 2000—2009 年《新闻与传播研究》和 *Journal of Lommunication* 为例［J］．西南民族大学学报（人文社科版），2010（7）．

② 喻国明，路建楠．当前我国传媒经济研究的特点与问题［J］．新闻与写作，2009（8）．

③ 喻国明，宋美杰．传媒经济研究的热点、局限与未来期待——2011 年传媒经济研究综述［J］．国际新闻界，2012（1）．

多，而通过分析各种媒介现象之间的相互关系、因果关系进而达到检验理论或构建理论的成果太少。构建传媒经济理论模型有助于我们对影响经济发展的各个变量进行不同的分析，通过分析各个变量之间的关系可帮助我们分析现象的各个因子构成和预测传媒经济现象。通过分析的结果，可以找出传媒经济现象存在及其存在环境的不足与有利条件，有助于人们更好地解释、分析、预测媒体经济运行的规律，制订媒体运营策略。通过媒介经济理论模型的构建可以让决策者对决策过程中出现问题的分析更加全面和深入。这样解释性理论就变成了预测性理论、能动性理论。目前学界的研究还达不到这样的高度，因而理论研究还不能真正指导实践。

3. 研究方法需进一步规范，思辨研究、定性研究、个案研究

长期以来，部分研究者对定性研究认识不清，认为非定量即定性，误以为对某一现象有感而发加上几个经典理论、对某传媒机构经验总结加上一两个案例就可以称之为定性研究。此类成果的说服力易受质疑。真正的定性研究必须进行深入、长期、细致的体验调查和分析，从而对事物有一个比较全面深刻的认识。此外，研究者对于“个案研究”的理解存在偏差，个案并非仅仅是列举某传媒集团、某电视栏目的成功经验，还需要深入表象之下，体现出抽象理论的过程性。

概言之，随着传媒实践的发展，我国传媒经济研究无论是研究的深度还是广度都比过去有了较大提升。但我们更应看到，处于中国急剧变动的伟大传媒实践的传媒研究原本是可以产生更加丰硕的学术成果的，但目前传媒经济学研究整体上还处在基于经验判断的低层次水平上，片面追求现象性的热点问题，议题过于狭窄，而学科在研究规范、研究范式等基础研究上的匮乏，具有国际水准的研究成果尚未产生等。因此，中国传媒经济学人应以更加开阔的视野、更加前沿的关照和更加扎实的研究来面对我们这个注定要产生伟大理论的实践。

【参考文献】

[1] 邵培仁，张洁．全球媒介经济学的生态状况与发展趋势［J］．杭州师范学院学报（社会科学版），2006（2）．
[2] 周笑．时间产品：传媒经济学的价值基点［J］．社会科学，2007（1）．
[3] 喻国明．产品为王：传媒业竞争的新主旋律［J］．当代传播，2008（2）．
[4] 喻国明．关于传媒影响力的诠释———对传媒产业本质的一种探讨［J］．国际新闻界，2003（2 ）．
[5] 谭天．传媒经济的本质是意义经济［J］．国际新闻界，2010（7）．
[6] 喻国明，张苗佳．传媒上市的利弊谱系——传媒上市的利弊分析与风险评估［J］．新闻与写作，2008（7）．
[7] 肖赞军．产业融合进程中传媒业市场结构的嬗变［J］．新闻大学，2009（3）．
[8] 刘洁．中国媒介产业布局与产业区域联合［J］．现代传播，2006（3）．
[9] 喻国明，王斌．规制与突破：传媒产业布局的演变路径［J］．新闻与写作，2007（4）．
[10] 中国传媒发展指数课题组．中国传媒发展指数报告［J］．国际新闻界，2007（12）．
[11] 彭兰．融合趋势下的传媒变局［J］．新闻战线，2008（7）．
[12] 乔珍，李华敏．基于SCP范式的中国传媒产业分析［J］．西安财经学院学报，2011（1）．
[13] 陶喜红．中国期刊产业市场结构的特征［J］．国际新闻界，2011（3）．
[14] 周小普、黄彪文．契机、转机或是危机？——试析数字媒体对广播电视的影响［J］．国际新闻界，2011（4）．

[15] 喻国明．“小步快走”是我国传媒制度变革的基本方式［J］．广告大观（综合版），2008（11）．
[16] 黄蓉．中国传媒产业的制度选择——基于博弈的分析视角［J］．当代传播，2008（3）．
[17] 郭全中．传媒单位改制的四种模式比较［J］．青年记者，2008（8）．
[18] 刘军茹．论我国媒介规制的现实困境及制度原因［J］．国际新闻界，2008（2）．
[19] 梅明丽．对传媒产业现实情境的制度检视［J］．国际新闻界，2008（2）．
[20] 张志．论数字时代媒介政策的“模块化”趋势［J］．上海交通大学学报，2008（9）．
[21] 朱春阳．媒介融合规制研究的反思：中国面向与核心议题［J］．国际新闻界，2009（6）．
[22] 张丽、刘飞飞．数字时代广播电视公商二元体制改革现状［J］．现代传播，2009（3）．
[23] 喻国明．中国媒介规制的发展、问题与未来方向［J］．现代传播，2010（1）．
[24] 阎峰．传媒赢利模式：概念、特点与战略层次［J］．新闻界，2006（3）．
[25] 刘洁．中国媒介产业布局与产业区域联合［J］．现代传播，2006（3）．
[26] 章平，池见星．10 年来中国传媒经济研究回顾［J］．新闻大学，2007（2）．
[27] 喻国明，王斌．规制与突破：传媒产业布局的演变路径［J］．新闻与写作，2007（4）．
[28] 张伟．传媒盈利模式的经济学分析．新闻学论集（第 19 辑）［C］．经济日报出版社，2007.
[29] 喻国明．传媒发展：从“增量改革”到“语法改革”［J］．青年记者，2007（6）．
[30] 周韵．试论三种传嫌经济理论［J］．重庆广播电视大学学报，2008（6）．
[31] 陈燕，杜远远．浅论传嫌经济足“权力经济”［J］．新闻界，2008（3）．
[32] 黄升民，刘珊．三网融合下的“全媒体营销”建构［J］．现代传播，2011（2）．
[33] 杭敏，罗伯特·皮卡特．传媒经济学研究的历史、方法与范例［J］．现代传播，2005（4）．

【作者简介】

谢伍瑛，武汉大学新闻与传播学院在读博士，华中师范大学武汉传媒学院讲师。

新媒体环境下的网络广告监管问题及其治理

——基于工商行政管理的研究视角

刘润峰

我国网络广告历经十几年的发展，在实体经济和虚拟经济中扮演着越来越重要的角色，已步入一个全新的时期。有数据显示，2012 年我国网络广告市场规模已达到 753.1 亿元，同比增速达到 46.8%，预计在 2013 年网络广告市场容量将超过报纸，并有望成为第二大广告媒体。同时，基于移动互联网和数据库技术的各类 APP、LBS、RTB 新型网络广告发展也异常迅猛。网络广告虽然已算不上新生事物，但从工商行政管理的研究视角出发，还有很多问题亟待解决，特别是发展速度快、市场经营规律与以往不同、与其相关的法律法规不完善、监管技术和水平相对滞后等。这些问题如得不到及时的研究和解决，必将对我国经济发展和人民生活水平的提高带来负面影响。

以数字技术与网络传播作为研究背景，在其中进行网络广告的相关探讨，其研究体量本身就已经十分庞大。为了便于分析和解决问题，结合本文的研究立场和重点，即工商行政管理部门对于网络广告的监管，我们首先从广告形态、广告经营主体和广告市场运作机制出发，把握住这三个基本特征，才有可能厘清相关工作中的课题，进而提出有效的工作思路和解决方案。

一、网络广告发展的特征

1. 表现形态多样化、与其他传播工具的边界模糊化

现阶段，网络广告的形态较之传统广告发生了很大的变化，其特征主要体现在表现形式的多样化和与其他网络营销传播工具的边界区分模糊化上。

表现形式多样化，一方面体现在网络广告对于传统媒体表现元素和编排方式的包容性和继承性上，即传统媒体上的广告形态经过数字化技术处理后，都可以呈现在网络上，如在网页中最常见的通栏广告（banner）、文字链接（text link）、视频广告（video AD）等，就其本质而言，还是图片、文字、音频和视频元素。此类广告形式并不能算创新，应该只是传统媒体广告在网络媒体上的延续[②]；另一方面，网络的“可交互”特性，使得广告在形态上发生了变革，即在用户或受众的参与下，网络广告无论在创意表现层面，还是在信息承载与反馈层面都比以往具备了更好的时空及效果优势，其中较为典型的例子有：运用 Web2.0 技术的 SNS 网站植入式广告以及富媒体广告（rich media AD）。

另一个值得我们注意的现象是：网络广告与其他网络营销传播工具的边界区分比较模糊。现阶段，比较热门的网络营销传播工具和方法，除常规网络广告外，还包括搜索引擎广告、电子邮件广告、网络公关、博客/微博客营销、论坛中的话题/口碑营销、即时通信软件等，这些领域中有关商品或服务的信息形态以及其传播模式，如果以传统广告的定义一概而论未免有失偏颇，但如果不算广告，它们实际上又发挥着促进商品销售或者建立品牌的客观效果。所以，了解和掌握广告形态发展的新变化，合理区分网络广告与其他网络营销传播工

具或方法之间的边界，是我们进行监管工作时明确监管对象的重要前提。

2. 经营主体呈现出规模海量化、身份重合化的特征

现阶段，由于技术发展，网站开发及建设成本快速下降，使得以前只有企业法人或者有实力的其他组织才能搭建的网站，对自然人来说已不是问题，甚至出现一个自然人拥有数个、十几个网站甚至上百个网站的“网站群”的行业奇观，这使得网站数量急剧上升。有数据显示，截至2011年底，我国网站数量已达229.6万家。[③]这其中除去极少量的综合门户型或垂直行业门户型网站外，绝大部分都是中小型网站。其中相当一部分都采用了以网站流量换取广告收入的盈利模式，其实质就是一家小的自有媒体或广告公司，这使得传统广告主、广告媒体、广告代理公司的身份特征开始重合。由于盈利模式的雷同，在与大型网站的竞争中，他们没有任何优势可言，这就使得他们在广告经营中无所不用其极，诸如传播病毒、盗版盗链、发布虚假违法广告等现象日益猖獗。可以看到，海量化的广告经营主体及经营手段不规范，必然为相关工作带来一定的难度。

3. 市场运作呈现出业务平台化的特征

与市场结构相适应，现阶段网络广告市场运作模式主要分为两大类型：一类是以综合门户网站和垂直行业门户网站为代表，其广告业务单元基本上是沿袭传统广告市场运作模式，即实施自主经营和代理经营相结合。该类网站的客户大多为国内或国际上的知名广告主，其代理公司大多资金实力雄厚，运作经验丰富，因此在整体经营管理上也比较规范。

另一类是为了适应当今营销环境和传播环境变化，满足广告主在目标市场上的精准营销、互动营销等要求，掌握了相关核心网络技术（如搜索引擎、数据库、网络行为分析等）的一批互联网企业，它们虽然是广告行业的新军，但在网络广告这个市场中的能量和影响力，远非传统广告公司所能比肩。这些以技术见长的企业，通过设置标准化的广告交易平台（如百度推广、Google Adwords、淘宝、阿里巴巴等），利用网络为有需求的广告主和有广告经营业务的网站来牵线搭桥。一旦搭配成功，广告平台、广告主和网站三方即按照先前约定的资费标准落实交易。这种平台化的网络广告运作模式，建立在分工和协作的基础上，极大地提高了各方的效率，特别是使得交易成本大大降低，同时，使得网络广告的发布速度和范围大大提升和扩散，广告主只需通过选择一两家网络广告平台，即可在短时间内实现在数百家甚至上万家网站上的广告发布。这些网络广告平台，对于广告主的选择标准相对较低，以形成一条营收长尾。因此，从事网络广告监管工作，就必须掌握这种市场运作机制的新特征，了解其中以技术见长的新型广告代理公司的运作模式。

二、网络广告发展给相关监管工作带来的课题

通过以上背景分析，我们可以看到传播环境的剧烈变化必将导致广告行业中的广告本体、广告经营主体和广告市场运行状态随之发生相应的变革。这些课题投射到广告监管的研究层面，与传统媒体相比较而言，无论在监管对象、监管法规依据、监管技术与工具、监管执法等层面都有很大的不同。

1. 相关法律法规不完善使监管执法缺乏相应依据

由于历史原因，我国1987年颁布的《中华人民共和国广告管理条例》、1994年颁布的《中华人民共和国广告法》以及2004年颁布的《广告管理条例施行细则》基本上没有涉及网络广告监管的相关内容，使得工商行政部门在日常执法中缺乏基本的法规依据。后来一些地方工商行政管理部门，虽然做出了有益的尝试如2001年北京市工商局颁布的《北京市网

络广告管理暂行办法》，但依然能发现立法上的一些问题和难点：

第一，立法的时效性与行业快速发展之间的矛盾。最直接的表现之一就是现有法律法规对于网络广告概念界定的滞后。比如，到底什么是网络广告，其内涵和外延如何界定？就这个基础理论性课题而言，业界基本上是从商业营销的层面上来命名和包装推广，而在学界也尚属于前沿研究领域，有学者提出，“在网络上发布的所有商务信息都是广告，并不一定有固定的形式”④，如果基于这一界定，广告的形式和参与主体都将扩大化，如何来认定网络广告，仅此一项对行政监管能力而言都将是巨大的挑战。

第二，与网络广告内容与审查、广告活动的准则和涉及违法虚假广告的法律责任等相关的条款都需要及时更新。比如，构成网络广告市场的主体，还能否依照以往的广告主、广告经营者、广告发布者的“三分法”进行分类？传统广告市场主体资格和权责区分相对明确，但在网络广告市场却变得相对模糊，如企业在自行建立的网站上发布有关商品或服务的信息，这种情况下企业既是广告主也是广告发布者；某些中小型网站，一方面无偿为网民提供各类信息，另一方面加入广告联盟开展广告业务，其自身既是广告经营者，也是广告发布者。如何有效区分三者之间的权责，是我们必须考虑的问题。

2. 监管技术与工具不能适应监管对象的快速发展

传统广告由于其构成要素和编排方式较为单纯，因此通过人工或机器设备进行监测的技术手段已经比较成熟。而网络广告则要复杂得多，无疑会对监管技术和监管工具提出新的要求。

首先，借助富媒体和超级链接等技术，网络广告的展现方式体现出“非一次性”和“无限延伸性”的特征，即网络广告的展示效果，会在受众的不同参与深度下，呈现出不同的层次和结果，用传统“看”、“听”的手段恐难以应对。其次，使用智能定向投放技术的网络广告，在不同的终端环境里（不同的 IP 地址、不同的时段、不同的浏览器环境、不同的杀毒软件，甚至相同网站的不同频道等），呈现的效果也不同；再次，网络广告海量化、全天候、全地域、零时差的特性，使得监测、取证、研判必须借助于高科技手段，同时多部门跨区域的联合执法也必须提上日程。可以看到，传统的监测规范和技术手段必须进行重构和升级，才能够应对网络广告的发展。

3. 监管执法活动单凭工商行政管理部门难以完成

现阶段，依照《中华人民共和国电信条例》、《互联网信息服务管理办法》，国家将互联网信息服务提供者（ICP）划分为经营性 ICP 和非经营性 ICP。⑤据此，国家对经营性 ICP 实施许可证制度，非经营性 ICP 实施备案制度。在实际操作中，网络广告经营许可证的获取，往往是电信部门审批在前，即获得经营性 ICP 许可证后（门槛较高，注册资本金需 100 万元），再由工商行政管理部门审查其广告经营资质，这种审批流程，使得相当多的中小型网站根本无法获得正规的网络广告经营资质。这种实质上由通信部门来决定网络广告经营资质的现象，应引起工商行政管理部门的注意。

另外，依照《广告法》，县级以上人民政府工商行政管理部门是广告监督管理机关，但鉴于网络广告监管的复杂性，比如上文提到的海量化、全天候、全地域、零时差等特征，尤其是一些非法网络广告还与刑事或经济犯罪相关联，单独凭借工商行政管理部门一家的力量，在技术上、人力上和协调管理上，恐怕难以奏效。同时，先前的一些执法标准难以适用于网络广告，比如处理违法广告时，对相关责任方处以广告费用的 1～5 倍作为罚款，这个广告费用常以媒体刊例价格或实际发生价格为准，但网络广告的计费标准多种多样，一些广告费用的明细必须借助相应的技术手段才能完成，这些数据的获得对于工商行政管理部门来说有一定的难度。

三、相关问题的具体治理策略

1. 完善各项立法，调整网络广告经营资质的审核标准及流程

首先，国家立法机构应结合网络广告的新发展，或是在原有法律法规中增加网络广告监管的条款，或是制定一部专门法或条例，集中解决网络广告界定、网络广告经营资质获取、网络广告活动的准则以及违法责任等问题。在网络广告监管工作中，工商行政管理部门应居于主体地位，其他管理部门协助执行。

其次，调整网络广告经营资质的获取标准和审批流程。一方面由于国家相关法律条文相当含糊，如《互联网信息服务管理办法》指出：经营性互联网信息服务，是指通过互联网向上网用户有偿提供信息或者网页制作等服务活动。非经营性互联网信息服务，是指通过互联网向上网用户无偿提供具有公开性、共享性信息的服务活动。[6]这导致对于区分经营性 ICP 和非经营性 ICP 的标准始终存在争议。更为重要的是，现实中众多开展网络广告业务的网站，要想获得经营性 ICP 的资质门槛很高，这导致个人网站和新进入的小公司基本上被剥夺了获得网络广告经营资质的权力，使它们长期处于法律监管的“灰色地带”。出现这种状况的根源在于网站盈利模式使得“有偿”服务变得难以判断，即相当大的一部分网站，通过无偿提供各类信息服务（包括广告），来获得用户的注意力资源，再通过自身运作，将这些注意力资源贩卖给广告主或广告代理公司以获取利润。这种信息提供方式“无偿性”和信息提供目的“有偿性”的混合状态使得监管工作相当棘手。另一方面，工商行政管理部门和其他相关部门难以把握执法的尺度问题。如果严格按照法律法规进行监管，众多只进行了非经营性 ICP 备案，但同时经营广告业务的网站显然是不合法的，甚至一些个人博客和空间也要列入其中，这显然对于互联网的整体发展会产生不良影响；如果听之任之，现阶段大量违法虚假广告的发源地也正是来自于这些不具备经营资质的中小型网站，这显然会对社会经济的正常运转和人们的消费生活带来损害。

综上所述，我们认为不能以“有偿”或“无偿”提供信息服务，来区分网站的经营性质，并且网络广告经营资格的获取标准，也应该跟该网站提供信息服务的方式没有内在的逻辑关系。因此，国家立法机构应根据网络广告的市场规律和特殊运作机制，对相关经营主体资质的获得制定专门的标准，基本原则为：维护不同所有制形式、不同类型网站开展市场经营活动的基本权利；改变以往通信部门审核在先，工商行政管理部门审核在后的流程为两部门协同管理。其具体审批流程可以做以下设想：首先，网站在通信管理部门进行域名备案和网站备案时，无论是经营性 ICP 或非经营性 ICP 都需要在详细备案信息中明示是否涉及网络广告业务，以及开展网络广告业务的领域（制作、代理、发布等）、行业等信息；其次，由通信管理部门将涉及网络广告业务的网站名录共享至工商行政管理部门，由其依照相关法律法规来进行资质审核；最后，工商部门将通过资质审查的名录回传至通信管理部门，再由通信管理部门会同网站空间/服务器托管商落实该网站正式上线事宜。

2. 重构监管规范

要做好网络广告监管，需要对监管规范和流程进行重构。

第一，事前监管，可根据网络广告运行的硬件环境，将监管关口前移，会同通信管理部门在网站上线之前即落实网络广告经营资质问题（其审批流程上文已描述）；通过双方共同审核的网站，可以顺利上线并开展网络广告业务；对在通信管理部门备案时，在网络广告经营层面瞒报谎报的网站，一经发现，可关停网站或做出其他处罚。

第二，事中监测应抓住重点网站、重点行业，特别是重点网络广告代理公司的审查。现

今，网络广告业务呈现一种高度分散的经营状况，同时我国工商行政管理部门的监管资源也相对缺乏，特别是基层监管能力较弱，在这种背景下，必须集中优势监管力量。可把区域内的重点网站，如地方新闻门户网站、地方社区/论坛门户网站、地方电子商务网站作为重点监测对象；把医药、医疗器械、化妆品、IT 产品等产品类别的网络广告，作为重点监测类型；特别是成规模的网络广告代理公司（如各种类型的广告联盟），他们协调中小型广告主和网站的能力比较强，一旦有违法虚假广告的出现，影响面极大，该类型网络广告代理商应是监管的重点。

第三，其他监管规范问题。首先，监管地域范围的确定，应以属地管理为主，即网站服务器备案地（地市州的通信管理局）为准，异地协助管理为辅；其次，监管深度和频次的界定，工商行政管理部门应根据自身资源和条件，制定阶段性的监测计划，如对于重点监测对象给予全天候、高频次的贴身监测，对于一般监测对象实施抽查监测，对于重点网站的广告实施从网站首页、频道首页直至内容页的全结构覆盖，对一般网站只监测网站首页的方式来操作；最后，建立联动工作机制，继续发挥工商行政管理部门的牵头作用，强化监管措施，实现齐抓共管。

3. 升级监测手段

要对网络广告进行监管，必须具备科技含量较高的工具。现阶段，采用网络广告进行营销推广的广告主越来越重视广告投放的策略及效果问题，这种需求在市场上催生了一批提供网络广告监测服务的科技型企业，如美国的 DoubleClick（被 Google 以 31 亿美元收购），新浪旗下的好耶广告、99click 等。这些企业利用自身技术优势（特别是网络广告抓取、分类、识别系统和用户行为追踪系统），开发专门软件来进行网络广告的管理和其他研究活动，其主要客户都是广告主、广告代理公司或者媒体，但专门针对广告行政管理监督层面的服务，还比较鲜见。我们认为，从监管的角度出发，在获得监管工具层面有两种方式可以尝试：

一是买服务，即通过招标的形式让这些企业为工商行政管理系统开发一套专门软件来进行网络广告监测，这套软件的核心功能就是网络广告的识别和统计，应包含监测网站名录数据库模块、监测广告参数设置模块、监测数据统计报告模块等基本功能。这种方式主要是进行网络巡查时使用，以监测某些可能没有按照法定程序违规发布网络广告的网站。

二是搭平台，即工商行政管理部门自主建立一个“网络广告管理平台”，其运作流程如下：第一步，广告信息处理。经营者将制作完成并准备发布的网络广告上传至该平台，并提供内容审查信息、广告发布信息。一般类型的广告可由经营者自行审查，特殊类型的广告依照前置审查的方式进行；审查通过的广告，由该平台通过技术手段来添加核准信息，如在广告画面上添加一个特殊标识以利于网络巡查或消费者辨识（该标识如能设置有效期效果更好），或在广告所显示网页区域中附加特定代码以便于技术监测。第二步，广告信息发布。网络广告管理平台根据经营者提供的广告发布信息，将网络广告发送至目标网站，督促目标网站认真执行，并可随机抽查执行情况。第三步，发布信息反馈。在广告发布执行完毕后，网络广告管理平台可将该广告的相关资料自动返还提交给经营者。如有违法违规情况，可将通过监测获得的取证材料和整改通知书或其他法律文书一同送达。

4. 加强理论和应用研究，建立学习型、服务型的监管团队

在数字技术与网络传播的大背景下，网络广告的发展速度非常快，对于监管而言的新情况、新问题会层出不穷，同时考虑到技术融合的趋势，类似于手机广告、移动数字电视广告等的监管工作日后也必将提上议事日程。面对这一情况，工商行政管理部门首先必须加强相关基础理论研究，并将研究结果合理地应用于日常监管工作中。其实现途径可作如下考虑：第一，联合在新媒体研究领域有所专长的高等院校或研究所，以横向课题的形式来解决具体

的监管问题；第二，加强与业界的沟通交流，认真听取经营主体在市场活动中的困惑和难处，及时宣传相关法规，送政策、提建议，把工商行政管理部门监督和服务的双重职能都发挥出来；第三，加强内部培训和外部进修，掌握网络广告的基本实现形态及运作规律。

【参考文献】

[1] 中华人民共和国主席令（第 34 号）［R］. 中华人民共和国广告法，1994.
[2] 中华人民共和国国家工商行政管理总局令（第 18 号）［R］. 广告管理条例施行细则，2004.
[3] 北京市工商行政管理局办公室［R］. 北京市网络广告管理暂行办法，2001.
[4] 中华人民共和国国务院令（第 292 号）［R］. 互联网信息服务管理办法，2000.
[5] 中华人民共和国信息产业部令（第 33 号令）［R］. 非经营性互联网信息服务备案管理办法，2005.

【作者简介】

刘润峰，武汉大学新闻与传播学院在读博士生，武汉长江工商学院讲师。

酷6网UGA模式可行性探究

梁晓莉

目前，我国已经进入一个互联网络高速发展、网络使用急剧膨胀的时代，根据中国互联网络信息中心（CNNIC）2013年初公布的《第31次中国互联网络发展状况统计报告》显示，截至2012年12月底，我国网民规模达到5.64亿人，互联网普及率为42.1%，较2011年底提升3.8个百分点。① 2012年底，国家广电总局网络视听节目管理司司长罗建辉在网络视听论坛上表示：截至2012年底，我国网络视频用户达到4.5亿户，在全国网民总数占比逼近80%。② 2012年网络视频广告规模达到88.3亿元，较2011年增长82.7%，市场保持较稳定的发展。③ 根据艾瑞咨询提供的数据显示：无论工作日还是休息日，中国网民观看在线视频的时长占比近20%，已经显著超越了电视。从时间段上来看，除了19：00-21：59是一天中电视、网络同时使用比例最高的时间，晚上的"黄金时间段"在线视频的使用比例逐渐上升，22：00之后只使用网络的比例明显高于电视。④ 以上这些数据清楚地表明，在线视频已超出社交网络成为中国互联网第一大时长服务，成为网民使用互联网络的第一大应用。视频网站的崛起已经明显改变了网民使用互联网以及观看视频的方式，网络视频广告的效果凸显，已经受到越来越多的广告主的重视和青睐。

一、酷6网的UGC、UGA探索

在我国网络视频分享网站中，酷6网在广告盈利模式的探索中值得关注。酷6网是国内知名的视频分享网站，其理念是"分享你的价值"。2008年6月，酷6网成为第一家获得广电总局颁发视频牌照的视频分享网站，开始领军"民营"视频网站行业。2008年8月，酷6网携手央视网，成为2008年奥运会独家视频点播合作伙伴，借此酷6网流量和影响力大大提升，成为中国顶级视频网站，也曾被华人网民评为"中国十大实用Web2.0网站"。⑤ 酷6网在创立之初就以UGC营销为核心理念，它所取得的成就也离不开这种得到业界认可的商业模式，至2012年底，酷6网月独立用户数已达到2.5亿户，拥有峰值20万的日视频上传量，短视频库的总容量已经超过7000万，UGC营销模式效果显著。⑥

① 第31次中国互联网络发展状况统计报告［EB/OL］. 中国互联网络信息中心，http：//www.cnnic.cn/hlwfzyj/hlwxzbg/hlwtjbg/201301/t20130115_38508.htm，2013-01-15.

② 李若楠. 我国网络视频用户达4.5亿 视频成第一大时长服务［EB/OL］. 新民网，http：//shanghai.xinmin.cn/xmwh/2012/12/06/17509623.html，2012-12-6.

③ 2012中国网络视频广告行业规模突破80亿［EB/OL］. 中国信息产业网，http：//www.cnii.com.cn/statistics/2013-03/12/content_1108014.htm，2013-03-12.

④ 陈羽. 优酷土豆于洲：行业理性繁荣中土豆保持本色前行［EB/OL］. 速途网，http://www.sootoo.com/content/340650.shtml，2012-09-13.

⑤ 百度百科［EB/OL］. http：//baike.baidu.com/view/1113743.htm.

⑥ 背靠盛大，酷6坚持走UGC致富之路［EB/OL］. 艾瑞网，http：//video.iresearch.cn/sharing/20121228/190234.shtml，2012-12-28.

1. 什么是 UGC

UGC 就是“用户生成内容”（User-Generated Content，缩写为 UGC），这一概念最早起源于互联网领域，即用户将自己原创的内容通过互联网平台进行展示或者提供给其他用户。① UGC 是伴随以提倡个性化为主要特点的 Web2.0 概念兴起的。在 Web2.0 时代，网络上内容的产出主要来自用户，每一个用户都可以生成自己的内容，互联网上的所有内容由用户创造，所以互联网上的内容会飞速增长，形成一个多、广、专的局面，对人类知识的积累和传播起到了非常大的作用。

2005 年开始，互联网上的许多站点开始大量使用用户生成内容的方式提供服务，许多图片、视频、博客、播客、论坛、评论、社交、Wiki、问答、新闻、研究类的网站都使用了这种方式。美国著名的 YouTube 视频分享网站从发展初期就采用 UGC 这一运营模式。

UGC 的到来标志着媒体机构由制造在线内容向业余爱好者提供工具以让他们发布自创内容的过渡。同时，UCG 还具有与 20 世纪单向项媒体截然相反的交互媒体属性。② 而交互媒体（或称双向媒体）是 Web 2.0 时代的关键属性，即鼓励人们发布自己的内容、评论他人的内容。

2. UGC 的特点

根据欧洲经济合作与发展组织的定义③，UGC 的三项基本特征为：

第一，开放性。UGC 需要发布在公众能够接触到的网站或某一社交网站的某一群体能够接触到的页面上，因此电子邮件、私信和类似的内容将被排除在外。

第二，原创性。用户生成内容的过程中必须有原创工作，或是将已存在的作品用新的形式重新设计，换言之，用户必须在作品中加入自身的价值。单纯地复制电视节目的部分内容并将其发布在网络视频网站上将不被认为是 UGC。但如果用户上传自己的照片在博客中发表自己的观点，或制作一个新的音乐视频，将被认为是 UGC。然而，划分 UGC 的最小原创工作量究竟是多少仍然难以做出定论，且会根据作品具体语境具体变化。

第三，业余性。UGC 通常无视专业的惯例规则，一般并不具有规格化或市场化的语境。它们通常是由与同伴交流、获得名声或表达自我的愿望所激励。

3. UGA 的源起

UGA（User Generated Advertisement），直译为用户产生广告，即一种用户参与广告制作和传播的模式，是通过传播媒体将广告客户、广告发起方、用户方连接起来共同完成一个广告作品的创新营销模式。这种模式并非只局限在“用户制作广告”，而是也包括了用户利用互联网各种软件工具自发“传播广告”。根据上文所述，UGC 指用户生成内容，而 UGA 指用户生成广告。UGC 与 UGA 之间只有一字之差，仅仅从字面上，我们便可以推断出二者之间的紧密关联，即：因广告本质上为一种内容，故用户生成广告也是用户生成内容的一种，前者从属于后者，是后者添加了广告属性的产物。因此，UGA 与 UGC 之间的关系可以概括如下：UGA 是 UGC 的一种，是经由策划而具有广告盈利目的的 UGC。

UGA 营销模式是由酷 6 网首创提出、在 UGC 基础上发展而来的一种有关视频分享内容转化为广告价值的商业模式，通过在网友拍摄的原创视频中植入客户产品内容元素，将客户宣传潜移默化地传递给网友，达到娱乐网民和宣传产品的双重目的，同时视频原创作者也可

---

① 百度百科［EB/OL］. http：//baike. baidu. com/view/713949. htm#sub9961909.

② John Battelle . Packaged Goods Media vs. Conversational Media,（Part One）［EB/OL］. 2011-08-23.

③ http：//www. oecd. org/dataoecd/57/14/38393115. pdf［EB/OL］.

以因此受益，形成三赢态势。“有钱一起赚”和“创意大家做”是酷6网的特点，也是对视频网站商业模式UGA的最好诠释。

UGA这个名词似乎是随着UGC和网络视频分享平台的兴起而产生的，然而早在Web 2.0之前，线上与线下都产生过类似的模式，如口碑传播和病毒传播等。只是Web 2.0为它提供了更大的空间和便捷性，使之从一个概念变成了一个可以实施并具有发展前景的模式。

广义上说，UGA可包含所有通过用户自主制作、传播的广告，只是由于音画载体相对于文字载体更易于吸引受众并为其提供直观的感受，长期以来以电视为载体的视频广告的效用也被人们习惯与认可，因此UGA这个概念会最先在视频分享网站出现。

需要注意的是，目前UGA这个概念仅在我国被媒体和媒体研究者使用，国外媒体及学术界均无法找到相关报道和研究。

4. UGC、UGA与“广告分享计划”

对视频生产者而言，能够持续吸引他们制造各种内容，并上传到酷6网上的一个主要原因是通过上传视频，他们可以获得一定的甚至巨大的收益。

“广告分享计划”是酷6网为用户提供的分账式广告服务，用户自愿参与，通过酷6网审核后，即加入这一共享计划，成为酷6网的合作伙伴。对酷6网而言，任何能持续为酷6网提供有效中短视频内容的用户、工作室或机构，都可以申请成为酷6网的合作伙伴。酷6网通过在用户上传的视频内容上接入流量广告，除去必要的运营成本后按一定比例与合作伙伴进行广告收益分成。在UGA模式中，视频提供者的广告收益有的是由视频观看、下载中产生的流量、浏览次数决定分成的多少，有的是由有广告制作需求的广告主提供。

在“广告分享计划”中，影响广告收益的因素主要有：(1) 视频内容的质量与播放量。酷6网按照播放量的不同划分了五个等级，等级越高，分成比例越高，收益越高。(2) 广告的销售单价。每个视频内容对应的广告销售单价不同，取决于广告主的需求。(3) 季度奖金。为了鼓励合作伙伴持续上传高质量的视频内容，酷6网还特别设定不同等级的所对应的季度奖金，只要满足连续3个月都是酷6网白银级（单月上传视频内容累计播放量超过50万）及以上的合作伙伴，即可获得额外的季度奖金。季度奖金规则：以3次月收入等级的多数等级对应的奖金为主，如果3次收入等级都不一样，则取中间级。

2012年12月25日，酷6网CEO施瑜透露，目前网站月独立用户数为2.5亿户，签约播客超2万人，独家播客比例在20%左右。酷6网原创播客2012年从酷6网取得的分成收入已达2000万元，广告分成最高为50%。① 酷6网希望通过该项服务，提升用户对于网站的黏性和上传视频的积极性。

二、UGA模式营销的分类

1. 从广告生产源头分类

(1) 网民无意识拍摄、上传的包含某产品品牌信息的某段视频传播的热度大大出乎上传者自己的想象，于是在传播的过程中被商家发现挖掘并进行品牌的延伸宣传，媒体争相报道，大众口口传播。比如一群名为Eepie Bird的科学爱好者用曼妥思糖和塑料瓶无糖可口可乐进行了一次令人震惊的喷泉实验，并配上音乐上传到YouTube上，从此一夜成名，也无意间对曼妥思和无糖可口可乐进行了令人印象深刻的宣传。

---

① 酷6网UGC内容分成达2000万［EB/OL］. 速途网，http://www.sootoo.com/content/379232.shtml，2012-12-25.

（2）由商家策划创意，通过广告公司或视频媒体，针对产品上市阶段宣传的攻势进行定制化的广告制作。这些短片中产品的品牌通常表现得十分隐晦，但具有一定的话题性。商家充分发掘产品特点，进行奇思妙想的创意视频的创作，并且通过在某一视频媒体平台上以普通用户的身份，上传这些视频。在视频播放框的旁边有不少转帖的软件工具，以便用户浏览的时候转帖给他人。

2. 广告公司、专业媒体策划 UGA 视频的模式

（1）UGA 征集类营销，厂商根据自己要推广的某种产品品牌性质，定义征集视频活动主题，让广大网友自拍自演，通过一定的奖励激励来吸聚人气。面对客户强调的效果数据要求，有时候媒体常常会自掏腰包，请专业人士拍摄一些短片上传，以提升视频征集活动的作品品质，增加网民观看的兴趣，增加视频征集活动的曝光度和关注度。比如 2012 年暑期可口可乐公司 125 周年庆的“爽动夏日 125 招”网民原创创意征集活动，首先拍摄了《爽煞五味楼》广告短片来抛砖引玉。据可口可乐官方宣称，该活动获奖作品甚至可以代表中国参赛戛纳国际创意节，进行最负盛名的年度国际广告和传播大奖金狮奖的角逐。

（2）UGA 拍客类营销。某著名视频网站上一个《实拍上海 MM 发飚开走拖车》的视频甚为轰动，实际上却是由广告公司策划的。因为视频内容非常有创意，符合真实的社会突发现象，招来无数网友热评，播放量和转发量也非常惊人。该视频内容凸现了汽车品牌——雪佛兰科帕奇的强劲前驱动力，其夸张的宣传效果给观众留下了极深的印象，可以说是比较成功的 UGA 营销。

（3）网剧与微电影类 UGA 营销。即类似于电视剧的品牌营销植入，通常是 10～15 分钟视频内容。例如，2011 年七喜聘请因制作恶搞短片《一个馒头引发的血案》而名声大噪的胡戈制作的系列微电影，该系列以著名科幻电影《蝴蝶效应》、童话《白雪公主》等为原型，以七喜汽水为主要线索道具，同时结合了当下流行元素和热点话题。网友们一边大呼雷人，一边分享到自己的社交网站主页，为其带来了极高的点击率。由于胡戈制作的视频搞笑而不低俗，且商品的宣传安插得巧妙而醒目，随后又有众多小企业雇用胡戈制作微电影广告，如《威猛先生洁厕炮广告——2016 炮有传奇》、《雷的嘎嘎地——天语手机淘宝网》、《家安空调消毒剂广告——我是来洗空调的》、《家安空调消毒剂广告——咆哮私奔谍战剧》等。就拿 2012 年 3 月 10 日推出的《家安洗衣机槽清洁剂——步步惊奇》来说，对穿越剧泛滥的调侃贯穿全片，深得不满穿越剧“天雷滚滚”的网友们的认同，上传 4 天就播放了 53 万次，收到近两千条评论，并被网友大量转发传播。

值得一提的是，与其他由商家和非专业网友制作或重点不突出或商品宣传生硬惹人生厌的 UGA 作品不同，在胡戈制作的 UGA 广告故事片中，广告商品皆作为全片的中心在故事最后才出现。这样一来，既能减小观众对广告的警惕和抵触心理，也能制造悬念，使商品给观众留下更深的印象。

三、UGA 模式的可行性分析

UGA 虽然目前还是一种不成熟的新型广告盈利模式，但如今它已成为新媒体领域较为火热的话题之一，并在业内备受追捧，各种形式的 UGA 频频出现在公众的视野之内。本文将从以下五点出发，探讨 UGA 的可行性。

1. 符合视频分享平台的特点

视频分享平台是社交媒体的一种，倚重 UGC 进行运营；视频分享平台也是影音媒体的一种，画面和声音是其主要信息传播媒介。因此，视频分享平台具有两重属性。

UGA 符合视频分享平台的这两重属性，能够使广告的效果在该平台上得到最大的发挥。具体而言，UGA 符合视频分享平台作为社交媒体的特性。贯穿在社交媒体定义中的一条主线是它将科技和社交活动融合，实现一种价值的社会共同创造。社交媒体同报纸、电视、电影这些传统媒体最明显的区别在于，它们相对低廉，且任何人都可以发布或接受信息，而传统媒体发布信息则需要数量可观的资源。UGA 符合视频分享平台作为影音媒体的特性。

（1）同传统电视媒体相比。第一，视频分享平台的自主性更强，用户可以自由选择在任何时间任何地点观看发表于任何时间的视频内容。第二，互动性更强，用户能够在视频分享平台上便捷地发表观点、参与讨论及与朋友分享兴趣。第三，内容更为丰富，用户能够在视频分享平台上找到电视上看不到或难以看到的节目或影片。第四，相较于电视频道插播的广告，视频分享平台的强制广告时间更短。

（2）同封闭式视频点播网站相比。开放性是视频分享平台同封闭式视频点播网站最显著的区别。在封闭式视频点播网站中，只有网站运营商才能发布视频内容，而在视频分享平台中，只要是注册用户都可以上传视频内容。在这个过程中，用户从单纯的接收者转变为视频内容的发布者和传播者。

视频分享平台和封闭式视频点播网站的另一个不同是它们往往同社交媒体、微博有着紧密的资源共享联系。只要用户愿意，就能通过视频分享平台中的“分享”功能将该视频通过链接发布到其参与的社交网站或微博平台中。这是封闭式视频点播网站所不具备的功能。

2. 符合新媒体的互动性和精准性特点

无论是何种广告形式，要取得预期的广告效果，就必须符合其承载媒体的特性。视频分享平台是典型的数字媒体，具有传统媒体所不具有的互动性和精准性，用户能够自由地与 UGA 制作者互动，而这些信息也能够被精准地记录在数据库中，方便视频分享平台和广告主随时监控广告的传播。可以说，UGA 正是贴合视频分享平台的互动性和精准性而产生的一种广告形式。

3. 符合 4R 营销理论，实现三方获利

UGA 的优势还在于它建立了 4R 营销组合，实现了广告主、视频分享平台和用户三方获利，使视频分享平台成为了“利益分享平台”。

所谓 4R 营销组合，是美国营销学教授舒尔茨提出的一种营销概念。4R 分别代表：Reliance，指“与顾客建立关联”；Response，指“提高市场反应速度”；Relationship，指“运用关系营销”；Reward，指“以回报促进营销”。4R 营销组合的最大特点是以竞争为导向，着眼于企业与客户的互动与双赢。① UGA 让广告的受众直接参与到广告制作与传播的过程中，在广告主、用户和广告平台（视频分享平台）三者之间建立了紧密的关联，显著提高了广告的反馈速度，利用用户的网络社交圈进行关系营销，并用一定的回报来吸引用户参与广告的制作与传播。

在视频分享平台 UGA 的 4R 营销中，广告主的商品或品牌以较低成本得到了宣传，用户通过制作 UGA 获得了一定的回报，而作为媒介的视频分享平台则既从广告主那里得到了回报，也提高了网站的浏览量和知名度，三方均从中获利。

4. 符合新媒体时代观影感受，用户接受度高

拥有庞大的用户群和浏览量，和众多虚拟社区、社交网站、微博、博客同步链接，赶超传统广播电视媒体的视听影音感染力，以及传统媒体无法比拟的互动性和草根亲近性，使视

① 菲利普·科特勒．市场营销管理［M］．北京：中国人民大学出版社，2003：58.

频分享平台的广告营销潜力毋庸置疑。

笔者通过问卷星网进行的小规模抽样调查结果显示，在用户对于 UGA 作品的态度中，仅有 3. 13% 的受访者表示不会观看 UGA 作品，28. 13% 的受访者表示会部分观看 UGA 作品，剩下的近七成受访者均表示会完整观看。高达五成的受访者表示不但会完整观看，还会参与讨论或分享到其他网站（见图 1）。

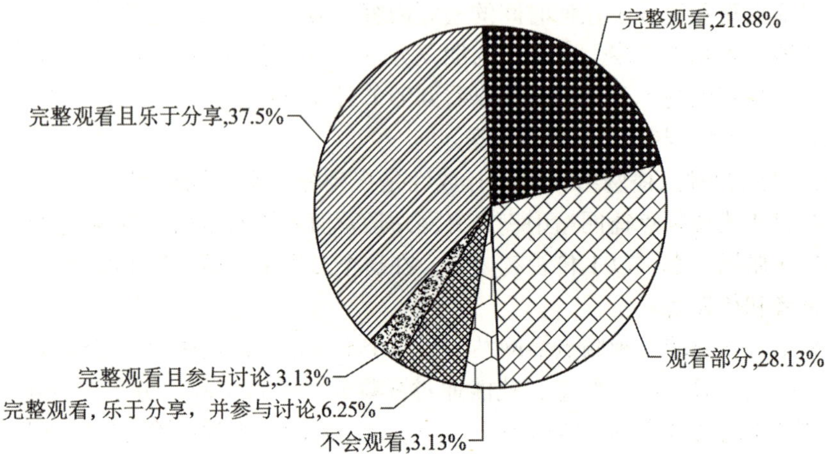

图 1　用户对 UGA 所采取的态度饼状图

由此可推断，用户对观看和传播 UGA 普遍是持积极与欢迎态度的，并不因为其广告属性而将它同一般 UGC 视频区分开来对待。作为广告来说，UGA 的用户接受度高于其他广告。

5. 符合媒体的发展规律

一种行之有效的广告模式必定是符合传播媒体的发展规律的，在 Web2. 0 时代和网络媒体盲目趋利的盈利模式日渐式微的背景下，UGA 符合以下两点规律：

第一，从大众媒体到自媒体。

从人类社会发展的历史形态来看，人类一步一步地从自然性过渡到主体性，主体性逐渐加强，促使人的个体性与社会性在更高的层次上寻求新的统一。① 传播媒介的发展同样如此，在其传播中，个体的特性与群体的社交性相辅相成。

社交媒体是能对大众同时提供个性化需求的媒体，也是传播者和接受者融合成对等的交流者，而无数的交流者相互间可以同时进行个性化交流的媒体。② 视频分享平台以影音技术为依托，为个体个性的表达创造了更广阔的空间。视频分享平台上的 UGA 是由用户制作、传播的广告，一改往日广告由专业广告人员制作、专业媒体传播的现象，符合由大众媒体到自媒体的发展趋势。

第二，视频分享平台回归“内容为王”的宗旨。

长期以来，我国的视频分享平台陷入同质化的竞争，忙于通过电视版权分销和兜售广告位盈利，投入在媒体内容上的精力却少之又少，导致媒体内容无论在数量上还是在质量上都乏善可陈，缺少增加用户浏览量的吸引力。UGA 作为一种视频内容，相较于自制剧而言更

① 徐绍刚．个性的解放与人的解放——奎面理解马克思主义关于个性解放的思想［J］．新视野，2005（3）：55.

② 周子渊．浅析新媒介广告的发展原因［J］．九江学院学报，2007（5）.

为经济实惠，其大量的产出无疑也对视频分享平台这个媒体回归“内容为王”的宗旨大有裨益，其较高的参与度和话题性也将利于增加网站浏览量。

UGA 作为一种广告营销模式是可行的，它的用户接受度和传播强度在目前网络广告中处于优势地位，并且在视频分享平台这个领域会有明显优于其他传统媒体和网络媒体所不具有的优势，故视频分享网站通过出售 UGA 进行盈利是可行的。

然而 UGA 在具体操作过程中将面临较为复杂的传播环境，其传播具有一定的不可控性，需要视频分享网站运营商和广告主谨慎为之。同时，为防止粗制滥造或过度急功近利，UGA 需要经过比一般广告更为精细的情节设计。因此虽然 UGA 的拍摄成本较低，但其设计投入和后期控制都需要比一般广告更为审慎。

【作者简介】

梁晓莉，武汉大学新闻与传播学院博士研究生，中南财经政法大学新闻与文化传播学院讲师。

广告与品牌营销

数字化背景下校园消费主义文化特征与校园营销

姚 曦 秦雪冰

一、数字化生活与“虚拟生存”

1. 数字技术与“虚拟生存”

“纵观人类的历史，从车轮到书籍的发明，科技总是在塑造自我和人类群体的形态。”① 伽达默尔曾经断言：“20世纪是第一个以技术起决定作用的方式重新确定的时代，并且开始使技术知识从掌握自然力量扩转为掌握社会生活。”② 事实的确如此，从来没有哪个时代像今天这样，技术因素在人类社会生活中起到如此关键的作用。人类在生产实践中不断更新和强化技术手段，而技术水平的发展又在某种程度上影响着人类社会生活方式，甚至改变社会的结构模式。

（1）人的自然生存与技术生存。自然是人类和其他动物获取物质资料的前提，也是完成延续生命、繁衍后代这一本能任务的需要。自然生存，不管是在刀耕火种的原始时期，还是在科学技术高度发达的今天，都是人类最为本质的一种生存方式。

与其他动物在自然界中的本能反应不同的是，人类除了适应自然之外，还在不断创造性地改进生产工具，以提高改造自然环境的效率。从石器时代开始，到青铜器、铁器的发明与推广，再到近现代的蒸汽机、电力，每一次科技进步都意味着人类身体局限的一次突破，也意味着劳动能力的一次飞跃。也就是在这个过程中，科学技术对于人类的重要意义逐渐凸显，营造出了人类生存不可缺少的“技术环境”，也造就了所谓的“技术生存”。正如海德格尔所说，“诸种科学都是人的活动，因而都包含有这种存在者（人）的存在方式。”③ 可以说，技术生存真正展现了人对于世界的主体性与能动性，超越了“自然生存”状态下对外在环境单纯的依赖和顺从，是人类生存方式的革命性变革。“海德格尔称为‘技术的本质’的东西，要比人所能创造的任何东西都更为亲密地渗透到人的生存。技术的危险在于它能改变人类，它能使人类行为和希望彻底扭曲。不是机器能发狂，而是我们错误地与机器进行比较之后把我们自己给误解了。技术则相反，它进入到人类的内心深处，改变着我们的知、思、欲的方式。从本质上讲，技术是人类生存的一种方式，然而在计算机成为一大文化现象之前，我们是不可能察觉它的精神渗透作用的。”④ 在哲学维度上，“技术生存”的意

---

① Tom Boell Storff. *Coming of Age in Second Life*: *An Anthropologist Explores the Virtually Human* [M]. Princeton University Press, 2008: 32.

② [德] 伽达默尔. 科学时代的理性 [M]. 薛华，等译. 北京：国际文化出版公司，1988: 63.

③ [德] 海德格尔. 存在与时间 [M]. 陈嘉映，王庆节，译. 北京：三联书店 1987: 15.

④ [美] 迈克尔·海姆. 从界面到网络空间：虚拟实在的形而上学 [M]. 金吾伦，刘钢，译. 上海：上海科技教育出版社，2000: 62.

义不仅体现在人类的实践能力与生存方式的问题上，更表现在人类理解世界方式的改变上。以科学技术为中介，人类开始一步步向世界的深处挺进，生产工具的智能化、活动过程的信息化、活动范围的扩大化，使得人类的劳动方式和劳动效果远远超出了满足基本生存需要的范畴，进而达到了探索世界与生存基本意义的层面。对于人类整体而言，这无疑是一个影响深远的过程。在这一过程中，人类的社会生活也体现出了明显的“技术化”特征。生存于现代技术环境中的人类，从观察世界、思考世界一直到解读世界的意义，都是透过技术或者技术的成果来进行的：技术力量，极大提高了人类改造自然的能力；技术标准，日渐成为外在事物甚至人类自身的价值标准；技术因素，不仅改变了人的生存模式，还渗透到了意识形态体系之中，这正好印证了怀特几十年前的观点：“技术和社会共同决定哲学的内容与方向。”①

从本质上而言，“自然生存”与“技术生存”并不是人类生存的不同阶段，而是个体必须同时面对的两种不同生活状态，二者既相互区别又不可分割，同时对生存于其中的“人”产生作用，如果说“自然生存”是直接以身体的力量来面对自然的话，“技术生存”就是一种利用“身体延伸”征服自然的努力。

（2）在数字化技术全面渗透的今天“虚拟生存”成为最主要的技术生存方式。以创新理论闻名于世的熊彼特，在1939年出版的《经济周期》一书中第一次提出，技术革新是经济长周期的主要起因。他在1942年出版的《资本主义、社会主义和民主主义》一书中，再次重申技术革新是资本主义经济长期波动的主要起因这个观点。他把经济周期分为长周期、中周期和短周期。将经济长周期的原因理解为技术变革以及由于技术的变革而引起的扩散过程。据此，经济学家将人类的“技术生存”时期划分为五个长周期。

在技术与需求这两个理解维度之下，一些经济学家认为，以早期器械化为标志的第一次长周期主要接解决了人们“衣”的问题；以蒸汽化为标志的第二长周期解决了动力问题，货物运输问题；以电气化为标志的第三次长周期进一步解决了动力问题，同时解决了“行”的问题和“通信”的问题；以自动化为标志的第四次长周期全面提升了人们的“衣”、“食”、“住”、“行”，同时，又解放了人脑。自20世纪90年代人类进入第五次长周期以来，需要的解决的是人们的“沟通”问题与“虚拟生存”问题。沟通问题指的是全方位的沟通问题，而非电报、电话及音像传递。“虚拟生存”是与现实生存相对应的概念，人的现实生存是最基本的生存方式，这一方式的基本规定有两个：第一，人们面对的是活生生的人（比如想飞行，受到人体结构的限制；想登山受到体力的限制）；第二，现实的生存有着很多“硬性”的限制，这种“限制”不仅来自于自然，还来自于社会（比如你想去旅行，想买豪宅受到自己财力的限制；想在一个群体中成为领导者，受到他人认可的限制）。不管是人的“沟通”问题，还是“虚拟生存”问题，都需要数字技术来解决。目前人类正在进入“虚拟生存”的阶段。数字化技术不仅改变了人类的实践能力，也改变着人类的生存方式和理解世界的方式。

尼葛洛庞帝在《数字化生存》中宣称：“计算不再只和计算机有关，它关系到我们的生存。”如同该书的书名所示，尼葛洛庞帝关注的是人类在数字时代生存方式的变化。在他看来，引起这些变化的，正是日渐勃兴的计算机技术。这种全新的技术，表征着一种全新的人类交往模式。

数字技术之所以对人类社会产生如此重大的变革，归根结底是因为技术性质的改变。亚当·斯密对分工问题进行过多方位的研究，指出分工是创造价值的重要源泉，因此，他特别倡导分工协作。从第二次经济长周期到第四次经济长周期，产业内部越分越细，在这个过程中，技术进步大多发生在本产业内部而不是发生在各产业边界，或者说，技术的进步往往是

---

① ［美］怀特．文化科学［M］．曹锦清，等译．杭州：浙江人民出版社，1988：351.

向外开拓性的，而非前后贯穿的。但是，从第五次经济长周期以来，技术的进步不再仅仅是“前向的”，而是“回顾的”、“贯穿的”，也就是说一项技术的创新，不仅仅带来一系列新产业的出现，还促使原有产业接受改造。数字化技术在创造自己的产业即数字产业的同时，也在改造着诸多原有产业，导致整个社会社会生活的改变。

2. 大学校园的“虚拟生存”

1995 年，尼古拉斯·尼葛洛庞帝在《数字化生存》一书中写道：“当传统媒体广播、电视、报纸在大力宣传互联网时，它们不知道他们在培养自己的掘墓人。”如今，虽然网络并未如尼葛洛庞帝所说一统天下，四大传统媒体仍在人们的生活中扮演着重要角色，但对于伴随着网络成长的 90 后大学生群体来说，尼葛洛庞帝所预示的网络化和数字化生活方式，真实地笼罩着他们的生活，“虚拟生存”成为大学生的主要技术生存方式。

（1）媒体接触上，网络媒体一枝独秀。CMI 校园研究院调查结果显示，“在‘90 后’大学生中，每天接触网络的学生比例为 61.7%，而电视、报纸、广播和杂志四大传统媒体‘每天接触’的学生比例仅占 11.9%、6.8%、16.3% 和 6.1%”。网络媒体一枝独秀，其他媒体仅能作为补充。即便是传统媒体信息，“90 后”大学生也可以通过网络来获取。

（2）互联网对大学生的“全覆盖”。CMI 校园研究院调查结果显示，互联网在“90 后”大学生群体中的普及率为 100%，相对于目前中国互联网普及率 36.2% 来讲，网络已完全渗透到“90 后”大学生群体当中。

（3）互联网成为大学生生活的“全天候”项目。CMI 校园研究院调查结果显示，“90 后”大学生中，每天上网的人数比例高达 61.6%，一周三天或以上上网的比例达 21.4%。可见八成以上的“90 后”大学生上网较为频繁，上网成为大学生生活的“全天候”项目。

二、大学校园消费主义的数字化生存特征

1. 从生产社会到消费社会

消费主义是伴随着西方社会从生产社会进入消费社会而产生的一种价值观念和生活方式，从西方历史来看，消费社会和生产社会分别代表了两个不同历史发展阶段和发展水平。由生产社会进入消费社会，意味着社会发展进入一个更高的水平。在生产社会阶段，由于生产能力不足，经济处于短缺状态，绝大部分人口的消费仅仅处于维持基本生存的水平，人们往往以“生产者角色”而不是“消费者角色”来展现自身的身份认同。当随着西方发达国家经济的迅速发展进入物质丰盛社会时，由于生产能力过剩，经济进入买方市场阶段，要保证社会的持续发展和资本的积累，就必须刺激人们的消费欲望，促进消费的发展，西方发达国家将刺激消费作为经济发展的重要政策，于是消费在经济系统乃至社会系统中日益取得了主导性的地位，消费社会也随之到来。伴随着产品的极大丰富和人们收入水平的不断提高，人们的消费能力和消费选择自由大大提高，消费成为人们建构身份认同和获取享乐体验的重要途径。消费社会的主导意识形态就是消费主义，消费主义能煽动人们的消费激情，刺激人们的消费欲望，体现为消费者追求对不断膨胀和更新的欲望的满足，在消费社会中消费主义支配着资本的运作。

“今天，在我们的周围，存在着一种由不断增长的物、服务和物质财富所构成的惊人的消费和丰富现象，它构成了人类自然环境中的一种根本变化。恰当地说，富裕的人们不再像过去那样受到人的包围，而是受到物的包围……我们生活在物的时代。”① 这是鲍德里亚描

① ［法］让·鲍德利亚．消费社会［M］．刘成富，全志刚，译．南京：南京大学出版社，2006：1.

绘的西方社会在从以生产和积累为中心的社会转向以消费为中心的消费社会中人的存在方式和价值理念发生重要转变的图景。

关于消费主义的内涵有多种观点，比较有代表性的是："消费主义指的是一种价值观念和生活方式，它煽动人们的消费激情，刺激人们的购买欲望。消费主义不在于仅仅满足'需要'，而在于不断追求难于彻底满足的'欲望'。消费主义代表了一种意义的空虚状态以及不断膨胀的欲望和消费激情。"① "消费主义表现为现实生活层面上的大众高消费，它常常是由商业集团的利益以及附属于它们的大众传媒通过广告或其他各种文化、艺术形式推销给大众，并且把个人幸福、社会地位和国家发展的道路都奠定在高消费上，从而使高消费成为正当的、道德的和合法的或者说是自然的和普遍的。"② "消费主义是一种以推销商品为动力，进而无形中使现代社会的普通大众被挟裹进去的消费至上的价值系统和生活方式。"③ "消费主义是指发端于美国，在西方发达资本主义国家普遍存在，也在不发达国家出现的价值观念或生活方式。它主要把消费作为人生的根本目的和体现人生价值的根本尺度；把消费更多的物质资料和占有更多的社会财富作为人生成功的标签和幸福的符号，从而在生活实践中采取无所顾忌和毫无节制的消耗物质财富和自然资源，以追求新、奇、特的消费行为来炫耀自己的身份和社会地位，持有'生存即消费'的人生哲学和生存方式。"④

英国学者卢瑞描述了现代消费的16个特征⑤：(1) 拥有数量和品种繁多（而且一直不断增长）的消费商品。(2) 市场使人类的交换和交流朝着越来越广泛的方向发展。(3) 购物延伸为一种休闲方式。(4) 不同购物形式的日益显现，从邮购到大型商场购物到汽车行李箱降价市场再到二手货商场。(5) 由消费者组建的消费者政治团体。(6) 体育和休闲消费的日益明显。(7) 解除了借钱的限制，相应地，欠债的含义改变了。(8) 购物和消费场所的增加，如大型购物商场的扩大，零售广场和休闲场所增多了，并形成一定模式。(9) 在生产、陈列和购买消费品的过程中，包装和宣传的作用变得越来越重要。(10) 日常生活中广告的肆意渗透。(11) 越来越注重商品的款式、设计和外观。(12) 营造特殊的时空氛围来推销产品。(13) 出现了一系列的所谓消费犯罪——信用卡诈骗、偷窃和抢劫——以及消费者监控技术——遥控摄像机、银行、电话和通信公司的详细账目记录。(14) 当生活方式的推广已经成为生活方式的一部分时，我们就无法避免涉足消费商品以及自我塑造或自我完善的相关仪式的选择。(15) 出现了越来越多的所谓消费疾病和所谓的"代理病"、病变或"愿望病"，例如，上瘾癖，无论是酒精上瘾还是吃瘾或购物癖。(16) 个人或集体对物质商品的收藏、分类和陈列的浓厚兴趣，无论这些是艺术品、邮票、古董、音乐磁带或照片。

总体来说，消费主义就是一种把消费当做人生最高目的的价值观念和生活方式。在这种生活方式中，追求时尚、有品位的高消费，渴望较高的物质享乐和消遣成为生活的主要准则，人们消费中更注重的是个人的享受和满足，更看重的是商品的象征意义而不是商品的实用性，人们从商品的购买、使用和消费中寻找人生的意义。消费主义的主要特征有消费的无节制性、消费的符号象征性、消费的非自主性。

中国是否进入了消费社会呢？一方面，根据中国生产产能和产品总体性过剩，中国经济系统步入消费导向的经济这一事实而言，中国已步入消费社会，这不但是因为消费在中国的社会经济系统中开始发挥着举足轻重的作用，经济、社会、文化和政治活动越来越围绕消费这个主轴展开，而且也因为中国产生了一批人数众多的富裕阶层和中产阶层，消费者市场成

---

① 陈昕．救赎与消费—当代中国日常生活中的消费主义［M］．杭州：江苏人民出版社，2003：7.

② 刘晓君．全球化过程中的消费主义评说［J］．青年研究，1999（6）.

③ 杨魁，董雅丽．消费主义文化的符号化解读［J］．现代传播，2003（1）.

④ 何小青．消费伦理研究［M］．上海：上海三联书店，2007：72.

⑤［英］西莉亚·卢瑞．消费文化［M］．张萍，译．南京：南京大学出版社，2003：25-30.

为影响社会生活、经济生活、文化生活和政治生活的不可忽视的力量。但另一方面，中国又不算是充分的消费社会，因为中国还存在大量贫困农民阶层和人数众多的城市贫困阶层。可以说中国社会是一个非典型的消费社会，是兼具生产社会特点和消费社会特点的社会。王宁教授认为："这主要是由于社会财富分配的两极分化造成的，由此而导致社会出现两个阶层，一个是生存者集团，一个是消费者集团，二者奉行着各自不同的消费行为逻辑。"① 他认为，生存者集团主要包括农民工、下岗或失业职工以及其他低收入群体，他们的消费主要是为了满足自身生存的需要。而消费者集团主要包括私营企业主、国企和私企管理层、白领阶层、党政领导干部与其他公务员、律师、会计师、工程师、教授、自由职业者、演艺人员等。而消费者集团中的消费主义者又可分为两种，一种是真正的消费主义者，他们有足够的经济实力来践行消费主义生活方式，另一种是准消费主义者，他们缺少足够的经济实力，难以实现或难以全部实现其消费主义的欲望，但他们在极力追求或模仿消费主义的生活方式。从消费主体的角度来看，当代中国消费社会的主要特征有奢侈性消费、炫耀性消费、一次性消费、腐败性消费、畸形消费。从消费的客体角度来看，当代中国消费社会的主要特征有物质消费中符号价值张扬、精神消费庸俗化和肤浅化等特征。

2. 数字化背景下校园消费主义文化特征

从消费的角度来说，大学生是一个比较特殊的群体。上大学之前，父母在消费中多居于主导地位。进入大学校园之后，消费成为大学生活中必不可少的内容。与其他年代的大学生相比，"90后"大学生所处的经济环境已经相当优越，生活费自然水涨船高，消费形态也呈现出多样性。正如王宁教授的观点一样，大学校园的消费状况也呈现出两极化的特点，来自于生存者集团的同学消费仍然是满足自身的需要或者是呈现准消费主义者的特征；来自于消费者集团的同学成为大学校园消费主义文化的主体。在大学生消费能力有限的前提下，大学生的消费仍然以理性消费为主，然而消费主义文化也越来越凸显，在CMI校园研究院的调查中，1600名学生对"对于想要的东西，价格贵一些也会买"说法的态度评价同意率达58.2%；1600名学生中有73.7%的人同意"我宁愿多花一点钱购买品质较好的东西"这个说法。

正如前文所言，数字化背景下的"虚拟生存"成为"90后"大学生主要的生活状态。在数字化背景下，作为准消费主义者和消费主义者的大学生，校园消费主义文化又呈现哪些特征呢?

（1）消费信息网络获取，通过网络进入全面参与时代。在数字化这一背景下，大学生在做出购买决策时，网络成为重要的信息获取渠道。尤其是在购买电脑、数码产品和手机等贵重产品时，通过网络进行搜索、对比和网评成为大学生购买决策的重要参考依据。

通过网络，大学生消费者进入全面参与时代，不管是否消费企业的产品都要评头论足，他们不再处于被动，他们希望能随时与企业对话，并且不相信权威，而是相信直觉、口碑。更多时候，他们通过网络或表达对某一个产品的性价比等信息的看法，对某一款产品使用的感觉或者质量、价格、外观的评价，某一个产品的售后服务或者该企业的看法。通过网络，他们进入全面参与时代，参与到其他人的购买决策中，也参与到企业的营销环节中。

（2）追求奢侈消费，奢侈消费网络获取、虚拟完成或网购仿奢侈品。生活在消费社会时代，"90后"大学生与学生时代的"80后"、"70后"相比，对各种奢侈品牌显然是耳熟能详，对奢侈品的喜爱不言而喻。然而，除了一些来自于"消费者"集团家庭的同学能够承担之外，大多数同学对奢侈品的追求呈现出多样化的特征。除了一些同学能够通过"专项拨款"获得奢侈品外，另外还有一些同学则通过"网络代购"、"相关名品折扣网站"进行购买。原因正如"90后"大学生认为的那样，网购较为便宜。而对于一些难以实现的奢

① 王宁．从苦行者社会到消费者社会［M］．北京：社会科学文献出版社，2009：399.

侈品消费，部分同学选择了以网络虚拟来完成，如前几年流行的开心网，通过积分的获取可以在虚拟的社区得到马尔代夫、马达加斯加的豪宅，劳斯莱斯、凯迪拉克等豪车。

对购买力有限而又追求奢侈品的大学生来说，一般通过网络来购买模仿奢侈品的商品，一些同学通过网络来购买奢侈品相似款型的衣服、包包、鞋子等商品，以求满足对奢侈品的追求。

(3) 消费通过网络进入“秀”与“晒”时代。网络虽被称为虚拟空间，但存在于这一空间之中的却是现实中的人，网络空间常同步展示着现实，现实与虚拟的交汇常会发生，在网络虚拟空间中“晒”、“秀”现实生活就是典型事例。“90后”大学生经常把自己购买的产品、消费的体验过程通过微博、空间来“晒”、“秀”，在网络这个虚拟空间展示着自身的消费快感。

(4) 虚拟消费增多。在“90后”大学生的消费中，虚拟消费已经成为其消费的一部分，在CMI校园研究院的调查中，大学生中97.6%的人使用QQ。在这些人中，一部分或者大部分人开通过或正在开通红钻、绿钻等服务，用以更换QQ秀、QQ积分或者玩QQ游戏。同时网络游戏成为虚拟消费的一部分，尽管在“90后”大学生中，玩网络游戏的不足五成，在玩网络游戏的人群当中，每次玩的时间在2个小时以内的超过六成，网络游戏中的虚拟设备、武器等消费已经成为“90后”大学生众多消费的一部分。

(5) 网购成为常规消费手段。网络购物是网络应用的重要方式之一。正如对其他网络应用的态度一样，“90后”大学生对网络购物的应用也不甘人后。的确，“90后”大学生是网购从无到有的见证者，更是践行者。在CMI校园研究院的调查中，选择电脑网络购物的“90后”大学生比例是48.7%，购物的产品和内容涉及各个领域。服装鞋帽、书籍、配饰、数码产品、护肤品、化妆品、食品等产品网购频率高。而这个比例在将来一定会快速提升。

(6) 追求名牌和流行时尚。在CMI校园研究院的问卷调查中，“我认为名牌的商品品质比较好”这种说法获得的同意率为55.3%。“90后”大学生对流行有敏锐的触角。商品是否具有流行元素，或者商品本身是否流行，是吸引这群年轻人眼球的魔力法宝。至于会不会成为流行的追逐者和消费者，他们会根据自己的实际情况再做定夺。只是某些时候，他们在不知不觉间便被流行裹挟了。他们关注流行，追逐流行，讨厌被认为“OUT”了的东西。同时，在“90后”大学生中，通过网络来获取流行时尚和品牌信息已经成为追逐流行、时尚的一部分。

(7) 人际消费、休闲旅游消费增多。与大学时代的“70后”、“80后”相比，“90后”大学生联络感情的人际消费正逐渐增多。同时根据CMI校园研究院的调查，在必需品消费的清单上，“旅游”榜上有名。由此可见，“90后”大学生消费文化的改变。

三、基于消费主义的校园数字化营销

凯恩斯认为，在收入和消费的关系上存在这样一条规律：随着收入的增加，消费也会增加。美国经济学家杜森贝利在研究相对收入消费理论中所获得的关于消费的棘轮效应的结论是：消费者在收入增加后会迅速提高其消费水平，但当其收入降低后，消费水平却很难下降。随着中国经济的发展，国民收入会增加，消费也会随之增加，同时国家经济发展战略由出口、投资向投资、出口、消费转移。中国的“生存者集团”将逐步减少，而“消费者集团”将会逐渐增多。作为很大程度上依附于家庭的大学生来说，大学校园“消费者集团”也将逐步扩大，准消费主义者和消费主义者也会持续增多。在数字化背景下，在校园消费主义盛行时期，校园营销将发生根本性的变化。

首先，从营销内容上讲，营销的产品构成将会越来越丰富。

我们不难发现，由于校园市场的消费力，以及着眼于提前培养品牌忠诚，越来越多的企业重视校园营销。然而通过分析我们发现，目前重视校园营销的企业集中在可口可乐、康师傅、统一、脉动、和路雪等快速消费品，或者集中于中国移动、联通等必备的通信用品，校园营销仅仅停留在这些满足基本生活用品的产品上。单一的内容很难满足消费主义文化盛行的大学校园的各种消费。营销产品的丰富化、多样化将是校园营销的必然趋势。

其次，从营销的方式上来看，数字化营销将成为未来校园营销的主要营销方式。

奥美互动亚太区主席兼奥美日本主席肯特·沃泰姆指出：营销人员必须转变传统的营销模式。但事实是，我们的营销者并没有充分地使用消费者在线的时间，数字营销投入的费用与消费者在线使用的程度之间，存在一个巨大的鸿沟。也就是说，我们的数字化营销需要进一步拓展市场。而对于在线时间最长的大学生群体来说，这个鸿沟更加巨大，数字化营销更应该受到重视。

所谓数字化营销是指以计算机信息网络技术为基础，通过现代电子手段和通信网络技术，有效地调动企业资源进行营销活动，以实现企业产品和服务的价值过程。数字化营销的实质是通过计算机网络信息传输的市场营销，它着眼于物流、资金流和信息流的有效协调和统一，从而达到顾客满意和企业盈利的目的。数字化营销的本质是营销，数字化只是一种手段，是现代营销理论在新的经济形式下的发展。数字化营销的具体内容包含网络营销、数据库营销等最新营销方法和手段。

早在1996年，美国毕晓普信息集团公司就提出了一个通用的“战略的数字化营销模式”，它是以数据库营销为主的数字化营销方式，包括以下五个步骤：

第一步，建立营销数据库。使用数字和传统的营销工具来收集有关已有营销的信息，并将这些数据输入到一个关系数据库中，围绕数据库建立的环境叫做数字领域。对于校园营销来说，通过网络调查和传统的调查方式，将大学生的基本个人信息及消费心理、消费习惯、消费倾向收集起来，建立数据库，并进行及时更新，掌握大学生的基本情况与消费趋势，也就是建立校园营销的数字领域。

第二步，细分客户。把客户数据库按照共同特征细分。通过数据库，对大学生的消费习惯进行细分，比如对于移动通信业务来说，有的学生倾向于发短信，有的学生倾向于打电话，有的学生长途电话多，有的学生市话多，根据其消费习惯、消费心理或者消费金额将大学生群体进行细分。

第三步，开发独特产品和服务。开发新的和有创意的数字产品和服务，提供给每个细分客户。根据细分的客户，提供独特的产品，比如中国移动的动感地带、中国联通的UP新势力这些专门针对大学校园的套餐业务受到了大学生们的欢迎。而随着技术的发展，随着微信等新兴的沟通手段的兴起，这种套餐方式势必会发生改变，需要开发新的套餐，那就更需要对数据库时时更新，并重新细分客户，开发新的产品。

第四步，开发独特的数字促销方法。要为每种独特的产品和服务设计一种独有的数字促销方法。为了吸引大学生进入数字领域，要使数字促销方法有用、有趣，并且与大学生的在线习惯、在线时间相结合。

第五步，使用数字和在线手段进行沟通。大学生一般会使用数字和在线技术访问数字化促销活动，并且为数据库留下有关自己的信息，一旦数据库中存有了大学生的潜在信息，便可使用数字手段和他们沟通，对数据库进行时时更新。

第六步，扩展数字领域。当营销数据库内容增加时，数字领域同时也有扩展，要开发更多的新产品和服务及创新的数字促销方法，采用新的数字手段和能力，来满足大学生的新需要。

在数字化背景下，数字化营销时代的营销战略发生新的转变。市场营销管理从4P（产品、价格、渠道、促销）发展到4C（顾客需求、成本、方便、沟通），数字化营销的特点恰巧符合4C的要求。同时企业市场营销战略将向4D战略转变，即数字化沟通、数字化调研、数字化促销、数字化贸易四个方面，4D战略则是以信息沟通的数字化为基础，以市场信息的有效获取为主要内容，以数字化促销作为传统营销手段的重要补充和发展，以贸易的网络化为最高阶段。运用4D战略进行校园营销是未来校园营销的主要营销方式。在数字化营销战略的使用案例中，我们看到了凡客诚品的快速成长和营销的成功，也看到了更多传统的企业开始向数字化营销领域进军。

数字化营销的优势在于互动、跨越时间和多媒体，使广告由“印象型”转化为“信息型”，消费者做出购买决策的机制发生了变化，数字化营销中的宣传主要是基于信息的理性说服机制，而传统宣传则是基于印象的联想型劝诱机制。数字营销媒体必须有趣，必须把数字信息处理成有趣的形式，让大学生们自觉自愿地一而再、再而三地回来观看。而不是以强制性的收看为主，这就要求在营销中更加注重创意，用新颖的创意去吸引大学生。

同时，数字化营销使得“一对一”营销成为可能，今天的企业之所以要更加强调“以客户为中心”，是因为“客户为本”的理念顺应了新经济发展的要求，使传统企业有可能以更低的成本和更先进的管理参与数字时代的竞争。数字化营销所具备的让传统企业运作更有效率的机能，其主要的原因概括为两个方面：中间环节的精简和一对一营销的跨越性实现。

在传统营销中，客户渴望得到进一步的咨询和服务通常要经过复杂的过程，常常无法在第一时间达成交易。这种“一对一”的营销理念如果说在传统商务活动中遭遇规模化生产与个性化的矛盾，在执行上充满障碍的话，那么今天在数字化营销中却显得再合适不过了。唐·佩柏和马莎·罗杰斯早在1993年就提出了一对一营销，并列了一张大众化营销与一对一营销之间的对比表，如表1所示。

表1　　**大众化营销与一对一营销对照表**

大众化营销	一对一营销
顾客平均化	顾客个别化
顾客匿名	顾客概貌
标准产品	定制的市场提供
大众化生产	定制生产
大众化分销	个别化分销
大众化广告	个别化信息
大众化促销	个别化刺激
单向信息	双向信息
规模经济	范围经济
市场份额	顾客份额
全部顾客	有盈利顾客
顾客吸引力	客户维持

从表1中我们可以看出一对一营销是以顾客份额为中心，通过与每个客户的互动对话，与客户逐一建立持久、长远的“双赢”关系，为客户提供定制化的产品的营销活动。这种营销模式不但可以将数字化营销固有的优势发挥到极致，更可以与用户建立起历久弥坚的客户关系。

而对于不满足于“自己只是统一型号的社会产品”的大学生来说，数字化营销所带来的一对一的营销方式，更加符合其对“个性化”的追求。而在现在市场中“一对一营销”的成功已初见端倪。比如凡客诚品的主要目标群体是大学生和年轻的白领，在2012年设计新款T恤时，通过网络对市场进行调研，进行网络的一对一沟通，设计出5000款T恤来满足其要求。在数字化生存的今天，加之生产的柔性化，使得个人化定制、个人化营销成为可能。

大学校园是最早进入数字化生活的环境，也是最适合进行数字化营销的市场。企业只有进行数字化营销，才能够符合大学生的生活方式和媒介接触习惯，也只有数字化营销才能够使企业在越来越激烈的校园营销中取胜。

【作者简介】

姚曦，武汉大学新闻与传播学院教授、博士生导师，研究方向为广告学、媒介经济。

秦雪冰，武汉大学新闻与传播学院博士研究生，研究方向为广告学。

广告对体验式营销拟态环境的构建

邓相超

一、引言

体验式营销是世纪之交在美国兴起的市场营销新模式，人类的社会经济形态在经历了农业经济、工业经济、服务经济之后，随着信息社会的到来，逐渐演进到了“体验式经济”（即体验经济）时代的来临。1998年《哈佛商业评论》首次以“体验式经济时代来临”作为主题，美国俄亥俄州战略地平线顾问公司的共同创办人约瑟夫·派因与詹姆斯·吉尔摩在本期杂志上发表文章指出：体验式经济（Experience Economy）时代已来临，其区分经济价值演进的四个阶段为货物（commodities）、商品（goods）、服务（services）与体验（experiences）。他们对体验营销的定义是：“从消费者的感官、情感、思考、行动、关联五个方面重新定义和设计营销理念。”

所谓体验经济，是指企业以服务为重心，以商品为素材，为消费者创造出值得回忆的感受。传统经济主要注重产品的功能强大、外型美观、价格优势，体验经济则是从生活与情境出发，塑造感官体验及思维认同，以此抓住消费者的注意力，改变消费行为，并为产品找到新的生存价值与空间。

李普曼在《舆论》一书中，提出了一个重要概念“拟态环境”（pseudo-environment）。所谓“拟态环境”，并不是现实环境的镜子式再现，而是传播媒介通过对象征性事件或信息进行选择和加工、重新加以结构化之后向人们提示的环境。然而，由于这种加工、选择活动是在一般人看不见的地方（媒介内部）进行的，所以，人们通常意识不到这一点，而往往把“拟态环境”作为客观环境本身来看待。

李普曼认为，现代社会越来越巨大化和复杂化，人们由于实际活动的范围、精力和注意力有限，不可能对与他们有关的整个外部环境和众多的事情都保持经验性接触，对超出自己亲身感知以外的事物，只能通过各种“新闻供给机构”去了解认知。按李普曼的观点，想要得到关于现实环境的真实图景是枉费心机。现实环境如此巨大、复杂而又稍纵即逝，根本不可能被直接感知。人类在这个环境中生存和行动，必须将其构成一个更为简单的模式。

美国服务营销学家格鲁夫和菲恩科认为服务体验经历和演戏相似。施密特教授正是以剧场理论为基础来论述体验营销的。商家精心营造的消费环境就类似于一个戏剧的剧场，在再次消费空间里，灯光、音乐、布景，就类似于剧场里的设施，消费者的体验过程也可以看做是演员在舞台上的演出过程。和剧场相对应，有三种因素关乎营销效果：大众媒介的宣传、消费空间的营造、消费者与商家的互动。而这样营造出来的环境是典型的“拟态环境”。

二、广告赋予商品以意义

广告将商品变成了符号，广告是通过对符号的操纵，从而赋予商品意义的。

瑞士语言学家费尔迪南·德·索绪尔将符号分成两部分：能指和所指，其中能指是符号的物质形式，表现为一种声音或图像；所指则是指由这个特定的声音或图像所引发的概念与联想，是内容。在索绪尔那里，所指并不必然指向现实的物质世界，“后者（所指）不是物质的声音，纯粹物理的东西，而是这声音的心理印迹，我们的感觉给我们证明的声音表象，它是属于感觉的，我们有时把它叫做‘物质’的，那只是在这个意义上说的，而且是跟联想的另一个要素，一般更抽象的概念相对立而言的”。①

索绪尔进一步指出，符号的能指和所指之间的关系是任意的，它们之间并没有必然的联系，是约定俗成的、随意的，甚至是武断的。例如“苹果”这个词，它的能指是汉字“苹果”的发音及书写形式，所指代指的是苹果这种水果的概念，但是汉字“苹果”和水果“苹果”之间没有任何的联系，是人类任意规定的。符号能指与所指之间的这种任意性，为符号的“神话”过程打下了基础。

以索绪尔提出的符号的能指与所指之间的任意性关系为基础，罗兰·巴尔特发现了“神话”。他发现能指表现所指有两个层次：直接意指和含蓄意指，其中直接意指是符号的第一个层次的意义，在这个层次上能指本身的价值具备足够的合理性，而且它提供了知识、记忆还有事实、理念等；当符号的能指与所指的第一层关系确定后，以第一层符号外延的意义为基础，并将另一层意义附加其上，构成一个所指。②

罗兰·巴尔特强调符号构成的一个基本要点：形式——能指并未完全吞食它的意义，只是使意义贫乏化。在第一个层次建立的意义在第二个层次失去了一些价值，却保持着被激活的生命元素，为接纳新的意义做准备。对形式而言，意义总是在历史的瞬间保留过，在快速的更迭中被部分移植。在含蓄意指层次上，符号意义的产生是由其所指移位的无限性所致。即符号能指与所指的第一个关系确定后，以第一层符号外延的意义为基础，并将另一层意义附加其上，构成另一个所指。这种附加从理论上讲似乎是没有限制的。含蓄意指的植入实际上也就是神话的过程，它掏空了第一层的概念，只保留形式——能指。然后将神话植入其中，便构成了表达新的意义的符号。③ 以玫瑰花为例，它的直接意指是代指玫瑰花这种植物，但是在现在的文化范畴里，人们用玫瑰花来代指爱情，玫瑰花便具有了爱情这一层意义，这就是一个神话植入的过程。我们可以看到，符号的含蓄意指具有更强的文化意蕴，这一层所指和能指之间体现出完全的任意性。

广告就是利用了符号的能指与所指的任意性关系，尤其是符号的神话过程，来赋予商品抽象的意义。以百事可乐的广告为例，百事可乐的广告语经历了从最初的功能诉求逐渐向抽象的意义诉求转变：20世纪初百事可乐的广告语是“可口之饮料”、“天然饮料——百事可乐”，到20世纪60年代变为“奋起吧，你就属于百事新一代”、“让自己充满活力，你是百事新一代”，进入21世纪则改为“突破渴望（Dare for More），敢于第一（Dare to Be No.1）”……百事可乐不过就是一种饮料，在物质功能上，它和其他品牌的饮料没有什么本质的差别。但是通过一系列的改革诉求，百事可乐已经和年轻、活力、自由、勇于挑战精神联系在一起，这就是一个神话过程。消费者选择百事可乐而不选择其他饮料，追逐的正是这种抽象的意义。

“广告呈现为一个能指，一个词语，这个词语与广告所促销的对象不存在传统的关系，广告是这个词依附于那个对象。广告构建起新型的语言与传播现实。这些漂浮的能指恰恰在广告中通过再语境化实现意义。”④ 广告正是通过对语言、图像、声音、色彩等符号的综合

---

① ［瑞士］费尔迪南·德·索绪尔著．普通语言学教程［M］．高明凯，译．北京：北京商务印书馆，1980：101.

② 李岩著．媒介批评 立场 范畴 命题 方式［M］．杭州：浙江大学出版社，2005：23.

③ ［法］罗兰·巴尔特著．神话——大众文化诠释［M］．许蔷蔷，译．上海：上海人民出版社，1999：175.

④ 王逢振主编．电视与权力［M］．天津：天津社会科学院出版社，2000：209-210.

运用，共同构建起商品的能指，这里的能指包括品牌的标识、广告语等。构建起能指只是广告发挥作用的基础，广告更大的作用在于对这一能指所对应的所指的建立，而它所利用的正是符号能指和所指的任意性关系。

广告将符号所指的抽象性、联想性运用到极致，通过神话的过程，将普通的商品变成了某种符号的象征，代表的是某种文化与精神，而与商品本身的物质功能已相去甚远。广告不仅赋予商品抽象的文化意义，还让消费者在商品与文化意义之间获得一种习惯性的联想，消费者一见到商品，首先想到的不是它的物质功用，而是它代表的意义。如宝马是身份与地位的象征，世纪缘钻石是爱情的象征，可口可乐是美国精神的象征……广告使得商品在某种程度上已经变成了一种符号。

"身份与地位"、"爱情"、"美国精神" 等使我们这些文化世界的表达不再需要依托于高雅的艺术，而是在日常生活中五花八门的商品中就可以得以实现，这正是英国学者迈克·费瑟斯通所提出的日常生活审美化。费瑟斯通在其《消费文化与后现代主义》一书中曾提出了三种类型的日常生活审美呈现，其中第三种就是日常生活的审美化。日常生活的审美化进入第三个阶段，获得了其在消费社会的确切存在形式——符号化的存在。在这一阶段，日常事物不再需要艺术赋予它意义，其本身就是审美的对象，这也就意味着消费社会的一切存在，不管是物质层面还是精神层面的，都必须采取符号化的形式，当代社会由此成为一个符号泛滥的社会。德博尔称其为"景观社会"。在这样一个社会中，既然一切存在都以符号的形式存在着，那么物的符号化，就不仅是一个理论的必然要求，而且是一个毋庸置疑的事实本身。①

物的符号化是成熟的消费社会发展的一种必然，我国从总体上看消费还不够成熟，尚未进入消费社会，但是毋庸置疑的是，在北京、上海、广州、深圳等大城市某些消费领域——尤其是奢侈品消费——已经具备了这样的消费趋势，消费者追逐的正是商品的符号意义。此时，商品已经脱离了它的物质形式，变成了符号。商品的符号化在消费社会的存在形式是品牌。纷繁多样的商品已经被抽象为一个个的品牌概念，它们以品牌表现自己。提起一个商品，消费者首先想到的不是其结构和功能的差异，而是代表该商品的品牌以及品牌中所蕴含的抽象意义。例如，万宝路香烟，被消费者誉为香烟界的至尊，这是品牌赋予它的地位；海尔是周到的服务与质量的保证，这正是品牌的魅力。在商品同质化现象极其严重的今天，品牌的差异化是新一轮的营销策略，品牌已成为现实商品差异的主要方式。品牌的价值正在于其蕴含的抽象意义被消费者的认知程度、接受程度。

三、体验式营销中的广告控制模式

广告赋予商品意义，商品以品牌的形式抽象地表现出来，进而依托品牌的力量影响着消费者的认识、态度与行为，这是现今商品社会的基本运作模式。品牌的差异成为商品世界差异化的主要表现形式。在此，我们的社会不仅是一个符号泛滥的社会，亦是一个意义泛滥的社会，我们周围漂浮的能指及其差异化的意义建构着大千世界的千姿百态。

实际上广告对体验商品的宣传也没有逃脱这一模式，"这里让你梦想成真"、"在这里什么事情都有可能发生，杯子会跳舞、大象懂得飞、美丽的公主可以找到心目中的白马王子、你更可以在地球上遨游外太空……" 迪斯尼乐园不只是一个绚丽的卡通世界，带给你也不只是快乐，它是你实现梦想的地方。梦想这一抽象的意义才是广告所宣传的核心，也是迪斯尼品牌的最大价值所在。它使消费者形成期待，消费者进入迪斯尼想体验的正是这实现梦想

① 夏莹著．消费社会理论及其方法导论——基于早期鲍德里亚的一种批判理论建构［M］．北京：中国社会科学出版社，2007：197.

的感受。此时，迪斯尼已经成为实现梦想的符号。而且，迪斯尼的广告不再是简单地告知事物的功能，而是突出消费者到迪斯尼的体验感受，体验快乐与梦想。这样的广告语对消费者具有更大的吸引力。

搞经营体验而取得巨大成功的星巴克为我们提供了一个解读体验营销的范例，它的广告宣传也在建构一种抽象的“星巴克感受”，让消费者流连忘返。“一个属于您的空间，您可以在这里思考、创作、工作，忙里偷闲和尽情享受，欢迎光临星巴克！”“邂逅你自己！”在星巴克的广告宣传中，星巴克已经不是一个简单的喝咖啡的地方，它代表着更为抽象的意义：一个真正属于你的空间，一次让你的生活节奏慢下来的机会。这也被誉为“星巴克感受”，是星巴克的品牌内涵，也是这一品牌的最大价值。为了增加消费者的体验感受，星巴克还采取多种宣传方式，如提供宣传资料，介绍咖啡的调制方法，咖啡的各种喝法，通过加牛奶或奶油用蒸气加热煮出卡布其诺咖啡和奶咖等，介绍星巴克的历史以及在世界各地种植的咖啡豆种类。这样，每次光临星巴克，消费者的大脑中都会调用这些知识，形成体验期待，这便使得消费者的体验具有浓郁的星巴克味道。

星巴克们的核心价值在于其品牌，体验的价值也是通过品牌表现出来的，品牌等于体验，而品牌的意义是形成消费者体验期待的重要因素，这是一种隐蔽的控制方式。消费者已经不再是完全自主的，他们在具体体验之前，通过接触广告及媒介的宣传，头脑中已经形成体验的基本模式，品牌越成熟、越有名，这一基本模式对消费者的影响也会越大。因为他们之所以选择一种体验方式，想追逐的正是品牌中所蕴含的意义。

四、结论

由以上分析可知，塑造品牌是广告控制消费者的一种有效方式，但广告的作用不止于此，它通过构建和宣传生活方式，形成一种潜在的话语霸权。在体验消费的广告宣传中，无论是劝服你进入童话世界，还是享受“星巴克感觉”，抑或是其他，其背后都有一句潜台词：这是一种时尚的生活方式，是大部分人都在选择的，你还等什么？可以说，体验消费迎合了人们“实现自我”的高层次精神需求，同时它又通过广告等形式将这种生活方式无限地放大化、普遍化，成为消费者必需的选择。在公共话语下生存的社会大众，被这些潜在的话语潜移默化地影响着，在他们看似自然的行为中渗透着广告宣传的痕迹。

【参考文献】

[1]［瑞士］费尔迪南·德·索绪尔著．普通语言学教程［M］．高明凯，译．北京：商务印书馆，1980.

[2]［法］罗兰·巴尔特著．神话——大众文化诠释［M］．许蔷蔷，译．上海：上海人民出版社，1999.

[3]［美］约瑟夫·派因，［美］詹姆斯·吉尔摩著．体验经济［M］．夏业良，等译．北京：机械工业出版社，2002.

[4]［英］迈克·费瑟斯通著．消费文化与后现代主义［M］．刘精明，译．上海：译林出版社，2000.

[5]［美］沃尔特·李普曼著．舆论学［M］．北京：华夏出版社，1989.

【作者简介】

邓相超，山东建筑大学广告传播与社会调查研究所教师。

“气场”感知对中国消费者精细加工可能性的影响

林升栋　冯咏薇　张芝云

Petty 和 Cacioppo 在 1981 年提出的精细加工可能性模型（Elaboration Likelihood Model），被认为是解释广告信息如何影响消费者态度和行为的最佳模型之一。该模型将消费者态度改变的路径划分为中枢路径（central route）和边缘路径（peripheral route）两种。中枢路径把态度改变看成是消费者认真考虑和整合信息的结果，即消费者对与产品相关的信息进行精细加工，深入分析、判断其规格、性能、质量等核心要素。相反，边缘路径把态度改变看做是消费者受到各种与产品不相关的边缘线索（如广告信源的可靠性或权威性、广告模特的魅力、所激发的不同情绪或情感体验等）影响的结果，其中更多地依赖于情感迁移、直观推断等。该模型认为，受众对广告信息的卷入水平是影响路径选择的最重要因素。“卷入度”是关于消费者的个人需要、兴趣、价值观与产品信息等的相关程度。也就是说，产品信息与个人的相关性是决定卷入度的主要因素。当受众高度卷入时，其态度改变遵循中枢路径，即广告信息中与产品相关的论据质量起主导作用；反之，当受众低度卷入时，其态度改变遵循边缘路径，即广告信息中与产品无关的边缘线索起主导作用（Petty and Cacioppo，1983）。

ELM 模型提出后的三十年来，学者们做了大量的研究来探究 ELM 理论框架中各个变量（卷入度、论据质量、边缘线索）的关系以及它们对消费者态度形成的影响。但是大部分研究都是对 Petty 和 Cacioppo（1983）的研究做小改动后的复制，用到的边缘线索五花八门，包括背景音乐、信息来源或者幽默等，这些边缘线索看起来都跟产品没有直接的关系（Dotson and Hyatt，2000）。然而，在西方已经有对广告信息中何谓“中心论据”以及何谓“边缘线索”的争论。Dotson 和 Hyatt（2000）用美国文化中的宗教标志——十字架作为边缘线索，他们发现“边缘线索本身的属性也会对目标受众的态度改变产生作用”，低卷入的基督徒消费者对广告中呈现十字架表现出反感态度，但高卷入的基督徒消费者却对广告中呈现十字架表现出更积极的态度。也就是说，即使在高卷入度的情况下，边缘线索也有可能影响目标消费者的态度改变。据笔者分析，此前的边缘线索虽然都是消费者所喜爱的音乐或幽默等，但从未跟消费者的信仰挂钩，看来与消费者信仰相关的边缘线索会与中心论据共同对消费者态度产生影响。中枢路径和边缘路径并不是那么泾渭分明。

中国是一个崇尚“天人合一”的国家，这一国民信仰在许多商业广告中都有体现。比如，作为高价产品，房地产广告非常鲜明地表现出这种特点，洪旭君（2011）对 2000—2009 年《IAI 中国广告作品年鉴》中收集的房地产广告作品进行内容分析，发现超过 70% 的广告没有描写与房子产品相关的信息，有 25% 的广告完全在描绘“天人合一”的意境，采用花、鸟、虫、鱼等各种看似边缘的线索来诉求。除了利用边缘线索，很多房地产广告还利用空间布局之类的弱论据，营造出很强的“气场”。下面的图 1，就是厦门的一个房地产广告，里面所体现出来的空间布局，就跟阴阳鱼图极为相似。信则有，不信则无。跟前面的基督教信仰一样，这种利用边缘线索或弱论据来进行说服的方式，在中国似乎屡见不鲜。

图1　房地产布局中的阴阳鱼形

中国是一个深受传统“气场”文化影响的国家，从中医的气功到建筑风水都有“气场”。由于“气”看不见摸不着，而“场”（field）则实体存在并可操作化，因此西方文献只关注“场”的测量与研究。跨文化心理学的许多研究都发现，不同的文化对个体的认知加工模式会产生重要影响，东亚人对目标对象所处的情境线索很敏感，思维趋向整体主义，场依赖性强；而北美人则比较关注目标对象本身，对其所处的情境线索比较不敏感，思维趋向解析主义，场独立性强（Chiu & Hong, 2006）。林升栋、柯学（2011）几种场独立/场依赖测量工具，包括镶嵌图形测验、框线测验和认知偏差任务，进行了系统的比较研究。他们发现，这些来自西方的场独立/场依赖测量工具，通常借助一些简单的图形或线条。以 Witkin 等人制作的镶嵌图形测验为例，该测验要求被试把一个简单图形从其周围的场景中分离出来。具体例子请见下面的图2。在测验小册子的背面印有简单图形 x，要求被试者在规定时间内在下面的复杂图形中迅速找到这个简单图形 x。该测验分为三部分：第一部分是练习，共七道题，不计分；第二、三部分则是正式测验，每部分测验时间为3分钟，各部分得分满分为9分，总得分理论分值最高为18分，最低为0分。得分越高提示场独立性越强，得分越低提示场依赖性越强。Monga（2008）对整体主义/分解主义的启动方式，就是给一个场景图，让被试者描述整个场景以启动整体主义，让被试者在图中找出一些物件（如小鸟、小鱼）以启动分解主义。其原理是一样的。

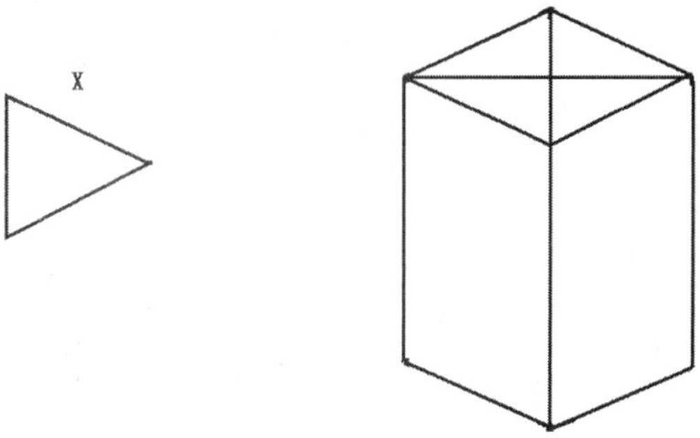

简单图形　　　　复杂图形

图2　镶嵌图形测验示例

尽管整体性的“场依赖”思维是“气场”形成的必要条件，但“气场”与“场依赖”不是两个等同的概念。像上述西方的测量工具，都是有“场”无“气”的。而气场的基本单位是气，“气”才是气场二字的重心所在。“气”的产生是必须借助于活生生的、现实的事物，而非抽象出来的简单图形，这就决定后面研究者的实验设计中所用到的广告图片都是接近真实的场景。那么，“气”是什么？道家称气为“炁”（音读 qi），儒家讲“浩然正气”，中医讲“营气、卫气”，气功学家分为“内气、外气”，而“风水”讲“天气、地气、生气、阴气、阳气”等。总体而言，气只有阴、阳两种，“万物负阴而抱阳，冲气以为和”。气场的性质和强弱可以随事物本身及周围环境的变化而不断变化，依据阴阳、五行的具体体现，能否达致“天人合一”是衡量气场性质和强弱的标准（李建伟、刘雅莉，2009）。可见，场内元素的增删与布局是很讲究的，随意增删和布局的场是有“气”的，但未必能达到“天人合一”的正/强气场效果。在中国，有“神来之笔”的说法，对文字或图像元素中的一个局部的改动，可以达到“牵一发动全身”之效果。本文作者因此对“气场”感应如何影响中国消费者的精细加工可能性感兴趣。

虽然没有直接与“气场”相关的消费研究，但是与场依赖/独立以及整体主义/分解主义相关的消费或广告研究还是有一些。然而，依据这些研究成果所推出的气场感应假设，却可以是完全不同的。有一类研究成果基本上是以整体主义/分解主义互斥为基础假设，也就是说，这二者是此消彼长的关系。以 Monga（2007）对品牌延伸的跨文化研究为例，整体思维的东方人对远距离的品牌延伸仍有较积极的评价，而分解思维的西方人对表现出负面的评价。Monga 认为这是因为西方人关注品牌延伸时新旧产品之间“产品属性”的匹配性，而东方人受到边缘的非产品信息影响所致。依这种互斥性假设，基于整体思维的“气场”感应会对产品相关的中心论据信息处理产生“抑制”效果。另一类的研究成果则将整体主义视为一种信息整合处理的思维方式，整体的气场信息和局部的产品论据并不互斥，相反，二者在消费者信息加工过程中是既此又彼的关系。如 Heesacker 等人（1983）发现场独立性强的被试者一般具有较高的精细加工可能性，他们更可能忽略信源而更多地加工论据信息；而场依赖性强的被试者，则受到论据信息质量和信源可靠性的交互影响。也就是说，场独立性强的人不管信源可靠程度的高低，比较一致地呈现出对高质量论据的偏爱；而场依赖性强的人，在信源可靠程度低的时候，论据质量高低没有影响，在信源可靠程度高的时候，论据质量高的说服效果明显高于论据质量低的信息。依这种整合性假设，基于整体思维的“气场”感应对产品相关的中心论据信息不仅不会产生“抑制”，还会产生相互促进的说服效果。本文即是尝试对这两个竞争性的假设进行验证。

“气场”也是中国风水的核心，我国老百姓住宅选址都是围绕寻找聚气旺气的“风水宝地”而展开的。“风水”中反复提到的迎气、纳气、聚气、藏气、生气，都是紧紧围绕着“气”这个核心。因此，本研究先选用房地产的广告作为材料对“气场”这一概念进行探索性的实验研究。

研究一

本研究以广告图片增删某物作为气场强弱之启动。既然“场思维”或“整体思维”是气场形成的必要条件，而且会影响到信息处理的方式，研究一试图验证：气场强弱也会影响到整体思维的强弱。研究中加入强弱论据这一变量，来看看气场与论据之间是否会有交互影响。本研究是一个 2（气场：强/弱）*2（论据质量：强/弱）的实验设计。

一、方法

1. 前测

前测包括对强弱论据的测试以及对广告真实性、气场强弱的测试。

（1）强弱论据。从报纸刊登的房地产广告中挑选出75条房地产广告的广告语及75条房地产广告的广告文案描述，将其中相似广告语、描述语，或者带有典型地域特征的广告语、描述语剔除，最终选取广告语及广告文案描述各60条。

随机抽取18个被试者进行前测。被试者在浏览广告语后在其觉得是强论据的广告语前打钩，觉得是弱论据的广告语前打叉。广告文案的测试方法和广告语一样。将打钩最多的三条广告语和广告文案定义为强论据的广告语和广告文案，将打叉最多的广告语和广告文案定义为弱论据的广告语和广告文案。然后，结合实验及广告画面配合的需要，最终选取的强论据和弱论据广告语及文案分别为：

强论据广告语：

时尚空间　简约生活

强论据广告文案：

妇幼医院、厦门大学、双十中学、博物馆、光合书城等，成就浓郁人文环境 BRT9号线年内动工，轻松连接岛内各交通要点　4000业主同自豪

2008年全市销售冠军企业　2008年全市销售冠军楼盘　2008年鹭岛十大明星楼盘　强诉求低卷入度广告文案：

八楼、军区总院、师范大学、市图书馆、深圳书城等，成就浓郁人文环境　毗邻鲤鱼山与儿童公园，营造多层次景观。　4000业主同自豪　2008年全市销售冠军企业　2008年全市销售冠军楼盘　2008年乌鲁木齐十大明星楼盘

弱论据广告语：

修身　养性　赢天下

弱论据广告文案：

偷得浮生半日闲，三五好友，湖畔边悠然垂钓，一身麻布衣，是阅遍奢华后的豁然境界；一竿垂碧波，感受辽阔天地间的无羁无绊。收藏千年山水，畅享一品人生，携天地之菁，蕴山水之气，以湖韵之荣耀，恒久传世。

这样写出来的广告语和广告文案比较接近现实，得出的结果外部效度较高。

（2）广告真实性和气场强弱。最终PS出来的广告图片，选取14个人对广告的真实性进行评价，14个被试者都认为此广告画面及文案与现实中发布的广告真实度相似。而且，在楼盘广告中加入鱼的边缘线索，会使整个画面的气场明显变强。

2. 被试和设计

作为一个探索性的实验，本研究邀请58个大学生参加。其中，14人阅读弱论据、无鱼的广告；15人阅读弱论据、有鱼的广告；14人阅读强论据、无鱼的广告；15人阅读弱论据、有鱼的广告。具体如图3～图6：

3. 程序和材料

参照Petty和Cacioppo（1983）的程序，研究者给被试者一本广告小册子，包含10个广告，锦华楼盘的广告就插在其中。为了增加被试者的卷入度，在广告册子的首页，研究者就告诉被试者："感谢您参与本次调查，事后我们将进行抽奖，您将有机会成为2010年厦门十佳楼盘评比活动的大学生评委。"（注：当时厦门正举办大规模的十佳楼盘评比活动，在校园内亦有活动宣传），被试者看完广告册子后即让他们填写因变量的问卷。

因变量包括：整体思维量表（Choi等，2003），10个测题；广告态度与品牌态度量表（Petty and Cacioppo，1983）分别有5个测题和4个测题。由于大学生尚不具备购买能力，因此不测量购买意向问题。采用七点量表施测。

图 3　弱论据+无鱼

图 4　弱论据+有鱼

图 5　强论据+无鱼

图 6　强论据+有鱼

二、结果与讨论

研究结果发现，气场强/弱对整体思维有主效应，F 值=5.75，p 值<0.05，论据强/弱对整体思维没有显著的主效应，两个自变量也没有交互作用。也就是说，无论是强/弱论据，气场强的广告（有鱼图）在启动整体思维上的得分均显著高于气场弱的广告（无鱼图）。具体见表 1：

表 1 **Descriptive Statistics**

Dependent Variable：整体思维

论据强弱	有无鱼作为边缘线索	Mean	Std. Deviation	N
弱论据	无	5.1929	.70106	14
	有	5.8467	.56678	15
	Total	5.5310	.70665	29
强论据	无	5.3214	.63872	14
	有	5.4667	.62754	15
	Total	5.3966	.62592	29
Total	无	5.2571	.66133	28
	有	5.6567	.61850	30
	Total	5.4638	.66509	58

气场强/弱和论据强/弱对广告态度和品牌态度两个因变量均不存在主效应和交互效应。考虑到大学生被试者不是成熟的消费者，以及广告文案有较大的不同，这一结果可能有多种解释。但本研究验证了气场强弱确会对消费者的整体思维有启动效果。这使得研究者在后续更严谨的实验设计中，制作和判别气场强弱的广告刺激有了一个新的标准。研究一中加入鱼/不加鱼能否导致被试者气场强弱的感知，还只是通过笼统的问题（你觉得该广告中的气场有多强？）和小样本的前测来实现的。下面的实验二，研究者做了进一步的改进，一方面试图保持画面元素的一致性，只从布局角度来调整气场强弱；另一方面论据强弱的内容是一样的，不同的是弱论据空泛一些，而强论据则提供了详实的证据说明。更重要的是，研究二采用了成熟的消费者样本。

研究二

本研究的目的是在一个成熟的消费者群体当中做实验，验证本文提出的两个竞争性假设究竟哪一个会成立。

一、方法

1. 前测

前测包括对强弱论据的测试以及对广告真实性、气场强弱的测试。

（1）强弱论据。从研究一搜集的报纸房地产广告中，改写成强论据和弱论据广告文案，这些文案都是指向同一内容的。举个例子来说，交通条件，弱诉求的文案是“公铁大桥、BRT 快速公交，皆可直达大厦门都市中心”，而强诉求文案则为“东临厦门园博园、集美文教学区，西接马銮湾生态滨水新城，公铁大桥 VSBRT 快速公交，15 分钟直线抵达大厦门都市中心”。小范围的前测表明论据强弱有显著性的感知差异。

（2）广告真实性和气场强弱。最终 PS 出来的广告图片，也选取 14 个人对广告的真实性进行评价，14 个被试者都认为此广告画面及文案与现实中发布的广告真实度相似。而且，在楼盘广告中加工成阴阳鱼的形状布局，会使整个画面的气场明显变强。我们对两个小样本的实验组分别测验，在看完两种楼盘广告后，填写整体思维量表，亦发现阴阳鱼形状布局提升了整体思维的得分。但在移动整个画面元素布局的过程中，造成了一些比较粗糙的感觉，为了不影响被试者的感觉，研究者在后面的正式实验中告诉被试者，这是某楼盘的规划图。

2. 被试者和设计

作为一个探索性的实验，本研究邀请 160 个邮政、海关等单位的白领参加，这些人都有房或者有能力购买房子。填答问卷后给每个被试者赠送一份蛋糕券作为礼品。采用现场随机派发问卷的方式。其中，40 人阅读弱论据、无小岛的广告；40 人阅读弱论据、有小岛的广告；40 人阅读强论据、无小岛的广告；40 人阅读弱论据、有小岛的广告。具体如图 7 ~ 图 10：

图 7　弱论据+无小岛

3. 程序和材料

此次实验，研究者直接给被试者阅读楼盘广告，然后即填写因变量问卷。因变量包括：广告态度、品牌态度、购买意向量表（adapted from：Petty and Cacioppo，1983）分别有 4 个测题、3 个测题和 3 个测题。

图8 弱论据+有小岛

图9 强论据+无小岛

图 10　强论据+有小岛

二、结果与讨论

研究结果发现，气场强/弱和论据强/弱对广告态度和品牌态度两个因变量均不存在主效应和交互效应。但两个自变量对购买意图有显著的交互作用（见图 11），F 值=5.95，p 值<0.05。也就是说，当气场较强（有小岛）时，强论据在促进消费者的购买意图上优于弱论据，当气场较弱（无小岛）时，反而是弱论据的行动说服效果优于强论据。这就验证了整合性假说，即：基于整体思维的“气场”感应对产品相关的中心论据信息不仅不会产生“抑制”，还会产生相互促进的说服效果（表 2）。

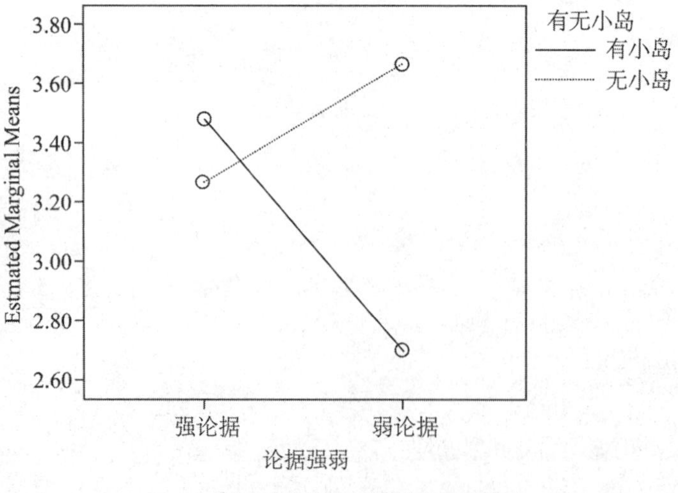

图 11　自变量对购买意图的交互影响

表 2　**Descriptive Statistics**

	有无小岛	论据强弱	Mean	Std. Deviation	N
购买意图	有小岛	强论据	3. 4833	1. 37323	40
		弱论据	2. 7000	1. 59736	40
		Total	3. 0917	1. 53164	80
	无小岛	强论据	3. 2667	1. 74793	40
		弱论据	3. 6667	1. 38572	40
		Total	3. 4667	1. 58012	80
	Total	强论据	3. 3750	1. 56561	80
		弱论据	3. 1833	1. 56338	80
		Total	3. 2792	1. 56253	160
广告评价	有小岛	强论据	3. 4833	1. 12711	40
		弱论据	3. 5667	1. 31440	40
		Total	3. 5250	1. 21729	80
	无小岛	强论据	3. 6750	1. 49926	40
		弱论据	3. 8583	1. 20040	40
		Total	3. 7667	1. 35260	80
	Total	强论据	3. 5792	1. 32141	80
		弱论据	3. 7125	1. 25928	80
		Total	3. 6458	1. 28839	160
品牌评价	有小岛	强论据	3. 9250	. 78691	40
		弱论据	4. 1375	. 98702	40
		Total	4. 0313	. 89334	80
	无小岛	强论据	4. 2375	. 87697	40
		弱论据	3. 9938	. 91197	40
		Total	4. 1156	. 89738	80
	Total	强论据	4. 0813	. 84267	80
		弱论据	4. 0656	. 9469	80
		Total	4. 0734	. 89355	160

对于研究二中出现的气场强弱感应绕开广告态度与品牌态度，直接影响购买意向的结果，笔者认为，可能是因为气场是直接指向个体行为的，而非借由态度来影响行为。举个例子来说，“落叶归根”所隐含的天人合一的思想，是直接指向个体行为的，也就是，一个人在老或死时，应当回到自己的故乡，就如同一片落叶要回到生养它的大地。Peng 和 Nisbett（1999）发现中国人相信两种对立的可能情况可以共存，他们将中国人的这种“既此又彼”的思维称为“辩证”（实际上是阴阳）。而欧美人的思维则起源于亚里士多德逻辑（即形式逻辑），采用一种差异化的模型，将对立的视角整合后努力确定哪一边是正确的。这种思维可能使得欧美人对某一具体事物易形成明确、极化的态度，而中国人则不去整合对立的信息，对事物的态度比较模糊。也因此，杨中芳（2001）指出，西方人将重心放在事前态度

(喜欢/不喜欢) 的判断上，在决定态度之后怎么做似乎是水到渠成的事。而中国人并没有“做什么”的问题，只有“怎么做”的问题，这种思考重心的不同导致中国人可能并不特别倚重明确的态度作为行为的中介。

结论及意义

本研究通过两个实验研究，初步验证：基于整体思维的“气场”感应对产品相关的中心论据信息不仅不会产生“抑制”，还会产生相互促进的说服效果。强气场并不会关闭个体的局部信息处理路径。这个研究结果对于现在很多中国的商业广告来说，都是有实践指导价值的。许多商业广告致力于营造气场氛围，往往忽略了论据质量的重要性，而实际上，强论据与强气场相互配合，会达到相得益彰的说服效果，而且直接指向了个体的购买意图和行为。依据本文初步的研究结果，在商业广告中营造天人合一的气场，并提供充分的论据，对于促进消费者的直接购买是很有帮助的。

本研究具有创新之处，主要是从西方只关注场域的研究中解脱出来，尝试对气场感知(感应) 进行实证化的研究。“气场” 二字的重心在于“气”，而非“场”，有场无气并不能帮助我们了解中国文化环境下消费者处理信息的深层机制。当然，本研究还有很多不足的地方，两个实验的控制均有不严谨的问题，仍待进一步研究改进。作者抛砖引玉，将一个新鲜的想法写出，供大家讨论。笔者认为，有必要开发一个气场感知的量表，以区别于西方的场依赖测量和整体思维测量。这都有待于进一步的研究。

注：厦门大学广告系研究生谢洋、许珊珊、任新、张璇、李琛、黄婷茹、周婷、钱丹、潘先龙、杜康、贺忠超收集研究数据，为本文做出了贡献，在此表示感谢！

本研究受国家自然科学基金项目“分‘类’的文化差异对品牌延伸评价的影响”(70902040) 和中央高校基本科研业务费专项资金资助项目“不同文化下内隐思维方式对消费者决策的影响”(2010221086) 资助。

【参考文献】

[1] Chiu C. Y., Hong Y. Y. *Social Psychology of Culture* [M]. NewYork: Psychology Press, 2006.

[2] Choi I., Reeshad D., Chu K. P., Park H. Culture and Judgment of Causal Relevance [J]. *Journal of Personality and Social Psychology*, 2003, 84 (1): 46-59.

[3] Dotson M. J., Hyatt E. M. Religious Symbols as Peripheral Cues in Advertising: A Replication of the Elaboration Likelihood Model [J]. *Journal of Business Research*, 2000 (48): 63-68.

[4] Heesacker M., Petty R. E., Cacioppo J. T. Field Dependence and Attitude Change: Source Credibility can Alter Persuasion by Affecting Message-Relevant Thinking [J]. Journal of Personality, 1983, 51 (4): 653-666.

[5] Monga A. B., John D. R. Cultural Differences in Brand Extension Evaluation: The Influence of Analytic Versus Holistic Thinking [J]. *Journal of Consumer Research*, 2007 (33): 527-536.

[6] Monga A. B. When Does Negative Brand Publicity Hurt? The Moderating Influence of Analytic Versus Holistic Thinking [P]. Working Paper Series of The University of Texas at San Antonio, College of Business, 2008.

[7] Peng K. P., Nisbett R. E. Culture, Dialectics, and Reasoning about Contradiction [J]. *American Psychologist*, 1999, 54 (9): 741-754.

[8] Petty R. E. , Cacioppo J. T. , Schumann D. Central and Peripheral Routes to Advertising Effectiveness: The Moderating Role of Involvement [J] . Journal of Consumer Research, 1983, 10 (9): 135-145.
[9] 洪旭君. 试论中国房地产广告传统家文化的体现 [D] . 厦门: 厦门大学, 2011.
[10] 李建伟, 刘雅莉. 现代园林植物景观中的中国元素应用探索 [J] . 中国农学通报, 2009, 25 (13): 157-160.
[11] 林升栋, 柯学. 几种场相依/场独立测量工具间的相关研究 [J] . 心理学探新, 2011, 31 (1): 59-63.
[12] 杨中芳. 中国人的世界观: 中庸实践思维初探 [M] // 杨中芳. 如何理解中国人, 台北: 远流出版社, 2001: 269-287.

【作者简介】

林升栋，博士，厦门大学广告系副教授。

冯咏薇、张芝云，厦门大学广告系研究生。

国货复兴中的新媒体怀旧营销模式研究

王玉洁　黎泽潮

2008 年被称为经典国货元年，这一年凭借一张“精灵王子”奥兰多·布鲁姆不修边幅的照片，以及 29 届奥运会开幕式上表演太极的 2008 名演员脚上运动鞋的标识，“飞跃”一夜之间红遍欧洲，让许多受众深埋在心底的品牌记忆逐渐苏醒。而在接下来的 2009 年，百年历史的化妆品品牌“双妹”，重装上阵，并定位高端市场；佰草集在法国几近脱销；“迷奇”化妆品再次成为中国唯一通过日本厚生省批准进口的化妆品……种种迹象不断激励着中国经典品牌重寻当年荣光。本文的研究对象是中国本土出产或制造的日化产品，亦即民族日化品牌。① 这些品牌首先具有高性价比。与一些国外产品比起来，最大的优势就是物美价廉，在价格上占有绝对优势，但是也是由于定价不高，获利的空间也较缺乏弹性，因此也不可能将过多的经济力量投入到广告宣传中去。其次，具有较好的市场基础。在中国这个人口众多，消费者年龄层次丰富的市场上，国货品牌的无形资产远远大于其拥有的其他资产，这个资产即长久以来积累的良好口碑，曾经的品牌消费者对于产品的性能有着良好的体验，通过他们的使用以及推广，这种体验无形中促成了下一代对于品牌的认识和信赖。所以，拥有一定的市场基础成为了国货品牌复兴的必要条件。营销实践已经证明，这些国货品牌通过情感吸引受众，并且借助网络媒介的助推，最终达成了销售的增长（见图 1）。这种“新旧”结合的模式选择既吻合了潜在客户群特性以及大众传播环境，也开辟了国货品牌的复兴之道。

图 1　国货品牌营销传播路

一、情感吸引——国货品牌诉求方式

潜在客户群本身的特性和习惯决定了品牌复兴的最终形态。一定程度上可以说，是潜在客户的心理特性以及他们接触媒体的形态决定了品牌诉求方式。

1. 怀旧情绪

怀旧是一种对过去的向往或者对和过去相联系的有形或无形物品的喜爱，当个体感到自己远离他们所依恋的那段时间时，就会产生怀旧情绪。② 对于多数的消费者来说，对于国货

① 余霞，程珊. 论网络传播环境下的本土日化品牌传播——以化妆品品牌昭贵为例［J］. 2009（10）.

② Holbrook Morris B. Nostalaia and consumption preference some emerging pattems of consumer tastes［J］. *Joumal of Consumer Research*, 1993, 20（2）: 245-256.

产品的使用并不仅仅是因为老品牌产品的物美价廉，在现代物质生活极大丰富的情况下，物美价廉早已不是消费者进行购买的充要条件，购买已经不再局限于满足消费者的生活需要，继而转向满足消费者的心理需求。根据目前对于消费者怀旧相关研究，怀旧消费行为模式可以概括为：内生型怀旧消费和外驱型怀旧消费。①

内生型怀旧消费是消费者由内而外产生的怀旧情感导致的消费行为，而外驱型怀旧消费是指由外而内，由外部因素刺激引发的怀旧消费行为，更多的是通过人、事、物的刺激唤起。对于一些年纪稍长的消费者来说，国货并不仅仅是它的实惠好用，更多的是一种情感上的信任和依赖。一些国货品牌陪伴着他们十几年甚至几十年的岁月，陪伴他们度过童年、少年甚至是青年时期最重要的阶段，饱含了对于过去时光的一种美好回忆。大多数国货品牌沿用最初的标志以及包装，这种简单的包装正是这些消费者在寻觅过去时光的一把钥匙，这些国货已经成为上一代人的集体回忆，这些产品与他们那一代的命运都紧紧绑在一起，法国历史学家莫里斯·哈布瓦赫在《论集体记忆》中说："集体记忆只有在集体情景中才能发挥作用……而集体记忆总是有选择性的……在这个过程中，人们选择他们的记忆，而这种选择又将反过来形塑那些作出选择的人们的观念和行动。"因此，这些经典品牌的背后，承载着整整一代人满满的集体怀旧情感。

2. 逆反心理

每一个时代的年轻人都是富有创造性的，也始终执著于寻找更能彰显个性的方式，当使用国货贴上小众的标签时，越来越多的年轻人逆潮流而行，开始整理自己的储物柜，不断购入老品牌产品。热门网站豆瓣网上的"经典国货"小组，是2008年国货潮流运动的推手，自2007年成立后，人数迅速破万，但是这场运动中的参与者，他们喜欢经典国货只是出于一种复杂的情感，这种情感中混杂了怀旧、对经典设计的尊敬以及对于大众化时尚的厌倦。

年轻人购买国货，还在于他们的消费观念发生了转变，在进行购买时表现出更加理性与成熟，许多年轻人开始重新审视和定位自己的消费行为，将产品的实用性放在了优先考虑的位置上，于是国货价廉物美的品质得到了足够的重视。

3. 国货意识

国货意识是指一个国家的国民或消费者出于对本国或本民族的热爱，以及对外国货可能给本国利益造成伤害的忧患，而对于源自本国企业的品牌之认同和推崇的程度。② 在一项针对北京市城区的80后90后群体所进行的问卷调查中，收回的问卷显示在对经典国货的情感上，被调查者认为价格实惠的占56.4%，有怀旧感的占54.9%，认为适合自己、舒适感良好的占50%，认为购买国货是爱国的占33.9%。③ 由此可见，在国货品牌所面向的消费者群体中有相当一部分受众具有较高的国货意识。王鹏、庄贵军在《北京奥运会对中国消费者国货意识影响的研究》中把国货意识划分为两个维度：一个是"基于自豪感"的国货意识，随着中国经济实力的不断提升，国家软实力的发展，中国的民族品牌的质量和知名度也在不断提升，越来越多的消费者对于国货有了信心；另一个是"基于危机感"的国货意识，频频曝光的洋品牌高档化妆品的添加剂与重金属问题，也让国人反过来更加关注国产老牌化妆品，从某些类别上来说，中国执行的检测标准甚至比一些洋品牌所依据的标准更为

① 卓素燕. 怀旧消费行为模式及形成路径分析［J］. 消费经济，2011（2）：69-71.

② 庄贵军，周南，周连喜. 国货意识、品牌特性与消费者本土品牌偏好［J］. 管理世界，2006（7）：85-95.

③ 王秋月. 老国货品牌市场再生之策［J］. 经营与管理，2010（9）：21-22.

严格。①

不同的消费者群体所具有的国货意识也不尽相同，消费者的年龄和国货意识有着明显的关联，二者显示出正相关的联系，随着年龄的增长，消费者更倾向于购买国货。究其原因，可能是因为部分中老年消费者因以往物质资源比较匮乏，可选择品牌较少，所经历的历史年代养成的勤俭习惯，过去老字号质量比较过硬，甚至是怀旧等方面的因素共同导致对某些类别国货的长期热爱。② 而年轻群体在消费观念上更为超前，在商品选择上也更具国际视野，因而相对于中老年来说国货意识稍低。

二、网络推广——国货品牌传播路径

国货的潜在目标客户主要是 30 岁以下的年轻人，经常上网，能够及时接触新鲜信息，这群年轻人的媒体接触习惯逐渐在被网络改写，他们可能不看电视不看报纸，但是每天都一定会上网，网络已经成为他们生活的一部分，这也就使得经典国货品牌的触网行动势在必行。

2008 年的北京奥运成为中国元素走向世界的契机，伴随奥运而来的，是媒体对于中国元素以及国货的更多关注。总体而言，受众基本是通过媒体的报道开始对国货产生好奇心，又由于国货的物美价廉有力地推动了受众将好奇心转化为购买行为。在这场热潮中很多消费者开始使用国货，开始接触倡导使用国货的论坛和网站。在这个过程中，不断地有论坛以及网站成立，一大批国货的忠实消费者也积极加入进来，相互交流心得经验，网络的发展为老品牌提供了一个更为广阔的口碑营销的平台，在论坛讨论的过程中，不断地有网友对国货产生兴趣，不断有消费者加入到使用国货的队伍中来，并且影响身边的朋友，在同龄人之间进行病毒式的传播。总的来说，网络媒介在国货品牌推广的作用如图 2：

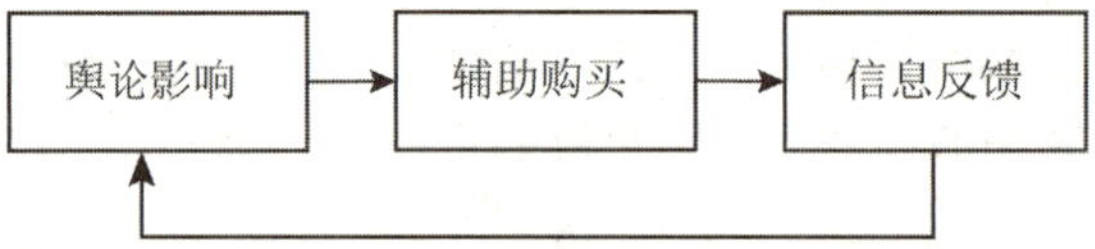

图 2　网络媒介在国货品牌推广中的作用

1. 舆论影响

网络媒体的发展带来了海量信息，表达的匿名性是网络话语权最突出的特征，在论坛这个虚拟的环境之中，只需要花几秒钟时间注册一个用户名就可以自由发表言论，而且可以隐藏真实的身份信息，多数论坛在注册之后不经过身份核实就可发表言论，并且言论瞬间就能上传到网络上，只要浏览网页即可看到，由于这种言论发表的自由性与即时性，网络上的言论才能得以迅速集中并形成舆论。

网络媒体对于舆论的影响主要是通过论坛来实现的。论坛是网络衍生媒介中最能有效沟通消费者与品牌的途径，国货热潮的发源地是网络，消费者也通过网络根据自己共同的偏好自发地聚集形成了一些社区。对于品牌来说，找准这个社区，加强与消费者之间的沟通，就能增加品牌与消费者的互动，从而稳定消费者的忠诚度。论坛中经典国货对于消费者的吸引，同时也成为传统媒体的议程，影响到传统媒体的视线。

① 毛帅．老牌国货触网重生［J］．销售与市场（管理版），2011（3）：60-61.

② 王鹏、庄贵军、周英超．爱国主义和民族主义对中国消费者国货意识影响的研究［J］．管理学报，2012（4）：548-554.

论坛最宝贵的资产即是论坛会员之间的相互信任及对论坛的忠诚度，大多数品牌推广是通过在论坛的公共领域内发布信息，向公众传达信息、观点来影响舆论走向。其具体的表现方式有：一是利用图片或者帖子签名，最大限度伴随性地对品牌进行曝光；二是刺激网友进行讨论，进行深度传播，继而引发人际间的病毒传播，具体可以表现为在相关论坛发布与品牌相关的讨论帖，或是对品牌产品效果进行分析，等等。譬如：在论坛“琳琅国货”中，很多国产护肤品通过雇用网络推手发布产品效果相关的帖子，吸引论坛用户进行讨论。国货品牌郁美净就通过这样的载体有效地传达了品牌所引发消费者的亲切感和信任度。同时，通过在官网上对消费者的意见调查，如对郁美净研发的意见等，也有助于有效地搜集消费者意见，这种互动性的对于消费者意见和观点的把握，有效地凝聚了消费者的忠诚度，从而使得品牌情感因素以及产品所提供的具体利益，在消费者的现身说法下显得更加具有说服力。①

2. 辅助购买

在网络推广进行的过程中，经典国货既不缺少消费者认知，也不缺少传统媒体给予的关注，但是如果只是单一的网络活动，缺少其他营销沟通方式的配合，也只能浅层次地影响到消费者对于品牌的认知，无法将注意力有效地转化为购买力，因此应尽力将消费者对于品牌的关注度最大化地转变为购买力。

由于品牌的目标消费者习惯性的接触媒介为网络，因而电子商务自然而然就成为受众进行商品购买的一种方式，在国货论坛琳琅国货网中，网站与电子商务网站淘宝网合作，专门开设琳琅商城板块，旨在帮助甚至引导消费者将对于国货的好奇及时转化为购买行为，网友们在论坛中看帖回帖，很有可能对某种产品产生兴趣，甚至纳入购买计划，但由于很多经典品牌的产品在商场以及超市中难觅踪影，因而消费者的购买意愿就被耽搁甚至逐渐减退，而琳琅商城的主要目的就在于，当消费者的购买意愿产生之后，提供尽可能多的帮助，让消费者以最方便快捷的方式进行购买，这样在看中某件产品之后，消费者便可立即去淘宝店铺看到相应的产品，当论坛中的舆论影响未退时，消费者可能已经将产品购买回来了。及时进行销售也是品牌网络推广的重要部分，它实现了品牌推广的最终目的，即促进销售。

3. 信息反馈

网络的发达，信息的共享创造了网络时代的“专家型消费者”，消费者可以通过网络分享自己的消费体验，这样的行为可以称作“网络利他行为”。② 网络利他行为是指在网络环境中所实施的将使他人获益且自身会有损失，又没有明显自私动机的自愿觉醒过程。③

电子商务平台的出现为消费者提供了更加便捷的购物通道，并且电子商务平台的评价体系也为消费者的购买行为提供了参考。新媒体尤其是自媒体普及后，“专家型消费者”将他们个人的消费感受发布出来，以人际传播的方式被继续传播着，从而再次形成关于某个话题的舆论。品牌在网络中的海量正面信息塑造了消费者的购买行为和品牌忠诚度，促进了品牌形象的传播。然而，网络话语权的这种特征就成为网络话语权得以出卖的基础，导致舆论环境的恶化。简单地说，企业付费给网络推手，网络推手不断地发布垃圾信息，甚至与竞争对手相互谩骂，造成网络垃圾信息泛滥，这样长久下去不但有损于品牌形象的美誉度，同时也损害论坛的形象与声誉，因而在网络推广中，将事件控制在合理的范围内才能够获得希望的效果。

---

① 晏菁．郁美净——没有广告的奇迹［J］．商场管理，2009（10）．

② 余霞，程珊．论网络传播环境下的本土日化品牌传播——以化妆品品牌昭贵为例［J］．2008（7）．

③ 王晓璐，风笑天．网络中青少年利他行为新探［J］．广东青年干部学院学报，2004：3.

三、“新旧”并存——国货品牌复兴之道

在国货品牌复兴的过程中，怀旧情感与网络新媒体的运用是其最显著的特点，品牌应该在自身的推广与激活中凸现新与旧的配合，以更好地达成销售目标，其中“旧”指加强对于怀旧消费的推动，“新”代表创新，具体地说，创新就是面向未来，通过求变来更新陈旧的品牌资产来源，或创建新的品牌资产来源（Keller，1999）。①

1. 推动怀旧消费

Pascal，Sprott 和 Muehling（2002）用定量方法研究怀旧广告的促销效果，结果显示由广告唤起的怀旧情感能增加消费者对广告和品牌的好感，并提高购买产品的可能性。后续的研究也证实了同非怀旧广告相比较，怀旧广告能引发消费者对广告和品牌更为积极的态度。② 若要借助受众的怀旧情感产生更进一步的消费效果，就需要对怀旧情感如何进一步诱导消费者的购买行为进行分析。卓素燕《怀旧消费行为模式及形成路径分析》一文在 Frank Kardes 提出的消费者行为理论模型基础之上，将消费者行为形成过程分为怀旧情感反应、怀旧认知反应和怀旧行为反应过程。具体路径如图 3③：

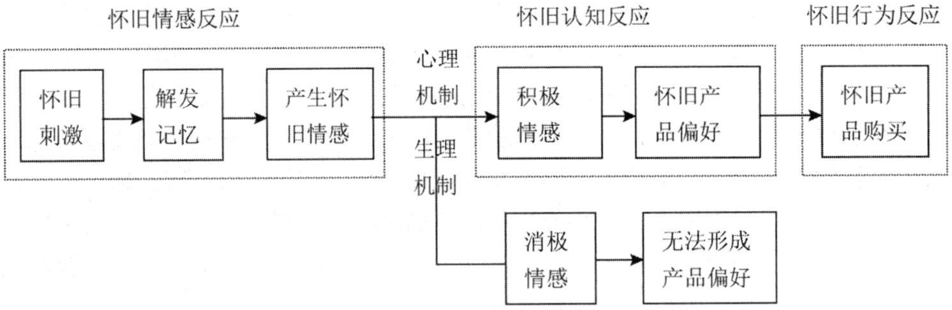

图 3 怀旧消费形成路径图

通过上图可以发现，提升消费者怀旧消费行为，可以从这三方面入手：针对消费者的怀旧情感反应，品牌应该在产品设计及品牌理念中加入可以诱发消费者怀旧情感的元素；针对怀旧认知反应，应加强舆论环境的营造，积极引导消费者的怀旧情感向正面的方向发展；针对怀旧行为反应环节，根据贝克的情景消费理论，品牌可以通过营造适当的怀旧氛围将消费者的怀旧情感稳定下来，进而进一步展开怀旧消费。

2. 实现产品创新

Kapferer（1992）曾提出一个三层结构的金字塔模型，认为在金字塔的顶端为永恒的品牌核心价值与灵魂，是不应该变化的；在金字塔的中层为品牌的调性、准则和风格，是不能随意变动的；而在金字塔的底层为产品、（传播）主题和细分市场，是应该变化的。④ 国货

① Keller，Kevin Lane. Managing Brands for Long Run：Brand Reinforcement and Brand Revitalization Strategies［J］. *California Management Review*，2008，41（3）：102-104.

② Pascal V. J.，Sprott D. E.，Muehling D. D. The Influence of Evoked Nostalgia on Consumers' Responses to Advertising：An Exploratory Study［J］. *Journal of Current Issues and Research in Advertising*，2002（24）：39-49

③ 卓素燕. 怀旧消费行为模式及形成路径分析［J］. 消费经济，2011（2）：69-71.

④ 王友全. 关于怀旧营销的思考［J］. 经济研究导刊，2009（24）：189.

的企业品牌可以分为怀旧品牌和复古品牌。怀旧品牌是对老品牌的简单重复，而复古品牌是在保持老品牌调性、准则和风格的基础上进行的创新。在进行品牌塑造之前，国货品牌首先应确定自己是何种品牌。对于大多数国货品牌来说，复古品牌是在保持 Kapferer 金字塔模型中的顶端和中层不变，而对底层的产品、主题进行创新。这种方式将新与旧、复古与时尚和谐地融入品牌之中，既保留老品牌的味道，又能兼容新的商业环境，有助于品牌扩大市场。

国货品牌的复兴对于发展民族企业来说具有重要的意义，品牌作为企业的无形资产，是企业发展战略的组成部分。经典国货品牌的突围，是企业产品、消费者与媒介环境共同影响的产物，也是一个双向的动态过程，在关注消费者心理变化的同时，企业也应该不断强化内核，找准核心记忆点，提升核心竞争力，内外兼修，从而牢固地占据市场。

【作者简介】

王玉洁，硕士，安徽师范大学传媒学院教师。

黎泽潮，博士，教授，安徽师范大学传媒学院副院长。

湖北省城市品牌形象传播创新策略分析

张　媛

跨越式发展是湖北省“十二五”期间发展的核心内容，未来5年，湖北将不断提升可持续发展能力以及综合竞争力，以推动经济高速增长。在此新形势下湖北面临着新的机遇和挑战。如何进一步发挥湖北自身独特优势，找准城市未来的战略定位，选择适合的发展对策，打造城市新的品牌，为湖北城市发展注入新的动力与活力，改善核心竞争力，实现可持续发展的长远目标，是一个重要的战略问题。

城市品牌形象的概念，我们可以借用营销学专家利维关于品牌形象的定义，认为城市品牌形象是指存在于市民心里的关于城市品牌各要素的图像及理念的集合体。城市品牌形象这个个性形象不只是由城市的实质性内容所确定的，还应该包括其他一些内容，是城市的政治、经济、文化、环境、工业、农业和旅游业等诸多要素的整合。一个城市品牌的形象展现着这个城市的定位，体现着这个城市的实力，包含着这个城市的历史；一个城市品牌的形象也是城市身份的识别，城市价值的体现，以及政治、经济或文化地位的表达。

良好的城市品牌形象的塑造和推广与城市品牌形象的传播是分不开的。所谓城市品牌形象传播是指传播者把人们对城市的评价和印象通过媒介扩散的行为和过程。所有的城市品牌形象传播都是一个繁杂的项目工程，这个项目的基础和前提，是具有创新的传播理念的传播者，利用其创新策略性的传播手段为城市品牌形象的树立和推广打开新的局面。在人类漫长的传播历史中，城市品牌形象传播经历了口语化传播、文字化传播、印刷化传播、电子化传播等时代。随着城镇化的高速发展和传播技术的日新月异，城市品牌形象传播理念也面临变革的严峻考验。因此我们需要借助新的传播渠道，让城市品牌形象推广在今天的数字化传播的背景下开辟一片新的领地。以下便是两种为推广城市品牌形象而设的创新性的传播渠道。

一、利用社会性互动媒体传播湖北省城市品牌形象

社会性互动媒体是对各种在线网络互动媒体空间如BBS、内容社区、交友社区、博客以及播客等在内的个性化媒体、窄众媒体的统称。随着信息时代的来临，作为城市的一个特殊的社会体质，看来已遇到了全球化和信息化的过程中面临的挑战。有学者提出，随着技术经济体系的到来，空间上集中的城市化实际上加快了速度，我们正在接近一个以城市为主的世界。人是社会的动物，或者说是政治的动物，城市正是因为能更好地满足并发挥人的这种聚群与交往的愿望而发展起来的。城市文明的实质也可以说是为人类提供了一个流变中的、日新月异的开放的交往空间。现代网络空间的发展很可能将导致传统城市的衰落，但这并不是城市的衰落，伴随着交往方式改变的恰恰是人类交往空间的扩展。网络带来的将是现代城市功能的更新与现代城市生活方式的丰富。信息网络不仅不会取代人类城市，消灭文化，反而能加快，促进城市文化、城市品牌形象的塑造和城市品牌形象的传播。

社会性互动媒体有对话性、交流性、主动参与性、分享和社区化性、公开性以及连通性六个特点。那么如何利用社会性互动媒体来进行城市品牌的传播呢？分为两个要点：

1. 从构建湖北省城市微博圈出发，构建传播网络

截至2010年12月，我国即时通信用户规模达到3.53亿人，比2009年增长8025万，增幅达29.5%。即时通信使用率从2007年开始下滑，但在2010年有所回升，达到77.1%，比2009年增长6.2%。博客在网民中的使用率提升了6.7%，达到64.4%，用户规模达2.95亿人，年增长用户7310万人，年增长率33%。① 微博这个平台由于它的开放性、内容的简洁性、终端的扩展性使得它在网民中迅速崛起并加以渗透，发展成为一个重要的社会化媒体。湖北省各市州政府也纷纷开辟了政府的官方微博，打造湖北省城市特有的微博圈。在这个微博圈里除了包含各地市州的政府微博，还包括了相关职能部门的微博，网友可以通过腾讯微博一键收听，综合了解湖北省城市各个方面的情况。一般来说微博用户接收信息要更主动、积极，在政府的微博中进行热点话题沟通，这样能吸引微博用户主动点击、主动接收，传播推广效果显著。这样一来，湖北省可以充分利用微博圈这个网络传播城市品牌形象，并利用政府网站或有代表性的地方网站，对内对外宣传城市品牌形象，并且可以通过在网站发布信息、论坛讨论等多种形式让市民了解自己城市品牌形象塑造工作的情况，参与到城市品牌形象构建的工作中，让市民在网络中也能感受到城市文化，形成凝聚的城市精神。

网络传播具有交互性强的特点，网络传播场中的城市品牌形象传播的传受双方是高度一体的，他们在网络场域的论争中不断地转换角色，这一点和传统意义上的城市品牌形象传播是有一定区别的。网民依靠自己的知识，看到和听到的，运用争辩，相互诋毁和不同的话语策略来判断与辩论城市的品牌形象。由于网络传播具有匿名性特点，网民的表达方式比传统表达具有更强的直接性，往往直论主题，无所顾虑。网络传播下城市品牌形象传播传受双向互动的特点，将重新解构城市品牌形象传播发力点。这对传统城市品牌形象传播依赖媒体一味地“强势传播”也提出了挑战，这一点值得引起更多的关注。网络传播推广的“城市品牌形象”注重城市行为的解读，网民的城市想象呈现互动的特点。

在社会性互动媒体的六个特点中对话性是占第一位的。对话性是指对同一话题多次递进深入的沟通。西方学者认为，城市品牌形象的建构就是一个对外传播与扩散过程：“城市品牌形象是通过大众传媒、个人经历、人际传播、记忆以及环境等因素的共同作用而形成的。”②因此在众多具有对话性的社会性互动媒体中，可以对城市的某一问题，进行多人多次递进深入的沟通。目标受众通过此种传播渠道，对于自己感兴趣的相关城市问题得到更多的了解。比如说BBS的形式：BBS上聚集的人群是一个精确的细分过的目标市场。用传播学的观点来看，BBS是用网络作为一个平台，让顾客互动的一个所在。这些顾客分享共同的利益集团的商品，一个品牌，一个事件，一个问题或某种生活方式。因此，论坛的参与者实际上构成了一个有着一定的兴趣、爱好或某种特点作为细分变量的受众目标市场。作为网络传播的BBS最大的优势就是有针对性的，这样的城市品牌形象的宣传推广活动的目标就更明确，并能真正接近目标受众。把BBS当做网络传播的最大优点是目标明确，这样，城市品牌形象的推广活动就更有针对性，能真正接近目标受众。③

2. 开发虚拟城市，营造受众体验接触点

城市品牌形象想要深人人心，必须对所要推广的网络社区进行详尽的分析，如群体性质、共同需求等。这些网络社区不同的特质要求城市品牌形象在进行推广的时候，侧重点也要不同，这与之前的品牌推广策略全然不同。伴随着市场格局的分化，受众也越来越小众

---

① http://research.cnnic.cn/html/1295498128d2565.html [EB/OL].

② 丹尼斯·麦奎尔，斯文·温德尔.大众传播模式论[M].上海：上海译文出版社，2007.

③ 解岩，姚建惠.论如何利用网络社区传播品牌[J].科教传媒，2009.

化，使得品牌传播也必然产生分化，而其中最为突出的就是网络社区中品牌传播的定位分化。较之以往的品牌传播网络社区品牌传播的受众群体更加明晰。不同的虚拟社区有着不同的兴趣和需求，品牌依据这样的特性进行有针对性的推广，所以其定位也要根据不同需求而变化。网络社区范围小，受众同质化等特点，造成品牌宣传策略要有不同于现实市场中的宣传法则，而且这些宣传大多会呈现出隐性规律。在潜移默化之中植入虚拟社区当中，深入到群体的意识当中。开发虚拟城市由很多城市本身形象作为依托，很多标识及背景都是城市品牌形象的告知，这种潜移默化式的城市品牌形象推广对于虚拟城市中的体验成员来说很有亲切感，因为其消除了受众对城市品牌形象直接推广的反感。

虚拟城市在世界上仍处于实验阶段，武汉率先推出了这一概念，在全国尚属首次。在2008年的时候就已经建成了国内面积最大的三维地图“湖图”。在这座网上江城，主要街道上都标有路名，可网上漫游江城大街小巷。如果使用者想了解某一个地方，只需要在搜索栏里键入它的名字，很快就有一个逼真的场景呈现在眼前。使用者还可以了解到目的地周围的道路、银行、商店等情况介绍。然后在2009年世界著名的虚拟世界平台的建设者——HiPiHi公司已授权武汉的公司负责建设和运营。虚拟武汉不只是外国游客的旅游窗口，其中更是商机无限。虚拟武汉项目，第一期计划创造武汉的滨江商务区，包括租界风情街和长江中央商务区、汉口江滩世界公园。二期创造未来光谷、武昌辛亥名城、“两江四岸”、古琴台、黄鹤楼、归元寺、东湖、木兰湖等人文景点。在虚拟世界中最具商业价值的是可建实体的商店，每一条街道的商店以及广告招牌都可以销售和租赁。在街上逛街购物，仿若身临其境。

社会性互动媒体传播是参与式的传播方式，可以充分调动受众的积极性。我们可以只花一个相对较小的资本投资，就能有效地为成千上万的目标人群传递品牌信息。这就是城市品牌形象推广的一个有效方式。因此，在城市品牌形象推广过程中应综合运用网络社会的互动媒体平台，充分利用多种传播手段和渠道，有效地提升城市品牌知名度，从而达到城市品牌形象的传播目的。

二、利用植入式传播策略传播湖北省城市品牌形象

城市的品牌形象是城市本身的公共意识的总和。植入传播，又称隐性传播，是指在电影、电视剧、电视节目、电脑游戏、书籍、杂志、互联网平台等非广告作品内容中将产品或品牌、城市品牌形象和其代表的视觉符号融入其中，给观众留下深刻的品牌、产品印象。可以充分将城市品牌推广策略化地融入节目内容，使植入式传播策略起到很高的城市品牌形象推广作用，需要深度把握植入式传播策略的操作原则，使城市品牌形象在节目中自然出现；也要将植入式传播的效果与城市品牌形象的整体战略相匹配，这样才能利用植入式传播策略带来更好的推广效果。

以海南政府推广海南城市品牌形象为例，在电影《非诚勿扰》中，植入式元素共有十几处之多，广泛涉及手机、电脑、银行、洋酒、白酒、茶馆、酒店、航空、油轮、汽车、别墅以及旅游景点等，包容了生活中的不少元素。就单纯地域的关联性而言，单就涉及的海南元素是相对较多的：海南知名企业——海航、大新华航空为剧情所需多次出现，甚至颜春岭公墓等均由剧中人物直接说出来；海南的世纪大桥、海甸溪、滨海大道、新国宾馆、美兰机场等景点直接在影片中以精美的空间背景呈现；而关于海口的印象也直接由人物说出。这些语言和画面一定程度上展现了海南的企业形象和城市品牌形象，给观众以潜移默化的影响力。

那么湖北省城市要如何利用植入式传播策略传播城市品牌形象呢？除了企业作为一个城市品牌形象外，其城市本身具有的文化内涵、自然风物以及有代表性的建筑物也能彰显一个

地方的形象。作为深具文化性的湖北省各地旅游景点，如果可以适时适当地出现在电影、电视剧、电视节目、电脑游戏、书籍、杂志、互联网络平台等非广告作品内容中，就能给观众留下深刻的印象。记得在20世纪90年代著名武汉籍作家池莉的几本小说《生活秀》、《来来往往》等，让武汉的城市品牌形象一度鲜活地展现在人们眼前，后来拍成了电视剧，剧中的吉庆街、红楼、首义门等标志性建筑或者街道小巷马上被全国各地的人们所熟知，武汉的美食“精武鸭脖”也享誉海内外，其植入效果是不言而喻的。湖北物华天宝，地灵人杰，文化资源丰富。灿烂辉煌的楚文化积厚流光、博大精深。以炎帝神农文化、三国文化等为特色的历史文化，以辛亥首义和一批老区、苏区为代表的革命文化，以三峡、神农架等为亮点的山水文化，以巴土、江汉平原风情为特点的民族民俗文化，以屈原、毕昇、陆羽、李时珍、张之洞、闻一多等为代表的名人文化，以三峡工程等为代表的现代科技文化，异彩纷呈，影响广泛。① 在如此优秀的地域文化的滋养下，湖北城市文化也是丰富多彩，底蕴深厚。湖北省城市的这些文化需要有让人信服和崇敬的精神人物借由在不同媒体上用非广告的形式对外进行传播推广，比如徐帆、杨威等。这种现身说法，直接道出对一个城市的印象，无疑是充当了传播学中“意见领袖”的角色，引导人们对湖北有更为精准的认识。这就是植入式传播策略在传播城市品牌形象时的优势所在：第一，实现了隐形性的城市品牌形象传播；第二，实现了多样性的城市品牌形象传播。

三、结语

城市品牌形象传播对于提升城市竞争力起着重要的作用。同时基于我国社会发展现状及经济发展水平，在当前环境下城市品牌形象传播有着很强的必要性和紧迫性，因为其在经济和社会发展中的地位和作用是相当突出的。在全球范围中日益加剧的城市化进程中，只有强大的城市品牌形象的意识，城市才能获得可持续发展。一方面，加强城市的内部经济文化建设和发展；另一方面，积极开展城市品牌形象传播活动，使其不断塑造和提升。城市的形象需要依靠城市品牌来建设，城市的品牌就是一个城市综合竞争实力的表现和最大的无形资产，如果能够塑造好，就可以提升城市品位，使城市价值增值，为城市带来更多更大的环境效益和功能效应。从世界范围内不同国家的城市实践中我们得知，通过建立城市统一的标识形象和城市概念的确立，可以激发市民的归属感、自信心以及自豪感。重塑城市的整体形象，更加有利于创造一个强大的投资环境。

【作者简介】

张媛，武汉大学新闻与传播学院广告学博士生，武汉工程大学艺术设计学院教师。

① 张鸿雁．城市形象与城市文化资誉论［M］．南京：东南大学出版社，2002.

去广告化——走向整体化传播时代

佟维学

一场去广告化的变革，随着文化产业的迅猛发展、文化产品的全球化竞争以及新媒体带来的广告形态的变化，正在悄然兴起。对于这场变革，广告界并非熟视无睹，不过许多人依然囿于传统的广告观念，仅仅将其视为形式上而非本质的变化，植入式广告的提出，便充分表明了这一点。“植入式广告”只停留在品牌信息是怎样进入其他文化产品的，却无法对进入其他文化产品之后，品牌与人的关系发生了哪些变化？它的叙事特征以及品牌为什么要有意识地避开广告，或者放弃广告，而进入其他文化产品？它对广告以及文化产业的发展，可能带来什么样的影响？我们必须对这样一些更深层的问题做出令人满意的解释。

在诸多文化产品中，电影，主要是电视剧，为品牌信息的传播提供了去广告化的可能性和巨大空间。一部电视剧（或电影），叙述着一个关于人或者与人的生活有关的故事。而在生活中，不仅存在着人与人之间的关系，并且存在着人与物之间的关系。无论是就生活本身来说，还是对于生活中的故事来说，这两种关系都是很难判然分开的。人“与物品的关系绝不只是双向（人—物）的，而总是三向（人—物—人）的。物品拥有权所带来的是对我的和你的东西的关切”。① 从这个角度来看，品牌信息传播的叙事化是与品牌消费的对象化——日常生活化、时尚化、审美化、符号化，紧紧联系在一起的。品牌并不是作为背景、道具，或人物“话语”嵌入，而是作为剧中人物生活的有机构成：一种实践行为、一种生活方式、一种沟通媒介、一种时尚品位、一种符号表征，被呈现出来的。打一个电话，穿一件衣服，背一个挎包，买一双皮鞋，走进一家快餐店……无论是哪一个品牌进入剧情所规定的生活情境，都是很自然的，生活原本就是如此。诸基亚、可口可乐、麦当劳、达芙妮、奥迪、QQ……无数品牌已经融入了人们的日常生活中，成为日常生活不可缺少的组成部分，甚至就是生活本身。因此，电视剧（电影）不但将品牌融入到整体叙事之中，使其去广告化成为可能，而且在传播方式上真正实现了品牌向生活的回归。这恰恰是广告一直努力在做，但又常常感到力不从心的。客观地讲，广告在处理人与物的关系时，始终遵循的原则就是物是人的自我延伸的原则。它比许多物质文化研究者更透彻地理解“我们就是我们所拥有的，也许是消费行为中最基本、最有力的事实”。② 贝尔克所指出的“延伸自我的主要范畴是身体、内在过程、思想、以及经历，还有那些一个人感到息息相关的那些人、地点和东西”，③ 早已在广告中被当做品牌的符号价值，并成为某种自我标志了。人们总是以物作为媒介来建立各种社会联系，已经被广告发挥到了极致。可是，由于广告形式的制约与叙事局限，广告只能开启并仅仅停留在品牌生命的市场阶段，而无法伴随品牌走进其文化和社会生命阶段。因此，在广告中这种延伸的自我实际上只能是一种不完全的延伸，仅仅终止于品牌生命市场阶段的延伸，从而造成了品牌商品化过程与生活化过程的断裂。

---

① 孟悦，罗钢主编．物质文化读本：财产与延伸的自我［M］．北京：北京大学出版社，2008：126.

② 孟悦，罗钢主编．物质文化读本：财产与延伸的自我［M］．北京：北京大学出版社，2008：112.

③ 孟悦，罗钢主编．物质文化读本：财产与延伸的自我［M］．北京：北京大学出版社，2008：116-117.

与其他商品一样，品牌在走向市场和消费者时，便开始了它的生命历程——走向市场阶段。品牌走向市场阶段既是一个品牌的商品化过程，同时也是品牌以符号方式与消费者接触的过程。在这一阶段中，广告作为一种文化产品在品牌与消费者之间起着一种中介作用，并使消费者实现了与品牌的非直接接触。然而，走向市场并非品牌生命的终结，尽管在这一阶段，品牌已经具备了实现其交换价值的必要条件，可是，其使用价值和符号价值却只有在品牌走出市场，走入人们的日常生活与社会生活之后，在被消费的消费过程中才能最终实现。"在走出市场后，商品走入的是社会生活，走入的是人与人、文化与文化的关系。在接下来的阶段中，这一商品开始了它的文化和社会生命，这个生命中它是否仍然作为商品而流动是很难说的。它可以在文化和社会的流动中被重新界定。"① 消费者与品牌的直接接触，品牌真正成为"我的"、成为延伸的自我的有机构成、真正日常生活化，恰恰是在品牌走出市场，走入人们的日常生活与社会生活，走入人与人的关系这一阶段完成的，或者说，是在品牌"去商品化"的过程中完成的。从商品化到"去商品化"，品牌经历着所有商品都必须经历的生命历程。在这个阶段中，品牌不再需要广告在它与消费者之间建立某种联系，它已经成为人们日常生活与社会生活的一部分。在消费社会中，没有人能够游离于消费之外，不受消费活动的影响。消费已经成为一种重要的实践行为，对社会及所有的社会成员产生无法估量的塑形作用。

品牌的生命历程内在地决定了它与广告的关系，也决定了它与其他文化产品——电视剧或电影——之间的关系。"去广告化"是品牌"去商品化"的必然结果，因此，品牌走出市场与走出广告是同步发生的。从这个意义上讲，电视剧或电影既不是一种广告载体，也不是新型的广告形式，而是呈现品牌走入生活，走入人与人之间关系的一种途径，是品牌告别市场阶段，走向文化和社会生命历程的一种形态，消费对象化——生活化、时尚化、符号化、审美化的具体形态。"米莱，喝点什么"？"可口可乐！"米莱冲口而出的"可口可乐"与"来瓶营养快线"一样，都是人们日常生活中的一种习见现象。在这里，重要的并不是某一具体品牌是否出现在人物的话语中，或故事情境中，而在于生活中原本就是如此。就像使用诺基亚手机和使用其他品牌的手机；去麦当劳还是去肯德基；在达芙妮还是在其他品牌专卖店买鞋……已经成为人们日常生活的一种消费方式一样。因此，"去广告化"的真正力量就在于它不仅是一种终结，更是一个开端——从传统广告形态到整体化传播的开端。电视剧（电影）在结束品牌生命的第一阶段——市场阶段的同时，将其带入了它生命历程中的"去商品化"阶段——在日常生活与社会生活中被消费的阶段，从而使品牌与人们的生活及其经验融为一体成为可能或必然。任何一个品牌的价值，无论是其使用价值，还是其符号价值，都是在人们的日常生活中，在具体的衣食住行中实现的。如果说"我消费故我在"的消费主体宣言还带有某些片面性和极端性的话，"消费故我在"却是品牌价值实现的唯一方式，因为品牌的生命力最终只能存在于人的生活中、存在于具体的消费过程之中。

从叙事角度来说，广告与电视剧在本质上都是叙事。可是，从"叙事已成为理解经验的一种方法"② 这一角度来看，叙事过于片段化、微型化的广告，在呈现、唤起经验的连续性以及实现经验的互动上，却具有难以避免的先天不足。不错，我们"所面对的生活充满了叙事的片段，上演着包含时间和空间的故事化时刻，以叙事整体性和不连续的方式来呈现并被理解"。③ 但是，经验具有连续性与互动性两种特征。"经验的概念来自其他经验，而

① 孟悦，罗钢主编．物质文化读本·前言［M］．北京：北京大学出版社，2008：12，13.

② ［加］D. 简·克兰迪宁 F. 迈克尔·康纳利．叙事探究—质的研究中的经验和故事（序言）．［M］．张圆，译．北京：北京大学出版社，2008.

③ ［加］D. 简·克兰迪宁 F. 迈克尔·康纳利．叙事探究—质的研究中的经验和故事（序言）．［M］．张圆，译．北京：北京大学出版社，2008：19.

且导致将来的经验。无论一个人处在连续体的哪一个点上——想象处在现在、过去或将来——每一个点都有过去的经验基础，都会导致经验性的未来。”① 也就是说人们当下的经验来自其他经验，并且导致将来的经验。同时，所有经验都不仅是个体的，而且也是社会的。在经验领域中，这种个体性和社会性总是在场。“人总是处在关系中，总是处在社会环境中。”② 经验的连续性源于日常生活不间断的连续性，而互动性则始终是作为一种社会存在所规定的。广告永远都难以摆脱的困窘，就是它本身的存在形态始终提示着它与生活的分离，从而造成了一种生活距离感。为了商品（产品或品牌）而述说着一个以商品为轴心的故事。在这个故事中，人与物的关系被彻底颠倒了。商品作为一种物主宰着人和人的生活，而不是为了人和人的生活。这种存在形态使广告永远无法摆脱一种两难困境：调动一切能够调动的手段竭力吸引人们关注广告，结果却成为所有信息传播活动中关注度最低的一种信息传播方式。老福特的感慨“百分之 90 的广告打了水漂，可却不知道为什么”，真成了广告永远的梦魇。其实，问题很简单，离开人们的日常消费活动，离开人们的生活，商品还有存在的价值和理由吗？抑或品牌还有存在的价值和理由吗？品牌的社会生命历程决定着广告必须回归日常生活，并且只有回归日常生活，才能产生说服力和影响力。毋庸置疑，广告人从未放弃过讲述品牌生活故事的努力。铁达时手表“天长地久”的爱情故事，李维斯 501 牛仔裤关于男孩和男人的故事，百年润发的悲欢离合，大众汽车“德国经典”的师生故事等，都是以讲述生活故事的方式讲述着一个品牌的故事。在这里，生活、品牌、经验重新恢复了其整体性，在被讲述的同时被经历着。但我们也不应无视这样一个事实，无论广告人付出了怎样的努力，都无法克服广告必然存在的与生活的疏离性，因为广告无时无刻不在提醒着人们，这是广告。这一方面被广告与节目之间的分隔所决定，另一方面则是广告过于看重品牌的商品化而又有意无意地割断了品牌生命历程所造成的。无需讳言，去广告化是为了回避广告，起码广告主或者品牌管理者是在有意识地回避广告。在产品竞争时代，这是无法想象的。因为离开广告这种大众传播方式，产品信息便无法实现大范围的传播。可是在品牌竞争时代，它却不仅是可能的，而且是必然的。其他文化产品不但为品牌信息的传播提供了广阔的空间和无限的可能，而且为品牌进入其社会生命阶段，实现从商品化到去商品化的延伸，提供了切实可行的途径。因此，它既是一种有意识的选择，也是一个极其重要的标志：企业或者品牌已经将竞争领域从品牌的市场生命阶段，扩展到了品牌的社会生命阶段，从品牌的商品化扩展到了品牌的消费对象化——生活化、时尚化、审美化、符号化的去商品化过程中。

近年来，广告已经发生了许多深刻的变化，而在这些变化中，融入其他文化产品所带来的广告形态的多元性与新媒体所带来的广告媒介的多样化，几乎是同步发展的，并且呈现着相同的特征：不断深入到人们的日常生活与社会生活中，成为人们生活的一个组成部分。这些变化充分表明，品牌信息的传播方式已经由单一的广告传播走向整体化传播。它不仅催生着广告自身的变革，而且使广告融入到文化产业之中，既成为文化产业的重要组成部分，同时也推动着文化产业的发展。这是一种文化产业内不同文化产品之间的良性互动。

【作者简介】

佟维学，东北师范大学传媒科学学院广告系教师。

---

① ［加］D. 简·克兰迪宁 F. 迈克尔·康纳利．叙事探究—质的研究中的经验和故事（序言）．［M］．张圆，译．北京：北京大学出版社，2008：4

② ［加］D. 简·克兰迪宁 F. 迈克尔·康纳利．叙事探究—质的研究中的经验和故事（序言）．［M］．张圆，译．北京：北京大学出版社，2008：4

电影植入式广告商品类型适用性及其效果研究

沈幼平

随着公众对广告的抵触情绪日渐增强，广告的“硬销”时代风光不再。广告主们开始寻找能绕过受众心理防线的广告手段，电影植入式广告便应运而生。一般而言，植入式广告是指，广告商品具有代表性的视听品牌符号融入影视或舞台表演中，以期让观众在欣赏影视片或表演的时候，不知不觉对品牌形成印象的一种广告方式。国外有据可查的植入式广告出现在 1951 年由凯瑟琳·赫本和亨弗莱·鲍嘉主演的电影《非洲皇后号》中，片中明显出现了戈登杜松子酒的商标。

到过庐山的人，都知道牯岭镇有座上过吉尼斯纪录的“庐山恋电影院”，该影院每天从早到晚只放映一部影片——《庐山恋》。这部张瑜和郭凯敏主演的影片让整整一代人记住了庐山的风光，成为庐山风景区的永久保留“广告片”。只不过《庐山恋》的导演黄祖模先生当时心中并无植入式广告的概念，算是“无心插柳柳成荫”吧。①

中国大陆影视剧中明确的植入式广告出现于 1992 年，电视连续剧《编辑部的故事》中播出了“百龙”矿泉壶的植入广告。但其后数年，植入式广告并未形成规模。直到《庐山恋》大获成功之后将近二十年，中国大陆的电影植入式广告才终于走上规模化发展的轨道。华谊兄弟公司旗下导演冯小刚在创造“贺岁片”概念的同时，也让大陆观众在十年间，对植入式广告走过了从无知到察觉再到警觉的路程。2004 年，冯小刚的《天下无贼》植入式广告收入达 4000 万元以上，超过了 3000 万元的影片拍摄成本。这标志着植入式广告可能成为电影制片方主要的，甚至超过票房收入的赢利来源。然而，也就是从《天下无贼》开始，观众用警惕的眼光审视起冯导的每一部影片。对于购票走入电影院的观众而言，过多过滥的植入式广告会大大影响电影的艺术性和观赏性。于是，公众对影片植入式广告的不满情绪日渐高涨。直到 2009 年冯小刚的《非诚勿扰》和 2011 年的《非诚勿扰 2》，这种不满终于达到顶峰。对于方兴未艾渐入佳境的电影植入式广告来说，这是一个令业界不安的信号。因为广告的目的是推销商品，是要在受众心中强化品牌的正面形象。采用植入式广告方式正是为了在不引起受众抵触的情况下实现此目的。若植入式广告引起观众不满，将会直接影响广告传播的效果。这是一种多少有些令人尴尬的状况。因此，电影植入式广告若想进一步发展，理论研究必须及时跟进。

如果说广告植入的具体手法有赖于导演的主观智慧，植入式广告的商品适用类型却是带有相当的客观性：不同类型商品的广告在同一部影片中的效果有天壤之别。所以，研究植入式广告的商品适用性和广告效果，就成为广告主和制片方都非常迫切的任务。

目前国内在植入式广告方面运作比较成熟的是冯小刚和华谊公司，尤其是冯氏贺岁片，几乎成为考察国内电影植入式广告的标本。下面以冯氏的《非诚勿扰》和《非诚勿扰 2》为对象，具体探讨电影植入式广告的商品类型适用性及广告效果。

① 《庐山恋》于 1980 年公映，并取得巨大成功。但当时中国大陆的商业广告刚刚解禁，植入式广告连概念都尚未从国外引入，更谈不上在电影里主动植入广告。

一、品牌知名度对可植入性的影响

由于植入式广告一定程度上属于商业机密，所以《非诚勿扰》和《非诚勿扰 2》中究竟有哪些植入式广告很难全部说清。但结合影片本身和见诸媒体的报道，两部影片中大致有以下这些商品或广告主的植入式广告（见表 1）：

表 1　《非诚勿扰》、《非诚勿扰 2》植入式广告品牌对照表

商品与服务类型	《非诚勿扰》植入品牌	《非诚勿扰 2》植入品牌
金融服务类	招商银行信用卡、中信证券	中国人寿保险
通信、电子产品、网络服务类	清华同方笔记本电脑、中国移动通信、摩托罗拉手机	淘宝网、朵唯女性手机
交通工具、服务类	海南航空公司、大新华航空公司（海航的控股母公司）、斯巴鲁汽车	奔驰、GMC 汽车、海南航空公司、
餐饮食品类	茉莉餐厅、巴黎贝甜咖啡、剑南春、温莎威士忌	剑南春、美素奶粉
服饰用品、家具类	欧米茄海马手表	JWC 手表、法国 ROYALROSE（皇室玫瑰）服饰、丹麦 ECCO（爱步）皮鞋、宜家家具
旅游类	杭州西溪湿地、海南旅游局、北海道旅游局、歌诗达（costa）邮轮	北京旅游局、石梅湾 · 艾美酒店、三亚亚龙湾、三亚鸟巢度假村

分析以上植入品牌的分布，我们会发现一个现象：除了北京旅游局和海南的几处景点外，所有植入广告的商品品牌都是市场成熟的知名品牌，甚至是同业内的顶级品牌。如奔驰、ROYALROSE 服饰、宜家家具、ECCO 皮鞋等，没有一个是新品牌或低知名度品牌。这绝不是偶然的，究其原因，是和电影植入式广告自身特性有关。植入式广告就是把广告商品具有代表性的视听品牌符号融入影片之中，力求给观众留下印象，实现营销目的的广告形式。所以以前研究界也称其为隐性广告。和正常的广告信息传播手段不一样的是，这种隐性植入的方式决定了植入式广告只能诉诸观众的潜意识，要让观众在欣赏影片的同时不知不觉地接受广告信息。如果观众明确感知到广告的存在，就是广告植入的失败。这种情况往往会引起观众的警觉甚至愤怒，就像这几年《非诚勿扰 2》等影片的遭遇。而广告信息的隐性传播特性，以及观影的一次性，意味着很难让观众建立牢固的品牌知觉印象。因此，植入的品牌一般应是观众已经了解的成熟品牌，否则难以形成有效的广告信息到达。

而且从电影广告植入的手段看，在不破坏影片情节完整性的前提下，有效传达一个新品牌或低知名度品牌形象难度很大。一般而言，常用的植入手法大抵是利用电影的视听元素，无外乎较浅层次的道具植入、场景植入、台词和背景音效植入等，以及较深层次的情节（剧情）植入。

对于道具、场景、台词音效等浅层植入，除非是观众已熟知的品牌，否则很难引起有效注意。即便是知名品牌形象，由于潜意识知觉的阈下特性，观众的认知率也普遍偏低。所以，一些利用浅层植入手法的品牌形象几乎难以察觉，以至于猜测《非诚勿扰》等影片中有哪些品牌植入，成了很多观众的一种“乐趣”。

例如，在《非诚勿扰2》中丹麦ECCO（爱步）皮鞋品牌的植入：影片开场葛优和孙红雷脚上都穿着ECCO的新款鞋，但由于无法直接呈现品牌LOGO，观众完全无法察觉此一品牌广告的植入。无奈之下，冯小刚导演在影片10分35秒处安排一句台词植入做补充：孙红雷在离婚典礼上手拿香槟和来宾碰杯，直接称呼其中一位男客人为“ECCO李”，影片字幕同时呈现“ECCO李”的文字。即使这样，稍微粗心一点的观众对此也无从知觉，更不用说事先不知道ECCO品牌的人了。由此可知，品牌形象的浅层植入，通常只能用于已经形成较大市场知名度的那些品牌，而且仅适用于进行市场中后期的品牌印象强化和维护。越是市场成熟知名度高的品牌，越适合进行浅层的品牌形象植入。

新品牌或市场知名度较低的品牌，利用道具、场景、台词音效等浅层植入，很难让观众形成品牌知觉。一般而言，新品牌及低知名度品牌只能尝试采用深层次的情节（剧情）植入方法，以期通过观众对情节（剧情）的理解形成品牌认知。但深层植入能否成功，取决于编剧和导演的天才投入，偶然性因素影响较大。从电影广告植入的历史看，这方面成功的例子少之又少，业界津津乐道的也只有寥寥几例。比如，1982年斯皮尔伯格在《E·T外星人》中对“里斯”（Reese’s Pieces）巧克力豆品牌的植入，使一个无名小品牌一夜蹿红。由于电影毕竟是面向观众的，情节（剧情）植入很难在新品牌的市场开拓阶段有大作为，除非有天才编剧和导演的全力配合。所以，情节（剧情）植入多半还是用于成熟品牌的印象强化，以及品牌形象的深度拓展。例如罗伯特·泽米吉斯在《荒岛余生》（Cast Away）中植入的那个“威尔逊”（Wilson）牌排球，甚至成为影片中的一个“角色”，还获得过最佳无生命角色奖。

二、可植入商品类型受限于影片剧情

从理论上说，所有类型的商品品牌形象都能被植入电影，从而成为植入式广告。但实际上可植入的品牌范围还是受限于影片的剧情。比如古装片就完全无法植入任何除景点和文化外的具体商品品牌。剧情必须要为商品品牌提供可植入的时间和空间。如果不顾剧情发展的逻辑线索去强行植入广告，就会破坏影片的可观赏性，带来“双输”的局面。这是制片方和广告主都不愿看到的。例如一部农村题材影片，如果硬要植入宜家家具品牌，多半会贻笑大方。而植入农村生活用品的商品品牌，如农具、农机，则会显得自然得体。

相对而言，《非诚勿扰》、《非诚勿扰2》这样的都市生活题材影片，对于大多数现代商品品牌的广告植入都具有相当的兼容性。这是因为，现代都市年轻白领及中产人士是这类影片的主要观众群体，他们日常生活的衣食住行所涉及的商品品牌，都是可以适用于进行广告植入的。

比较《非诚勿扰》和《非诚勿扰2》里植入广告的品牌类型，可以发现具有高度的一致性，所有植入的商品或服务的类型和品牌，都在身份为都市白领的影片角色的消费范围之内（见表2）。

表2 **《非诚勿扰》、《非诚勿扰2》植入式广告数量分类对照表**

商品与服务类型	《非诚勿扰》植入品牌数量	《非诚勿扰2》植入品牌数量
金融服务类	2	1
通信、电子产品、网络服务类	3	2
交通工具、服务类	3	3
餐饮食品类	4	2

续表

商品与服务类型	《非诚勿扰》植入品牌数量	《非诚勿扰2》植入品牌数量
服饰用品、家具类	1	4
旅游类	4	4
合计	17	16

从以上表格内容看，所有《非诚勿扰》里植入过的产品类型，在《非诚勿扰2》里都有植入。由此可以看出，《非诚勿扰》、《非诚勿扰2》这类都市生活类影片，其广告植入的商品种类是高度一致的：一方面锁定了影片的目标观众群体，即年轻白领及中产人士；另一方面，这类商品应该出现的场合与影片的剧情场景可以高度兼容。

细心梳理一下我国电影植入式广告的历史，就会发现都市生活题材影片一直是广告植入的主流。不仅冯小刚的系列“贺岁片”，如《甲方乙方》、《不见不散》、《没完没了》，《一声叹息》、《大腕》、《手机》、《天下无贼》等，而且其他大量植入广告的影片，如宁浩导演的《疯狂的石头》、《疯狂的赛车》，徐静蕾自导自演的《杜拉拉升职记》等，也都是现代都市生活题材。这说明品牌广告的植入，除必须考虑影片的观众群体特征外，最大的限制就来自电影的剧情。商品品牌可能出现的时间和空间，必须符合剧情的要求，否则就会导致广告植入的失败。

三、旅游目的地是电影广告植入的最大赢家

前面说过，受限于植入式广告的“隐性”特性，电影植入式广告很少能用于新品牌的市场开拓。但有一类广告除外，这就是和旅游目的地相关的广告。

电影作为一门视听综合艺术，其最大的优势就是准确地“再现”现实世界。观看电影时，观众可以产生高度逼真的“现实感”，这是一种身临其境的感受。这种优势使得电影特别适合“还原”现实世界的“视听环境”，这正是旅游广告所需要的。可以说，电影植入广告在旅游推广方面，具有其他常规广告手段所不具备的优势——身临其境的真实感。因此，从电影史上看，在植入式广告没有出现的时代，旅游业就是电影的受益者，《庐山恋》即是一例。在植入式广告风行的现在，旅游业实际上是广告植入的最大赢家。和旅游目的地相关的电影植入式广告，成了开拓新旅游产品市场的利器。

从《非诚勿扰》和《非诚勿扰2》的旅游产品植入情况看，除了北京和海南两地的旅游品牌形象的维持和强化。广告植入还直接“捧红”了一些原先少为人所知，或较冷淡的旅游目的地。体现出电影植入式广告在旅游新产品市场开拓方面的巨大优势：

在《非诚勿扰》公映后，原先默默无闻的杭州西溪湿地，一举成为火热的旅游新目的地，各地旅行社的杭州游线路，都在影片热映后隆重推出“西溪湿地游”项目。而这一切的花费不过是杭州市政府付出的区区200万元广告费。

《非诚勿扰》上映后，还更直接激发了中国人的日本北海道旅游热。据媒体报道：“《非诚勿扰》（公映）之后，北海道成为中国人最热衷的一条旅游路线，据说，前往北海道的中国游客数量已经增长了15倍，北海道成为仅次于东京的中国游客第二大目的地。在北海道，包括温泉旅馆、商店、景点，不少地方都贴有电影海报，一些酒店老板娘还能用中文说出“非诚勿扰”四个字。”① 影片植入广告的效果着实令人叹为观止，而这都得益于电影对自

① http：//ent. ifeng. com/idolnews/special/japandizhen/news/detail _ 2011 _ 03/13/5123655 _ 1. shtml ［EB/OL］.

然景色的逼真再现能力。

而2010年年底上映的《非诚勿扰2》，则让此前少有人知的三亚鸟巢度假村一夜成名。游客蜂拥而至的结果，是2011年春节期间度假村套房的价格竟达到20000元/天，普通客房也要6000～7000元/天。

地处亚龙湾森林公园内的鸟巢度假村，自然风光秀美，是整部影片中最诱人的环境背景，实在是给影片增色多多。据鸟巢度假村的老板毛剑锋介绍，作为品牌形象的广告植入，他并未支付现金，仅是免费提供三号别墅等客房给剧组作为外景地。另外，在40多天的影片拍摄时间里，包括葛优、舒淇等剧组成员全部免费住在度假村里。度假村还派出自己的路虎车队，负责剧组的接送。① 结果，这一植入广告的投资回报率远远超出了毛剑锋的想象，这就是植入式广告的力量。

从当年《庐山恋》的无心插柳柳成荫，到如今《非诚勿扰》等影片中旅游景点广告的精心谋划，巧妙植入，在其他商品类型的广告植入效果晦暗不明的情况下，旅游景点产品的广告植入已经轻车熟路，成效彰显。尤其是在新景点的推介方面，更是具有其他广告手段望尘莫及的效果。

电影（电视剧）植入式广告进入我国的历史很短。至于植入式广告的大规模应用，甚至广告收入占影片投资比重达50%以上，则始于冯小刚的系列贺岁片。观众对植入广告的态度也由最初的新鲜好奇，转为现在的厌烦、无奈。甚至2011年年初还出现了新华社记者周宁写文章大批冯氏电影"植入广告"，而冯小刚在公开场合炮轰回骂的戏剧性场面，让广告界人士不胜唏嘘。②

从市场规律看，电影植入式广告必将继续发展。但就目前观众的反应而言，前途不容乐观。电影植入式广告能否获得质和量的同步发展，取决于广告主和制片方（导演）的精诚合作。相信电影植入式广告在我国会有一个良好的发展前景。

注：本文为安徽省教育厅人文社科研究项目"和谐社会建设中广告责任与商业利益互动关系的研究"(2010sk113）阶段性成果。

【参考文献】

[1] 李德军．电影植入式广告融入策略探析——以电影《非诚勿扰》为例［J］．东南传播，2009（7）．
[2] 史庭飞．电影《非诚勿扰》中的植入式广告分析［J］．新闻世界，2010（6）．
[3] Peter Pan，刘岚．从《非诚勿扰》看植入式广告［J］．中国服饰，2009（2）．
[4] 于海礁，潘洋．植入式广告的发展趋势［J］．广告大观（综合版），2009（12）．

【作者简介】

沈幼平，文艺学硕士，安徽师范大学传媒学院讲师。

① http：//news. dichan. sina. com. cn/2010/12/31/258228_ 2. html［EB/OL］.
② http：//ent. 163. com/11/0101/05/6P9QHNSH00032DGD. html［EB/OL］.

百度搜索引擎广告策略研究

汪开庆

百度百科的资料显示，李彦宏是百度公司创始人、董事长兼首席执行官，全面负责百度公司的战略规划和运营管理。创立百度之前，李彦宏已经跻身全球最顶尖的搜索引擎工程师行列，其拥有的“超链分析”技术专利，是奠定整个现代搜索引擎发展趋势和方向的基础发明之一。李彦宏曾经获得“CCTV2005 中国经济年度人物”、“改革开放 30 年 30 人”等荣誉称号，被美国《商业周刊》和《财富》等杂志评为“全球最佳商业领袖”和“中国最具影响商界领袖”。2011 年，他以 94 亿美元资产列福布斯全球富豪榜第 95 位，并成为中国内地首富。

中国互联网中心第 25 次调查结果显示，截至 2009 年 12 月 31 日，中国网民规模达到 3.84 亿人，普及率达到 28.9%，超过全球平均水平。① 而互联网搜索服务的出现给互联网产业带来了巨大的变革，由此也产生了一种全新的商务模式。百度作为中国搜索行业的霸主、业界的领军企业，它的盈利模式和市场战略自然引起广泛的关注。众所周知，搜索引擎广告低投入、高回报的优势与传统媒体相比，更受投放广告的企业欢迎。搜索引擎产生初期，并不是所有企业都能获得满意的结果，有的企业获益颇丰，有的收效甚微，究其原因与企业的广告策略有关。

一、百度创立的市场背景及成就

Google 创立的使命就是要为人们提供网上最好的查询服务，促进全球信息的交流和共享。1987 年，李彦宏以优异的成绩考入北京大学图书情报系，毕业那年，他毅然选择出国留学美国布法罗纽约州立大学攻读计算机专业。1999 年百度成立之时正值全球互联网业处于下滑阶段，网络经济的泡沫破灭，昔日的搜索之王雅虎，曾经是搜索引擎的代名词，鼎盛期其市值甚至超过了迪士尼。雅虎是网络泡沫的标志，纳斯达克雪崩后，其市值迅速缩水。各大门户网站陷入低迷，众多网站的高投入低产出，令投资者心灰意冷。就在以互联网为代表的高技术令投资者备感失望之时，百度横空出世。李彦宏选择此时创业需要极大的勇气。同时，互联网泡沫意味着百度可以租到廉价的办公场所，低价购买服务器，低薪聘请高科技人才，这些外观环境为百度的起步奠定了基础；另一方面，百度的运气也来自当时的行业巨头们对搜索引擎的轻慢。百度的竞争对手雅虎致力于成为门户网站，投入搜索服务的比重不大，而此时的 Google 无暇东顾。这无疑给百度的成长提供了一条夹缝，提供纯技术服务的百度由此崭露头角。

从 1999 年创立至今，百度的口碑毁誉参半，初步在国内享有较好的口碑。当然百度一直致力于以打造最符合中国人心理习惯的搜索引擎为己任，它有超过 3 亿的中文网页数据库，百度的成长，确实值得国人骄傲。纽约时间 2005 年 8 月 5 日上午 10 点时，百度在美国纳斯达克正式挂牌上市，当天百度收盘价格锁定在 122.54 美元，百度市值为 39.58 亿美元。

① 中国互联网络信息中心（CNNIC）. 第 25 次中国互联网络发展状况统计报告［R］. 2010-01-01.

百度被誉为中国的Google，就财力而言，百度是无法和美国的互联网巨头相比的，技术水平也有很大的距离，虽然它有自己的“超链分析”专利技术。

1999-2000年赶上互联网的泡沫破灭，李彦宏选择此时自立门户创业确实不易。而此时李彦宏制定的融资计划将面临非常大的困难，很多风险投资家都钟情于电子商务。经过一段时间的努力，李彦宏成功融资120万美元。1999年圣诞节，李彦宏登上了飞往北京的飞机，开始了人生事业的另一个征程。2004年上半年，包括Google在内的八家风险投资机构对百度进行了策略融资，其中Google投资达1000万美元。业内分析家表示，Google投资百度是其对中国市场的首次试水，虽然百度获得了Google的投资，在短期内不会改变其商业模式，但是它可能会借助于Google的合作来抗衡雅虎中国。也许，如果百度意识到雅虎将成为其真正的威胁，它会寻求和Google公司进一步的合作，将Google视为最终合作伙伴。不过，每个区域的特点都不一样，搜索的本土化是大势所趋，中国也不例外。纵观目前中国的搜索市场，百度占有的市场份额最大。作为中国最早的搜索引擎，百度对中国互联网市场有着很好的理解。

二、市场竞争的环境与主要对手分析

由中欧国际工商学院和成为基金共同主办的“中欧-成为2011年创新中国高峰论坛”于2011年6月26日在深圳举行，论坛中提到一组数据，中国互联网人数最新一个统计数字已经达到4.57亿人，这个数字居全球第一位，普及数也超过了30%，超过了全国平均普及率。从互联网服务价值来说已经达到6800亿元市场规模。在互联网行业里也诞生了一大批非常伟大的公司。艾瑞市场咨询（iResearch）数据显示，在中国搜索引擎搜索流量市场份额中，百度占的份额最高，达到33.1%，其次是雅虎份额为30.2%，排名第三的是Google，份额为22.4%。排名前三的运营商搜索流量市场份额达到85.7%。事实上，百度的竞争对手很多，最大威胁还是来自海外的Google和雅虎以及国内的三大门户网站，还有搜狗、搜搜、一搜、阿里巴巴、慧聪等。“大容量数据库”、“领先的数据更新速度”、“多语种搜索”等“特色技术”不是遏制海外竞争对手挺进中国市场的利器。不过，外来的Google和雅虎已经清醒地认识到这一点，并已采取了一些对应的措施。Google进入中国设立研发机构是2005年，2006年更名为谷歌，谷歌是唯一一个Google在非英语国家发布的名字，2007年推出短域名g.cn，逐渐成为中国搜索行业的一股重要力量。2010年3月23日凌晨，谷歌宣布离开中国内地，总部转入香港。

近期福布斯杂志、经济学杂志评出2012年可能消失的十几个品牌，把诺基亚、爱立信都列在里面。在两三年前大家都觉得不可思议。几年前iphone推出新产品的时候受到诺基亚嘲笑，它站在通信角度去观察觉得很不适用。但是iphone一旦接入互联网后，竞争态势就完全改变了。iphone不仅带来新的体验，创新程度更高、更加深刻。诺基亚虽然每年R&D投入经费高过苹果，但是一两个点没有抓住，一下子变得落后了。创新在互联网行业至关重要，生死攸关。对新进入行业者机会永远存在，但是对行业里的人，你每天要有危机感。在其他行业你很难想象有这样的威胁。比如奢侈品行业，牌子越老，越不用担心创新带来的威胁。① 百度作为中国搜索引擎本土市场的领头人要有居安思危的心态，力争把品牌做到全球化，成为能够与Google、雅虎抗衡的搜索引擎，力争像Google一样做到地球上任何人都能使用的信息查询工具，而不仅仅是停留在中国本土搜索引擎市场。

---

① http：//finance.sina.com.cn/hy/20110626/163310048833.shtml［EB/OL］.

三、百度搜索引擎广告策略研究

根据 comScore 咨询公司发布的美国搜索引擎排名数据报告中显示，Google 占到美国搜索市场一半以上的份额。而 Yahoo 和微软的搜索份额共占到三分之一，谷歌凭借强大的技术实力占据着美国搜索引擎的市场的半壁江山。① 国内的百度、搜狐、新浪等都是比较有代表性的搜索引擎企业。竞价排名也是早期搜索引擎使用的赢利手段，所谓竞价排名，就是搜索引擎将关键词的搜索结果位置进行拍卖。最先创造关键词广告这种赢利形式的是 Goto. com（该公司 1997 年成立，2001 年更名为 Overture，后被雅虎收购）。

百度是 1999 年创建的，拥有国内先进的搜索引擎技术，其企业效益也在不断攀升。其主要的盈利模式是竞价排名，通过对关键字的竞价，安排网页的排名，从而达到用户检索盈利的模式。但是竞价排名有一定的盲目性，容易误导用户，使用户产生排在前面的就是最好的、最值得信赖的错觉。这就需要用户自己不断地甄别选择，做出最后的决策。根据某一公司网站出价高低决定其再搜索结果中的位置，出价高的网站往往排在前列。Google 是百度在搜索领域最强大的对手，二者相比，百度的优势在于中文推广，也就是百度推广。根据艾瑞咨询发布的 2009 年第二季度中国搜索引擎请求量监测数据，百度市场份额达到 75.7%，占有垄断性优势。当然这也会带来一定的负面影响，长远来看会损害用户的利益，毕竟广大用户不是来看广告的，而是来搜索有关自己的有价值的内容的，往往很多企业的广告受众窄，不为大多数人选择的广告通过竞价排名排在前面，这是一种不受用户欢迎的做法。目前国内大多数搜索引擎企业在使用竞价排名，百度也不例外。

百度搜索竞价排名服务启动是在 2001 年下半年，同时又推出了自己的网站，变成了一个地道的 . com 公司。Overture 的做法是先买断 AOL 等门户网站关键词搜索结果前 5 名的位置，再把这些搜索结果的位置卖给相关的商家。与 Overture 买断搜索结果位置不同的是，百度的竞价排名采取的是与门户网站进行收入分成的模式，这使得百度转型以一种平滑的方式进行，从而减少对门户网站的依赖。百度采取的策略是从单一门户网站中获得的收入不得超过总收入的 10%，同时加紧扩大自身网站的流量和影响。为应对来自 Google 的强大压力，2002 年 3 月，李彦宏实施“闪电计划”。2002 年竞价排名业务每个月都以 30% 以上的速度增长，到 2002 年第二季度，百度终于实现了盈亏平衡。竞价排名与关键词广告的收入已经占到百度总收入的 80% 以上。到 2002 年 12 月，百度不仅在技术上全面与 Google 抗衡，部分指标还领先于 Google。这次转型，确立了百度在中国搜索引擎市场的绝对领导地位。美国调查机构 Alexa 的统计数据显示：2003 年，百度已成为中文搜索引擎中第一、全球第二大独立搜索引擎商。②

当用户通过百度搜索某关键词的时候，用户首先得到的是百度推出的关键词广告，随之而来的是通过媒体曝光后的负面影响。在 2008 年 15、16 日，央视《新闻 30 分》连续两天报道百度的竞价排名黑幕，百度竞价排名被指过多地人工干涉搜索结果，引发垃圾信息，涉及恶意屏蔽，被指为“勒索营销”，并引发了公众对其信息公平性与商业道德的质疑。这是继“三鹿门”之后再次将第一大中文搜索引擎推向风口浪尖。③ 排名首位的网站大做虚假广告，多为医疗广告，此类广告多为害人害己。

熟悉谷歌的用户都知道，用户得到的搜索结果会分为自然搜索结果，也就是谷歌的算法得到的结果，另外就是被标注为“赞助商链接”的关键词广告。当在谷歌搜索引擎中键入

---

① comScore 咨询公司 . 2007 年美国搜索引擎排名数据报告［R］. 2007（12）：3.

② http：//finance. ifeng. com/news/20110607/4116243. shtml［EB/OL］.

③ http：//tech. 163. com/08/1117/06/4QUB2U6C000915BF. html［EB/OL］.

某关键词后，点击搜索键，所呈现的搜索结果页面中，谷歌通常将付费的放在页面右边和左边上方带阴影的部位，而免费的自然搜索结果则放在页面左边的下方。用户搜索信息时首先看到的往往是付费的搜索结果，但是用户有自主选择权，可以选择付费的或是自然的排序结果，企业选择付费的页面策略，往往使用户先入为主，给企业带来更多的利润。百度的搜索结果将收费搜索结果和网站自然排名搜索结果混在了一起。有些用户不愿意浏览通过付费的形式排在前面的网页，但是作为搜索用户而言，他们不知道究竟哪些是付费的搜索结果，那些是自然的搜索结果，这给很多用户带来困扰和误导。百度搜索页面右边则和谷歌搜索结果一样依然是付费显示的结果。

纵观国内搜索引擎市场，渠道混乱，缺乏诚信，技术落后，这些都是国内搜索引擎市场面临的问题，百度同样面临着这样的问题。目前全国搜索引擎代理商有几千家，其中较大规模的有 100 多家，实际上的代理商可能远远不止这个数目，因为代理销售搜索引擎几乎不需要任何门槛。浙江在线杭州 2011 年 6 月 28 日讯，浙江全国首创“红色搜索引擎”，企业登录“红色搜索引擎”，输入关键词，就能找到党建学习或员工培训的资料。① 谷歌的推广形式就是通过搜索引擎优化来提高访问量的。百度可以借鉴谷歌的推广形式优化搜索引擎，从而提高访问量，提供优质服务，创造更高、更好的经济效益。

四、结语

本文通过对百度搜索引擎及搜索引擎广告的发展及成长过程的研究，结合百度搜索引擎竞争环境、竞争对手的深入分析和研究，预测百度的发展趋势和市场目标，同时使读者对全球以及中国搜索市场的状况、技术水平、发展趋势有一个宏观的了解。本文从广告学的视角，对百度做了初步研究，对全球乃至我国互联网行业、搜索行业的发展具有较好的借鉴意义。搜索引擎广告只是众多网络广告形式中的一种。虽然搜索引擎广告的投资回报率较高，但是不能为此忽略其他广告形式。

【参考文献】

[1] 宫鑫. Google 广告优化与工具 [M]. 北京：电子工业出版社，2011.
[2] Simons. 全球最强搜索引擎 Google [M]. 上海：上海财经大学出版社，2007.
[3] 汪瑞林. 搜索百度李彦宏 [M]. 经济日报出版社，2006.
[4] [美]Kevin Lee Seda 著. 搜索引擎广告 [M]. 朱彤，译. 北京：电子工业出版社，2010.

【作者简介】

汪开庆，武汉大学新闻与传播学院博士研究生，广西师范大学设计学院副教授，硕士生导师。研究方向为广告学、影视学。

① http://news.xinhuanet.com/photo/2011-06/29/c_121598440.htm [EB/OL].

探析我国男性时尚期刊的品牌化之路

赵妍妍

谈到时尚期刊，人们往往把眼光聚焦在女性时尚期刊方面，然而，近些年随着男性消费品市场的不断壮大，男性时尚期刊也开始悄悄进入人们的视野，并凭借稳定的发行量及对精英阶层读者的影响力在国内期刊市场上占据了一席之地。

所谓男性时尚期刊，是指主要以高学历、高收入、高消费的年轻男性为受众，发布时尚信息、介绍时尚商品、宣扬时尚理念、倡导时尚生活的高档类期刊。具体而言，这类期刊大多全彩色铜版纸印刷、大 16 开本、页码在 150 页以上，价位在 20 元左右，以各种时尚资讯、奢侈品、成功人士、休闲旅游、恋爱情感、家居职场等为主要内容。

从我国男性时尚期刊的出现，到现在只有短短 10 年左右的时间，市场尚未完全成熟。对于未来发展，男性时尚期刊还必须面对很多现实困境，笔者认为，走“品牌化之路”是未来男性时尚期刊发展的关键。

一、我国男性时尚期刊的快速发展与现实困境

在时尚期刊的零售市场上，女性时尚期刊一直占据着绝对优势。然而，随着 2004 年“男性期刊年”的到来，以及男性期刊市场气候的逐渐形成，男性期刊在随后的几年里发展迅猛。平面媒体监测机构——北京开元策略信息咨询公司董事长兼总经理部玉霞曾谈到，随着 2005 年 3 月一个明显拐点的出现，女性时尚期刊当道的局面正在被打破，时尚男士类期刊的总体零售规模出现了持续走高的发展态势。

回顾我国男性时尚期刊 10 多年发展史，从《时尚先生 Esquire》填补我国男性时尚期刊的空白，到随后相继出现的《Magazine 名牌》、《达人志 Men’s Uno》、《男人装 FHM》、《芭莎男士 Bazaar Men》，再到最近两年跑马圈地般出现的《摩登绅士 Mr. Modern》、《智族 GQ》、《他生活 His Life》、《型男志 Men’s Joker》、《睿士 Elle Men》，男性时尚期刊蜂拥而至，至少可以让我们这样认为，我国的男性也开始更加坦然地消费男性的身体，这恐怕是我们这个社会进步的标志之一。随着我国的奢侈品消费市场的快速增长，男性奢侈品的分众市场必然能够带动我国男性时尚期刊的成长，男性时尚期刊市场的未来前景是美好的。

不过，目前受到各种因素影响，我国的男性时尚期刊的总体发展是滞后的，男性时尚期刊的出版总量及销售总量一直比较小，市场上关注的力量远不及女性时尚期刊。就目前已经成熟的男性时尚期刊来看，像《男人装 FHM》、《Magazine 名牌》，均是依靠时尚集团和南方报业背景的支持，以及在创刊时大手笔的运做，才保证其迅速占领男性时尚期刊市场，而一些实力较小的男性时尚期刊只能勉强维持生存。

其实，国际男性时尚期刊界一直存在一个默认的共识——男性时尚期刊主体读者为男同性恋，当然，并没有人真正公开地这样宣告，毕竟只有争取异性恋男性读者，男性时尚期刊才有更大的发展空间。为此，西方人一直努力想在异性恋男人中，建立男性的时尚新概念，“男人可以像女人一样具有表现力地穿衣打扮”，但认可者寥寥无几，在大多数男人看来，“男人还是得打扮得像个男人样”。同样，我国绝大多数男性时尚期刊也没有去迎合同性恋

读者，他们也在极力尝试像他们的国外同行一样，去捕获主流的男性读者。

不过，相比美、日与港台的男性，我国男性更加不重视外表，对自身的投资也比较少，所以在时尚及美学方面的关注也相对较少。女性之间常常讨论服装与时尚的话题，而在男性友人之间这样的话题却鲜有听说，以至于我国男性时尚期刊的发展一直不如女性时尚期刊。现在的白领男人们看得最多的期刊依然是财经、电脑、房产、通信等传统男性刊物。那么，我国男性时尚期刊应该如何前行？未来的男性时尚期刊市场又会是怎么的景象？

二、男性时尚期刊为何走品牌化之路

男性时尚期刊的市场现状，使得一些期刊的经营者们开始认识到，能否建立有一定影响力的期刊品牌形象是影响未来男性时尚期刊发展的关键。事实上，我们所生存的时代已经是一个品牌的时代，大到一个国家，小到一个企业，都在争先恐后地推陈出新，争创品牌。日常生活中，人们在衣、食、住、行方面追逐着品牌。在物质品牌得到满足后，人们又开始追求更高层次的精神品牌享受。人们看电视要看经典节目，读书看报要看品牌报、品牌书和品牌刊。因为品牌代表着一个国家的实力和企业的竞争力，也反映着一个人的身份与素养。男性时尚期刊作为一种向人们传播精神粮食与资讯的特殊商品，同样无法摆脱品牌的竞争。

男性有崇尚权威的天性，以获取他人的认可和自我的满足感。男性对权威的崇尚会使得他们热衷于追求品牌，因为从某种意义来说，品牌代表着一定的权威。因此，品牌对于男性来说，既是图腾般的崇拜对象，又是借以装备和获取权威感的主要方式。男性时尚期刊的主要读者群是那些生活在一、二线城市的高学历、高收入、高消费的年轻白领男性，他们选择阅读时尚期刊，从本质上说，就是为了寻求一种文化归属与价值认同，从而区别于社会其他阶层和人群，在产品消费方面他们也会表现出更为明显的品牌倾向与依赖感。

另一方面，目前男性时尚期刊主要依靠广告收入，发行收入处于辅助地位。2003 年开始，一些针对男性的国际品牌从香港转入上海和北京等地，趋势非常明显，这是男性期刊广告环境日渐明朗的征兆。随着我国男性时尚工业的发展和男性消费的品牌化，男性期刊的广告投放将会快速增长，这也是刺激男性时尚期刊短时间内蜂拥出现的原因之一。不过，在广告投放方面，大型知名公司在投放广告时，往往会选择品牌知名度和影响力与自身地位相符的媒体，同样，知名品牌期刊出于自身档次和品位的需求，也会选择世界著名的大品牌作为广告主，这就使得那些默默无闻的期刊只能望而兴叹了。因此，男性时尚期刊不但帮助广告主锁定高阶层、高消费能力的读者群，而且利用品牌优势保证其获得稳定的广告收益，不但完成了媒介的“二次销售”，而且还可通过品牌延伸，实现“卖品牌”的“三次销售”，用品牌价值来实现利润最大化。

三、男性时尚期刊如何实现品牌的创建与维护

1. 品牌定位，区分竞争对手

在媒介融合时代，面对海量信息，受众的主动性大大提高，将真正享有信息选择权。因而，作为期刊的传播者首先要做到的就是依据受众的动机、需要、欲望等诸方面的差异，细分受众群，明确自身期刊的品牌定位。从一定程度上说，期刊定位是品牌期刊形成的前提，定位定得准，期刊也就成功了一半。在当前快速成长的男性时尚期刊市场，若要区分竞争对手，无疑也要通过品牌的独特定位来实现。

国际男性时尚期刊市场的当红期刊《FHM》，于 2004 年 4 月 23 日以《男人装 FHM》的名义登陆中国内地市场。《男人装 FHM》是时尚集团在 2004 年推出的一本男性综合类时尚

期刊，创刊伊始就迅速占领了男性时尚类期刊市场，并且带来了男性时尚期刊消费的新热潮。《男人装 FHM》的成功主要在于它能够瞄准男性心理需要的空缺，确立自身的风格与品位。

根据调查，男性喜欢看的期刊都是一些在专业性上能满足他们个人喜好的期刊，比如时政、财经、汽车、户外、体育和电影等期刊。这类男性期刊多是在教化读者怎样成为一个主流英雄，塑造的是不符合现实的完美男人。《男人装 FHM》与传统的男性期刊不同，它强调站在与读者对等的位置上，反映一些男人真实的想法，甚至是一些男人间的秘密。《男人装 FHM》开宗明义就是要做“男人的真性情期刊”，强调享乐原则，帮助男人减压。《男人装 FHM》把受众目标定位在 25～40 岁的“城市新男人”，他们年轻、时尚、自信，受过良好教育，心态健康阳光，爱生活，爱美女，爱冒险，爱享乐，这样的群体的消费能力显然比较强，很容易成为男性时尚生活的支持者和传播者，暗合了一些高端产品广告主的需要。《男人装 FHM》的出现填补了男性心理需要的空缺，得到市场的认可也是意料之中的。

2. 活动营销，提升品牌形象

所谓的活动营销，是指企业通过介入重大的社会活动或整合有效的资源策划大型活动，而迅速提升企业及其品牌知名度、美誉度和影响力，促进产品销售的一种营销方式。简单地说，活动营销是围绕活动而展开的营销，以活动为载体，使企业获得品牌的提升或是销量的增长。

活动营销是时尚类期刊使用经年的推广手段，国内外均是如此。期刊社通过举办或参与各类能够得到媒体广泛报道的活动，从而达到提升期刊品牌形象和宣传广告主的双重目的。比如美国男性时尚期刊《GQ》的年度先生评选活动、英国男性时尚期刊《FHM》的年度性感女性评选活动等。中国的男性期刊虽然起步较晚，但是在活动营销的意识方面却丝毫不落伍，尽管影响力和知名度尚未达到应有的水平，但是推广的意识、品牌的意识从一开始就与国际接轨。

作为在中国最有影响力的报业集团——南方报业传媒集团，在开展活动营销方面可谓游刃有余。由它主办的针对中国高端精英男性的泛时尚期刊《Magazine 名牌》，在 2003 年创刊当年就举办了“2003 年度精英男性评选”活动。虽然最后因为时间关系未能举办颁奖礼，但是在期刊当年 12 月号上大篇幅地对评选出的十大精英男性进行介绍，并利用南方日报报业集团强大的媒体宣传优势：《南方周末》、《21 世纪经济报道》、《城市画报》及区域媒体《南方都市报》、《南方日报》进行报道，还通过网络合作伙伴新浪和搜狐进行宣传，达到了一定的宣传效果。2004 年十大精英男性的颁奖则在深圳观澜湖高尔夫球会的大型游泳池畔举办，广东现代舞团特别编排的舞蹈和水上芭蕾贯穿始终，轩尼诗和水井坊提供了赞助。整台颁奖礼格调高雅，深受来宾欢迎，加上后续的媒体报道，使《Magazine 名牌》的年度精英评选渐渐具备了一定的知名度。之后《Magazine 名牌》陆续举办过“华人精英会”、“欧洲艺术沙龙”、“我国奢侈品百年”名士论坛等活动，在扩大期刊的知名度和影响力，做好品牌的维护方面可谓不遗余力。

3. 品牌延伸，形成产业价值链

品牌延伸是指在已经确立品牌地位的基础上，将原有品牌运用到新的产品或服务中，从而期望减少新产品进入市场的风险，以更少的营销成本获得最大的市场回报。作为精神产品和物质产品的统一体，期刊的品牌一旦建立，就会成为可持续性挖掘的文化资源，品牌的扩张和延伸势必成为期刊发展壮大的有效途径。

在利用原有品牌资源进行品牌延伸方面，男性时尚期刊可以在原有品牌基础上，策划一系列子刊和延伸刊物；也可以利用自己的品牌制作图书、光盘；还可以建立网站，发行网络版期刊，实现媒体互动；甚至可以投资影视传媒和其他行业，形成跨行业的后续产业价值链，带动更多的价值创造。

作为中国最具实力、最具潜力的高档期刊出版集团，《时尚》杂志社在长期的实践中就逐步摸索出了一套独具特色的品牌延伸战略。1993 年，创刊人吴泓、刘江在东单西裱褙胡同创办了中国第一本本土化的女性时尚期刊《时尚》。时至今日，《时尚》杂志社在没有偏离其本身定位人群的基础上，将其目标读者群不断地细分化，从而创办了系列刊物。《时尚》杂志社旗下拥有《时尚·COSMO》、《时尚·ESQUIRE》、《时尚家居》、《时尚健康》(男士/女士)、《时尚先生》、《时尚旅游》、《中国时装》、《娇点》、《好管家》、《时尚时间》等系列刊物。《时尚》杂志社推出的系列刊物在市场上创下赫赫战绩，多本刊物成了发行商和广告主眼中的宠儿。

《时尚》杂志社的品牌延伸战略还体现在，在其上下游都进行了有计划布局。比如组建图书公司，组建制版公司和发行公司；比如设立网络版，成立市场部和订阅中心；同时还与一些广告客户、印厂建立战略联盟等。

4. 网络传播，创新营销平台

随着网络技术的迅速发展，网络新媒体对平面媒体在产生强大冲击同时，也为平面媒体开创了品牌传播的新渠道。实践表明，平面媒体在正面对抗网络新媒体的过程中并不占优势，只有利用网络平台，实现双赢的局面才是明智之举。

《睿士 Elle Men》是进入中国最早的海外女性时尚期刊《世界时装之苑 Elle》的分支，虽然在男性时尚期刊中是个晚辈，却依然办得有声有色。创刊后 4 个月的时间，广告收益超过预期的 100% 还多。在快速发展的男性期刊市场中，《睿士 Elle Men》的迅速成功证明母公司桦榭集团在期刊内容特色方面下的苦功夫没有白费。不过，桦榭集团能够多年在媒体领域异常活跃，还有另外一个重要原因是，它深谙品牌传播是多渠道的，与今天的读者沟通，尤其不能忽略了互联网。集团中国区董事总经理艾弥尔自己也坦言，他个人也会经常通过网络汲取消费信息。

从《睿士 Elle Men》创刊号热热闹闹的营销方式上便可管中窥豹：众多明星在拍摄封面大片的同时，也套拍了"微电影"，在优酷等视频网站上传播与投放；新浪微博上，早于创刊几个月，"Elle Men"的 ID 便风生水起地输送着短小精干的男性时尚信息；平板电脑也没落下，《睿士 Elle Men》的创刊号出现在了 App Store 里，供读者免费下载。可以看出，面对新媒体时代，未来男性时尚期刊传播品牌形象，若能较好地借助网络渠道，将会对其发展产生重要影响。

四、结语

成就期刊的品牌需要付出艰辛，而期刊的品牌一经树立，就需要付出更多的艰辛一路小心呵护。我国的男性时尚期刊起步较晚，但这一领域的竞争却同样残酷和激烈。面对竞争，只有产生品牌效应，才可能在众多的竞争者中脱颖而出，受到读者的青睐。一流的品牌意味着巨大的发行量和巨额的广告收入，期刊经营者一直以来孜孜以求。不过，男性时尚期刊品牌价值的根本，还在于能够在读者与期刊之间建立起稳定而持续的交互关系，亦即读者对期刊的一种难以割舍的体验。

【参考文献】

[1] 林剑．中国男性时尚杂志的转变．http：//www. ftchinese. com/story/001039179？page=2 [EB/OL]．

[2] 周怡．胡新宇．男性杂志突围的道路［J］．新闻界，2008（2）．
[3] 卢占昌．刘海军．试述期刊品牌经营的五个误区［J］．理论界，2011（12）．
[4] 王欣然．时尚期刊的“三次营销”与品牌路径探析．http：//media. people. com. cn/GB/22114/44110/238969/17110399. html［EB/OL］．

【作者简介】

赵妍妍，武汉大学新闻与传播学院在读博士生，北京工商大学艺术与传媒学院讲师。

网络社区营销传播中意见领袖的类型及其识别[①]

寇紫遐

网络传播环境下，“网络社区”这一伴随着互联网的主流化而越发广为流行的互联网应用形态，获得了人们的广泛接受和关注。由于传受互动，任何进入社区中的人都可以浏览该社区其他访问者留下的文章、问题和建议，也可以通过发帖或跟帖发表自己的主张，就互相关心的问题展开讨论，与他人分享自己的感受，这样就形成了网络用户规模庞大的互动关系网络。

与此同时，企业主利用网络社区平台进行营销传播活动的现象越发普遍，手法趋于成熟，方式也更为灵活。其中，越来越多的企业主意识到意见领袖对营销传播所产生的促动并付诸实践。而在运作中，鉴于意见领袖类型的多元性，如何识别并发掘出与企业主营销传播目标相匹配的意见领袖，无疑是实施过程中的关键之一。

一、意见领袖的类型

在网络社区中，尽管其主要角色仍然是信息中介者或态度影响者，甚至更偏向于态度影响者角色的呈现。但是，这并不意味着意见领袖类型的单一。相反，由于网络社区传播管理中对参与者身份认定的匿名性及公共领域建构的开放性，导致了人们相对自由与放松的网络表达方式，形成了网络意见领袖类型较其他传播形态中更为多元的原由。而进行网络社区营销传播时，只有十分了解意见领袖的不同类型，才能根据自身的需要，有目的地发掘与启用相匹配的意见领袖。根据不同的划分标准，可以概括出如下几对不同的网络意见领袖：

1. 原生型意见领袖和草根型意见领袖

原生型意见领袖，即指在现实生活中原本就具有意见领袖能力和风范的那一类个体，如博客、微博中的徐静蕾、潘石屹、韩寒、姚晨、黄健翔等人。他们的中介力与影响力主要是来自于现实生活中所扮演的社会角色，而在网络社区中只是现实意见领袖身份的网络再现或延展而已。所谓草根型意见领袖，即完全靠自己在网络社区传播过程中的言论赚取影响力、获取追随者和拥护者的一类个体，例如一些专业垂直社区、论坛中的活跃分子，还有靠独具特色的博文而逐渐为人所知的博客写手等——网络只见其文、难见其人的交流方式给了那些富有思想但不善于或没有机会在公众面前表达自己、成为领导者的人一个展现自我的舞台，使得在现实生活中也许只是默默无闻的追随者、沉默者，可以在网络中凭借高水平和权威性的言论而获得其他广大用户的追随与信任，成为为人所推崇的意见领袖。[②] 网名为“帝国良民”的网络用户即属此类——作为现实生活中的普通一员，身居湖南岳阳的“帝国良民”是一个负责工程运营工作的项目经理，通常并不具备公开发表自己言论的机会与场合，但是

---

① 本文为陕西省教育厅 2012 年度课题“意见领袖在网络营销传播中的影响力研究”（项目编号为 12JK0315）的阶段性成果。

② 杜筠．网络传播中意见领袖的角色分析［J］．东南传播，2009：5.

网络论坛、博客、微博给了他畅快表达的空间，他将内心对人生、国家、世界等的理解以文字的方式抒发出来，发帖量3 245篇，其中不乏许多很有见地和深度的文章，从精华帖（242篇）、推荐阅读帖（856篇）的数量可见一斑。也正因如此，该写手逐渐被广大网络用户所认可，也被不少知名网站所热捧，其思想、观点、言论对许多人都产生了不同程度的影响。草根型意见领袖的数量越来越多，已经成为网络社区中最为抢眼的存在部落。

2. 规定性权力型意见领袖与非规定性权力型意见领袖

尽管互联网是一个相对而言讲求人人平等的社会交往与表达空间，但仍然不能否认，在网络社区中有一些如个人能力、技术限制、管理需要等因素会导致社区成员权力行使上的差异，进而引出成员身份的差异化。简单地看，社区中的权力可以分为两类——规定性权力与非规定性权力。前者是指由网站的规则所直接赋予的，例如斑竹、管理员出于网站正常运行与发展的需要，即享有某些特权；后者是指并非由规章制度所约定的权力，而是在社区成员的不断互动中渐渐形成的某些或潜在或显在的权力。而很多时候，非规定性权力的作用比规定性权力的作用更为强烈。① 将网络社区所存在的这两种权力作为考量指标的话，就可以把意见领袖划分为规定性权力型意见领袖与非规定性权力型意见领袖。斑竹、管理员就属于前一种，他们所拥有的特权可以使其对网络用户、社区其他成员的观点、态度、行为等产生影响，可以对社区内话题的发布、展开、走向等进行有目的的干预和引导；而多数草根型意见领袖及原生型意见领袖通常都属于后一种，是在信息或意见的交流过程中，从参与话题讨论的网络用户中涌现出来的。此类意见领袖的中介力与影响力是由自身诸如名人身份、学识渊博、专业特长、表现活跃、表达能力强等特质所带来的，这类意见领袖更易于被社区成员所信赖，因此更易于对他人产生潜移默化但强大的影响或改变。

3. 无利害性意见领袖与利害性意见领袖

“无利害性”最初是一个伦理学范畴，而它的光大是因为康德在《判断力批判》中所阐发的美学思想——审美主体与客体表象之间理应是纯粹的欣赏关系，审美活动是主体在一种没有任何明确利害观念和理性前提束缚的活动中获得的愉悦，是“无目的的合目的性”的集中体现。后来，叔本华把“无利害性”解读为对“欲望”的摒弃。② 虽然康德和叔本华是在阐释他们的美学思想时提出“无利害性”这一范畴的，但显然，两者认识中的“利害”均可以以“目的、欲望”这一类字眼来解释。因此，本文在此处使用了“利害性”这一提法，用于作为划分网络社区中所存在的意见领袖的标准之一——无利害性意见领袖是指在参与讨论、发表言论时，主观上并不带有直接、鲜明目的性的一类，其表达要么是一种近似纯粹的内心独白式的情绪宣泄，要么是在同他人交流过程中自然而然形成的基于反馈的信息编码。当然，无利害性意见领袖的行为有可能在客观上达到“无目的的合目的性”，也就是形成“无心插柳柳成荫”的效果，担当了信息中介者或态度影响者角色；而利害性意见领袖则相反，他们在进行社区话题的发布与参与、博文的撰写前，就已经具有一定目的，其所有行为与言论几乎都是围绕该目标所展开、为该目标所服务，是为了达到该目的而进行的，如得到爱与尊重、自我实现、提高自身知名度、为社区实现利润、为自己赚取点击率与回帖率以及受雇于营销传播主体作网络推手等。利害性意见领袖在营销传播中占据较大比例。无论是无利害性还是利害性意见领袖，无论是主观刻意还是客观效果，都有可能成为他人信息搜索或意见获取时的重要参照对象或模仿对象，从而被信任、被追随。

无需赘言，以上不同标准下所划分出的意见领袖是相互交叉、互有重叠的，可以既是非

---

① 参见彭兰．网络传播学［M］．中国人民大学出版社，2009：132.

② 杜卫．“审美无利害性”命题的中国化及其意义［J］．学术月刊，1999（1）：73.

规定性权力型意见领袖，也是无利害性意见领袖；可以既是原生型意见领袖，同时又是利害性意见领袖。如此种种，均有可能。因此，在进行营销传播时，针对多种类型的意见领袖，按图索骥是有必要的——以企业主议程的需要为依据，进行相应类型意见领袖的选择，使其为营销传播所用。而目前的实际状况是，意见领袖的数量不少，但质量不一，并且不同类型的意见领袖，其营销传播节点位置的呈现效果也会有所差异。那么，这就要求通过科学、理性的识别手段，有效发掘出最相匹配的意见领袖，使网络社区营销传播的效果达到最优。

二、意见领袖的识别

对于意见领袖身份的识别难度会因为意见领袖类型的不同而不同：原生型意见领袖因其在现实世界中本就拥有较高的知名度，所以是最易被识别的；规定性权力型意见领袖是以其相对明确固定的岗位或角色为基础的，只要在其位就会因特权的存在而成为意见领袖，也易于辨识。至于其他四种类型的意见领袖，则需要用较为科学理性的方式加以识别。在目前网络社区的营销传播实践过程中，营销传播主体往往主要依靠感性、随意方式来识别意见领袖，这不仅无法准确发现适合的意见领袖，更重要的是难以使营销传播效果最大化。本文主要用以下两种科学理性的方法识别意见领袖：

1. 指标分析法

该方法具体又可以分为两个角度——以定性指标分析考察相应的被考核人，或者以定量指标通过数据分析对被考核人做出检测。

从定性指标的角度看，意见领袖的识别应与话题参与者的活跃程度、表述能力、言论风格、涉入度、感知专业性以及被认同度、受信任度等具体项目相关，指标项之间呈现为逐渐递进。活跃程度侧重概括被考核者在参与话题方面的积极性，一般通过网龄长短、发言（撰写文章）的频次、是否常做楼主等具体项予以判断，若网龄长、发帖（含首帖和跟帖）数量多、承担楼主的次数多，表明该参与者属于活跃用户；表述能力主要包括语言表达与逻辑思辨能力，可以从文章、言论、帖子的流畅性、思想性、逻辑性、感染力、观点明晰性等所共同构成的文采上加以把握；言论风格是指被考核者的言论在社区中所呈现出的一贯或主流性的风格，主要与内容和行文直接相关，如犀利深刻型、忧国忧民型、知性睿智型、乐观阳光型、调侃型、愤青型等。营销传播主体可选择言论风格与产品、品牌形象能够形成契合的意见领袖；涉入度是一个营销学概念，指消费者基于自身需求、价值观及兴趣而对某事物、产品所感觉到的攸关程度，① 程度高为高涉入，反之则为低涉入。当意见领袖具有高涉入度时，就会表现为积极发表自己的看法与态度，这一行为会促使产品或品牌在社区其他成员心智中留下相应的形象，而若涉入度较低，其自然反应往往是事不关己，因而不会积极参与到讨论、评价或推荐中。因此，涉入度高的意见领袖，是营销传播主体需要十分关注的群体；感知专业性是指信息传播者被信息接收者所感受到能提供正确信息与表现出来的专业行为能力。② 在网络社区，意见领袖自身的表达与他人回帖时对意见领袖的具体评价是判断感知专业性的主要标尺；被认同度指社区其他成员对意见领袖观点的肯定与附和程度，一般可从其发帖后的支持帖数和反对帖数之差加以判断，支持帖越多而反对帖少，则被认同度高，反之自然就低；被信任度是“信任”的衍生概念，简单地说，就是言行被他人所相信与接受的程度，交流双方之间是信任与被信任关系。而网络环境下的信任具有可度量性，可以通

① 董晓松，张继好．消费者涉入度研究综述［J］．商业时代，2009（12）：18.

② 汪涛，李燕萍．虚拟社区中推荐者特征对推荐效果的影响［J］．商业经济与管理，2007（11）：50.

过多级离散式、区域连续式、模糊数学方法等多种形式加以测算,① 它为获得准确的意见领袖被信任度指标项提供了路径支持。

从定量指标的角度看，其他社区成员的点击率、跟帖率、支持率（顶、赞）、转载率等数据能够对意见领袖的识别有所帮助。此外，意见领袖的言论、文章被社区网站根据自身判断与点击情况设置成精华帖、置顶帖、推荐阅读帖的数量也能说明问题。

通过对以上定性指标与定量指标的具体项进行取值加权排序，就会得到一个关于被考核者诸方面情况的综合值，这种方法可以成为识别网络意见领袖的实用方法。②

2. 社会网分析法

社会网理论将社会结构看做是一个巨大的人际网络，此社会网络就是由社会行动者（表示为“点”）和各行动者之间的关系（表示为“各点之间的连线”）所组成的集合。社会网络分析方法就是通过分析行动者之间的关系、网络结构对行动者及其关系的影响力，来研究各种社会现象。③ 社会网分析是取得整体网络资料后测量个人结构位置或群体结构形态最主要的工具。④ 社会网络的分析方法，不仅可以认定社会网络中权力关系的存在，而且可以计算出某些行动者（节点）对于他者的控制能力的大小，其计算方法，也完全适用于互联网上的社会网络分析。⑤网络社区是一个小规模的社会网络，行动者即社区的参与者。因而，利用社会网络理论中的相关概念或方法来识别意见领袖，是可行的。

在网络社区意见领袖的识别工作中，可以借助中心性概念来衡量网络社区中参与者具备意见领袖素质的情况。中心性是一个重要的个人结构位置指标，评价一个人重要与否等常用这一指标。一个社会网络中的行动者，如果与很多他者有直接的关系，该行动者就居于中心地位，拥有较大的权利。⑥ 中心性表现为三种形式，即程度中心性、亲近中心性和中介中心性。其中，程度中心性与中介中心性是计算一个人在一个团体的网络中最主要的两项个体结构指标。

程度中心性衡量谁在团体中是最主要的中心人物，一个程度中心性指数高的人，表明在网络中与较多行动者之间有某种联系，且在网络中拥有的非正式权力与影响力较高，获得的社会支持较多。⑦ 程度中心性可以通过加总某人在网络中的关系数目的方式获得一个绝对数值，该数值越大，则说明该人物越具有中心人物素质；此外，还可以将加总后的绝对数值除以该网络团体内的最多关系数，所得为标准化数值，标准化数值可以看出该行动者在网络中的相对中心性。⑧ 在网络社区中，关系数是一个比较容易能就获取到的指标，往往就是某行动者在所参与的圈子中所拥有的好友数的总和。在这一数值基础上，既可以算出绝对程度中心性与相对程度中心性。

中介中心性指标侧重衡量行动者作为媒介者的能力，也就是占据在其他两人联系渠道上最重要位置的人。占据此类位置越多，就表明其中介中心性越强，能够在两人或两群人之间的互动与信息起到中介作用。在博特（E. Bott）的结构洞理论中，中介性高的人更容易先期

① 孟魁．虚拟社区环境下信任机制的研究［D］．复旦大学博士学位论文，2005：16.

② 丁雪峰，等．网络舆论意见领袖特征研究［J］．四川大学学报（工程科学版），2010（2）：75.

③ 刘军．社会网络分析导论［M］．北京：社会科学文献出版社，2004：4.

④ 罗家德．社会网分析讲义［M］．北京：社会科学文献出版社，2010：149.

⑤ 彭兰．从社区到社会网络——一种互联网研究视野与方法的拓展［J］．国际新闻界，2009（3）：53.

⑥ 刘军．社会网络分析导论［M］．北京：社会科学文献出版社，2004：116.

⑦ Krackhardt David, Jeffrey J. Harson. Informal Networks：the Company Behind the Chart［J］. *Harvard Business Review*, 1993（July-August）：104-111.

⑧ 罗家德．社会网分析讲义［M］．北京：社会科学文献出版社，2010：187.

掌握信息流与各种机会。中介中心性与意见领袖的信息中介者角色相对应。在网络社区中，仍然可以通过某行动者所加入的圈子数以及他在圈子当中所拥有的好友数作为计算中介中心性的原始数据——当该行动者在一个以上圈子中拥有了程度中心性后，也就说明他在某个或某些圈子的意见领袖身份。那么，他所加入的圈子与圈子之间成员是否具有较高的重合度，则不得而知。而通过衡量不同圈子中好友的非重合数，就可以分辨出重合情况。不仅如此，当重合度低时，就意味着该行动者在这些圈子中具有较高的中介性，因而也就具备了在所处的不同圈子中传递信息、获得“预先发布权”及影响他人甚至获得中介利益的机会。

以中心性指标来识别意见领袖，可以将意见领袖划分为两个群集，不同的群集适合在不同的营销传播环节发挥其意见领袖的作用：只具备程度中心性的意见领袖和既具备程度中心性，又具备中介中心性的意见领袖。前者往往是活跃于专业化程度较高的垂直论坛或专业性较强的博客，他们对某领域极其专注，而对于其他社区则较少参与，即便参与，也并未担当意见领袖。这一层级的意见领袖由于其所具备的专业性与专注性而被社区其他成员所高度信任，因而具有极强的影响力和导向力，适于在其所处的社区中发挥态度影响者的角色。他们所参与的营销传播，更易于在其所处的社区中获得他人的接受；后者则通常是兴趣广泛、自信心强、表达欲强的人，或者是具有较强社交欲求和社交能力的人。此类行动者通过加入不同的社区来满足自己的需求，在这一过程中，由于突出的文采、表达能力、论辩能力、活跃程度等因素，逐渐从众多的社区成员中脱颖而出，在不同的社区中不同程度地拥有了自己的喜爱者与追随者。此类行动者便于将不同社区的话题、观点、言论加以消化和吸收，再在不同的社区之间进行传递，由于常常带来新鲜的内容，该类行动者更容易获得他人关注，所发布的内容更容易引起其他成员的探讨。中介中心性的意见领袖适于在其所处的社区当中充当信息中介者角色，因而，营销传播话题的发布、推进、更新等环节，更适于由中介中心性强的意见领袖担当。

除了借助中心性概念对意见领袖加以测定的方法之外，还可以通过构建社群图（sociogram）的方法，用图论中的数学思想对社区中的参与者及其与周边其他参与者的关系进行直观的描述与呈现。社群图中的点集可以表示为 $N=\{n_1, n_2, n_3, \cdots\cdots n_g\}$，那么，群体成员之间的关系就可以用一个由点和线连成的图表示。其中的点代表个体行动者，线段代表行动者之间的关系（往往通过一定的标注表示关系的类型），箭头表示关系的流向。构建社群图主要就两步——根据资料构图以及就画出的图形进行分析，诸如每个点的度数、互惠关系的数目、整个图的密集点等。所有这些工作均可以通过 UCINET 或 GRADAP 软件来分析。尽管对于拥有很多点及复杂关系模式的点集来说，很难画出界限清楚的全面图形，但完全可以利用图论的方法表达与分析社会网络的抽象结构。而现有的计算机技术已经完全可以对复杂的图形进行操作。①

从识别网络社区意见领袖的操作层面来看，构建社群图的第一步是圈定聚集着较多数量目标群体的社区网站，可以是一个，也可以是若干个。以某个网站为例，需要首先根据社区成员对网络社区的参与以及同其他成员的交往所生成的数据（包括单位时间内成员间的跟帖数、回帖数、支持率等）来构建有向图，借助相关软件将社群图加以分析，即获得一系列指标。这些指标就可作为识别意见领袖的依据。

此外，还有一种十分简单的识别手段，就是直接以社区网站的评判为依据来发掘意见领袖。以大旗网为例，大旗将活跃于各社区网站的 30 万博客写手进行了集中之后的类型化处理，以“文化、娱乐、财经、国际、体育、军事、明星、育儿、房产、汽车、IT、女性、旅游、时尚、美容”15 个专题概括出 15 类精英博客。这些博客因其高水准的博文而使自己成为某领域的专业人士，从而受到各方的信赖。网易女人论坛中也设有品牌达人榜——实际上

① 刘军．社会网络分析导论［M］．北京：社会科学文献出版社，2004：59.

就是论坛所发掘出的意见领袖。通过这一渠道筛选与确定的意见领袖，为营销传播主体省去了前两种方法程序上的繁琐，也具有可行性。

通过有效方法对网络社区中的意见领袖加以明确划分与识别，目的是为了对其中的营销传播起到一定的促进作用，使营销传播的投入与产出比更高、效果更加理想。

【参考文献】

[1] 罗家德. 社会网分析讲义 [M]. 北京：社会科学文献出版社，2010.

[2] 刘军. 社会网络分析导论 [M]. 北京：社会科学文献出版社，2004.

[3] 彭兰. 网络传播学 [M]. 北京：中国人民大学出版社，2009.

[4] Krackhardt David, Jeffrey J. Harson. Informal Networks: the Company Behind the Chart [J]. *Harvard Business Review*, 1993 (July-August).

[5] 杜筠. 网络传播中意见领袖的角色分析 [J]. 东南传播，2009 (10).

[6] 杜卫. "审美无利害性"命题的中国化及其意义 [J]. 学术月刊，1999 (12).

[7] 董晓松，张继好. 消费者涉入度研究综述 [J]. 商业时代，2009 (9).

[8] 汪涛，李燕萍. 虚拟社区中推荐者特征对推荐效果的影响 [J]. 商业经济与管理，2007 (7).

[9] 孟魁. 虚拟社区环境下信任机制的研究 [D]. 复旦大学博士学位论文，2005.

[10] 丁雪峰等. 网络舆论意见领袖特征研究 [J]. 四川大学学报（工程科学版），2010 (8).

【作者简介】

寇紫遐，副教授，博士，西安外国语大学新闻与传播学院，研究方向为广告理论与运作、品牌传播。

3.0 时代的国产中小成本电影营销策略①

王妤彬

在中国电影实施产业化改革的第九年，2011 年的中国内地电影票房入账 131.15 亿元，同比增长 28.93%，仅次于北美和日本市场，成为全球第三大电影市场。② 中小成本制作的国产电影异军突起，以其出色的表现成为电影业界的一匹黑马，令不少仍处于“高投入=高收益”的大片惯性思维中的业内人士刮目相看。在 2011 年 20 部票房过亿的国产电影中，中小成本制作的电影共有五部，其中投资成本不足 900 万元的《失恋 33 天》以 3.56 亿元的票房排在了亿元票房排行榜的第四位，其投资回报率（ROI）高达 1542%，远超排名第一的大片《金陵十三钗》；排名第八的《将爱情进行到底》以不到 2000 万元的投资获得了 1.96 亿元的票房收入，投资回报率亦高达 352%。投资金额同样少于 2000 万元的《武林外传》和《喜羊羊与灰太狼 3》，其 ROI 分别达到了 358% 和 246%。③ 有学者甚至认为，中小成本电影已经迎来了春天。

然而，对于处在海外进口大片与国产大片夹缝中艰难生存的国产中小成本电影群体而言，上述这些影片的成功仅仅是凤毛麟角。2011 年我国共生产电影近 580 部，能进入院线放映的仅有 200 多部，不到全部生产影片总量的 1/2，直接进入库房的几乎全是中小成本影片；而基于市场逐利的本能，进入院线的大多数中小成本电影在档期、时间安排上也无法与大片相比，它们只是作为补充与点缀，能享受到“影院一日游”就已经很不错了。由于市场开发资金紧缺，中小成本影片④在营销上往往先天不足，按照传统的垂直营销理念去运作，往往难以做到大片营销的轰动效果。以《让子弹飞》为例，其总投资为 1 亿元，营销费用就接近 5000 万元。如此巨大的投入是中小成本电影无法承受的，这也是大量中小成本电影甚至连名字都不为观众所知的原因之一。

电影营销不到位，影片知名度和潜在观众量相对狭窄，很容易使中小成本电影陷于“营销不到位——观众了解少——投资越少——营销效果越差”这样一个影响影片票房收入的恶性循环状况。

对于中小成本电影而言，在保证影片内容质量的同时，如何以最低的营销成本获取最大的市场营销效果，扩大消费者对电影品牌的认知程度，从而带来票房及其他渠道的多赢，是当下中小成本电影摆脱大片夹击，取得市场突围的关键所在。在以创造力、文化、传统继承为主题的新经济时代，传统的大片垂直营销思维对中小成本电影而言并不适合，转变营销理念，改变国产中小成本电影营销策略迫在眉睫。

---

① 该文为 2011 年度江西省高校人文社会科学研究项目《开放型经济背景下中国电影制片业的投融资机制创新研究》（批准号：XW1101）的阶段性研究成果。

② 尹鸿，程文. 2011 年中国电影产业备忘［J］. 电影艺术，2012（3）.

③ 在 ROI 的计算中，由于中国的电影投资方只能拿到大约 40% 的票房分成，所以利润部分的计算是：利润 =（票房-投资）×40%。

④ 按郑洞天教授的观点，结合中国电影市场实际情况，通常将电影投资在 8000 万元以上称为大片，3000 万元上下的称为中等成本电影，小成本电影则是 1000 万元以下的。

一、营销 3.0——价值驱动营销时代的来临

营销 3.0 的概念最早由 Mark Plus 的咨询顾问在 2005 年 11 月提出，世界营销大师菲利普·科特勒及其同事在这个基础上对营销 3.0 进行了权威解读，认为营销 3.0 时代即是价值驱动营销时代。营销 3.0 的营销行为深受消费者行为和态度变化影响，营销者不再把顾客仅仅视为消费的人，而是把他们看做具有独立思想、心灵和精神的完整的人类个体。他们寻求的产品和服务不但要满足自己在功能和情感上的需要，还要满足在精神方面的需要。①

在营销 1.0 时代，营销的主要功能就是为产品创造需求，开发产品、制定价格、举办促销和建立渠道是麦卡锡 4P 理论主要解决的四个环节。随着商业环境的不断变化，为刺激产品需求，用"顾客"取代"产品"，成为 2.0 时代的营销核心，STP 战略营销模型后来居上，开启了营销 2.0 时代。

今天，随着社会化媒体的出现和兴起，信息、思想和公共观点得到广泛传播，这使得消费者可以合作开创新价值。以微博为代表的社会化媒体个人表达性越来越强，一个"粉丝"众多、影响广泛的微博主的意见和体验可以轻松地对其他潜在消费者产生正面或负面的影响。微博 140 字的内容短小，它可以满足时间和内容传播"碎片化"的需要。社会化媒体以其低廉的成本、平等的信息表达使得消费者参与企业产品与服务的共建成为可能。这样也使得消费者变得更具合作性、文化性和人文精神驱动性，这些变化也让营销的特点在不知不觉中发生改变。以新媒介技术为基础的营销 3.0 则把情感营销和人文精神营销很好地结合在了一起，企业从消费者中心主义转向人文中心主义。表 1 总结了营销 3.0 时代的三大组成部分。②

表 1 **营销 3.0 时代的组成部分**

组成部分	方式	原因
服务目标		
内容	合作营销	参与化时代（刺激因素）
背景	文化营销	全球化矛盾时代（问题）
如何提供	精神营销	创造性时代（解决方式）

在营销 3.0 时代，中小成本的电影制片方将不再是单打独斗、自给自足的经营者，而是变成了与投资企业、发行方、院线、网络院线发行等众多合作伙伴同呼吸共命运的有机体。如果中小成本电影制片方能够精心选择自己的合作伙伴，在投拍阶段寻找视频网站和企业品牌联合投资，在营销阶段充分发挥社会化媒体的积极合作作用，做到制片方与消费者的精神目标共享和文化利益共享，那么它就能和合作伙伴整合成一个具有强大竞争力的实体，冲出进口大片与国产大片的夹击，最终形成"小成本=高利润"的良性循环。

二、中小成本电影的 3I 营销模型分析

在营销 3.0 时代，营销被重新定义为由品牌、定位和差异化构成的等边三角形，引入 3I

① ［美］菲利普·科特勒，等著．营销革命 3.0：从产品到顾客，再到人文精神［M］．毕崇毅，译．北京：机械工业出版社，2011：4.

② ［美］菲利普·科特勒，等著．营销革命 3.0：从产品到顾客，再到人文精神［M］．毕崇毅，译．北京：机械工业出版社，2011：24.

概念，即品牌标志（Brand Identity）、品牌道德（Brand Integrity）和品牌形象(Brand Image)。①

品牌标志是把品牌定位在消费者的思想中。无论是在各路影片扎堆排映的院线黄金档期，还是在网络院线纷繁复杂的各类视频推广，要想让消费者一下子就注意到你的电影，这种定位就必须是新颖的、独特的。同时，它还必须和消费者的理性需求和期望相一致。品牌道德是指营销者必须满足在品牌定位和差异化过程中提出的主张。中小成本电影的品牌道德决定着制片方在影片的制作上能否实现承诺，能否让消费者信任自己的作品，其目标是要获得消费者的精神认同。品牌形象是指消费者能对之形成强烈的感情共鸣。中小成本电影的品牌价值应当对消费者的情感需求形成吸引力，而不仅仅满足于简单的影像叙事。3I 模型它能很好地和消费者的思想、心灵和精神形成全面关联。

以电影《失恋 33 天》为例，该片的投资不到 900 万元，在上映半个多月后票房即突破 3 亿元，击败了包括《丁丁历险记》、《铁甲钢拳》等在内的多部好莱坞大片，创下票房神话。该片的定位是拍给“正在失恋或有失恋经历的青年男女”看的，其中所突出的差异点就是利用社会化媒体制造热门社会话题。在上映前的 2011 年 8 月，该电影的官方微博推出“失恋物语”、“失恋博物馆”等活动聚拢人气，在各地找普通人拍摄的“失恋物语”在视频网站点击率超过 2000 万人次，在新浪微博的搜索量，以“失恋 33 天”为关键词的微博高达 560 万个，电影官方微博的粉丝也突破十万，② 配合 2011 年 11 月 11 日所谓的“世纪光棍节”，电影因爱之名让消费者所产生微妙的情感体验，最终将影片演变成一个社会热门话题，影片也成为“光棍节”的标签。电影《失恋 33 天》用贴近年轻观众心理的方式讲述了当下都市生活的情感和现实，接地气而充满诚意，让观众在“治愈系”爱情电影的消费中被故事与人物所打动，产生强烈的情感共鸣，电影最终获得了观众的精神认同，并通过票房大卖的形式得到回报（图 1）。

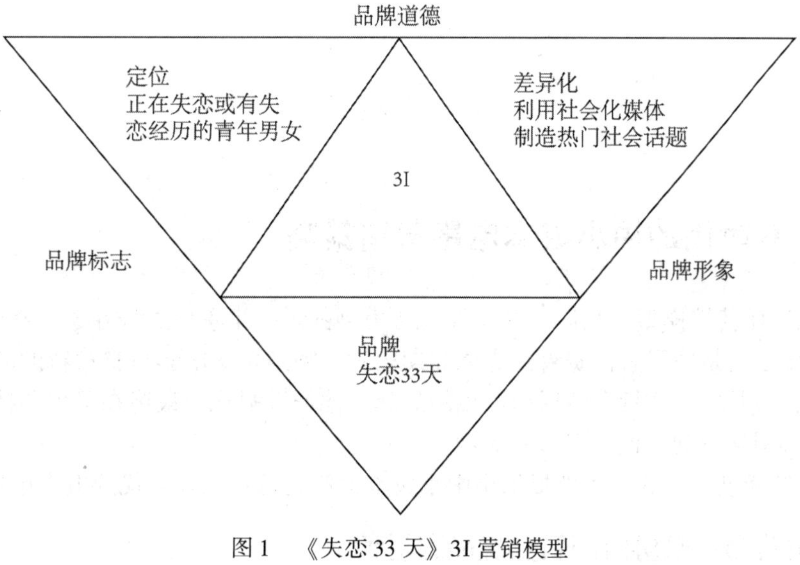

图 1 《失恋 33 天》3I 营销模型

2009 年年初，投资仅 600 万元的影片《喜羊羊与灰太狼之牛气冲天》超过同档期上映的进口动画片《闪电狗》、《马达加斯加 2》等好莱坞动画大片，票房高达 8500 多万元，创

① ［美］菲利普．科特勒，等著．营销革命 3.0：从产品到顾客，再到人文精神［M］．毕崇毅，译．北京：机械工业出版社，2011：38.

② 数据来源：新浪微博［EB/OL］.

下当年低成本影片票房纪录，ROI 高达 526.7%；其后于 2010 年又推出《喜羊羊与灰太狼之虎虎生威》，2011 年推出《喜羊羊与灰太狼之兔年顶呱呱》，2012 年推出《喜羊羊与灰太狼之开心闯龙年》，延续了"喜羊羊与灰太狼"的品牌效应，均获得较高的投资回报率。

《喜羊羊与灰太狼》系列电影是一个强调品牌道德的典范，它的品牌定位是"低龄儿童带着作为付费受众的爸爸妈妈，一家三口甚至更多人一起观影"，"一人观影三票收益"拉动影片票房。为此，电影制片方采用了坚定的差异化策略来支持品牌定位，一方面在故事中延续着观众对电视动画的人物认同感；另一方面通过也让小观众与心爱的卡通人物近距离亲密接触 、购买儿童套餐赠送"喜羊羊"玩偶等多渠道激发儿童观众对电影的参与感以及与电影角色的互动感，通过让儿童观众喜欢上带着爸爸妈妈"出去看电影"的这项社会活动，提升了儿童观众对《喜羊羊与灰太狼》系列电影品牌的忠诚度。可持续性的故事消费使得儿童观众群体对一放假就能看喜羊羊与灰太狼的故事产生了无限期待（图 2）。

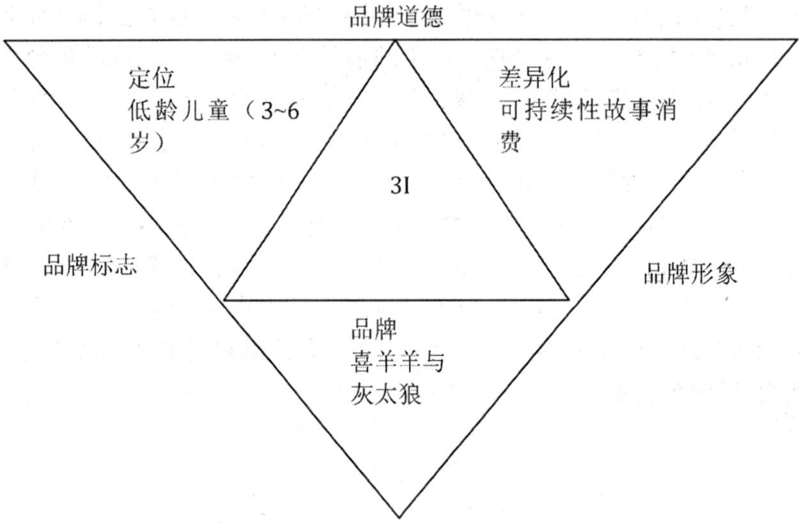

图 2　《喜羊羊与灰太狼》系列 3I 营销模型

三、3.0 时代的中小成本电影营销策略

通过分析 3I 营销模型，我们不难发现，3I 模型的另一个重要之处在于，在营销 3.0 中，中小成本电影要清楚地了解消费者的焦虑和期望，清晰地定义电影自身独特的品牌标志，或是剧中人物，或是影片主旨，然后用可靠的品牌道德加以强化，最终在思想和精神两方面的作用下，内心引导行动，做出观影的决定。

从 3I 营销模型中，我们可以提炼出中小成本电影在营销 3.0 时代的电影市场营销策略。

1. 合作营销：以协同创新兑现品牌道德

品牌道德是实现影片营销过程中对电影定位和差异化的承诺，最终获得消费者精神认同。如何获得这样一种精神认同，就成为中小成本电影营销要解决的首要问题。合作营销是营销 3.0 的一个组成部分。电影制片方和所有具有相似价值观与价值期望的实体间展开密切合作，以兑现其品牌道德。

对于电影观众而言，每个人对某些类型的影片都有自己特别的偏好，在拍片之前电影制片方就需要对观众做明确的市场细分，在充分了解观众需求的基础上针对某一特定观众群体来制作类型电影。电影的体验绝非是一种单独的观影感受，当消费者在观影时，他们会根据自己独特的需要和期望将这种感受个性化。

"协同创新"是电影制片方可以在新技术搭造的平台里与发行渠道合作伙伴形成有机网络来共同创造新的电影服务方式。

2011 年由乐视网、腾讯网、优酷网、凤凰视频等九家互联网公司联合组建的"电影网络院线发行联盟"，推进影视剧付费点播商业模式。① 网络视频商普遍存在内容供给不足、同质化竞争严重的经营困境，中小成本电影则面临着放映渠道单一，遭受大片挤压的危机，中小成本电影制片方与网络视频商具有相似的价值取向和市场意图，基于优势互补的双方，可以在合作性价值观的统率下彼此联手中小成本电影的生产、发行。对于网络视频商而言，以正版版权为基础可以缓解当前其所面临的"赔本赚吆喝"的困境，对中小成本电影而言，网络院线相对低廉的发行成本以及乘数级的口碑效应，既能解决中小成本影片"发行难"问题，也能为制片方拓宽收益渠道，是电影发行的第二大渠道。

中小成本电影的协同创新合作营销不仅仅体现在发行渠道的拓展上，在影片制作阶段，可选择联合视频网站寻找赞助企业或由视频网站自身投资，为特定群体的消费者定制影片，满足消费者独特的需求。2010 年优酷网自制系列电影"11 度青春"中的电影短片《老男孩》风靡网络，影片在优酷网上映第一天，在线观看人数就达到 30 万人次，一个月后突破了 5700 万人次，成为定制生产的最成功实践者之一。

此外，像美国中小成本影片除了国内的电视、家庭娱乐、DVD、电影频道、有线电视等，还有一个很重要的市场就是海外市场。因此，后电影产品的制作营销、充分利用艺术院线和专门院线（如校园院线、农村院线等）资源等也可以成为中小成本电影以协同创新实现品牌道德的有益补充。

2. 精神营销：以社区化树立品牌形象

电影观众在观看影片时，不但是要满足对故事的消费，更希望能够从影片中发现一种可以触及内心深处的体验和情感。在电影消费中，心理精神回报对消费者是最重要的需求。

以微博为代表的社会化媒体，以其便捷及时的沟通方式、低廉的信息沟通成本以及水平的信息流动成为中小成本电影树立品牌形象的最佳平台。营销 3.0 的目的就是要改变消费者在生活中的行为方式。当观众在第一时间与电影制片方通过评论、私信或者直接@ 对方的方式表达观影感受时，消费者会毫无意识地接受由电影所带来的某些变化，把电影看做日常生活的一部分，而这就是人文精神营销的本质所在。

在营销 3.0 中，对话就是新的营销方式。社区化网络是实现消费者对话的平台，多对多对话可以形成强大的消费者网络。在以微博为代表的社区化网络中，观影者写电影短评和向好友推荐电影作品的情形很常见，乘数级的转发或评论所带来的影响效果往往令人难以想象。在社会化媒体中，中小成本电影品牌形象的好评程度是由社区内所有成员的体验累积而成的。随着以《失恋 33 天》、《杜拉拉升职记》、《将爱情进行到底》等影片在微博营销的成功，人们已经意识到社会化媒体对电影品牌的强大影响力。

与此同时，我们需要注意的是，营销 3.0 时代是一个消费者彼此进行水平沟通的时代，雇佣水军发帖等任何以控制社区舆论为目的的虚伪营销，最终都会被消费者所摒弃。对于中小成本电影制片方来说，真正聪明的做法就是顺势利导，无为而治，让电影舆论领袖（如导演、演员、评论家等公众人物组成）通过制造消费者感兴趣的热点话题，吸引消费者的关注，让社区内的成员主动为影片展开营销，从而达到树立品牌形象的目的。

---

① 向勇，等. 我国电影网络院线发展模式研究——基于"2011 电影网络院线发行联盟"分析 [J]. 广告大观（理论版），2011（6）.

3. 文化营销：以特征塑造开创品牌标志

文化营销是营销3.0的一个重要组成部分。在经济高速发展的环境下，很多人会面临各种压力，并在压力下开始变得焦虑不安，内心出现既冲突又交织的不同价值观。经济发展越迅猛，这种焦虑感则会越强烈。作为文化产业的重要组成，不同类型的电影在讲述故事的同时也担负着为观众排遣压力、释放情绪的重要功能。

以历史、动作类型电影为例，古装大片是中国电影相对成熟且深受观众喜爱的一种类型，2002年《英雄》的上映标志着中国电影进入大片时代。但是，当古装大片被过度消费之后，带来的不仅仅是观众的审美疲劳，类型趋同、品质缺憾和人文缺失正让观众失去对大片的信任。观众对电影的评判指标不再局限于高投资、大手笔、大场面、大明星等方面，而贴近现实、展现多元文化、真挚情感表达等指标也纳入了人们评判电影成功与否的标准。从另一个角度来看，这对国产中小成本电影来说，无疑是一个重要的市场机会。

文化对于国产电影在当今世界影坛的综合竞争力具有相当重要的分量。关注对人的本质、人与环境、人性等重要命题、价值观念的表达是提升中小成本电影市场竞争力的必然选择。国产中小成本电影的品牌必须始终关注社会中某个时期内表现出来的新矛盾，开展具有高度文化关联性的营销活动，以特征塑造开创电影品牌标志。

为了更好地和消费者建立关联，中小成本电影必须具备某种真实可信的基本要素，以此作为区别于其他影片的核心。这种基本要素应当反映电影在消费者社交网络中的形象，只有具备独特基本要素的品牌才能在生命周期内形成自己的特征，从而开创电影品牌标志。2011年台湾小成本电影《那些年，我们一起追过的女孩》的成功之处在于选择更贴近观众的视角，把握年轻人的思想潮流、成长记忆以及审美趣味来进行创作，电影通过“晒青春”的活动让消费者在对自己的青春怀念以及电影作品中找到情感共鸣，从而让大家意识到要找回自己的青春故事就要来看《那些年，我们一起追过的女孩》。电影对生命执著向上的质感表达，把个人经历用浪漫的、亲切的、理想化的方式一一展示出来，让观众感同身受。在为电影所讲述的爱情唏嘘不已的同时，观众也是在为自己一去不复返的青春进行缅怀。

在电影营销领域中，实现品牌差异化并非易事。重视中小成本电影的类型开发，重视文化多元化的表现与创新，以独特的艺术想象和精准的消费者定位塑造电影品牌标志，是中小成本电影获得更多生存空间的应有之义。

四、结语

营销3.0的实质就是人文精神驱动的价值营销，中小成本电影在制定营销战略决策考量商业回报的同时，需要将道德、社会影响和文化理念置入其中。正如清华大学尹鸿教授所说：“技术进步与人文价值的融合、艺术创作水平与商业运作能力的同步、传统资源与普世价值的交融。”①小成本、精制作的中小成本电影应该成为中国电影产业金字塔的扎实底基。合作营销、精神营销与文化营销亦将成为中小成本电影以小博大、获取成功的基本路径。

【参考文献】

[1] [美] 菲利普．科特勒，等著．营销革命3.0：从产品到顾客，再到人文精神 [M]．毕崇毅，译．北京：机械工业出版社，2011.
[2] 尹鸿，程文．2011年中国电影产业备忘 [J]．电影艺术，2012 (3)．
[3] 陈旭光，车琳．2011年中国电影产业与艺术年度报告 [J]．文艺争鸣，2012 (2)．

① 尹鸿，程文．2011年中国电影产业备忘 [J]．电影艺术，2012 (3)．

[4] 向勇，等．我国电影网络院线发展模式研究——基于“2011 电影网络院线发行联盟”分析［J］．广告大观（理论版），2011（6）．
[5] 郑洞天，等．中小成本电影的市场出路［J］．当代电影，2009（1）．
[6] 王霞．搭建中国电影的优质塔基——“中小成本电影：创作策略与市场推广”研讨会综述［J］．当代电影，2011（11）．

【作者简介】

王妤彬，武汉大学新闻与传播学院2010级博士生，江西财经大学人文学院新闻与传播系讲师。

广告教育

反思与批判：中国广告教育体系重构

——写在广告专业教育恢复30周年

陈月明

一、功不可没难以掩饰严重问题

近30年中，借助改革开放、经济社会快速发展、全球经济一体化，中国广告教育事业不断壮大，培养输送了大量的专业人才，为广告产业和社会经济的发展作出了重要贡献。中国广告教育功不可没！

近30年来，中国广告教育事业也有了可喜的发展变化。20世纪，经历了从“开创”、“粗放发展与深入”到“特色初见与渐成规模”三步发展，①体量规模不断增大，师资力量、培养层次、教育观念、教学条件、培养方式等方面都有了显著提升。率先恢复广告专业的厦门大学，“在培养目标上，经历了最初以培养具有一定策划能力的广告设计人才，到培养广告策划高级人才，再到培养具有科学决策能力的综合性的广告管理人才的递进”。②

体量规模扩大、为社会培养了大量专业人才，这一切成绩掩盖不了目前中国广告专业教育的严重问题。例如，一度热议的理论与实践（包括素质与技能、学与术）的关系问题，已有了一定的共识，但并没有彻底解决，而且变得更加复杂。今天，我国高校广告教育正遭遇因时代演进、社会发展、技术进步、产业成熟带来的各种挑战。

20世纪末开始，自1997年，中国广告人才需求与培养课题组发布了《全国30所高等院校广告教育状况调查分析报告》起，③许多全国性广告专业教育现状调研报告连续发布，用数字向人们展示了师资队伍、课程设置等方面存在的一些问题。④其中，2007年现代广告杂志社和中国人民大学新闻学院专题调查组发布的《中国广告高等教育现状调查》，指出了中国广告教育存在“学生素质下降”、“教材落后”、“教师无经验，学生无实践”、“专业课程不专业，基础课程不扎实”、“大量学生专业水准缺失”五大问题；而黄合水等的《中国广告教育状况研究报告》的结论是：“从师资队伍建设、广告专业课程设置来看，我国广告

---

① 潘向光，丁凯．中国大陆院校广告教育的历史走向［J］．现代传播，2000（1）．

② 郑欢．中国广告教育的价值向度——“2008中国广告教育论坛”的反思［J］．广告大观（理论版），2008（4）．

③ 中国广告人才需求与培养课题组．全国30所高等院校广告教育状况调查分析报告［R］//中国广告协会编．广告新生代．北京：中国广播电视出版社，1997.

④ 乔均．中国广告学专业教育现状调查［J］．中国广告，2003（10）；中国当代广告教育系列研究课题组．中国当代广告教育系列研究（上）［J］．国际广告，2004（7）；张金海，等．中国广告高等教育现状的调查分析［J］．现代广告（学刊），2004；许正林．2006年广告专业教育和广告学术研究报告[J]．中国广告，2007（2）；梁亚林．我国广告专业教育的调查分析［J］．西安工程科技学院学报，2006（4）；崔银河，等．广告学高等教育发展现状与专业设置调查报告［J］．中国广告，2007（6）；现代广告杂志社，中国人民大学新闻学院调查组．中国广告高等教育现状调查［J］．现代广告，2007（1）；黄合水，等．中国广告教育状况研究报告［J］．广告大观（理论版），2008（5）．

专业教育事业还只是处在起步阶段"，这不仅给有近30年发展历史的中国广告教育事业，也给许多自我感觉很好的广告教育工作者泼了一盆冷水。

同时，出现了大量关于中国广告教育存在问题的讨论文章，表现出对我国广告教育的现状和发展的深深失望和焦虑。例如，2002年，丁俊杰指出了我国广告教育中"举办广告专业动因存在问题"、"学科定位不明确"、"师资力量跟不上"、"教育设备落后、操作设备能力差"、"课程设置不科学、教材陈旧"、"重理论、轻实践与操作能力"、"学术研究热情高，但水平有待提高"等问题。①之后，又有不少人还指出了其他一些问题，如"广告教育自身定位不清"、"封闭式办学，对外交流少"、"浮躁的、急功近利的心态普遍存在"、"广告教育目标存在偏差"、"广告教育思想和教育方法滞后"等问题。②

不少文章在把脉中国广告教育病症的同时，开出了"药方"。关于高校广告教育的观念，潘向光与丁凯（2000）、廖秉宜（2004）、③吴红（2009）④ 等提出，要建立由大学、职业院校、广告公司、企业、研究机构等贯通的"大广告教育观"，形成大学广告教育与其他广告教育之间、不同学科背景的广告学专业之间各有目标侧重的多层次立体广告教育体系。

在人才培养方面，潘向光（2000）、金定海（2003）、廖秉宜（2004）、陈刚（2004）、秦宇霞（2006）、付德根（2006）、黎明（2008）、倪宁等（2009）、吴红（2009）等许多人认为高校广告教育应该培养宽口径、厚基础、具有良好理论素养和较强创新能力的人才。他们认同实践能力培养在广告教育中的重要性，但反对将技能培养作为主要目标。⑤

在培养模式与方法上，朱强（2006）、母晓文（2004）、郑苏晖和孔溪清（2010）提出要改变单一的以课堂为中心的教学方式，坚持开门办学，加强与兄弟高校、与广告公司、与企业的联系，构建双向互动关系。⑥

在与广告公司的关系上，许多人认为广告公司和高校广告教育之间有着互补性，建议在广告教育中要与广告公司开展合作交流，培养学生的实践能力和社会意识。⑦一些广告界人士甚至提出广告公司参与高校广告教育，"探索产学研结合之路，建立育人联盟"，共同培养广告专业人才。⑧在这方面，张发松提出大胆设想："建立泛广告教育理念，引进'学分分配制'，实现广告教育的社会分工，由大专院校发挥理论研发优势，重点完成广告教育的理论部分功能，由广告公司与企业发挥实践环境优势，重点完成广告教育的应用部分功能。"他认为这样把理论教育与应用融为一体，可以解决当前广告专业"教育主体先天薄

---

① 丁俊杰．我国广告教育存在的几个问题［J］．大市场（广告导报），2002（8）．

② 张巨才．把握三个基点，实现我国广告教育的创新与提升［J］．中国广告，2006（10）；付德根．关于转型期广告教育目标的思考［J］．北京工业大学学报，2006（4）；朱强．高校广告专业教育的问题与对策［J］．重庆交通大学学报（社科版），2006（4）．

③ 廖秉宜．中国广告教育二十年发展的瓶颈与突破［J］．中国广告，2004（3）．

④ 吴红．从广告产业发展趋势看当前高校广告教育存在的问题［J］．广告大观（理论版），2009（6）．

⑤ 金定海．"作坊"与"大学"——小议大传播时代的广告教育［J］．中国广告，2003（10）；陈刚．谈中国广告教育——大学广告教育如何发展［J］．广告大观（综合版），2004（6）；秦宇霞．解析中国广告教育的三大误区［J］．湖北经济学院学报，2006（7）；倪宁，谭宇菲．试析"大广告"时代的我国广告教育［J］．国际新闻界，2009（5）．

⑥ 母晓文．中国现代广告教育存在的现实问题探讨［J］．首都经济贸易大学学报，2008（4）；郑苏晖，孔清溪．广告教育：变革期的反思［J］．现代传播，2010（2）．

⑦ 张巨才．把握三个基点，实现我国广告教育的创新与提升［J］．中国广告，2006（10）；朱强．高校广告专业教育的问题与对策［J］．重庆交通大学学报（社科版），2006（4）；母晓文．中国现代广告教育存在的现实问题探讨［J］．首都经济贸易大学学报，2008（4）

⑧ 郑欢．中国广告教育的价值向度——"2008中国广告教育论坛"的反思［J］．广告大观（理论版），2008（4）．

弱”、“广告教育急功近利”带来的问题。①

这些意见建议有许多值得思考和借鉴之处，遗憾的是，这些文章之间很少借鉴和互动，大家都在自说自话，没有形成学术讨论。这就难以引起广告教育界的重视，更谈不上形成共识。

二、中国广告教育体系的五大问题

改革开放30余年，中国的社会文化、商品市场、消费观念、传播媒体、广告产业的巨大变化形成强烈反差的是，30年中广告教学体系却没有很大的变化和改进。如果将20世纪90年代与当下高校广告学专业的教育理念、培养方式、教学计划、教材、教学手段等做一番比较，除了在教学上广泛应用多媒体技术外，其他方面的变化令人失望!

从目前看，中国高校广告教育体系至少存在以下五大问题。

1. 专业教育理念模糊

高校广告专业教育应该培养什么样的人才，至今我国广告教育界并未形成共识。这是一个专业不成熟的标志。我国广告教育界一度热衷于“重理论”还是“重技能”问题的讨论，所谓“重理论”就是多设置一些人文社会学科的课程，如传播学、心理学、社会学等，“重技能”就是多设置一些技术性和工具性的课程，如广告设计、广告策划、市场调查、文案写作等。通过讨论大家似乎有了一些共识：重理论素养能培养出“后劲足”的广告人才，重实践技能可以培养出“上手快”的学生。

这样的讨论不能说没有价值，但至少在两个方面限制了它的价值。其一，将讨论限制在“理论”和“技能”二元对立框架内，框定了大家的思路，似乎广告教育只有在两者之间有所侧重；其二，没有进一步追问所谓的“理论”素养是什么，操作“技能”又是什么，它们各自是通过什么方式实现的。在笼统的概念上讨论来讨论去，自然难以深入。

在某种意义上讲，这样的讨论将大家的注意导向了歧途。高校不是职业培训机构，也不同于职业学校（包括现在的职业专科学院），技能教学和训练不是高校的主要任务，因此，所谓重理论还是重技能的问题是一个“伪问题”。它使人们只关注局部的、低层面的抉择，而忽视了更高层次的教育理念思考：（1）高校广告学专业要培养具有什么样能力的人才？（2）这样的人才具有哪些专业性特质？（3）通过何种方式或途径培养这样的专业特质？对这些涉及广告教育理念的问题至今没有一个明确的表述。

如果比较高校广告学专业20世纪90年代与近几年的培养方案，我们也看到了一些变化，但是这些变化大多不是广告专业自身觉悟、思考和抉择的结果，而是高校教育理念更新和教学改革带给广告学专业的“被变化”。例如，新世纪以来在高校推行的人文素质培养的“通识教育”和拓宽基础的“平台教育”，迫使广告学专业在教育体系安排上做出调整，如增加一些人文类学分，压缩一些广告类学分等，这些并非广告专业在明确教育理念指导下的自觉行为。

2. 教学体系混乱

我国广告教学与传统人文专业有着亲密的学缘关系，基本上是“课堂教学+实习”的教学体系。恢复初期，广告专业教师大多来自中文、新闻等人文学科，使得广告专业的教学体

① 张发松．中国广告教育批判与泛广告教育［EB/OL］．中国营销传播网．引自中国广告协会网 http：//www.cnadtop.com/guandian/guanggaojiaoyu/2009/6/19/d5d6ecea-3b40-4c08-afa4-7b34b055278d.htm，2005-09.

系设计基本上沿用人文专业"以课堂为核心"的知识传授模式，内容则是把广告、传播、营销、人文、艺术、设计工具等拼合在一起。由于缺乏教育理念指导下的理性思考，这一拼合起来的体系不仅扼杀了广告专业的特质，而且显得缺乏条理性。

其一，课堂教学与实习之间的关系没有理顺。教学内容与实习之间如何衔接，例如，学完哪些课程后安排实习？不同教学阶段安排怎样的实习、到哪里实习？从各学校实习安排看，不仅实习所处的学年、实习的次数、实习时间的长短存在很大差异；同时，缺乏严格的实习管理体系，实习的目的要求没有严格具体化。其背后的原因就是没有理顺课堂教学与实习的关系。

其二，课程设置混乱。课程之间的层级关系没有理清，例如在课程编排上，市场调查、公共关系（选修课）放在广告策划与创意之后，使得广告策划课中不得不先讲授一些市场调查、公共关系的有关内容。

其三，课程之间内容划界不清，重叠交错。广告学概论、广告文案写作、广告策划与创意有许多相同的、颠来倒去的内容。一个典型的例子是，一本《广告策划与创意》教材居然有70多万字，把属于广告学、营销学、市场调研、公共关系学、企业识别系统等内容都囊括其中，而广告策划活动的核心内容只占很小篇幅。虽说"广告策划"需要综合运用各种知识，既然已经设专门课程教授这些内容，广告策划课就不必再设专门章节复述了。

3. 教学内容陈旧

目前，我国广告专业的教学内容陈旧，大大落后于社会和产业的现实。①如广告学概论、广告文案写作等教科书中的广告观念和广告运作方法，基本来自20世纪50～60年代西方的广告教科书和广告著述。这段时间正是西方社会从现代转向后现代的分水岭，今天的广告现实已大大超越了那个时代。

伴随现代社会转向后现代社会的重要变革是：从工业社会转向信息社会，从生产主导社会转向消费主导社会，从商品消费转向符号消费，②从纸质媒体主导时代转向电子媒体主导时代，从大众传播转向分众传播，从精英文化转向大众文化。更重要的是，今天的广告功能已从"传播"转向了"生产"，成为商品价值生产的重要组成部分。这些转向也表现在广告现实中，如网络时代伴生的许多新广告观念、新传播方式、新广告形态，后现代文化影响下的广告表现形态，符号消费时代的广告诉求等，而我们的广告教材没有及时反映这些转向和新广告形态。

陈旧过时的内容充塞着广告教材，最典型的是广告文案写作教材，基本上是20世纪中叶霍普金斯、奥格威、李奥·贝纳这些"大师"的东西。那是报纸媒体时代的产物，在那个"广告是文字性行业"的特定时代，③只有文案撰稿人才能成为广告公司的核心，才最有可能成为著名的广告人。许多东西已今非昔比，报纸广告文案、电视广告表现都已经发生了显著的变化，报纸广告图像化不仅挤压了文案篇幅，文案结构也出现了新形态，奥格威当年推崇的长文案、信息性文案，④今天更多地出现在售点的宣传册页上。电视广告正在不断MTV化——文白很少，故事情节缺失，碎片性画面快速切换，音乐贯穿始终，⑤MTV化已成为服装、饮料，甚至汽车、房产等贵重商品电视/视频广告的主流形式，而广告教材仍然只

---

① 丁俊杰．我国广告教育存在的几个问题［J］．大市场·广告导报，2002（8）；母晓文．中国现代广告教育存在的现实问题探讨［J］．首都经济贸易大学学报，2008（4）；郑苏晖，孔清溪．广告教育：变革期的反思［J］．现代传播，2010（2）．

② 陈月明．商品符号与符号消费［M］．浙江社会科学，2006（6）．

③ 奥格威．一个广告人的自白［M］．林桦，译．北京：中国友谊出版公司，1991：12.

④ 奥格威．一个广告人的自白［M］．林桦，译．北京：中国友谊出版公司，1991：98-100.

⑤ 陈月明．MTV化：电视广告新取向［J］．新闻界，2005（4）．

谈电视广告的故事性及其结构。

4. 教材写法刻板空洞

教材一般都比较刻板，而广告教材不仅刻板，而且空洞。所谓刻板，就是过分讲求体系性、全面性，从概念、历史讲起，然后各章分述功能、原则、方法、类型等。这完全照搬人文类专业的教材写法，过多地纠缠概念，讲求所谓的体系结构，面面俱到。貌似很严谨，实则内容空泛，学生感觉没有学到什么东西。

广告学本身就缺乏独特的知识内容，自身理论贫乏，广告学是否有“学”，是否能成为独立的学科，也颇受质疑。①广告类教材却非要扮出很有体系、很有学问的姿态，实在有点“花拳绣腿”的味道，中看不中用。

广告业是一个讲究创新、创意的行业，而我们的广告教材却没有创新意识，非但没有内容上的新意，甚至连表述形式也过于刻板。从概念到概念，从命题到命题，充满教条的说教。不论是教师教，还是学生学，都枯燥乏味，没有广告专业的特有气质。

5. 教学和考核方法单一

至今我国高校广告教学仍主要以课堂为核心进行，方法和形式单一。不管是学理性的广告学概论，还是实务性的广告文案写作、广告策划、媒体效果研究等，都在教室里完成教学任务。考试形式单一，除了小论文之外，基本上是在教室里进行。

广告学是一个实务性很强的专业，属于应用传播范畴，课堂上讲述的概念、理论、方法、原则，如果没有实践应用操作，很难深刻领会和掌握。案例分析，讲得头头是道，但脱离特定社会市场环境，难免纸上谈兵，很难真正感受广告活动的决策和具体运作。目前不少高校的“广告策划”或“广告策划与创意”教学基本上是在课堂里完成，连考试也采取闭卷形式，我真怀疑光靠课堂教学能使学生掌握广告策划的内容、程序，能够提高学生的判断、决策和规划能力。

广告专业不同于传统的人文专业，自然不能完全沿用人文专业的教学方法，必须改变以课堂为核心、教学方法单一的现状，有些课程需要走出课堂，进入企业，进入市场，进入社会，通过或结合实践来进行教学和考核。

奥格威曾抨击大学里开设广告课程无用，②我们当然不完全赞同这一过于极端的观点。但是从目前的课程体系设置、内容安排、教学方法来看，确实有不少课程是“部分无用”。

三、中国广告教育体系重构

中国广告专业教育问题多多，而最严重的问题是自我感觉良好，不清楚也不想认真弄清楚到底有哪些问题，原因在哪里。

成也萧何，败也萧何。为我国广告专业教育恢复和创建做出巨大贡献的最初那一代教育工作者们，一直掌握着中国广告教育的话语权，而他们先天的知识背景、社会经验缺陷，以及对广告专业教育的固有理解，制约了广告教育和广告学科的发展和变革。关于中国广告教育问题，中国广告教育研究会开了十届学术年会，中国高等教育学会广告教育专业委员会也搞学术年会，各种广告杂志也刊载了不少有关广告教育的文章，但许多问题却没有认认真真讨论过，因此没有积累实质性成果。正是拥有话语权的人不作为，不仅造成广告教育问题积重，广告学术规范至今也没有建立起来，广告学的学术和学科地位自然得不到承认。

---

① 张文瑜．二十一世纪广告学的教学与研究［J］．现代广告（学刊），2005：115.

② 奥格威．一个广告人的自白［M］．林桦，译．北京：中国友谊出版社，1991：24.

面对目前的广告教育现状，我们不得不大声疾呼：建立理念，重构体系。重构一个专业的教育体系是一项繁重又艰巨的集体行动工程，不仅需要集体的智慧，更需要集体的认同，当然还需要制度支持。这里，我只能提出一些想法，供大家参考讨论。

1. 建立“泛广告”教育理念

高校有自己的教育理念，同样，一个专业需要有明确教育理念，一个重要方面就是定位培养什么样的人才，也即专业的培养目标定位。

进入21世纪，我国广告教育的社会环境、广告产业、人才需求都发生了变化。广告教育界需要改变“为广告产业培养专门人才”的惯性思维，确立适合社会新环境、新需求的“泛广告”教育理念。

所谓“泛广告”教育理念，就是“基于广告，又超越广告”。首先，“广告”是广告专业的立命之本，这个根本不可丢失，同时，我们不能局限于广告，而是立足“广告”的基础进行拓展延伸。广告的本质属性可以归纳为：（1）传播性。不论是广告文本，还是广告活动，都传播信息。（2）功利性。广告是商业性话语，有着强烈的利益驱动。①（3）说服性。广告试图要改变人们的态度，建立倾向性信念，直至采取购买和消费行为。“泛广告”教育不仅要培养广告专业人才，而且要培养具有广告基本属性的宣传、推广等应用传播人才。

我们注意到，此前也出现过一些类似“泛广告”的提法。例如潘向光和丁凯的“大广告教育圈”、张发松的“泛广告教育”、倪宁和谭宇菲的“大广告”时代等。潘向光和丁凯的“大广告教育圈”是针对“封闭办学”提出的，它是一种开放办学模式，即大学广告学专业、广告实务界和社会三者有机融合起来，一起支持参与广告教育。②张发松的“泛广告教育”与“大广告教育圈”相近，只是更具体一些，核心是“学分分配制”，即大学和广告公司、企业一起完成广告专业的教育，大学主要负责广告教育的理论方面的学分，广告公司和企业负责实践方面的学分。③倪宁和谭宇菲提出的“大广告”概念与本文的“泛广告”比较接近。他们提出“大广告”思想是基于“社会广告意识的转型”，并指出了“大广告”时代的5个主要特征。其中有两个特征与本文提出“泛广告”教育观念的认识是一致的：“由于经济、社会、文化等领域相互勾连的程度不断强化，广告不再只是经济领域的辅助工具，而成为经济、社会、文化甚至外交、政治等领域不可或缺的手段和内容，从而实现了广告领域的延展”；“为了更好地满足社会融合、信息交流的需求，广告与宣传、营销、公共关系等其他形式和手段的界限逐渐模糊”。④

我们提出“泛广告”教育观念的最重要依据是“广告社会化”趋势。今天，广告话语不仅仅是一种商业现象，广告话语的一整套“工具”——功利、诉求、说服、利益最大化——已经大大超越了竞争性经济界域，在国际交往领域、政治宣传领域、文化传播领域、学术领域甚至大众生活世界中被广泛运用，整个社会正在形成一种“推销”文化，⑤不光企业，国家、机构、个人也都在自觉地宣传自己，推销自己，炒作自己，努力扩大自己的影响力，获得更多的资源。以网络为代表的新电子媒体的普及加速了广告社会化，不论是个体，

---

① 陈月明．广告“话语”的性质［J］．新闻界，2007（4）．

② 潘向光，丁凯．中国大陆院校广告教育的历史走向［J］．现代传播，2000（1）．

③ 张发松．中国广告教育批判与泛广告教育［EB/OL］．中国营销传播网，转引自中国广告协会网 http：//www. cnadtop. com/guandian/guanggaojiaoyu/2009/6/19/d5d6ecea-3b40-4c08-afa4-7b34b055278d. htm，2005-09.

④ 倪宁，谭宇菲．试析“大广告”时代的我国广告教育［J］．国际新闻界，2009（5）．

⑤ Andrew Wernick. *Promotional Culture：Advertising，Ideology and Symbolic Expression in Late Capitalism*［M］. SAGE Publications Ltd，1991.

还是机构、群体都可能成为"广告主"，利用"广告"去获得社会信任和社会资源，使利益最大化。

广告社会化对广告专业来说是一个巨大的"利好"，它大大拓宽了广告专业的社会需求。事实上，近些年来，广告专业毕业生真正就业于广告公司的比例越来越小，①越来越多的毕业生进入企业、事业单位以及社会团体的宣传、推广部门。

提出"泛广告"教育观念的另一个重要依据是广告和广告产业自身遭遇的变化。首先，随着广告信息泛滥，受众免疫增强，广告说服越来越艰难，② 20 世纪 90 年代初整合营销传播理论应时而生，广告不再被视为产品推销、品牌塑造的独立手段，而是与促销、公关、直销、企业形象、包装设计等紧密组合的手段之一。到了 21 世纪初，里斯父女的《公关第一，广告第二》（*The Fall of Advertising and the Rise of PR*）一书更是将广告的有效性降格于公关之下。这虽然有些极端，但也道明了一个事实性趋势：在信息爆炸时代，广告效果正在减弱，广告需要与各种非广告的信息形态和说服方式整合运作。

一方面广告话语不断社会化，另一方面在商业领域中广告被整合到更大的传播组合中，正是在这两个趋势下，不论就社会需求还是行业需求来说，都要求广告专业教育放弃狭隘的广告观念，建立"泛广告"观念。

"泛广告"教育理念下，高校广告教育要改革现有的教学内容和教学方式，重新定位培养目标。教学内容要跳出狭隘的广告活动，立足于广告的核心属性"功利性、说服性传播"，不限于为广告公司或广告产业培养人才，而是为社会各领域培养专门人才。美国一些高校广告专业的教育理念值得思考和借鉴。佛罗里达大学广告学专业定位于"培养学生成为策略性传播领域的领导角色"，密歇根大学定位于"帮助学生掌握足以从事广告活动的知识和技能"，可以就业于"企业、广告和公关公司、大众媒体、政府部分、各种非赢利性组织和其他经济部门"。他们关心的不是学生的"最终就业"（final job），而是学生的"最初就业"（first job），因而更强调理论和思维教育，培养学生理论素养和分析能力。③我们认为，"泛广告"教育应定位于培养具有较高理论素养，并能综合地运用相关理论分析问题和解决问题的宣传、推广人才。

2. 强化理论，重在"应用"

广告学是应用型专业，这一点大家没有怀疑过，但许多人对"应用型"的理解却有偏差。首先，广告学界关于广告教育中理论与实践关系问题的讨论，从一开始就误导了人们的思维，错误地将理论与实践对立起来，使人觉得广告教育只能在理论与实践二者之间侧重。其二，不少人把"应用型"专业与职业教育、技能训练等同起来，或偷换为"实践性"强的专业。许多学者提出大学广告教育不应混同于职业教育，④我觉得将大学广告教育与职业教育相区别，非常必要，但决不能将这种区分作为大学广告教育应重理论素养、轻实践能力的依据。

---

① 何佳讯．面对市场和技术的双重压力［J］．广告大观，2003（10）；胡晓芸，刘瑞武．中国广告教育与从业人员的发展——学生的就业问题应该怎样解决？广告从业人员发展趋势如何？［J］．广告大观（综合版），2004（12）．

② 参见舒德森．广告，艰难的说服：广告对美国社会影响的不确定性［M］．陈安全，译．北京：华夏出版社，2003.

③ 陈月明．美国广告专业课程设置和教育理念［J］．现代广告（学刊），2005，115.

④ 潘向光，丁凯．中国大陆院校广告教育的历史走向［J］．现代传播，2000（1）；廖秉宜．中国广告教育二十年发展的瓶颈与突破［J］．中国广告，2004（3）；秦宇霞．解析中国广告教育的三大误区［J］．湖北经济学院学报，2006（7）；黎明．论我国高校广告教育培养体系的战略与战术［J］．浙江传媒学院学报，2008（3）．

应用型专业的本质属性是"应用"。"应用"既不等于理论素养，也不等于动手能力，但它必须兼具理论素养和运作能力——将理论知识应用于实践活动，这是理论与实践结合的能力。高校广告专业的主要任务是应用能力培养。应用能力培养需要"实践"，但前提是具有较好的理论素养。应用的出发点是理论，没有掌握一定的理论，谈何应用？我们赞同"应用能力培养不等于技能培训"，"作为应用型专业的广告学需要实务训练，但决不能唯实务训练为瞻"的观点，①同时，我们不赞同一味地强调理论素养而忽视应用能力。大家都喜欢用"战争"来比喻广告运作，在现代战争中，作为军事家或指挥员，既要有理论素养和军事知识，又要有应用理论知识与实战的能力，如果光有理论素养，而不能有效应用于实战，那只能是纸上谈兵。

高校广告学专业课程体系的核心部分包括两类课程。一类是理论素养课程，如传播学、广告学、心理学、社会学、营销学、公共关系学等，它们提供基础理论知识。就本质而言，广告是一种商业性传播活动，传播学是广告学的重要理论知识。另一类是专业实务课程，如广告文案写作、广告策划、广告创意、广告媒体、广告管理等，使学生了解与广告活动运作相关的各种实务知识与规程。事实上，目前大多数高校的广告学专业也都开设这两类课程。

当然，光有这两类课程尚不足以培养学生的应用能力，而我国高校广告教育中存在的最严重问题是这两类课程"脱节"：理论课不结合实务，不进行实训，而实务课不做理论分析，不进行思维训练。我国高校学生自小在应试教育环境中成长，各种知识的融会贯通能力比较弱，如果没有理论知识与实务操作相结合的实践和指导，他们自己很难将两者勾连起来。

基于应用型人才培养的广告专业教育模式是：理论教学中安排实训，实务教学中贯穿理论。如传播学可以开展传播效果调查、受众研究、媒体调研等实训活动，营销学可以做消费者调查、市场调查、竞争分析之类的实训；而广告文案写作、广告策划、公共关系等不仅要安排一些结合现实产品、现实对象的实训，还要注重目标、策略、活动等决策和运作的科学性、可行性分析。当然，到广告公司或企业实习、参与社会或企业服务项目，也是培养应用能力的重要途径。我们关于广告专业人才培养目标的口号是"做法正确，表现杰出"。②"做法正确"就是要在科学研究的基础上，运用理论知识作出判断和决策；"表现杰出"是指达到理想的传播效果，包括广告内容、表现形式、媒体选择方面有好的想法。"做法正确"是"表现杰出"的必要前提。

如果对"应用能力"进一步细化的话，那就包括知识理解能力、知识勾连能力、整体把握能力、问题分析能力、逻辑思维能力、科学决策能力、创新创意能力。

3. 终止"沙滩书写"，建立学术规范

专业教育需要学科支撑，没有学术成果积累，专业知识得不到补充修正，专业教育只能原地踏步。30 年来，广告学的著作、论文可谓汗牛充栋，由于整个广告学界学风浮夸，缺乏学术规范标准，学科积累非常可怜。"沙滩书写"！我们完全可以用这个词语来描述中国的广告学术行为与风气，科学性和知识性低下。所谓"沙滩书写"，看上去热闹甚至美好，但潮过沙平，无影无踪。没有学术积累，难成学科基础，何况学科大厦？"沙滩书写"的具体表现：

一是"随意"，兴之所至，信手拈来。想到一个问题或一个观点就立即动笔撰写，不深思熟虑，因此文章篇幅普遍短小。

二是"肤浅"，述多论少，不究事理。由于缺乏思考，文章停留在表象叙述或批评上，

① 秦宇霞．解析中国广告教育的三大误区［J］．湖北经济学院学报，2006（7）．

② 源自奥格威．广告大师奥格威：未公诸于世的选集［M］．庄淑芬，译．北京：三联书店，1996．

没有理论视野，没有概括抽象。

三是"独白"，不听人家所说，自言自语。不借助前人的思想，不参考相关文献资料，大家都在那里自说自话，自娱自乐，各种观点只是散乱地平铺在那里，不能形成累积递进的知识。

四是"训导"，动辄"应该"，不必讲理由。喜欢以学者、导师的姿态训导别人应该如何，必须如何，却又不告诉为什么应该或必须这样。这些所谓的论文，根本不具备论文的基本要件。

"沙滩书写"形成的所谓著作、论文，学术生产成本很低。传统人文社会学科通常几年写一本著作，三个月甚至一年半载写一篇论文，广告学界的主流状态则是一年写一两本著作、三天或一个星期写一篇论文。这样的"学术成果"，其价值可想而知。事实也是如此，全国广告杂志没有一本被列为SSCI来源期刊，没有一本进入中国核心期刊要目。

在"沙滩书写"盛行的广告学界，心气浮躁，不潜心读书学习，理论素养低，许多问题浅尝辄止，不愿深究。例如，大家都在大谈理性诉求与情感诉求，这两类诉求的区分是可取的，但过于笼统，缺乏具体指导价值。任何文本都是有结构的，可惜没有人进一步研究这两种诉求各自的结构模式或表现形态，例如，理性诉求经常的模式有问题—解决型、愿望—实现型、使用—反应型、效果对比型、功能演示型……广告教育中需要这样的研究。

这种"沙滩书写"同样出现在广告教育问题的研究和讨论上。绝大多数文章是在自言自语，而不是在前人观点的基础上研究讨论，没有学术借鉴，没有学术批评，没有学术讨论，没有学术沿承，问题讨论无法深入，更难以形成共识。更严重的是这种学术风气遗传给了年轻一代，将这种"沙滩书写"认作学术。例如，一篇关于1983—2008年中国广告教育研究的综述文章，不仅资料收集不全，而且缺少抽绎和概括，只能提供一些零碎的信息。①这样的综述文章根本不符合人文社会学科规范。

廖秉宜将"轻学术科研和理论创新，浅表层和重复性研究成果泛滥"视作中国广告教育发展的"四大瓶颈"之一，②十分中肯。广告学不能提供有益的学术研究成果，包括专业教育的研究成果，广告教育怎能跟上时代的步伐。

我国广告学界没有专门的学术团体，中国广告教育研究会、广告教育专业委员会某种程度上扮演了学术团体角色。尽管多年来这两个机构为高校广告学的专业发展和学科建设做出了贡献，但整体上是不能令人满意的。与传统学科相比，广告学界的各种专业性、学术性会议缺少学术味。20余年来，广告学界真正的学术会议寥寥无几。在这样的学术伦理和学术氛围中，"沙滩书写"泛滥就不足为奇了。

【作者简介】

陈月明，宁波大学教授。

① 肖雪锋．对1983—2008年中国广告教育研究的总结和思考［J］．新闻知识，2010（1）．

② 廖秉宜．中国广告教育二十年发展的瓶颈与突破［J］．中国广告，2004（3）．

广告产业经济学课程体系探讨

高红阳

一、广告产业的“黄金发展”与广告产业经济学研究的“不成体系”

改革开放以来，我国广告业随着国民经济的发展而逐步壮大，目前已进入“黄金发展期”，30 多年来，广告业年均增速达 30.8%，成为我国增长最快的行业之一。2009 年，我国广告营业额已达 2041 亿元，广告经营单位 20 万户，广告从业人员 133 万人，广告市场的总体规模进入世界前列。① 安吉斯媒体集团（中国）最新报告显示，2010 年中国广告投放总额（不包括户外投放）超过 7100 亿元，与 2009 年相比，达到了 10.8% 的增幅，基本与本年度 GDP 10.3% 的增幅水平保持一致。② 另据有关专家估计，到 2015 年我国广告营业额有望达到 5616.15 亿元。③

然而相对于广告产业实践的迅速发展，广告理论的研究，尤其是有关广告产业经济的研究则显得较为滞后。实际上，国际国内有关广告产业经济的研究均处在起步阶段，整个广告产业经济理论框架的建构仍然是分散的，尚未形成体系。尽管经济学家们对广告进行了较多的探讨，国外如博登（Borden N. H.，1942）的“广告促销效应研究”、卡尔多（Kaldor N.，1948）的“广告数量过度论”、多尔夫曼和斯坦利（Dorfman R. & Steiner P. O.，1954）的“广告厂商广告预算投资模型理论”、布坎南（Buchana N. S.，1942）的广告预算投资模型、贝恩（Bain J. S.，1956）的“广告进入壁垒理论”以及教科书 Chmalensee R. S.（1972、1986）的《广告经济学》和《广告与市场结构》、Reekie W. D.（1986）的《广告经济学》等，国内如席酉民等的《一个关于最优价格、质量和广告策略的动态最优控制模型》（1997）、《对凸的反映函数的几种不同结构的脉动广告投入策略的比较》（1997）等，但这些成果的一个共同点是研究者站在广告产业之外看广告，研究的重心是广告活动对社会经济的影响，包括对产品价格、竞争程度、消费需求等的影响，以及广告主特别是制造业广告主如何进行广告投资决策等，没有站在广告产业的角度和高度讨论广告产业组织、广告产业关联、广告产业政策等问题。尽管产业组织理论源于西方且成果十分丰硕，但确实较少见到国外产业经济学家专门研究广告产业的文献。近年来，以张金海、丁俊杰、黄升民、陈刚等为代表的专家学者开始了广告产业经济的探索性研究，为广告产业经济研究的深入指引了方向。

随着我国跻身世界第三大广告市场以及广告业的全面对外开放，将广告产业作为一个独

① 张晓松，吴晓颖．工商总局副局长刘凡：我国广告业进入“黄金发展期”［EB/OL］．载新华网，2010-10-17.

② 安吉斯媒体集团（中国）．重心交替 变局浮现——中国广告业 2010 年终盘点［J］．广告大观（综合版），2011（2）.

③ 王丹霞．浅析广告产业的特性、模式及特点［EB/OL］．http://blog.sina.com.cn/s/blog_4cf7bc1d010091rq.html，2008-03-26.

立的产业门类，构建相对完整完善的广告产业经济学理论框架体系显得日益重要。由于传统的学科划分以及最初广告产业规模小、专业化水平不高，广告产业边界不好界定、统计数据收集困难，广告产品质量难以标准化，人们对广告的认知偏见等诸多因素的制约，广告产业的研究基础还十分薄弱，很多研究往往流于罗列事实，缺乏深入的思考和扎实的理论支撑。广告产业的新情况、新问题等亟待研究者及时跟进，总结概括出具有普适性的规律，广告产业发展离不开学界的总结、分析与指导。理论研究水平的高低、理论研究视角是否具有前瞻性、依据理论研究成果进行的广告教育能否跟得上业界的步伐，直接影响着广告经营的思维乃至产业发展的方向。广告产业经济学研究领域的确立，有助于拓展广告学、产业经济学及其他相关学科的研究范围，有助于提升广告理论研究的深度与高度，也将会优化广告产业组织结构、推动广告实践的发展，并最终提升广告的学科地位。体系的确立奠定研究的范式，细致深入的分工带来专业化的收益，这正是诸多成熟学科能以加速度发展的原因。

二、广告产业经济学的内涵与研究路径

1. 广告产业经济学的内涵

产业经济学应用对产业经济发展规律的正确认识指导产业经济实践，以促进经济的高效发展。近年有关产业经济学的研究及应用已日益受到世界各国的重视，各国政府也越来越注重运用产业经济手段来推动本国经济的发展。广告产业经济学将产业经济学的概念、原理和理论应用于广告产业经济的研究，属于应用经济学范畴，涉及广告产业经济学研究的范式和理论。

广告产业经济学有狭义和广义之分。狭义广告产业经济学，也称广告产业组织学，即在特定的广告产业组织环境中研究广告企业的行为，这里的组织包含两层含义，一是产业内企业之间相互联系的具体的组织形态，二是产业内企业之间垄断、竞争的不同程度的结合形态。广义广告产业经济学，聚焦广告产业结构、广告产业关联、广告产业集群与布局、广告产业竞争力、广告产业政策规制以及广告产业安全等的研究，以广告产业内部各企业间的相互作用关系、广告产业本身的发展规律、广告产业与相关产业间的互动联系以及广告产业在空间区域中的分布等为研究对象。上述划分的依据源于产业经济学研究的国际传统。国际公认的产业经济学只是产业组织理论，而其他如产业结构理论被认为是发展经济学的核心内容，产业关联理论则是投入产出经济学的核心内容。目前国内有关广告产业经济的少量研究一般尚限于狭义研究范畴。

2. 广告产业经济学的研究路径

广告产业经济学跨越单纯广告具象层面的理论探讨，抽象到一般，由广告经济现象的本质出发，从产业经济学视角切入，运用产业经济学乃至西方经济学、信息经济学等经济学原理，以经济学严谨规范的学科研究角度驾驭广告产业经济学理论体系的建构，并将抽象认知的广告界定为不同于具体广告活动的“大广告”概念，研究广告产业的发展、经营与管理问题，借助宏观把握与微观透视，在考察当代我国广告产业的发展历程及对照国外广告产业的发展现实基础上，分析我国广告产业组织、产业结构、产业布局、产业竞争力、产业政策乃至产业安全等诸多问题，并由此分析我国广告产业的特殊性。此外，广告产业经济学的研究还必须力求在学科概念、研究范围、研究内容、研究方法、分析工具等基本方面做些探索性工作。

总之，广告产业经济学必须真正、全面运用产业经济学原理研究广告产业的理论及实践，以为广告产业的研究建立一个较为完整的广告产业经济学的研究框架和理论体系。研究

展开的核心是对广告产业内涵的正确界定，因为这将涉及研究主体、研究范畴、产业边界以及统计口径等一系列专业问题。产业是生产同一类商品（紧密替代性）企业的集合，产业不同于市场，市场以交换为特征，而产业以生产为特征，这决定了产业经济学是从供给角度研究经济，广告产业经济学自然也不例外。因此广告产业不等于广告市场，广告产业是从事各类广告生产或提供各种广告资源、服务的广告企业的集合，广告企业是广告产业分析和研究的出发点。具体而言，广告企业就是一切以广告及其相关活动为经营业务的企业，如从事调研、策划、创意、制作、媒体购买、发布等广告活动的企业。广告公司、电视等四大媒体部门是传统意义上的广告企业，实际上，网络时代的来临早已让我们领略到广告产业内部的变革，广告企业的数量和类型都在不断膨胀，广告产业链的长度和宽度都有所延伸，这使广告产业早已成为一个内容十分丰富的庞大体系。广告产业经济学的研究必须在理清广告企业、进而广告产业的基础上，将产业经济学理论与广告产业实践相结合，形成广告产业经济研究的特定领域。

三、广告产业经济学的研究框架

广告产业组织学，即狭义广告产业经济学构成了广告产业经济学研究的核心领域，广告产业结构、广告产业关联、广告产业集群与布局、广告产业竞争力、广告产业政策规制以及广告产业安全等构成了广义广告经济学的研究范畴。若考虑到学科层面有关基本问题的探讨，广告产业经济学的研究体系应当概括为以下八个方面：

1. 广告产业经济学基本问题研究

广告产业经济学基本问题的研究是整个研究的基础。主要探讨解决广告产业经济学研究中涉及的、不可回避的或具有争议性的基础理论问题，包括广告、广告产业、广告企业、广告产业属性、广告产业经济学等一系列概念的科学界定，广告产业经济学的研究对象，广告产业经济学的研究内容与范畴，广告产业经济学研究的方法论等。

2. 广告产业组织研究

广告产业组织（Advertising Industry Organization）指广告产业内企业间的组织或者市场关系。这种市场关系包括交易关系、行为关系、资源占用关系和利益关系。广告产业组织研究主要以竞争、垄断及规模经济间的关系和矛盾为基本线索，对广告企业之间的这种现实市场关系进行具体描述和说明。广告企业行为是广告产业组织理论研究的中心。

广告产业组织研究可借鉴的产业组织理论包括以梅森（Mason E. S.）、贝恩（Bain J. S.）、谢勒（Scherer）等为代表的哈佛结构主义学派，以斯蒂格勒（Stigler）、德姆塞兹（Demsetz）、波斯纳（Posner）等为代表的芝加哥效率主义学派，以鲍莫尔（Baumol W. J.）、帕恩查（Panzar J. C.）、韦利格（Willig R. D.）等为代表的可竞争市场理论，以哈耶克（Hayek）、米瑟斯（Mises）、里奇（Reekie W. D.）等为代表的新奥地利行为主义学派（Neo-Austrian），以及以泰勒尔（Tirole）、克瑞普斯（Kreps）等为代表的新产业组织理论（NIO）。上述理论揭示了广告产业组织分析的基本方面包括市场结构、市场行为、市场绩效以及市场各行为主体间的博弈、相应的对策政策研究等。

市场集中度是考察市场结构的首要因素，可用的衡量指标有 CR4（CR8）、洛伦兹曲线与基尼系数、HHI（也称 H 指数）、熵指数（简称 E 指数）。市场行为，是指企业在市场上为获得更大利润和更高的市场占有而采取的一系列策略性行动。广告企业的市场行为一般包括市场竞争行为和市场协调行为，前者如定价、并购行为，后者如联盟行为。广告产业市场绩效是指在一定时期内，一定的市场结构中，由一定的市场行为所形成的广告产品（或服务）的质量、类型、价格、产量、成本、利润、市场效率、产业增长以及由此带来的相关产业直至整体经济的增长等微宏观经济成果。广告产业市场绩效反映了特定的市场结构和市场行为条件下市场运行的效果，可从量和质两方面衡量。定量指标可参考收益率、勒纳指数和托宾 q。质的指标应更多侧重于广告产业社会效益的发挥与衡量，不能单纯追求经济效益而忽略其对社会发展的积极作用。“马歇尔冲突”中竞争和规模经济的动态平衡是任何产业发展都必须面临和解决的关键问题，如何维护竞争机制的作用，同时又充分发挥大规模生产的优势，兼容竞争活力和规模经济性，同样是广告产业组织理论研究中的一个中心课题。广告产业的市场结构、广告企业的市场行为、广告市场竞争秩序与我国广告产业组织演化、广告产业融合问题等是未来较长一段时期内广告产业组织理论研究的前沿。

3. 广告产业结构研究

广告产业结构（Advertising Industry Structure）主要从经济发展角度研究广告产业内部各细分产业间的相互联系与联系方式，研究产业内部组成的比例关系及资源占有关系。广告产业结构研究，动态揭示广告产业结构演化规律，为产业政策的制定提供理论依据。按照某种共同的特征及研究目的进行产业内部的细分，是产业结构研究的前提。广告产业结构研究首先要弄清广告产业内部的产业细分情况，在此前提下，将研究的触角伸入到广告产业内部，研究其各细分产业间的相互联系与联系方式，进而纵向探索广告产业结构的演进规律及模式。日本经济学家赤松要的雁行发展模式是我国广告产业结构演进应当着力的方向。横向来看，广告产业结构研究还可以借鉴产业经济学区位商、相关系数、联合国工业发展组织推荐使用的相似系数等变量进行地区间广告产业结构专业化与差异化的比较分析，从整体上更清晰地把握我国各地区广告产业发展的异同。进一步，还可以探索不同国家广告产业的结构偏差，即一国产业结构在其演变进程中与“一般规律”或世界上不同收入水平国家产业结构的平均状态的偏离情况，为优化广告产业结构提供思考路径。

4. 广告产业关联研究

广告产业内部同样存在错综复杂的联系，这种联系既是实物形态的联系，又是价值形态的联系。广告产业关联（Advertising Industry Association）理论主要研究广告产业内部各细分产业之间的投入产出联系，较广告产业结构理论更广泛精确地量化研究细分产业之间质的联系与量的关系。因广告产业的投入和产出都存在难以量化的部分，所以较其他产业而言，广告产业因其特殊性，使其产业关联的分析较为复杂。通过广告产业关联理论的研究，不仅有助于摸清产业内部各细分产业间的直接关联，而且更有利于透过表象深入剖析广告产业内部更为复杂的间接关联关系。直接关联系数、感应度系数、影响力系数是考量产业直接、间接关联的重要指标，其中关联强度较大的就是产业内部的主导，应加强引导。

5. 广告产业集群与布局研究

广告产业集群（Advertising Industry Cluster）以广告产业中的大量企业及相关企业的高度集聚为标志，是广告企业、行业协会、金融机构、职业培训和科研机构、地方政府之间相互作用的空间集合。广告产业集群研究主要集中于对广告产业集群的方式、形成机理、集群的特点、集群如何提高产业内部企业的生产率和刺激企业创新、集群的区域效应等方面。杜能（Thünen）的农业区位选择、马歇尔的产业区、韦伯（Weber）的工业区位与集聚经济、胡佛（Hoover）的投入替代和规模经济、克里斯塔勒（Christaller）的中心地理论、廖什（Lösch）的“面”状市场、霍特林（Hotelling）的“线型”市场、艾萨德（Isard）的现代区位论、哈雷斯（Harris）的市场潜力论等传统产业集群理论，以及产业集群的贸易与区位理论、产业集群的增长与区域收敛和发散理论、产业集群的动力机制与微观机理理论、产业集群的网络组织与集群创新理论等新产业集群理论，为广告产业集群的研究提供了坚实的理论基础。

广告产业布局（Advertising Industry Layout）是指广告产业在一国或一地区范围内的空间分布和组合。广告产业布局理论主要研究影响广告产业布局的因素、布局与经济发展的关系、布局的基本原则、原理、一般规律、广告产业布局的指向性以及广告产业布局政策等。广告产业布局研究力争探索广告业区位理论，为各广告企业寻找最佳的生产区位，充分挖掘区域比较优势。广告产业布局研究的另一个主要问题是区域经济增长的问题，循环累积因果论、增长极（growth pole）理论都可以为广告产业布局的研究提供借鉴。此外，研究广告产业布局还可以为合理、协调不同区域间的广告产业发展提供相关的公共政策。产业布局研究的成本学派与市场学派揭示了成本、市场是影响产业布局的两个重要条件。此外，税收调节也对此产生重要作用。合理的税制结构和税率可以控制和调整地区产业布局，从而促进产业布局合理化与地区经济的协调发展。

6. 广告产业竞争力研究

广告产业竞争力（Advertising Industrial Competitiveness）是一个国家或地区的广告产业在要素和资源的配置效率、产业结构层次、国际产业体系，以及全球经济体系中的地位与作用。市场占有率、资产和技术水平、创意水平、利润率、产业规模等是产业竞争力的评价指标。区位、人力资源、技术、政策等是影响产业竞争力的主要因素。产业竞争力研究一般运用比较法进行国家或地区间产业业绩的衡量。广告产业竞争力的研究首先需要建立一个产业评价体系，对一国或地区的产业竞争力进行评估，揭示产业结构的演进趋势和产业的动态比较优势。广告产业竞争力评价可以为区域优势产业的选择、提升提供指导意见，为广告产业研究提供较为深层次的关于产业发展总体趋势以及可与其他产业相比较的体现产业所在地区特色的总括性信息。波特的五力竞争模型、钻石模型以及价值链理论是进行产业竞争力分析的重要分析工具。广告产业竞争力的研究与广告产业集群的研究具有密切联系，因为集群提高企业竞争力，从而进一步提高产业竞争力。此外，有关产业集团化的研究也是提升产业竞争力、打造产业价值链、发挥产业聚合质量与整体效应的有益探索。

7. 广告产业政策及规制研究

广告产业政策是指国家或地区政府为实现一定的经济或社会目标，以广告产业为对象所实施的调控其产业发展进程的一整套政策的总称。广告产业组织政策、广告产业结构政策、广告产业技术政策、广告产业布局政策等构成了完整的广告产业政策体系。广告产业政策同其他产业政策一样，也要追求上述政策等的协调，达到优化资源配置，加速产业发展，提高产业竞争力的目的。广告产业政策研究就是通过对广告产业组织、结构、关联、布局、竞争力等现实状况的了解、考察和分析，并根据分析预测的结果，制定或调整相应的产业政策。广告产业政策研究是形成科学决策的重要前提和基础，对广告产业发展具有非常重要的意义。

广告产业规制（Regulation）是政府或社会为实现广告产业发展的社会经济目标而对市场经济中的广告经济主体做出的各种直接和间接的具有法律约束力或准法律约束力的限制、约束、规范，以及由此引出的政府或社会为督促广告产业经济主体活动符合这些限制、约束、规范而采取的行动和措施。广告产业规制包括政府规制、社会规制、行业自律规制。公共利益理论、规制俘获理论、规制需求理论、利益集团理论、可竞争市场理论、规制博弈理论等都可以为广告产业的规制研究提供参考。

8. 广告产业安全研究

开放经济体系下，产业安全问题是产业健康有序发展的重要课题。产业安全是指在国际经济交往与竞争中，本国资本对关系国计民生的国内重要经济部门的控制，本国各个层次的经济利益主体在经济活动中的经济利益分配的充分，以及政府产业政策在国民经济各行业中贯彻的力度。在目前我国开放经济体系下，广告产业外资进入的领域和比例亦日益深广，研究产业安全，对抗御外部经济破坏性扰动和经济风险传导，有效贯彻本国政策意图，保障国家经济安全、信息安全、文化安全等具有重要意义。一国在产业链中的某些关键环节如果由其他国家掌握和供给，会对该国的产业安全、经济安全乃至国家安全产生影响。广告产业安全问题的研究应当思考目前广告产业发展中存在的产业安全隐患并提出有效的防御及解决办法。

参考文献

[1] 康·谢泼德，乔安娜·谢泼德．产业组织经济学（第5版）[M]．北京：中国人民大学出版社，2007.

[2] 杨公朴，夏大慰．现代产业经济学（第2版）[M]．上海：上海财经大学出版社，2005.

[3] 马丁．高级产业经济学[M]．上海：上海财经大学出版社，2003.

[4] 卢山冰．中国广告产业发展研究——一个关于广告的经济分析框架[D]．西安：西北大学博士学位论文，2005.

【作者简介】

高红阳，东北师范大学传媒科学学院副教授，博士，应用经济学在站博士后。

论创意产业对高校广告专业教育的领引

杨海军

创意产业概念的提出和在广告运作过程中被不断强化，一是和广告活动中的创意本质被发现、被提炼、被强化传播、被上升到国家经济发展的战略高度来认知直接关联；二是和中国城市化进程加快，社会经济转型需要新的引擎推动、需要新的经济力量支撑有因果关系；三是和世界范围内广告业的快速发展、升级换代给中国广告业带来的刺激和影响密切相关；四是来源于中国广告人自主创新意识复苏、广告理想升华的直接推动。这些因素导致中国广告业的发展环境、发展方式、发展面貌出现全新的变化，同时也对广告专业人才的培养提出全新的要求。

一、创意产业——国家经济发展战略高度的新认知

2002 年 11 月，党的十六大报告在“文化建设和文化体制改革”部分中明确提出要积极发展文化产业，认为发展文化产业是市场经济条件下繁荣社会主义文化、满足人民群众精神文化需求的重要途径。完善文化产业政策，支持文化产业发展，可以增强我国文化产业的整体实力和竞争力。①

2004 年 3 月 29 日，国家统计局在与有关部门共同研究后，制定了《文化及相关产业分类》，以规范文化及相关产业的口径、范围，从而形成了一个认同度较高的、法定的“文化产业”概念：即“为社会公众提供文化、娱乐产品和服务的活动，以及与这些活动有关联的活动的集合”。② 在这一概念统领下，文化产业被分为 9 大类、24 中类、80 小类。其中核心层包括：新闻服务、出版发行和版权服务、广播电视电影服务、文化艺术服务等四类；外围层包括：网络文化服务、文化休闲娱乐服务、其他文化服务三类；相关层包括：文化用品、设备及相关文化产品的生产，文化用品、设备及相关文化产品的销售。

文化部在《文化建设“十一五”规划》（2006）中明确指出文化产业创新机制：发展文化创意产业园区，支持和鼓励中小型文化内容服务企业的发展，逐步形成一批以提供文化数字信息、演艺、动漫、文化资讯等内容为主的大型内容提供商。充分发挥文化经济政策和科技政策作用，引导文化企业成为文化创新主体，支持掌握核心技术的文化科技人才创办新型文化企业，扩大原创文化产品与服务的有效供给和销售，大幅度提高我国自主知识产权文化产品的数量和质量。③ 2009 年 7 月 22 日，我国第一部文化产业专项规划——《文化产业振兴规划》由国务院常务会议审议通过。这是继钢铁、汽车、纺织等十大产业振兴规划后出台的又一个重要的产业振兴规划，标志着文化产业已经上升为国家的战略性产业。在这个规划里，国家将重点推进的文化产业包括：文化创意、影视制作、出版发行、印刷复制、广告、演艺娱乐、文化会展、数字内容和动漫等。

---

① 参见中共中央十六大报告［R］. 第六部分（五）.

② 参见国家统计局. 文化及相关产业分类［R］. 2004-03-29.

③ 参见文化部. 文化建设“十一五”规划［R］. 2006.

文化产业相关政策的相继出台，为广告产业的发展提供了政策保障，同时也为创意产业概念的提出及广告创意活动的展开打开了思路。为客观公正宣传“中国制造”，中国商务广告协会、中国机电产品进出口商会、中国轻工工艺品进出口商会、中国纺织品进出口商会共同制作了一部宣传“中国制造”的广告片，于2009年11月23日起，在美国有线新闻网（CNN）的美国频道、美国头条新闻频道和国际亚洲频道播放。

广告片以“携手中国制造”为主题，以“合作和参与”为理念，强调中国与世界各国一道，为消费者提供高品质的产品。整个广告的制作、投放过程是通过市场招标进行的，中标的是DDB国安广告制作公司。这是一家国际4A广告公司，由中信国安集团与全球最大的广告公司——宏盟集团（Omnicom）合资成立。DDB国安制作的这则广告，其创意是表现从“Made in China”到“Made with China”的理念升级，广告语中文翻译为“中国制造、世界合作”。该广告想传达的信息是：经过30年的努力，中国产品正在同各国的商业和文化力量携手改善全球生活质量。而在全球经济低迷的背景下，这则广告更是显示了国家对于“中国制造”的信心。中国商务广告协会常务副会长刘立宾认为这则广告其实不仅仅是一则商业的形象广告：“我们中国是出口贸易大国，这个广告引起了国内外媒体的广泛关注，我们是第一次，是我们的一次尝试，今后如何做？怎么做？我们会根据这一次投放总结出来的经验和大家提供的一些意见，再进行考虑。但是有一点可以说明，对于国家形象的传播、商会形象的传播、企业形象的传播，我们殷切地希望国家给予支持，商协会合作，企业积极参与。”①

一系列政策层面的支持与企业的广告创意实践从不同角度为创意产业在新时期成为国家经济发展战略的重要组成部分做了新注解，不仅为广告创意人找回了自信，为广告业健康与快速发展注入新的活力，也为加快高校广告专业教育的发展、重新审视和评价高校广告教育的作用和地位做出了理论和政策层面的新注解。

二、创意产业——广告业创造性本质的重新回归

广告业是一个充满创造性、多元化发展的行业，近年来，在文化产业政策的引领下，广告业对自身的反思和行业自身创造性的实践等都对广告业的发展模式和发展方向产生了深远的影响，在这一过程中，交织在广告业的发展道路上的探讨主要体现为广告业创意本性的回归，即创意产业的提出。

广告业性质是提升产业地位和建构广告业发展的基础，广告产业性质的形成是一个动态的发展过程，是广告业伴随着社会发展从无到有、从弱到强的发展过程，既是政策层面引领的过程，更是广告业界与学界良性互动、不断创新的过程。从广告业发展历程看，中国学界和业界对广告产业性质的认识经历了第三产业、信息产业和创意产业三个发展阶段。

改革开放后，面对多元复杂的经济形态，管理部门在政策上对社会产业采用了三个产业的划分标准，第三产业主要是指非直接物质财富的行业，这种划分一方面说明了当时经济形态的混杂性，另一方面也为边缘模糊的新兴产业寻找政策性支持提供了便利。中国广告业是依附于传媒业的兴起而产生的，但传媒业的意识形态问题一直困扰着传媒产业性质的认定，广告业为了获取政策上的支持，提出了“知识密集、人才密集和技术密集”的产业定位，这为广告产业的市场开拓奠定了基础，也推动了中国传媒业的产业化进程。第三产业的产业定位在初期为广告业的发展扫清了政策上的障碍，但由于第三产业的模糊性导致了广告产业的边缘无限放大，“泛广告化”的现象十分严重，大量的影视制作、公关、咨询等服务公司纷纷以“广告公司”自诩，导致了广告业核心竞争力的匮乏和社会影响力的低微。

---

① “中国制造”广告，擦亮中国国际形象［N］. 扬子晚报，2009-12-06.

随着经济高速发展所导致的信息需求剧增和IT技术的普及所带来的信息传播成本降低，信息产业逐渐从旧有的三大产业划分中独立出来，由信息产业所主导的信息社会成为继农业社会和工业社会后第三个社会形态也逐渐成为共识，信息产业一时成为社会的“沸点产业”。广告业经过“第三产业”定位时期的知识、技术和资本积累，广告业粗具规模，但也急需再次确认产业定位，寻求新的发展机遇。广告业从传播的角度来讲，是属于信息传播的服务性行业，这是由广告的信息本性所决定的，因此，在信息产业声誉日隆之后，广告业为了寻求资本市场认可和提高社会声誉，积极向信息产业的定位转变，这也是广告业与信息业融合的产物。信息产业的定位处理了广告业与传媒业之间内在关系，解决了广告传播的外在形态问题，但却忽略了广告业与信息业之间的区别，湮没了广告业本身的创造性价值和独立性。

创意产业是在政治民主化、经济多元化和社会社区化的背景下兴起的融合性产业概念，创意产业的提出从道德、理念和制度等层面上丰富了信息社会的内涵，并为信息社会的最终形成提供了生产力基础。由信息业、通信业和传媒业融合所产生的“大传媒业”是信息社会的支撑性构架和枢纽，而创意产业则是“大传媒业”的灵魂所在，“大传媒业”因其不断扩散的影响力已成为创意产业的核心产业。广告业的产生最初是依附于大众传媒业产生的，而随着传媒技术的网络化、数字化和移动化导致了传媒形态极度膨胀和广告主的规模化，广告业逐渐丰富了其产业内涵，广告业的创造本性使其成为信息社会鲜活的生产力，广告业也成为创意产业中最具活力的产业领域。而创意产业的提出则对广告业的再度提升产生了深远的影响，这一认知，对高校广告专业的定位和新时期广告专业的人才培养模式的变革提出了新挑战。

三、创意产业——中国广告业的凤凰涅槃

中国学者对广告业性质的认识经历第三产业、信息产业和创意产业三个发展阶段的过程，也是中国广告业凤凰涅槃的过程，其间广告业自身也经历了观念创新、产业创新和模式创新三个阶段。

第一，观念创新，从简单模仿到自主观念创新。近五年来，我国创意产业理论研究已取得相当多的成果。一批文化产业发展的蓝皮书出版，一批西方文化创意产业的报告和著作发表，一批文化创意产业的案例研究发布，表明我国学者的观念创新已上升到一个新的高度。同时，对国外创意产业发展的理论基础、政策制定、产业布局、人才战略的研究也渐入佳境。对美国、英国及欧盟其他国家、日本、韩国、澳大利亚创意产业的特色与取向的探讨，也为中国创意产业理论的发展提供了现实借鉴。

我国创意产业发展的首要问题是观念上必须加强和提高对创意产业发展的重要性、前沿性和未来发展态势的理解、认识与认同。创意产业是一个全球产业发展中后发的新兴产业，其理念与传统的制造业发展理念、思维路径和管理经验有着很大的不同。发展我国文化创意产业需要各级决策层进一步解放思想，转变观念，学习和掌握世界各国创意产业发展的理论、战略、策略、成果、经验、方法和措施，并结合本地经济和社会发展现实实践，实事求是地开拓跨越式发展的新途径。在先进理论支持下，我国文化创意产业还需要通过文化体制改革，建立一个国家总体规划，确定未来若干年发展的政策导向，完善和优化创意产业发展的内部与外部环境。在这里，高瞻远瞩的总体规划、合理优惠的政策支持和引导、良好的创意环境是至关重要的。而我国一系列有关文化产业相关政策的出台，也表明我国决策层观念的改变和创新意识的增强。

第二，产业创新。所谓“产业”，是指居于微观经济的细胞（企业）与宏观经济的单位（国民经济）之间的一个“集合概念”，它既是具有某种同一属性的企业的集合，又是国民

经济以某一标准划分的部分。① 产业的产生和发展是社会生产力和社会分工不断发展和细化的必然结果，一般来讲，一个产业的产生必须具备以下条件：（1）必须是具有某种同一属性的企业集合，运行的主体是单个的企业或企业联盟；（2）必须有可经营的内容与服务；（3）必须以赢利作为活动的主要目的；（4）必须达到一定的市场规模和产出规模；（5）对经济的发展要有一定比例的贡献率。经过20多年的发展，世界广告业已经成为一个成熟的产业，主要表现在：（1）20世纪末21世纪初在世界范围内形成了以Omnicom、WPP、IPG、Publicis、Havas、Dentsu等为代表的全球性的广告集团，它们占有全球约60%的广告市场，并且凭借强大的资本在全球范围内掀起了兼并狂潮。（2）广告业的竞争模式也由专业化的代理能力的竞争演变为“广告集团比资本，广告公司比服务”的竞争模式。（3）广告公司的服务范围有专业的广告代理发展为包括广告代理、媒介购买、信息顾问、公关、品牌识别、健康营销、直销、关系营销、客户关系管理、互动营销、体育营销甚至客户的公司战略等多项内容在内的综合性营销服务。

从原始积累到产业升级换代，我国文化创意产业的发展首先面临的问题是如何以高新技术带动传统产业的升级换代，构成与完善创意产业的产业链条，建设一批以高新技术为基础的文化创意产业园区，加强创意项目作为风险产业的辅导、推动，改革和完善创意产业的投融资体制。其次是如何整合资源问题。我国的文化产业，如新闻出版业、广播影视业、音像业、演出业、娱乐业、艺术培训业、文化旅游业、群众文化业、图书馆业、文物业、博物馆业、会展业、广告业、咨询业、博彩业、竞技体育业等也正在蓬勃发展之中，如何整合资源，使多头管理、分散经营的状况得到根本改观，如何形成产业合力，把文化产业或大传媒业真正聚合成具有强大竞争力创意产业，也是必须关注的问题。最后是产业升级换代的推动力问题。

我国学者从经济学的视角来解读文化创意产业的推动力问题，在区域经济发展中，优势区域中具有高附加值的产业逐步替代低附加值的产业，并将低附加值的产业向不发达的区域转移，这一点早被英国经济学家威廉·配第和克拉克发现并证实，这一理论也已经成为经济学早已公认的“配第—克拉克定理”。配第—克拉克定理的基本结论是在区域经济发展的过程中，第一产业的就业比重不断降低，第二和第三产业的就业比重将逐步增加，即劳动力会由第一产业向第二产业和第三产业转移。随着经济发展，区域经济都会逐渐向高端产业递进。高附加值产业替代低附加值产业是经济发展的必然趋势，新的高附加值产业将成为具有生命力的朝阳产业。今天，文化创意产业正以其高附加值的经济势能，成为推动地区和国家产业结构升级换代的重要力量。

第三，模式创新，从追逐利润到关注文化缔构。文化产业的模式创新，主要是经营创新还是文化创新，或是经营+文化创新。曼海姆的知识社会学理论和波特的经济发展四阶段论是创新模式的理论支撑。知识社会学是对知识进行社会学考察的一门学科，研究知识与社会的互动关系，重点考量社会对知识的影响和作用，主要对知识的社会决定进行经验的研究以及对各种思潮进行社会学的考察。经济发展四阶段论：（1）要素驱动阶段，经济发展的主要驱动力来自廉价的劳动力、土地、矿产资源。（2）投资驱动阶段，以大规模投资和大规模生产驱动经济发展。（3）创新驱动阶段，技术创新为主要推动力。（4）财富驱动阶段，这个阶段追求个性全面发展，追求文学艺术、体育保健、休闲旅游等生活享受成为经济发展的新动力。这些理论为广告产业的模式创新打开了思路。

将文化产业置于现代化、信息化、知识经济迅猛发展的世界经济背景下，就会发现，文化产业越来越成为最具有现代意义、与高科技尤其是数码技术发展越来越紧密结合的产业，文化产业又反过来影响和改变传统产业的面貌，文化产业高于传统产业，文化产业之路是国

① 杨治．产业经济学导论［M］．北京：中国人民大学出版社，1985：16.

家经济现代化发展的必然选择。从整个社会的现代化进程来看，社会生产效率的逐步提高，增加了人们的休闲时间，降低恩格尔系数，提高人们对享受生活、提高文化资本积累的需求，这种需求结构通过市场机制的作用直接改变生产结构，拉动了文化产品的生产，形成文化产业。

中国广告业经过二十多年的积累性发展，广告市场结构性失衡问题渐现，问题广告的频出拷问着广告业的道德追求，广告业急需在产业整合的基础上从行为层面上向伦理约束和法制规范的方向发展，创意产业的提出为广告产业的整合奠定了产业基础，同时也为创意产业指明了发展方向，即从追逐利润到文化缔构。而这一变化，与新时期中国广告教育的发展的理念和战略思维提出了新要求。

四、创意产业——中国广告教育的新坐标

创意产业的提出丰富了信息社会的内涵，也为广告教育的提升和革新提供了理念上的支持，对广告教育核心竞争力的打造和广告专业发展和学科建设奠定了基础，创意产业成为广告教育新坐标的核心问题是广告人才的知识结构问题，这是广告教育发展最为突出的基础性问题，与此相关的则是广告创新人才的培养模式的打造问题。

1. 广告教育理念的更新——国家高度和行业视角

多年来，广告学界秉承一个理想，就是为广告行业培养合格的专业人才，并力求与业界互动，与业界对接，业界的需求成为高校广告教育的风向标。而中国的广告业界是一个庞大而松散的群体，阶段性变化和区域性特色使得中国广告市场特色十足、个性十足而缺乏共性。广告行业发展的区域性、差异性和非典型性分布使得高校广告专业教育与业界人才需求的对接变得越来越困难，为业界培养专业合格人才从某种程度上说只能是一种理想。而创意产业的提出，明确了广告创意产业的性质，规定了广告产业的发展方向，使广告产业的共性特征清晰地呈现出来，其对人才需求的目标也就明晰起来。从行业的视角来审视广告教育还是站在国家战略的高度来审视广告人才培养，广告创意产业给出了新坐标。

2. 广告教育模式的更新——中国制造与全球通用

我国的广告专业教育是在新闻传播学科建制、广告专业平台上展开的，其最大优势在于高校能够充分利用新闻传播学的综合资源来观照广告专业，而广告专业独立的教学平台也具有很大的延展性，一方面可以依据广告专业的教育规律来安排课程，实施教学；另一方面也可以根据业界的最新发展动态来调整办学方向。我认为，这是中国广告教育的特色，首先可以给予学生丰厚的人文社科素养，扎实的广告专业功底，统观全局的眼界和凝聚在身的专业精神，能够让学生面对现实挑战从容保持自信心，也是让学生与实践接轨、与世界对话的基本条件。高校是广告事业的助动器，每一个准广告人都是广告事业的后备军，广告业是一个充满活力的创新产业，我们培养的人才应该是具有中国意识和世界眼光的复合型人才。这就要求高校教育体系是开放的，教育模式是变化的，教育方法是灵活的，教育理念应该和业界同步。创意产业为我们提出了中国制造和世界通用的新话题。

3. 广告教育内容的重组——知识构建与实战能力培养

高校本科教育常常坚持这样一个教育理念：“宽口径、厚基础、强素质、重能力”，贯彻到广告教育领域，所谓的重能力也就是通常所说的实战能力。学生的实战能力是否强，实际有两个基本的要求，就是“上手快，后劲足”，前面提到的教育理念是必须坚持的，学生的能力只要按照广告专业的教育规律去培养，可以解决“后劲足”的问题，具体到广告专

业，如何做到“上手快”，则是需要认真思考的问题。首先，教师有多少知识储备，你了解不了解广告发展和运动的基本规律，能不能洞察到行业的最新变化，教学团队所传输的知识结构和赋予学生的专业技能能否使其从容面对生存的挑战和专业理想的实现；其次，你的试验教学课程占有多大比重，开设是否合理，是否按照业界广告运作程序的各个环节要求来开设相关课程；再次，你的教学试验设备是否比较先进，学生是否有较充足的时间来使用这些试验设备，能否在学习——实习——再学习——再实习这些互动过程中得到反复操练。学生实战能力的培养过程，实际也是科学、合理使用和综合配置教学资源的过程，学生实战能力的培养需要总体策划，适时引领，精心安排并和业界形成多元互动，培养学生的实战能力，说到底还是要激发学生的活力和其潜在的创新精神，高校广告教育平台本身只有具备巨大的张力，才能真正发挥高校广告教育作为一个应用性极强的专业的特殊功能。创意产业的发展对高校学生的知识建构和实战能力的培养提出了全新的要求。

4. 广告教育结构的变化——遵循规律与打破常规

广告创新教育首先要遵循高等教育的一般规律、原则和方法。教师主导式、体验式教学，传授给学生系统、完整的专业知识；学生自主性、创造性学习，获得独立分析问题、解决问题的能力。其基本原则是教学相长，以学生获得知识并能够熟练应用知识为最终目的，其特点则表现为较强的互动性和信息双向流动性。具体到广告专业，则表现为实践教学各个环节是广告专业创新的切入点，是学生知识系统不可或缺的重要组成部分，从大学一年级开始，就应该按照其知识结构的内在关系循序渐进地开出相关创新课程，这里包括美术、设计基础课和提高课，计算机基础和提高课，摄影、摄像基础课和提高课，创新思维专项训练课，语言文字运用专项训练课，以提案为核心的广告运作流程专项训练课，以实战为背景的案例教学课等。同时，也可采用开放式办学的方法，广告公司、企事业单位的短期参观考察，暑期短线、大四长线的专业实习，广告赛事的参与，业界人士的聘用及专题讲座等都能使学生学到鲜活的东西。在这一过程中，师生互动也好，校企互动也好，或是多方互动，都是促使广告创新实践取得最佳效果的方式，其最终目的还是使学生在宽阔的教学平台上通过创新体验真正掌握实战本领。

站在国家战略发展、广告行业变革、广告国家竞争、广告本质追寻的高度来重新审视中国广告教育的发展和广告专业人才培养，可以使广告教育的理想在创意产业这一新坐标引领下不断升华。

【作者简介】

杨海军，华东师范大学传播学院教授，博士生导师。

地方院校广告教育与业界的隐性互动思考

胡新桥

广告学非常注重应用操作，业界对广告专业的大学毕业生不仅要求其对理论知识的理解深入，以期能持续发展为有前途的真正广告人，更要求他们一毕业就具备广告人应该有的大部分实际技能和职业素养。然而，在中国地方院校，特别是三线城市的地方院校，因各种资源和意识所限，广告实践教学普遍存在实践目标与内容模糊，缺乏系统性；实践方式不规范，特别是与业界互动缺失，很多实践是教师和学校在自编自导，学生感觉是井底之蛙，师生一起在痛苦地探索。而业界一方想和院校互动，却一心想攀省城甚至北上广的高校广告智库。而地方院校的广告教育在地方广告产业发展过程中却没有载体、没有平台，不仅没有给学生教学带来实践机会，而且地方院校在地方广告业发展过程中的话语权正在失去。如此恶性循环，对地方广告业的发展和地方广告院校学科发展及人才培养极为不利。在这个过程中，一定得让我们的广告教育工作者，积极主动地构建一种隐性模式，让业界有组织、系统性地融入我们的广告实践教学中去，和广告产业形成良性互动，以提高学生的实践能力，提升我们的广告话语权，为业界提供智力支持，为公众提供更多好作品，形成多方共赢的良好局面。

一、业界与隐性互动的相关定义

1. 广告业界的广义定义

基于有利于广告教育实践的目的，广告业界不仅包括广告公司、媒介，还包括广告主、社会公众、政府机关，因为他们都是广告实践和认知的重要社会力量。

2. 隐性互动的博弈基础

“博弈论”的英文是“Game Theory”，实际上“Game”的本意是“游戏”，“博弈论”直接翻译成中文最贴切的直译是“游戏理论”。更准确地说，是一种竞合的智力游戏。通俗地说，博弈就是个人或组织在一定的环境条件与既定的规则下，同时或先后，仅仅一次或是进行多次地选择策略并实施，从而得到某种结果的过程。广告教育和业界不可避免地要打交道，这是一个利益交换的过程，由广告教育方主导，让业界不由自主地参与广告教学实践，以博得双方最大的效益。

二、系统性的隐性互动模式

1. 明确广告专业主干课程中的实践比例和内容

作为地方院校，结合院校及师资掌握的社会资源，在每学期的教学计划中引导老师将广告实践环节与时俱进地写在教学计划中。广告学在地方院校中大多数为广告策划和广告设计两大方向，一些特色院校还引入网络广告方向，按专业方向细分的不同，确定专业课程的实践课时比例，如5%～10%的正常教学时长比例，当然还有课堂之外的互动是另行计算的。

既然地方院校所在城市由于资讯、院校品牌等原因，缺乏优势，那么在这个时候，地方院校就要主动以润物细无声的方式，让业界参与到广告教学实践中来。这些隐性互动模式，笔者大致总结为八大模块：专题讲座，案例评委，毕业论文社会导师，广告主冠名广告大赛，参与广告设计，参与广告营销，参与公益广告，社会组织与智力支持。

2. 以合情的名义请进业界精英参与互动

专题讲座，案例评委，毕业论文社会导师，广告主冠名广告大赛，这四大模块，呈现出它独特的魅力，可以给予业界精英学术上的荣誉回报，让他们以业界的智慧反哺高校，而地方院校在经济上的支出可以忽略不计。地方经济中较活跃的广告主，广告公司的中高层，媒介知名人士，工商部门广告管理机关，广告协会成员单位等，高校在每学期初有组织地联络他们申报选题和研究方向，同时组建广告业界智库动态数据库。

组织专题与广告相关的讲座，讲座者获得了高校学术上的认可，但为加强管理并考虑到相对具体教学院系的相对灵活性，可将相关讲座纳入学校分级管理，但大多数还是以广告教学院系为单位展开，为支持和鼓励学生参与，不但相关授课老师可将听讲座和参与讨论作为考核的要素之一，笔者还建议可以参照国内MBA案例教学模式，大学四年听完一定数量的讲座给予1～2个学分作为奖励，但这的确是一项系统性的工作，要做好平时讲座的认定记载。

案例评委环节，是教学过程在学期中或者学期末要解决案例教学研讨的重要内容，它更多地涉及专业和微观层面，和讲座不同的是，我们在实践中要得到讲座者甚至业界更高层的支持，请到具体负责广告策划、文案、运作、营销的业务专家，来到我们课堂，和授课老师一起共同担任案例评委，并给出专业的点评意见，这是许多在校广告专业大学生最为期盼的。

毕业论文校外导师，其本质是“双导师制”，这种“双导师制”是指地方院校广告学专业除根据学生职业的发展方向和兴趣为学生配备学校老师外，还从业界邀请具有丰富广告业、传媒业管理和策划经验的管理人员、技术人员为实践指导教师，从而使学生能够在理论与实践两个方面得到迅速提高。而获得校外导师资格的业界人士，则得到了一种学术地位上的认可和心灵的满足感，同时也促使自己提升理论修养，以缩小在学术游戏规则上与学界的差距。被指导学生无论在就业还在是参与社会实践方面，都得到了巨大的资源性支持。

广告主冠名广告大赛，地方院校在逐步的发展中应经常主办高校广告大赛，学生可以分专业组和非专业组参加。在扩大影响力的同时，可请本地知名广告主，这些广告主获得比赛冠名权，让企业成为大赛协办单位，指定企业的产品为大赛唯一专用产品，让企业的高层和广告市场部门专业人员参与担当评委；大赛印制《参赛指南》，发放给全部参赛选手及老师、评委、专家，宣传单上突显本次比赛的冠名设计LOGO。当然，广告大赛选题内容能涉及冠名广告主那就更好了。其实，通过这种广告大赛，广告主可能提供了较少的资金或者物资支持，却得到了极大的隐性回报，如铺天盖地的软文、网络报道、潜在客户、大学校园准入等。显然，广告主、高校、学生、社会、媒介都实现了互赢。

3. 以广告智力支持的名义参与业界互动

地方高校应该服务于地方经济建设和社会发展，广告专业的教学科研也应如此。在广告教育过程中，应主动参与广告设计，参与广告营销，参与公益广告运作，参加社会组织与智力支持，而参与的形式是多元化的，参与的薪酬模式与社会上的传统报酬体系可以不同，可以说是让“利”给业界，以更多的让渡价值来回报业界，业界何乐而不为呢？

参与广告设计，地方院校所在的城市广告公司和广告主的数量相当有限，我们可以用各个击破的方法建立联系，得到他们的认可。广告公司在日常运作过程中，无论是参与比稿投标，还是业务性的创作，我们都应和他们有通道保持沟通联系，并将一部分任务以作品创作形式布置给学生，内部评审择优推荐给广告主、广告公司，无论是否采用，都尽可能得到业界的点评与指导。

参与广告营销，广告公司的广告产品、媒介自己的广告产品，目前都有一个庞大的团队营销，而且营销方面所占的成本是相当大的。广告专业的学生，一定要知道广告主不是自动发布到媒介上的。电视广告品、户外广告位、DM 杂志广告位、网络广告位等，广告专业学生都可以在业余时间参与营销。特别是网络广告，如百度与谷歌关键词广告、广告联盟、阿里巴巴诚信通产品等，在中国大部分地级市都有代理商，他们迫切需要大量专业人士利用线上和线下营销这些电子商务广告产品。

参与公益广告全程运作，公益广告是以为公众谋利益和提高福利待遇为目的而设计的广告，是企业或社会团体向消费者阐明它对社会的功能和责任，表明自己追求的不仅仅是从经营中获利，而是过问和参与如何解决社会问题和环境问题这一意图的广告，它是不以盈利为目的而是为社会公众切身利益和社会风尚服务的广告。政府公共部门和媒介发起的公益广告活动，可不失时机地让广告专业学生全程参与设计、投放发布策划等，甚至还可主动地组织公益广告活动，以扩大社会影响力，当然也可以考虑与广告主的合作，这种广告商业化的运作思维，会对学生步入商场有极大的裨益。

参与社会组织与智力支持活动，很多地方高校可能还不是地方广告协会的会员单位，它当然就不可能与业界有很好的互动。加入广告协会，加入神秘顾客协会等，学校以会员单位的名义，推荐优秀的学生以个人的名义入会，扩大与业界触网的机会，甚至在社会公开场合，涉及广告营销等相关活动时，能有我们的声音和话语权，那我们的平台和影响力就相当大了。

4. 健全广告教育与业界互动管理与评价机制

目前，地方院校广告专业的实践教学管理普遍处于松散的状态，缺乏严格的规定，与业界的互动亟待提上议事日程，同时又面临资源性不足，从业教师阅历有限，因此必须建立起完善有效的实践教学管理体系，以保证实践教学的质量。

首先是落实院系、教研室二级管理制度，由广告系成立专门的实践教学管理机构，由主管教学主任亲自负责，统筹管理与业界资源安排，建立定期与业界沟通制度，将有限的资源放大，合理应用到日常教学实践中去。其次是建立健全业界互动在实践教学主要环节的质量标准，加强实践教学的过程管理，从实践教学计划、实践教学课程大纲、实践教学用书、实习大纲、毕业设计、实验指导书、实践课程考核实施细则等方面加强各主要教学环节的管理和监控。再次是改革考核方法，广告专业的专业课程均安排互动考核点，考核成绩一般占课程总成绩的 20% 左右，特殊课程另行议定，即使是本文中所涉及的八大模块，都要细分到具体的课程中去，以使授课老师易操作，参与学生易知晓，业界互动易接受。凡课程中互动环节考核不合格者，不能取得该门课程的学分。这就要求课程考试中主观题和实践环节的考核比例适度加大，减少识记性题目；广告专业学生的广告作品被业界采用或其广告作品在各种比赛中获奖，以及在各类媒介发表与专业相关的文章、作品均可计算不同的学分，形成院校内部推行互动的原始动力之一。

培养具有创新意识与创新能力的应用型广告人才，已经成为广告人才培养的核心问题。地方高校如何扬长避短，充分利用地方业界资源辐射较窄的特点，更多地回报业界，让他们与广告高等教育联结起来，以较小的投入获得较大的回报，相信大家都会乐而为之。

【参考文献】

[1] 朱志勇．广告专业人才培养的创新教育及实践教学探讨［J］．黑龙江教育，2007（7）．
[2] 钟静．关于加强广告教育中实战教学的研究与思考［J］．北京联合大学学报，2006（9）．

【作者简介】

胡新桥，湖北孝感学院文学与新闻传播学院讲师，2005年毕业于电子科技大学，工商管理硕士，曾任谷歌中国区运营经理。主要研究方向为网络广告商业模式、广告运营与管理，现同时以公司形式为中国中部地区的税务机关、国家电网提供第三方评估服务。

全媒体时代广告设计教学模式探索

葛洪波

全媒体时代数字化技术的发展使得媒体之间的界线也变得模糊起来，给人们带来了前所未有的视觉体验。它综合运用各种表现形式和方法，将文、图、声、光、电等进行了全方位、立体化的设计，以最佳的效果吸引受众的注意。同一内容的信息，载体却发生了很大的变化，除了报纸、杂志、广播、电视等传统载体，网络、手机、数码杂志、电子屏等新媒体给设计带来了巨大的改变。全媒体的发展激发了媒体市场的飞速发展，这也导致了市场急需各种媒体视觉表现的广告设计人才。然而，我国的高校并没有开设相关具体媒体广告设计专业，大部分媒体广告设计人员都是从广告等相关专业转入。在这种情况下，媒介的性质促进了广告设计的发展，它将静态设计转变为动态设计，从固定的编排设计转变为互动形式的可变设计。如果仅仅把传统的视觉设计搬到其他新媒体上，就不能很好地发挥新媒体的优势和信息的传递交流，而广告设计的主要目的是实现信息的传达与交流，这在一定程度上制约了广告设计向“全媒体”的发展。而媒体设计人才的主要来源——广告专业能否适应“全媒体时代”的变化发展，培养出符合全媒体时代所需要的人才对于高校广告设计专业教学模式的探索是必须面对和解决的问题。

一、全媒体时代解读

“全媒体”的概念，主要是指媒体随着技术和形式的发展变化，将报纸、广播、电视、杂志等独立传统媒体，运用网络等技术以不同的形式（如网络、手机、电子、通信、多媒体、交互等）使媒体之间互相融合，形成一种现有独立媒体包括在众多新的媒体形式中的概念，只是它更加综合运用了静态和动态的结合，更加立体化地展示和传播信息。

这些传统媒体和新媒体进行融合，打破了以往的视觉观感，将图像、声音等信息，针对受众的不同需求，以形式多样的技术手段刺激着人们的感官。人们也不再被动地接收信息，而是通过各类途径主动参与接收信息。所接受的这些信息不是单一媒体传播的，比如在国庆节的时候某一个商场做促销活动，会通过不同的媒体形式传达给受众，包括平面广告、电视广告、广播广告、移动电视、手机短信、网络等。这些信息会针对不同的媒体受众呈现不同的表现形式，有侧重点地进行广告投放。

1. 全媒体是信息时代的多样化体现

从人们所熟知的报纸、杂志、广播、电视，发展到和现在的网络、多媒体、数字媒体、手机等新媒体的整合，形成了新的媒介环境——全媒体，也极大地改变了信息传播的形式和速度。全媒体打破了传统的单一媒体模式，信息呈现出更多的表达形式。但是，全媒体也不排斥单一媒体的表现形式，只是把这种单一媒体表现作为全媒体环境下的一个重要组成部分。面对不同的媒体形式也要选择不同的设计，否则很难凸显媒体的优势。全媒体的广告设计表现、表达就是对多样化的一种整合。

2. 全媒体不是简单的媒体资源整合

在理解全媒体概念的时候，我们不能简单地理解为一种传播形态，也不是我们在表达一个内容的时候把文字、图片、声音整合在一起就是“全媒体”，或者单纯理解为把传统媒体和新媒体融合在一起就是“全媒体”。作为一个“全媒体”来说，至少要在以下三个方面齐全：一个是信息的呈现形态，就是说文字、照片、音频、视频、图表；二是信息的媒介形态，就是我们通常所说的载体和终端，比如报纸、杂志、电台、电视台、互联网、手机这样一些传播载体或者终端；三是信息的经营形态，也就是产品或者说业务的业态。这三方面齐全了，才能够叫做“全媒体”（新华社新闻研究所唐润华：走出全媒体的集体迷思）。①

二、全媒体时代对广告设计专业人才培养标准的要求

在全媒体时代，技术的发展使得媒体形式产生多样性变化，视觉信息表现也变得异常丰富多彩。这种全媒体式的视觉信息传达，促使我们对于视觉设计人才的培养也需要随之变化，以适应全媒体时代的要求。综合来看，在全媒体时代，广告设计人才培养的标准要从加强拓展知识面、加强提高综合实力、加强自我创新意识等方面进行深层次的教育。

1. 加强拓展知识面

全媒体时代对于广告设计人才的基本要求应该是具有多元化的知识背景。多元化的知识背景要求广告设计人才有宽泛的知识体系，这样对于媒体理念和技术发展有较好的敏感度，广告的设计表现也会符合受众及媒体表现的需求。

2. 加强提高综合实力

综合实力是作为广告设计人才基本能力的体现，即思考能力、组织能力、执行能力，必须具有理性的思维，才能适应媒体的革新。组织能力是对于媒体整合广告视觉表现的把握，而将广告视觉表现通过各种载体表达和完美体现的关键是执行能力。

3. 加强自我创新意识

创新是作为广告设计人员的一个基本素养。全媒体是新的媒体形态、新的技术、新的理念，新的事物的产生和发展总是伴随新的机遇和挑战，因此我们必须强调创新意识，只有创新才能让新的事物在发展中规避风险，健康发展。而创新更能使视觉设计风格走向多样化。

三、全媒体时代广告人才培养模式的三种方式

广告设计对于应用型教育是一门实践性较强的学科，而设计教学模式、加强教学策略能使这种实践性得到更好的发挥，也是教学过程的重中之重。基于全媒体时代对广告人才培养标准的要求，实现培养应用型、创新型和研究型三个层次的广告设计人才的目标，必须对传统的广告设计人才培养模式进行丰富和完善，采用三种模式培养：一是校企合作，即高校和设计机构联手，高校出人，设计机构提供实践基地；二是学界业界的角色互换，即教师进入设计公司，设计公司人员进入高校，各取所需；三是网络教学平台搭建。

---

① 唐润华．走出全媒体的集体迷思［EB/OL］．沃华传媒网，2011-01-19.

1. 校企合作培养模式

校企合作是广告人才的一个非常有益的培养模式，高等院校与设计机构合作随着高校扩招、生源的增加使这种模式流于形式，在全媒体时代，这种合作模式需要重新审视和加强，尤其要扩大合作设计机构的范围，从一般的广告公司到企业、媒介公司、网络公司等，覆盖到需要广告人才的各个地方。2005 年 12 月 25 日，复旦大学新闻学院、上海交通大学媒体与设计学院、同济大学传播与艺术学院、华东师范大学传播学院、上海大学影视艺术技术学院 5 所高校的传媒艺术学院近日与上海文广集团旗下的诸多新媒体公司就建立实习基地、进行人才培训以及开展技术合作等项目进行全面合作签订校企合作协议。上海文广集团将为 5 所高校的传媒艺术学院每年提供 50 个左右的实习岗位，供优秀学生实习；自 2006—2010 年，设立“SMG 新媒体奖学金”、“SMG 新媒体奖教金”，奖励在新媒体研究领域作出突出贡献的师生；5 所高校传媒艺术学院将为上海文广集团的员工培训贡献教学力量；双方还将就各类专项课题研究展开具体的合作。以上模式是对校企合作的具体执行，也是对实践教学的真实体现，这种模式尤其适合于广告设计专业。但是，在校企合作的过程中要有一套切实可行的办法，使学生真正能走向实践。

2. 学界业界的角色互换模式

除了学生的实践，教师也需要走出校园进行实践，尤其不能纸上谈兵，广告设计专业教师如果没有设计机构的实践，那么理论上无法产生生动与真实的案例，知识面也会变得越来越窄。教师进入设计机构可以很好地了解市场的需求与动态，更能获得第一手的资料，反过来在授课的过程中也会游刃有余。而设计机构人员也可以到高等院校做兼职教师，能够将业界的经验与技术带到学界，从而在业界与学界产生很好的互动。在与学界互动的过程中，业界人士也会根据学界的理论经验完善、充实自身的知识与素养。这种模式也是一种双赢模式，避免了教师“闭门造车”的尴尬和机构设计人员知识素养的提升，加强了学界与业界的紧密联系。

3. 网络教学平台的搭建

全媒体时代广告设计教学模式平台建设，学生需要这样一个网络平台，首先，改变了说教模式，对学生的兴趣加以引导，变被动为主动。媒体的融合和发展，使学生可以使用各种媒体工具，建立自己的网络博客，手机上网，参与论坛互动等，学生可以通过不同的媒体，表达自己的观点和想法，增加交流学习的机会，而现在的 80 后、90 后对于网络等各种媒体的使用程度非常广泛，例如，他们购物选择网络，吃东西需要手机打印优惠券，聊天工具随身带，这种模式充分发挥了网络优势，如对学生加以引导，可提高他们的专业兴趣。学生现在通过网络，可以用聊天工具交流学习心得；可以到论坛交流自己的设计，也可以到网络上查找素材和学习资料，这样学生对知识涉猎广泛，也有助于提高其审美和鉴赏能力。但是，网络平台也存在很大的问题，例如，学生对于网络知识是否能完全理解，对于已经看过的内容在课堂上还能否认真听课，如何分辨网络知识的优劣等，这些问题我们可以通过老师来引导学生，例如建立课程网站，我们可以让学生在课堂上通过课程网站来学习，或提出一个设计课题，让学生针对课题利用网络进行知识面的拓展，让学生自己在课堂上、网站上进行交流，等等。学生需要将学习的知识安排到网站中，并及时更新网站信息，这样课堂上就能更好地抓住学生的兴趣，进行顺利的教学。

广告设计专业人才培养的成功与否关系到国内设计能否在国际上拥有自己的特色和标准。本文从全媒体时代广告设计专业人才培养标准的要求、培养模式的方式进行了探讨，以期真正让学生学以致用，培养出市场需求的广告人才，期待引起学界、业界对此进行更多的思考和研究。

【参考文献】

[1] 罗鑫. 什么是“全媒体”[J]. 中国记者, 2010 (3): 82.
[2] 张惠建.“全媒体时代”的态势与路向 [J]. 南方论坛, 2009 (2): 07.
[3] 高萍. 媒介融合背景下的人才结构布局 [J]. 记者摇篮, 2010 (2): 48.

【作者简介】

葛洪波, 上海建桥学院教师。

综合性院校广告设计教育的瓶颈与突破

王　晔

中国的广告设计教育经过20余年的发展，在为社会培养专业的广告人才，建构完善的广告教育体系以及为学生实现自身的职业理想等诸多方面都取得了令人瞩目的成就。仅从数量上看，在进入21世纪后的今天，中国甚至已经成为全球规模最大的高等艺术设计教育大国。但我们必须认识到，中国的广告设计教育是在社会经济高速发展与教育体制全面转型的背景下发展起来的，并没有丰富的历史积淀和成熟的教育模式。特别是广告设计本身偏重于技术训练与动手实践的专业属性，使其在以理论研究见长和着重培养学生全面能力的综合性院校中的生存更是面临着一系列问题。本文拟在系统梳理广告设计教育发展历程的基础上，着力分析综合性院校中广告设计教育的瓶颈所在，并提出全面的改革与创新策略。

一、政策与市场主导的广告设计教育历史回顾

中国的艺术教育起步于20世纪80年代初，随着同时期广告学专业在高等院校的萌芽，现代艺术教育开始与广告教育走向联合，并由此产生广告设计教育。回顾中国广告设计教育近20年的发展轨迹不难看出：政策与市场因素，是主导广告设计教育跨越式发展的两大基本动因。

广告设计教育是在艺术类院校中率先成长起来的，起步期的广告设计教育大部分依附于平面设计、装潢设计、包装设计等通用设计专业。这一时期中国高等教育的入学率普遍不高（1%～5%），使得广告设计的招生规模普遍偏小。这种小规模的教育模式，客观上为广告设计教育营造了一个“精英化”和“个性化”的教学传统，学生可以在“因人施教”、“师生互动”的教学过程中得到专业技能与思维的同步提升。1997年以后，在国家“高等教育大众化”政策的引导下，中国的高等教育进入到一个普遍的勃兴时期。在高等教育的入学率骤然提升至21%的背景下，各种新兴学科和专业由于招生规模的迅速扩大而不断膨胀，广告设计作为应用性与实践性极强的专业，在市场人才匮乏的背景下更是得到跨越式的发展。据相关统计，目前国内开展广告设计教育的高等院校每年招生的人数已达数十万人。在规模上和数量上，中国几乎已经成为全球最大的广告设计教育大国，广告设计教育也早已不再是艺术院校的“专利”，综合性大学、理工类大学、师范类大学都纷纷开设广告设计教育专业。

另一方面，随着20世纪90年代市场经济体制的推行和深入发展，中国的广告业开始蓬勃发展，广告营业额普遍高速增长。1997—2007年，中国广告营业额从25.02亿元上升至1741亿元，增长近69倍。广告产业占国家GDP的比重也由1979年的0.0025%升至2003年的0.92%，从经营总额来看，中国已经成为仅次于美、日、英、德、法，世界排名第六位的广告大国。可以说，中国广告产业是改革开放30年增长速度最快的产业之一。然而与广告行业的繁荣发展不相称的是，广告从业人员的素质普遍偏低，受过专业广告教育的广告从业人员不足2%，而在美国广告行业，75%以上的从业人员是本科或硕士毕业。大量非专业人员涌入广告行业，使得行业专业素质水平不能满足客户的要求，广告设计行业的人才短缺

问题越来越突出，并逐步成为其正常发展的瓶颈。正是这种市场对广告实务人才的强大需求的现实状况，客观上加速了高校广告实务人才的培养。中国广告协会的调查显示：73.7%的院校创办广告教育的理由是社会对该专业人才的需求量大。在这种广泛的市场需求背景下，广告设计专业在数量上和学校类别上的扩张也就不足为奇了。

当然，中国的广告设计教育从一张白纸发展至目前的庞大规模，除了高等教育体制改革和市场经济的发展两大主导因素外，教育系统的自身完善和学生的职业选择也是广告设计教育从无到有、从艺术院校扩展至综合性院校的重要因素。但是，快速成长起来的中国广告设计教育缺乏西方艺术教育那种厚重的历史积淀，致使其本身存在许多缺陷与问题，尤其是设计教育推行至以理论研究为主的综合性大学的过程，诸多先天不足的问题更是不容忽视。

二、综合性院校广告设计教育的瓶颈

1. 学科定位的不确定性（学科定位层面）

广告设计教育走进综合性院校已经是不争的事实，但是设置于新闻传播或营销管理等学科门类下的广告设计教育发展却不得不面临一个边缘化的尴尬地位。大多数综合类院校的广告设计并不是一个独立的专业，仅以专业方向的形式出现在不同的专业中。而且与艺术院校或高职院校明确培养学生艺术设计能力定位所不同的是，综合性院校的广告设计教育要么是在市场对广告设计人才极度需求的背景下开设，以提升就业率为目的而尚无规范的学科定位；要么依据各自的学科体系或者培养目标对从属于本学科的广告设计教育作出不同的定位。尽管不同领域的广告设计教育客观上有利于广告设计教育科学体系的探索，但这种互不联系的专业划分也将广告设计这个学科边缘化了。

另外，尽管广告设计教育扩展至综合性院校后，已经不单纯地是一种艺术创造活动，还赋予了市场调查、营销策划、广告战略、开发创意等内涵。但从本质上讲，广告设计是一种利用视觉传达表现意念的活动过程，它通过视觉符号和符号系统向公众传播信息，主要涉及视觉语言的构成内容、视觉语言的基本结构、视觉传播等基本问题，艺术设计表现和实际动手能力仍然是广告设计教育的核心所在。因此，在以理论研究见长的综合性院校中，如何结合自身的学科特点将广告设计教育很好地结合起来，将是综合性院校广告设计教育发展所必须解决的一个重要问题。

2. 创新性教学模式的缺乏（教学模式层面）

中国广告设计教育规模的急剧增长，并没有使广告设计教育步入一个规范发展的轨道，早期艺术院校所普遍采用的小规模、精英化教学方式现在看来却反而可望不可及了。主要原因就在于广告设计教育院校数量的大幅增长，以及向多种类型院校的扩张，并没有找到一个适合各自院校本身优势和特点的创新性教学模式，而只是简单的同质化模仿。大多数院校的广告设计教育模式基本是围绕色彩、字体、版式在各种类型平面广告上的运用和表现，授课形式也是以教师讲述和学生完成相关练习为主要方式，鲜有实践性和创新性的教学方法，这与广告设计教育资源的不足有很大关系。一方面，广告设计教师资源的先天不足使得教学模式的创新缺少最重要的探索者和实践者，中国广告设计教育从形成到发展不过二十几年的时间，其扩展至综合性院校的时间则更短，从事广告设计教育的专业教师数量上极度匮乏，同时大多出身艺术领域的教师在综合性院校的广告设计教育创新中还处于一种探索的阶段；另一方面，广告设计本身是一门偏重于实践的学科，但在国内广告教育界整体重广告实务轻教育研究和理论创新的大环境影响下，综合性院校的广告设计教育结合自身的优势构建创新性的教学理论也显得更加困难。

3. 学生知识体系的不适应性（学生知识体系层面）

我国中学教育实行的文理分科以及艺术生单考的教育模式使学生的知识体系构成差异明显。与艺术生毕业后进入艺术类院校学习广告设计所不同的是，综合类院校广告设计专业的招生生源往往是文科类学生，他们有着很强的综合素质，分析问题和形成思维方面的能力是其优势所在，但在美术与设计领域却是零起点。美术与设计类课程对学生的挑战，是综合类院校广告设计教育教学所面临的一个大问题，处理不好则会造成学生“以己之短，比人之长”的尴尬局面，学生若未能在适合自己的体系下发展，实则是一种资源的浪费。另外，学生素质构成的差异直接加剧了广告设计教育理论与实践的脱节。高等院校的广告教育整体脱离实践，教师与学生无法接触到真实的广告市场，教学过程只是从理论到理论，缺乏现实的针对性和指导性，大多数学生仍然迷惘于书本知识和现实广告运作的差异；另一方面，缺乏美术和设计功底的学生也难以直接走向广告市场接受用人单位的检验，因为学生素质的构成直接决定了其实际操作的能力的匮乏。所以，综合性院校的广告设计教育要得到长久的良性发展，还面临着一个在充分考虑教育客体的实际情况下，设计科学合理的教学模式与培养方案的问题。

4. 广告设计教育社会适应性的矛盾（社会适应性层面）

广告设计教育不是孤立的教育层面的问题，必须将其放在社会经济与文化发展的大环境中进行考查。事实上，广告设计教育对于实现广告人的综合发展和中国广告业的和谐发展有着深远的影响，尤其是综合性院校的广告设计教育更肩负着为社会输送具备综合能力的高素质设计人才的使命，其教育的社会适应性就更加凸显。行业的繁荣空前提升了社会对广告设计教育关注度的大背景，但在社会发展对设计人才需求日益增加的大背景下，广告设计教育却仅仅过度地适应了社会经济层面的需要，变得越来越急功近利。由于受到社会快速发展和对广告专业水平的要求的影响，广告公司和中国企业对广告专业人才的需求又处于一种“不可避免的状态”，于是广告公司和中国企业就把希望全部寄托在院校的广告教育与培养上，间接促成了中国广告教育“格式化、批量化生产”的特殊现象。这种力图在短时间内将广告人才培养成集理论与实践能力于一身的社会思潮，对广告设计教育和学生的专业意识都是一种不合理的导向。综合性院校的广告设计教育较之艺术类院校，因为理论和实践能力培养均有所涉及，受到这种急功近利思想的影响更为严重，反而造成了其培养的人才素质全面却不专业，实际操作能力达不到广告设计市场运作的尴尬局面。因此，综合性院校的广告设计教育以及人才的培养该如何来适应社会，也是其目前遇到的一大瓶颈。

三、综合性院校广告设计教育的改革创新

从以上分析不难看出：综合性院校广告设计教育的快速发展无论是在学科本身层面、教育客体层面、教育资源层面，还是在社会适应层面，都存在诸多的问题，急需通过一系列的改革与创新促进其更合理的发展，以实现广告设计教育和社会经济文化的和谐发展。

1. 明确学科定位

科学而准确的学科定位对新型学科的专业建设和专业发展是非常重要的。在教育部所颁布的学科体系中，广告学一般隶属于新闻传播学（一级学科）下的传播学（二级学科），仅属于三级学科，而综合性院校的广告设计则又隶属于广告学或作为广告学的一个方向。所以，它的边缘化地位更是需要精准的专业定位以促进其发展。专业定位是一个专业建设的战略思想和指导方向，教学和研究工作都需要围绕专业定位来展开。广告设计的学科定位，即

是要明确广告设计教育在高等教育中扮演什么角色，要向广告人才市场传达什么核心概念，树立什么样的专业形象，以及通过广告设计教育发挥什么样的作用。

基于自身的学科优势和学生的知识体系，综合性大学的广告设计教育自然与艺术类院校和高职院校的广告设计教育有明确的定位差异。综合性院校的广告设计教育定位，首先需要解决一个核心教育理念的问题，笔者认为，培养学生知识体系在“广度”和“精度”上的高度统一这一核心理念将是综合性院校广告设计教育的整体发展方向。一方面，综合性院校需要发挥自身多学科的优势，培养学生市场营销、广告传播等方面的知识，重视学生广告理论的修养，为广告设计打下思维基础。同时还需要着力培养学生的设计创新能力，强调其综合技能及其应用能力的培养，在广博的知识基础上实现专业能力的深度发展。另一方面，除了这个总体的定位方向，各综合性院校还应根据自身具体的办学优势，确定更加细分的定位，如拥有技术学科优势的院校可以偏重于广告设计技术方向；拥有人文学科优势的院校可以偏重于广告设计创意方向等。总之，综合性院校广告设计教育学科定位的明确，需要把握一个总的原则：结合本身的学科优势和学生的知识结构，确定本专业在广告设计教育领域的空位或优势领域，人才的培养目标要给广告市场一个明确的差异化诉求，在一个或多个领域实现自己独有的培养特色。

2. 教学模式的探索与教学方法的创新

从广告设计教育走进综合性院校开始，走的是一种跨越式发展的道路，一直以来都缺乏一套成熟的教学模式，大多借鉴艺术院校的教学方法或者西方国家的艺术教育方式。尽管以包豪斯设计教育体系为代表的教育方法在西方发达国家的教育实践中得到了充分实施，并取得了明显的效果，但这并不能成为中国综合性院校广告设计教育的一个范本。因为广告设计教育与一般艺术教育的差别是不可忽视的，广告设计受市场以及受众的影响更大。另外，综合性院校的广告设计教育所倡导的也并非单纯的艺术教育，而更注重人文的熏陶和综合素质的培养，所以，适合自身的教学模式的探索就显得十分必要。

目前综合性院校的广告设计教育方法主要还是以教师单方面授课为主，在教学模式的探索与教学方法的创新过程中，教师扮演着第一重探索者的角色。这就对教师资源（包括数量与质量两方面）都提出了更高的要求。教师需要在完善自身知识体系的过程中，开展多种教学方法与模式的试验和探索，如以广告大赛为主题的项目式教学、以教学实验为主的实践式教学、以模拟招标形式开展的案例式教学、以理论探讨为主要方式的综合式教学等多种方法都需要逐一根据自身的办学条件进行探索，总结出相关的经验，并将有益部分结合起来形成模型，最终构建出适合综合性院校广告设计教育的最佳模式。当然，这期间的经验总结也伴随着广告设计教学理论的研究，为广告设计教育在综合性院校的进一步发展提供理论依据和前瞻性指导。

3. 把握学生的知识结构，着力培养创新思维能力

学生的知识结构直接决定了综合类院校广告设计教育培养学生能力的方向。综合类院校广告设计的非艺术类招生，使学生的知识结构主要偏重于较强的综合思维能力，在美术设计上则较为欠缺。因此，如果在教学中仍然将艺术设计作为主要的培养方向，强行改变学生的知识体系，使其向艺术设计转型显然是不明智的。因为综合性院校的广告设计教学不是培养学生的一技之长，其魅力就在于以深厚的文化底蕴和人文精神培植一种解决问题的创造力。

由于广告行业属于创意经济的一个领域，创意几乎根植于广告运作的策划、表现、设计执行等方方面面，但现实的广告运作与广告设计中创意则是高度同质化与高度模仿的现状。因此，结合广告设计本身的创意属性和现实广告设计创意匮乏的角度，笔者认为，在培养学生的重点上，综合性院校的广告设计教育不必违逆学生的原有知识体系，反而可以顺其道而

行，着力培养其创新性的思维能力。广告设计教育对学生创新思维的培养，旨在创造一种引导学习者能主动进行探索性学习和思维的氛围，逐步形成其敏锐的洞察力与瞬间的思维能力，激发学生抓住生活中富有戏剧化的瞬间，并与特定的广告诉求相结合，再以创造性的方式体现出来。创新思维能力的核心在于广告创意思维的培养，这并没有与学生原有的知识体系相冲突，而是一种引导和发挥。创新思维能力的培养需要充分发挥学生的人文素养，其核心在于人文主义精神的塑造，这也是综合性院校广告设计教学需要重点关注的一个方面。

4. 构建多重教育主体的广告设计教育模式

长期以来，社会将大量的广告设计人才需求完全寄托于高等教育的培养上，这直接造成了广告设计教育主体的过分单一。综合性院校的广告设计由于缺乏社会教育资源的支持，其教育资源一直颇为紧张和稀缺。事实上，广告设计教育不仅仅是高等院校这一单一教育主体所能完成的，作为广告行业人才的最终受益者，广告设计公司和企业也应当对广告设计人才的培养担负一定的责任。尤其是广告设计作为一门应用性很强的学科，其在业界的实践教育就显得更为重要。结合广告业颇为发达的美国、日本等国家业界与高校相结合的全方位、多层次的广告人才培养模式，笔者认为，综合性院校的广告设计教育急需开创一种以高等院校与广告业界为双重教育主体的教育模式，以实现广告设计人才的专业化培养，满足业界对专业广告设计人才的迫切需求。

多重教育主体的广告设计教育模式需要高等院校与设计业界的分工合作。综合性院校的广告设计教育在明确学科定位的基础上，通过创新教学模式的探索，着力解决学生知识的专业化引导和思维能力的塑造，为其走向广告设计的实务运作准备深厚的专业素养。而对于广告设计业界这一教育主体来说，则应主要侧重于广告设计行业的作业模式以及具体的实务运作经验的指导，将专业素养和解决实际问题的能力相结合。同时，这种多重主体的广告设计教育模式需要综合性院校与广告设计业界的深入互动，将学生在设计理论和设计实践相结合的过程中所产生的各种问题进行沟通与反馈，以不断完善各自的教育模式，化解广告设计教育人才供应缓慢与市场需求迫切的矛盾和广告设计教育人才限于空谈与市场要求实际应用的矛盾，最终实现广告设计教育与社会发展的同步适应性。

广告设计作为一门应用性很强的学科，其在现代市场经济中的广泛应用已经成为普遍的事实，中国的广告设计教育也已经经历了一个从弱小走向壮大，从艺术院校走向综合性院校的发展历程，这客观上符合高等教育体系不断适应社会、不断自我完善的规律。由于成长环境的特殊性，中国的广告设计教育受政策与市场因素的影响尤为明显，这些因素客观上促进了广告设计教育的快速发展，但在具体的教学层面和人才培养层面，却也存在很多的问题。尽管综合性院校的广告设计教育所面临的现实环境可谓任重而道远，但我们相信，通过教育系统层面、学科定位层面、学生知识层面以及社会适应层面不断的探索与创新，综合性院校的广告设计教育一定会形成成熟的办学模式，走出自己的特色，逐步塑造起独具特色的学科优势。

【参考文献】

[1] 童慧明．膨胀与退化——中国设计教育的当代危机［J］．装饰，2008（4）．
[2] 祝兴平．全球化背景下中国广告教育面临的若干问题［J］．新闻界，2006（5）．
[3] 张发松．中国广告教育批判与泛广告教育［EB/OL］．中国广告协会网，http：//www. cnadtop. com/guandian/guanggaojiaoyu/2009/6/19/d5d6ecea-3b40-4c08-afa4-7b34b055278d. htm，2010-06-11.
[4] 张树庭．广告教育定位与品牌塑造［M］．北京：中国传媒大学出版社，2005：127.
[5] 廖秉宜．中国广告教育二十年发展的瓶颈与突破［J］．中国广告，2004（4）．

[6] 刘蒙之. 试论全球化背景下中国广告教育的模型架构 [J]. 传播学论坛, 2009 (6).

【作者简介】

王晔，武汉大学新闻与传播学院教师。

论高校广告专业实践教学的路径和方法

田欣欣

广告学作为一门新兴的应用型学科，具有很强的实践性。当今，针对广告学专业特色，以及中国广告专业教育环境和广告行业环境，并依据综合型传媒人才的培养目标所观照的实践教学要求，探索高校广告专业教育发展的实践模式势在必行。一方面，相关实践教学的路径和方法的探索和实施，涉及多学科知识的运用和多种实验教学手段的创新，有利于构筑以全新理念统领，并以理论教学、实践教学、创新拓展为支撑的实验教学体系；另一方面，实践教学以专业和行业的发展需要为导向，可使得广告专业教育顺应当今新媒体环境良性发展，以培养出理论与实践并重的新型传媒人才。

一、三位一体的广告教育体系保证广告实践教学顺利实施

我国的广告专业教育体系是在社会思潮引领的高校新闻传播学科建制下，整合了高校广告教育资源、企业以及广告公司专业实践经验的基础上逐渐形成的。

广告教育的兴起和高校广告专业的兴办首先是顺应改革开放历史潮流的产物。国家有关广告业发展政策的出台和发展方向的引领，为广告教育体系的构成奠定了基础。2004 年 3 月 29 日，国家统计局颁布了《文化及相关产业分类》，对中国文化产业类别进行划分，广告业作为文化产业的重要组成部分纳入其中，这就对高校广告人才培养提出了较高的要求。2008 年，国家相关部委下发文件，明确指出“知识密集、技术密集、人才密集的广告业是现代服务业的重要组成部分”。① 这一界定更进一步为高校广告人才的培养指明了方向。20 世纪 90 年代，广告业是“知识密集、技术密集、人才密集的高新技术产业”的定位是高校广告学专业人才培养的基本坐标。诸如此类有关广告业发展政策的定位不仅为高校广告人才培养确立了目标，更为重要的是，相关政策内容和舆论导向也成为广告专业学生学习的重要内容，使得相关专业的学习为学生了解社会、洞察广告业发展环境，同时做到与业界接轨、与实践接轨奠定了坚实的理论基础。

在国内新闻传播学科建制下，具有中国特色的高校广告专业发展模式，一开始就具有“专业”发展的平台。这种发展模式的最大优势在于高校能够充分利用新闻传播的综合资源来观照广告专业，而广告专业独立的教学平台也具有很大的延展性。一方面可以依据广告专业的教学规律来安排课程，实施教学；另一方面可同时根据业界的最新发展动态来调整办学方向。给予学生丰厚的人文社科素养、扎实的广告专业知识功底尽管重要，但统观全局的眼界和凝聚自身的专业精神，却是让学生能够面对现实挑战而从容保持自信的最大资本，也是让学生实现与实践接轨的基本条件。忽视了这一点，一切创新人才的培养只能是一句空话。

以高校、广告公司、企业三位一体的广告教育体系的构筑，是实现学生与实践接轨的较好途径，并可最大限度地保证教学和实践的紧密结合。高校是广告事业的助动器，业界则是

---

① 国家工商总局，国家发展改革委员会．关于促进广告业发展的指导意见（工商广字〔2008〕85 号）［R］．

广告实践的演练场。改革开放以来，中国高校的广告专业在建立之初，就多渠道构建了和业界密切的联系与合作关系：一是高校和企业合办广告专业；二是业界精英在高校广告专业兼职任教；三是企业在高校广告专业设立奖学金；四是高校广告专业在企业设置实习基地；五是高校和企业合办科研调查机构；六是企业和高校密切合作，定期或不定期举办广告大赛和学术研讨等。以上相关活动或合作可使业界的各方资源转化为高校的教育资源。多年以来，企业界教育资源的开发和应用，构成了中国高校广告教育体系的独特景观。

三位一体的开放式广告教育体系，使得每一个准广告人成为广告事业的后备军。他们的观念和时代同步，思维能够紧紧把握时代脉搏，其知识视野观照到社会现实和业界实践。这种培养模式和实践教学方法使得高校培养的广告人才在具备扎实的专业理论知识的同时，成为面向业界具有开放性视野的实战型人才。这里，我们关心的是教学上的接轨问题，先接轨，才可能实战。

二、广告教育平台的巨大张力推动广告实践教学走向纵深

高校广告专业本科教学中常常坚持这样一个教育理念，即“宽口径、厚基础、强素质、重能力”。其中重能力也就是通常所说的实战能力。对于学生的实战能力，有两个基本的要求，即“上手快，后劲足”。学生实战能力的培养依照广告专业教育的特殊规律去实施，在短时间内就可以解决“上手快”的问题，但“后劲足”的问题则需要综合考量。

近年来，通识教育被纳入高校教育改革和教育创新的发展战略之中。“宽口径、厚基础”的口号不再是一句空话，而成为实实在在的教育实践被贯彻到高校教学活动的各个环节中去。所谓通识教育有两层意义：其一是指通才教育；其二是指全人教育。这两点对广告专业人才的培养都至关重要。

通识教育作为近代开始普及的一门学科，其概念可上溯至先秦时代的六艺教育思想。在西方则可追溯到古希腊时期的博雅教育意念。通识教育不单单是一种课程设置模式，它是一种教育思想，一种教育理念，一种教育境界。其目的是培养人的自由、和谐与全面发展。大学提出通识教育目标，就是希望通过通识教育，更加充分地调动学生自主学习的积极性，激发学生的兴趣和潜能，树立终身学习的理念，进而达到纠正高校普遍存在的过窄的专业教育、过弱的文化陶冶、过重的功利导向、过强的共性制约等弊病。具体来说，就是通过通识教育培养学生的人文素养和科学精神，让学生具有宽厚的知识、探索的精神、创新的能力和高度的社会责任感。关注人类命运，关注社会进步，关注百姓疾苦，服务祖国人民，重视自身德智体美的全面发展。

在高校广告专业中倡导通识教育，可以有效地解决广告专业学生“后劲足”的问题。当然，开展通识教育，对高校和广告专业教师都提出了更高的要求。特别是在广告业被国家纳入文化产业的范畴，而文化产业发展也已上升到国家战略发展高度的当下，抓好广告专业通识教育核心课程建设，把基于国家战略高度的广告教育思想和理念贯穿到课程中去，贯穿到教学改革的实践中去，贯穿到学生培养的各个环节中去就显得尤为重要。同时，通过实行广告专业教育的学分制、主辅修制、弹性学制等方法，提高广告专业通识教育平台的扩张性和延展性。

另外，除了高校先进的教育理念和方法，广告教育平台的打造，对于知识教育和实战技能方面的培养，同样会起到很重要的作用。这里涉及以下几个方面的问题：

首先，教师队伍的打造。广告专业是一个年轻的专业，教师队伍的专业背景、知识储备、对业界的熟悉程度，以及是否和业界能够保持良好的合作关系等诸多因素都决定着广告专业实践教学的效果。按照广告专业的学科特点和专业发展规律来规范教师队伍，是高校目前所面临的一项重要任务。其中，合理的职称年龄结构，适度的学缘关系，拥有传播学、营

销学、心理学、社会学、广告学等相关的学历背景相互支撑的专业教师队伍，是应该首要关注和重点建设的方面。

其次，教学课程平台的打造。广告专业是理论和实践结合很紧密的新兴学科，其课程设置首先要建立在专业规范基础之上。许多高校广告专业在开办之初，有什么样的教师就开设什么样的课程，课程设置很不规范。2004 年，教育部新闻学教学指导委员会拟定了《新闻学类专业基本教学条件》等相关文件，对新闻学、编辑出版学、广播电视新闻学、广告学四个本科专业应开设的核心课程提出了指导性意见。其中，广告学的核心课程设计了 12 门，包括《广告学概论》、《广告创意与策划》、《广告文案写作》、《广告经营管理》、《广告法规与职业道德》、《中外广告史》、《广告媒体研究》、《计算机图文设计》、《广告摄影与摄像》、《广告市场调查与效果研究》、《公共关系学》、《中外广告案例》。这些课程的开设，纳入学校本科教学评估的基本条件。① 规范的课程设置是提高学生专业能力的基本保证，同时也是培养学生实战能力的基本途径。结合广告专业定位，参考国内外优秀广告学专业的培养计划，对广告专业核心课程进行重点建设，调整内容重复和观念滞后的课程，并对相关课程做进一步的优化，是广告专业教学平台打造的核心内容。

其三，教学设施平台的建设。学生实战能力的培养过程，实际也是科学、合理使用和综合配置教学资源的过程。教学设施平台的建设是其中的一个重要环节。其基本出发点就是实现高校的教学设施和业界相关资源形成共享。长期以来，国内高校教学设施建设相对滞后，一直都是制约实践教学效果，进而影响学生专业能力的一个较难逾越的瓶颈。教学试验设备的质和量，学生是否有较充足的时间来使用这些试验设备，能否在学习、实习、再学习、再实习的互动过程中得到反复操练，试验教学项目在整个课程体系中所占的比重，实验项目设置是否相对应于业界广告运作程序的各个环节等，都是高校广告专业在不同发展阶段教学设施平台建设的重要内容。

三、广告专业教学模式的创新引领广告实践教学的方向

广告实践教学其基本目的是学生实战能力的培养，包括激发学生的活力和其潜在的创新精神，在传授给学生系统、完整专业知识的同时，使学生自主性、创造性学习的能力，以及独立分析问题和解决问题的能力得到加强。其实施的基本原则是教学相长，以学生获得知识并能够熟练应用知识为最高目标。而其特点则表现为较强的互动性和信息双向流动性。所以，要拓宽广告实践教学的基本路径，需要遵循高等教育的一般规律、原则和特点，并在总体策划、适时引领、精心安排下，探讨体验式教学、案例教学和实验教学等多种教学方法，构筑广告专业教学模式的创新体系，并基于高校教育平台本身巨大的张力，真正发挥广告教育作为一门应用性极强专业的特殊功能。

体验式教学是近年来广告专业教育常常提及的一种方法，是指在实施教学过程中为了达到既定的教学目的，从教学需要出发，引入、创造或创设与教学内容相适应的具体场景或氛围，激发学生的情感体验，帮助学生迅速而正确地理解教学内容，促进他们的心理机能全面和谐发展的一种教学方法。国外体验式教学思想可追溯到古希腊时期的教学思想，夸美纽斯的教学思想，卢梭自然主义教学思想以及杜威经验主义教学思想。体验式教学法的核心在于激发学生的情感和兴趣，培养他们的创造性思维。

高校广告专业体验式教学的设计首先应定位于广告专业思想的熏陶、广告专业意识的树立以及广告专业精神的培养。在激发广告专业学生对广告事业的热爱，培养学生广告专业主义情感的基础上，做到在师生互动的教学过程中，达到认知过程和情感体验过程的有机结

① 参见教育部新闻学教学指导委员会《新闻学类专业基本教学条件》的相关内容。

合。让学生在体验学习中愉快地接受广告专业知识内容，领悟欲做广告先学做人的道理，并选择自己符合社会发展潮流和业界管理规范的行为方式，实现广告专业主义理想的“自我教育”。

另外，高校广告专业体验式教学的一个重要特点，就是通过有效的课程设计和多元教学方法的采用，使学生从对广告模糊、片面的认识尽快上升到专业层面的理解和解读。同时，通过互动式引领，使学生由被动式学习水平的提高转化为主动、创造性学习能力的提高，并进一步将学生独立学习能力的培养升华为团队合作能力的培养，以及奉献精神的培养。在这一转化过程中，学生体验到认识提高的快乐，道德向上的快乐，独立创造的快乐和参与合作的快乐，从而使教学过程在学生主动、积极的体验中，得以顺利完成。高校广告体验式教学以广告素养教育为突破口，以广告专业主义精神为纽带，以创意为核心，对培养学生的前瞻性意识、创新思维有着独特的作用，常常能收到事半功倍的效果，并使学生的创意思想、创新能力和广告素养得到全面提升。

案例教学由美国哈佛法学院前院长克里斯托弗·哥伦布·朗代尔（C. C. Langdell）于1870年首创，后经哈佛企管研究所所长郑汉姆（W. B. Doham）推广，并从美国迅速传播到世界许多地方，被认为是代表未来教育方向的一种成功的教育方法。20世纪80年代，案例教学被引入我国，主要用在管理学、法学等学科。近年来，这种教学方法受到广告教育工作者的青睐。

高校广告专业案例教学，是指通过模拟或者重现广告活动或广告营销过程中的一些场景，让学生把自己纳入典型的案例场景中，通过讨论或者研讨来进行互动学习的一种教学方法。广告专业案例教学的实施是和本专业的特点密不可分的。广告学专业是融合了多种学科专业知识的新兴学科，且理论和实际联系紧密，业界的广告实践活动往往是高校广告专业教育的重要组成部分。现实生活中许多鲜活的广告案例或被引入课堂重新解读，或被写进教材重新诠释。近年来，大批广告案例教程的出版反映了高校重视案例教学的事实。

广告案例教学的优势，就是通过典型案例分析、研讨和再解读，使学生在一定程度上洞察成功和失败的广告案例经验，从而抽象出一般性的结论和广告运作原理。同时，由广告案例切入鼓励学生独立思考，让学生通过自己的思考或小组讨论来拓宽视野，引导学员从注重知识变为注重能力，重视学习过程中的多向交流，使枯燥的课本知识变得鲜活，使单一的教学模式变得立体和丰富多彩。目前，广告案例教学也是中国高校广告专业实践教学中应用较多、效果明显的一种教学方法。

实验教学法是随着近代自然科学的发展兴起的。现代科学技术和实验手段的飞跃发展，使实验法发挥着越来越大的作用。通过实验法，可以使学生把一定的直接知识同书本知识联系起来，以获得比较完整的知识。同时又能够培养他们的独立探索能力、实验操作能力和科学研究兴趣。它是提高自然科学有关学科教学质量不可缺少的条件。

所谓广告实验教学，是指按照教学规划和教学要求，在广告专业教师的指导下，学生使用广告基础实验室或广告专业实验室，通过对广告实验流程的操作、体验以及观察广告设计、广告创作和广告效果监测的过程，从中获取新知识或验证知识的教学方法。近年来，16所新闻传播类国家级教学示范中心获批，在一定程度上加强了人们对广告实验教学重视的力度。① 广告实验教学法的实施，和广告专业所具备的文理渗透显著的应用性密切相关。目前，高校广告专业课程设置板块大多设计有实验课程，广告专业也都建有广告专业实验室。因实验目的和时间的不同，高校广告实验教学可分为广告心理实验教学、广告营销实验教学、广告视觉传播实验教学和广告效果实验教学几大板块。这些板块的教学内容往往通过课

① 参见王成文．新闻传播学类本科国家级“质量工程”发展现状研究［J］．中州大学学报，2008（5）．

题实验、企业提案、广告大赛等多种教学渠道完成。

综上，广告实践教学是广告专业教学的重要板块，是学生知识系统不可或缺的重要组成部分，其发展方向和效果依赖广告专业教学模式的创新。目前我们的建议为：广告专业基本从一年级开始，就应按照其知识结构的内在联系循序渐进地开出相关实验课程。将此模块设定为第一模块，包括美术基础、设计基础和提高课程、计算机基础和提高课程、摄影摄像基础和提高课程、广告摄影课程、广告设计课程、影视广告制作等。第二模块，开设以创新思维专项训练课程、广告政策法律法规课程、语言文字运用专项训练课程为主体的广告体验式教学课程。第三模块，开设以提案为核心的广告运作流程专项训练课程，以实战为背景的案例教学课程等。同时，依照开放式办学的思路，广告公司、企事业单位的短期参观考察；暑期短线、大四长线的专业实习；广告赛事的参与；业界导师的聘用及专题讲座等，都能使学生学到鲜活的东西。在这一过程中，师生互动也好，校企互动也好，或是多方互动，都是促使广告实践教学取得最佳效果的方式，其最终目的还是使学生在宽阔的教学平台上真正掌握实战本领。

四、高校广告学专业实践教学的路径选择与经验分享

河南大学广告学专业经过17年的发展，在广告专业理念的凝练、广告专业教学模式的创新以及广告实战经验的总结等方面都有了一定的积累。以我们的经验来看，搞好实践教学最为重要的是处理好通识教育和专业教育之间的关系，加强对广告实践教学的投入力度和长期规划。具体来说，在广告实践教学路径选择上，我们做了以下几个方面的工作。

其一，专业教师队伍的打造。经过17年的经营，河南大学广告学专业打造了一支18人的专业教师队伍，其中具有教授职称的6人，副教授职称的4人。河南大学的广告学专业由历史学院发源，现归属于新闻与传播学院，虽然注重史论知识的积累，但实践教学却进行得有声有色。这主要得益于有一支专业互补的教师队伍。整个专业教师队伍中担任实验技能课程的教师多达8人，分别来自美术、设计、摄影摄像、影视制作、动漫等不同的专业。凡教学板块内包含的专业实验技能课，都能够按照教学计划及时开出。

其二，搞好实验室建设也是保证广告专业实践教学质量的前提。早在20世纪90年代中期，我院的广告学专业就筹资建设了广告创意设计多媒体实验室、摄影实验室、多功能画室等，为广告专业的实验教学打下了坚实的基础。近年来，教育主管部门加大了实验教学设施的投资力度，并特别重点关注传媒类实验教学中心的建设。2008年，我院获批国家级新闻与传播实验教学示范中心。这一巨大资源平台所提供的实验教学的强大功能，为传媒应用性课程的实验教学提供了良好的条件。广告学专业的实验教学首当其冲受益，使得多元化的实验教学手段的运用有了更坚实的硬件基础和较宽广的应用平台。

其三，校内教学实践和校外实习基地的建设同样重要。我院的广告学专业在多年的实践教学中，注重强化多方面的交流与拓展，科学引领、合理规划学期社会实践活动，坚持在广告教学体系中加大社会实践力度。比如，河南大学每年为期一周的校园广告节，围绕实践教学展开的活动丰富多彩：学生平面广告创意作品展、摄影广告作品展、企业命题提案创意比拼、专家学者专题讲座四大板块内容，使学生的创新实践能力得到全面的提升和验证。

多年来，经过不懈努力，河南大学广告专业在全国建立了近40个专业实习基地，努力创造条件，大力满足学生创新实践的需要，以相关各方共享资源为原则，实现设备与信息资源共享。教学实践中坚持以学生为主体，教师为主导，让学生亲身体验工作场景，大大激发了学生的创造力。学生参与各种社会公益、实践、学术、竞赛等活动，不仅有利于激活学生的参与意识，不断激发其创意的火花，更可培养实际工作中必需的团队合作精神。另外，学生毕业之前的专业实习有将近一年的时间，许多学生在实习中就和用人单位签订了合同。有

组织的专业实习也是我们实践教学板块的重要组成部分。

以上所谈虽然涉及的都是地方高校专业发展的具体问题，但核心观念仍是本文开始所提到的广告专业实践教学方向定位的理念问题。通过构建以高校、广告公司、企业三位一体的的广告专业教育体系，搭建开放式的广告教育平台，并结合探讨体验式教学、案例教学和实验教学的新模式来提高广告专业学生的实战能力，以实现高校广告专业教育与业界再教育的顺利接轨，使学生能够从容自信地面对业界的挑战和选择。以上述思路实施广告专业的实践教学，经过多年来坚持不懈的努力，效果十分明显。业界对河南大学广告专业学生的喜爱即是例证。

最后，广告专业相应的实践教学体系的研究、建设与实施，在学生受益的同时，对于高校专业建设本身同样有很大的促进作用。随着教学与研究进程的推进，依据本学科教学发展要求和科研方向及时更新实验室器材、设备建设规划等，使实验技术的更新和应用研究更上一个台阶。同时，拉近高校和业界的距离，进而保持广告专业教育的活力，再结合利用自身的综合资源，高校广告专业人才培养的主力军地位必然无可替代。

【参考文献】

[1] 孙文清，钱杭园．“有效教学”理论视野下的广告学专业教育［M］//许正林主编．新媒体新营销与广告新理念．上海：上海交通大学出版社，2010.

[2] 何志荣．我国高校广告专业实践教学创新模式探析［J］．南京邮电大学学报（社会科学版），2010（3）．

[3] 陈爽．广告学专业实践教学模式探讨［J］．中国报业，2011（2）．

[4] 肖兵艳，李军林．论广告策划的几种实践教学模式［J］．传媒观察，2012（4）．

[5] 余武．构建新型教学模式 提升学生创新能力——《广告摄影与摄像》课程教学模式改革的实践探索［J］．广告大观（理论版），2008（5）．

【作者简介】

田欣欣，河南大学新闻与传播学院副教授，河南大学传媒研究所研究员，研究方向为视觉文化传播。

数字时代广告学高等教育的变革与创新

赵 琼

中国广告的高等教育是我国广告业迅猛发展不可或缺的核心动力之一。数字技术的出现给广告行业带来了始料未及的巨变。广告从媒介形态、格局到受众角色、行为以及品牌的营销传播都发生了颠覆性的变革。面对迅猛发展的数字技术，作为行业的发展动力之一，广告教育必须迎接挑战，变革创新，为广告行业培养数字时代具备新视野、新技术和新技能的人才。

一、数字时代广告行业的变化

1. 广告的内涵及范畴在扩展

阿伦斯在《当代广告学》（第八版）中指出：广告是由已确定的出资人通过各种媒介进行的有关产品（商品、服务、观点）的，通常是有偿的、有组织的、综合的、劝服性的非人员的信息传播活动。

阿伦斯通过几个关键词对广告进行了权威的解读，多年来一直被广告界视为金科玉律。然而，在数字技术的推动下广告的内涵发生了很大的改变，关键词的解读受到了挑战和颠覆。

关键词一：非人员的信息传播活动。

这里的“非人员”可以有两种理解。一是指媒介，而且是以大众媒介为主的传统媒介，“非人员的信息传播”即传统媒介的信息传播；二是指广告受众，广告针对的对象非个体人员，而是群体。不管哪种理解，这里的“非人员”的信息传播活动指的是大众化的传播活动，应该是没有疑义的。

但是，数字技术带来了媒介的碎片化、消费者的碎片化，使广告进入了精准时代，使广告呈现出一对一的传播替代趋势。广告主完全可以通过对消费者数据的分析，对消费者进行精准的细分，并通过个体消费者的媒介使用习惯进行个性化、定制化的信息传播活动。这就颠覆了传统定义中将广告视为大众化、非人员传播活动的范畴。

关键词二：确定的出资人、有偿的。

这两个词的传统意义，一是指广告是由广告主付费买单的；二是指广告媒介不是无偿使用的，广告费用的大部分是用来购买媒介的。在四大媒介一统天下的广告传统时代，确实没有免费的午餐，广告主想不花钱发布广告简直是天方夜谭。然而随着网络的普及，自媒体的兴起，在越来越多的病毒营销、口碑传播案例中，消费者自发为品牌做免费的信息传播时，我们不禁要问：广告真的一定是有偿的吗？

广告在发展，传统被颠覆。数字时代的广告教育不能不看到广告的内涵及范畴在扩展，已发生了巨大的变化。

2. 广告行业的运作方式在变革

数字媒体的崛起，媒介形式的多样化不仅丰富了广告传播的中介，而且从源头上改变了广告的内容和形式，在终端上改变了广告的受众——消费者的心理和行为。

在传统四大媒体一统天下的时代，平面创意思维、单向传播思路、广而告之的方法风靡一时。擅长手绘、艺术院校科班出身的“Art Director”（创意总监）主导了广告创作的全过程。而随着数字媒体的风起云涌，“大创意”不再是美术达人们的头脑风暴，有效的传播也不仅限于四大媒介。悉数近年来成功的广告案例，如2010年麦当劳疯狂鸡翅活动（代理公司DDB CHINA GROUP），均是广告创意和媒介创意的优秀整合。广告的创作过程也由过去的创意部门和媒介部门的明确分工、职责清晰而转为现在的媒介部和创意部跨部门直接融为一体而合作进行（见图1）。

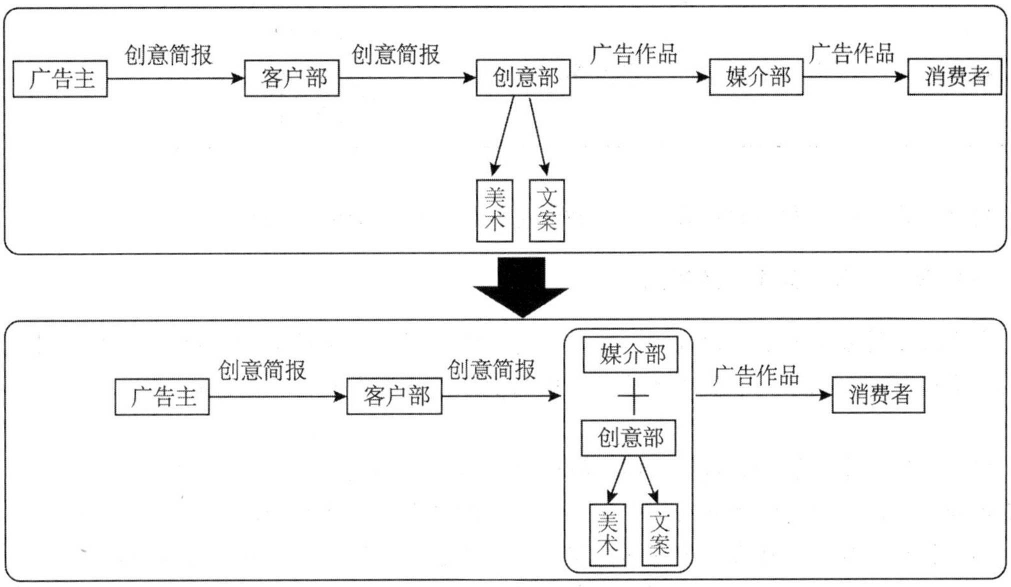

图1 广告创作过程变化图

二、广告高等教育的理念须革新

1. 数字化思维的培养势在必行

（1）数字广告是广告发展的趋势

几年前，数字营销还只是传统媒介营销的补充，而今日这种格局已经发生了惊人的改变。随着数字技术的普及，数字营销在广告主整体投放中所占的份额正在出现大幅度的上升。全球最大的4A广告公司WPP集团2010年的财报显示，数字营销占29%的比重。阳狮集团也强调，在北美市场，已经有42.6%的收入来自数字营销，而在全球范围内这一比例约为28%，显然仍有很大的增长空间。

事实证明，如果仍然坚持在传统媒介营销的思维下开展广告教学显然已经远远跟不上行业发展的步伐。

例如，今天的媒介策划已不是传统的概念了。以前谈到媒介组合就是四大媒体的组合，对媒体的分类方式也局限于电子和平面。现在，数字营销传播领域已经将媒体归为三类：付费媒体、自有媒体和赢得媒体（见表1）。广告的媒介组合不再是四大传统媒体的组合，付费媒体、自有媒体和赢得媒体三类媒体的组合可以达到最优化的效果及成本控制，这已成了媒介组合的热门议题和流行做法。

表 1　**付费媒体、自有媒体、赢得媒体的定义比较**

媒体类型	定义	例子
付费媒体	需要付费使用的媒介	—电视、杂志、报纸、广播、户外 —付费搜索等
自有媒体	由品牌运营的可控制的官方消息发布平台及互动平台	—品牌官方网站、minisite —手机应用程序 —博客、微博、人人网 —街旁等
赢得媒体	消费者成为媒体，自发传播品牌信息	—口碑广告 —社交网络、微博 —病毒广告等

数字广告是广告发展的趋势，广告教学也要跟上广告业的发展趋势。

（2）确立消费者为中心的观念

数字技术带来了消费者权利和地位的上升，消费者不再是被动的受众。消费者可以主动点击鼠标选择信息和敲打键盘创造信息，成为信息的选择者和窗口的创造者，成为广告和营销的中心。

例如，广告媒介的策划就正在由传统的“以媒介为中心”向“以消费者为中心”转变。传统媒介购买的重点是收视率最高的某个电视台的某个节目或某个广告时段，以及某份报纸杂志的广告热门版面。在媒介垄断的情况下，传统思维往往认为强势媒体就是广告效果的代名词。这一观念在广告行业里可以说是根深蒂固的，从每年“央视广告标王”白热化的争夺战中可见一斑。然而，今天的媒介策划，广告人思考的第一个问题并不是“哪个台收视率最高”，而是先考虑“我们的消费者”还看不看电视；如果“我们的消费者”不在看电视，他们又在看什么？

所以，在广告教学过程中，首先应该让学生学会以消费者为中心进行思考和实践。

还有在广告调查课程中，多年以来，习惯强调的就是通过问卷调查或者以焦点小组的方式进行市场资料收集，对消费者进行主观的观察、分析。不论采用何种方式，其思维方式始终都是以广告主为中心，主导并干预调查过程。而在数字时代，大多数消费者都会主动地将个人身份（如人人网个人页面）、购买偏好（如淘宝论坛“晒购物成果”及购物攻略）等个人信息及行为特征呈现在公开的平台上。广告调查者只能靠问卷和焦点访谈的方式来获取消费者数据的时代已经过去了。掌握数字技术的专业人员完全可以通过网络数据的挖掘、分析、统计进行精准的消费者洞察。这一新型的调查过程完全是以消费者为中心进行的。广告调查者不再是“引导者”、“干预者”，而是一个完全尊重消费者真实生活状态和消费状态的“观察者”、“挖掘者”和“统计分析者”。所以，数字时代的广告教学，要改变传统，开拓思路，引导学生将消费者放在一切广告活动的中心来思考和实践，运用数字技术来实现科学的数据获取，进行高效的信息传播。

2. 培养学生数字化操作的能力

数字化带来的不仅是技术，通过数字化技术，广告人可以更加精准地把握消费者、把握市场，并且可以通过更多、更有效的途径与消费者进行沟通。现代化广告技术离不开数字化。

具体而言，广告业的数字化技术往往运用在三个方面：第一，利用数字技术进行市场数据挖掘、统计和分析；第二，通过多媒体数字手段制作广告作品；第三，通过数字媒体进行信息传播。

培养学生数字化操作能力也可以从以下三个方面进行：

（1）通过市场数据挖掘、统计和分析掌握数字技术。例如，上海艾瑞市场咨询有限公司的用户行为追踪软件 iUserTracker，可以追踪用户的全部上网及应用行为。通过该软件的应用，学生不但可以更精准、更全面地得到消费者各方面的信息，包括消费者心理和价值观信息、消费者线上行为和线下行为数据，而且可以了解和掌握数字技术。

（2）通过广告作品制作掌握多媒体数字手段。例如，富媒体广告的制作——利用富媒体技术把大 K 数的广告文件（视频广告片、Flash 广告等）通过在大流量的门户网站上流畅地播放，具备丰富的多媒体表现形式且互动性较高，因此能获得高点击率和互动。

（3）结合数字媒介进行广告信息传播，运用细分不同媒体的特点（见表 2），从而在付费媒体、自有媒体、赢得媒体优化整合的过程中，掌握和提升数字技术。①

表 2　**付费媒体、自有媒体、赢得媒体的作用比较**

媒体类型	作　用	弊　端
付费媒体	从基础作用转向催化剂，促进自有媒体，创造赢得媒体	—费用高 —缺乏反馈、互动
自有媒体	和现存的潜在消费者建立一个长期的关系并创造赢得媒体	—无保障、扩展慢 —可信度低
赢得媒体	倾听和响应——通常是自有媒体和付费媒体良好执行和协作的结果	—可控性差，可能是负面的 —扩散难

广告行业的发展、技术的更新、运作方式的变化，促使广告教学和广告实践方式的变化。现代广告业对教学提出了更新、更高的要求。广告管理人员和从业人员不仅要懂得传统媒介环境下的广告策划和创意，而且要能够胜任数字时代的广告实践；不仅要懂得平面设计的构图和色彩、文案写作的创意和美感，还要懂得运用日新月异的新媒介形式进行新旧媒介的整合营销传播，能够运用媒介创意达到更有效的传播，在跨部门的合作中把握全局，游刃有余。

三、广告专业教育要适应数字时代的革新

1. 国内广告课程设置现状及问题

国内广告专业的核心课程主要是由设计、策划、概论、传播、创意、媒体、营销、研究、管理、市场、史论、文案、心理、平面、写作、基础等关键词构成的课程。如果将这些“关键词”变成具体课程名称，主要有：“平面设计”、“广告策划”、“广告学概论”、“传播学”、“广告创意”、“广告媒体”、“市场营销”、“广告管理”、“市场调查”、“广告史/传播史”、“广告文案写作”、“广告心理学”、“广告设计基础” 等。有 79.3% 的院校（有效样本为 29 所）将培养目标定位在广告策划人才，其他分别为广告管理（37.9%）、广告文案

① 资料来源：Forrester Research 公司。

(31.0%)、广告设计(41.4%)、广告制作(17.2%)①。

数字化环境下广告的活动领域不断扩展，对从业人员的要求也更高了。传统教学框架下的教育方式显然已经落后于行业发展，只是通过各种“概论”型的课程教学已不足以培养出符合行业发展需要的人才。就广告策划而言，仅仅通过一个学期开设的每周3～4学时的策划课程教学是远远不够的，还必须加强实践课，在实践课中使学生的策划实践能力和综合能力能得到培养和提高。同时，在数字时代，以广告策划人才为培养目标，除了使学生具有市场调查研究能力、产品品牌定位能力、广告创意表现能力、广告媒体策划能力之外，还必须将整个教学及实践活动延伸至在数字化的视野下，使学生能够全面认识新的广告环境，能够掌握最新科学技术，提升在数字技术支持下的综合运用专业能力。

2. 适应数字时代的广告实践课程改革设想

一份关于“广告专业毕业生去向”的调查结果显示：各高校广告专业毕业生去广告公司就业的比例最高，其次是企业市场营销部门和媒介广告部。搜狐公司联席总裁兼首席运营官王昕称：“社会化媒体风头强劲、可视化内容方兴未艾、移动互联网增长明显。”② 高校作为向广告行业输送人才的基地，课程设置和培养目标应该密切结合行业动向。当今广告公司和企业市场部门都从组织架构和实践活动中进行了较大的革新，高校的课程设置是否能够以业界实践为根基，寻找教学改革的灵感，已经是高校课程创新过程中不可回避的现实。

(1) 4A广告公司与国际品牌市场部门组织架构 TBWA \ Group \ China 腾迈中国集团是一家4A广告公司，集团旗下有TBWA(广告)、TEQUILA(市场和客户关系管理)、agency.com(网络互动营销)、Integer(零售市场专家) 和 Auditoire(活动与体验式营销)，为客户提供全品牌策略方案。

兰蔻是欧莱雅集团旗下高档化妆品牌，市场部下设分工为：product(产品组)、CRM(客户关系管理组)、Online marketing(网络营销组)、Trade marketing(通路营销组)

上述两个比较有代表性的广告公司和国际品牌市场部门组织架构呈现了目前业界公司内部分工的基本方式，总的来说可以概括为线上营销、线下营销和在线营销三个部分(见表3)：

表3　　广告公司与国际品牌市场部门组织架构

	部门名称关键词	职责范畴
线上营销 ATL	品牌、广告	品牌咨询，品牌定位，运用传统媒体进行品牌传播等
线下营销 BTL	促销、展会、公共关系、客户关系管理	购物者营销，经销商营销，体验营销，消费者促销，辅助能力，数码激活，地面执行，赢在终端分析，零售店设计
在线营销 OTL	互动	数字策略咨询，数字创意与设计服务，数字营销，数据管理

(2) 广告专业实践类课程体系和能力培养。根据业界的分工方式，高校广告专业实践类课程设置可以依据营销的三大部分分为三大类(见表4)：

---

① 中国大陆院校广告教育的历史走向［EB/OL］. 中华硕博网，2009-03-10.

② 沈剑虹. 高校广告学专业教育抽样调查与思考［J］. 新闻教育，2010(10).

表4 **广告专业实践类课程设计表**

	课程名称
线上广告 ATL	品牌学、广告策划、广告创意、广告文案、广告媒介策划等
线下广告 BTL	公共关系实务、客户关系管理、会展实务、POP设计等
在线广告 OTL	广告策划（新媒体）、广告创意（新媒体）、广告媒介策划（新媒体）等

线上广告能力培养：主要包含课程《品牌学》、《广告策划》、《广告创意》等，使学生能够把握市场，进行市场分析、消费者洞察、科学的品牌定位；把握广告、广告活动创意的表现方式，将广告作品通过电波媒体（电视、广播）、印刷媒体（报纸、杂志）、户外媒体（墙面、电梯、出租车、公交车、地铁、火车、飞机、机场、候车亭、霓虹灯广告船、海报、气球、LED等）进行传播。

线下广告能力培养：主要包含课程《公共关系学》、《客户关系管理》、《会展实务》等，使学生能够通过展览、礼品、发布会、论坛、促销、活动、公关、客户关系管理的策划和执行，协助建立品牌公共影响，维护消费者关系，促成消费者购买。

在线广告能力培养：主要包含课程《广告策划（新媒体）》、《广告创意（新媒体）》、《广告媒介策划（新媒体）》、《多媒体设计》等，使学生在案例分析、课堂模拟、角色扮演、项目研究等教学形式中，增加各种新媒介的实训经验，使学生能够通过企业网站、微博、博客、社交网、富媒体、网络视频、文字链、聊天室、即时通信、移动通信、搜索、短信、EDM、EPR，掌握与消费者进行沟通的策略和手段。

当然，在三类课程的实施过程中或许会出现一定的重合和交互。但这样的分类，主要并不是通过课程名称来实现的，而是通过课程内容的区分来实现的。例如在《广告策划》课程的教学中，可以将新媒体的策划与传统媒体的策划相结合，培养的是学生在数字化视野下的综合策划能力。可以确定的是，在对学生教育的改革的同时，对师资队伍的建设也提出了相应的新要求。为了解决这一难题，一方面要加强教师队伍与业界的相互交流和学习；另一方面广告学科的教师也可以来自广告公司、企业市场部门等各个方面，聘请业界专才，通过与业界的紧密合作达到培养出符合行业发展需要的优秀广告人才。

当今，众多高校的广告专业教育理念都将教学与行业的紧密联系放在重要的位置。例如，复旦大学“注重理论与实践相结合的教学理念，与国际、国内著名企业和广告公司建立了长期合作关系”，以培养具有国际化视野的营销传播策划、应用和管理等高级人才为目标。中国传媒大学黄升民教授也提出，广告专业定位应当紧紧定在应用型学科。对于应用型学科的判断，他提出学科生存的三个重要问题，即学科设计是不是与产业实践紧密相连，学科位置是不是置身产业发展的前沿，学科研究是不是回应产业的理论需求。

目前广告业界已经在实践中将广告的内涵不断扩展，广告的形式日新月异。高校广告的教育也需要紧跟行业步伐，首先从思维方式上摒弃传统的广告思维方式，培养学生的数字视野和思维，同时，在操作能力上对学生进行全新的专业能力培养。

任重而道远。数字时代，为适应现代广告业的发展，广告学高等教育必须变革与创新。

【参考文献】

[1] 阿伦斯．当代广告学（第8版）[M]．北京：人民邮电出版社，2010.
[2] 黄合水，杨道俊，许蕾，陈捷，林幽兰，孟英，郑曾艳，赵洁．中国广告教育状况研

究报告［J］．广告大观（理论版），2008（5）．
［3］沈剑虹．高校广告学专业教育抽样调查与思考［J］．新闻教育，2010（10）．
［4］潘向光，丁凯．中国大陆院校广告教育的历史走向［J］．现代传播，2000（1）．

【作者简介】

赵琼，上海外国语大学贤达经济人文学院教师。

社交媒体环境下的广告教学方法初探

于 潇

一、社交媒体时代信息传播特点

1. 社交媒体的含义

社交媒体（Social Media），也称为社会化媒体、社会性媒体，指允许人们撰写、分享、评价、讨论、相互沟通的网站和技术。所谓社交媒体应该是大批网民自发贡献、提取、创造新闻咨询，然后传播的过程。包括论坛、博客、IM、视频分享网站、维基、SNS 等形式，能够满足用户“关系建立”和“发挥影响”的需求。社交媒体是一种给予用户极大参与空间的新型在线媒体，它具有参与性、公开性、交流性、对话性、连通性和社区化等几个基本特征。

社交媒体可以把图片、视频、文本和传统内容进行混搭处理，并进行互动，建立“联系”（connection）和生成“意义”（meaning）。社交媒体具备如下的特征和功能：以人为本而非传统意义的以“用户”、“消费者”或者“购买者”为核心；用户可以获得实在的、相关的价值，寻找到意义和秩序；有助于人们聚合各种内容，通过网络生态系统管理其现实生活；建立相关的社交网络并让人们从中学习、得到回报和影响；移动网络、互联网和现实生活可以实现无缝对接，通过任何设备和平台都可以访问、共同创作；广告按人口统计分布的细分市场；带来很多商机。

跨平台、跨产品、跨设备（互联网、手机网、电视和视频）的媒体技术使得用户通过任何设备和平台都可以访问社交媒体。随着手机的终端新产品的涌现（如 iPhone、Android）、iPad 平板电脑带来的新潮流，社交媒体的离线化已经相当普及。随着聚合平台、社交功能、移动方式的兴起，会有更多精准的个性化广告、免费增值模式、战略伙伴收入共享，以及从线下走到线上的社交活动；在社交网络和聚合平台内部建立具有关联性的互动，将产品、服务和人结合到一起。

常见的社交媒体有 Twitter、Facebook、YouTube、Myspace 等。

2. 社交媒体的发展

Twitter 在 2006 年 3 月推出，一年之后得到火爆应用，开始风靡全球。2010 年 1 月网站独立访问用户数达 7350 万。① 简单地说，Twitter 是一个可让你播报短消息给你的朋友或“followers（跟随者）”的一种在线服务。所有的 Twitter 消息都被限制在 140 个字符之内，每一条消息也可以作为一条手机短信发送，人们通过它实现跨 Web、IM（QQ、MSN、Gtalk）、手机短信等方式进行沟通，这是 Twitter 最吸引用户的地方。

---

① 微博客 Twitter 网站 1 月独立访问用户数近7 500万［EB/OL］. http：//www. wowa. cn/Article/97913. html，2010-02-17.

Facebook 于 2004 年 2 月上线，最初定位为提供个性化图片张贴的交友网站。如今，Facebook 的功能得到全面扩展，News Feed 的开发使其大获成功，新近推出的实时搜索功能不仅可以搜索用户的状态更新，还能够检索图片、笔记、视频等内容。2009 年，Facebook 的用户总量超过 2.5 亿，仅美国地区的月独立用户访问量就达到 9000 万，① 这一优势非其他社交媒体所能比。使用 Facebook 已经成为美国人生活的一部分，在笔者所在的密苏里新闻学院，随意点开一个美国学生的 Facebook 主页，其添加的好友数，少则数百，多则上千，俨然一份小型报纸的发行数量。

由视频分享理念出发的 YouTube 创立于 2005 年 4 月，2006 年即被 Google 以 16.5 亿美元收购，它的出现可以说改变了整个互联网市场的竞争格局。当前的视频每日观看量超过 20 亿次，是美国三大电视网络黄金时间段收看总量的近两倍。2008 年 5 月，YouTube 推出公民新闻频道，每天来自世界各地的人们在 YouTube 上报道发生的各种事情，② 从而形成了一幅壮观的世界新闻图景，这项"工程"是史无前例的。

以 Twitter、Facebook 和 YouTube 为代表的社交媒体如今在美国、英国、日本等国家得到了广泛应用。在我国，相同类型的社交媒体有新浪微博、人人网、优酷③等，各自培养了忠实的用户群体。不仅有普通民众使用这些媒体进行亲朋好友、同事、同学、网友、粉丝、社群等各种社会关系的处理，发表个人最新状态或对社会热点和突发事件进行记录，就连传统媒体、记者也成为社交媒体的拥趸，他们不但从各种社交媒体寻找新闻源，甚至还直接引用用户上传的内容进行新闻报道。由此可见，社交媒体不但拓宽了传统媒体的报道视域，最重要的是公众自己可以成为新闻的发布源，提供公共交流的话题。

3. 社交媒体时代信息传播特点分析

（1）平等交流方式。Twitter、Facebook 等社交媒体的出现，使人际传播以一种适度的方式与大众传播结合起来。其独特的广播式信息流动模式，带给人们全新的沟通方式。用户开始习惯以"短消息"（微博传播格式规定字数限制为 140 个字），而不是经过加工编辑的长文章的形式，记录与分享观点，发布新鲜事，分享新想法，传播新情绪。而这种使用习惯的培育与形成，促成信息的表达方式从"传播"到"交流"的变革：新闻不再一味是记者单向传播的信息，而是经由大众参与后引导媒体播报的热点和关注中心，信息传播逐渐成为受众与受众之间、受者与传者之间平等的对话。

（2）大量的即时信息。社交媒体由于内容简短，可以直接将所见所闻所想以短消息的形式同步生产出来。同时，其信息可以通过 Web 网页、客户端、手机短信、IM 工具、电子邮件插件等方式实时发布。信息的推广机制还保证了用户所关注的人更新了消息之后，系统会自动将更新的信息聚合到接收者的个人主页当中，将其按时间顺序排列，达到信息的同步主动呈现。

社交型媒体的发布系统由于无法容纳太多的描述关键词，反而让每个人都更容易在这短短的信息中找到更多的新闻信号，提要式的新闻和信息更加精练，且具新闻价值。言简意赅的特性，使人们不需要花费大量时间，就能够在简短的文字中判断信息是否有价值，从而可以在更短的时间内接收更多的信息。

---

① Twitter 用户数一升一跌看市场趋势［EB/OL］. http：//media. people. com. cn/GB/10353207. html，2009-11-10.

② Sarah Perez. *YouTube Launches Citizen Journalism Channel*［J/OL］. http：//www. readwriteweb. com/archives/youtube_ launches_ citizen_ news. php，2008-05-20.

③ 与 Twitter 功能接近的有人民微博、搜狐微博、网易微博、饭否、嘀咕、做啥；与 Facebook 功能接近的有开心网、占座网；与 Youtube 功能接近的还有酷 6 网、土豆网、6 间房、激动网、新浪播客频道、搜狐播客频道。

（3）碎片化信息的聚合传播。无论是三言两语的文字表达，还是即兴所拍的视频片段，社交媒体的信息均呈现出鲜明的“碎片化”特征。尽管也产生了大量的无用信息，但一旦这些单独的只言片语与某个大家关注的事件相关联，信息制造者就成为目击者、知情者、经历者、评价者。当大量的信息碎片在一个主题下集中，就可能汇集成事件流、思想流，大量积聚后成为热门话题。其形成方式是一个碎片化信息不断聚合的过程，往往一个事件包含许多人的参与，其参与者分布于各地，其中有亲历者、目击者，有分析者，也有提供背景或者相关信息链接的整理者。当信息、观点、知识聚合后，就有了复原事实真相的力量。

有的社交型媒体如 YouTube 等视频网站设有“头条新闻”进行议程设置和热点及专题引导，而 Twitter 和 Facebook 则没有“头条新闻”，只有碎片新闻流，但大量的相同新闻关键词可以让某个话题成为焦点议题。另外，社交媒体的这种碎片化、离散性的信息中大多数都包含用户附带的情感元素，可以被提取出来并加以聚合，就某一议题或相关专业现象进行跟踪、整合，即可以引导和带动学生对某个专业问题关注和讨论，进行深入探讨和研究。

二、运用社交媒体拓展广告教学建议

社交媒体的应用使得信息传播者和接收者地位日趋平等，信息更新迅即，时效性极强，但也存在大量冗杂、未经证实的凌乱信息和垃圾信息。广告教学十分讲究实践性和应用性，在了解社交媒体如何提高产品或企业、品牌传播的高效性的同时，运用其提升高校的广告教学效率和水平，是本文关注的重点。具体观点如下：

1. 深入的分析和理论的综合运用指导

社交媒体传播的信息虽及时性和新鲜性强，但随着迅速更新，发送出来的信息在页面上迅速被覆盖，信息的到达率相对较低，且缺乏认证和考核，信息的真实性有待验证，杂乱的信息中以描述性信息为主，也就是关于广告业界和广告动态的描述信息居多，如对于消费者行为的统计数据，最新的会议信息，一起零散的新媒体使用心得和企业推送的具有营销目的的互动活动参与信息，而对其背后的传播原理和广告理论的运用、规律性的揭示，以及现象背后隐藏的伦理争端和社会文化影响信息则寥寥无几，即便是有学者在自己的微博上发表观点，碍于篇幅的限制，也是浅尝辄止。

对于网站上的专业动态，学生应该有所了解，教师可以将学生反馈的最新问题总结成为专题的形式聚合信息，以课堂授课或专业讲座的形式，对于前沿的广告现象和传播热点问题，例如学生对于“团购”和“微博”媒体传播现象不仅了解，而且亲身使用，但在行为过程中会遇到诸如如何找到权威信息，如何运用其为企业进行宣传，何种类型的企业或者哪种品类或哪些品牌更加适合进行微博或社交网站营销，广告活动应该包括哪些形式等；微博的传播对于企业公关形象和危机管理是否有所帮助，如果是微博式的网络谣言对品牌形成了恶性影响，公关传播要如何开展等问题。专业教师就应该对这些现象背后的问题，运用自身具备的理论修养，在咨询业界专家的基础上，有针对性地进行讲解和深入分析，对于很多问题的原因和影响给予纵向的剖析和启发，引导学生进行深入的思考，提出建议和对策。

2. 即时的信息沟通

以美国社交网站 Facebook 为例，该网站用户最常用的工具就是 News Feed（动态消息），使用它可以自动生成用户活动状态，并向指定的好友展示信息内容。如用户可以通过“状态更新”来表达心情：“刚刚拿到老鹰乐队的演唱会门票，实在是太兴奋了”、“2∶3，我喜爱的意大利队，再见”、“明天我就要结婚了，祝福我吧”，或是记录生活：“约见出版商，早上和艾伦吃饭，参加两个研讨会，下午赶到机场”、“翘课了，宿醉还没醒”、“每次经过路口那个摇摇欲坠的广告牌，总是心惊胆颤"，或是仅仅宣泄一下情绪。总之，这些信息已经交织为一个公共空间——人们用它来关注周围人的近况，查看每个人在做什么，心情如何，获得对别人的生活情景的想象。这种带有个人化、私语化色彩的"私人生活的广播"（lifecasting），成了信息发布的另一种渠道，它的本质在于采用喃喃自语或碎碎念的表达方式，把个人的最新消息、最新状况传播给同属一个网络圈子的其他人，而这些最生活化且带点八卦的信息也许比时政要闻更有接近性意义。

在当前教育环境下，大部分城市的大学都集中在大学城，而大学城在地理上都处于城市的郊区地带，远离市区，交通不便，教师居住地和工作地点分离。大部分高校只针对行政工作人员设置办公地点和办公设备，而教师办公硬件环境较为落后，不必全勤办公的方式使得学生与其交流的机会减少，有的学生在经过整个学期的课程学习后即使知道任课教师的电子邮件或移动电话号码，也会因为感觉和教师相处的心理距离过远而不愿意主动交流。

社交媒体的传播不仅包括信息的交流，其终端的灵活性也使得情感信息的传播成为可能。"我们的老师也有郁闷的时候"，"某某老师也在使用社交网络"等同学们的心声表达的不仅仅是高校广告专业教师的日常琐碎行为，也是学生与教师交流心理距离接近的表现。社交媒体的情感传播使得学生与教师心理接近性提高，使得交流范围和频率大大提高，即时的信息沟通提高了问题解决的效率，为教师了解学生的问题集中点提供了有效的反馈方式。

3. 灵活的教学方式

社交媒体的使用不仅拉近了师生交流的心理距离，也克服了信息传播的地理问题，为现行的课堂教学方式提供了有益的补充。

课后习题的布置，作业执行的细节问题、作业执行的监控和汇报，甚至是热点问题或突发问题的即时讨论，也可以通过社交网站或微博网站的应用插件实现，实现了理论知识传播——异地即时反馈——随时活动监督——监查作业执行的全息式教学辅助生态系统。

4. 发挥专业教师的意见领袖传播作用

所谓意见领袖，是指在人际传播网络中经常为他人提供信息、意见、评论，并对他人施加影响的"活跃分子"，是传播效果形成过程的中介或过滤的环节。由他们将信息扩散给受众，形成信息传递的两级传播。两级传播中的重要角色，是人群中首先或较多接触大众传媒信息，并将经过自己再加工的信息传播给其他人的人。他们具有影响他人态度的能力，其介入大众传播，加快了传播速度并扩大了影响。①

在社交媒体环境下，广告传播教师以其专业的理论水平和课程的深入研究积累成为广告相关领域研究的专业人士，在广告传播专业教师建立的个人微博和社交网站中，他们就是传播信息的意见领袖，对专业领域感兴趣的学生知道教师的微博账号后就会自动关注教师，成为其粉丝，对教师发表的观点和现象进行评论，提供反馈，也可以在评论中对相关问题引发的新想法留言给教师，形成讨论。

广告媒体传播科技日新月异，给广告营销传播环境带来巨大变化，新媒体的盈利模式与广告的融合息息相关，广告专业教师对热点和动态的关注以及观点，在社交媒体中第一时间引发的思考和讨论，不仅引导了学生的思考方向，也为具体的广告策略执行提供了参考，对于课堂传授的理论知识应用，社交媒体提供了时效性、互动性兼具的良好平台。

【参考文献】

[1] 王建磊. 社交型媒体与变型的新闻 [J]. 新闻记者，2010 (9).

① "意见领袖"定义来自百度百科，网址 http：//baike. baidu. com/view/368550. htm.

[2] 田晨耕，李舒晨，刘世超. 闲言碎语中的宏大信息流：微博客研究［EB/OL］. http://www.slideshare.net/epuber/20081010.

【作者简介】

于潇，闽江学院中文系广告实践教研室，讲师，厦门大学新闻传播学院在读博士研究生，研究方向为广告理论、广告媒体、广告调查。

基于品牌传播的广告学专业发展的新路径

——以华南理工大学品牌传播系为例①

佘世红

在国外，广告学专业的发展起始于 20 世纪 40～50 年代，至 2008 年美国开设广告专业的大学共有 137 所，有 123 所大学将广告专业设置在新闻/传播院系、有 4 所大学将广告专业设置在传播/艺术院系、有 4 所大学将广告专业设置在广告/公关院系、有 4 所大学将广告专业设置在商学/市场院系，另外还有 2 所大学将广告专业设置在广告院系。② 一个国家的广告教育模式并不是单一的或绝对的，各个国家的广告学教育和广告专业的设置并不完全相同。

一、国内广告学专业的模式

1983 年，厦门大学挂靠在文学硕士研究生招收目录之下招收了中国内地首届广告专业方向的硕士研究生；1984 年，厦门大学设立了中华人民共和国成立以来内地第一个广告学本科专业，并招收了首届广告学本科生，拉开了中国高校广告专业教育的序幕。③ 至今，中国广告学教育已经历经了近三十年的探索和发展，由无到有，由当初的一所高校到现在几百所高校。归纳起来，我国广告学专业设置主要有以下几种模式：④

1. 广告学专业设在新闻（信息）与传播学院的广告系

这种形式多见于一些综合性大学，比如厦门大学、武汉大学、复旦大学、北京大学、华中科技大学、暨南大学等，在对学生进行培养过程中注重综合策划的能力、媒体运作的能力以及综合素质的提高。

2. 广告学专业设在人文（文法）学院

我国有很多高校把广告学设置在人文或文法学院，如华中农业大学、武汉理工大学、浙江工商大学等。广告专业这种设置方式一般常见于以理工、农业等为突出优势的高校，而文学、新闻、广告、法律等都被归入一个学院。

3. 广告学专业设在工商管理学院或市场营销系

这种形式常见于一些以经济类学科为主的大学，如天津财经大学等。该专业的建设依托

---

① 本文受“中央高校基本科研业务费专项资金”资助（课题编号：X2XCD2118250）。

② 美国广告专业设置的相关数据参照查灿长的《美日广告教育模式刍议》，该论文收录于第九届中国广告教育年会论文集。

③ 杨海军．论中国高校广告专业教育的竞争格局及发展趋势［M］//杨立川主编．创新与和谐：当代中国广告学研究与广告教育，西安：西北大学出版社，2007：22.

④ 佘世红．广告教研组织在全球化背景下的创新选择［J］．华南高等工程教育研究，2007（2）.

在市场营销学知识的基础上，其专业方向偏重于营销广告。

4. 广告学专业设在艺术系或者设计系

这种形式的专业方向主要以艺术设计和平面制作为主，如广州美术学院、南京音乐学院等。

尽管以上四种模式是目前的主流，但我国广告学专业设置没有规定的统一标准。我国广告学专业的设置和各个院校的实际情况紧密相关。比如，中国科技大学没有广告系，只有与广告相关的课程；而中国传媒大学是传媒方向的专门院校，广告学实力比较强大，因而设立了独立的广告学院。杨海军认为，20 世纪 80 年代末期至 90 年代初期，我国高校广告学专业多设置在经济系、财经系、企管系、经贸学院、商学院等。90 年代以后，我国高校广告学专业设置逐步趋向多样化，中文系、艺术系、文秘系、社会学系、管理系、商业文化系等都设立了广告学专业。从总的情况来看，凡是能够设立广告学专业的高校，大多设置了广告学专业。①

二、华南理工大学品牌传播系广告专业的经验探讨

华南理工大学于 2004 年开设广告学专业，是全国第一个将广告学专业设置在品牌传播系的高等院校。华南理工大学广告学品牌传播方向的专业设置是经过深思熟虑的，它建立在特定的背景和条件的基础上。

1. 华南理工大学品牌传播系创建的背景和条件

2003 年年底，华南理工大学决定成立新闻与传播学院，并计划开设广告学专业。广告学专业的创办初期，该专业的创办人段淳林教授考察了武汉大学、厦门大学、复旦大学、中国传媒大学、华中科技大学、南京大学、南京师范大学等国内名校，调研发现：这些学校广告学专业成立相对较早，广告学的课程设计已经形成了成熟的体系，他们培养的学生在广告业界已经产生了较大的影响，并且形成了初步的竞争优势。随即，华南理工大学新闻与传播学院筹备小组对创建广告学专业进行了深入的优劣势分析，发现成立广告学系存在一定的劣势，主要表现在：（1）华南理工大学计划设立广告学专业的时间较晚，全国广告学竞争已经非常激烈；（2）华南理工大学是以工科为主的高校，在人文社会学科方面积累的经验和资源相对较弱。但是，华南理工大学开设广告学专业也存在一些优势，主要表现在：（1）华南理工大学是教育部直属的 211 和 985 重点大学，本科生招生的生源比较好；另外，华南理工大学拥有优质办学条件和良好的社会声誉。（2）华南理工大学一直被认为是“企业家的摇篮”，并拥有强势的企业家校友资源。②

通过对创办广告学专业的优劣势分析，华南理工大学新闻与传播学院筹备小组领导成员决定另辟蹊径，对广告学专业进行差异化的定位。通过进一步的分析和探讨，决定将广告学专业定位于品牌传播方向，在此基础上形成了广告学专业的培养目标。华南理工大学广告学专业培养的学生不仅要懂策划和创意，更重要的是要懂品牌经营和品牌传播。我们知道，传统广告学专业定位培养出来的学生就业去向主要是广告公司和媒体，而华南理工大学广告学

---

① 杨海军．论广告学的学科归属［J］．河南大学学报（哲学社会科学版），2001（1）．

② 华南理工大学向社会输送的人才有很多后来成为知名的企业家，如西昌卫星发射中心副司令员徐宏亮、格力电器集团董事长朱江洪、中集集团总经理麦伯良等。最具传奇色彩的要算在闻名全国的四大彩电企业中，就有三大彩电企业的“当家人”是华南理工大学 82 届毕业生——康佳集团总经理陈伟荣、TCL 集团董事长李东生、创维集团总经理黄宏生。因此，华南理工大学就拥有了“企业家的摇篮”的美誉。

专业学生的就业去向主要是国内外大中型企业。这个差异化的定位是建立在更加精准的市场细分的基础上，有效地利用了华南理工大学优质的“企业资源”，有利于形成其独具特色的广告专业优势。

2. 华南理工大学品牌传播系建设的经验

2004年9月，华南理工大学品牌传播系广告学专业的第一批本科生开始入学。该专业致力于为国家和社会培养品牌经营和品牌传播方面的高级人才。目前，经过8年的发展，华南理工大学品牌传播系积累了一定的经验。主要如下：

（1）21世纪品牌传播的教材建设

华南理工大学品牌传播系组织全国著名的广告学教授和本校专业骨干教师出版了以“品牌”命名的系列丛书，该丛书由华南理工大学出版社出版。① 该丛书主要包括品牌传播学、品牌战略管理、品牌调研、中外经典品牌案例评析等。该丛书比较系统地介绍了品牌经营和品牌传播的理论和实务，在社会上产生了一定的反响。

（2）实习基地的建设

华南理工大学确立了品牌传播方向的广告学定位之后，就开始着手建立互惠、稳固的实习基地。华南理工大学品牌传播系广告专业的实习基地主要有霸王国际集团、美的集团、深圳叶子服装有限公司、新中源集团有限公司、欧普照明有限公司、羊城晚报广告公司、广东省广告公司等。另外，华南理工大学品牌传播系与广东省广告公司建立了产学研的合作基地。

（3）品牌研究所的成立和品牌高层论坛的举办

华南理工大学新闻与传播学院专门成立了品牌研究所，开展品牌经营与传播方面的研究。在学校及学院的支持下，华南理工大学品牌传播系和品牌研究所先后多次举办了品牌高层论坛。2008年，品牌传播系主办了企业自主品牌创新论坛，主要讨论议题是珠三角企业品牌突围。同年，还举办了传媒经营与品牌管理论坛。

（4）“媒介经营与品牌管理”EMBA

华南理工大学新闻与传播学院与工商管理学院联合创立“媒介经营与品牌管理”的EMBA。“媒介经营与品牌管理”EMBA项目面向中国（包括港、澳、台地区）新闻媒体、出版单位、媒介传播公司、广告公司、企业品牌或传播总监及政府新闻传媒管理机构中受过高等教育、事业有成的高层管理人士，旨在为其提供符合中国传媒业发展需求又紧随国际最先进传媒管理水准的传媒管理教育。

（5）纽约广告节华南中心的成立

2011年11月，世界三大广告节之一的纽约广告节媒体中心在华南理工大学挂牌成立，这也是世界三大广告节首度扎根广东。负责广告节运作管理的国际奖项集团（IAG）还将在华南理工大学开设创意公开课，邀请世界级广告创意大师点评广告作品并进行公开主题演

① 华南理工大学以“品牌”命名的系列丛书的牵头教授有：武汉大学张金海教授，厦门大学陈培爱教授，华南理工大学陈春花教授、段淳林教授等。

讲，学生们也将有机会赴4A级广告公司长期实习并参加纽约广告节的国际盛会。①

尽管华南理工大学品牌传播系还处在发展探索的阶段，在其走过的道路中也会有遗憾的地方。但是总体来说，广告学品牌传播方向的专业建设在全国已经独树一帜，具有一定的开创意义。

三、品牌传播：品牌时代广告学发展的新路径

华南理工大学品牌传播系广告专业的建设是广告学教育在品牌时代的实践摸索。华中科技大学舒咏平教授认为："将'品牌传播'理念注入广告教育，则使得内涵更新后的广告教育更切合强调双向沟通的社会现实、更为科学理性，也更适合人才市场的需要。"② 事实上，品牌传播有可能成为我国广告学在品牌时代实现可持续发展的新路径之一。笔者认为，广告学教育向品牌传播方向转型的原因主要表现在以下几个方面：

1. 20世纪90年代以来品牌理论的崛起

品牌（brand）来自于古挪威语"brandr"，意思是"打烙印"。20世纪30年代宝洁公司麦克尔·罗伊首创了品牌经理管理制度；在20世纪60年代，世界著名的广告人大卫·奥格威（David Ogilvy）提出了品牌形象理论，他认为任何一个广告都要为品牌的长期形象服务；20世纪70年代，品牌个性理论和定位理论得到快速发展；20世纪90年代以来，著名品牌研究专家大卫·艾格（David A. Aaker）提出了品牌领导理论、品牌资产理论和品牌认同理论。③ 在广告业界，跨国广告集团也与时俱进，相继提出了不同的品牌工具。如奥美广告提出"品牌管家"（brand stewardship），萨奇集团提出"全球品牌策略"（the global branding）；电通广告提出"品牌传播"（brand communication）理念；达彼思广告提出"品牌轮"（brand wheel）概念；智威汤逊提出"整合品牌建设"（total branding）。④ 因而，我们可以说，自20世纪90年代以来，品牌的重要性越来越凸显，品牌不仅在促进产品的销售上承担着越来越重要的作用，而且在城市形象和国家形象的塑造中所起的作用也受到社会各界人士的认识和接纳。毫无疑问，21世纪是品牌至上的时代。

2. 企业营销战略和传播战略的转向

1990年，美国学者罗伯特·劳特朋（Robert Lauterborn）教授提出了与传统营销的4P相对应的4Cs营销理论。企业营销战略的转向主要指从4P转为4C。4Ps营销组合向4Cs营销组合的转变，具体表现为产品（Production）向顾客（Consumer）转变，价格（Price）向成本（Cost）转变，分销渠道（Place）向方便（Convenience）转变，促销（Promotion）向沟通（Communication）转变。⑤ 另外，企业的传播战略也发生了转变：从原来单一的、零碎的传播转为整合营销传播。1992年，美国西北大学教授唐·舒尔茨及其合作者斯坦利·田纳本（Stanley I. Tannenbaum）、罗伯特·劳特朋第一次提出了整合营销传播（Integrated Marketing Communications）。整合营销传播一方面把广告、促销、公关、直销、CI、包装、

---

① 林世宁，陈臣，卢彦琦．纽约广告节媒体中心华工挂牌［EB/OL］．http://www.people.com.cn/h/2011/1104/c25408-3191154792.html，2011-11-04.

② 舒咏平．广告教育中品牌传播的理念导入［C］．第九届中国广告教育年会论文集，2011.

③ 卢泰宏，周志民．基于品牌关系的品牌理论：研究模型及展望［J］．商业经济与管理，2003（2）.

④ 跨国广告集团提出的品牌工具来源于各大广告公司的网站。

⑤ 于坤章．论现代营销理论4C对传统营销理论4P的导向［J］．北京工商大学学报（社会科学版）2003（1）.

新闻媒体等一切传播活动都涵盖到营销活动的范围之内；另一方面则使企业能够将统一的传播资讯传达给消费者。① 中国广告教育研究会会长张金海教授指出："如果说经济全球化与传播全球化所造成的只是广告公司全球业务运作的某种改变，那么，整合营销传播与数字网络传播则将推动现代广告业从服务内容到服务模式的整体性变迁与整体性转型。"② 按照此逻辑，整合营销传播也会促进广告学专业的设置和课程设置的改革，整合营销传播强调对品牌的各个接触点的传播，把品牌的统一声音和一致形象传播给受众。因而，在广告学专业教育中对品牌的整合传播能力的培养显得尤为重要，这也是广告学专业设置向品牌传播转型的一个重要背景。

3. 媒介环境的变化

进入21世纪，媒体技术也取得了突飞猛进的发展。媒介技术的发展推动新媒体的产生，以手机和网络为代表的新媒体彻底改变了传统的媒介环境。武汉大学张金海教授认为："网络信息最突出的传播优势，就在于一改传统媒介的单向、线性传播形态，而具有高度的双向、互动性；数字传播技术最重要的特征，就在于海量的信息储存与海量的信息传输。"③中国传媒大学的黄升民教授认为，在新的媒介环境中大众转变为分众，分众转变为碎片。④ 因而，传统的、单一的媒介传播效果下降，媒介越来越呈现"碎片化"的特征，媒介碎片化的特征对广告传播提出了更高的要求，海量的信息背景下需要以品牌传播为目标对相关信息进行聚合，广告必须围绕品牌传播目标最大化的实现来展开，否则广告传播则会让广告主的钱打水漂。从这个层面来说，媒介环境的变化促使广告传播的实践运作以品牌传播为核心。

4. 自主品牌发展的要求

改革开放以来，我国的经济虽然取得了很大的发展，但是我国缺少在世界上具有高知名度和美誉度的品牌。我国目前的经济发展模式是建立在没有自主技术、专利、品牌、标准支持的"世界工厂"的产业经济，无法形成核心竞争力，更不具有抵抗市场风险的能力。因而加强自主品牌的建设对于我国经济的可持续发展显得尤为重要。我国政府已经意识到自主品牌建设的重要性，并且公开提出要大力发展本国的自主品牌。我国《"十一五"规划纲要》的一大亮点就是突出强调自主品牌问题，把拥有自主品牌放到十分重要的战略地位，多方面作出明确要求和部署。一是把拥有知名品牌纳入"十一五"发展的主要目标，提出要"形成一批拥有自主知识产权和知名品牌、国际竞争力较强的优势企业"。二是把拥有知名品牌作为推进工业结构优化升级的重要内容，提出引导形成"一批具有自主知识产权的知名品牌"。⑤ 因而，在实践中，我国自主品牌的建设和发展需要更多懂品牌经营和传播的专业人才。正是对品牌经营和传播人才的实践需求驱动了广告学专业向品牌传播方向的转型。

总之，在品牌制胜的时代，产业竞争的优势体现在品牌的竞争力，品牌已经成为国家之间经济竞争的重要利器之一。我们的社会发展需要越来越多的品牌经营和品牌传播专业人才。舒永平教授认为，从"品牌传播"理念出发，广告教育更需要直接关注企业、关注品牌，从而有针对性地培养其所需要的、更切合现代媒介环境的品牌传播人才。如此，也使得

---

① ［美］唐·舒尔茨，斯坦利·田纳本，罗伯特·劳特朋．整合行销传播［M］．北京：中国物价出版社，2005.

② 张金海．挑战下的广告：变革、创新、转型［J］．广告人，2010（4）．

③ 张金海，廖秉宜．网络与数字时代广告告知功能的回归［J］．广告大观（综合版），2006（7）．

④ 黄升民．从大众到分众到碎片［N］．上海证券报，2006-01-10.

⑤ 郭占恒．自主品牌带动自主创新，自主创新提升自主品牌［J］．浙江经济，2006（9）．

广告教育的视野更为广阔，对接社会需求也更为直接，其就业市场也广阔得多。①张金海教授指出："变革、创新、转型，是中国广告业乃至世界广告业当下生存与发展不可回避的话题。"② 因此，笔者认为，变革、创新和转型同样发生在中国广告教育界，广告学向品牌传播方向的转型是中国广告学教育发展的一个新路径，华南理工大学品牌传播系已经为我们提供了比较有意义的尝试和摸索。

【作者简介】

佘世红，华南理工大学新闻与传播学院讲师，武汉大学新闻与传播学院2009级博士生。

---

① 舒咏平．广告教育中品牌传播的理念导入［C］．第九届中国广告教育年会论文集，2011.

② 张金海．挑战下的广告：变革、创新、转型［J］．广告人，2010（4）．

媒介融合时代广告教育师资问题及与业界难以互动的原因

曾振华　李铁锤

媒介融合时代广告教育的特点决定了如果没有一流师资的话，学生难以靠自学自悟达到对相关内容与能力的掌握，而我国高校广告专业师资力量薄弱问题至今仍然存在，随着当今媒介融合趋势的日益明显，师资力量薄弱的问题也更为凸显。

综观当今高校广告教学实践以及相关研究，对于如何解决媒介融合下广告教育师资问题，从教学实践来看，与以前没有大的变化；从相关研究来看，提出的对策存在惊人的一致，就是：高校在广告教学上需要聘请业界专业人士对学生进行授课或举办讲座，应加强学界与业界的合作。但我们认为，这些办法对大部分高校来说并不现实。因而，如何在媒介融合趋势下，解决我国高校广告教育师资问题，还得从事实出发，寻找在现有条件下可以做到的策略。

一、媒介融合时代高校广告专业师资现状

在1992年之前，我国只有6家院校成立了广告专业，1999年开始急剧增加，截至2008年1月1日，国内已经有322所大专院校设立了广告专业①，同时，我国高校广告师资的培养与培训都存在明显不足，这就必然带来高校广告教育师资力量薄弱问题。据调查，我国高校广告专业中具有广告博士学位的教师仅占8.97%，本科学历的教师多达41.08%②。再从专业背景来看，大部分教师出身于中文、艺术设计、新闻等专业，正如丁俊杰教授所言：许多老师是半路出家，在系统的理论和专业技能方面有一定欠缺。

即使具有广告学科背景的老师，也多是从学校毕业后直接进入教学岗位的，没有广告实务经历，虽然具有广告学硕士或博士学历，但多数人实际经验为零。其中存在的另一普遍现象就是：多数硕士的前一个学历、博士的前2个学历均与广告专业毫无关系，而且也没有实务经历，只是硕士或博士阶段读了个广告学学位而已，在读硕或读博期间又没有经过系统的理论训练，也没有经历过技术上的训练及到业界历练，这种情况下，虽具有高学历，但专业能力值得怀疑。同时，从广告公司转行到大学教书的寥寥无几，因而，高校广告专业缺乏具有实践经历的教师。其中极少数具有广告实践经验的，基本也是一些知名大学的老师在具有一定的广告教学年限及知名度后，偶尔参与一些广告策划与公关等。所以，具有长期实务经历的老师实属凤毛麟角，这也造成了在媒介融合的新趋势下，当今高校的广告教师能做到实践与理论兼备且多方面技术兼通的极少。

在传统广告时代，由于广告表现形态与运作相对简单化，广告专业的学生难以形成核心竞争力，而在媒介融合的情势下，对多方面实用技能及创意整合技能的要求更高，对管理能

---

① 张伟博．我国广告教育的调研报告［J］．江苏经贸职业技术学院学报，2009（3）．

② 张伟博．我国广告教育的调研报告［J］．江苏经贸职业技术学院学报，2009（3）．

力与公关以及品牌及策划等能力的要求更高，有利于形成广告专业自身的核心竞争力，而形成真正的核心竞争力，关键就是要有一流的师资。目前国内针对媒介融合所进行的教育改革中，最大的难点在于师资力量匮乏。

二、媒介融合趋势下对广告师资的要求

媒介融合趋势下，在对学生培养的要求上，密苏里新闻学院院长布莱恩·布鲁克斯认为："新闻学院应该将训练学生从适应单一媒体向训练适应平面、广播、电视、网络等一切领域的人才转变"。① 对于广告教学，也发生了类似的变化，毕竟广告的发布依附于媒体，这就要求对广告专业学生的训练要转向能适应多种媒体的广告形式转变。同样，也就要求老师在教学思维与能力上要适应新的变化，从新闻传播来讲，媒介融合的课程教学难度相当大，授课老师首先应具有丰富的业界实践经验，其次必须会熟练地使用互联网，即会创建网站、管理网站，有的课程还要求老师能熟练使用图片编辑软件、音视频编辑软件，老师甚至还必须懂摄影、摄像。遗憾的是，国内高校目前严重缺乏这种类型的教师。② 随着媒介融合的逐步发展，广告形态变得日益丰富复杂，对多种技术与科技手法以及艺术手法的融合运用技巧更多，这就对广告教学在师资上的要求与上述类似，但问题同样是师资缺乏。

对于媒介融合时代下的广告形态变化，中国人民大学新闻学院教师王菲在《媒介融合中广告形态的变化》一文中归纳出了广告形态变化的七个特征：广告受众在规模化基础上分化重聚；联合、精深的广告经营形态；广告方式向"即时、移动、索取、简约"延伸；广告空间向互联网延展；逆向广告活动的兴起；搜索引擎为广告形态中的经络；依托于数据库的精准广告。

这七大变化迥异于传统广告，这说明媒介融合趋势下，对广告人才的培养要求与传统广告时期有大的转型，对于这一转型，其中比较一致的主要观点为：（1）要有在媒介融合状态下，能进行广告整合传播的高级管理人才；（2）要有媒介融合时代广告业所需要的能掌握多种媒介技术的广告创意与制作人员。

围绕这些主要要求，就需要高校广告教师中，应该具有精通下述四种能力的人才（当然并不是每一个老师都需要具备所有技能于一身）：一是要熟悉媒介融合趋势下各种广告的制作技能；二是要了解媒介融合趋势下，媒介融合与广告的关系以及如何处理好两者的关系；三是要熟悉媒介融合对广告行业带来了哪些变化；四是要熟悉这种组合运作情况下，如何对广告进行运作与管理。如果一个大学的广告专业老师组合起来，还不能达到对上述几种能力的精深掌握，就必然无法将学生带入一个数字化广告趋势的情境之中，也就无法对学生新媒体广告所需要的数字化操作表现能力进行综合性的培养。③

对于大学广告教育，一种普遍的观点认为，太浓的职业技术训练会沦为职业学院的教育模式，这种认识有待商榷，大学并不是所有的专业都是为了培养具有高深理论的人才，这要看专业特点，如历史、哲学学科，就不可能培养技能。相反，在媒介融合趋势下，过于要求操作性极强的广告专业弱化技能强调理论，也是不恰当的，这就要求高校广告教育必须按照新的时代要求解决师资问题。

---

① 蔡雯．培养具有媒体融合技能的新闻人才——与美国密苏里新闻学院教授的对话［C］．采编写，2005（5）．

② 尹良润．媒介融合背景下新闻教育改革初探［J］．东南传播，2009（3）．

③ 舒咏平．新媒体广告趋势下的广告教育革新［J］．广告大观（理论版），2008（4）．

三、高校在广告师资上难以与业界互动的原因

中国广告协会与中国传媒大学联合开展的一项调查显示，从111份回收的高校调查反馈问卷来看，高校办学中遇到的最大困难分别为：缺少经费投入，占44.2%；缺少师资，占28.6%。这已经是一种非常普遍的现象。① 在媒介融合趋势下，这两方面的问题更加明显，对于如何解决这一问题，很多学者提出了对策，其中的共识就是聘请业界精英以及专业人士对学生进行授课或举办讲座，应加强学界与业界的合作。这从相关的论文中也可以看出这一共识现象，在中国学术期刊网上以“题名”输入“广告教育”进行精确搜索，从2005—2010年共有文章98篇，其中属于论文的有83篇。之所以以2005年为搜索时间段的起点，是因为从2005年我国学界开始研究媒介融合。这些文章中，谈到学界业界要多合作的有17篇，谈到要从业界引进有经验的师资的有11篇，谈到老师要主动参与广告实践的有7篇。但是，这些策略缺乏现实操作性，究其根本原因，阻碍因素主要有二。

1. 经济因素

对于聘请业界精英或一线人士来大学授课或讲座，首先面临的困难就是资金问题。

从世界范围来讲，中国大学教师的待遇相当低，落后于很多第三世界国家，待遇低下带来大学老师各种社会地位的低下以及话语权的丧失，这就决定了一般大学以及一般教师难以与业界精英建立交流关系；另一方面，这也造成了大学聘请广告业界精英来大学讲课的难度。所以，“比如，最近明星代言广告比较受关注，学校就可以考虑邀请一些专业影视广告公司进学校，就明星拍摄广告片进行小型交流；或者是当课程内容进行到相关内容时，可以邀请在相关领域比较有名望的广告公司进学校进行互动”。② “美国广告专业师资的业界经验较为丰富，我国在这一方面差距较大，短时期内无法迅速改变，故邀请业界人士走入校园、鼓励教师走出校园是目前比较可行的办法。”③ 这些对策只是看上去很美，在现实面前困难重重。因为相对于高额收入的广告业界精英而言，低廉的讲课或讲座待遇难以吸引广告业界的领军人物来大学授课或举办频繁而有连续性的讲座。在我国，很多大学的广告专业都属于弱势专业，经费本来就不足。大部分大学的课时费一般从20元到60元，这种低廉的课时费从经济角度难以吸引业界人士，从身份认同角度也会让精英有“自取其辱”之感。而一场讲座，一般大学给出的费用是2000元左右，再加上差旅费招待费，每次也是一笔不小的开支，如果给定一个主题，聘请业界人士进行连续性的讲座，多数大学的广告系在经济上是难以承受的。因此，认为从业界聘请精英人士，甚至老总级人物来授课或进行有规划的讲座，从经济角度来看，对多数一般性大学而言并不现实。

在国外，大学教师属于高收入者，社会地位高，所以，业界人士乐于到大学兼课，这既是经济上也是身份上的一种认同。待遇是对一个人社会地位、个人身份的重要评价指标，大学教师待遇高的话，必然有利于广告业界人士对老师的尊重与认同，同时，也能吸引他们来大学授课或举办讲座。

2. 身份认同因素

身份认同指人们在个人层次或者集体层次上，对自身归类的认知，它是人的自我认同与对他人认同的价值评判标准的体现。“认同问题关系到个人或集体安身立命的根本，是判断

① 祝兴平．全球化背景下中国广告教育面临的若干问题［J］．新闻界，2006（5）．

② 陈洪波．广告教育中的实践创新能力培养探讨［J］．东南传播，2010（3）．

③ 李翠莲，范志国．美国广告教育的启示［J］．广告人，2009（1）．

是非善恶的标准，也是确定自身身份的框架与尺度。”① 从身份认同上来看，在高校难以给这些人士高额出场费用的情况下，大学的知名度是吸引其来校讲学的重要条件，到著名学府进行讲座，是满足身份认同的好办法，也容易带来身份认同的满足感，而到一般大学去授课或讲座，则很容易让这些精英人士有“自降身份”之感，在我国这个历史上就注重等级身份的民族，这一观念历来就根深蒂固，已经形成了无意识的反射心理。因而，从这一点而言，广告业界精英人士从心理上是排斥到不知名的大学授课或讲座的。

在我国，广告实务界与学界还缺乏双向的尊重与认同，也没有达到像外国广告精英或著名公司希望在大学中向学生推行自己的经营理念的这种观念。所以，在我国，很少有广告公司的上层领导愿意去大学当教师的现象，就是有，也是只愿意到著名学府客串，取得一定的名誉效应，而一般的大学，则根本不愿意去。这也是我国广告教育在师资上与业界合作难以良性互动的原因。

在美国和德国，广告专业的全职教师只占编制数的1/3，从社会、行业聘请专家担任的兼职教师占1/3，还有1/3是客座教师、聘请的学术专家和其他高校的教授等。② 但在我国，暂时仍难以达到这种程度，因为著名大学在全国而言毕竟也不多，面对我国几百所大学皆有广告专业的现状来说，则难以请到真正的高水平业界专家。因此，这种既得不到丰厚的经济回报，又难以得到身份认同的局面造成了我国广告教学难以在实务操作上请到业界一线人物指导。这也从另一角度说明了上述建议的不现实性。

四、媒介融合时代广告师资的解决办法

媒介融合的趋势下，如何解决高校广告教育师资薄弱问题，比较现实可行的办法是：首先，学校内部广告专业的老师要相互学习，从事理论教学的教师与从事技能教学的老师要相互指导，实现理论与技能的基本融通，改变教理论的老师动不了手的问题，也强化搞技术的老师的理论与相关知识素养，这是基础，有了一定的基础之后，才能具备自学自悟的能力。

其次，广告专业的老师要走出去，到广告公司锻炼。其途径可以是：送青年教师到广告公司、新媒体、企业进行挂职锻炼；鼓励教师承接或参与新媒体项目。这要求老师能自降身价，不耻下问，去广告公司多锻炼，这是比较实际的办法，只要老师放下架子与面子，把自己当做初学者进入广告公司学习，就能增强实务经验。因为老师有教学上的理论与对案例等的总结梳理，再结合实际，往往想得更多，启示也更多。做到这一点主要靠单位支持，老师自己也要调整心态，不要担心自己是大学教师，却完全不懂实务，怕遭到实务人员笑话。黄升民教授当初在创办广告系后，是自己主动与广告公司联系，为其服务，赢得认同的。

再次，有计划地派老师到著名高校接受教育。广告专业师资力量雄厚的著名大学一般地处经济中心或学术中心，其广告业发达，学术研究领先，也因为身份认同因素，很多业界精英或著名广告公司愿意与其合作，如北京大学新闻与传播学院与广告公司合作联系紧密，它们与奥美、盛世长城、智威汤逊、全景视觉网络科技有限公司等10家公司建立了“广告教育人才战略合作伙伴”关系。华中科技大学的广告学专业突出了多学科背景，尤其是现代传播技术优势，以网络广告传播为特色。这些大学自身办学有特色，师资力量相对雄厚，也与业界联系紧密，选派老师到这些大学进修，是开阔眼界学习知识的可行办法，从而能达到曲线求知的目的。

现在不少大学提倡“通识”教育，并以梅贻琦的观点为佐证：大学教育的核心在通才教育，给学生以“通识”和“知类通达”的学术训练，而“不贵乎有专技之长”。这句话

① 马绍玺．在他者的视域中［M］．北京：社会科学文献出版社，2007：17.

② 钟静．关于加强广告教育中实战教学的研究与思考［J］．北京联合大学学报，2006（9）．

有道理，但如果全听全信则走入误区，对于没有形成终身教育的环境以及广告专业的实用性特点，在短短的大学四年里，如果以“通才”的形式来教育，那学生就会变成对各个学科仅了解皮毛的“浮萍式”人物。在媒介融合时代下，不管是从事广告文本制作还是对其进行管理，前者要求更高的操作技能，后者要求对这些新形态进行深入了解，如果是技能性的文盲，则难以真正精通对媒介融合趋势下的广告行业的管理。所以，这就提出了在媒介融合趋势下，解决高校广告师资薄弱问题的迫切性。

【作者简介】

曾振华，江西师范大学传播学院副院长、副教授。

李铁锤，江西师范大学传播学院讲师、博士。

新时期广告教学模式改革与实践方法研究
——以教师为主导的教学工作室创建为例

孙　平　江珊娜　王　敏　戴凤兰　董　磊

广告专业是建立在传播理论基础上的一门操作性很强的应用理论学科。它和新闻、艺术、社会等学科的关系一直呈现出既联系又有显著区别的特征。广告人才的知识结构是一个环状的结构，它是一环扣一环的，相互之间如果衔接和组织得合理就会使之相得益彰。因此，广告专业的学生应当牢固树立“侧重的选择，广泛的吸纳”的学习理念。这一学习理念是构成广告人才知识结构的基础，是广告教学模式改革与实践方法创新的重要依据，同时也体现了广告专业的本质特征和广告专业的学习规律。因此，对广告人才知识结构提出的要求是整体的、全方位的，具体表现为：热爱生活、懂得传播、善于沟通、熟悉专业、了解艺术、能够实践。

一、问题的提出——动机缘由

1. 关于研究现状

当前对广告专业的教学改革研究主要集中在广告教学理论和具有普遍意义的广告教学模式的宏观探讨上，许多广告教育专家和学者在广告学教学理念、专业设置、专业定位、师资队伍、课程设置、教材建设、教学改革、教学管理等各个方面做了深入的研究和大胆的探索。主要有：张金海、程明的论文《中国广告高等教育现状的调查与分析》①，陈培爱领衔主持的课题《20 年磨一剑——中国广告人才培养模式的创建与推广》②，张树庭撰写的专著《广告教育定位与品牌塑造》等。③ 在广告教学实践方法改革上主要有：上海师范大学以教师为主导的摄影工作室；华侨大学江绍雄教授任创意总监的蓝道广告公司等。这些理论研究和实践成果，对当今广告教学改革思路朝着更广泛、更深入的方向拓展，具有启发性和指导意义。

2. 关于教学理念

以往在广告教学理念上存在一个误区，认为广告教学应以理论讲授为主，理论转化能力及实践动手能力可以在学生走向社会后获得。现在，虽然这种重理论、轻实践、忽略学生实践能力培养的广告教学理念已经被纠正。但由于受到各种主、客观因素的影响和制约，加之广告实践教学经验的缺乏和考核方法的过于简单化，使得很多广告实践教学流于形式，缺乏实效。具体表现在：（1）广告实践教学缺乏针对性、系统性、完整性和可操作性。（2）对广告实践教学认识不统一。有的从不同的领域和研究方向出发；有的根据现有师资状况甚至

---

① 张金海，程明．中国广告高等教育现状的调查与分析［J］．现代广告，2004（1）．

② 该课题 2005 年 5 月荣获“2005 年国家高等教育优秀教学成果奖”二等奖 。

③ 张树庭．广告教育定位与品牌塑造［M］．北京：中国传媒大学出版社，2005.

个人主观臆断设置广告实践教学内容。(3) 关门办学，缺乏与社会、业界的必要交流和沟通，为学生提供的广告实务机会很少。(4) 不能准确判断广告实践教学现有的各种问题，更缺乏对此提出批评和改进意见的精神。

3. 关于知识结构

知识结构的形成包括三方面的因素：自身条件、学习经历和环境。教师自身条件包括：素养、性格、能力乃至于幽默感等，这些都是教师是否具有个人魅力的重要因素。目前，在广告教师队伍中许多教师都是半路出家，通过培训或进修等途径而加入到广告教育行列的。由于客观条件和体制的限制，许多教师的培训都只能是阶段性的，无法形成一个持续的过程。随着我国广告教育事业的不断发展，广告专业科班出身的教师比例逐渐上升，具有高学历的广告教师也逐年增多。在这一部分教师当中，有相当一部分人是从学校到学校，大多擅长理论描述而欠缺实践经验，对广告实际运作缺乏必要的感性认识。从环境的角度看，对于一些地方性的专业院校来说，当地广告业的发展水平和信息来源渠道的相对滞后，使教学水平和教学效果或多或少受到制约和影响，致使学生在走出校门之前就已经先天不足。知识结构的参差不齐在学生中的表现尤其明显，学生在知识结构上显现出的差异性同样也是由于自身条件、学习经历和环境因素的影响。

4. 关于教学互动

广告教学过程从本质上讲就是一个沟通过程。无论采用何种手段，广告教学最终的目的，都是要通过沟通实现对目标对象的传授，从而实现广告教学目标。在这个过程中，教师所传达的教学信息能否得到学生及时的反馈，对于沟通效果而言十分重要。因此，在广告教学的过程中教师应该与学生形成良性的教学互动，通过教学互动，可以及时了解和把握学生的信息接收情况和教学效果。

目前，在广告教学中以教师讲授为主、照本宣科的陈旧模式仍然存在。教师对于教学目标、教学大纲的确定仍是一个相对主观的过程，学生很少能够真正参与其中。在教学中教师一般也只是单项地完成知识的传授，对于学生是否接收、是否认同未能给予足够的关注。同时，由于教学体制和教学管理模式的原因，教学过程中师生之间信息沟通尚未形成顺畅的回路，教师很难在第一时间得到学生对所学课程的意见和建议，所以无法适时地根据教学效果和学生意见调整课程体系。

5. 关于教学手段

目前，多媒体教学手段已经在广告课堂教学中得到普及和应用。但是，部分教师将多媒体设备当做播放系统使用，将大量课堂时间用来播放广告片或相关的影视资料，不能充分认识到新媒体的使用规律和价值，缺乏配合新媒体使用的文案阐述和语言表达能力的经验。在课外，一些教师已经开始利用网络等新媒体与学生进行学习与生活方面的日常沟通，通过电子邮件或建立班级 QQ 群等方式及时了解学生的学习及思想动态。这一教学沟通方式，虽然还处在一个发展阶段，但从构建一个和谐学习环境的角度，这一新的教学沟通方式已经显现出巨大的效用。今后如何将网络等新媒体更科学有效地植入广告教学体系中，值得我们认真思考和研究。

二、教师为主导的教学工作室释义

1. 定义

教师为主导的教学工作室的定义：以课程教师为主导并围绕课程教师的价值观、研究方向和社会资源而形成的教学机构。以课程教师为主导的教学工作室这一广告教学模式与实践方法，不论从内容上还是形式上都有别于以往的广告教学模式与实践方法，与当今艺术学院中的教师个人教学工作室也有很大不同。教师为主导的教学工作室的组成人员可以是一位教师，也可以是多位教师，教学与学习内容依照教学工作室教师的教学与研究方向而定（一般宜以一个方向为主）。

2. 内容

教师为主导的教学工作室具体工作的内容包括：学习目标的确立；学生主体的定位；针对性的讲学、讲座（专业教师、业界专家、毕业生、研究生、兄弟院校同行等的交流）；社会实践（参观、访问、实习、实训）；广告实务（品牌推广、营销策划、品牌设计、活动策划等）；实习生工作单位推荐（根据每个学生的具体情况安排和推荐到相应的工作单位进行实习培训）。

3. 涵义

我们深知改革不是一件容易的事，教师为主导的教学工作室在艺术专业里已是非常普遍，但在新闻传播类专业里却并不多见。教师为主导的教学工作室不是课堂教学的并列，而是课堂教学的补充和深化，是学生实践和实训的新平台，是加强学生与社会和业界沟通的桥梁。教师为主导的教学工作室注重的不是形式，而是过程和效果。总之，教师为主导的教学工作室是一个新的范式，需要总结和发展。正如我国著名广告教育专家张金海教授所说："这是一个建构的时代，新的范式必须形成方法才能逐步调整。"

4. 意义

通过教师为主导的教学工作室的教学与实践活动，有利于学生在德、智、体、美等方面得到全面发展，具体表现为：学会感恩、学会思考、学会吃苦、学会沟通、学会创造。

教师为主导的教学工作室这一教学模式既能充分发挥教师个人特长和资源优势，又能形成一种责任感，从而激发作为主体教师的潜能，有利于教师的自我完善。在教师为主导的教学工作室这一教学模式中，作为主导的每个教师，都有各自不同的研究领域和不同的资源优势，所以它不仅能实现因材施教，而且能做到因材选教，学生可以根据自己的兴趣、爱好和学习目标来选择适合自己的老师，老师也可以选择自己心仪的学生。在教学工作室中教师不仅是学习的控制者，而且是学习的组织者、促进者与合作者；教师为主导的教学工作室这一教学模式还具有桥梁作用，教师可以利用自己的教学与社会资源给学生搭建一个与社会和业界互动的平台，加强学生与社会、业界之间的联系，更好地使理论与实践相衔接。

在教师为主导的教学工作室中，学生通过参与整个教学工作室的学习与实践活动，与教师一起参与知识的构建，可以大大提升其自信心，激发其独立思考能力与创新意识；在教学工作室中学生由依赖的学习者变为主动的学习者、构建者和研究者，能动性和独立性不断受到训练；在教学工作室中学生由教师主导到能够在教师指导下自主设计学习目标，独立地开展研究性活动，自行解决遇到的问题；在教学工作室中学生通过动脑、动手、动口、亲自体验和探索知识的过程，比原来从课堂上获取的理论知识更深刻、更广泛、更具体。在教学工作室中学生面对面地与教师沟通，有利于营造一个宽松、愉悦、和谐的学习氛围。

5. 趋势

教师为主导的教学工作室的创建与实施，目前只是作为广告教学模式改革和实践方法创新的突破口，今后的发展趋势应该是在不断丰富和完善教师为主导的教学工作室的各项工作的前提下，逐渐向教师指导下的以学生为主体，以实训为目的的广告实体发展。建立更接近社会、更完整的实训平台，实现真正意义上的教学与社会相结合。

三、教师为主导的教学工作室的理论支撑

1. “5W”传播模式

美国传播学家拉斯韦尔（Harold D. Lasswell）按照一定结构提出了“5W”传播模式。依据这一模式在传播学领域中又形成了相应的五项研究，即“控制分析”、“内容分析”、“媒介分析”、“受众分析”和“效果研究”，在教学中这一研究表现为：教学者、教学信息、教学媒体、受教育者、教学效果。这一研究成果对广告教学模式改革与实践方法创新具有指导意义。

教学是一种有组织的双向传播活动，教师作为传者，在整个教学传播活动中处于主导地位，是决定教学传播效果的关键因素。教师位于传播起点，是信息的搜集者、加工者和传递者，掌握整个传播过程，起着主导作用。学生作为受众，是教学信息的接收者和反馈源。学生接受信息并不是被动的，而是主动的、有选择的，只有满足其需要的教学信息才会被其接受。教学内容作为信息，它能否被学生理解、接受和有效，与教学方法密切相关。面对庞大信息流，学生会根据自己的需要进行选择，教学信息作用于学生的知觉和记忆系统，但这些教学信息能否内化为学生的观念和价值体系，能否外化于学生行为，不仅取决于这些教学内容是否符合学生的实际情况和需求，更重要的是取决于教学形式和手段的得当。

2. 说服与小众传播

说服理论由美国心理学家卡尔·霍夫兰（Carl Hovland）于 1946 年提出。这一理论以心理学“刺激—反应”模式为基础，从行为主义的角度来阐述接受对象，认为人的态度改变主要取决于说服者的条件、信息本身的说服力及问题的排列技巧。这一理论说明，树立形象可信度争取受众的信任是取得良好传播效果的前提条件。因而，在广告教学中，教师的个人魅力与威信对教学效果有直接影响。

小众传播顾名思义就是针对不同对象进行差异化的传播，这一理论在 20 世纪 90 年代后被广泛运用于市场营销及广告传播中，其本质是对大众传播的一种颠覆，是对传播思维方式的一种改变。这一理论对广告教学的创新模式与实践方法的启示是：广告教学可能不仅仅是面向所有学生的“广而告之”，而是依照学生个体特征与需求而实施的针对化教学。

3. 环境影响

环境影响论由美国行为主义心理学家华生（J. Watson）提出。传播环境中，组织的文化模式、群体规范、人际关系、各种传播噪声，都会对受传者接收信息产生影响，环境影响论强调环境是主体和客体态度改变的重要原因，即“近朱者赤近墨者黑”。教师、学生、课程设置、教材建设、教学计划、教学大纲、教学方法都处在一个大的教学环境中。受这一大环境的影响，在教学过程中，教师可以尽可能多地设计和组织与学习内容相关的教学创新模式及实践活动，以激发学生的学习热情和启发学生的创造性思维；强调教学相长、尊重他人观点、尊重创新的理念，创造一个有利于充分表达、充分沟通的信息传播环境，以提高教学效果。

4. 信息控制与反馈

1948 年美国数学家维纳（Norbert Wiener）在《控制论》中，用自动控制的观点研究了

信号被噪音干扰时的信号处理问题，形成了信息控制模式，第一次提出了反馈的概念。①

教师是教学系统中的施控系统，在教学过程中，教师既输出知识信息，又输出控制信息，这两种信息往往交融在一起。学生对这种信息所作的反应通过外在的形式反馈给教师，这就是接受对传播的反馈。教师要了解自己的教学效果，就必须清晰地感知和接收学生的反馈信息，使施控系统（教师）和受控系统（学生）之间的信息通道构成闭合回路，并利用学生的反馈信息，有效地控制教学，从而减少教学过程中的教学干扰，提高教学效果。

教学过程是一个有目的的动态过程，教师要在一定的时间内达到教学目的，就需要随时收集教学反馈信息，以了解教学现状并找出与目标的差距，为下一步的教学设想提供依据，从而控制教学目的的实现。教学内容与教学方法的选择必须建立在教学反馈信息的基础上。教师通过教学反馈信息了解教学活动的成绩与缺陷，判断并预测教学发展的趋势，有的放矢地调整教学内容、变化教学方法、改变教学进度，从而有效地调控教学过程，使教学过程保持良好的动态平衡，朝着既定的教学目标推进。

四、教师为主导的教学工作室实践

1. 实践架构

以教师为主导的教学工作室实践架构主要围绕三个方面来进行，即：课堂学习、自主学习、实践学习。具体如图 1：

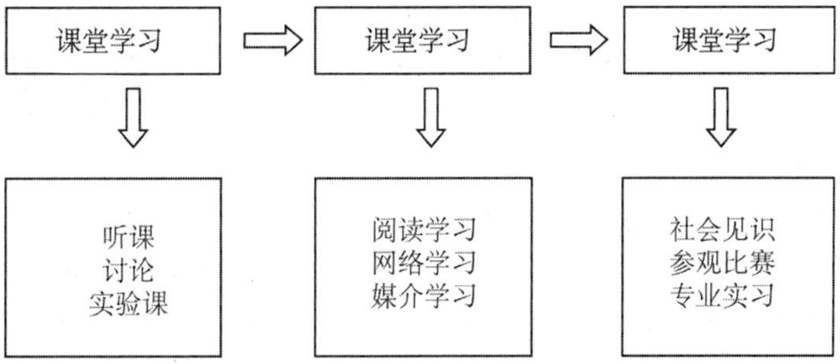

图 1　以教师为主导的教学工作室实践架构图

2. 实践原则

以教师为主导的教学工作室实践原则应依照广告人才的知识结构来创建。具体包括：（1）注重学习者、课堂与社会的结合。（2）注重自主学习、课堂学习与社会实践的结合。（3）注重素质提升、技术传授、基础理论学习和创造力培养的结合。（4）变课堂考试为社会考试，将学生的学习成果置于社会评价当中。

3. 实践方法

（1）参加专业比赛。参加专业比赛指的是：参加有一定影响的广告大赛，如：全国大学生广告艺术大赛、中国广告协会“学院奖”、中国国际广告节等。参加广告专业比赛就是将学生的学习成果（作品）直接推向社会，用社会的评判标准对学生的学习成果（作品）

① http：//baike. baidu. com/view/25861. htm ［EB/OL］.

加以检验。这一实践教学活动有助于推动教学理念与社会的需要接轨，也能有效地检验学生的创意能力和设计水平，还能为今后学生的学习成果（作品）取得好成绩，探寻路径和寻找方向。这种以赛带教、以赛带学的教学实践活动给课堂教学带来了深刻变化，变化的标志就是将课堂教学移植到了社会大舞台。通过教学工作室这几年不断地组织学生参加各项全国广告大赛，不仅使教师和学生经受了大赛的洗礼，更使我们找到了差距、明确了目标、坚定了信心，同时也取得了较为优异的比赛成绩。

（2）模拟广告实体。模拟广告实体指的是：在教学工作室中，由学生按照一定的人数自由组合，形成若干模拟的广告实体。模拟广告实体的人数根据班级的总人数情况，一般以8～10人最为理想。分组完成之后，参照专业广告实体的组织结构，在各个模拟广告实体中设置具体的部门、岗位，由学生自主对号入座，并履行各个模拟岗位的相关职责。由工作室教师按照课程实践教学的需要，组织一些虚拟的广告活动或接受一些社会广告业务，布置给各个模拟的广告实体，各模拟广告实体通过实战环节，完成一系列广告运作过程，最终完成和实现模拟的广告目标。

模拟广告实体的实践教学活动有许多好处：首先，参与其中的新鲜感可以提升学生的学习兴趣。学生在这一实践教学活动中处于主体地位，将以往的被动接收变为主动探索，很容易与教师形成良好互动。其次，在模拟职位的选择上，学生可以根据自己的兴趣和未来发展方向确定自己所担当的角色。这样一来，学生可以在毕业之前对自己的能力及特长有一个客观的认识，可以为自己未来的从业方向确定一个较为合理的定位，为毕业之后能够迅速适应新的实战环境做好心理准备。再次，模拟广告实体的运作过程实际上是以往小组作业过程的升级版。学生可以在与小组其他成员合作、沟通、争论、妥协的磨合过程中，学会表达自己的观点和接受他人的意见。所有这些专业素养在未来的实际工作中都是至关重要的。最后，模拟广告实体这项实践教学活动成绩评定的结果往往是参差不齐的。有的时候，虽然学生也付出了很大的努力，但由于方法不当或其他原因，最后的结果和最初的期待有较大落差，而这种情况在以后的实际工作中也会经常发生。因此，在教学工作室中有模拟广告实体运作成功与失败的经历，可以锻炼学生承受压力的能力。

（3）引入社会项目。引入社会项目较之其他实践教学活动，更具有挑战性和实战要求，通常这一实践教学活动都被安排在高年级中进行。引入社会项目考察的是学生的整体实力，社会项目内容的多样性和复杂性，决定参加者必须是以团队的形式介入。这样在执行社会项目的实践教学活动中，学生的协同作战能力和团队精神可以得到很好的锻炼。例如，2012年我们教学工作室引入“南昌市城市户外广告整体设置规划方案”，在工作室教师的指导和学生们的分工协作下，最后完成了该规划方案，受到南昌市广告协会的一致好评，并上报到南昌市人大常委会，作为未来南昌城市整体形象建设的重要参考。工作室教师和学生的自身能力在这一社会项目的引入和执行过程中得到了锻炼。

（4）建立传承机制。建立传承机制也可以说是一种新型的案例教学法，它是将历届教学工作室优秀毕业生的生活、学习和创业经历作为学习案例，感染和启发现在的学生。同时，利用各种手段和方法（如网络、走访、座谈等）进行有效的“传帮带”活动。这种“传帮带”活动的内容是全方位的，既有做人的道理，更有拼搏的经验，还有奋斗的细节等。实践证明这是一个行之有效的实践教学方法，这一实践教学方法最显著的特点就是将情感带入教学活动中，就像家庭中哥哥带弟弟、姐姐带妹妹，工厂中师傅带徒弟一样，很多同学就是在学长、学姐的引导和帮助下走向成功的。正如我们在教学工作室提出的口号那样——“明天我就成了你”。

（5）“请进来、走出去”。“请进来”指的是：邀请各方面的专家、学者，其中还包括相关院校的教师和优秀毕业生，指导和参与教学工作室的实践教学活动。指导和参与的形式可以是讲座，也可以是座谈，还可以是技术指导等。比如，广告公司的设计师参与广告设计课程的教学，由于广告公司的设计师平时经常使用设计软件，积累了丰富的实践经验，因而他们的参与对教学效果的提升是很有帮助的。“请进来”这种实践教学方法促进了教学资源的优化组合，使教学资讯更加丰富多彩，极大地拓展了学生的视野，同时也调动了学生学习的积极性。

“走出去”指的是：学生利用假期或学校规定的实习时间到广告公司或社会兼职，以一个从业人员的角色体验广告运作的各个环节，“走出去”这一实践教学活动还包括参观和考察。俗话说“见多识广”，“走出去”说白了就是增长见识。见识对广告专业的学生来说尤其重要，正如我国著名广告教育专家金定海教授所说：“广告源于看，这个看不是一般的看见。”通过最近几年组织学生参观中国国际广告节，到沿海城市访问考察，我们感到经历过和没有经历过的学生，在自信心上的表现明显不一样。这一比较再次说明，“走出去”这一实践教学活动对提升学生的自信心具有多么重要的意义。

（6）参与科研项目。参与科研项目指的是：教学工作室教师可以让学生参与自己科研项目的实践教学活动。教学工作室教师将研究项目引入教学实践当中，通过教学工作室教师与学生在科研项目上的互动，让学生自己发现问题，自己寻找解决问题的方法，这是培养学生自主研究与独立创新能力的有效方法。

参与科研项目首先可以让学生弥补由于课本知识的局限和滞后所造成的知识缺失。其次，参与科研项目可以让学生初步体验课题研究的过程，并掌握课题研究的基本方法和步骤。再次，参与科研项目可以强化理论与实践相结合的学习理念。最后，参与科研项目可以培养学生发现问题、分析问题和解决问题的能力。

随着我国市场经济发展的进程，今后对广告教学的要求必将朝着更高、更前沿、更全面、更科学的方向发展。广告教学如何面向当今市场经济发展对广告专业提出的新要求，我们感到机遇与挑战并存，前景是光明的，道路是曲折的。因此，广告教学的理念必须建立在与时俱进向国际化靠拢，更具有创新性和针对性的基础之上，这就要求我们在广告教学体系上，即教学理念、课程设置、教材建设、教学计划、教学大纲、教学方法等各个方面进行改革。改革的前提是创新，创新的前提是更科学、更具有针对性。所有这些都是我们广告教学今后需要继续努力的方向。

【参考文献】

[1] 宣伟伯·施拉姆．传媒、信息与人［M］．香港：香港海天书楼，1993.

[2] 余也鲁．门内门外［M］．香港：香港海天书楼，1993.

[3] 陈韬文，朱立，潘忠党．大众传播与市场经济［M］．香港：香港庐锋学会，1997.

[4] 张金海，程明．中国广告高等教育现状的调查与分析［J］．现代广告（学刊），2004（5）．

[5] 张金海，姚曦．中国媒体发展研究报告 2011 年广告卷［M］．武汉：武汉大学出版社，2012.

[6] 邵培仁．传播学［M］．北京：高等教育出版社，2002.

[7] 陈培爱．中外广告史新编［M］．北京：高等教育出版社，2009.

[8] 张岩松．中国广告教育批判与泛广告教育［Z］．中国营销传播网，2005.

[9] 张树庭．广告教育定位与品牌塑造［M］．北京：中国传媒大学出版社，2005.

[10] 玛丽莲·罗伯茨．全球化进程下的广告理论与实践［J］．中国广告，2006（8）．

[11] 杨倩．美国大学广告教育现状综述［N］．东南大学学报，2005（12）．

[12] 查灿长．美国的广告教育理念［J］．上海新闻界，2008（8）．

[13] 孙平．广告视觉传达［M］．北京：华夏出版社，2005.

【作者简介】

孙平，江西师范大学传播学院教授，硕士生导师，江西省高校学科带头人，江西省广告协会学术委员会秘书长。

图书在版编目(CIP)数据

中国媒体发展研究报告．2013年．广告卷/武汉大学媒体发展研究中心，武汉大学新闻与传播学院，武汉大学“社会转型与中国大众传媒改革”创新基地主办．—武汉：武汉大学出版社，2013.11
ISBN 978-7-307-12172-0

Ⅰ．中…　Ⅱ．①武…　②武…　③武…　Ⅲ．传播媒介—发展—研究报告—中国—2013　Ⅳ．G219.2

中国版本图书馆CIP数据核字(2013)第272187号

责任编辑：詹　蜜　高　璐　　　责任校对：汪欣怡　　　版式设计：支　笛

出版发行：**武汉大学出版社**　(430072　武昌　珞珈山)
(电子邮件：cbs22@whu.edu.cn 网址：www.wdp.com.cn)
印刷：湖北恒泰印务有限公司
开本：880×1230　1/16　印张：25.75　字数：716千字　插页：3
版次：2013年11月第1版　　2013年11月第1次印刷
ISBN 978-7-307-12172-0　　定价：49.00元